RENCONTRES
535

Série *Lectures de la Renaissance latine*
dirigée par Hélène Casanova-Robin
16

Étudier les humanités aujourd'hui

Actes du congrès du GIS Humanités
organisé du 17 au 19 décembre 2018 à Lyon
publiés avec le soutien du GIS Humanités

Étudier les humanités aujourd'hui

Nouveaux enjeux, nouvelles méthodes

Sous la direction d'Hélène Casanova-Robin,
Bénédicte Delignon, Jean-Baptiste Gourinat,
Romain Loriol, Smaranda Marculescu et Gilles van Heems

PARIS
CLASSIQUES GARNIER
2022

Hélène Casanova-Robin est professeure de littérature latine à Sorbonne Université, membre senior de l'Institut universitaire de France, spécialiste de poésie latine classique et de l'Humanisme italien. Elle a été membre fondateur et directrice du GIS humanités de 2014 à 2018. Elle dirige l'UR 4081 Rome et ses renaissances depuis 2013.

Bénédicte Delignon est professeure à l'ENS de Lyon et membre de l'UMR HiSoMA. Spécialiste de poésie augustéenne, elle a notamment publié deux monographies sur Horace : *Les* Satires *d'Horace et la comédie gréco-latine : une poétique de l'ambiguïté* et *La Morale de l'amour dans les* Odes *d'Horace : poésie, philosophie et politique* (prix François-Millepierres).

Jean-Baptiste Gourinat, directeur de recherche au CNRS, dirige le Centre Léon Robin (Sorbonne Université). Spécialiste de philosophie antique (notamment du stoïcisme et de la dialectique), il a été vice-président du GIS Humanités de 2016 à 2018.

Romain Loriol est maître de conférences en langue, littérature et civilisation latines à l'université Jean-Moulin – Lyon III, et rattaché à l'UMR 5189 HiSoMA. Ses recherches portent sur les pratiques religieuses, en particulier sur la divination et les signes divins, dans la Rome républicaine et impériale.

Smaranda Marculescu est ingénieure d'études à l'IRHIM – ENS de Lyon et enseigne le grec à l'université Jean-Moulin – Lyon III. Elle travaille sur des thématiques liées au judaïsme hellénistique, à la littérature chrétienne et à la réception de l'Antiquité à l'époque moderne.

Gilles van Heems est maître de conférences en langue et littérature latines à l'université Lumière – Lyon 2. Spécialiste d'étruscologie, il travaille tout particulièrement sur les sources épigraphiques, à partir desquelles il reconstruit la complexe histoire linguistique et culturelle de la péninsule italienne avant son unification par la conquête romaine.

ISBN 978-2-406-12630-0 (livre broché)
ISBN 978-2-406-12631-7 (livre relié)
ISSN 2103-5636

INTRODUCTION

Dans le sillage d'un certain nombre de manifestations conduites au cours de ces dernières décennies contribuant, sur des modes divers, à confirmer l'importance des sciences de l'Antiquité et de leur tradition, s'est constitué le Groupement d'Intérêt scientifique « Humanités, sources et langues de la Méditerranée et de l'Europe », sous l'égide du CNRS. Cette formation a rassemblé un grand nombre d'équipes de recherche françaises en lettres classiques, en philosophie ancienne, en archéologie, en histoire ancienne et moderne, en histoire de l'art, en langue et littérature médiévales, mais aussi en musicologie et en littératures modernes. L'objectif de cette entreprise visait à conforter le dialogue entre les disciplines relatives à l'Antiquité méditerranéenne et toutes celles qui leur sont rattachées dans leur postérité européenne, au sens large du terme, de favoriser les collaborations par exemple entre philologues et archéologues, littéraires et musicologues, philosophes, historiens et linguistes, dans toutes sortes de combinaisons de spécialités, afin de croiser les méthodes, de faire naître de nouveaux outils d'investigation, de partager les savoirs et d'en tirer des fruits pertinents. Le GIS « Humanités » a été créé pour quatre ans, il a donné l'impulsion à de petits et à de grands projets durant tout le temps de son existence, et il a été conçu avant tout comme un espace de rencontres entre chercheurs et enseignants-chercheurs, de toutes générations. Il fut un lieu d'échange, répondant à la vocation de creuset d'idées et de projets qui l'avait fait naître et prouvant, résultats à l'appui, combien toutes ces disciplines relatives aux Humanités gagnent à être décloisonnées : loin de perdre leur identité, elles ont tiré un bénéfice immense de leur complémentarité dans laquelle chacune s'est enrichie des lumières venues des autres horizons disciplinaires et méthodologiques convoqués.

Si les Humanités ont pour origine et pour socle commun l'Antiquité gréco-romaine et orientale, c'est bien souvent la réception de cette Antiquité qui est en jeu : en effet, dès l'époque antique, la Grèce dialogue avec les savoirs orientaux, les Romains avec les Grecs et, au-delà l'Europe médiévale et renaissante avec les Anciens. Les générations successives, héritières de ces sources anciennes, les ont définies comme un corpus d'« Humanités », dont le concept n'est plus guère compris aujourd'hui, muées en « sciences de l'antiquité ». Ces « Humanités » furent ainsi nommées d'après ce que Cicéron définissait comme l'*humanitas*[1] : un ensemble de savoir et de culture propre à conduire l'homme vers une forme de sagesse qui nourrisse aussi la communauté toute entière. Elles véhiculent de fait un savoir définitionnel de l'humain, constitué de textes et d'objets de référence, ainsi que de méthodes – assorties souvent d'un appareil didactique – pour les diffuser et les comprendre. À travers les âges, les Humanités ont été érigées en autorité, au gré d'adaptations notables suivant les contextes, dans le champ politique, religieux, artistique et littéraire. Ensemble de savoirs et savoir-être, ces textes et sources ont constitué, pour les Européens, la quintessence de l'humain et le fondement – ou le point nodal – de toute construction politique, éthique, esthétique. Toutefois, ils ne sont pas dissociables des modalités de transmission, de compréhension et d'acclimatation qui les ont accompagnés au cours des siècles. Les processus de transmission des « Humanités » ont donc été au cœur du projet fédérateur du GIS Humanités. Plus elles ont été transmises, reçues et acclimatées au cours du Moyen Âge, de la Renaissance, et jusqu'à la Modernité, plus les Humanités, tout en alimentant des débats fructueux, ont démontré leur pertinence et leur centralité dans la constitution de ce qu'il est convenu d'appeler la modernité.

Partant de cette conviction partagée qu'il était nécessaire de rappeler et d'éclairer la dimension fondatrice des Humanités à chaque époque, depuis leur origine, le GIS s'est également donné pour ambition d'offrir une vitrine du large éventail qu'elles recouvrent, et surtout d'afficher à quel point les méthodes avaient évolué, au cours des dernières décennies.

1 Voir le discours *Pro Archia* de Cicéron, ainsi que la lettre de Cicéron à son frère, *Ad Quintum fratrem* I, 1 et, pour l'étude du concept d'*humanitas* chez Cicéron : F. Prost, « *Humanitas*, originalité d'un concept cicéronien », dans *L'Art du comprendre, Philosophies de l'humanisme*, 2006, 15, p. 31-46.

L'essor des « Humanités numériques » en témoigne avec éclat : les sources textuelles sont aujourd'hui plus facilement et plus largement accessibles, les enquêtes, grâce aux processus de navigation ainsi conçus, s'en trouvent fluidifiées ; l'archéologie, dotée d'un nouvel outillage, sait aussi reconstituer en 3D des vestiges morcelés ; la construction de bases de données spécialisées favorise l'émergence de nouveaux corpus textuels ou iconographiques et ouvre de nouveaux champs d'enquête ; l'édition numérique crée des données en facilitant l'extraction de lexiques, la comparaison de différentes traditions manuscrites ou encore la génétique textuelle ; les textes anciens, comme ceux de leurs lecteurs et commentateurs du Moyen Âge et de la Renaissance qui les ont édités, sont explorés avec des lignes interprétatives novatrices et fondatrices. La prise en compte de la diachronie suscite des perspectives stimulantes, révélant à quel point les textes et, plus largement, l'ensemble des sources antiques, ont irrigué de larges pans des savoirs modernes, au gré d'interprétations variées. On y voit confirmées leur prééminence dans l'élaboration de la pensée moderne, et dans tous les domaines scientifiques, ainsi que leur fonction générative pour de nouvelles voies herméneutiques, quelle que soit la discipline concernée ; on y repère les filtres interprétatifs et le large éventail des implications sémantiques qui ont été associées à ces objets, quel que soit leur matériau. Au sein du GIS, la mise en commun de ces méthodes où les outils novateurs ont agi de concert avec des analyses plus traditionnelles, a suscité une dynamique féconde, la synergie entre chercheurs formés initialement pour des domaines scientifiques différents accentuant encore la modernité des perspectives. Grâce à cette impulsion, ce sont tout d'abord de modestes collaborations interdisciplinaires qui ont pris forme, puis, de ces projets ponctuels sont nées des entreprises destinées à un plus long terme, qui ont été soutenues parfois par des agences de financement national ou européen jusqu'à prendre leur essor aujourd'hui. Ce sont en tout quarante équipes de recherche qui, faisant fi des frontières disciplinaires, ont travaillé ensemble sur la naissance et la transmission des humanités.

Ainsi, les axes d'étude privilégiés par le GIS ont été la transmission des savoirs, la question de l'autorité et de l'expertise, les langages – dans toute leur diversité d'expression – et leurs enjeux. Par ailleurs, au cours des quatre années d'existence du GIS Humanités, un certain nombre de conférences ont été organisées où se sont côtoyés d'éminents représentants de ces disciplines, soit des spécialistes des mondes anciens à proprement parler et discourant, comme Pierre Judet de la Combe, de « L'actualité pédagogique, culturelle et politique du rapport à l'antiquité », soit des maîtres du patrimoine, tel Bruno Racine exposant son expérience de la mise en œuvre des Humanités numériques à la Bibliothèque nationale de France. Ce sont aussi de jeunes chercheurs qui sont intervenus, faisant apparaître, par exemple, les résultats exceptionnels obtenus par la collaboration entre les mathématiques et l'archéologie pour la reconstitution du théâtre d'Orange, ou encore l'exploration grâce au langage XML-TEI d'un lexique grec-arabe du vocabulaire médical. On le voit, les Humanités ne sont plus ce territoire poussiéreux auquel certains voudraient les réduire, mais s'avèrent être devenues un terrain de choix pour les expérimentations les plus innovantes voire spectaculaires, le lieu de convergence d'une nouvelle fraternité entre spécialistes de sciences « dures » – ou de chiffres et d'algorithmes ! – et de sciences « humaines », d'objets antiques et de médecine.

Ces quelques exemples ne suffisent évidemment pas à rendre compte de l'inventivité, de la pertinence, de l'efficacité de ces nouvelles méthodes appliquées aux textes et objets du lointain passé méditerranéen, et des champs de connaissance ainsi ouverts, bien au-delà des sciences de l'Antiquité, dans cette heureuse et féconde transdisciplinarité.

Les 17-18 et 19 décembre 2018 s'est tenue à Lyon la dernière manifestation du GIS Humanités qui prit la forme d'un Congrès, doublé d'une exposition de posters présentant tous les projets que ce groupement de recherche avait soutenus durant ses quatre années d'activité. Le congrès fut accueilli dans les trois établissements d'enseignement supérieur en lettres et sciences humaines de la ville : l'Université Lyon 2 – Louis Lumière, l'École Normale Supérieure de Lyon et l'Université Lyon 3 – Jean Moulin. Cette manifestation de grande ampleur, proposée initialement par la direction du GIS et par son conseil scientifique, a été magistralement organisée grâce au dynamisme et à l'implication de longue haleine de plusieurs collègues de ces établissements, membres d'unités de recherche qui illustrent par elles-mêmes la fécondité du travail interdisciplinaire : HiSoMA, UMR 5189 qui réunit des archéologues, des épigraphistes, des historiens et des littéraires autour des sources de l'Antiquité ; le

CIHAM, UMR 5648, avec ses spécialistes des mondes médiévaux, sur toutes les rives de la Méditerranée ; l'IHRIM, UMR 5317, où travaillent historiens, philologues et philosophes des modernités. L'équipe était fédérée par Bénédicte Delignon, Professeure de littérature latine, dont j'ai plaisir à saluer ici le travail immense, remarquable à tous égards et qui a continué d'œuvrer avec une intense implication dans l'élaboration de cet ouvrage. Dans cette équipe unie et complémentaire, tous les collègues ont honoré l'ensemble du GIS Humanités par l'excellence de leur réalisation, qu'ils en soient tous ici remerciés.

Où mieux qu'à Lyon pouvait se tenir une rencontre destinée à mettre en lumière le perpétuel renouvellement des Humanités ? Capitale des humanistes au XVIe siècle, Lyon a été l'un des principaux foyers européens de diffusion par l'imprimerie des textes classiques antiques. La ville, comme on le sait, fut fréquentée par des savants de renom, philologues, historiens, philosophes et surtout par un large public de connaisseurs, avide de posséder ces ouvrages précieux et de s'en inspirer, pour l'ensemble des arts et savoirs que tous souhaitaient voir s'épanouir autour d'eux, à commencer par un art de vivre ensemble dans l'Europe de la Renaissance.

Le Congrès a réuni plus de quatre-vingts orateurs, répartis en plusieurs sessions parallèles, et de nombreux auditeurs. L'ouvrage ici présenté n'a pu rendre compte fidèlement de toute la diversité des interventions qui ont été proposées car plusieurs d'entre elles recouraient, précisément, aux outils numériques et ne se prêtaient pas à une communication écrite qui leur aurait fait perdre leur singularité.

Chaque journée s'est ouverte sur une conférence inaugurale prononcée par un spécialiste des Humanités à l'identité particulièrement marquée et à l'envergure internationale notoire. Nuccio Ordine a introduit la première journée par un exposé sur « Les classiques et la solidarité humaine », appuyant avec ferveur le rôle fondateur de l'apprentissage des textes de l'Antiquité classique et de leurs héritiers pour la perpétuation de cette *humanitas*, valeur morale et culturelle dont les deux pans ne sauraient être dissociés. La seconde journée a accueilli tout d'abord la fascinante conférence inaugurale de Giulia Sissa, « Les enjeux du genre. Pour une histoire de la sensualité » qui a plongé les auditeurs dans l'épopée homérique, autour de la figure de Pénélope. Giulia Sissa renouvelant le regard parfois condescendant que l'on porte sur cette figure, a fait apparaître, avec luminosité, la place ménagée au désir et à sa puissance. Enfin, la troisième journée a débuté avec la riche communication de Robert Frank sur « Humanités et actualité de l'humanisme en Europe et ailleurs », qui a élargi l'horizon temporel et spatial au-delà des confins ordinairement fixés à l'humanisme. On ne saurait ici restituer la richesse des échanges et la variété des interventions proposées.

De cette stimulante rencontre est issu le présent ouvrage, organisé en diptyque : le premier volet répond directement à la problématique spécifique du congrès, « nouveaux enjeux, nouvelles méthodes », le second est consacré à « relire le passé et penser le présent ».

Le premier volet s'ouvre sur une première série de travaux, regroupés sous le titre « sources textuelles et sources matérielles : interaction et complémentarité ». Les auteurs mettent l'accent sur les questions méthodologiques que pose l'exploitation des différents types de sources et sur les enjeux de leur confrontation ou de leur combinaison. Sylvie Blétry illustre ce principe en croisant sources textuelles et recherches archéologiques à propos du site de Tell Qéïla. Clara Granger étudie l'association d'Héraclès et de Thésée dans les ensembles monumentaux athéniens, éclairant les enjeux iconographiques et politiques de la présence conjointe de ces deux héros mythologiques sur les édifices. Le trio formé par Stéphane Benoist, Florence Klein et Cyrielle Landrea met en commun l'histoire ancienne et l'analyse poétique pour éclairer de leurs feux croisés les années 8-17 de notre ère qu'Ovide passa à Tomes, sur les bords de la mer Noire, où l'avait relégué l'empereur Auguste : les *Tristes* et les *Pontiques*, ainsi situés dans le contexte politique quelque peu obscur et relativement tourmenté où ils ont été écrits, offrent néanmoins un témoignage complexe de la recomposition des liens entre l'aristocratie romaine et le pouvoir impérial. Ces œuvres poétiques font alors apparaître ce que Florence Klein appelle « une leçon de lecture » destinée au Prince, le poète invitant lui-même à pratiquer une herméneutique littéraire. Marco Donato, Regina Fichera et Lucia Maddalena Tissi, également à trois voix, décryptent l'état de Rome en 357 après J.-C., examinant la tension entre traditions et transformations qui régit alors l'Empire. Là encore convergent avec pertinence trois modes d'approche d'un événement fameux, celui de la visite de Constance II à Rome : la contextualisation historique, doublée de l'analyse de textes littéraires variés (ceux d'Ammien, de Thémistios et de Julien) rend compte avec richesse de toute la portée culturelle de ce moment. Enfin, Isabelle Bretthauer clôt cette première série d'études en mettant ses compétences de chartiste au profit d'une enquête sur un support de l'écrit plus insolite – ou du moins assez méconnu : les ardoises, où se déploient ce qu'elle appelle « les écritures informelles », riches de formes textuelles diverses, suivant leur destination.

La deuxième série de contributions, regroupée sous le titre « Transferts culturels, transferts linguistiques », se décline en quatre points concernant la réception de textes ou de pratiques anciennes. On y découvre une pluralité de méthodes. Marie-Laure Freyburger étudie la « vision grecque de la religion romaine » chez les historiens de langue grecque d'époque impériale (Denys d'Halicarnasse, Plutarque et Dion Cassius), démontrant la pertinence des outils de la linguistique. Procédant par l'analyse terminologique de la nomination des fonctions religieuses et des explications fournies par ces auteurs plusieurs siècles plus tard, au sujet des pratiques liturgiques romaines archaïques, elle montre quelle somme considérable d'informations peut en tirer le lecteur moderne. Alice Lamy, spécialiste de philosophie médiévale, retrace le devenir du traité grec pseudo-aristotélicien *De Mundo* à travers sa transmission en langue latine par des auteurs médiévaux et les exégèses qui l'accompagnent. Elle repère quelles thématiques doctrinales sont privilégiées par les intellectuels de l'époque et comment ce texte est attiré dans la pensée chrétienne. Marylène Possamaï-Perez et Magali Romaggi s'intéressent toutes deux, successivement, à *l'Ovide moralisé* : la première exhausse les modalités de transposition linguistique et l'interprétation allégorique multiple que l'auteur anonyme de cette œuvre applique aux *Métamorphoses* d'Ovide à partir de la fable d'Europe ; la seconde étudie de près le thème de l'orgueil dans la représentation du personnage de Narcisse et en révèle le soubassement théologique, voie d'acclimatation de l'œuvre païenne qui favorise la fortune du mythe dans l'ère médiévale et au-delà.

Le dernier volet de cette première partie est consacré à l'outil numérique appliqué aux Humanités. Loup Bernard expose le remarquable apport des techniques numériques dans les fouilles archéologiques du petit oppidum celtique du Verduron, à Marseille : l'interprétation des vestiges s'est trouvée ainsi considérablement renouvelée par l'ampleur des bases de données récemment constituées. Laurent Hablot présente le programme SIGILLA, base numérique de sceaux conservés dans les collections françaises, et ses apports précieux non seulement pour la matérialité de ces objets mais aussi pour en étudier les empreintes, en considérer l'épigraphie et leur place dans l'héraldique. Enfin, Sarah Orsini clôt cette session en dévoilant les innovations apportées par le numérique dans l'édition génétique d'un texte : elle choisit pour cela les brouillons du poète néolatin Giovanni Pascoli et souligne quels bénéfices littéraires et herméneutiques on tire de ces nouveaux instruments.

La seconde partie du volume, intitulée « relire le passé et penser le présent », rassemble des communications qui concernent la reconstruction et la transmission des corpus, les figures d'autorité issues des Anciens, et enfin la place de l'Antiquité dans l'imaginaire politique du monde moderne.

Un certain nombre de textes antiques, comme on le sait, ne nous sont parvenus que sous forme de fragments, posant la question du sens global de l'œuvre. Sarah Gaucher propose de considérer le corpus lacunaire des satires des Lucilius comme un ensemble de citations, révisant ainsi les modalités de lecture de ces textes sur lesquels on a élaboré toutes sortes de spéculations et, au fond, revenant à une perception bien plus proche de celle qu'en avaient les auteurs des décennies suivantes qui s'en sont inspirés. Florian Barrière examine un manuscrit inédit de la *Guerre civile* de Lucain, alliant étude codicologique et philologie, pour tenter de replacer ce témoin méconnu dans l'histoire du texte. Marie Pauliat, quant à elle, développe une méthode rigoureuse pour organiser le corpus des sermons d'Augustin d'Hippone, passant en revue divers critères (chronologie, thèmes, contexte liturgique, collections) afin d'en évaluer l'efficacité et la pertinence. Marlène Helias-Baron choisit un objet d'étude plus insolite, es documents de gestion, ou documents d'archive, insérés dans les espaces libres des manuscrits au Moyen Âge, et elle s'interroge à la fois sur les modalités de ces insertions et sur leur finalité. Laure Miolo étudie la naissance de bibliothèques scientifiques au Moyen Âge, en s'attachant plus précisément à celle du collège de Sorbonne, fondé en 1257 à Paris. Elle examine en particulier la manière dont est constituée la bibliothèque « publique », point d'origine d'une diffusion importante des textes scientifiques. Sébastien Fray poursuit cette entreprise de mise en lumière de l'origine des fonds patrimoniaux en s'intéressant à la mission de Vacher de Bourg l'Ange dans les archives de Saint-Géraud d'Aurillac au XVIIIe siècle : l'étude révèle l'intervention d'érudits locaux laïcs, souvent méconnus, dans la conservation et la diffusion des textes médiévaux.

Le volet suivant concerne les figures d'autorité et la notion d'expertise, suivant un fil chronologique permettant de parcourir à grandes enjambées un arc chronologique extrêmement large, depuis la haute Antiquité proche-orientale jusqu'au XVIIe siècle. La première étude, celle de Véronique Grandpierre, examine la figure de l'expert mésopotamien et sa tradition dans le monde gréco-oriental. S'ouvre ensuite un diptyque d'études sur la médecine antique et son héritage, grâce au communications successives d'Yves Lehmann, sur l'Africain Caelius Aurélien, « dernier représentant de l'encyclopédisme médical latin », et de Georges Sidéris qui s'intéresse lui à l'autorité de la figure de Galien de Pergame à Constantinople au Ve siècle, dont témoigne la figure de Galénos, où l'on retrouve les traits transposés du médecin grec antique. Aline Canellis examine le devenir de la personnalité d'Ambroise de Milan dans l'ouvrage *De Bello Arriano* de Marco Fagnani (Milan, 1604) qui développe en sa faveur un véritable panégyrique. Élisabeth Vuillemin étudie pour sa part l'usage que Bossuet fait des textes de Jean Chrysostome dans sa polémique contre Richard Simon.

Le dernier volet de cette seconde partie et de l'ouvrage est dédié à la place dévolue à l'Antiquité dans l'imaginaire politique moderne. Trois articles viennent ici illustrer le propos : celui de Kondylenia Belitsou s'intéresse à la construction des programmes scolaires en France au XIXe siècle et à l'orientation que l'on impose alors à l'histoire ancienne ; Christian Bouchet revient sur la représentation de l'Europe dans la Grèce antique d'époque classique (Ve siècle avant notre ère) pour montrer quelles orientations politiques ont pu infléchir la conception de la géographie politique et historique, situant Athènes comme le cœur même de l'Europe. Enfin, Giovanni Stranieri poursuit l'étude au Moyen Âge et montre comment Rome est alors devenue, non sans susciter tensions et controverses, le pôle central de l'idée même d'Europe.

On le voit, le congrès fut riche de contributions variées, dont la seule énumération permet de mesurer les « nouveaux enjeux » et les « nouvelles méthodes » des études en sciences de l'Antiquité. Si l'exhaustivité est bien loin d'être atteinte, les lignes de force de cette manifestation ont permis de poser la centralité des textes et sources antiques aujourd'hui, quels que soient les domaines de pensée et d'action. On y constate le remarquable renouvellement et le dynamisme des méthodes des chercheurs et enseignants-chercheurs en ces domaines, qui ont tous à cœur de poursuivre leurs explorations et d'en perpétuer la transmission.

Hélène CASANOVA-ROBIN
Sorbonne Université
– UR 4081 Rome
et ses renaissances
Institut Universitaire de France

PREMIÈRE PARTIE

NOUVEAUX ENJEUX, NOUVELLES MÉTHODES

SOURCES TEXTUELLES ET SOURCES MATÉRIELLES : INTERACTIONS ET COMPLÉMENTARITÉ

ÉCLAIRAGE MUTUEL DES SOURCES TEXTUELLES ET ARCHÉOLOGIQUES

pour l'étude du site de Tell Qéïla, Cisjordanie

Le tell Qéïla[1] est un site cisjordanien des « collines de Judée », situé à une quinzaine de km au nord-ouest d'Hébron et dominant la plaine de la Shéphélah, à une altitude d'environ 460 m (fig. 1 et 2). Il appartient à la commune actuelle de Beit Ula. L'équipe de l'Université de Montpellier 3 a été chargée d'étudier l'ensemble de ses vestiges depuis 2017 par la Direction des Antiquités de Palestine[2], mais ses premiers travaux, effectués déjà sous l'égide de cette institution, datent de 2015, avec nos premiers relevés topographiques (fig. 2). Le tell n'est aujourd'hui plus habité, mais l'a été encore jusqu'en 1967, époque à laquelle subsistait un tout petit habitat groupé de quelques maisons traditionnelles, datables de l'époque ottomane, recouvrant eux-mêmes un quartier mamelouk et protobyzantin.

Cela dit, tant en ce qui concerne ses vestiges archéologiques qu'en matière de mentions dans les sources écrites anciennes, Tell Qéïla apparaît bien plus tôt dans l'Histoire. La présente communication vise, autant que faire se peut, à établir des corrélations entre ces deux types de sources, sans céder pour autant à un travers pourtant en vogue dans cette région, notamment pour les écrits bibliques, qui consiste à vouloir à tout prix établir des corrélations immédiates entre les faits archéologiques et certains textes.

---

1 Nous avons choisi d'utiliser cette forme du toponyme (bien que les variantes, que nous signalerons plus loin, soient nombreuses), qui est aussi bien celle de la Bible de Jérusalem que de la TOB. L'historiographie israélienne désigne souvent le site sous le nom de Keilah ou de Qeila (R. Greenberg et A. Kenan, *Israeli Archaeological Activity in the West Bank, 1967-2007, A Sourcebook*, Jerusalem, 2009, n° 864, p. 127).

2 Les premiers résultats des campagnes de fouilles ont été publiés il y a peu : S. Blétry, H. Duval, C. Girardi, T. Loupmon, A. Rjoob, « Tell Keila, Résultats de quatre années de recherches », Syria 95, 2018, p. 213-243.

D'un point de vue archéologique, Tell Qéïla semble avoir connu une première occupation de quelque importance à l'âge du Bronze ancien[3], ainsi que nous avons pu le mettre en évidence au cours de la campagne 2019. Lors d'une opération effectuée sur une partie du principal mur de fortification, nous avons pratiqué un sondage, puis un déblaiement de l'intégralité de l'unique tour pleine, jointe à ce mur. Ces vestiges avaient été mis au jour au moyen d'un bulldozer par des fouilleurs clandestins. Ils avaient fait ensuite l'objet d'une étude partielle par une équipe de Birzeit en 2014, qui est restée inédite. Nous avions préalablement reconnu, lors de la campagne 2018, l'ensemble du tracé de ce mur (environ 800 m de long), et pu établir une première datation à partir de quelques sondages très ponctuels. Notre fouille de 2019 sur cette partie du mur de fortification et sur la tour (fig. 3) a révélé qu'une partie du matériel retrouvé dans notre sondage pratiqué dans l'épaisseur du mur (« sondage 2 »), matériel certes minoritaire (5 % environ de la céramique), mais non négligeable, pouvait dater du Bronze ancien. Les céramiques les plus anciennes découvertes tant par l'équipe de Birzeit (« sondage 1 ») que par nos prospections de 2018 sur le tracé du mur ne pouvaient être datés que du Bronze moyen. En réalité, notre sondage contient une part équivalente (5 %) de céramique de cette même période. Nous ne pouvons donc exclure que le mur de fortification ait été érigé dès le Bronze ancien avec des réfections jusqu'au Bronze récent. Ce mur est fait de deux parements de blocs grossièrement taillés, entre lesquels a été placé un blocage de petits blocs non équarris. Sa largeur est de 3,30 m. L'unique tour identifiée sur tout le tracé, et que nous avons dégagée dans ses dimensions intégrales, est jointée au rempart. Sa longueur parallèlement au mur de quasiment 11 m, et elle est large de près de 4, 90 m. Ses deux angles extérieurs sont réalisés en blocs soigneusement taillés et appareillés.

La datation du Bronze moyen, qui avait été proposée auparavant et qu'il ne faut pas complètement éliminer, n'était cependant pas particulièrement satisfaisante pour tous les chercheurs ayant eu à traiter de Qéïla, car ce n'est qu'au Bronze récent que l'on entend parler pour la première fois du site dans les textes. Qéïla est en effet mentionné six

3 Lors de la campagne de 2020, il appartiendra à l'un des membres de la mission, spécialiste de cette période de déterminer si l'occupation du site ne pourrait pas remonter au Chalcolithique, version qui est celle de la Direction des Antiquités.

fois dans les Lettres d'Amarna[4] sous le toponyme de Qiltu[5] : il s'agit principalement des difficultés du suzerain de Qéïla, « maire » ou « roi » de Gath[6], Šuwardata, qui doit lutter contre d'autres petits potentats cananéens (notamment celui de Jérusalem, 'Abdi-Ḫeba, parfois son allié, parfois son ennemi), qui veulent précisément s'emparer de Qéïla-Qiltu ou qui protègent des « rebelles » (« 'Apiru »). Rien n'empêche pour autant que le mur de fortification ait été édifié à partir d'une époque plus haute, comme nous le pensons désormais. Tous ces roitelets cananéens sont cependant vassaux de l'Égypte, s'accusent mutuellement de traitrise et réclament, chacun de son côté, l'aide des soldats et des archers à Pharaon. D'après l'une de ces lettres (EA 280), c'est finalement Šuwardata qui a obtenu gain de cause[7], grâce à l'aide de pharaon ou à des changements d'alliances.

> [...] Le roi, mon seigneur, m'a permis de faire la guerre contre **Qiltu**. J'ai fait la guerre ; elle est maintenant en paix avec moi. Ma ville m'est restituée [...]

Nos prospections nous ont permis d'identifier plusieurs tombes de l'âge du Bronze lors de nos prospections des nécropoles (n° 9, 24 et 54). L'une d'elles (n° 54), particulièrement riche contenait essentiellement du matériel du Bronze récent, daté par la céramique, dont des fragments de vases de gypse, de très nombreuses perles en pierres dures, quelques fragments d'armes et de bijoux en Bronze et de la céramique d'importation égéenne (du Fer I). Bien que le matériel y ait été encore très abondant, il n'était cependant que résiduel, en raison de fouilles clandestines multiples, avant (et après ! car nous n'avons pas pu finir cette fouille en une seule campagne) notre intervention.

---

4 Ces textes sont trop nombreux ou trop longs pour être cités intégralement. On voudra bien se rapporter à W.L. Moran, *Les lettres d'el-Amarna, Correspondance diplomatique du pharaon*, Paris, 1987, p. 501-502, 509-512, 517-519 (EA 65, 279, 280, 287, 289, 290, et, même si Qiltu n'y est pas expressément nommé, EA 366, p. 561-562).

5 L'identification de Qéïla avec Qiltu est unanimement admise. Voir notamment N. Na'aman, « The Shepelah According to the Amarna Letters », in I. Finkelstein et N. Na'aman, *The Fire Signals of Lachish : Studies in Archaeology and History of Israel in the Late Bronze Age, Iron Age and Persian period in hommage of David Ussishkin*, Winona Lake, 2011, p. 290 et N. Na'aman, « David's Sojourn in Keilah in the Light of the Amarna Letters », *Vetus Testamentum* 60, 2010, p. 88, qui identifie le site avec la Qéïlah biblique où séjourne David selon 1 Sam 23 : 1-13 (voir *infra*).

6 Aujourd'hui Tell es-Safi, à 18 km à vol d'oiseau de Qéïla.

7 N. Na'aman, art. cité, p. 94.

On est en droit de se demander, en lisant les lettres d'Amarna, ce qui justifie la volonté farouche du roi de Gath de garder la mainmise sur cette Qiltu, et la détermination non moins farouche de ses rivaux de s'en emparer. Il est vrai que Qéïla/Qiltu occupe une position intermédiaire, sur les derniers contreforts des collines de Judée, mais à deux pas de l'importante dépression nord-sud qui les délimite par rapport à la plaine de la Shéphélah (la « *trough valley* », dont le tracé est aujourd'hui repris plus ou moins par le mur de séparation entre la Cisjordanie et Israël), et à un jet de pierre de la petite vallée d'Elah de direction est-ouest (connue pour être le site présumé du combat de David contre Goliath). Cette situation pourrait, dans l'absolu, expliquer à elle seule un éventuel intérêt stratégique, mais on notera que Qéïla ne domine aucune de ces vallées, qui constituent pourtant autant de voies de passage. L'argument stratégique ne tient donc pas véritablement, si ce n'est par cette position intermédiaire entre deux territoires, qui ont toujours constitué des domaines géologique, géographique, et culturel distincts, entre les hautes terres et la plaine.

Plus tard, au début de l'âge du Fer, cette distinction se cristallise avec l'arrivée de ce qu'il est convenu d'appeler les « peuples de la mer », dont une branche particulière est celle des Philistins, et qui, installés dans un premier temps sur le littoral, peuplent progressivement et relativement rapidement au cours du Ier Âge du Fer (XII-XIe s.) l'intérieur des terres[8]. Ainsi, la ville de Gath devient-elle philistine. Nous ignorons ce qu'il en est précisément de Qéïla, et la fouille des habitats du Bronze et du Fer sur le plateau sommital constitue l'objectif de nos prochaines campagnes. À l'âge du Fer II, le pays de Juda occupe la zone des collines d'Hébron, à l'est, alors que, progressivement, les Philistins ne se maintiennent essentiellement que plus à l'ouest.

En ce qui concerne la période de l'âge du Fer à Qéïla, nos sondages sur la fortification en 2019 révèlent que l'essentiel du matériel céramique

---

8 On peut consulter, parmi une bibliographie très abondante, A. Faust, « The "Philistine Tomb" at Tel 'Eton, Culture Contact, Colonialism, and Local Responses in Iron Age Shephelah, Israel », *Journal of Anthropological Research*, 71, 2015, p. 195-230, A. Faust et J. Lev-Tov, « Philistia and the Philistines in the Iron Age I : Interaction, Ethnic Dynamics and Boundary Maintenance », *HIPHIL Novum, Journal for Bible and Digital Ressources* 1, 2014, p. 1-24, et A.M. Maeir, L.A. Hitchcock et L. Kolska Horwitz, « On the Constitution and Transformation of Philistine Identity », *Oxford Journal of Archaeology* 32, 1, 2013, p. 1-38, qui ne s'accordent pas tout-à-fait sur les processus d'acculturation entre Israélites et Philistins, ni sur sa durée.

a pu être daté (à 80 %) de l'âge du Fer. Nous n'avons pas pu encore établir de datation plus précise de ce matériel. Le mur doit alors avoir bénéficié (à nouveau ?) d'une consolidation, et ce n'est sans doute qu'à cette période qu'il a été protégé par un glacis. C'est ce qu'indiquaient de petits sondages ponctuels que nous avons effectués en 2018 lors de nos prospections de reconnaissance de son tracé.

Qéïla est répertorié pour cette période dans l'Ancien Testament[9], tout d'abord dans une liste de toponymes attribués à la tribu de Juda après l'exode, dont la plupart ont été identifiés et dont l'énumération commence en Jos. 15. Pour ce qui en est de Qéïla (Jos. 15 : 44) :

> Qéïla, Aksib et Maresha : neuf villes et leurs dépendances.

À cette mention, il convient de rajouter deux fragments de Qumrân[10], qui jouent à la fois sur le livre des Juges (I : 19 : « Et Yahvé fut avec Juda qui se rendit maître de la Montage, mais il ne put déposséder les habitants de la plaine, parce qu'ils avaient des chars de fer ») et sur le livre de Josué, en mentionnant des villes déjà conquises par celui-ci, dont Qéïla. Ils ajoutent notamment certaines localités à la liste des villes qui furent conquises par la tribu de Juda après la mort de Josué :

- Fragment 4Q522, 9i et 10[11]

  [...] [en J]udah, Béer-Shéba[12] [et] Bé'alot[13], [... et ..., ...et] **Qe'ïla,** Adullam[14] et [...] Gézer[15] et Timno et Giezon (...)

- Fragment 5Q9[16] :

  Et frappa Josué[... ... et Maq]déqah[17], [... ... **Qe]ïla[h** ...

9 Pour les citations bibliques, nous utilisons la traduction de la Bible de Jérusalem.

10 Nos chaleureux remerciements vont au Père Émile Puech qui nous signalé et communiqué ces références.

11 Fragment 4Q522, 9i et 10, É. Puech, « Qumrân Grotte 4, XVIII », *Discoveries in the Judean Desert*, XXV, Oxford, 1998, p. 49, 51, 53.

12 La « Bersabéee » de Jos 15 : 28.

13 Jos 15 : 24.

14 Jos 15 : 33.

15 Jos 10 : 33 ; 12 : 33 ; 16 3 ; 21 : 21.

16 Fragment 5Q9, É. Puech, « Les manuscrits de Qumrân inspirés du Livre de Josué », *Revue de Qumrân* 28 (1) (107), p. 91 ss. et 107 ss. À noter que ce fragment est écrit en caractère d'époque hérodienne.

17 Jos 10 : 16 ss. et 15 : 40.

Si l'on suit la chronologie biblique, c'est dans un passage ultérieur du livre 1 de Samuel (1Sam : 23,1-14) que Qéïla est le plus longuement cité. Il s'agit d'un des récits du cycle de David, à l'époque où celui-ci, qui n'est pas encore roi, erre dans le sud du pays de Juda, poursuivi par Saül, qui se sent menacé par son aura après son combat contre Goliath. Il le poursuit donc. David, quant à lui, est devenu le chef d'une petite bande, qui est appelée à la rescousse par Qéïla (précisément par ses notables) ; ceux-ci ont en effet affaire eux-mêmes à des Philistins qui pillent leurs récoltes. David réussit à les chasser, mais on ignore pour quelle raison, les gens de Qéïla, peu reconnaissants, le dénoncent à Saül. David quitte alors précipitamment cette ville, « qui a des portes et des barres » qui risquent de le garder prisonnier et s'enfuit vers le désert de Ziph, au Sud.

> 1 On vint dire à David : Voici, les Philistins ont attaqué **Qéïla**, et ils
> pillent les aires. 2 David consulta l'Éternel, en disant : Irai-je, et battrai-je
> ces Philistins ? Et l'Éternel lui répondit : Va, tu battras les Philistins, et tu
> délivreras **Qéïla**. 3 Mais les gens de David lui dirent : Voici, nous ne sommes
> pas sans crainte ici même en Juda ; que sera-ce si nous allons **à Qéïla** contre
> les troupes des Philistins ? 4 David consulta encore l'Éternel. Et l'Éternel lui
> répondit : Lève-toi, descends à **Qéïla**, car je livre les Philistins entre tes mains.
> 5 David alla donc avec ses gens à **Qéïla**, et il se battit contre les Philistins ;
> il emmena leur bétail, et leur fit éprouver une grande défaite. Ainsi David
> délivra les habitants de **Qéïla**. 6 Lorsque Abiathar, fils d'Achimélec, s'enfuit
> vers David à Qéïla, il descendit ayant en main l'éphod*. 7 Saül fut informé
> de l'arrivée de David à **Qéïla**, et il dit : Dieu le livre entre mes mains, car il
> est venu s'enfermer dans une ville qui a des portes et des barres. 8 Et Saül
> convoqua tout le peuple à la guerre, afin de descendre à **Qéïla** et d'assiéger
> David et ses gens. 9 David, ayant eu connaissance du mauvais dessein que
> Saül projetait contre lui, dit au sacrificateur Abiathar : Apporte l'éphod !
> 10 Et David dit : Éternel, Dieu d'Israël, ton serviteur apprend que Saül
> veut venir à **Qéïla** pour détruire la ville à cause de moi. 11 Les habitants
> de **Qéïla** me livreront-ils entre ses mains ? Saül descendra-t-il, comme ton
> serviteur l'a appris ? Éternel, Dieu d'Israël, daigne le révéler à ton serviteur !
> Et l'Éternel répondit : Il descendra. 12 David dit encore : Les habitants
> de **Qéïla** me livreront-ils, moi et mes gens, entre les mains de Saül ? Et
> l'Éternel répondit : Ils te livreront. 13 Alors David se leva avec ses gens au
> nombre d'environ six cents hommes ; ils sortirent de **Qéïla**, et s'en allèrent
> où ils purent. Saül, informé que David s'était sauvé de **Qéïla**, suspendit sa
> marche. 14 David demeura au désert, dans des lieux forts, et il resta sur la
> montagne du désert de Ziph. Saül le cherchait toujours, mais Dieu ne le
> livra pas entre ses mains.

Enfin, il existe une troisième mention vétérotestamentaire de Qéïla, en Néhémie 3 : 17-18, qui liste les villes qui contribuent à reconstruire les remparts de Jérusalem pendant sa mission dans la ville entre 445 et 433 :

> 17 Après lui, les lévites réparèrent : Rehum, fils de Bani ; à sa suite, répara Hashabya, chef de la moitié du district de **Qéïla**, pour son district ; 18 à sa suite réparèrent leurs frères : Binnuï, fils de Hénadad, chef de la moitié du district de **Qéïla**…

Les principaux enseignements issus de l'Ancien Testament sur Qéïla proviennent du texte du livre de Samuel. On y apprend que la ville, bien fortifiée, appartient sans doute aux marges occidentales du royaume de Saül face aux Philistins, et donc que c'est une ville qui fait partie des terres attribuées à la tribu de Juda dès le retour de l'exode.

Mais, pour l'archéologue, ce qui compte principalement, ce n'est pas tant la date du contexte qui est décrit, que celle de la rédaction des sources, qui fournissent un *terminus post quem* à la mise en corrélation de faits archéologiques sur le terrain qui peuvent leur correspondre, ou tout du moins leur être contemporain. Or, contrairement aux Lettres d'Amarna, la date de ces différents textes bibliques, et par conséquent celle de la réalité qu'ils décrivent, est loin d'être assurée. Il existe tout d'abord quantité de débats entre exégètes de l'Ancien Testament, non seulement sur les questions ayant trait aux rédacteurs potentiels de chaque livre, mais, au-delà, à la composition même de celui-ci. Chacun des livres semble ne pas relever d'une rédaction unique. Mais plus encore, certains de ces rédacteurs peuvent également s'être inspirés de sources et de traditions plus anciennes que la période à laquelle ils écrivent, et se faire donc l'écho d'une réalité antérieure.

Le livre de Josué retrace l'histoire de la conquête de la « terre promise » après la mort de Moïse et la répartition des terres entre les différentes tribus d'Israël. Son historicité est fortement sujette à caution en particulier parce qu'il rapporte, entre autres, la destruction des murailles de Jéricho et la prise de la ville qui, comme on le sait aujourd'hui, n'était pas fortifiée, ni même occupée, pendant tout le Fer I. Par ailleurs, il est aujourd'hui largement admis qu'il n'existe aucun témoignage archéologique d'une quelconque arrivée massive de conquérants qui puisse correspondre à celle des Israélites. Il n'y a pas de réelle discontinuité en ce qui concerne la culture matérielle lors de cette période de transition entre le Bronze et le Fer qui n'aurait pu manquer d'exister dans le cas d'un nouvel apport de population En revanche, tout un faisceau d'indices montre un affaiblissement économique général et certaines migrations internes, qui ne sont le fait que de populations autochtones[18].

Il semble qu'un certain consensus se fasse sur une composition du livre de Josué en deux parties distinctes : la première (Jos. 1-12) consacrée à la conquête de Canaan après l'exode et la mort de Moïse outre Jourdain, la seconde (Jos. 13-22), qui est celle qui nous intéresse ici, à la répartition du pays entre les 12 tribus, le livre commençant et finissant en outre par deux discours de Josué. Une première rédaction aurait été entreprise sous le roi Josias (639-609), en particulier pour la première partie du livre, consacrée à la conquête ; cependant, même pour cette partie, la rédaction se sera faite partiellement au VIe et au Ve s., et intégralement pour le reste du texte, comme pour les autres livres faisant partie de ce qu'on appelle « l'Histoire deutéronomiste ». D'autres ajouts ont pu intervenir encore entre les IVe et IIe s.[19].

Pour ce qui est du livre de Samuel, l'hétérogénéité du récit, la présence de nombreuses redites et de contradictions internes semblent également indiquer l'existence de plusieurs rédacteurs, et malgré les controverses, on peut estimer qu'une datation entre le règne de Josias (VIIe s.) et la période exilique à Babylone, voire de la domination perse, semble raisonnable (VIe/Ve s.)[20]. Le livre, rédigé par « l'école deutéronomiste », aurait compilé et organisé plusieurs textes issus de traditions antérieures. Quant à l'historicité de David lui-même, elle n'est plus remise en cause, notamment en raison de l'indication de son nom dans

18 Une des premières remises en cause l'historicité de la conquête de Canaan été proposée par I. Finkelstein et N.A. Silberman, *La Bible dévoilée*, Paris, 2004, chap. 3, *passim*. Ces deux auteurs sont aussi ceux qui ont popularisé la datation désormais admise de la rédaction d'une grande partie du Pentateuque sous Josias au VIIe s (*ibidem*, chap 11.). Le caractère polémique de cette thèse s'est depuis atténué, et, mis à part certains tenants de la thèse « maximaliste », elle est en général reprise (T. Römer, « Josué » in T. Römer, J.-D. Macchi et C. Nihan (éd.), *Introduction à l'Ancien Testament*, Genève, 2009, p. 339 ss.).

19 Pour les datations sur lesquelles nous nous appuyons ici, voir T. Römer, « Josué », art. cité, p. 335-339 ; Id., « D'Abraham à la conquête, l'*Hexateuque* et l'histoire d'Israël et de Juda », *RSR*, 103-1, 2015, p. 51-53.

20 C. Nihan et D. Noquet, « 1-2 Samuel », in T. Römer, J.-D. Macchi et C. Nihan (éd.), *Introduction…*, *op. cit.*, p. 366 et 374 ss.

des sources extra-bibliques (au moins sur la stèle de Tel Dan qui mentionne la « maison de David », et qui est datée du IXe ou du VIIIe s.).

Enfin, le livre de Néhémie pourrait n'avoir été rédigé qu'entre la fin du Ve s. et le IVe s., et non de son vivant, bien que certains passages du livre soient écrits à la première personne, et peut-être même bien plus tard, au IIIe s., bien après donc la reconstruction des remparts de Jérusalem (au milieu du Ve s.) qu'il relate, et à laquelle deux « familles » de Qéïla participent.

On le voit, les propositions des biblistes, quant aux époques présumées de la rédaction des trois passages bibliques dans lesquelles Qéïla est mentionné, ne sont pas d'un grand secours, d'une part parce qu'elles sous-tendent, pour chaque mention, l'existence d'une vaste fourchette chronologique, d'autre part parce que le texte le plus important (1Sam. 23 :1-14, sur le séjour de David) semble reposer sur des traditions plus anciennes que le règne de Josias (639-609), mais qu'on ne peut dater. De ces périodes des VIIe-IIe s. à Qeïla, nous ne disposons actuellement que de peu de témoignages archéologiques. Ce sont essentiellement des tombes, aménagées à l'âge du Fer II et à l'époque hellénistique.

Dès nos premières interventions à Qéïla en 2015, nous avons entrepris, puis poursuivi, la prospection des environs immédiats des zones d'habitats antiques et jusque sur les collines jouxtant immédiatement le site, afin de mettre en évidence la présence des nécropoles. Nous avons pu localiser, au fil des années, une petite cinquantaine de tombes, et il nous arrive encore d'en remarquer une ou deux par an, au gré de nos trajets pédestres. Si nous sommes à même d'en discerner la présence, c'est qu'elles sont encore plus ou moins visibles dans la garrigue et à flanc de falaises, ce qui signifie aussi que, depuis plusieurs siècles (ou millénaires !), les habitants de Qéïla en connaissent l'existence. Elles ont par conséquent toutes été ouvertes et pillées, à des degrés divers. Ce phénomène a connu des recrudescences récentes lors des *intifada*, qui privent les travailleurs qui se rendent quotidiennement en Israël de l'accès à leur travail et donc de revenus.

Néanmoins, nous en avons fouillé certaines (6 en tout), et lorsque la présence de matériel résiduel le rendait possible, nous avons pu en tirer des informations d'ordre chronologique. Il est évident que ce matériel ne représente que ce qui reste après pillage. Leur agencement architectural demeure alors une source de renseignements tout aussi intéressante. En ce qui concerne l'ensemble des tombes de l'âge du Fer jusqu'à l'époque hellénistique présentes à Qéïla, elles sont au nombre d'une vingtaine, pour autant que nous puissions les dater d'un seul point de vue typologique, sans les avoir fouillées. Sur les quatre que nous avons explorées et qui appartiennent à la période du Fer, deux ont été vraisemblablement creusées dans un même gros banc de rocher, à la même période (tombes 10 et 11, fig. 4). Leur structure peut remonter jusqu'au IXe s., avec des exemples identiques connus dans la Shéphélah, mais ce type tend à devenir plus commun à partir des VIIIe-VIIe s., époque pour laquelle on en signale de très semblables dans la région d'Hébron[21]. Il s'agit d'une chambre unique à laquelle on accède, à travers une porte très étroite (pas plus de 50 cm de côté) et un escalier d'une ou deux marches. Le centre de cette pièce est sur-creusé sur une hauteur de 1 m pour ménager une fosse (« *standing pit* »), qui a rendu plus aisé pour ceux qui ont creusé ces tombes l'aménagement de trois banquettes sur chacun des trois côtés restants. Au fond de cette pièce, se trouve une fosse ovoïde d'environ 80/90 cm de de diamètre qui sert à des dépositions secondaires d'ossement de défunts anciens pour replacer sur les banquettes des cadavres plus récents. La tombe 11 a gardé cette structure simple, tandis que, vraisemblablement à une époque ultérieure, dans la tombe 10, le long de trois de ses parois, au-delà des banquettes, on a creusé des *loculi* (ou *kokhim*). De fait, le matériel résiduel de la tombe 11 est plus ancien et certains tessons pourraient remonter au Fer II précoce. En revanche, ce qui reste dans la tombe 10 n'est pas antérieur à la période hellénistique et l'occupation semble s'être prolongée jusqu'à la période protobyzantine. Ces tombes à *loculi* n'apparaissent pas avant le IIe s. av. J.-C. et se généralisent entre le Ier s. av. J.-C. et le Ier s. de notre ère, en particulier dans les nécropoles de Jérusalem[22].

La structure des deux autre tombes (27 et 42) est différente. Ici, les *loculi* sont en réalité des chambres secondaires qui sont présentes sur trois côtés d'une pièce centrale (ou vestibule) (le quatrième côté de la

---

21 D. Amit et I. Yezerski, « An Iron Age II Cemetery and Wine Presses at Nabi Danyal », *Israel Exploration Journal* 51, 2001, p. 171-193. I. Yezerski, « Burial-Cave Distribution and the Borders of the Kingdom of Judah toward the End of the Iron Age », *Tel Aviv* 26-2, 1999, p. 253-270.

22 A. Kloner et B. Zissu, *The Necropolis of Jerusalem in the Second Temple Period*, Leuven-Dudley, MA., 2007, p. 84.

pièce étant occupé en partie par la porte). La hauteur de la chambre est suffisante pour qu'on n'ait pas besoin de « *standing pit* ». Les banquettes y sont aménagées dans le rocher naturel, qui a été réservé à partir du sol de la tombe. La tombe 42 (fig. 4) avait été entièrement vidée de son matériel, mais celui (résiduel) de la tombe 27 était datable des périodes hellénistique, romaine et protobyzantine ; cependant, quelques tessons, très minoritaires, remontent au Fer II.

Si l'époque hellénistique est peu documentée à Qéïla, que ce soit par les sources écrites, par les vestiges d'habitats matériel archéologique ou dans les nécropoles[23], il n'en va pas de même pour la période romaine. Une belle tombe monumentale date en effet au moins de la période hérodienne (n° 26). Il s'agit d'une tombe à deux chambres, un vestibule et une chambre funéraire à proprement parler ; la paroi qui les sépare a disparu, mais reste matérialisée par un seuil encore partiellement présent. Dans la chambre funéraire, un « *standing pit* » est sur-creusé pour déminer trois banquettes disposées en Π, au-delà desquelles six *loculi* ont été creusés dans le rocher naturel. Cette tombe, située en bordure d'une route qui longe le tell, a dû faire, très tôt après son abandon, l'objet de multiples « visites ». Le matériel que nous avons pu en retirer était extrêmement mélangé et rien ne servait de tenter d'établir la moindre stratigraphie. La fouille nous a cependant permis d'établir le *terminus post quem* de la tombe (époque hérodienne) et la fin de son utilisation à la période protobyzantine (VIe-VIIIe s. au plus tard).

Rappelons aussi que les tombes 10, 11 et 27 (pour ne parler que de celles que nous avons fouillées) contiennent du matériel romain.

Sur le site lui-même se trouvent encore les vestiges très endommagés de ce qui a pu être une maison d'époque romaine, sur le flanc nord du tell : c'est ainsi que la décrivent ceux qui l'ont vue dans un état de conservation encore reconnaissable, avant que des « fouilles » clandestines au bulldozer ne l'aient détruite dans les années 2010. Il n'en reste que quelques fragments de murs enduits, et on voit encore deux caniveaux.

Mais nous avons aussi pu récupérer dans le bassin moderne de l'une des sources du site (la source 2, à son angle sud-ouest, fig. 1) un autel inscrit que son séjour prolongé n'a certes pas contribué à préserver dans

23 Une tombe, au moins, la n° 4, appartient à cette période.

de bonnes conditions. Néanmoins, il semble qu'on puisse y reconnaître une dédicace à *Jupiter Optimus Maximus Heliopolitanus*[24].

IOMḤ[- - -]	I(ovi) O(ptimo) M(ogit) Ḥ(eliopolitano)
[.]OIL[- - -]	[. .]oil[. .]
[-]TICV[- - -]	[-]ticu[-]
VOTV[- - -]	uotu[m]
[- - - ? - - -]	[fecit]

Une dédicace à *Jupiter Héliopoleites*, datant de Commode a été découverte dans le *sacellum* de l'amphithéâtre (lui-même construit au IIe s. ap. J.-C.) de la ville romano-byzantine d'Éleuthéropolis, l'ancien Tell Maresha, (aujourd'hui Bet Guvrin / Beit Jibrin).

En ce qui concerne les textes de la haute époque romaine, nous possédons le témoignage de Flavius Josèphe (*Ant.* VI, 271-274), qui parle des « Killaniens » et de « Killa », en reprenant la tradition du séjour de David en 1Sam 23 : 1-13.

> [271] Κατὰ δὲ τοῦτον τὸν καιρὸν ἀκούσας ὁ Δαυίδης τοὺς Παλαιστίνους ἐμβεβληκότας εἰς τὴν Κιλλανῶν χώραν καὶ ταύτην διαρπάζοντας δίδωσιν ἑαυτὸν στρατεύειν ἐπ' αὐτοὺς τοῦ θεοῦ διὰ τοῦ προφήτου πυθόμενος εἰ ἐπιτρέπει νίκην. Τοῦ δὲ σημαίνειν φήσαντος ἐξώρμησεν ἐπὶ τοὺς Παλαιστίνους μετὰ τῶν ἑταίρων καὶ φόνον τε αὐτῶν πολὺν ἐξέχεε καὶ λεῖαν ἤλασεν. [272] καὶ παραμείνας τοῖς Κιλλανοῖς ἕως οὗ τὰς ἅλως καὶ τὸν καρπὸν συνεῖλον ἀδεῶς Σαούλῳ τῷ βασιλεῖ μηνύεται παρ' αὐτοῖς ὤν : τὸ γὰρ ἔργον καὶ τὸ κατόρθωμα οὐκ ἔμεινε παρ' οἷς ἐγένετο, φήμη δ' ἐπίπαν εἴς τε τὰς τῶν ἄλλων ἀκοὰς καὶ πρὸς τὰς τοῦ βασιλέως διεκομίσθη αὐτό τε συνιστάνον καὶ τὸν πεποιηκότα. [273] χαίρει δὲ Σαοῦλος ἀκούσας ἐν Κίλλα τὸν Δαυίδην, καὶ 'θεὸς ἤδη χερσὶ ταῖς ἐμαῖς ὑπέθετο αὐτόν, εἰπών, ἐπεὶ καὶ συνηνάγκασεν ἐλθεῖν εἰς πόλιν τείχη καὶ πύλας καὶ μοχλοὺς ἔχουσαν', τῷ λαῷ παντὶ προσέταξεν ἐπὶ τὴν Κίλλαν ἐξορμῆσαι καὶ πολιορκήσαντι καὶ ἑλόντι τὸν Δαυίδην ἀποκτεῖναι. [274] ταῦτα δὲ αἰσθόμενος ὁ Δαυίδης καὶ μαθὼν παρὰ τοῦ θεοῦ, ὅτι μείναντα παρ' αὐτοῖς οἱ Κιλλῖται ἐκδώσουσι τῷ Σαούλῳ, παραλαβὼν τοὺς τετρακοσίους ἀπῆρεν ἀπὸ τῆς πόλεως εἰς τὴν ἔρημον ἐπάνω τῆς Ἐνγεδῶν λεγομένης. Καὶ ὁ μὲν βασιλεὺς ἀκούσας αὐτὸν πεφευγότα παρὰ τῶν Κιλλιτῶν ἐπαύσατο τῆς ἐπ' αὐτὸν στρατείας.

24 Nous sommes très redevables au prof. Maurice Sartre qui a accepté de lire cette inscription, malgré son très mauvais état de conservation, dû à son séjour prolongé dans l'eau, d'après un relevé sommaire et quelques clichés réalisés dans l'urgence. Qu'il en soit ici remercié.

« [271] Sur ces entrefaites, informé que les Philistins avaient fait irruption dans le pays des Killaniens et le pillaient, David s'offre à marcher contre eux, après avoir demandé à Dieu par l'intermédiaire du prophète s'il le lui permettait. Le prophète ayant répondu que Dieu promettait la victoire, il s'élança contre les Philistins avec ses compagnons, en fit un grand carnage et remporta force butin. [272] Comme il prolongea son séjour chez les Killaniens jusqu'à ce qu'ils eussent rentré leurs blés et leurs fruits, on dénonça sa présence au roi Saül. Car son exploit et son succès n'étaient pas restés le secret du canton qui en avait été le théâtre : la renommée les propagea de tous côtés et jusqu'aux oreilles du roi, en exaltant l'acte et l'auteur. [273] Saül se réjouit de savoir David enfermé dans Killa. "Enfin Dieu l'a livré entre mes mains, dit-il, puisqu'il l'a forcé à s'arrêter dans une ville pourvue de murailles, de portes et de verrous", et il ordonna à tout le peuple de se ruer sur Killa, d'en faire le siège, et de n'en point partir qu'on n'eût pris et tué David. [274] Cependant David s'était méfié de cette agression, et Dieu l'avait averti que s'il restait chez eux, Killites[25] le livreraient à Saül ; il emmène donc ses quatre cents hommes, et quitte la ville pour s'enfoncer dans le désert situé au-dessus d'Engeda. Le roi, ayant appris qu'il s'était enfui de chez les Killites, renonça à son entreprise contre lui[26]. »

Ce texte nous indique donc que « le Juif de Rome » connaît l'existence de Qéïla par le livre de Samuel ; mais ce sont bien les indices archéologiques qui nous prouvent que la ville existe toujours.

Quant à la période romaine plus tardive, voire protobyzantine, nous possédons un double témoignage écrit. L'*Onomasticon* d'Eusèbe Césarée, (rédigé vers 305 ap. J.-C. et qui recense les sites bibliques de Palestine) mentionne sous deux entrées différentes Qéïla[27] : « Echela » et « Kela », respectivement en 446/88 :26, d'après I Sam 23 :19 :

446/88 :26 Ἐχελά. Ἔνθα ἐκρύπτετο Δαυίδ. Ἐνχηλὰ νῦν λέγεται, ἀπέχουσα Ἐλευθερόπολεως σημείοις ζ΄. Ἀμβακούμ τοῦ προφήτου τὸ μνῆμα πλησίον δείκνυται.

---

25 On ne peut que remarquer, sans l'expliquer, le changement d'ethnique.

26 La traduction de Julien Weill : J. Weil, *Œuvres complètes de Flavius Josèphe traduites en français sous la Direction de Théodore Reinach*, Paris 1900-1905, p. 56-57, revue avec celle de J. Nodet, *Flavius Josèphe, Les Antiquités Juives, vol. III, Livres VI et VII*, Paris, 2001.

27 R.S. Notley et Z. Safrai, *s.v.* « Ἐχελά, (1 Sam 23 : 19) », *Eusebius, Onomasticon, The Place Names of Divine Scripture*, Boston-Leyde, p. 87 et note 446. Ils indiquent 7 milles depuis Éleuthéropolis et *s.v.* « Κεειλά (Jos. 15 :44) », p. 110 et note 591, où la notice mentionne environ 8 milles. Voir aussi G.S.P. Freeman-Grenville, R.L. Chapman et J.E. Taylor, *Palestine in the IVth Century, The Onomasticon by Eusebius of Cesarea*, Jerusalem, 2003, p. 52-53, *s.v.* « Echela (1 Sam 23 :19) et (114) », p. 65 *s.v.* « Keeila. (Jos. 15 : 44) ». R. Jimenez Zamudio, *El Onomasticon de Eusebio de Cesarea y la version latina de Jeronimo*, Madrid, 2008, (89) *s.v.* « Echela (1 Sam. 23 :19) », p. 130 et n. 1179 (où c'est le chiffre de 6 milles qui est donné en traduction) et (114) *s.v.* « Keeila (Jos. 15 : 21) », p. 148 et n. 1553.

> « Échela, là où David se cacha, qui s'appelle aujourd'hui Enchela, à 7 milles d'Éleuthéropolis. À proximité, on montre la tombe du prophète Habakkuk ».

et en 591/114 :15, d'après surtout Jos. 15 : 44 :

> 591/114 :15 : Κεειλά (Jos. 15 : 44). Φυλῆς Ιουδα. ἔνθα ἐκαθέσθη Δαυίδ. Καὶ εἰς ἔτι νῦν κώμη Κηλὰ πρὸς ἀνατολὰς Ἐλευθερόπολεως ἀπιόντων εἰς Χεβρών, ὡς ἀπὸ σημείων η᾽. Αμβακοὺμ τοῦ προφήτου αὐτόθι δείκνυται.
>
> « Kela, de la tribu de Juda. David vécut là. Jusqu'à nos jours, Kela est un village à environ 8 milles d'Éleuthéropolis sur la route d'Hébron. On y montre la tombe d'Habakkuk ».

C'est la première fois que la tombe d'Habakkuk est mentionnée à Qéïla ; par ailleurs, l'emploi du présent est intéressant en soi, et semble montrer que le lieu est toujours accessible et habité (« de nos jours », « aujourd'hui » qui traduisent un « νῦν » en grec).

Ce qui est tout de même confondant, c'est que Eusèbe lui-même donne aussi une autre localisation de cette tombe, à Gabatha (en 339/70 : 22), dont la localisation n'est pas aujourd'hui assurée, à, dit-il, « 12 milles d'Éleuthéropolis, où on voit la tombe d'Habakkuk ».

Un autre témoignage paraît cependant confirmer la localisation de la tombe d'Habakkuk à Qéïla, celui de Sozomène, dans son *Histoire Ecclésiastique* (VII, 29, 2), écrite entre 440 et 450, où il relate des événements survenus entre 379 et 423 :

> Ἀμφοῖν δὲ τὰ σώματα, ὡς ἐπυθόμην, κατὰ θεῖαν ὀνείρατος ὄψιν ἀνεδείχθη Ζεβέννῳ τῷ τότε ἐπιτροπεύοντι τὴν Ἐλευθεροπόλεως ἐκκλησίαν. Καὶ γὰρ δὴ καὶ τοῦ νομοῦ ταύτης ἤστην Κελὰ ἡ πρὶν Κεϊλὰ ὀνομαζομένη κώμη, καθ' ἣν ὁ Ἀμβακοὺμ ηὑρέθη [...]
>
> « Leurs corps à tous deux, comme je l'ai appris, furent divinement montrés au cours d'un songe à Zébennos, qui avait alors la charge de l'église d'Éleuthéropolis. C'est en effet du nome de cette église que dépendait le village de Kéla, antérieurement nommé Keïla où fut trouvé Habakkuk[28] ».

En ce qui concerne les sources archéologiques, Qéïla a connu à cette époque tardo-romaine et protobyzantine un essor certain. L'agglomération semble s'être alors développée d'un point de vue agricole. L'abondance

28 Texte grec établi par J. Bidez et G.C. Hansen, introduction par G. Sabbah, traduction par A.J. Festugière et B. Grillet, annotation par L. Angliviel de la Beaumelle, Paris, 2008, p. 218-219.

des pressoirs aménagés dans les effleurements de calcaire, notamment sur les pentes et les champs à l'ouest du tell, et qui sont tantôt de type romain, tantôt de type protobyzantin, plaident en tous cas dans ce sens. Nous avons également mis au jour et fouillé en 2017 (secteur 4)[29] un bâtiment de stockage ou à vocation artisanale datable de la fin de la période romaine et du début de la période protobyzantine.

L'étude de cette période était d'ailleurs notre préoccupation principale à l'origine de notre projet. Nous cherchions en particulier à localiser l'église, qui ne pouvait manquer d'exister dans un établissement de quelque envergure de la période protobyzantine, qu'Eusèbe et Sozomène semblent avoir connu. Cette quête fut enfin fructueuse en 2018, campagne pendant laquelle nous avons mis au jour dans un secteur 5, une cuve baptismale de forme carrée, creusé à partir d'un premier sol qui avait reçu un pavement de mosaïque aux tesselles blanches assez petites (1 cm de côté environ). Au sein de celui-ci, à quelques cm de la cuve, nous avons trouvé une inscription qui indique le nom de deux donateurs, Antôninos, un prêtre, et Aianès, un diacre (fig. 5). Si le premier anthroponyme correspond à un personnage d'origine grecque ou hellénisé, le second porte un nom attesté dans d'autres inscriptions et d'origine locale[30].

ΑΝΤΩ
ΝΙΝΟΣ
ΠΡΕΣΒΥ
ΤΕΡΟΣ
ΑΙΑΝ
ΗΣΔΙΑ
ΚΩΝ

Antôninos presbuteros aianes dia(côn)
« Antoninos, prêtre, Aianès, diacre ».

29 Au-dessus de ce bâtiment, se trouvaient des tombes ottomanes (en trois semaines, nous en avons dégagé cinq). Cela a considérablement ralenti notre fouille des niveaux antiques. Ce secteur a été abandonné l'année suivante, alors que la mise au jour des sols de mosaïque et de la cuve baptismale en secteur 5 a requis la contribution de toute notre équipe (*cf. infra*).

30 Y.E. Meimaris et K.I. Kritikakou-Nikolaroupoulou, *Inscriptions from Palestina Tertia, vol. 1, The Greek Inscriptions from Ghor es-Safi, Byzantine Zoora*, Athènes, 2005, n° 226 p. 316. Nous remercions M. Denis Feissel de nous avoir communiqué cette information et cette référence.

Le bâtiment a été ensuite recouvert, au moins partiellement, mais en laissant l'accès à la cuve, par un second sol de tesselles blanches[31], elles aussi, mais d'une taille supérieure (le double des précédentes). L'année suivante, en 2019, nous avons étendu notre secteur (« secteur 6 »), en direction du nord à la recherche d'un bâtiment ecclésial : il n'était pas évident en effet de déterminer si la cuve baptismale se trouvait dans une nef latérale d'une église ou dans une pièce ou un bâtiment séparé. En réalité, malgré notre fouille, la question n'est pas résolue de façon claire et il convient de rester prudent. La parcelle a été mise en culture depuis au moins 1967, date à laquelle les quelques dernières maisons encore debout sur le site ont été abandonnées. Or, les niveaux protobyzantins sont tous proches du sol actuel, et il s'avère de plus qu'ils ont été recouverts par une ou des structures datant au plus tôt de la période mamelouke, qui nous parvenus eux-mêmes dans un état très endommagé, voire parfois réduits à la forme de lambeaux de sols, de base de colonnes, d'infimes fragments de mosaïques. Les premières assises de murs délimitant une petite pièce dallée de petits carreaux de terre cuite, jouxtant deux bassins[32] ont été découvertes dès 2018. Les labours ont dû mettre au jour de nombreux objets ou vestiges, qui se trouvent aujourd'hui mêlés dans une couche de remblai, d'époque diverses, et ils ont dû éveiller la convoitise des fouilleurs clandestins depuis longtemps.

Seule l'amorce d'une abside, appartenant potentiellement à une église a été retrouvée dans les niveaux protobyzantins, mais elle appartient au niveau de cette période qui est le plus récent. Trois colonnes, dont deux supportent un chapiteau décoré de croix, lui correspondent. En revanche le baptistère existe dès l'état antérieur, et il ne fait aucun doute qu'une église lui était liée. De celle-ci, il ne reste plus aucun vestige. Le baptistère a été intégré au second état, et ses murs remodelés, de façon à correspondre à la nouvelle construction dont l'orientation est légèrement différente. Ce secteur protobyzantin peut avoir été contemporain, peut-être pas d'Eusèbe de Césarée, mais *a minima* de Sozomène, qui se réfère le plus souvent possible lui aussi à des témoins directs ; s'il précise les noms ancien et contemporain de Qéïla, c'est qu'il connaît sans doute le lieu[33].

---

31 Il reste toutefois quelques tesselles éparses de couleur, noire, rouge ou jaune.

32 L'un était recouvert sur ses parois et sur le fond de marbre gris (sa faible profondeur peut indiquer qu'il s'agit d'une baignoire) et le fond de l'autre d'une mosaïque blanche.

33 J. Bidez, G.C. Hansen, introduction par Guy Sabbah, traduction par André-Jean Festugière et Bernard Grillet, annotation par Laurent Angliviel de la Beaumelle, Sources Chrétiennes

Après le ve s., nous ne disposons plus de sources écrites sur Qéïla. Le site ne semble pas avoir été occupé aux périodes omeyyades et abbassides : c'est ce que prétendaient les prospections antérieures à nos interventions[34], et ce qui semble se confirmer après cinq campagnes de fouilles.

Néanmoins, l'ensemble ecclésial que nous avons mis au jour est recouvert à l'époque mamelouke par une riche demeure comportant une partie thermale ou par un établissement de bain autonome. Près de ce secteur, au sud du tell, sur le plateau sommital, les murs de tout un quartier sont encore partiellement en élévation. Ils paraissent être de construction ottomane, et les habitants actuels de ce faubourg rapportent que c'est à partir de la fin du XIXe s., que « Qila » a été progressivement abandonné à cause de la malaria, au profit de la ville actuelle de Beit Ula, située à environ 2 km. Il ne restait que quatre ou cinq maisons en 1967, date de l'abandon définitif de l'habitat sur le tell. Sur des photos aériennes auxquelles les autorités palestiniennes nous ont donné accès, et qui remontent à 1999, le plan du dernier quartier et des dernières maisons apparaît clairement.

Qéïla fournit aux antiquisants, littéraires, historiens et archéologues une occasion, somme toute assez rare, d'une mise en perspective mutuelle et enrichissante de l'Histoire et de l'Archéologie, où ces dernières peuvent également s'éclairer réciproquement, qui plus est, dans ce cas, sur le temps long. Les prochaines campagnes se focaliseront sur les niveaux d'habitat les plus anciens (Bronze et Fer) et seront, à n'en pas douter, très instructives sur les débuts de Qéïla.

Sylvie BLÉTRY
Université Paul-Valéry Montpellier 3
– UR 4424 CRISES

n° 516, Paris, 2008, p. 31.

34 Greenberg R. et Kenan A., *Israeli Archaeological Activity in the West Bank, 1967-2007, A Sourcebook*, Jerusalem, 2009, n° 864, p. 127.

ILLUSTRATIONS

FIG. 1 – Vue du site de Tell Qéïla par drone (2018).
© Mission palestino-française à Tell Qéïla.

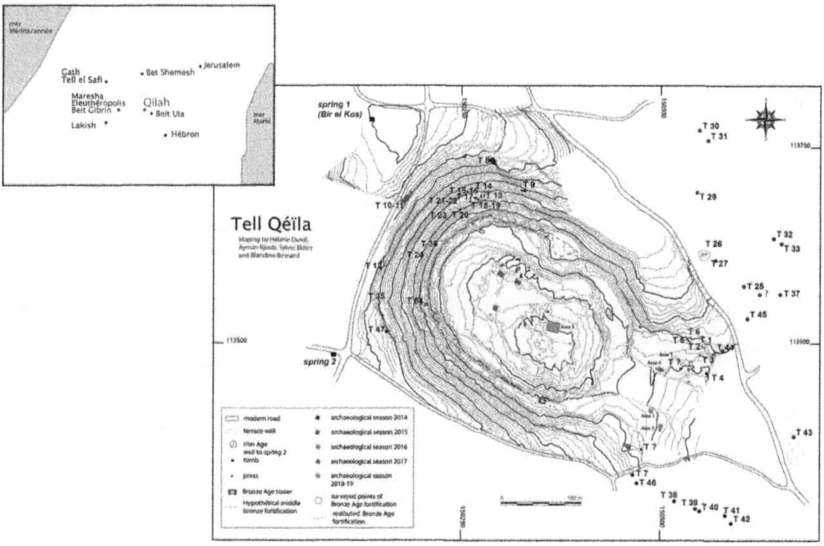

FIG. 2 – Plan de Tell Qéïla et des opérations de fouilles de la mission palestino-française. © Mission palestino-française à Tell Qéïla.

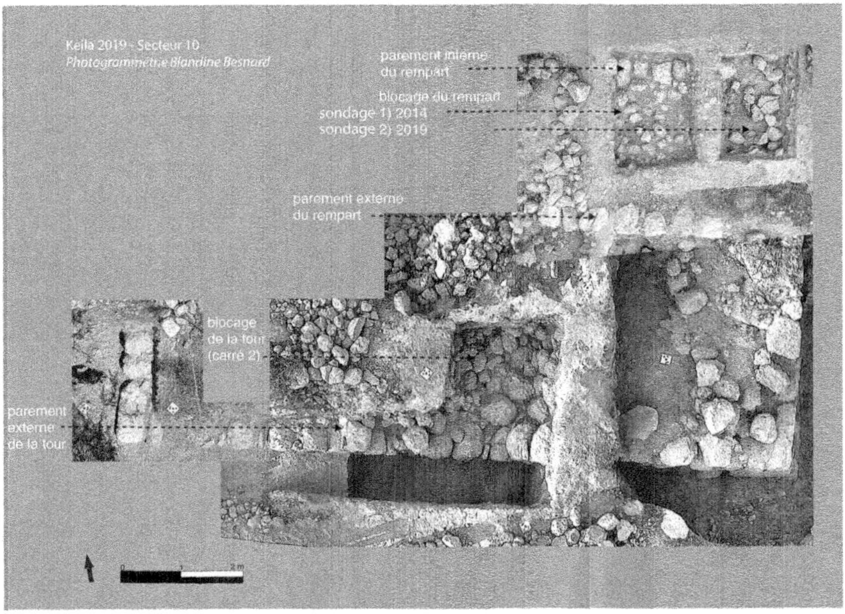

FIG. 3 – Photogrammétrie de la tour du rempart de Tell Qéïla (2019).
© Mission palestino-française à Tell Qéïla.

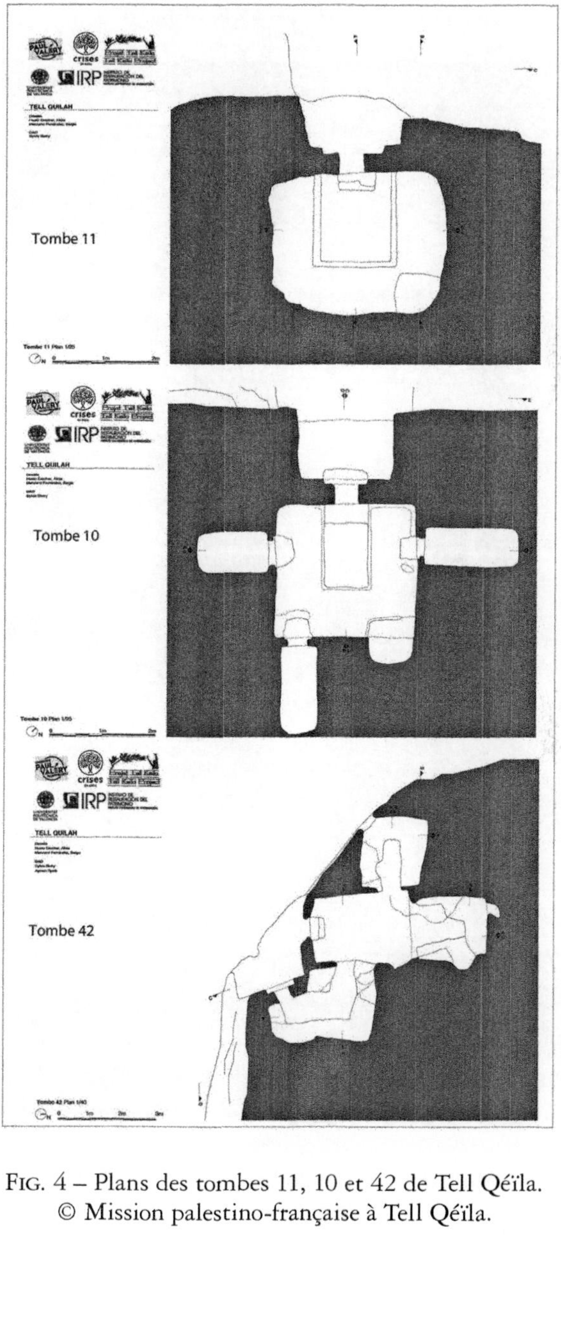

FIG. 4 – Plans des tombes 11, 10 et 42 de Tell Qéïla.
© Mission palestino-française à Tell Qéïla.

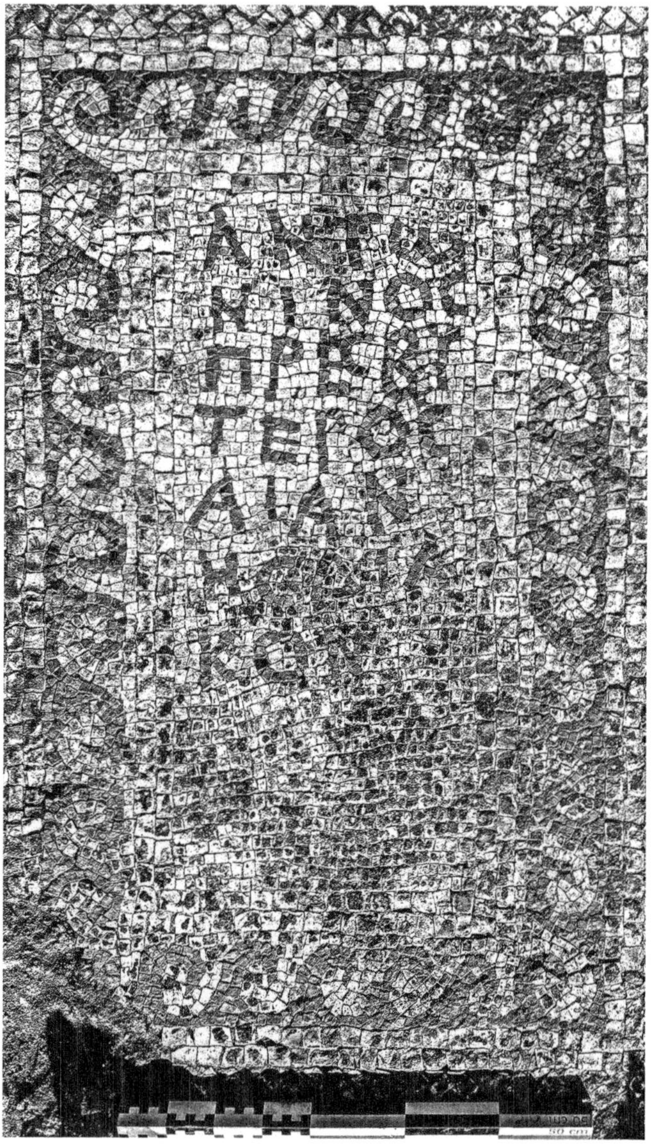

FIG. 5 – Mosaïque inscrite du baptistère de Tell Qéïla (2018).
© Mission palestino-française à Tell Qéïla.

L'ASSOCIATION D'HÉRACLÈS ET DE THÉSÉE DANS LES ENSEMBLES MONUMENTAUX ATHÉNIENS

Enjeux iconographiques et politiques

L'interprétation des images, qui ont leur rhétorique et leur syntaxe propres, a fait l'objet de nombreux travaux, parmi lesquels ceux de Roland Barthes[1], Ernst Gombrich[2] ou encore Daniel Arasse[3]. Les difficultés que pose une telle herméneutique, notamment en raison de la polysémie iconographique, ont été soulignées par des chercheurs comme Claude Bérard[4] ou encore Jean Marcadé[5], pour qui « la polyvalence de l'image [...] est un piège au niveau de l'interprétation[6] ». Les représentations d'Héraclès, particulièrement développées et complexes, en sont un excellent exemple.

L'image d'Héraclès, omniprésente dans l'art et la mythologie grecs, est polysémique, mais elle a souvent une valeur politique. Elle peut ainsi évoquer des dirigeants qui ont érigé le héros en modèle, comme Alexandre le Grand, Commode ou, de manière plus discutée, Pisistrate. C'est cependant à une autre valeur politique des représentations d'Héraclès que nous nous intéressons ici : à l'époque classique, Héraclès, en particulier lorsqu'il est associé à Thésée, devient une figure, et même un symbole, de la puissance d'Athènes et de sa

1 R. Barthes, « Rhétorique de l'image », *Communications* 4, 1964, p. 40-51 ; *La chambre claire : note sur la photographie*, Paris, 1980.

2 E. Gombrich, *Art and Illusion ; A Study in the Psychology of Pictorial Representation*, Londres, 2002 (rééd. 1960).

3 D. Arasse, *On n'y voit rien. Descriptions*, Paris, 2005 (rééd. 2000).

4 C. Bérard, « "On n'y voit rien" : du bon usage des erreurs », *Pallas* 75, 2007, p. 263-274.

5 J. Marcadé, « La polyvalence de l'image dans la sculpture grecque », dans H. Metzger, ΕΙΔΩΛΟΠΟΙΙΑ. *Actes du Colloque sur les problèmes de l'image dans le monde méditerranéen classique. Château de Lourmarin en Provence, 2-3 septembre 1982, Archaeologica* 61, 1985, p. 27-39.

6 *Op. cit.* p. 29.

volonté d'hégémonie sur le monde grec. D'une manière générale, les chercheurs ont souvent opposé Héraclès, héros panhellénique[7], à Thésée, héros démocratique, patriotique et local[8], mais ces rôles sont loin d'être complètement fixés et nous nous proposons ici de montrer qu'à l'époque classique, les artistes athéniens jouent au contraire sur la comparaison possible des deux figures et sur la valeur symbolique de leur association. La proximité entre Héraclès et Thésée (I) a permis de construire un cycle commun sur le décor d'ensembles monumentaux (II) et même de rendre interchangeables les images des deux héros (III). Cette association a été favorisée par la valeur politique qu'elle pouvait prendre en contexte athénien.

LES RAPPROCHEMENTS ENTRE HÉRACLÈS ET THÉSÉE

Les auteurs anciens notent déjà la proximité des deux héros et leurs caractéristiques communes. Isocrate souligne ainsi leur ressemblance physique[9]. Plutarque caractérise Thésée en ces termes : « Il accomplit une foule de glorieux exploits, qui firent que l'on s'accoutuma à dire de lui : 'C'est un second Héraclès'[10] ». Euripide[11] et Plutarque[12] vont jusqu'à leur prêter un lien de parenté. Les deux héros combattent de surcroît certains adversaires identiques (sanglier, taureau, géant). Tout

7 M. Delcourt, *Légendes et cultes de héros en Grèce*, Paris, 1942 ; H. A. Shapiro, « "Hêrôs Theos" : The Death and Apotheosis of Herakles », *Classical World* 77, 1983, p. 7-18.

8 T. Hölscher, « Images and Political Identity : the Case of Athens », dans D.D. Boedeker, (éd.), *Democracy, Empire, and the Arts in Fifth-Century Athens*, Cambridge, 1998, p. 156 ; R. Hoff, « Herakles, Theseus and the Athenian treasury at Delphi », dans R. Hoff, P. Schultz (éd.), *Structure, Image, Ornament : Architectural Sculpture in the Greek World. Proceedings of an International Conference held at the American School of Classical Studies, 27-28 November 2004*, Oxford, 2009, p. 96-104.

9 Isocrate, *Éloge d'Hélène*, 23.

10 Plutarque, *Vie de Thésée*, 29, 4. Traduction de R. Flacelière, E. Chambry et M. Juneaux, Paris, 1957. Plus haut, on lit : « De même Thésée, admirant l'héroïsme d'Héraclès, rêvait la nuit de ses actions et, pendant le jour, poussé par l'émulation, il s'exaltait à la pensée de les égaler » (Plutarque, *Vie de Thésée*, 6, 9).

11 Euripide, *Héraclès*, 207-212.

12 Plutarque, *Vie de Thésée*, VI, 7, 1.

cela permet à H. Walker de considérer Thésée comme « the Athenian alternative to Heracles[13] ».

Cette association se retrouve dans les représentations figurées des deux héros. Les peintres attiques ont souvent associé les images d'Héraclès et de Thésée sur un même vase. Il en existe une soixantaine d'exemples, peints à Athènes entre 560 et 460 avant notre ère. Parmi les plus remarquables se trouve une amphore à figures noires[14] dont la panse, dans sa partie supérieure, est ornée d'un côté par Héraclès combattant Nessos (fig. 1), de l'autre par Thésée affrontant le Minotaure. Outre la composition et la thématique proches, la position des figures est à ce point semblable que l'on doit superposer les deux dessins pour faire apparaître d'infimes différences (fig. 2). Sur une amphore plus ancienne d'une décennie[15], le peintre a donné aux deux héros une apparence physique très proche, chacun affrontant son adversaire emblématique : le lion de Némée pour Héraclès (fig. 3) et le Minotaure pour Thésée (fig. 4). Enfin, sur un *stamnos* plus tardif, utilisant la technique de la figure rouge[16], le Peintre de Cléophradès distingue les deux héros, puisqu'il a choisi de représenter Thésée imberbe et plus jeune, mais les relie néanmoins en reprenant certains éléments (comme l'arbre) et en représentant leur adversaire respectif dans la même posture (le lion de Némée pour Héraclès (fig. 5) et le taureau de Marathon pour Thésée (fig. 6). Ce détail est notable et montre une réelle volonté d'associer les deux scènes, puisque l'attitude que l'iconographie donne habituellement au taureau lorsqu'il affronte un homme est ici prêtée au lion, qui se retrouve dans une posture, sinon inédite, du moins très rarement utilisée pour lui.

Les sculpteurs, quant à eux, ont mis en parallèle les exploits d'Héraclès et de Thésée[17] sur deux monuments classiques : le Trésor des Athéniens

---

13 « L'alternative athénienne à Héraclès ». H. Walker, *Theseus and Athens*, Oxford, 1995, p. 51.

14 Amphore attique à figures noires, Peintre Affecté, vers 530 avant notre ère, Malibu, The J. Paul Getty Museum, inv. 86.AE.75 (CVA, The J. Paul Getty Museum 1, p. 18-20, 79, fig. 19, pl. 18.1-2, 19.1-2, 20.1-2, 26.3-4).

15 Amphore attique à figures noires, vers 540 avant notre ère, Cambridge, Musée Arthur M. Sackler, inv. 1960.312 (LIMC, V, Herakles, n. 1807, pl. 37).

16 Stamos attique à figures rouges, Peintre de Cléophradès, vers 490 avant notre ère, en provenance de Vulci, Philadelphie, Musée d'archéologie et d'anthropologie de l'université de Pennsylvannie, inv. L64.185 (LIMC, VII, Theseus, n. 188, pl. 656).

17 Ils étaient déjà représentés ensemble sur un brassard de bouclier en bronze, provenant d'Olympie et datant du VIe siècle avant notre ère (Olympie, Musée archéologique, sans numéro d'inventaire : LIMC, V, Herakles, p. 182, n. 3519, fig. 3519).

à Delphes, érigé entre 490 et 480 avant notre ère, et l'Héphaïstéion à Athènes, dont la construction a débuté vers 450 avant notre ère. Si l'association des deux héros dans la céramique n'est que la traduction visuelle d'une tradition mythologique qui tend à les rapprocher, elle revêt une tout autre dimension dans l'art monumental : les images sculptées sur les monuments, où une frise peut se déployer de façon spectaculaire, jouissent d'une publicité qui fait qu'elles sont rarement choisies pour leurs seules qualités ornementales, mais sont dotées d'une valeur symbolique. La cité qui commande le monument commande aussi des reliefs susceptibles de porter un sens symbolique en accord avec la représentation qu'elle a et qu'elle entend donner d'elle-même. Ainsi, l'association de Thésée et Héraclès sur des monuments athéniens prend sens dans un contexte où Athènes veut affirmer sa puissance et sa domination sur le monde grec et ce n'est pas un hasard s'ils sont rapprochés dans les édifices de la première moitié du ve siècle.

HÉRACLÈS ET THÉSÉE SUR LES BÂTIMENTS ATHÉNIENS

Le Trésor des Athéniens a été construit à Delphes à la suite de la victoire de Marathon[18], comme l'indique une dédicace sur le mur de soutènement de la petite terrasse qui longe le bâtiment au sud[19]. Il a été dédié à la cité panhéllenique par les Athéniens, qui affirmaient ainsi les valeurs de leur cité et leur rôle prépondérant dans la bataille de Marathon, et donc dans la victoire sur les Perses. D'ordre dorique, il est idéalement placé, sur le chemin menant au Temple d'Apollon. En raison de son état lacunaire, les chercheurs ne s'accordent ni sur la répartition des métopes sur le bâtiment, ni sur la nature des exploits qui y sont sculptés. Toutefois, l'hypothèse la plus souvent retenue consiste à identifier les exploits d'Héraclès sur les côtés nord et ouest et ceux de Thésée sur le côté sud, tandis qu'une

18 Pausanias, *Périégèse*, X, 11, 5. Cette datation est maintenant communément admise, mais a été beaucoup discutée (*cf.* R. Neer, « The Athenian Treasury at Delphi and the Material of Politics », *Classical Antiquity* 23, 2004, p. 76).

19 « Les Athéniens à Apollon en prémices du butin pris aux Mèdes à la bataille de Marathon » (J.F. Bommelaer, *Guide de Delphes*, Paris, 2015 (réed 1991), p. 162).

amazonomachie complète l'ensemble à l'est[20]. Des épisodes variés mettant en scène Héraclès et Thésée auraient ainsi décoré le bâtiment, pour former un ensemble monumental, le thème de la lutte contre les Amazones servant de lien entre les deux héros, tout comme la figure d'Athéna. Concernant Héraclès, plusieurs exploits, occupant chacun une métope, ne posent aucun problème d'identification : le lion de Némée, un Centaure, une jument de Diomède, la biche de Cérynie, Atlas, Cycnos, une Amazone[21]. Il faut ajouter l'exploit accompli par Héraclès contre Géryon, qui s'étendait sur cinq ou six blocs. La métope la plus importante figurant Thésée est bien sûr celle qu'il partage avec Athéna, les autres présentant ses adversaires habituels comme Périphétès, Cercyon, Skiron, Sinis, le Minotaure, le taureau de Marathon et une Amazone. Deux autres exploits sont représentés, et nous permettent de noter que, sur ce monument, les sculpteurs n'ont pas toujours fait les mêmes choix iconographiques pour représenter les deux figures principales. Ainsi, sur la métope de Thésée affrontant la laie, c'est le moment décisif qui a été retenu par le sculpteur : le héros est sur la droite, debout, tient son fourreau dans une main et s'apprête à frapper son adversaire de la main droite avec une épée ; la laie, dressée sur les pattes arrière, prend appui sur sa patte droite fermement ancrée au sol. Sur la métope d'Héraclès affrontant le sanglier d'Érymanthe, l'essentiel n'est pas le combat mais la lâcheté d'Eurysthée, caché dans un *pithos* : cette scène est conforme au schéma déjà utilisé presque un siècle auparavant dans la céramique attique[22]. En dépit de ces choix iconographiques différents, la volonté d'associer les deux héros apparaît clairement : ils ont un adversaire semblable, de même nature, mais de genre différent, et gardent, pout être facilement identifiés, des iconographies bien connues des spectateurs.

20 C. Rolley, *La Sculpture grecque. Des origines au milieu du Vᵉ siècle*, Paris, 1994, p. 216.

21 Boardman, John, « Herakles, Theseus and Amazons », dans D.C. Kurtz, B.A. Sparkes (éd.), *The Eye of Greece. Studies in the Art of Athens*, Cambridge, Cambridge University Press, 1982, p. 2-5. Notons que d'autres reconstitutions ont été proposées : LIMC, V, Herakles, p. 7, n. 1703, fig. 1703 ; B.C. Pétracos, *Delphes*, Athènes, 1971, p. 38-39 ; P. de la Coste-Messelière, *Fouilles de Delphes. Sculptures du Trésor des Athéniens*, Paris, 1957, p. 105-140. Nous proposons de voir, sur la métope 20, une représentation de l'épisode de l'hydre de Lerne ; Iolaos serait la figure hoplitique (la seule figure conservée) à gauche de la scène, et assisterait Héraclès pour cautériser les cous du monstre.

22 C'est d'autant plus intéressant que cette typologie avait pourtant perdu de son attrait pour les peintres du Vᵉ siècle, qui commençaient à lui préférer le schéma d'Héraclès tenant l'animal par derrière.

Contrairement à Héraclès, Thésée est un héros athénien, il est même le héros athénien par excellence[23]. Mais associé à Héraclès sur un monument athénien situé à Delphes, il acquiert une partie de la popularité du héros panhellénique et une audience aussi large que lui, celle des visiteurs venus de toute la Grèce dans le sanctuaire d'Apollon. Le prestige que gagne Thésée dans le compagnonnage d'Héraclès bénéficie à la cité athénienne : Thésée, assimilé à un Athénien, permet aux habitants de l'Attique d'acquérir la gloire panhellénique d'Héraclès, auquel il est associé[24]. Le monument représente par ailleurs l'amazonomachie, une scène rattachée à la mythologie des deux héros et qui symbolise, de plus, la victoire du monde grec sur les Barbares[25]. La lecture du Trésor des Athéniens se fait donc à plusieurs niveaux, les motifs formant un tout cohérent sur l'ensemble de la frise du bâtiment.

Héraclès et Thésée partagent également les métopes de la frise dorique de l'Héphaïstéion, érigé au nord-ouest de l'Agora d'Athènes. Au nord et au sud du monument se trouvent les exploits de Thésée, tandis que la frise du côté est, au-dessus de l'entrée principale, constitue le support des exploits du héros thébain à travers dix métopes. L'influence du Trésor des Athéniens est indéniable, notamment au regard du traitement de l'épisode de Géryon, le monstre à trois corps, qui occupe plusieurs métopes sur les deux bâtiments. Comme sur le monument de Delphes, la volonté de rapprocher les deux héros est manifeste sur l'Héphaïstéion : les cycles de leurs exploits respectifs se font écho, puisqu'ils sont tous deux fondés sur une alternance de combats contre des adversaires anthropomorphes, des figures hybrides et des animaux.

Toutefois, sur l'Agora d'Athènes, c'est Héraclès qui occupe la façade la plus importante du temple : les spectateurs le voient donc en premier, il est le référent auquel ils comparent ensuite Thésée. Ce monument vise à mettre en avant la gloire d'Athènes, qui en est la cité émettrice. C'est pourquoi les sculpteurs n'ont pas représenté les travaux non locaux comme celui des écuries d'Augias (figuré vers 460 avant notre ère sur le temple de Zeus à Olympie) : ils ont retenu soit des éléments qui entrent en résonance avec la cité, soit des exploits très populaires. Mais pour mettre

---

23 C. Dugas, « L'évolution de la légende de Thésée », *Revue des Études Grecques* 56, 1943, p. 4.

24 R. Neer, *op. cit.*, p. 76. La même idée se retrouve dans R. Hoff, *op. cit.*, 98.

25 Sur les Amazones comme reflet mythique des ennemis perses, *cf.* M. Gensheimer, « Metaphors for Marathon in the Sculptural Program of the Athenian Treasury at Delphi », *Hesperia, The Journal of the American School of Classical Studies at Athens* 86, 2017, p. 14-19.

en avant la gloire d'Athènes, Thésée ne suffit pas : il faut passer par le prisme d'Héraclès. Les imagiers se servent de la popularité de ce dernier pour mettre en exergue le héros local, le roi d'Athènes, Thésée. Dans la même logique, Athéna est représentée avec Héraclès, dans l'épisode des pommes du jardin des Hespérides. Contrairement à la métope du temple de Zeus à Olympie, Atlas n'est pas figuré dans cette scène : l'attention des spectateurs doit être portée sur la déesse tutélaire de la cité athénienne et sur sa relation privilégiée avec Héraclès, et par continuité avec Thésée.

L'association de Thésée et d'Héraclès dans l'iconographie monumentale a donc une évidente portée politique et contribue à la glorification d'Athènes. Dans cette perspective, la présence d'Athéna sur les deux monuments est lourde de sens : la déesse marque l'empreinte d'Athènes sur le Trésor des Athéniens et sur l'Héphaïstéion. Il est intéressant de constater qu'elle n'apparaît qu'une seule fois sur chaque bâtiment, avec un seul des deux héros (Thésée à Delphes et Héraclès à Athènes). Cela indique que toutes les métopes doivent être lues ensemble, dans une sorte de narrativité continue, où Athéna est physiquement avec l'un mais présente dans la globalité du monument[26]. L'idée d'une image d'Athéna patronnant Héraclès et Thésée sur le fronton est du Trésor des Athéniens a même été proposée[27] ; elle marquerait, plus qu'un cycle commun aux deux héros, l'existence d'un cycle athénien.

HÉRACLÈS ET THÉSÉE, DEUX HÉROS POPULAIRES INTERCHANGEABLES
Le témoignage de la céramique

Il serait cependant réducteur de penser que le rapprochement de Thésée et d'Héraclès bénéficie au seul Thésée. La popularité du héros athénien a également bénéficié au héros panhellénique, comme l'atteste le traitement de la scène du taureau dans la céramique.

---

26 La métope partagée par Athéna et Thésée « affirme la protection de la déesse sur Thésée comme sur Héraclès » (C. Rolley, *op. cit.*, p. 217).

27 Elle aurait pour fonction de personnifier la cité dédicante sur le bâtiment (*cf.* A. Jacquemin, *Offrandes monumentales à Delphes*, Athènes, 1999, p. 315).

Fait remarquable, Héraclès n'affronte le taureau ni sur le Trésor des Athéniens ni sur l'Héphaïsteion. Cela peut surprendre, dans la mesure où il s'agit véritablement d'un adversaire commun. En effet, d'après Pausanias, le taureau de Crète et le taureau de Marathon sont le même animal[28]. Le choix a donc été fait de laisser à Thésée cet exploit particulier, qui fait allusion à une victoire passée sur un ennemi ancien. L'importance dont veut se prévaloir la cité d'Athènes dans la victoire contre les Perses permet sans doute d'expliquer ce choix. En effet, il ne fallait pas risquer de confusion ou d'amalgame avec l'épisode du taureau de Crète[29] qui mettait en scène Héraclès et qui aurait surtout rendu le lien avec la bataille de Marathon beaucoup moins lisible.

Dans la céramique en revanche, on trouve des représentations d'Héraclès face au taureau de Crète, mais elles semblent n'avoir vu le jour que sous l'effet de la popularité de l'épisode de Thésée combattant le taureau de Marathon. De fait, l'épisode du taureau de Crète fait partie des épisodes héracléens les plus représentés, mais ne connaît aucune figuration avant 520 avant notre ère, ce qui est très tardif par rapport aux autres exploits[30]. Or c'est précisément à partir du moment où l'épisode de Thésée affrontant le taureau de Marathon devient populaire que celui d'Héraclès combattant le taureau de Crète commence à être figuré. C'est la preuve que les deux épisodes étaient étroitement associés dans les représentations grecques. La facture même des images laisse penser que les artistes ne cherchaient pas à les distinguer clairement. En effet, les figurations de ces épisodes présentent souvent des exemples de médiocre qualité ou peu détaillés, en tout cas difficiles à distinguer les unes des autres, d'autant qu'Héraclès est largement dépourvu de son attribut le plus représentatif, la *léontè*, qui permet généralement de l'identifier. Alors que les peintres attiques savent parfaitement distinguer Héraclès de Thésée, il semble que lorsqu'un jeune homme affronte un taureau, il soit volontairement laissé sans attributs ni signes distinctifs.

---

28 Pausanias, *Périégèse*, I, 27, 9-10.

29 Provenant de Marathon, le taureau rappelle la bataille qui a rendu la Grèce – et surtout Athènes – victorieuse des Perses. Les Athéniens, après la bataille de Marathon, ont considérablement accentué le rôle décisif d'Athènes dans le sauvetage de la Grèce face aux Perses (K. Raaflaub, « Athens. Ideologie der Macht und die Freiheit des Tyrannen », dans J.M. Balcer, H.S. Gehrke, K. Raaflaub (éd.), *Studien zum Attischen Seebund*, Constance, 1984, p. 43-86).

30 *Cf.* C. Granger, *Héraclès dans l'imaginaire grec : iconographie et procédés de représentation aux époques archaïque et classique*, thèse de doctorat soutenue à Lyon en 2018, p. 48.

Les images d'Héraclès et de Thésée face au taureau donnent donc l'impression qu'ils sont interchangeables, qu'ils pourraient se confondre, voire se substituer l'un à l'autre[31], et dans ce cas précis, ce n'est pas Thésée qui bénéficie de la popularité d'Héraclès, mais la scène d'Héraclès face au taureau de Crète qui bénéficie de la popularité de la scène de Thésée face au taureau de Marathon. Les céramiques n'ont évidemment pas la portée politique des monuments, mais elles témoignent du fait que dans l'imaginaire grec, les deux héros sont étroitement associés, au point de devenir interchangeables sur certaines images. Elles permettent ainsi de se faire une idée du contexte culturel qui a rendu possible l'utilisation politique de l'association des deux héros. C'est parce que Thésée et Héraclès, deux héros populaires, étaient étroitement liés dans l'imaginaire grec qu'ils ont pu revêtir une valeur symbolique presque commune sur deux monuments à la gloire d'Athènes.

Leur association répétée ainsi que la similitude de leurs adversaires et de certaines représentations figurées créent donc des liens entre Héraclès et Thésée dans l'art athénien classique. Les points forts de l'un peuvent ressurgir sur l'autre et permettent de légitimer la figure plus récente de Thésée, mais aussi d'inscrire l'image d'Héraclès dans la cité d'Athènes, l'assimilant ainsi à une figure athénienne. Les deux héros ont la même divinité tutélaire, des exploits en commun et bénéficient d'une ferveur populaire, ce qui renforce leur succès auprès des imagiers.

Le rapprochement d'Héraclès et Thésée revêt une valeur symbolique, en particulier lorsqu'il prend place sur des monuments ayant une très grande visibilité. Les deux héros ont été associés bien avant la construction du Trésor des Athéniens mais pas sur des édifices d'une telle proportion monumentale. L'architecture des temples et autres bâtiments publics présente un support idéal pour associer diverses images d'un même thème, d'une même légende, histoire ou geste. Dans le cas des monuments athéniens, les choix iconographiques permettent également de véhiculer un message politique, réaffirmant habilement l'importance de la cité dans le monde grec.

31 C'est une idée que l'on retrouve chez Richard Neer, pour le Trésor des Athéniens (R. Neer, *op. cit.*, p. 88).

Même si elles ne se lisent et ne s'interprètent pas de la même manière, les images présentes sur la céramique et dans l'art monumental, particulièrement celles d'Héraclès et de Thésée, doivent être rapprochées. L'association des deux héros trouve sa place dans des programmes iconographiques qui véhiculent des messages forts, sur les céramiques exportées dans tout le bassin méditerranéen comme sur les monuments exposés dans un sanctuaire panhellénique ou à Athènes : la cité d'Athènes se présente en modèle à suivre – aussi bien politique, qu'intellectuel et artistique. En associant Thésée à Héraclès, les Athéniens espèrent que leur héros local va peu à peu acquérir la même audience que le héros panhellénique. De plus, la forte popularité des représentations du héros thébain, parfaitement connues du public, renforce le message porté par Héraclès et par son association avec Thésée. Cette association, comportant une visée politique, a connu sa pleine expression sur des monuments athéniens et s'est imposée dans l'imaginaire grec.

Ce n'est pas tant un nouveau langage iconographique qui est mis au point, qu'une nouvelle manière de concevoir des programmes codifiés, ici au service de la propagande athénienne. Plus qu'une comparaison[32], c'est une cohérence, une unité et une assimilation qui sont créées entre Héraclès et Thésée. Et ce n'est pas un hasard si la première apparition de Thésée dans la sculpture monumentale est visible dans un ensemble qui montre aussi Héraclès, à l'époque de l'apogée d'Athènes.

Clara GRANGER
Université Jean-Moulin Lyon 3 –
Chercheuse associée à l'UMR 5189
HISOMA

32 R. Holloway, « Panhellenism in the Sculptures of the Zeus Temple at Olympia », dans *Greek, Roman, and Byzantine Studies* 8.2, 1967, p. 93.

ILLUSTRATIONS

FIG. 1 – Héraclès et Nessos. Amphore attique à figures noires, Peintre Affecté, vers 530 avant notre ère, Malibu, The J. Paul Getty Museum, inv. 86.AE.75 (CVA, The J. Paul Getty Museum 1, p. 18-20, 79, fig. 19, pl. 18.1-2, 19.1-2, 20.1-2, 26.3-4).

FIG. 2 – Thésée et le Minotaure. Amphore attique à figures noires, Peintre Affecté, vers 530 avant notre ère, Malibu, The J. Paul Getty Museum, inv. 86.AE.75 (CVA, The J. Paul Getty Museum 1, p. 18-20, 79, fig. 19, pl. 18.1-2, 19.1-2, 20.1-2, 26.3-4).

FIG. 3 – Héraclès et le lion de Némée. Amphore attique à figures noires, vers 540 avant notre ère, Cambridge, Musée Arthur M. Sackler, inv. 1960.312 (LIMC, V, Herakles, n. 1807, pl. 37).

Fig. 4 – Thésée et le Minotaure. Amphore attique à figures noires, vers 540 avant notre ère, Cambridge, Musée Arthur M. Sackler, inv. 1960.312 (LIMC, V, Herakles, n. 1807, pl. 37).

FIG. 5 – Héraclès et le lion de Némée. Stamos attique à figures rouges, Peintre de Cléophradès, vers 490 avant notre ère, en provenance de Vulci, Philadelphie, Musée d'archéologie et d'anthropologie de l'université de Pennsylvannie, inv. L64.185 (LIMC, VII, Theseus, n. 188, pl. 656).

Fig. 6 – Thésée et le taureau de Marathon. Stamos attique à figures rouges, Peintre de Cléophradès, vers 490 avant notre ère, en provenance de Vulci, Philadelphie, Musée d'archéologie et d'anthropologie de l'université de Pennsylvannie, inv. L64.185 (LIMC, VII, Theseus, n. 188, pl. 656).

8-17 DE NOTRE ÈRE, OVIDE À TOMES

Lectures croisées des *Tristes* et des *Pontiques*

Les dernières années du principat d'Auguste, sinon l'accession de Tibère au pouvoir et les premières années de son principat, semblent faire partie d'une des périodes les moins bien documentées de l'histoire romaine de ce tout début du Iᵉʳ siècle de notre ère. Certes, des récits historiques nous sont parvenus, datant notamment de l'époque antonine, avec Tacite qui n'aborde que brièvement dans ses *Annales* (I, 1-9) le bilan de l'œuvre du premier *princeps*, ou Suétone dont la biographie ne permet guère d'esquisser un récit chronologique précis des « années Auguste ». Auparavant l'œuvre longtemps décriée de Velleius Paterculus, contemporaine des faits, mais également plusieurs inscriptions monumentales exceptionnelles, comme les *Res Gestae Diui Augusti* ou le *Senatus Consultum de Cnaeo Pisone patre*, datées des années 14-20, et des émissions monétaires, nous offrent la possibilité de préciser les contours de cette décennie. Toutefois, l'œuvre d'exil d'Ovide, ses *Tristes* et ses *Pontiques*, apparaît comme d'autant plus précieuse qu'elle recèle des informations essentielles et en partie longtemps sous-estimées par les historiens[1], tout en participant d'une des énigmes qui a le plus interrogé les Anciens comme les Modernes : quelle pouvait être cette faute commise par le poète qui l'avait contraint à l'exil sur les rivages du Pont Euxin ?

Les lectures croisées qui suivent s'attachent à proposer une approche complémentaire du dossier des années 8-17 de notre ère, telles que le témoignage ovidien nous invite à les percevoir, à partir d'une triple perspective : mettre en situation cette décennie qui sépare l'exil de la mort du poète, essentielle dans la compréhension du legs augustéen à l'histoire romaine impériale et de la mise en musique de la partition du *princeps* par son fils adoptif, dernier héritier potentiel encore en vie

1 Pour une remarquable prise en compte et une véritable leçon de méthode, Millar 1993.

et pouvant accéder à l'Empire à l'été 14 ; définir la société romaine qui transparaît au travers des écrits d'exil, comme autant de données prosopographiques permettant d'éclairer les linéaments d'une sociologie historique en actes, dans le cadre de cet embryon de cour impériale dont fit partie le poète de Sulmone et qui traduit les liens entre membres des *ordines* : l'ordre équestre et cet ordre sénatorial encore balbutiant ; enfin, rendre compte de l'ambiguïté des propos ovidiens qui, sous couvert d'éloge, laissent entrevoir une lecture à double sens, qui prend au piège des mots un pouvoir né d'affrontements sanglants durant les guerres civiles, puis à l'origine d'un consensus non exempt d'arrière-pensées, histoire officielle imposée, comme le suggère la nature même des *Res gestae* et de leur première lecture au Sénat[2]. C'est donc par étape, en trois temps, qu'un tel parcours des années d'exil d'Ovide se déroule dans ce qui suit.

LES ANNÉES D'EXIL D'OVIDE MISES EN CONTEXTE Lectures « impériales » des *Tristes* et des *Pontiques* (S. Benoist)

Il s'agit, pour commencer, de prendre appui sur les œuvres d'exil d'Ovide, ses *Tristes* et ses *Pontiques*, afin de dépeindre le contexte général de la fin du principat d'Auguste et du tout début de celui de Tibère. Le poète, soucieux de son rappel d'exil, témoigne de moments importants de la vie de l'*Vrbs*, rituels, événements politiques, etc. Il est précieux de mesurer l'apport de ces œuvres des années 8-17 de notre ère, notamment cette dernière phase du principat augustéen la moins bien connue. Le poète demeure un observateur attentif des *realia* romains, en particulier les linéaments de la *res publica* de son temps, réseaux sociaux et cérémonies publiques. De la sorte, le fonctionnement même de la société impériale augustéenne s'en trouve éclairé, même s'il convient d'être particulièrement attentif à l'ambiguïté d'un témoignage piégé, qui n'oublie jamais les dimensions propres d'une réflexion d'un auteur sur son œuvre et les

2 En ce sens, Benoist 2017 et Benoist 2018.

moyens de livrer des messages à double-sens, qui soulignent plus avant le caractère premier d'un acteur social engagé tout autant que d'un critique des pratiques qu'il dépeint avec subtilité. Les développements des deux parties suivantes seront à même d'approfondir les dimensions sociales et d'éclairer les fonctions multiples de la poésie d'Ovide, telles que ce dernier les envisageait au terme de sa vie.

ROME ET L'EMPIRE ROMAIN, DE 8 À 17 DE NOTRE ÈRE[3]

Il convient d'ouvrir cette lecture croisée de l'œuvre d'exil d'Ovide par quelques données factuelles que les sources contemporaines nous permettent d'établir, en distinguant volontairement les cas d'Auguste puis de Tibère, son fils adoptif et successeur. Il appert que si l'ensemble des dossiers parvenus jusqu'à nous demeure restreint pour la dernière décennie augustéenne, il n'en reste pas moins que nous pouvons assez aisément mettre l'accent sur les figures impériales qui ont été plus particulièrement privilégiées par le premier *princeps* et célébrées comme il se devait par les auteurs contemporains, membres des cercles littéraires, depuis la fin des guerres civiles. Ce qui suit n'est évidemment pas une histoire des années 8-17 de notre ère, ce qui n'aurait guère de sens pour notre propos, mais bien une lecture qui tient compte des enjeux de la production d'exil du poète et des ressorts de l'État impérial confronté à sa première transition, en des circonstances qui impliquent d'inventer ce que la *res publica* devenue impériale ne pouvait en aucun cas formuler ouvertement : l'avènement d'un héritier, déjà associé à l'empire durant les dix précédentes années.

À propos d'Auguste

Trois éléments concourent à préciser (et sculpter) plus avant la statue impériale durant ces dernières années d'une longue vie, attristées par la maladie et les événements extérieurs. Que la décision d'exil intervienne dans ce contexte n'est nullement anecdotique. Les deux postures de

3 Les données sont notamment fournies par la documentation épigraphique et historique, *cf.* Kienast, Eck & Heil 2017, p. 53-60 et 70-73, pour un relevé systématique d'une chronologie augustéenne et tibérienne. Pour une mise en contexte de cette période de l'histoire romaine, Benoist 2016, troisième partie « Rome, une république "impériale" en mutation », p. 103-148.

l'*Imperator Caesar Augustus*, qui ont été régulièrement mises en avant durant la plus grande partie de son principat, le vainqueur des guerres civiles, garant de la *Pax Romana* / *Augusta*, d'une part, celui-là même qui est célébré par la statue de Prima Porta, et le *ciuilis princeps* d'autre part, qui est le protecteur naturel du *populus Romanus* et s'affirme depuis 2 avant notre ère au travers du dernier élément structurant de sa titulature impériale, le titre de *pater patriae*, s'expriment encore durant cette toute dernière partie de sa vie[4].

Je ne citerai que trois éléments qui participent de cette geste augustéenne. Si les commentateurs ont trop souvent voulu mettre en porte à faux le poète élégiaque et le législateur austère des *leges Iuliae*, il n'est pas indifférent qu'à quelques mois de la décision à l'encontre d'Ovide soit officialisée en Juillet-Août 9 la *Lex Papia Poppaea*, dernière loi à visée « nataliste » d'Auguste sanctionnant les célibataires et les couples sans enfant, en particulier pour les dispositions testamentaires. M. Papius Mutilius et Q. Poppaeus Secundus sont alors consuls suffects, à l'été. La *domus Augusta* a régulièrement été l'instrument d'une mise en scène de l'exemplarité, par exemple avec la famille de Drusus l'Ancien, en particulier son fils Germanicus, son épouse Agrippine et leur nombreuse descendance. C'est encore le récipiendaire de la puissance tribunicienne qui clôt le *census* pour la troisième fois en compagnie de Tibère l'année même de sa mort[5], tandis que son fils a célébré l'une de ces vertus impériales attachées au *clipeus uirtutum* de 27 av. qui lui avait été offert en consacrant un autel l'année auparavant à la Justice[6]. En revanche,

4 Pour une mise en scène magistrale de ce fameux « pouvoir des images », Zanker 1988.

5 Le 11 mai 14, achèvement du census à l'issue d'un lustrum accompli avec Tibère, voir les *Fasti Ostienses* (plaque Ca s. 1-4 : *[Sex. Pompeius, Sex. A]pp[u]lei[us] / [August(us) I]II, Ti. Caesar cens(um) / [egerun]t. C(ensa) s(unt) c(iuium) R(omanorum) k(apitum) / XXXXI/ DCCCC / [XXXVII ?]* [4 937 000 citoyens]) & les *RGDA*, 8, 4 *(Et ter]tium consulari cum imperio lustrum conlega Tib(erio) Cae[sare filio] m[eo feci,] Sex(to) Pompeio et Sex(to) Appuleio co(n)s(ulibus), quo lustro ce[nsa sunt] ciu[ium Ro]manorum capitum quadragiens centum mill[ia et n]onge[nta tr]iginta et septem millia)*. Il s'agit là d'un élément constitutif du rapport entre le *princeps* et le *populus*, au titre de l'un des contenus naturels de la puissance tribunicienne, à savoir l'octroi de la *ciuitas Romana*, de même que le recours au prince pour tout problème judiciaire (la *prouocatio ad populum* devenue la *prouocatio ad principem*).

6 Le 8 janvier 13, consécration de l'autel à la *Iustitia Augusta* par Tibère. Il convient d'insérer cet acte dans le cadre des conséquences de la politique édilitaire *ex manubiis* engagée après le triomphe de 12, à la suite des victoires remportées en 8, sur lesquelles je reviendrai dans la section consacrée à Tibère.

en Septembre 9, le climat s'est considérablement assombri avec la *Clades Variana*, la défaite cinglante de Varus et la perte de trois légions et de tous les corps auxiliaires dont était issu Arminius, néo-citoyen romain qui fait défection et se rallie aux peuples germains soulevés (Chérusques, Marses, Chattes, Bructères, Chauques et Sicambres). Cette déroute est le premier et le plus éclatant désaveu de cette *persona* affichée et célébrée d'un vainqueur perpétuel que l'empereur souhaite léguer à la postérité, comme les *Res gestae diui Augusti* s'y sont employées quelques années plus tard. C'est alors l'occasion pour Suétone d'offrir une image assombrie d'un Auguste désemparé[7].

C'est ensuite la dimension future du *diuus Augustus* qui peut être envisagée au travers des décisions prises concernant le culte impérial en province et les préparatifs de la transition impériale, avec le testament et les choix opérés à propos du *funus* et de la *consecratio*. Il n'est pas anodin, au regard de certains développements ovidiens, de mentionner l'autel de Narbonne et ce que son inscription, qui contient une *lex templi* tout à fait remarquable, nous enseignent[8]. Cette inscription monumentale permet de prendre la mesure des formes prises par le « culte impérial » durant les dernières années du principat d'Auguste, en particulier la conception de la famille impériale (*domus Augusti*), essentielle à la définition pérenne du *nouus status*, cette « *res publica restituta* » dont le *princeps* est le garant[9]. Dès le *senatus consultum de Cnaeo Pisone patre* (en 20), les effets de cette conception d'une famille au pouvoir sont perceptibles. Dans ce document épigraphique nîmois, il convient de relever les mentions successives d'Auguste, avec une titulature impériale minimale mettant l'accent sur son ascendance divine, le titre de père de la patrie, le grand pontificat et la puissance tribunicienne, son épouse Livie, ses enfants – à savoir Tibère et Germanicus que celui-ci a adopté en 4 en même temps qu'il était adopté par Auguste après la mort successive de ses deux petits-fils Caius et Lucius –, sa famille, le Sénat et le peuple romain. Le culte du *numen* d'Auguste fait l'objet d'un calendrier (les

7 Suet., *Aug.*, 23, 4 : *deo denique consternatum ferunt, ut per continuos menses barba capilloque summisso caput interdum foribus illideret, uociferans : Quintili Vare, legiones redde ! diemque cladis quot annis maestum habuerit ac lugubrem.*

8 Le 21 septembre 11, *Ara Numinis Augusti* de Narbonne (*CIL*, XII, 4333 [*ILS* 112], Narbo Martius).

9 Pour une approche collective de cette expression et de son contenu au sein du discours impérial augustéen, fort débattus, Hurlet & Mineo (dir.) 2009.

23-24 septembre, 1er et 7 janvier et le 30 mai), de gestes cultuels précis (victimes sacrificielles, encens et vin) et associe les composantes de la colonie romaine de Nîmes, les *coloni et incolae*, colons citoyens romains et domiciliés, mais également la désignation de trois chevaliers et trois affranchis pour s'occuper des rites.

> [Face principale] « Sous le consulat de T. Statilius Taurus et de L. Cassius Longinus, dix jours avant les kalendes d'Octobre (22 septembre 11 de notre ère), vœu consacré par la plèbe de Narbonne au *numen* d'Auguste à perpétuité, afin qu'il soit bon, prospère et heureux pour l'empereur César Auguste, fils du *Diuus*, père de la patrie, grand pontife, revêtu de sa XXXIVe puissance tribunicienne, son épouse, ses enfants et sa famille, le Sénat et le peuple romain, les colons et les domiciliés de la colonie Julia Paterna Narbo Martius qui se sont engagés à rendre un culte perpétuel à son *numen*. La plèbe de Narbonne a élevé sur le forum à Narbonne un autel auprès duquel, chaque année, neuf jours avant les kalendes d'octobre (23 septembre), jour où le bonheur du siècle l'a fait naître (ce prince) pour gouverner le monde, trois chevaliers recommandés par la plèbe et trois affranchis immoleront chacun une victime et fourniront à leurs frais aux colons et aux domiciliés l'encens et le vin pour adresser des prières à son *numen*. Huit jours avant les kalendes d'octobre (24 septembre), ils fourniront aussi l'encens et le vin aux colons et aux domiciliés. Aux kalendes de janvier, ils fourniront aussi l'encens et le vin aux colons et aux domiciliés. Et de même, sept jours avant les ides de janvier (7 janvier), jour où pour la première fois il a inauguré son *imperium* sur le monde, ils adresseront des prières par l'encens et le vin, immoleront chacun une victime et fourniront l'encens et le vins aux colons et aux domiciliés. Et la veille des kalendes de juin (30 mai), parce qu'en ce jour, sous le consulat de T. Statilius Taurus et de M. Aemilius Lepidus, il adjoignit des juges plébéiens aux décurions, ils immoleront chacun une victime et fourniront aux colons et aux domiciliés l'encens et le vin pour adresser des prières à son *numen*. Et de ces trois chevaliers et de ces [trois] affranchis, un seul [...] [Face latérale] La plèbe de Narbonne a dédié l'autel au *numen* d'Auguste [...] selon les lois qui ont été écrites ci-dessus. *Numen* de César Auguste, père de la patrie, lorsqu'en ce jour je te donnerai et te dédierai l'autel que voici, je te le donnerai et te le dédierai suivant les lois et dans les limites que j'aurai publiquement ici, en ce jour, énoncées, de même que le sol où reposent l'autel et les inscriptions. Si quelqu'un veut nettoyer, orner, restaurer, à titre de bienfait, que cela soit permis par les lois humaines et divines ; si quelqu'un fait le sacrifice d'une victime sans différer l'offrande supplémentaire, que cela soit cependant tenu pour régulier. Si quelqu'un veut faire un don à cet autel et l'enrichir, qu'il en ait la permission et que la même loi qui s'applique à l'autel s'applique aussi à ce don. Que pour cet autel et les inscriptions, les autres lois soient les mêmes que celles de l'autel de Diane sur l'Aventin. Suivant ces lois et dans ces limites, comme je l'ai dit, c'est à toi que, pour l'empereur César Auguste,

> père de la patrie, grand pontife, revêtu de la XXXVe puissance tribunicienne, pour son épouse, ses enfants et sa famille, le Sénat et le peuple romain, les colons et les domiciliés de la Colonie Julia Paterna Narbo Martius, qui se sont engagés à rendre un culte perpétuel à son *numen*, je donne et dédie cet autel pour que tu sois favorable et propice[10]. »

Avec la rédaction du testament d'Auguste, l'achèvement de ses *Res gestae*, puis l'ensemble du processus qui conduit de sa mort à l'avènement de Tibère et à la *consecratio* de son père, décidée en séance sénatoriale, le discours officiel bien rodé de ce principat met à l'honneur une famille au pouvoir et convie l'ensemble de la société romaine impériale, *urbi et orbi*, à la célébration de la geste du fondateur du principat, ce qu'Ovide, en témoin certes ambigu, accompagne depuis son exil pontique. Le 3 avril 13, la rédaction du testament, attestée par Suétone, s'accompagne du dépôt de trois autres rouleaux, remis aux Vestales, à savoir les *Res Gestae Diui Augusti*, les *mandata de funere* qui contiennent les recommandations pour la cérémonie funéraire et le récapitulatif des finances de la *res publica* et des corps de troupes (légions, corps auxiliaires) déployés dans l'empire[11]. C'est après le 26 juin 14, que l'on date ordinairement l'état définitif des *Res gestae*, avec l'actualisation du document l'année 14 de notre ère, mentionnée tout à la fois par les consuls de l'année dans le document (8, 4, *supra*

10 Seuls les passages les plus significatifs pour notre propos sont cités en latin : *T(ito) Statilio Taur[o] / L(ucio) Cassio Longino / co(n)s(ulibus) X K(alendas) Octobr(es), / numini Augusti uotum / susceptum a plebe Narbo/nensium in perpetuom, / quod bonum faustum felixque sit Imp(eratori) Caesari / diui f(ilio) Augusto p(atri) p(atriae) pontifici maximo trib(unicia) potest(ate) / XXXIIII, coniugi, liberis gentique eius, senatui / populoque Romano et colonis incolisque / c(oloniae) I(uliae) P(aternae) N(arbonensis) M(artii) qui se numini eius in perpetuum / colendo obligauerunt, (...) [Pleb]s Narbone(n)sis a[ram] / numinis Augusti de[di]cauit [3] / [6] / [3] legibus iis q(uae) i(nfra) s(criptae) s(unt), (...) lex ei dono esto quae arae est / ceterae leges huic arae titulisq(ue) / eadem sunto quae sunt arae / Dianae in Auentino hisce legi/bus hisque regionibus sicuti / dixi hanc tibi aram pro Imp(eratore) / Caesare Aug(usto) p(atre) p(atriae) pontifice maxi/mo tribunicia potestate XXXV coniuge liberis genteque eius / senatu populoque R(omano) colonis / incolisque col(oniae) Iul(iae) Patern(ae) Narb(onensis) Mart(ii) qui se numini eius in per/petuum colendo obligauerunt / doque dedicoque uti sies uolens / propitium.*

11 Suet., *Aug.*, 101, 1 : *Testamentum L. Planco C. Silio cons. III. non. Apriles, ante annum et quattuor menses quam decederet, factum ab eo ac duobus codicibus, partim ipsius partim libertorum Polybi et Hilarionis manu, scriptum depositumque apud se uirgines Vestales cum tribus signatis aeque uoluminibus protulerunt. Quae omnia in senatu aperta atque recitata sunt.* ; et 4 : *Tribus uoluminibus, uno mandata de funere suo complexus est, altero indicem rerum a se gestarum, quem uellet incidi in aeneis tabulis, quae ante Mausoleum statuerentur, tertio breuiarium totius imperii, quantum militum sub signis ubique esset, quantum pecuniae in aerario et fiscis et uectigaliorum residuis.*

note 5, à propos du *lustrum*), par le renouvellement annuel des puissances tribuniciennes (XXXVII) et par l'âge d'Auguste[12]. Du 19 août, mort d'Auguste à Nole[13], au 17 septembre, décision sénatoriale de *consecratio*[14], le scénario bien préparé de la divinisation du prince défunt[15] accompagne la mise en place de son successeur, même si la désignation de Tibère ne se déroule pas sans heurt, notamment aux armées, comme le confirme la situation en Germanie, en présence de Germanicus.

À propos de Tibère

Nous pouvons parallèlement mettre en situation le co-régent d'Auguste, ce fils adoptif destiné faute de mieux à lui succéder, en soulignant les éléments qui transparaissent durant cette décennie d'une posture impériale en tout point cohérente avec le legs augustéen et les enseignements livrés par l'œuvre ovidienne. Il s'agit d'une part de l'*imperator*, chargé des campagnes militaires au service du *princeps*, et en particulier après la défaite de Varus sur le secteur germain. À ce titre, les victoires remportées permettent au général victorieux d'investir ses *manubiae*, la part du butin réservé à l'*imperator* dans l'espace public. Fort de cette légitimité, l'accès au pouvoir, quelle qu'ait pu être la perception des sources antonines, très défavorables au fils de Livie, en particulier Tacite, ne semble pas avoir posé de problème à Rome, même si le témoignage des *Annales* instrumentalise une révolte des légions de Germanie, puis qu'une conjuration urbaine en 16 met au jour les tensions d'une cité impériale confrontée aux ambiguïtés des postures d'un homme mal à l'aise avec les habits monarchiques portés par son prédécesseur[16].

12 *RGDA*, 4, 4 : *Consul] / [fuer]am ter deciens c[um scribeb]a[m] haec [et eram se]p[timum et tricensimum] / [tribu]niciae potestatis* ; et 35, 2 *Cum scri]psi haec, annum agebam septuagensu[mum sextum.].*

13 (XIV KAL. SEPT.) : *Dies / tristissi(mus) / [---]* dans les *Fasti Amiternini* ; *Augustus excess(it)* dans les *Fasti Antiates ministrorum* ; *[XI]V k. Sept. Augustus [excessit]* dans les *Fasti Ostienses* de 14. Le dépôt des *ossa* dans le Mausolée d'Auguste est daté de la première quinzaine de septembre.

14 17 septembre 14 : *Consecratio (Fasti Antiates Ministrorum* ; *Fasti Amiternini)* : (XV KAL. OCT.) : *Fer(iae) ex s(enatus) c(onsulto), q(uod) e(o) d(ie) / diuo Augusto honores caeles/tes a senatu decreti / Sex. Appul(eio), Sex. Pomp(eio) co(n)s(ulibus).*

15 Contexte, cérémonie funéraire et procédure de *consecratio* : Benoist 1999, p. 230-233 ; 324-327, et 2005, p. 122-135. Pour quelques compléments, Benoist 2020, 7e et 8e variations.

16 Pour une mise en situation de ces années à partir des données biographiques, concernant Auguste : Cosme 2005 et Hurlet 2015, d'une part, Tibère et Germanicus : Lyasse 2011

Tibère assume en 6-9 le commandement en chef avec un *imperium proconsulare* en Pannonie et remporte à ce titre le 3 août 8 une victoire en Illyrie. Il prend la relève sur le front germain après la débâcle de Varus, en recevant en 10-12 le commandement en chef avec un *imperium proconsulare* en Germanie et ne peut jouir de son triomphe *ex Pannonis Delmatisque* que le 23 octobre 12, une fois fait le deuil des légions perdues[17]. Il peut ensuite renouveler en 13 sa *tribunicia potestas* et son *imperium consulare aequum* pour dix ans (?), pouvoirs qui sont à la base de la mise en place augustéenne du *nouus status* et porter progressivement, entre le 17 ? septembre 14 et le 10 mars 15, une titulature avec noms, titres et fonctions[18], aspect qui est abordé ci-après avec certains exemples épigraphiques et numismatiques à propos de la dénomination du prince et de ses conséquences dans l'affirmation de la « république impériale » *urbi et orbi*. Deux œuvres édilitaires illustrent excellemment l'interprétation tibérienne du legs augustéen, avant et après la mort du père, avec le 16 janvier 10 la consécration du temple de la Concorde Auguste qui se situe à l'extrémité occidentale du Forum, au pied des pentes du Capitole[19], et le 18 octobre 17, la restauration du temple de Janus au théâtre de Marcellus, au sein du programme *ex manubiis* entrepris en 12 et ainsi achevé cinq ans plus tard[20].

---

et Rivière 2016, d'autre part. On ajoutera le dossier des *Cahiers Glotz* 2013 proposant une relecture globale de la geste de Germanicus.

17 *Fasti Praenestini* : *Ti. Caesar curru triumphauit / ex Ilurico* (*Inscr. It.*, 13.2, p. 135) ; le témoignage d'Ovide est significatif : tant ses références à un triomphe *ex Germania* qui n'a pas eu lieu en 10 (*Trist.*, 4, 2) que sa description de celui de 12 (*Pont.*, 4, 1), l'exilé évoquant les spectateurs et le jeu subtil d'un théâtre politique urbain ; avec l'analyse de Millar 1993, p. 10-13 = 2002, p. 338-343.

18 En prenant un exemple significatif puisqu'il comprend l'insertion de la titulature d'Auguste à sa mort en 14, comme s'il était encore en vie : *CIL*, XI, 367 (*ILS*, 113), près d'Amiternum, en 21 : *Imp(erator) Ca[e]sar diui f(ilius) Augustus, pontifex maxim(us), co(n)s(ul) XIII, imp(erator) XX, tribunic(ia) potest(ate) XXXVII, p(ater) p(atriae), / Ti(berius) Caesar diui Augusti f(ilius) diui Iuli n(epos) Augustus, pontif(ex) maxim(us), co(n)s(ul) IIII, imp(erator) VIII, trib(unicia) potest(ate) XXII, dedere.* Pour cet usage particulier de la titulature des empereurs morts, l'inventaire de Chastagnol 1984.

19 Sous Tibère, ce haut lieu symbolique d'une *res publica* en quête d'apaisement durant le dernier siècle de la République, lieu de réunion du Sénat, est devenu un Musée où de nombreuses œuvres mentionnées par Pline dans son *Histoire naturelle* ont pris place. (XVII KAL. FEBR.) *Concordia Au[g(ustae) aedis dedicat]a est P. Dolabella, C. Silano co(n)[s(ulibus)]* dans une addition des *Fasti Praenestini* ; *Fer(iae) [e]x s(enatus) c(onsulto), quod eo die aedis / C[o]ncordiae in Foro dedic(ata)* est dans les *Fasti Verulani*.

20 Tac., *Ann.*, 2, 49 : *Isdem temporibus deum aedis uetustate aut igni abolitas coeptasque ab Augusto dedicauit, Libero Liberaeque et Cereri iuxta circum maximum, [...] in loco aedem Florae [...], et Iano templum, quod apud forum holitorium [...]* (« Vers la même époque, il dédia des

Avec, le 13 septembre 16, la découverte de la conjuration de Libo Drusus, s'achève cette évocation des données tibériennes. Il convient de relever à propos de cette conjuration déjouée la mention conjointe du prince et de ses fils – à cette date, Germanicus, fils adoptif et Drusus le Jeune, fils naturel –, les *principes* de la cité, expression derrière laquelle il faut identifier les membres de l'*uterque ordo*, chevaliers et sénateurs (l'ordre sénatorial étant en voie de constitution), et la *res publica*, au sens de l'État romain[21]. Il s'agit bien là de définir au mieux ce que représente la communauté civique impériale qui vient d'être mise à mal par la conjuration. On peut confronter ce texte avec les expressions proposées par les *Res Gestae diui Augusti* et le *Senatus consultum de Cnaeo Pisone patre.*

INTERLUDE : REPÈRES BIBLIOGRAPHIQUES, ENJEUX HISTORIOGRAPHIQUES

Il importe de replacer les thèmes majeurs que cette contribution à trois voix souhaite mettre en avant, l'exil d'un poète et un Empire en mutation durant les dernières années d'Auguste au pouvoir et l'avènement de son fils adoptif Tibère, dans le cadre d'une évocation des enjeux historiographiques récents. L'œuvre d'Ovide a fait l'objet d'un long débat, qui n'est ni clos, ni résolu définitivement, entre la présentation des *Amores* ou de l'*Ars amatoria* entre autres recueils, comme une critique plus ou moins virulente du principat augustéen (en particulier la politique « nataliste » et morale) et l'analyse plus nuancée des rapports du poète qui a préféré sa muse à la participation au *nouus status*, par exemple en abandonnant le *latus clauus.* Assurément, ses choix n'accompagnent pas la mise en place progressive de l'ordre sénatorial par Auguste, les deux frères Naso, chevaliers péligniens originaires d'une grande famille de Sulmo, demeurant au sein de l'*ordo equester*, le poète participant régulièrement par exemple à la *transuectio equitum* du 15 juillet, procession annuelle des chevaliers[22].

temples, qui avaient été détruits par les ans ou par le feu et dont Auguste avait commencé la réfection : celui de Liber, de Libera et de Cérès près du Grand Cirque (...) au même endroit, celui de Flora (...) et le temple de Janus, édifié près du marché aux légumes... »).

21 *Cf. Fasti Amiternini* : *nefaria consilia quae de salute Ti(beri) Caes(aris) liberorumq(ue) e(ius) et aliorum principum ciuitatis deq(ue) r(e) p(ublica) inita ab M. Libone erant. Feriae ex s(enatus) c(onsulto), q(uod) e(o) d(ie) nefaria consilia quae de salute Ti(beri) Caes(aris) liberorumq(ue) e(ius) et aliorum principum ciuitatis deq(ue) r(e) p(ublica) inita ab M. Libone erant, in senatu conuicta sunt* ; Vell., 2, 130, 3 ; Tac., *Ann.*, 2, 27-32 ; Suet., *Tib.*, 25, 2 ; Sen., *Ep.*, 70, 10 et Cass. Dio, 57, 15, 4-6. À propos de cette conjuration, Cogitore 2002, p. 181-191.

22 *Tr.*, 2, 89-90 : *At, memini, uitamque meam moresque probabas / illo, quem dederas, praetereuntis equo.*

Les *Fasti* tout comme l'œuvre d'exil participent d'une célébration subtile de la politique impériale mise en place, comme la troisième partie de cette étude permet de l'envisager à partir des stratégies discursives privilégiées par le poète, en mentionnant les grandes cérémonies publiques et leur impact dans la cité-capitale. Il s'agit bien de reconsidérer l'œuvre des poètes de l'époque augustéenne et tibérienne au sein d'un discours impérial finement accompagné par une génération d'auteurs triumviraux et augustéens : Ovide, comme le rappelle à juste titre F. Millar (1993), étant le premier auteur pleinement augustéen !

Les années 1980-1990 ont tout autant abordé les rapports entre le prince et les poètes, de manière générale dans le cadre d'un recueil d'articles offerts à Sir Ronald Syme en 1984 pour ses quatre-vingts ans (Jasper Griffin, « Augustus and the Poets : "Caesar qui cogere posset" »), ou bien plus directement à propos des rapports entre Ovide et le discours augustéen (Alessandro Barchiesi, *The Poet and the Prince. Ovid and Augustan Discourse*) qu'avancé dans une approche sociale et politique de la production littéraire ovidienne (Fergus Millar, « Ovid and the *Domus Augusta* : Rome seen from Tomoi ») ou par un essai de compréhension d'une culture augustéenne à laquelle on donnerait les contours les plus englobants (Karl Galinsky, *Augustan Culture. An Interpretive Introduction*). Les uns et les autres ont affronté la *uexata quaestio* des raisons du bannissement d'Ovide, un *carmen* (l'*Ars amatoria*) comme prétexte et *error* qui conduisit à la *relegatio* du poète élégiaque. Mais il me semble fondamental d'avoir à l'esprit la situation politique à Rome durant les dernières années du principat d'Auguste et les premières de celui de Tibère, ce qu'une recherche sur les modalités concrètes d'accession à l'empire, dans le cadre d'une *res publica* impériale sans aucun fondement institutionnel destiné à régler concrètement la transition d'un *princeps* à son successeur, pouvait aider à expliciter face au poids permanent de la contestation politique, héritière des pratiques ancestrales de la compétition aristocratique républicaine (Isabelle Cogitore, *La légitimité dynastique d'Auguste à Néron à l'épreuve des conspirations*).

De ce fait, l'introduction des *Tristes* souligne à l'envi l'enjeu de cette production d'exil : obtenir la clémence et le retour en grâce dans la cité, tandis que dans l'intervalle seul le livre du poète est autorisé à parcourir l'espace urbain, à pérenniser sa quête vagabonde des lieux les plus inspirants pour un poète élégiaque, mais également afin de rendre compte des *realia* romains. L'œuvre ovidienne contient en effet des renseignements précieux sur la vie de la cité de Rome, au temps de ses métamorphoses en cité impériale, capitale de l'*Imperium Romanum* et lieu de résidence de l'*Imperator Caesar Augustus*.

> Allons, j'y consens, petit livre : sans moi tu iras à la Ville, /
> là où ton maître, hélas ! n'a point le droit d'aller. [...]
> Mais maintenant, si je ne hais la poésie qui m'a fait tort, /
> c'est bien assez : l'exil est dû à mon génie. /
> Mais toi, va, tu le peux ; revois Rome à ma place. /
> Ah ! Grands dieux, aujourd'hui que ne suis-je mon livre[23] !

INVENTAIRE SUCCINCT
DES DONNÉES « IMPÉRIALES » OVIDIENNES

Il est temps de confronter les documentations épigraphiques et numismatiques et le témoignage d'Ovide, successivement scruté dans ce qui suit à propos du mode de fonctionnement de la société romaine aristocratique puis au prisme des enjeux d'un discours piégé sur la poésie, et de la leçon sur la littérature qu'il nous livre. Nous nous situons assurément dans un contexte qu'il importe d'avoir constamment à l'esprit, de l'année de l'exil à la mort du poète, cette Rome et son empire de 8 à 17 de notre ère.

Nous allons d'abord nous placer aux deux bornes temporelles de cette décennie ovidienne, la toute dernière du poète. Commençons par une expression très significative du *nouus status* tel qu'il a été conçu par Auguste et rendu par les sources qui nous en sont parvenues. Chaque début d'année, le rituel d'échange des *strenae* met l'accent sur les relations entre *princeps* et *populus*, telle une mise en scène exemplaire de la nature du principat conçu par Auguste[24]. Faute d'avoir conservé une inscription qui commémore l'ouverture d'année par un tel rituel, le 1er janvier 8 de notre ère, partons d'un texte conservé pour l'année 8 avant notre ère et actualisons nos données :

---

23 Ov., Tr., 1, 1, 1-2 & 37-40 : *Parue – nec inuideo – sine me, liber, ibis in Vrbem : / Ei mihi ! quod domino non licet ire tuo. [...] / Carmina nunc si non studiumque, quod obfuit, odi, / sit satis ! Ingenio sic fuga parta meo. Tu tamen, i pro me, tu, cui licet, aspice Romam. / Di facerent possem nunc meus esse liber !* Traduction française de Dominique Poirel, coll. « Orphée », Paris, La Différence, 1989 et texte latin (éd. Jacques André), « CUF–Budé », Paris, Les Belles Lettres, 1968.

24 *Cf.* Benoist 1999, p. 155-171, à propos du temps cyclique et de l'investissement politique au travers des rites inauguraux et de la célébration annuelle du pouvoir. L'ouverture d'année, les rites des 1er et 3 janvier, offre une belle illustration des modalités d'appropriation de la tradition par le nouveau pouvoir incarné par le prince et sa *domus*.

[Imp(erator) Caesar Diui f(ilius) Augustus],
[pontifex maximus],
[imp(erator) XIIII], co(n)s(ul) XI, [trib(unicia) potest(ate) X uel XVI],
5. *ex stipe quam po[pulus Romanus]*
calendis Ianuar[iis contulit]
C(aio) Marcio Censorino, C(aio) Asinio Gallo co(n)s(ulibus)[25].

Au terme de la période, une inscription datant de l'année de la mort d'Ovide nous livre une expression formulaire du pouvoir tibérien :

Ti(berius) Caesar diui / Augusti f(ilius) Augustus, / pont(ifex) max(imus), imp(erator), trib(unicia) / potest(ate) XVIII, co(n)s(ul) desig(natus) tert(ius)[26].

Et terminons par la célébration de cette vertu augustéenne (*cf.* le bouclier de 27 av. mentionné *supra*) que le poète aura attendue en vain de la part du premier successeur d'Auguste, fidèle en cela à la rigueur de son père adoptif[27] :

FIG. 1 –Avers/Droit : TI CAESAR DIVI AVG F AVGVST IMP VIII ; tête de Tibère, laurée, à gauche.
Revers : CLEMENTIAE S C ; petit buste de face de Tibère, lauré, drapé, à droite, à l'intérieur d'une couronne de laurier sur un bouclier rond bordé d'un cercle de pétales, qui se trouve dans le cercle extérieur de palmettes et de points.

25 *CIL* VI, 458 (p. 3005) = 30772, Rome, 8 av. n. è. Avec les données actualisées si une inscription du même type avait été découverte pour l'année 8 de notre ère : [---] / *[Imp(erator) Caesar Diui f(ilius) Augustus], / [pontifex maximus], / [imp(erator) XVII], co(n)s(ul) XIII, [trib(unicia) potest(ate) XXX uel XXXI], / ex stipe quam po[pulus Romanus] / calendis Ianuar[iis contulit] / M(arco) Furio Camillo, Sex(to) Nonio Quinctiliano co(n)s(ulibus).*

26 *CIL* III, 2972, Aenona, Dalmatie, 17 de n. è.

27 *RIC* I^2, Tibère, n° 38, *dupondius*, 16-22, atelier de Rome.

À propos de la *relegatio*, il convient de prendre en compte les données du problème telles que formulées par Ovide dans les *Tristes*. Même si, pour les Modernes, l'exil d'Ovide fut le plus souvent présenté comme la preuve de la tentative d'Auguste de contrôler les auteurs romains, les sources antiques sont restées muettes et Karl Galinski à propos du *carmen/error* d'affirmer que le reste n'est que silence (de l'impossibilité de résoudre cette *uexata quaestio*), « attitude qu'il convient de respecter justement parce qu'elle s'avère très différente de l'attitude habituelle d'Ovide[28] », qui lui-même dans les passages qui suivent n'aborde jamais précisément la raison de cette relégation dont il souligne toutefois qu'elle n'est pas un exil prononcé par un tribunal, *ira moderata* du prince qui lui a laissé son nom, sa citoyenneté et sa fortune.

> Ov., *Tr.*, 2, 1-22 : « Qu'ai-je encore à démêler avec vous, tristes fruits de mes veilles, écrits infortunés ? Moi qui viens d'en être si cruellement victime, pourquoi revenir aux Muses, qui m'ont rendu criminel et qui sont la cause de ma condamnation ? N'est-ce pas assez d'en avoir une fois porté la peine ? Mes vers m'ont valu cet empressement fatal que les hommes et les femmes ont mis à me connaître ; mes vers ont attiré sur moi et sur mes mœurs la censure de César, après qu'il eut enfin jeté les yeux sur mon *Art d'aimer*. Effacez mes écrits, vous effacerez tous mes crimes. Si j'ai été coupable, je ne le dois qu'à mes vers ; telle a été la récompense de mes efforts et de mes veilles laborieuses. L'exil, voilà tout le fruit que j'ai retiré de mon génie ! Si j'étais sage, je vouerais une juste haine aux doctes Sœurs, divinités funestes à leur adorateur ! Eh bien, au contraire, je viens encore une fois (tant mon mal est voisin du délire !) heurter du pied l'écueil où déjà je me suis blessé ; semblable au gladiateur qui rentre en lice après la défaite ou au vaisseau qui, après son naufrage, affronte encore la mer furieuse. Mais peut-être, comme jadis l'héritier du royaume de Teuthras, dois-je recevoir de la même arme la blessure et la guérison ; peut-être ma Muse désarmera-t-elle la colère qu'elle a provoquée. » *Ibid.*, 125-138 : « Sa clémence a été telle dans le choix de la peine qu'il m'inflige, que cette peine fut au-dessous même de mes appréhensions. La vie m'a été accordée. Ta colère, ô prince si modéré dans ta colère, n'est pas allée jusqu'à ordonner ma mort. Bien plus, comme si le bienfait de la vie n'était pas un bienfait suffisant, tu n'as pas confisqué mon patrimoine ; tu n'as pas fait décréter ma condamnation par un sénatus-consulte ; un tribunal spécial n'a pas prononcé mon exil, l'arrêt (ainsi doit agir un prince) est sorti de ta bouche : tu as vengé toi-même, comme il convenait de le faire, tes injures personnelles. En outre, l'édit, tout terrible et tout menaçant qu'il fût, est énoncé dans des termes pleins de douceur. Il ne dit pas que je suis exilé, mais relégué ; ma triste destinée a été ménagée dans la forme. » 4, 9, 11-12 : « César, si tu l'ignores, ne m'a point enlevé tous mes droits de citoyen, il ne m'a interdit que

28 Galinski 1996, p. 268-269.

le séjour de la patrie… » 5, 2, 55-58 : « Ton courroux, il est vrai, fut modéré : tu m'as laissé la vie. Ni les droits ni le titre de citoyen ne m'ont été enlevés. On ne m'a point arraché, pour le donner à d'autres, mon patrimoine, et ton édit contre moi ne me flétrit point du nom d'exilé[29] ! »

Je ne citerai *in fine* que trois illustrations ovidiennes de la geste impériale qui mettent en avant la grandeur du nouveau prince au travers de son triomphe, anticipé puis pleinement célébré, la société aristocratique de son temps, au travers du *processus consularis*, avec la cérémonie de 14, enfin la mise en scène du passage de témoin entre le père et le fils, rendant compte d'une réception très fine, bien que provenant d'un exilé aux confins de l'empire, de cet été 14 et des enjeux d'une continuité impériale. Le Triumphus de Tibère envisagé en 10 *ex Germania* (*Tr.* 4, 2) et celui célébré le 23 octobre 12 *ex Ilurico* (*Pont.* 2, 1 & 4, 1) est officiellement commémoré par un monnayage lyonnais dès l'année suivante[30] :

FIG. 2 –Avers/Droit : CAESAR AVGVSTVS DIVI F PATER PATRIAE ; tête d'Auguste, laurée, à droite.
Revers : TI CAESAR AVG F TR POT XV ; Tibère, lauré, debout à droite sur un quadrige, tenant une branche de laurier à main droite et un sceptre à main gauche ; chevaux de face à droite.

29 Voici les passages en latin les plus significatifs : *Tr.* 2.21 *(Musaque, quam mouit, motam quoque leniet iram)* ; 2.131-138 *(Nec mea decreto damnasti facta senatus, / nec mea selecto iudice iussa fuga est. / Tristibus inuectus uerbis [ita principe dignum] / ultus es offensas, ut decet, ipse tuas. / Adde quod edictum, quamuis immite minaxque, / attamen in poenae nomine lene fuit : / quippe relegatus, non exul, dicor in illo, / priuaque fortunae sunt ibi uerba meae)* ; 4.9.11-12 *(omnia, si nescis, Caesar mihi iura reliquit, / et sola est patria poena carere mea)* ; 5.2.55-58 *(Ira quidem moderata tua est, uitamque dedisti, / nec mihi ius ciuis nec mihi nomen abest, / nec mea concessa est aliis fortuna, nec exul / edicti uerbis nominor ipse tui).*

30 *RIC* I², Auguste, n° 221, Aureus, 13-14, atelier de Lugdunum ; à propos de la cérémonie triomphale, Benoist 2005, p. 200-210.

Quant au *processus consularis* et au déroulement des kalendes de janvier, la *Pontique* 4, 4 anticipe dès la fin de l'année 13 la cérémonie du 1er janvier 14, entrée en fonction du consul Sextus Pompeius (*cf. infra* note 39), en imaginant ce que sera cette cérémonie, tandis que la *Pontique* 4, 9 adressée à C. Pomponius Graecinus (*cf. infra* note 35), consul suffect en 16, poursuit l'évocation de ces fêtes impériales[31] qui illustrent la pérennité des usages aristocratiques d'une compétition nobiliaire pour la magistrature suprême qui doit tenir compte désormais de la *commendatio* impériale et des réseaux évoqués dans ce qui suit.

C'est enfin ainsi qu'Ovide, témoin en exil du passage de relais d'Auguste à Tibère, rend compte de la divinisation du père mais également de l'atelage politique désormais aux rênes du pouvoir, une mère et son fils, Livie et Tibère :

> En effet, j'ai enseigné que le corps d'Auguste, notre père, était mortel, tandis que son *numen* s'en était allé dans sa demeure céleste, que son fils qui, après bien des résistances et malgré lui, a pris en charge l'empire, égalait déjà la *uirtus* de son père, que tu es, ô Livie, la Vesta de nos chastes matrones, toi qui te montres aussi digne de ton fils que de ton époux, qu'il existe en outre deux jeunes princes, les fermes soutiens de leur père, et qui ont déjà donné des preuves certaines de leur noble caractère[32].

Cette perception fine de ce que représente la continuité dynastique pour Ovide, d'Auguste à Tibère, Livie devenue la fille adoptive de son divin époux, Iulia Augusta, prêtresse de son culte privé au Palatin (les *Ludi Palatini* de janvier), et les deux fils du prince, Germanicus et Drusus, prouve s'il en était besoin que le poète est capable d'exalter le *nouus status* dans ses aspects les plus fondamentaux. Depuis Tomes, qui n'est pas le lieu de la barbarie mais bien une cité grecque depuis fort longtemps, le poète n'est pas tout à fait un outsider, capable en bon insider, selon l'analyse de Fergus Millar (1993), d'accompagner la figure impériale d'un autre « exilé », Tibère, de Rhodes à Capri plus tard, en rupture de ban, véritable vieux républicain « impérial » !

---

31 Benoist 1999, p. 155-171.

32 *Pont.* 4, 13, 25-32 : *Nam patris Augusti docui mortale fuisse / corpus, in aetherias numen abisse domos, / esse parem uirtute patri qui frena rogatus / saepe recusati ceperit imperii, / esse pudicarum te Vestam, Liuia, matrum, / ambiguum nato dignior anne uiro, / esse duos iuuenes, firma adiumenta parentis, / qui dederint animi pignora certa sui.*

OVIDE ET L'ARISTOCRATIE DANS LA LITTÉRATURE D'EXIL (C. LANDREA)

La renommée poétique de P. Ovidius Naso éclipse souvent son appartenance à l'aristocratie, plus précisément à la seconde aristocratie des chevaliers. Originaire d'une vieille famille équestre de Sulmone, dans l'actuelle région italienne des Abruzzes, il a même porté le laticlave durant sa jeunesse et aurait pu prétendre à une carrière sénatoriale. Il a d'ailleurs exercé une charge du vigintivirat, mais préféra finalement rester dans l'ordre équestre pour s'adonner à la poésie et aux activités littéraires. Cette carrière sénatoriale avortée ne doit pas pour autant faire oublier le fait qu'il gravitait dans les cercles aristocratiques.

Né le 20 mars 43 av. J.-C., Ovide appartient en effet à la première génération post-césarienne, celle qui a connu l'époque triumvirale, les guerres civiles et la mise en place du principat augustéen. Il quitta l'Italie centrale pour rejoindre l'*Vrbs* où il étudia parmi les jeunes aristocrates. Puis ses activités littéraires lui permirent de fréquenter les cercles de sociabilité aristocratique. Toutefois ses relations avec l'aristocratie apparaissent peu dans son œuvre avant l'exil. Il n'y a pas de patronage poétique classique et il ne s'adresse pas à un cercle fermé. Dans les *Tristes* et les *Pontiques*, Ovide revient finalement à une pratique plus traditionnelle de la dédicace. Les destinataires ne sont pas nommés précisément dans les *Tristes* : soit pour les protéger d'éventuelles représailles, soit parce qu'ils ne voulaient pas être identifiés par exemple. Le ton change avec les *Pontiques*, car les destinataires sont nommés.

L'enjeu sera d'abord de mettre en lumière les réseaux d'Ovide et ses liens avec la noblesse, surtout à travers l'exemple des *Valerii Messallae.* Nous verrons ensuite que les lettres d'exil mettent en avant des composantes de l'identité nobiliaire (capital symbolique, exercice du pouvoir, faveur impériale...). Ovide offre ainsi un témoignage contemporain sur les grandes lignées républicaines.

LES RÉSEAUX ARISTOCRATIQUES D'OVIDE DANS LES *PONTIQUES*

Dans sa quête de protection, Ovide a multiplié les recours, en faisant ainsi apparaître des cercles de sociabilité aristocratique et des réseaux d'influence. Le contexte est aussi particulier, puisque les *Pontiques* se situent à un moment charnière : la fin du principat augustéen et les premières années du règne de Tibère.

Des destinataires issus des cercles du pouvoir

Le poète écrit à des personnages de haut rang, souvent issus de la noblesse. Deux catégories se dessinent pour les sénateurs : celle des consulaires éminents et celle des aristocrates plus jeunes à la carrière prometteuse. Certes, à la fin de l'époque augustéenne le consulat a perdu une grande partie de ses prérogatives, mais il n'en demeure pas moins un marqueur identitaire important. La compétition politique était encore particulièrement prégnante pour acquérir ce poste prestigieux. Selon les mentalités et l'usage séculaire, l'exercice du consulat était créateur de noblesse. La noblesse se définissait en effet par le service de la *res publica*, y compris durant le principat augustéen. Parmi les destinataires influents, il y a Paullus Fabius Maximus[33] et M. Valerius Messalla Messallinus[34]. Ils furent respectivement consuls en 11 et en 3 av. J.-C. Ces patriciens consulaires dominaient l'assemblée sénatoriale depuis des décennies, puisque les *Pontiques* furent écrites entre 13 et 16. Ovide écrit également à de jeunes nobles aux familles influentes et à des hommes venant seulement d'obtenir le consulat (C. Pomponius Graecinus est consul en 16 et son frère L. Pomponius Flaccus l'année suivante[35]), ou ceux dont la carrière laisse penser que ce sera bientôt le cas (M. Aurelius Cotta Maximus[36] n'obtient le consulat ordinaire qu'en 20). Cependant, la typologie ne s'arrête

33 Ov., *Pont.* 1, 2 ; 3, 3 et 3, 8. Groag 1909, *RE*, VI.2, col. 1780-1789, *s. v.* Fabius n° 102 et *PIR*² F 47. Sur les liens entre le patricien et Ovide, voir l'analyse de R. Syme (1978, p. 135-155).

34 Ov., *Pont.* 1, 7 et 2, 2. Sur ce personnage : Von Lunzer 1955, *RE*, VIII.A.1, col. 159-162, *s. v.* Valerius n° 264 ; *PIR*² V 146 et Landrea, 2011a, p. 561-588.

35 C. Pomponius Graecinus (*cos.* 16) est le destinataire des *Pontiques*, 1, 6 ; 2, 6 et 4, 9. Ovide adresse la *Pontique* 1, 10 à son frère L. Pomponius Flaccus (*cos.* 17). Sur ces personnages, voir *PIR*² P 717 pour Graecinus et *PIR*² P 715 pour son frère.

36 Ov., *Pont.* 1, 5 ; 1, 9 ; 2, 3 ; 2, 8 ; 3, 2 et 3, 5. Von Rohden 1896, *RE*, II.2, col. 2490-2491, *s. v.* Aurelius n° 111 ; *PIR*² A 1488 et Landrea 2011b, p. 557-579.

pas à l'âge des destinataires. L'analyse peut également être sociologique. Fabius Maximus, Messallinus et Cotta sont des représentants des vieilles lignées républicaines qui ont adhéré au projet augustéen, tandis que les *Pomponii* sont d'une noblesse bien plus récente.

Enfin, la dernière clé de lecture de ces destinataires concerne leurs liens avec les princes et les membres de la *Domus Augusta.* En effet, ils faisaient généralement partie d'une cour impériale naissante : certains étaient des proches d'Auguste et de son épouse Livie, comme Paullus Fabius Maximus (*cos.* 11 av. J.-C.), tandis que d'autres étaient plus liés à Tibère ou à Germanicus. Par exemple C. Pomponius Graecinus (*cos.* 16) et son frère aîné, L. Pomponius Flaccus (*cos.* 17), étaient des proches du nouvel empereur, Tibère. Les frères ont ainsi bénéficié du soutien princier dans leur carrière, comme le montre l'exercice du consulat au début du règne. Lorsque Graecinus devint consul en 16, Ovide s'empressa de lui demander de supplier l'empereur[37]. Il était certes un vieil ami du poète, mais ce dernier utilisait cette amitié pour améliorer ses conditions d'exil. Les accents opportunistes sont manifestes.

Des proches de Germanicus apparaissent plutôt dans le livre IV des *Pontiques*, comme son questeur P. Suillius Rufus[38] et Sex. Pompeius (*cos.* 14)[39]. Le populaire Germanicus était alors pressenti pour succéder à Tibère et il existait une concurrence entre Drusus, le fils naturel de Tibère, et le fils adoptif Germanicus. Ovide semble pencher en faveur de ce dernier, car la correspondance publique ne fait pas état de lettres adressées à des proches de Drusus. Le poète a même dédié la version remaniée des *Fastes* à Germanicus[40].

37 Ov., *Pont.* 1, 6, 24. Pomponius Graecinus a su conserver la faveur de Tibère. Il devient même frère arvale en 21 (*CIL* VI, 32339).

38 Ov., *Pont.* 4, 8. *PIR*² S 970.

39 Ov., *Pont.* 4, 1 ; 4, 4 ; 4, 5 et 4, 15. *PIR*² P 584.

40 Les *Fastes* s'ouvrent sur une longue dédicace au jeune prince (1, 3-26).

L'ancienneté des liens entre Ovide et les Valerii Messallae

L'ancienneté de l'*amicitia* et du soutien des *Valerii Messallae* est souvent invoquée pour attirer l'attention de ces patriciens, par exemple dans une épître adressée à Messallinus (*cos.* 3 av. J.-C.)[41]. Son père est l'éminent M. Valerius Messalla Corvinus (*cos.* 31 av. J.-C.) à la carrière mouvementée[42]. Proche de Cicéron et des idées républicaines, il fut proscrit après la mort de César et décida de rejoindre les tyrannicides en Orient. Après la bataille de Philippes en 42 et la mort de Brutus et de Cassius, il rejoint Antoine avant de rallier la cause d'Octavien. Sous le principat augustéen, il devient le premier préfet de la Ville en 26 av. J.-C., le premier curateur des eaux en 11 av. J.-C. et c'est lui qui décerne le titre de *Pater patriae* à Auguste en 2 av. J.-C. au nom du Sénat.

Par ailleurs Corvinus eut des activités littéraires variées. Il est notamment l'auteur de traductions[43], de traités de grammaire[44] et de poèmes[45]. Dans le *Dialogue des orateurs*, Tacite tente même une comparaison entre le patricien et Ovide qui tourne évidemment au désavantage du premier[46]. Enfin, le cercle littéraire de Corvinus lui permettait de s'inscrire dans une longue tradition aristocratique du patronat littéraire. Vers le milieu des années 30 av. J.-C., le patricien était déjà une personne reconnue, citée par Horace, aux côtés d'Asinius Pollion et de Mécène[47], ce qui montre l'ampleur des réseaux culturels de sociabilité. Cependant, sous le Principat, le patronat aristocratique tend à être supplanté par le patronat princier. Sans égaler le cercle de l'*amicus* du prince, Mécène, celui de Corvinus regroupait des personnes n'appartenant pas forcément à la même école poétique. Il comptait parmi ses membres notamment Tibulle, Sulpicia, Lygdamus, l'auteur du panégyrique de Messalla, Æmilius Macer et Valgius Rufus.

---

41 Ov., *Pont.* 1, 7, 27-28.

42 Hanslik 1955, *RE*, VIII.A.1, col. 131-157, *s. v.* Valerius n° 261 et *PIR*² V 143.

43 Il s'intéressa à la langue grecque et traduisit en latin des discours difficiles, comme le plaidoyer d'Hypéride pour Phryné (Quint., *Inst.* 10, 5, 2).

44 Il a notamment écrit un traité sur la lettre S (Quint., *Inst.* 1, 7, 23).

45 Plin., *Ep.* 5, 3, 5.

46 Tac., *Dial.* 12, 6.

47 Hor., *Sat.* 1, 10, 85. La satire daterait de 35 av. J.-C.

Ovide n'a certes pas fait « officiellement » partie de ce cercle, mais le patricien a encouragé sa jeune carrière[48]. Ce dernier n'est jamais cité en qualité d'homme public. Le poète se focalise en fait sur l'homme de lettres, en insistant sur le fait qu'il fut le premier à croire à son talent[49]. Peut-être lui donna-t-il sa première occasion d'effectuer une récitation publique[50] ? Les liens durèrent jusqu'à la mort du patricien pour lequel Ovide écrivit un *munus* poétique prononcé lors des funérailles[51].

Ces liens forts ne sauraient se rompre après le décès de Corvinus et Ovide insiste aussi sur les enfants du patricien[52]. Dans la pure tradition de l'éloge, Ovide précise qu'ils avaient hérité des qualités paternelles, notamment de l'éloquence[53]. Dans la *Pontique* 2, 4 adressée au fils aîné, Messallinus, le poète insiste sur la maîtrise de l'art oratoire : *Nunc tibi et eloquii nitor ille domesticus adsit / Quo poteras trepidis utilis esse reis. / Viuit enim in uobis facundi lingua parentis / Et res heredem repperit illa suum*[54]. Pour le cadet Cotta Maximus, Ovide met également l'accent sur la transmission héréditaire des qualités : *Maxime, qui claris nomen uirtutibus aequa / Nec sinis ingenium nobilitate premi*[55]. La transmission de l'éloquence n'apparaît qu'à la *Pontique* 3, 2[56].

48 Ov., *Pont.* 1, 7, 27-28 : *Nec tuus est genitor nos infitiatus amicos, / Hortator studii causaque faxque mei.* « Ton père n'a pas désavoué mon amitié, lui qui fut à l'origine de ma carrière littéraire, m'y a encouragé et éclairé » (trad. CUF, J. André).

49 Ov., *Pont.* 1, 7, 27-28 et 2, 3, 75-78.

50 Voisin 2000, p. 153.

51 Ov., *Tr.* 1, 7, 29-30.

52 Pour les liens entre Ovide et les fils de Messalla Corvinus, voir R. Syme (1978, p. 116-134).

53 L'éloquence de Messalla Corvinus était proverbiale : cette éloquence allait de pair avec sa noblesse pour Ovide (*Pont.* 2, 3, 75-76).

54 Ov., *Pont.* 2, 4, 49-52 : « Que maintenant t'assiste aussi l'éclat de l'éloquence familiale qui te permettait d'aider les accusés tremblants, car en toi vit le talent oratoire de ton père et cet art a trouvé son héritier » (trad. CUF, J. André).

55 Ov., *Pont.* 2, 3, 1-2 : « Maximus, toi dont les éclatantes vertus sont dignes de ton nom et qui ne laissent pas ta noblesse l'emporter sur ton talent » (trad. CUF, J. André).

56 Ov., *Pont.* 3, 5, 7-8 : *Legimus, o iuuenis patrii non degener oris, / Dicta tibi pleno uerba diserta foro.* « J'ai lu, jeune homme qui n'est pas indigne de l'éloquence paternelle, l'excellent discours que tu as prononcé au forum devant un nombreux public » (trad. CUF, J. André).

M. Aurelius Cotta Maximus (cos. *20), un vrai* amicus *?*

Les relations sont bien plus fortes avec le fils cadet de Corvinus. Même si presque trente ans les séparent, le poète le qualifie de *sodalis*[57], terme qui désigne habituellement un compagnon à l'âge et au rang social similaires. L'ancienneté des liens est rappelée : *Quod eras aliis factus, mihi natus amicus / Quodque tibi in cunis oscula prima dedi, / Quod cum uestra domus teneris mihi semper ab annis / Culta sit, esse uetus me tibi ogito nus*[58]. Juste avant son départ en exil, il aurait même été dans une des propriétés de Cotta sur l'île d'Elbe[59].

Les liens dépassent très largement le cadre du mécénat et de la sociabilité littéraire, puisque c'est un des derniers à entretenir une correspondance suivie avec l'exilé. Sur les trente lettres des trois premiers livres des *Pontiques*, six sont adressées à Cotta[60]. C'est ainsi le principal destinataire des lettres. Cependant, Ovide n'hésite pas à adresser des reproches, à peine voilés, à l'encontre du sénateur, comme dans la *Pontique* 1, 5, où les relations amicales sont citées au passé[61]. Ovide laisse paraître clairement sa déception. Au-delà d'intérêts intellectuels communs, Ovide a surtout besoin de l'aide du sénateur, proche de Tibère, pour obtenir son rappel d'exil.

Il faut donc relativiser l'*amicitia* tant affichée, car Ovide aspire avant tout à bénéficier de la clémence impériale. C'est pourquoi il écrit à Cotta, dont les liens étroits avec le prince sont connus. En dépit d'une amitié ancienne, il ne pouvait pas se compromettre politiquement, en demandant la clémence impériale pour le poète, même sous le principat de Tibère.

Au-delà de la mise en lumière du réseau aristocratique ovidien, la littérature d'exil met en exergue les mutations de la noblesse républicaine et son adaptation aux transformations politico-sociales induites par le Principat.

---

57 Ov., *Tr.* 4, 5, 1.

58 Ov., *Pont.* 2, 3, 71-74 : « Tu es devenu un ami, pour moi tu le fus à ta naissance, que je t'ai donné dans ton berceau mes premiers baisers, et que, pour avoir toujours honoré ta famille depuis mes tendres années, je suis par force un fardeau pour toi depuis longtemps » (trad. CUF, J. André).

59 Ov., *Pont.* 2, 3, 83-84.

60 Ov., *Pont.* 1, 5 ; 1, 9 ; 2, 3 ; 2, 8 ; 3, 2 et 3, 5.

61 Ov., *Pont.* 1, 5, 1.

LES MUTATIONS DES GRANDES LIGNÉES DE LA NOBLESSE ET LEUR ADAPTATION À LA NOUVELLE DONNE DU PRINCIPAT : L'EXEMPLE DES *FABII* ET DES *VALERII*

Ces lignées prestigieuses appartiennent à la noblesse par excellence[62], celle des patriciens, et elles font partie du cercle très fermé des *gentes maiores*, comme les *Aemilii*, *Claudii, Cornelii* et les *Manlii*. Elles ont su traverser les siècles, en fondant leur légitimité sur l'exercice régulier de charges civiles et militaires et grâce à leur capital symbolique. Les *Valerii* tirent leur renommée et leur légitimité à exercer le pouvoir de l'époque républicaine, notamment grâce à leur participation à la fondation de la République elle-même. Selon la tradition, P. Valerius Publicola (*cos.* 509) en aurait été un des pères fondateurs. Dans les *Fastes*, Ovide rappelle aussi la renommée des *Fabii* : *Nec gradus est supra Fabios cognominis ullus : / illa domus meritis Maxima dicta suis*[63].

Pourtant, ces deux lignées ont rencontré des difficultés dans l'accès aux magistratures les plus importantes, puisque les *Valerii Messallae* n'ont pas accédé au consulat entre 161 et 61, tandis que les *Fabii Maximi* connurent une éclipse dans cette accession entre 116 et 45. Les descendants de ces lignées ont su toutefois s'adapter pour se maintenir dans les cercles du pouvoir et la littérature d'exil d'Ovide montre le comportement et les pratiques politiques se mettant en place au début du Principat.

Le capital symbolique des nobles au début du Principat

Le comportement et le maintien du rang sont intimement liés au prestige ancestral et séculaire. Les grandes *gentes* ont su tirer profit de cette identité propre qui les différencient des élites italiennes récemment parvenues dans les cercles du pouvoir. L'ancienneté de l'exercice du pouvoir légitime les prétentions patriciennes à se maintenir aux plus hautes fonctions. La rhétorique convenue de l'éloge relaie bien sûr cette idéologie. Dans la *Pontique* 3, 2, Ovide insiste sur la double généalogie prestigieuse de M. Aurelius Cotta Maximus et renvoie à la fabrique étiologique des *Cottae* et des *Messallae*. Il évoque effectivement

---

62 Baudry 2006, p. 171.

63 Ov., *Fast.* 1, 605-606 : « Il n'existe pas de surnom d'un degré supérieur à celui des Fabius : cette famille a été appelée *Maxima* (la plus grande) en raison de ses mérites » (trad. CUF, R. Schilling). L'éloge des *Fabii* précède celui d'Auguste.

deux ancêtres fameux de ces *stirpes* : le roi Numa pour les premiers et Volesus pour les seconds[64]. Né dans la *gens Valeria*, Cotta a ensuite été adopté par un Aurelius Cotta qui n'avait pas d'enfant et dont la lignée risquait de disparaître. Les récits étiologiques sont importants dans l'idéologie nobiliaire et Cotta revendiquait un double héritage ancestral. Ces revendications généalogiques s'ancrent dans la mémoire civique et renforcent les prétentions des nobles à exercer le pouvoir.

L'idéologie nobiliaire insiste également sur l'hérédité des qualités. La *Pontique* 1, 2 débute ainsi par un éloge convenu de Paullus Fabius Maximus : *Maxime, qui tanti mensuram nominis inples / et geminas animi nobilitate genus*[65]. La formule hyperbolique traduit bien l'*ethos* nobiliaire indissociable du prestige ancestral. Il existe aussi une véritable pression sociale, car les descendants doivent imiter, égaler voire surpasser les actes de leurs prédécesseurs. Cette dimension est notamment perceptible lorsqu'il insiste sur l'histoire et le sacrifice des trois cent six *Fabii* lors de la bataille du Crémère en 477 av. J.-C.[66]. Il crée effectivement un lien entre *nobilitas* et *uirtus.* En rendant ainsi hommage à ces nobles, le poète souhaite les amadouer, afin qu'ils agissent auprès du prince. Il flatte habilement les hommes dont il invoque l'assistance.

Les stratégies matrimoniales incluant la Domus Augusta

La littérature d'exil éclaire aussi d'autres pratiques aristocratiques, telles les stratégies matrimoniales qui sont essentielles pour tisser des liens et conforter le rang. Or, dès l'époque augustéenne, l'aristocratie doit intégrer un nouvel acteur, le prince. De fait, les alliances avec la *Domus Augusta* étaient prisées. Elles symbolisent le maintien du rang de ces familles. C'est le cas de Paullus Fabius Maximus qui a épousé Marcia, une cousine d'Auguste. Ovide a même écrit un épithalame pour leur mariage[67].

64 Ov., *Pont.* 3, 2, 103-110.

65 Ov., *Pont.* 1, 2, 1-2 : « Maximus, toi qui es à la hauteur d'un si grand nom et redoubles la noblesse de ta naissance par celle de ton âme » (trad. CUF, J. André).

66 Ov., *Pont.* 1, 2, 3, 4. Sur les récits étiologiques et l'histoire des *Fabii* dans l'œuvre d'Ovide, *cf.* Barchiesi 1997, p. 144-152.

67 Ov., *Pont.* 1, 2, 131-132. Marcia (*PIR*[2] M 257) est née de l'union d'Atia *minor* (la tante d'Auguste) et de L. Marcius Philippus (*cos.* 38 av. J.-C.).

Par ailleurs la troisième épouse d'Ovide était apparentée à Maximus[68]. Le poète avait donc laissé sa femme à Rome pour défendre ses intérêts. Outre ses liens avec la *gens Fabia*, l'épouse du poète était l'amie de Marcia, ce qui permettait d'espérer le soutien de Livie[69]. En effet, dans la *Pontique* 3, 1, le poète critique son épouse et lui indique comment obtenir une audience auprès de Livie, comment pleurer et embrasser ses genoux[70]. La déception est grande, mais la proximité du pouvoir implique aussi de rester prudent pour maintenir son rang. Ce n'est pas toujours un atout.

Des pratiques politiques renouvelées sous le Principat

Paullus et Messallinus appartiennent à la deuxième génération de l'époque augustéenne, celle qui a fait toute sa carrière politique sous le Principat. En théorie, trois attitudes sont envisageables à l'égard de ce régime : la neutralité d'une position d'observateur (synonyme d'une carrière en retrait et donc de la perte possible à terme du statut de sénateur) ; le refus de servir le *princeps* allant même jusqu'à conspirer, enfin l'adhésion à Auguste et à cette *res publica* transformée.

L'adhésion ne fait aucun doute pour les deux aristocrates. La carrière de Paullus Fabius Maximus fut facilitée par la faveur impériale. Il fut ainsi questeur d'Auguste entre 22 et 20, consul en 11, avant notamment d'obtenir le prestigieux gouvernement de la province d'Asie en 10/9. Lorsqu'Auguste décide de voir le relégué Agrippa Postumus, il choisit Maximus pour l'accompagner : c'est un signe évident de confiance. Ovide écrit tardivement à Maximus, en 12-13 ; la proximité avec le prince était effectivement à double-tranchant. Certes, l'aristocrate pouvait interagir plus facilement avec Auguste, mais pour maintenir son rang il devait se soumettre à la volonté impériale.

La *Triste* IV, 4, adressée à Messallinus (*cos.* 3 av. J.-C.), montre aussi la frilosité de ces nobles bénéficiant de la faveur impériale. Le patricien fait même partie du *consilium principis*[71], donc d'un cercle très fermé en contact direct avec le prince. Être membre de ce conseil était une étape

68 Ov., *Pont.* 1, 2, 136.
69 Tac., *Ann.* 1, 5, 2.
70 Ov., *Pont.* 3, 1, 1-166.
71 *P. Ox.* XXV, 2435.

supplémentaire de l'insertion dans une cour impériale embryonnaire et invitait à la modération, en calquant son attitude sur celle du prince. Il y avait donc peu de latitude pour espérer aider Ovide. L'amitié avec le poète peut ainsi devenir un fardeau[72].

Dans la *Pontique* 1, 7, Ovide est désespéré et il conclut sa lettre ainsi : *Et mala Nasonem, quoniam meruisse uidetur, / Si non ferre doles, at meruisse dole*[73]. La dernière lettre est encore plus explicite : *Esse quidem fateor meritam post Caesaris iram / difficilem precibus te quoque iure meis, / quaeque tua est pietas in totum nomen Iuli, / te laedi, cum quis laeditur inde, putas*[74]. Ce passage montre la naissance de l'*amicitia principis* tant prisée par certains aristocrates. La tradition héritée de l'ère républicaine de l'*amicitia* est modifiée par l'importance du prince et de sa famille, une amitié fortement asymétrique. Son frère, Cotta Maximus, envoie même des statuettes de Tibère, Auguste et Livie à Ovide exilé à Tomes[75].

L'ŒUVRE D'EXIL D'OVIDE, OU LA LEÇON DE LITTÉRATURE (F. KLEIN)

Dans le cadre de notre dialogue interdisciplinaire autour de l'œuvre d'exil d'Ovide, croisant les approches de l'étude historique et anthropologique du politique, de l'histoire sociale et de l'analyse poétique, j'exposerai pour ma part la manière dont l'étude littéraire des poèmes permet de compléter, d'enrichir, de nuancer, de mettre en perspective ou à distance l'utilisation de ces derniers comme sources historiques. C'est d'ailleurs là le paradoxe de ces textes écrits à Tomes, après la relégation de 8 de notre ère : d'un côté, parce qu'ils contiennent de nombreuses informations sur les événements politiques ou les *realia* de la société

72 Ov., *Tr.* 4, 4, 24 : *Quo uereare minus ne sim tibi crimen amicus.* « Ne crains pas qu'on te fasse un crime de mon amitié » (trad. CUF, J. André).

73 Ov., *Pont.* 1, 7, 69-70 : « Si tu ne plains pas Nason de souffrir des maux qu'il a vraiment mérités, plains-le du moins de les avoir mérités » (trad. CUF, J. André).

74 Ov., *Pont.* 2, 2, 19-22 : « Après la colère méritée de César, tu as raison d'être, toi aussi, peu accessible à mes prières, et telle est ta piété envers tous les descendants d'Iule que tu crois ressentir toute blessure faite à l'un d'eux » (trad. CUF, J. André).

75 Ov., *Pont.* 2, 8, 1-4.

romaine, ils sont utilisés comme des documents, fort utiles notamment pour les recherches historiques sur la fin du principat d'Auguste ou le début de celui de Tibère, comme l'illustrent les parties respectivement rédigées par Stéphane Benoist et Cyrielle Landrea dans cette contribution plurielle ; de l'autre côté, ces textes reposent avec acuité le problème littéraire fondamental qu'est celui de la posture du poète, sincère ou ironique, et du statut de ses vers : sur ce point, les positions critiques divergent, sans qu'il y ait de consensus établi. C'est pourquoi, dans la perspective de nos lectures croisées de ces textes d'exil, je me propose de les présenter, en parallèle de leur valeur documentaire, comme une magistrale leçon de littérature offerte, depuis le Pont-Euxin, par un poète qui, si désespéré qu'il soit, n'a pas renoncé à mettre en lumière, à théoriser et à thématiser dans son œuvre même, le fonctionnement de la fiction poétique et l'herméneutique de la lecture.

Une telle réflexion n'a cessé, comme on le sait, d'animer l'œuvre d'Ovide. Pour ce qui est de l'élégie érotique, si l'œuvre de Properce laissait déjà entrevoir le caractère fictif de la jeune femme célébrée par les vers du poète, sa *scripta puella* (« sa jeune fille écrite » – qui n'existe que par sa poésie, voire se confond avec elle)[76], Ovide exhibe toujours plus, non sans provocation, la nature fictionnelle de sa création, comme dans l'élégie III, 12 des *Amours*, où il blâme les lecteurs, tombés amoureux de la belle Corinne (et donc devenus les rivaux du poète, dont l'art s'est retourné contre lui), de leur *credulitas* parce qu'ils ont cru vrais les éloges adressés par le poète-amant à sa maîtresse[77]. Les *Métamorphoses* multiplient également les moments où le poète dévoile la nature mensongère des fables par lesquels il ravit son lecteur, conscient de lire de la fiction en même temps qu'il tire plaisir à (faire semblant d')y croire : on pourrait citer le passage où, décrivant Narcisse qui, épris de son reflet dans l'eau, se meurt d'amour pour un simulacre, le narrateur s'adresse subitement au personnage en l'invectivant pour sa *credulitas* (exactement comme l'avait fait le poète amant de l'élégie III, 12 à l'égard de ses lecteurs/rivaux) : *credule, quid frustra simulacra captas*[78] ? Le surgissement de la deuxième

76 *Cf.* Wyke 1987.

77 Voir Ov., *Am.* III, 12, et spéc. v. 41-45 : *exit in immensum fecunda licentia uatum, / obligat historia nec sua uerba fide. / Et mea debuerat falso laudata uideri / femina ; credulitas nunc mihi uestra nocet.*

78 Ov., *Mét.* III, 432. Voir aussi la suite du passage (v. 432-436).

personne, dans ce récit à la troisième personne, invite le lecteur à se sentir directement interpelé et, dès lors, à s'identifier à l'amoureux dupé, épris des reflets trompeurs que sont les fictions poétiques qui n'existent que parce qu'il veut bien lui-même y croire[79]. D'autres épisodes thématisent, dans le texte même, la question de la réception idéale des fictions incroyables, entre lecture sceptique et lecture naïve[80].

Dans l'œuvre d'exil, on attendrait une posture différente. Le poète exilé utilise désormais ses vers pour supplier, obtenir le pardon de celui qu'il a offensé ou convaincre ceux qui pourraient d'une manière ou d'une autre intercéder en sa faveur. Faut-il pour autant considérer qu'il a renoncé à l'ambivalence, à la complexité d'une écriture virtuose et consciente de sa nature d'artifice ? L'auteur semble répondre lui-même à cette question par la négative dans « l'épître à Auguste » qui occupe, dans son entier, le livre II des *Tristes*.

La lettre se présente comme une « leçon de littérature », adressée en premier lieu à Auguste. S. Nugent a analysé la stratégie ovidienne, qui détourne à son profit l'éloge attendu, et plutôt convenu, du prince[81]. Ce dernier est loué dans le cadre d'une *captatio beneuolentiae* des plus traditionnelles. Auguste, comparé à Jupiter régnant sur l'Univers, est naturellement accablé par des occupations trop importantes pour avoir le loisir de lire les bagatelles composées par le poète :

Vtque deos caelumque simul sublime tuenti
non uacat exiguis rebus adesse Ioui,
de te pendentem sic dum circumspicis orbem,
effugiunt curas inferiora tuas.
Scilicet imperii princeps statione relicta
imparibus legeres carmina facta modis ?

« De même que Jupiter, qui veille à la fois sur les dieux et sur les hauteurs célestes, n'a pas le loisir de songer aux détails, ainsi pendant que tu parcours du regard l'univers, qui dépend de toi, les choses d'intérêt mineur échappent à tes soins. Vraiment, toi, le chef de l'empire, tu abandonnerais ton poste pour lire des vers inégaux[82] ? »

79 Pour l'analyse de ce passage, voir Rosati 1983.

80 Voir par exemple le cas de Lélex et Pirithous au livre VIII, et l'analyse de Feeney 1991 ; voir aussi, pour les épisodes autour de Persée (livres IV-V) ou de Bacchus (livre III), Klein 2009. Sur ces questions, aussi notamment Wheeler 1999 ou encore Hardie 2002.

81 Nugent 1990. Sur cette épître, voir également Barchiesi 1993, Gibson 1999.

82 Ov., *Tr.* II, 215-220. Texte et trad. J. André, C.U.F.

Mais l'éloge se révèle être à double tranchant. En effet, le poète vient tout juste de rappeler les deux griefs justifiant son exil, *carmen et error*, et d'évacuer le second pour mettre l'accent sur la première cause invoquée : le poème, à savoir l'*Art d'Aimer*[83]. Dans ce contexte, l'évocation d'un Auguste trop occupé pour lire des vers élégiaques se transforme en puissant argument de défense, qui enferme le prince dans une *no-win situation*[84] : si les compliments qu'on lui adresse sont vrais, alors cela signifie qu'il a condamné le poète pour un texte qu'il n'avait même pas lu, et dont il ignore le contenu[85]. Ovide démonte ainsi l'accusation qui lui est faite, et plus encore peut-être, dresse le portrait d'Auguste en prince qui ne lit pas de poésie, de poésie légère et ludique du moins. Ovide établit ainsi le partage des domaines entre le prince et le poète : à l'un le pouvoir, à l'autre la compétence en matière littéraire[86]. C'est à ce titre que ce dernier propose à son éminent destinataire et, par-delà ce dernier, à tous les lecteurs de son œuvre, une leçon de littérature. L'auteur exilé réélabore une histoire littéraire revisitée à l'aune de sa propre condamnation, en suggérant que toutes les œuvres de la littérature gréco-latine, depuis l'*Iliade* et l'*Odyssée*, pourraient être taxées du même immoralisme que ses propres élégies. L'exemple le plus frappant est la lecture qu'il offre en ce sens de l'épopée virgilienne :

Et tamen ille tuae felix Aeneidos auctor
contulit in Tyrios arma uirumque toros,
nec legitur pars ulla magis de corpore toto
quam non legitimo foedere iunctus amor.

---

83 Ov., *Tr.* II, 207-212 : *Perdiderint cum me duo crimina, carmen et error, / alterius facti culpa silenda mihi : / Nam non sum tanti renouem ut tua uulnera, Caesar, / quem nimio plus est indoluisse semel. / Altera pars superest, qua turpi carmine factus / arguor obsceni doctor adulterii*, « Deux fautes m'ont perdu : mes vers et mon erreur ; sur l'une, je dois me taire : je ne vaux pas la peine de rouvrir tes blessures César ; c'est déjà trop que tu aies souffert une fois. Reste l'autre : on m'accuse d'enseigner dans un poème honteux d'impudiques adultères ».

84 Nugent 1990.

85 *Tr.* II, 237-240, *Mirer in hoc igitur tantarum pondere rerum, / te nunquam nostros euoluisse iocos ? / At si, quod mallem, uacuum tibi forte fuisset, / Nullum legisses crimen in Arte mea* (« Comment donc m'étonner que, surchargé d'affaires si importantes, tu n'aies jamais parcouru mes badinages ? Si d'aventure, ce que je préfèrerais, tu avais eu quelques loisirs, tu n'aurais rien trouvé de criminel dans mon Art »).

86 Pour une étude de la construction par Ovide exilé de cette image d'Auguste comme un prince qui ne lit pas de poésie, et sa déconstruction de l'image horatienne du prince patron des poètes, voir par ex. Klein 2015a ; Klein 2020.

> « Et pourtant, l'heureux auteur de ton Énéide a conduit au lit de la Tyrienne "le héros et ses armes", et aucun passage de l'œuvre entière n'est plus lu que cet amour illégitime[87]. »

L'auteur de « ton *Énéide* » (*tuae Aeneidos*) – écrit Ovide à Auguste – a conté une histoire érotique en menant « l'homme et ses armes » (qui désignent alors les parties génitales du héros troyen) dans le lit de Didon. En ajoutant qu'aucune autre partie du poème n'est plus lue que celle-ci, Ovide souligne concrètement ce qu'une telle lecture – qui réduit l'œuvre à un seul de ses éléments – peut avoir de limité ; mais, en dehors même de cet aspect matériel de la lecture sélective, il signale par là que l'épopée virgilienne pourrait être lue, de manière fort partielle, par un lecteur qui n'y verrait qu'une histoire d'amour. Or, tout en soulignant cela, il indique en même temps la possibilité d'une autre lecture, tout aussi partielle et partiale : celle qui ferait de l'*Énéide* « le poème d'Auguste » (*tuae Aneidos*), c'est-à-dire l'*Augustéide* que Virgile aurait projeté de composer au départ – une lecture qui réduirait ainsi le texte virgilien à sa dimension de panégyrique du prince. C'est ainsi qu'Ovide suggère à son destinataire qu'une même œuvre peut susciter des lectures complètement opposées : son but n'est évidemment pas de convaincre que l'épopée virgilienne est une œuvre érotique, mais, par cet exemple volontairement provocant, de rappeler l'importance de l'interprétation des œuvres, le droit aux lectures divergentes et l'impossibilité de contrôler le sens d'une œuvre[88].

Cette leçon de littérature peut être une clé de lecture pour l'œuvre d'exil elle-même. L'écriture ovidienne est-elle désormais vouée à l'éloge d'Auguste et à la recherche de la clémence du prince ? Ou est-elle (toujours plus) irrévérencieuse et subversive ? Si l'on en croit la leçon de *Tristes* II, elle peut être les deux à la fois, selon ce que le lecteur est disposé à y chercher. Un tel mode d'écriture est théorisé par Quintilien, comme la figure de pensée par laquelle « nous voulons que l'on comprenne ce que nous ne disons pas, grâce au soupçon que nous créons à cet effet : ce n'est pas le contraire, comme dans l'ironie, mais autre chose, qui est caché et qui doit être, pour ainsi dire, découvert par l'auditeur » (*per*

87 Ov., *Tr.* II, 533-536 (traduction de J. André légèrement modifiée).

88 Sur ce passage, voir Gibson 1999 qui note l'ironie du possessif *tuae*, précisément au moment où Ovide rappelle à Auguste l'impossibilité de ce contrôle.

quandam suspicionem quod non dicimus accipi uolumus, non utique contrarium, ut in eironeia, sed aliud latens et auditori quasi inueniendum)[89]. La définition de Quintilien évoque le rôle actif joué par l'auditeur, ou en l'occurrence le lecteur, et les indices par lesquels l'auteur peut laisser « soupçonner » à ce dernier la possibilité de comprendre le texte autrement. Plus que de lecture ironique, antiphrastique, on peut plutôt parler de sens à déceler, de la possibilité de lectures plurielles. Le lecteur, selon sa disposition d'esprit, selon ses « compétences » aussi, sa connaissance des hypotextes susceptibles d'infléchir la connotation de telle ou telle formule, active – ou non – ce sens auquel peut l'inviter la suspicion proposée par l'auteur, s'il y est sensible. Et de fait, même si la lecture littérale de l'œuvre ovidienne fonctionne en elle-même, cette écriture de la *suspicio* semble aussi nous inciter à faire signifier le texte autrement.

Observons quelques exemples de ces « graines de soupçon » semées par Ovide dans l'œuvre d'exil, qui peuvent inciter le lecteur à interpréter autrement que de manière littérale ses propos. Dans la *Triste* II, toujours, plaidant sa cause auprès du prince, le poète déchu invite ce dernier à considérer qu'il a toujours fait son éloge, notamment dans les *Métamorphoses* :

Inspice maius opus, quod adhuc sine fine tenetur,
In non credendos corpora uersa modos :
Inuenies uestri praeconia nominis illic,
Inuenies animi pignora multa mei.
Non tua carminibus maior fit gloria nec quo,
Vt maior fiat, crescere possit, habet.
Fama Ioui superset : tamen hunc sua facta referri
Et se materiam carminis esse iuuat,
Cumque Gigantei memorantur proelia belli,
Credibile est laetum laudibus esse suis.

« Vois ce plus important ouvrage encore inachevé, récit d'incroyables métamorphoses : tu y trouveras l'éloge de toi et des tiens, tu y trouveras maints gages de mon sentiment. La poésie ne grandit pas ta gloire que rien ne peut accroître. La gloire de Jupiter dépasse tout : pourtant il aime entendre le récit de ses exploits, être le sujet d'un poème et, quand on célèbre les combats de la guerre des Géants, il est à croire qu'il goûte ses louanges[90]. »

89 Quint., *IO* IX, 2, 65. Sur ce passage, et pour l'arrière-plan théorique général, voir Ahl 1984.

90 Ov., *Tr.* II, 63-72.

De fait, les *Métamorphoses* comportent quelques évocations, directes ou indirectes, d'Auguste, qui s'apparentent à un éloge du prince, et notamment dans les derniers vers de l'œuvre qui comparent favorablement Auguste à son « père » César de même que Jupiter l'emporte sur Saturne, avant de conclure par une prière pour que l'apothéose d'Auguste soit la plus tardive possible ; mais il est également possible de voir dans ces vers des suggestions audacieuses et des jeux allusifs, intra- et intertextuels, qui subvertissent l'éloge apparent[91]. Or, dans le passage des *Tristes*, au moment même où, pour s'attirer la sympathie du prince, Ovide l'invite à lire les *Métamorphoses* pour les passages encomiastiques qu'elles contiennent, il définit cette œuvre par son caractère fictionnel et mensonger, avec la périphrase *in non credendos corpora uersa modos*, « des corps changés » de manière « qu'on ne saurait croire », « qu'il ne faut pas croire ». Si l'idée de la métamorphose des corps fait bien écho à l'incipit du poème (*In noua fert animus mutatas dicere formas / corpora*[92]), l'idée d'un texte à ne pas croire (*non credendus*) est ajoutée de manière apparemment gratuite dans le passage des *Tristes* : rien n'obligeait Ovide à désigner de cette manière les *Métamorphoses*[93]. Le choix de cette caractérisation de l'épopée ovidienne peut donc être vu, si le lecteur y est sensible, comme la suggestion d'un soupçon, une invitation à douter de la crédibilité des éloges d'Auguste présents dans une œuvre ainsi définie. L'adjectif verbal *non credendus* qui caractérise le texte des *Métamorphoses* dans ce passage est d'autant plus mis en valeur que l'on y retrouve, huit vers plus loin, l'adjectif *credibilis* : ce qui est « crédible », ce ne sont pas tant les louanges elles-mêmes que le fait que Jupiter (ou son double humain, Auguste) les apprécie. C'est un fait incontestable que les dieux – ou les puissants – aiment être loués : à partir de là, que les éloges soient eux-mêmes crédibles ou non est laissé à l'appréciation de chacun.

Un peu plus loin dans la même épître, la leçon de littérature, ou plutôt la « leçon de lecture », se poursuit. Le poète se défend de l'accusation d'immoralité faite à l'*Art d'Aimer* – nous sommes toujours dans cette

---

91 Pour une lecture en ce sens, voir par exemple Klein 2015b.

92 Ov., *Mét.* I, 1-2.

93 Par exemple encore, en *Tristes* I, 7, 13-14, lorsqu'Ovide évoque les *Métamorphoses* à un tout autre propos, il les désigne comme des *carmina mutatas hominum dicentia formas, / infelix domini quod fuga rupit opus*, des « vers qui chantent les métamorphoses des hommes, ouvrage malheureux qu'interrompit l'exil de son auteur », sans qu'il soit question, donc, de leur caractère crédible ou non.

autre « fiction » selon laquelle la cause principale de la relégation d'Ovide serait ce *carmen* publié plusieurs années avant le châtiment – en insistant sur la disjonction entre son œuvre et sa vie. Le texte poétique, souligne Ovide, ne laisse rien entrevoir du caractère, ou des véritables sentiments de son auteur :

> *Magna pars mendax operum est et ficta meorum :*
> *Plus sibi permisit compositore suo.*
> *Nec liber indicium est animi, sed honesta uoluntas*
> *Plurima mulcendis auribus, apta ferens.*
>
> « Mes œuvres sont en grande partie mensonge et fictions ; elles ont pris plus de liberté que leur auteur. Mon livre ne reflète pas mon âme, mais il a l'innocent désir de présenter mille vers qui charment l'oreille[94]. »

Une telle affirmation, relativement inédite dans la « critique littéraire » antique[95], fait sens dans la logique d'un plaidoyer sincère adressé à Auguste ; et, en même temps, elle peut, là encore, susciter le doute sur la véracité de ce qui est dit dans l'œuvre d'exil : si Ovide affirme avoir menti dans son œuvre passée, qu'est-ce qui prouve qu'il dit la vérité dans celle que nous sommes en train de lire et qui (selon le scénario de *Tristes* II) est lue à/par Auguste, destinataire de l'épître ? Si « une grande partie de ses œuvres », *magna pars operum*, est fictive et mensongère, comment identifier la petite partie qui ne le serait pas ? En tout cas, la phrase *nec liber indicium est animi* (qui, en raison de l'absence de déterminant en latin, peut être comprise autant comme une sentence de portée générale que comme un commentaire sur l'*Ars* en particulier) invite à reconsidérer – s'il le fallait – la proposition faite à Auguste, dans la même épître, de lire dans les *Métamorphoses* « de nombreux gages des sentiments [de l'auteur] » (v. 66, *Inuenies animi pignora multa mei*).

Quant à l'idée que la motivation première de la poésie est de « charmer les oreilles », *mulcere aures*, elle peut se comprendre d'un point de vue esthétique (et même littéralement, suivant les théories de l'euphonie comme critère de la bonne poésie), mais on peut aussi, dans le contexte de la littérature encomiastique ou encore des lettres d'exil considérées comme un plaidoyer en vue du pardon, y voir la suggestion que l'auteur

94 Ov., *Tr.* II, 355-58.

95 Le précédent fameux, qui dément l'idée traditionnelle selon laquelle le poème est à l'image de l'homme, est le *carmen* 16 de Catulle.

écrit ce que ses lecteurs ont envie de lire, en s'adaptant – *apta ferens* – à ces derniers. C'est aussi ce qui ressort de la lecture de la première lettre des *Pontiques* :

> *Talia caelestes fieri praeconia gaudent,*
> *ut sua quid ualeant numina teste probent.*
> *Saepe leuant poenas ereptaque lumina reddunt,*
> *cum bene peccato paenituisse uident.*
> *Paenitet, o ! si quid miserorum creditur ulli,*
> *paenitet et facto torqueor ipse meo.*
>
> « Les dieux aiment de telles déclarations qui attestent et prouvent leur puissance. Souvent ils réduisent le châtiment et rendent la vue à ceux qu'ils en avaient privés, quand ils les voient s'être bien repentis de leur faute. Oh ! je me repens – si on peut croire les malheureux –, je me repens et ce que j'ai fait me tourmente[96]. »

La question de la sincérité est ici évacuée par Ovide lui-même, qui donne en quelque sorte le mode d'emploi de la lecture des éloges qui sont adressés aux puissants (on note que, là encore, le terme *praeconia* est celui qu'Ovide avait employé dans la *Triste* II, à propos des éloges de lui-même et des siens qu'Auguste était censé trouver dans les *Métamorphoses* – cette œuvre à ne pas croire… ! : v. 65, *inuenies uestri praeconia nominis illic*). En indiquant combien les paroles flatteuses et la contrition plaisent aux dieux (ou à ceux qui leur sont comparés) et ce qu'ont à y gagner leurs auteurs, Ovide suscite le soupçon sur la véracité de ses propres mots, pour cette épître et les suivantes dès lors que sa place à l'ouverture du recueil lui confère une valeur programmatique. La suspicion est renforcée avec l'incise du vers 59, *si quid miserorum creditur illi*, qui invite, là encore, le lecteur à douter de la crédibilité des propos du poète exilé, dans des termes qui, au fond, ne diffèrent pas des jeux virtuoses par lesquels l'auteur des *Métamorphoses* dénonçait la fiction par laquelle il parvenait, simultanément, à enchanter ses lecteurs[97]. Bref, l'œuvre d'exil d'Ovide, non moins que ses œuvres précédentes, exhibe son propre caractère fictionnel, non sans permettre toutefois une lecture

96 Ov., *Pont.* I, 55-60.

97 Parmi les nombreux emplois d'incises semblables dans les incroyables récits qui forment les *Métamorphoses*, citons par exemple en *Mét.* III, 311, le doute jeté sur la crédibilité de la gestation de Bacchus, fœtus arraché aux entrailles de sa mère décédée et cousu dans la cuisse de Jupiter *si credere dignum est*, « si du moins on peut le croire ».

qui adhèrerait à cette fiction. Le texte est écrit de telle manière qu'il autorise plusieurs interprétations du texte, selon les effets de sens que le lecteur active ou non.

Cette mention d'un lecteur autre que le destinataire premier des épîtres, d'un lecteur « idéal » invité à considérer avec un certain scepticisme les vers du poète, est d'ailleurs explicitée dans l'épître qui ouvre le troisième livre des *Pontiques*, adressée à l'épouse d'Ovide que le poète avait chargé de défendre ses intérêts du fait de ses liens avec la *Domus Augusta*. Comme le rappelle Cyrielle Landrea plus haut, le poète adresse des reproches à son épouse dans cette lettre, tout en lui dictant les moyens de plaider sa cause auprès de Livie. Mais les termes par lesquels Ovide critique sa femme me paraissent intéressants. Ovide rappelle qu'il l'a louée avant de semer le doute selon lequel ces éloges pourraient être mensongers ; en tout cas, il précise que c'est à elle de les rendre vrais ou faux par son comportement, *hanc caue generes, ut sint praeconia nostra / uera*[98]. Notons, ici encore, le terme *praeconia*, qui, par un effet d'écho intratextuel, contribue à rapprocher les éloges adressés par Ovide à sa femme de ceux qu'il adresse, ou a adressés, à Auguste et aux siens. Or un peu plus loin, le poète évoque directement, à la troisième personne, la figure du lecteur anonyme, qui lira ces épîtres pour ainsi dire par-dessus les épaules de leurs destinataires premiers, en l'(/nous) invitant à évaluer par lui-même (/nous-mêmes) la véracité de ses propos :

Crede mihi, quotiens laudaris carmine nostro,
qui legit has laudes, an mereare rogat.

« Crois-moi, chaque fois que je te loue dans mes vers, celui qui lit ces éloges demande si tu les mérites[99]. »

On relèvera la subtile évocation, par la formule *crede mihi*, de la question de la « crédibilité » de la poésie, car si la femme d'Ovide est sommée de croire à son avertissement, le lecteur est, quant à lui, invité à se comporter en lecteur sceptique plus qu'en lecteur naïf. Surtout, cette remarque peut être prise comme une clé d'interprétation possible des autres éloges adressés, dans la lettre même, à Livie ou, dans l'ensemble de l'œuvre d'exil, à Auguste ou à d'autres personnages éminents. L'auteur,

98 *Pont.* III, 1, 45-46.
99 *Pont.* III, 1, 61-62.

qui a besoin d'être cru par ceux dont il implore le pardon, ne renonce pas pour autant à la complexité d'une écriture allusive et potentiellement équivoque, qui fasse appel à la sagacité d'un lectorat capable de décrypter les textes poétiques et dont le jugement est, en dernière analyse, ce à quoi il s'en remet. C'est ainsi que l'œuvre d'exil, source inestimable d'informations documentaires sur la société et la politique du tournant de notre ère, se révèle aussi être une leçon de littérature – et de lecture – adressée, par-delà les destinataires premiers des épîtres rédigées en exil, aux lecteurs d'alors et de toujours.

Stéphane BENOIST
Université de Lille,
UMR 8164 HALMA

Florence KLEIN
Université de Lille,
UMR 8164 HALMA

Cyrielle LANDREA
Université de Bretagne Sud,
UMR 9016 TEMOS

ROME, 357 APRÈS J.-C.

L'Empire romain au miroir de ses traditions et de ses transformations

LA VISITE DE CONSTANCE II À ROME

Le 28 avril de l'an 357 – la date précise étant fixée par les *Consularia Constantinopolitana*[1] – l'empereur Constance II fait le voyage de Milan jusqu'à Rome[2]. Les raisons officielles de son voyage, exposées dans la chronique, sont sujettes à controverse. En effet, dans le manuscrit Berlin, Deutsche Staatsbibliothek, Phillips 1829, IXe siècle – seul témoin indépendant de cette section du texte – on trouve l'indication *et edidit XXXV*, qui renverrait à la célébration de son 35e anniversaire au pouvoir : Constance ayant été nommé César en 324, au moment de la fondation de Constantinople[3], le 35e anniversaire correspond donc à l'an 358. Le texte du *Chronicon Paschale*[4], en revanche, évoque pour l'année 357 les *vicennalia* (εἰκοσαετηρίς), qui correspondraient plus précisément aux vingt ans de Constance en tant qu'Auguste, puisqu'il avait obtenu le titre après la mort de Constantin, vingt ans auparavant (337). Cette

1 *CM* I p. 239 = *KFHist* G 1 p. 42, l. 14-15 ; sur cette chronique, voir Richard W. Burgess, *The Chronicle of Hydatius and the Consularia Constantinopolitana. Two Contemporary Accounts of the Final Years of the Roman Empire*, Oxford, Clarendon, 1993, p. 176-209, et Maria Becker, Bruno Bleckmann, Jonathan Gross, Mehran A. Nickbakht (dir.), *Consularia Constantinopolitana und verwandte Quellen*, Paderborn, Schöningh, 2016, p. 3-26.

2 Pour une reconstruction de la visite de Constance à Rome et de son contexte historique, voir par exemple Richard Klein, « Der Rombesuch des Kaisers Konstantius II im Jahre 357 », *Athenaeum* (57) 1979, p. 98-115 ; Pedro Barceló, *Constantius II und seiner Zeit. Die Anfänge des Staatskirchentums*, Stuttgart, Klett-Cotta, 2004, p. 139-145 ; Pierre Maraval, *Les fils de Constantin*, Paris, CNRS éditions, 2013, p. 141-149.

3 *CM* I p. 232 = *KFHist* G 1, p. 38, l. 3-4, avec la correction de Sirmond : *Constantius* pour *Constantinus* du manuscrit de Berlin ; voir P. Maraval, *op. cit.*, p. 14-15 et n. 27.

4 p. 542, l. 19-20 Bonn.

considération avait porté Mommsen à proposer l'hypothèse des *vicennalia* dans le texte des *Consularia* aussi, mais il est plus probable que Constance ait anticipé la célébration de ses 35 ans au pouvoir afin de les fêter à Rome[5], comme en témoignent les données numismatiques[6]. Si l'idée de célébrer l'anniversaire de son règne à Rome a, certes, pu jouer un rôle dans le choix de l'empereur, on ne doit pas donner trop de poids à cet événement : il est vrai que l'*adventus* avait été préparé dans les moindres détails, en choisissant le moment le plus opportun pour une cérémonie à la solennité presque inédite, mais son statut symbolique général dépassait l'ensemble des prétextes que la propagande, favorable ou non à l'empereur[7], pouvait produire.

Par ailleurs, l'équilibre de Rome était fragile aux yeux de Constance, et ce, même après sa victoire : la visite de l'empereur s'avérait donc décisive sur les plans politique et religieux. La recherche d'un rapprochement avec l'aristocratie « païenne » de la ville s'inscrivait ainsi dans une stratégie plus générale visant à garder un contrôle stable sur Rome, où les relations avec les autorités religieuses avaient également été houleuses.

L'évêque de Rome, Libère, fidèle à la doctrine de Nicée et hostile aux politiques de l'arien Constance contre l'archevêque d'Alexandrie, Athanase[8],

---

5 Voir Richard W. Burgess, « Quinquennial vota and the Imperial Consulship in the Fourth and Fifth Centuries, 337-511 » *Numismatic Chronicle* (148) 1988, p. 77-96, ici 83-84 ; M. Becker *et alii*, *op. cit.*, p. 111-112.

6 Cfr. *e.g.* *RIC* VIII Roma, 296.

7 En effet, comme nous le verrons ci-après, une autre tradition, suivie par Ammien (XVI 10, 1), nous indique que la venue de Constance était davantage motivée par le désir d'officialiser sa victoire sur l'usurpateur Magnence, une victoire remportée quatre ans auparavant mais qui méritait, selon Constance, d'être fêtée avec tous les honneurs dans la capitale : ce thème fera rapidement partie d'une sorte de répertoire d'accusations visant Constance, critiqué pour avoir célébré un triomphe injuste et sacrilège. Sur Magnence et sur la réflexion de l'historiographie antique autour de son projet politique, voir Stefano Conti, *Religione e usurpazione : Magnenzio tra cristianesimo e paganesimo*, dans Paolo Desideri, Mauro Moggi, Mario Pani (dir.), *Antidoron. Studi in onore di Barbara Scardigli Forster*, Pise, ETS, 2007, p. 105-119. La guerre contre Magnence est très clairement présentée par David S. Potter dans *The Roman Empire at Bay (AD 180-395)*, Cambridge, Cambridge University Press, 2004, p. 471-476.

8 Sur les relations entre Constance et Athanase, voir *e.g.* Martin Girardet Klaus, « Constance II, Athanase et l'édit d'Arles (353) : à propos de la politique religieuse de l'empereur Constance II », dans Charles Kannengiesser (dir.), *Politique et théologie chez Athanase d'Alexandrie. Actes du colloque de Chantilly, 23-25 septembre 1973*, Paris, Beauchesne, 1974, p. 64-91 ; Timothy D. Barnes, *Athanasius and Constantius : Theology and Politics*

avait été forcé de s'exiler après le concile de Milan en 355[9], et remplacé par l'archidiacre Félix, qui – bien qu'étant lui aussi orthodoxe – soutenait les politiques religieuses de l'empereur[10]. Toutefois, la situation n'était pas pacifiée et Constance en était parfaitement conscient. Les historiens de l'Église racontent ainsi comment le peuple de Rome supplia le souverain de faire rappeler le vieux pasteur. L'anecdote s'enrichit de détails chez Théodoret[11], où ce sont les femmes des nobles qui portent la requête à l'empereur (*HE* II 17, 1-2) :

> δύο δὲ διεληλυθότων ἐτῶν, ὁ μὲν Κωνστάντιος εἰς τὴν Ῥώμην ἀφίκετο· αἱ δὲ τῶν ἐν τέλει καὶ ἀξιωμάτων ὁμόζυγοι τοὺς ἄνδρας ἐλιπάρουν ἱκετεῦσαι τὸν Κωνστάντιον ἀποδοῦναι τὸν νομέα τῇ ποίμνῃ, φάσκουσαι εἰ μὴ πείσαιεν, αὐτοὺς μὲν καταλείψειν, πρὸς δὲ τὸν μέγαν ἐκεῖνον δραμεῖσθαι ποιμένα. Οἱ δὲ ἔφασαν δεδιέναι τὸν βασιλέως θυμόν· ἄνδρας γὰρ ὄντας οὐδεμιᾶς ἴσως ἀξιώσει συγγνώμης, ὑμῖν δὲ ἀντιβολούσαις φειδοῦς δήπουθεν μεταδώσει καὶ δυοῖν θάτερον, ἢ τὴν ἱκετηρίαν δέξεται, ἢ μὴ πειθόμενος ἀπαθεῖς ἀποπέμψει.

> « Au bout de deux ans, Constance se rendit à Rome. Les épouses des personnages revêtus de charges et élevés en dignité supplièrent leurs maris de prier Constance de rendre au troupeau son pasteur, assurant, si elles ne les persuadaient pas, qu'elles les quitteraient pour se rendre auprès de ce grand pasteur. Les maris dirent qu'ils craignaient la colère de l'empereur : "À des

in the Constantinian Empire, Londron-Cambridge (Ma), Harvard University Press, 1993 ; Patricia Just, *Imperator et Episcopus. Zum Verhältnis von Staatsgewalt und christlicher Kirche zwischen dem 1. Konzil von Nicaea (325) und dem 1. Konzil von Konstantinopel (381)*, Stuttgart, Steiner, 2003, p. 63-66 ; Karen Piepenbrink, « Athanasius und die Kaiser », dans Peter Gemeinhardt (dir.), *Athanasius Handbuch*, Tübingen, Mohr Siebeck, 2011, p. 134-139, en particulier 136-139 ; David M. Gwynn, *Athanasius of Alexandria. Bishop, Theologian, Ascetic, Father*, Oxford, Oxford University Press, 2012, p. 43-49 ; Manfred Klauss, *Athanasius der Große. Der unbeugsame Heilige*, Darmstadt, von Zabern, 2016, p. 150-169.

9 L'exil date probablement de l'année suivante (356), comme l'indique Ammien Marcellin (XV 7, 6), qui mentionne la préfecture de Flavius Leontius ; voir *e.g.* André Chastagnol, *La préfecture urbaine à Rome sous le bas-empire*, Paris, PUF, 1960, p. 151-152, et Charles Piétri, *Roma Christiana. Recherches sur l'Église de Rome, son organisation, sa politique, son idéologie de Miltiade à Sixte III*, Rome, École Française de Rome, 1976, p. 246-247.

10 Sur ces épisodes, voir Charles Piétri, « La question d'Athanase vue de Rome (338-360) », dans Charles Kannengiesser, *op. cit.*, p. 93-126 et plus spécialement 118-126, Richard Klein, *Constantius II. und die christliche Kirche*, Darmstadt, Wissenschaftliche Buchgesellschaft, 1977, p. 51-60 et 137-141, P. Just, *op. cit.*, p. 104-109 et P. Maraval, *op. cit.*, p. 261-272.

11 L'histoire fait suite à un dialogue entre l'empereur et l'évêque, qui occupe la totalité du chapitre 16. Ce texte a eu une certaine fortune au cours de l'Antiquité : on en possède un résumé grâce à Sozomène (*HE* IV 11, 3-10) et une version syriaque (*Vat. Syr.* 145, IX-X s., f. 65v-67r).

hommes, il estimera sans doute qu'il n'a aucune concession à faire. Mais, vous, si vous allez l'implorer, sans doute vous ménagera-t-il et, de deux choses l'une, ou bien il acceptera votre prière, ou bien, s'il n'est pas convaincu, il vous renverra sans que vous ayez eu à en souffrir[12] ».

Mais ce qui fait plier Constance, dans le récit de Théodoret, c'est que le nouvel évêque n'avait aucun attrait pour les fidèles (*HE* II 17, 4) :

οὐδεὶς μέντοι τῶν οἰκούντων τὴν Ῥώμην εἰς εὐκτήριον εἰσελήλυθεν οἶκον ἔνδον ὄντος ἐκείνου·τοῦτο δὲ καὶ αἱ γυναῖκες ἔφασαν ἐκεῖναι τῷ βασιλεῖ. Οὗ δὴ χάριν ἐπικαμφθεὶς προσέταξε μὲν τὸν πάντα ἄριστον ἐκεῖνον ἐπανελθεῖν, κοινῇ δὲ ἀμφοτέρους τὴν ἐκκλησίαν ἰθύνειν.

« En tout cas, aucun habitant de Rome ne pénétra dans une église où il se trouvait. Et c'est encore un fait que ces dames signalèrent à l'empereur. Cet argument le fit fléchir et il ordonna par décret que revînt cet homme en tout point excellent, mais que les deux évêques gouverneraient ensemble[13] ».

Ce détail laisse supposer que si Constance voulait, certes, profiter de sa venue à Rome pour soutenir Félix, il avait finalement décidé de trouver un compromis pour ne pas s'aliéner la partie chrétienne de la population. En même temps, Théodoret atteste d'un lien entre Libère et l'aristocratie de la ville, ce qui paraît vraisemblable[14]. La présence du peuple est, en revanche, soulignée par Sozomène (*HE* IV 11, 12) :

ὡς δὲ εἰσήλαυνεν εἰς Ῥώμην ὁ βασιλεὺς καὶ πολὺς ἦν ὁ ἐνθάδε δῆμος περὶ Λιβερίου ἐκβοῶν καὶ δεόμενος αὐτὸν ἀπολαβεῖν, βουλευσάμενος μετὰ τῶν συνόντων αὐτῷ ἐπισκόπων ἀπεκρίνατο μετακαλεῖσθαι αὐτὸν καὶ τοῖς αἰτοῦσιν ἀποδώσειν, εἰ πεισθείη τοῖς συνοῦσιν αὐτῷ ἱερεῦσιν ὁμοφρονεῖν.

« Quand pourtant l'empereur entra à Rome, comme le peuple qui était là en foule poussait des cris à propos de Libère et demandait de le reprendre, l'empereur, après délibération avec les évêques de sa suite, répondit qu'il le

12 Pour le texte de Théodoret, la traduction est celle de Pierre Canivet, dans *Théodoret de Cyr. Histoire Ecclésiastique. Tome I, livres I-II*, texte grec de L. Parmentier et G. C. Hansen (GCS, NF 5, 1998³) avec annotation de Jean Bouffartigue, introduction d'Annick Martin et traduction de Pierre Canivet, revue et annotée par Jean Bouffartigue, Annick Martin, Luce Pietri et Françoise Thelamon, Paris, Les Éditions du Cerf, 2006.

13 La solution du co-épiscopat s'est avérée impossible : au retour de Libère, la foule lança, selon Théodoret (*HE* II 17, 6), ce cri célèbre : « Un seul dieu, un seul Christ, un seul évêque ! » (εἷς θεός, εἷς Χριστός, εἷς ἐπίσκοπος).

14 Voir notamment Annick Martin, dans *Théodoret*, *op. cit.*, p. 88-89 ; sur la tradition historiographique chrétienne liée à cet épisode, voir aussi C. Piétri, *op. cit.*, p. 237-259.

rappellerait et qu'il le rendrait à ceux qui le réclamaient, s'il se laissait persuader de s'unir de sentiment avec les prêtres de sa suite[15] ».

Dans un tel contexte, il n'est pas étonnant que Constance ait tenté de s'appuyer sur la fidélité de l'aristocratie païenne afin de pouvoir compter sur des juges impartiaux dans les querelles religieuses de Rome : la nomination du sénateur païen Memmius Vitrasius Orfitus, préfet de la ville, charge qu'il recouvrait pour la seconde fois, s'inscrit probablement dans cette stratégie d'apaisement[16]. En effet, des conditions troubles en Occident auraient représenté un risque pour la stabilité du pouvoir impérial après le départ pour l'Asie de Constance, qui devait y mener sa campagne contre les Perses. Même si le passage de l'empereur marque le début de la querelle sur la présence de l'autel de la Victoire dans la Curie[17], Symmaque[18] en personne reconnaît que, en dehors de cela, Constance avait confirmé les libertés des païens et fait preuve d'une grande tolérance religieuse au cours de son séjour[19] (*Rel.* III 7-8) :

> *Nihil ille decerpsit sacrarum virginum privilegiis, decrevit nobilibus sacerdotia, Romanis caerimoniis non negavit inpensas et per omnes vias aeternae urbis laetum secutus senatum vidit placido ore delubra, legit inscripta fastigiis deorum nomina, percontatus templorum origines est, miratus est conditores cumque alias religiones ipse sequeretur, has servavit imperio. Suus enim cuique mos, suus cuique ritus est.*

---

15 Traduction d'André-Jean Festugière et Bernard Grillet, dans *Sozomène. Histoire ecclésiastique. Livres III-IV*, texte grec de l'édition J. Bidez, introduction et annotations par Guy Sabbah, traduction par André-Jean Festugière, revue par Bernard Grillet, Paris, Les Éditions du Cerf, 1996.

16 Sur ces questions, voir notamment Robert O. Edbrooke jr., « The Visit of Constantius II to Rome in 357 and its Effect on the Pagan Roman Senatorial Aristocracy », *The American Journal of Philology* (97.1) 1976, p. 40-61 ; sur le personnage de Memmius Orfitus, voir aussi Alan Cameron, « Orfitus and Constantius : a note on Roman gold-glasses », *Journal of Roman Archaeology* (9) 1996, p. 295-301, et Ignazio Tantillo, « Memmius Vitrasius Orfitus : "signo" Honorius ? », *Zeitschrift für Papyrologie und Epigraphik* (190) 2014, p. 271-278.

17 Cfr. *infra*.

18 On ne doit pas oublier que Symmaque avait épousé la fille d'Orfitus, Rusticiana : *cf.* Symm. *Rel.* 34, 8 et la reconstruction de Giovanni A. Cecconi, *Commento storico al libro II dell'Epistolario di Quinto Aurelio Simmaco*, Pise, Giardini, 2002, p. 330-331 (avec bibliographie).

19 Symmaque avait probablement participé en personne à la cérémonie ; à propos de son récit de l'arrivée à Rome de Constance, ses sources et sa représentation de l'empereur, voir Domenico Vera, *Commento storico alle Relationes di Quinto Aurelio Simmaco*, Pise, Giardini, 1981, p. 35-37.

> « Il n'enleva rien aux privilèges des vierges sacrées, il compléta les sacerdoces par des gens de naissance. Il ne refusa pas de financer les cérémonies romaines et, par toutes les voies de la Ville Éternelle à la suite du Sénat en fête, il regarda leurs frontons, s'informa de l'origine des temples, admira leurs fondateurs et, tandis que, personnellement, il suivait d'autres pratiques religieuses, il conserva les nôtres à l'Empire. À chacun sa coutume, à chacun ses rites[20] ».

Quatre ans après la visite de l'empereur, Julien envoie au sénat de Rome une violente missive, qui accable Constance : la réaction des sénateurs[21] est rapportée par Ammien comme une anecdote édifiante qui met en garde contre tout excès de présomption (xxi 10, 7) :

> *Iamque altius se extollens et numquam credens ad concordiam provocari posse Constantium, orationem[22] acrem et invectivam, probra quaedam in eum explanantem et vitia, scripserat ad senatum. Quae cum Tertullo administrante adhuc praefecturam recitarentur in curia, eminuit nobilitatis cum speciosa fiducia benignitas grata. Exclamatum est enim in unum cunctorum sententia congruente « auctori tuo reverentiam rogamus[23].*

> « Mais portant déjà plus haut ses ambitions, et convaincu que jamais Constance ne pourrait se laisser amener à composer, il avait écrit aux sénateurs une invective acrimonieuse, dans laquelle il décrivait pour l'accabler certaines de ses infamies et de ses tares. Quand on lut ce discours dans la curie, à un moment où Tertullus gérait encore la préfecture, la noblesse manifesta, avec l'éclat d'une belle assurance, ses sympathies et sa reconnaissance. Car l'exclamation fut aussi unanime que l'avis exprimé était général et concordant : "Nous te rappelons au respect de celui qui t'a fait prince[24] !" ».

---

20 Traduction de Jean-Pierre Callu (éd.), *Symmaque. Tome V. Discours – Rapports*, Paris, Les Belles Lettres, 2009.

21 Sur le passage, qui constitue une exception dans la représentation généralement positive de Julien chez Ammien, *cf.* Klaus Rosen, *Studien zur Darstellungskunst und Glaubwürdigkeit des Ammianus Marcellinus*, diss. Univ. Mannheim, 1968, p. 132-133, et Guy Sabbah, *La méthode d'Ammien Marcellin. Recherches sur la construction du discours historique dans les Res Gestae*, Paris, Les Belles Lettres, 1978, p. 298-299.

22 Sur *oratio* dans le sens de « lettre », voir *e.g.* Suet. *Ner.* 15, 2, et les passages rassemblés par Jan den Boeft, Daniël den Hengst, Hans C. Teitler, *Philological and Historical Commentary on Ammianus Marcellinus xxi*, Groningen, Forsten, 1991, p. 140-141.

23 Selon Guy Sabbah, *op. cit.*, p. 198-199, Ammien tire la phrase du procès-verbal de la séance, conservé aux archives de l'État.

24 Traduction tirée de Jacques Fontaine, Edmond Frézouls, Jean-Denis Berger (éd.), *Ammien Marcellin. Histoire. Tome II – Livres XX-XXI*, Paris, Les Belles Lettres, 1996.

LE RÉCIT D'AMMIEN

C'est le récit proposé par Ammien Marcellin dans le seizième livre de ses *Histoires*, au chapitre 10, qui représente notre principale source sur le déroulement de la visite. La présentation de l'arrivée de Constance à Rome est précédée d'un long *excursus* sur les mœurs et le caractère de l'empereur : ce double regard sera conservé au fil de la description des cérémonies, des actions, voire même des pensées de Constance durant sa visite.

Le chapitre d'Ammien s'ouvre sur un reproche adressé à l'empereur (10, 1) :

> *Haec dum per eoas partes et Gallias pro captu temporum disponuntur, Constantius quasi cluso Iani templo stratisque hostibus cunctis, Romam visere gestiebat, post Magnenti exitum absque nomine ex sanguine Romano triumphaturus.*
>
> « Tandis que l'on prenait ces dispositions dans les régions d'Orient et dans les Gaules en raison des circonstances, Constance, comme si le temple de Janus eût été fermé et que tous nos ennemis eussent été abattus, désirait vivement visiter Rome et s'apprêtait après la mort de Magnence à y triompher, sans aucun titre, du sang romain répandu[25] ».

Ammien souligne ici combien il est illégitime de voir triompher à Rome un empereur qui n'a remporté aucune victoire sur des ennemis extérieurs, ayant uniquement pris part à une guerre civile[26]. Par ailleurs, il remarque que le temps n'était pas encore aux célébrations étant donné que les deux fronts – oriental et occidental – étaient encore ouverts, comme l'indiquent les dispositions décrites par l'historien dans les chapitres précédents. La référence au temple de Janus est un signe de l'érudition et du goût archaïsant d'Ammien[27], une caractéristique que nous pourrons également observer en poursuivant notre lecture. De fait – la critique moderne n'a pas manqué de le remarquer – le cérémonial ne mettra pas davantage en valeur les marques du triomphe militaire

25 Pour le livre 16 d'Ammien, les traductions sont tirées de *Ammien Marcellin. Histoire. Tome I – Livres XIV-XVI*, texte établi et traduit par Édouard Galletier avec la collaboration de Jacques Fontaine, Paris, Les Belles Lettres, 1968.

26 Sur le thème du « triomphe immérité » chez Ammien, voir Guy Sabbah, *op. cit.*, p. 300-302.

27 *Cf.* Pieter de Jonge, *Philological and Historical Commentary on Ammianus Marcellinus XVI*, Groningen, Forsten, 1972, p. 110.

pour une victoire singulière que celles d'un *adventus* triomphal[28], chargé d'une signification particulière.

Même si la victoire sur Magnence n'était en fait qu'un prétexte pour mettre en scène la grande et mystique arrivée du souverain du monde dans la ville qui en est le centre, l'insistance d'Ammien sur l'illégitimité du triomphe montre l'influence de la propagande hostile à Constance. En outre, comme le raconte Ammien, le seul désir de l'empereur était de profiter de cette occasion pour offrir une démonstration de son pouvoir et de son autorité par le déploiement d'un luxe éblouissant, dont l'historien nous donne un aperçu à travers la mention des ornements du cortège, sur lesquels l'éclat de l'or enflamme les enseignes impériales (10, 2) :

> *Nec enim gentem ullam bella cientem per se superavit, aut victam fortitudine suorum conperit ducum, vel addidit quaedam imperio, aut usquam in necessitatibus summis primus vel inter primos est visus, sed ut pompam nimis extentam rigentiaque auro vexilla et pulchritudinem stipatorum ostenderet agenti tranquillius populo haec vel simile quicquam videre nec speranti umquam nec optanti.*
>
> « En effet, il ne vainquit en personne aucune nation qui nous fit la guerre ni n'apprit qu'aucune eût été défaite par la vaillance de ses généraux ; il n'ajouta rien à l'Empire ; nulle part, dans les extrémités les plus critiques, on ne le vit combattre le premier ou parmi les premiers. Il voulait seulement montrer au peuple, qui vivait bien tranquille et qui n'espérait ni ne souhaitait jamais voir rien de pareil, le déploiement extraordinaire d'un cortège, les enseignes raidies par l'or, et la splendeur de son escorte ».

28 Voir notamment Sabine G. MacCormack, *Art and Ceremony in Late Antiquity*, Berkeley-Los Angeles-London, University of California Press, 1981, p. 39-45 ; sur le débat, voir aussi Richard Flower, « *Tamquam Figmentum Hominis* : Ammianus, Constantius II and the Portrayal of Imperial Ritual », *The Classical Quarterly* (62) 2015, p. 822-835, en particulier p. 832, n° 3. L'interprétation « triomphale » était de même très répandue dans l'historiographie antique, comme en témoigne la reprise de Sozomène (*HE* IV 8, 1). Sur la description qu'Ammien fait de l'*adventus* de Constance II, voir aussi : Yves-Marie Duval, *La venue à Rome de Constance II en 357, d'après Ammien Marcellin*, « Caesarodunum », 5, 1970, 299-304 ; Pierre Dufraigne, *Adventus Augusti, adventus Christi : recherche sur l'exploitation idéologique et littéraire d'un cérémonial dans l'Antiquité tardive*, Paris, Institut d'Études Augustiniennes, 1994, p. 187-194 ; Gavin Kelly, « The New Rome and the Old : Ammianus Marcellinus' Silences on Constantinople », *Classical Quarterly* (53.2) 2003, p. 588-607, ici 598 ; Fabio Guidetti, « Gerarchie visibili : la rappresentazione dell'ordine cosmico e sociale nell'arte e nel cerimioniale tardoromani », dans Chiara O. Tommasi, Luciana Gabriela Soares Santoprete, Helmut Seng (dir.), *Hierarchie und Ritual. Zur philosophischen Spiritualität in der Spätantike*, Heidelberg, Universitätverlag Winter, 2018, p. 9-42, ici 23-29.

Ce qui est plus précisément reproché à Constance ici, c'est de ne se jamais se trouver sur le champ de bataille, ce qui révèle une nature très différente de celle des empereurs guerriers tels Dioclétien et même Constantin. Ammien poursuit ensuite sa critique en comparant Constance aux hommes du passé qui se déplaçaient toujours accompagnés de licteurs (10, 3), faisant allusion à César, Claude II le Gothique, Galère et Dèce. Après avoir évoqué la préparation de la pompe royale, l'historien passe sans réelle transition à la description de l'avancée du cortège impérial vers la capitale[29]. Le récit de l'historien retrouve sa fluidité après le passage décrivant la traversée d'Ocriculum. Ammien fait ici une sorte de résumé de ce qu'il décrira en détail dans les paragraphes suivants (10, 4) :

> [...] *elatus honoribus magnis stipatusque agminibus formidandis tamquam acie ducebatur instructa, omnium oculis in eo contuitu pertinaci intentis.*
>
> « [...] exalté par la grandeur des honneurs et escorté de troupes formidables, il semblait conduit par une armée rangée en bataille et les yeux de tous les assistants, fixés sur lui, ne se détachaient pas de sa personne ».

Cependant, lorsqu'il arrive près de Rome, l'attitude de l'empereur semble changer, et le narrateur s'emploie à décrire méticuleusement ses

29 Les philologues ont relevé ici les traces d'une lacune textuelle dont l'ampleur n'est pas connue. Ce qui est sûr, c'est que le texte est fortement altéré : selon l'hypothèse de Rita Cappelletto, *Recuperi ammianei in Biondo Flavio*, Roma, Edizioni di Storia e Letteratura, 1983, un récit présent dans l'*Italia Illustrata* de l'humaniste italien Biondo Flavio pourrait être inspiré d'une section d'Ammien qu'on ne retrouve plus aujourd'hui dans la tradition manuscrite. L'hypothèse se fonde sur l'attribution à Biondo d'une note marginale au folio 48^{v} du manuscrit de Venise *Marcianus latinus Z 388 (coll. 1850)*, le codex W d'Ammien Marcellin : *hic deest unius folii scriptura ex iis que in exemplari vetusto legisse memini. Et est pars multi facienda : a me in Italia apud ocriculum posita.* Le problème, c'est que le passage de l'*Italia* que l'on peut identifier comme étant celui mentionné par Biondo, c'est-à-dire la péricope de texte qui fait partie des ajouts postérieurs à la première rédaction de l'ouvrage et qu'on peut lire en marge du f. 19v du codex *Ottobonianus latinus* 2369 (*cf.* R. Cappelletto, *op. cit.*, p. 35), est assez bref et semble porter les traces d'une réélaboration et d'une réécriture par l'humaniste. Le contenu est également fort intéressant, en particulier la description de l'étendue de la ville de Rome et la continuité entre le paysage d'Ocriculum et celui de la capitale : *continebant vero, stante Romana re, ad eum pontem hincinde maxima aedificia, quae ab Ocriculo ad ipsam urbem Roma mita continuabantur ut non vicus unus neque plures villae viderentur esse, sed ipsam urbem usque ad Ocriculum protendi appareret.* Cependant, l'étude de R. Cappelletto a été ignorée par les historiens, à l'exception, notable, d'Alan Cameron, « Biondo's Ammianus : Constantius and Hormisdas at Rome », *Harvard Studies in Classical Philology* 92 (1989), p. 423-436, qui souligne la difficulté de distinguer le texte original d'Ammien de la paraphrase faite par l'humaniste, mais aussi l'importance d'une découverte « which has yet to receive the acknowledgement it deserves », une affirmation encore vraie aujourd'hui.

mouvements psychologiques face au spectacle que lui offre la vénérable ville. Le premier regard de Constance va à ses citoyens, les sénateurs d'une part et le peuple de l'autre (10, 5-6) :

> *Cumque urbi propinquaret, senatus officia reverendasque patriciae stirpis effigies ore sereno contemplans non ut Cineas ille Pyrri legatus in unum coactam multitudinem regum sed asylum mundi totius adesse existimabat. Unde cum se vertisset ad plebem, stupebat qua celeritate omne quod ubique est hominum genus confluxerit Romam.*
>
> « À l'approche de la Ville, considérant d'un œil serein les hommages du sénat et les images vénérables des familles patriciennes, il ne crut pas y voir comme Cinéas, le fameux envoyé de Pyrrhus, l'assemblée d'une multitude de rois, mais il crut que le sanctuaire du monde entier était là. Et quand il se tourna ensuite vers le peuple, il fut stupéfait de voir quel concours immense de toutes les races d'hommes qui sont au monde avait afflué à Rome ».

Ce passage, qui présente des éléments d'un grand intérêt pour comprendre la stratégie rhétorique d'Ammien et l'attitude de Constance à l'égard du Sénat et du peuple de Rome, mérite un commentaire plus détaillé. L'expression à connotation psychologique *ore sereno*, employée par Ammien, témoigne d'une bienveillance sincère de la part du souverain, bienveillance qui répond probablement à son désir de renouer le dialogue avec l'aristocratie païenne, comme nous l'avons déjà évoqué. En même temps, Ammien met en lumière un curieux phénomène : Constance, qui était jusque-là un objet d'admiration du fait de la splendeur de son cortège, est gagné par une stupeur bien plus profonde qui s'appuie sur la contemplation de la noblesse de la ville de Rome à travers ses citoyens[30].

Au moment de raconter comment les sénateurs, caractérisés par une noblesse antique, enracinée dans la *gravitas maiorum*, présentent leurs hommages à Constance, l'historien établit une comparaison entre la surprise de Constance et celle qu'avait ressentie Cinéas, l'ambassadeur de Pyrrhus, à son entrée dans la Curie : il s'agit d'une anecdote célèbre qui circulait dans l'Antiquité, probablement dans des recueils de *Dicta memorabilia*, et que nous connaissons principalement grâce à l'allusion de Tite-Live (IX 17, 14), au témoignage de Florus (I 13, 20), à la *Vie de Pyrrhus* de Plutarque (19, 6) et aux écrits d'Appien (*Samn.* 10, 9) et de Justin (XVIII 2, 10). Or, si nous analysons les quatre textes, qui situent

30 Voir A. Cameron, « Biondo », *op. cit.*, p. 428 : « the unifying theme of 16.10 is perhaps less the impact of Constantius on Rome than the impact of Rome on Constantius ».

l'anecdote dans le contexte de la guerre de Pyrrhus[31], la version la plus proche d'Ammien est celle de Plutarque. Notons que Florus ne donne pas les noms des ambassadeurs envoyés par le roi d'Épire :

> *Qui autem ille senatus fuit, cum perorante Appio Caeco pulsi cum muneribus suis ab urbe legati interroganti regi suo quid de hostium sede sentirent, urbem templum sibi visam, senatum regum esse confiterentur.*
>
> « Quel fut le Sénat d'alors ! Chassés de la ville avec leurs présents, à la suite du discours d'Appius Caecus, les ambassadeurs avouèrent à leur roi qui leur demandait ce qu'ils pensaient de l'endroit où habitait l'ennemi, que la ville leur avait paru être un temple et le sénat une assemblée de rois[32] ».

Chez Appien et dans l'épitomé de Justin, en revanche, c'est la mention du Sénat qui nous manque :

> App. *Samn.* 10, 9-10 :
> λέγεται δὲ καὶ τἆλλα περὶ τῆς Ῥώμης πυνθανομένῳ Πύρρῳ Κινέας εἰπεῖν, ὅτι πόλις ἐστὶ στρατηγῶν ὅλη, καὶ τοῦ Πύρρου θαυμάσαντος μεταλαβὼν φάναι· "βασιλέων μᾶλλον ἢ στρατηγῶν."
>
> « On raconte que, lorsque Pyrrhus lui demandait d'autres choses sur Rome, Cinéas aurait dit que la ville était une ville de généraux, et comme Pyrrhus s'étonnait, en changeant le mot, il aurait précisé "de rois plus que de généraux" ».
>
> Iust. XVIII 2, 10 :
> *Igitur Cineas, cum turbatam cum Romanis pacem ab Appio Claudio renuntiasset, interrogatus a Pyrrho qualis Roma esset, respondit regum urbem sibi visam.*
>
> « Lorsque Cinéas eut donc porté à la connaissance de Pyrrhus le rejet qu'Appius Claudius avait opposé à la paix avec les Romains, le roi lui demanda ce qu'il lui en avait semblé de Rome : celui-ci lui répondit alors qu'il avait cru voir une ville de rois[33] ».

Ce n'est que chez Plutarque que nous retrouvons tous les éléments mentionnés par Ammien :

---

31 Ni le nom de l'ambassadeur, ni celui du roi macédonien ne sont mentionnés par Tite Live ; à propos de l'emploi des anecdotes sur Pyrrhus chez Tite Live, *cf.* Roman Roth, « Pyrrhic Paradigms : Ennius, Livy and Ammianus Marcellinus », *Hermes* (138) 2010, p. 171-195, ici 180-189.

32 Traduction de Paul Jal, dans *Florus. Œuvres. Tome I*, texte établi et traduit par Paul Jal, Paris, Les Belles Lettres, 1967.

33 Traduction de Bernard Mineo, dans *Justin. Abrégé des Histoires Philippiques de Trogue Pompée. Tome II – Livres XI-XXIII*, texte établi, traduit et commenté par Bernard Mineo, notes historiques par Giuseppe Zecchini, Paris, Les Belles Lettres, 2018.

> λέγεται δὲ Κινέαν, ἐν ᾧ ταῦτ'ἔπραττεν, ἅμα ποιησάμενον ἔργον καὶ σπουδάσαντα τῶν τε βίων γενέσθαι θεατὴν καὶ τῆς πολιτείας τὴν ἀρετὴν κατανοῆσαι, καὶ διὰ λόγων ἐλθόντα τοῖς ἀρίστοις, τά τ' ἄλλα τῷ Πύρρῳ φράσαι καὶ εἰπεῖν ὡς ἡ σύγκλητος αὐτῷ βασιλέων πολλῶν συνέδριον φανείη.
>
> « Cinéas, dit-on, tout en traitant ces affaires, s'était donné pour tâche et s'était efforcé d'observer la conduite des Romains et d'étudier les qualités de leur gouvernement ; il s'en était entretenu avec les principaux d'entre eux et, dans son rapport à Pyrrhos, il dit notamment que le sénat lui était apparu comme une assemblée formée de nombreux rois[34] ».

Un autre détail qui nous porte à rapprocher le texte d'Ammien de celui de Plutarque, c'est que l'historien grec poursuit son récit par la description de ce que ressent Cinéas en observant le peuple, περὶ δὲ τοῦ πλήθους (19, 7)[35]. Constance, dans sa réaction de stupeur et d'émerveillement face à la noblesse des sénateurs, dont il fait l'expérience pour la première fois, est comparé à l'ambassadeur d'un ennemi, venu à Rome dans l'espoir de signer un traité de paix qui lui sera finalement refusé. Mais Ammien ne se contente pas d'esquisser la comparaison, il nous fait ainsi remarquer que la nature de Constance n'est pas parfaitement comparable à celle des rois macédoniens de l'époque hellénistique – notons qu'auparavant le modèle de Pyrrhus était employé avec une connotation positive par l'historien, par exemple pour décrire l'habilité stratégique de Julien au cours de sa campagne d'Asie (XXIV 1, 2) – et que l'empereur « étranger » est à tel point touché par le spectacle des sénateurs de Rome que l'assemblée des rois est transformée par une métaphore hyperbolique en un « sanctuaire[36] » du monde entier[37].

Les historiens sont divisés quant à l'interprétation de cette expression, qui a parfois été considérée comme un rapprochement négatif, en lien avec la représentation satirique de l'aristocratie romaine dans le chapitre 6 du livre XIV[38]. Toutefois, même s'il peut s'agir d'une finesse

34 Traduction de Robert Flacelière et Émile Chambry, dans *Plutarque. Vies. Tome VI. Pyrrhos-Marius – Lysandre-Sylla*, texte établi et traduit par Robert Flacelière et Émile Chambry, Paris, Les Belles Lettres, 1971.

35 Sur la structure du passage de la *Vie de Pyrrhus* et sur la représentation de la haute opinion que Pyrrhus a de ses ennemis romains, voir Simon C. R. Swain, « Hellenic Culture and the Roman Heroes of Plutarch », dans Barbara Scardigli (dir.), *Essays on Plutarch's Lives*, Oxford, Clarendon, 1995, p. 229-264, ici 250-251.

36 C'est de cette manière que le traduisent Galletier et Fontaine, mais le terme désigne plus spécifiquement un « refuge ».

37 Sur l'emploi hyperbolique de l'anecdote, voir en particulier R. Roth, *op. cit.*, p. 191.

38 Voir notamment Roger Blockley, « Ammianus, the Romans and Constantius II : *Res gestae* XIV.6 and XVI.10 », *Florilegium* (16) 1999, p. 1-15.

de l'historien, la réaction est bien attribuée à Constance et vise à mettre en lumière la forte impression que ce spectacle produit sur l'empereur. L'insistance portée sur le caractère global – *mundi totius* – de l'attraction que Rome exerce encore doit, en effet, être interprétée comme positive. La dimension cosmopolite est soulignée par le passage qui suit, où le peuple de Rome est décrit à travers la multitude d'ethnies qui le forment. Cela tient à la nature même de la ville en tant que centre du κόσμος ainsi qu'à la situation contemporaine de l'auteur qui, par un jeu de contrastes positif avec les images vénérables des familles patriciennes, souligne la vitalité de Rome et la tension dynamique entre traditions et transformations qui la caractérise. Ammien s'emploie alors à décrire la réaction de Constance face à ce spectacle, en soulignant le faste de la mise en scène que l'empereur offre à un peuple *haec vel simile quicquam videre nec speranti umquam nec optanti* et qui revient à accroître la magnificence du cortège impérial (10, 6) :

> *Et tamquam Euphratem armorum specie territurus aut Rhenum altrinsecus praeeuntibus signis insidebat aureo solus ipse carpento fulgenti claritudine lapidum variorum, quo micante lux quaedam misceri videbatur alterna.*
>
> « Comme s'il eût voulu terrifier l'Euphrate ou le Rhin à la vue de ses armes, précédé d'une double file d'enseignes, lui-même était assis, seul, sur un char d'or brillant des feux de pierres diverses, dont l'éclat semblait se mêler en une sorte de lumière changeante ».

L'isolement de l'empereur, assis sur un char d'or, contraste avec la multitude des hommes qui avaient peuplé la scène précédente. En même temps, Ammien, en comparant la pompe impériale à une armée qui cherche à terrifier l'Euphrate ou le Rhin, montre encore une fois la vacuité de cette magnificence déployée par un souverain incapable de défendre en personne les frontières de l'Empire. L'historien prête une attention particulière à la description des étendards gonflés par le vent et semblables à des dragons (10, 7) :

> *Eumque post antegressos multiplices alios purpureis subtegminibus texti circumdedere dracones hastarum aureis gemmatisque summitatibus inligati, hiatu vasto perflabiles et ideo velut ira perciti sibilantes caudarumque volumina relinquentes in ventum.*
>
> « Et lui, après ce cortège multiple qui le précédait, était entouré de dragons tissés de fils de pourpre, attachés au sommet de leur hampe, ornés d'or ou de pierres précieuses ; leur large gueule laissait passer les souffles de la brise : ils semblaient ainsi siffler de colère, tandis qu'ils laissaient les replis de leur queue flotter au vent ».

Les étendards mentionnés par Ammien sont en vérité très souvent utilisés par l'armée romaine durant l'Antiquité tardive. Il s'agit des *dracones*[39], dont l'usage est attesté à Rome au moins à partir du deuxième siècle de notre ère, comme en témoigne la description d'Arrien qui, dans son *Art Tactique*, les appelle σκυθικά (35, 3-4) :

> τὰ Σκυθικὰ δὲ σημεῖά ἐστιν ἐπὶ κοντῶν ἐν μήκει ξυμμέτρῳ δράκοντες ἀπαιωρούμενοι. Ποιοῦνται δὲ ξυρραπτοὶ ἐκ ῥακῶν βεβαμμένων, τάς τε κεφαλὰς καὶ τὸ σῶμα πᾶν ἔστε ἐπὶ τὰς οὐρὰς εἰκασμένοι ὄφεσιν, ὡς φοβερώτατα οἷόν τε εἰκασθῆναι. Καὶ τὰ σοφίσματα ταῦτα ἀτρεμούντων μὲν τῶν ἵππων οὐδὲν πλέον ἢ ῥάκη ἂν ἴδοις πεποικιλμένα ἐς τὸ κάτω ἀποκρεμάμενα, ἐλαυνομένων δὲ ἐμπνεόμενα ἐξογκοῦνται, <ὥς>τε ὡς μάλιστα τοῖς θηρίοις ἐπεοικέναι, καί τι καὶ ἐπισυρίζειν πρὸς τὴν ἄγαν κίνησιν ὑπὸ τῇ πνοῇ βιαίᾳ διερχομένῃ.

> « Les enseignes scythiques sont des dragons flottant à des bâtons de bonne longueur. Ils sont fabriqués à partir d'un assemblage de tissus teints et la tête, tout le corps et la queue sont faits à la ressemblance de serpents, de façon à ce que l'apparition semble la plus terrifiante possible. Quand les chevaux sont immobiles, on ne voit rien d'autre en ces inventions que des morceaux de tissus bigarrés qui pendent à leur bâton. Mais quand les chevaux s'élancent, le vent gonfle les étendards de telle sorte qu'ils ressemblent totalement aux animaux et, même, ils produisent un sifflement sous l'effet de la forte brise qui donne contre eux et du mouvement rapide[40] ».

Comme l'écrit Arrien, ces enseignes étaient formées d'une tête de serpent fixée sur une longue lance, liée à une bande de tissu qui gonflait sous l'effet du vent. Leur origine fait l'objet de débats : les sources font mention d'une diffusion très large aussi bien dans les empires d'Asie centrale que dans les régions de la vallée du Danube, mais les *dracones* n'ont probablement fait partie des enseignes impériales romaines qu'à partir des campagnes daciques de Trajan, ayant été représentés pour la première dans l'art romain dans la narration graphique des événements sculptés sur la colonne érigée par cet empereur. Les attestations se multiplient à

39 Sur les *dracones*, voir *e.g.* Jon C. N. Coulston, « The "draco" standard », Journal of Military Equipment Studies (2) 1991, p. 101-114, Michel Feugère, Les armes des Romains, Paris, Errance, 1993, p. 202-203, Mike C. Bishop, Jon C. N. Coulston, *Roman Military Equipment from the Punic Wars to the Fall of Rome*, London, Oxbow, 2006², p. 188 et 227 ; Mark Hebblewhite, *The Emperor and the Army in the Later Roman Empire, AD 235-395*, London-New York, Routledge, 2017, p. 186-187.

40 Traduction de Pierre-Olivier Leroy, dans *Arrien. L'art tactique. Histoire de la succession d'Alexandre*, textes introduits, traduits et commentés par Pierre-Olivier Leroy, Paris, Les Belles Lettres, 2017.

partir de la seconde moitié du deuxième siècle et l'on rencontre ainsi des *dracones* dans les grandes scènes de bataille sculptées sur les sarcophages Ludovisi et « de Portonaccio », ainsi qu'à l'intérieur d'autres monuments, comme l'Arc de Galère en Thessalonique. On possède aussi un exemplaire de tête de *draco*, le célèbre dragon de Niederbieber[41], qui pris le nom du village de Rhénanie où il a été découvert.

Par conséquent, leur présence ne doit pas, en soi, nous étonner et la description proposée par Ammien – qui constitue par ailleurs un *locus classicus* dans la description de ces étendards au IVᵉ siècle – vise à donner plus d'ampleur à la présentation du cortège triomphal. L'historien souligne d'ailleurs une fois de plus la nature étrange de cette procession qui ressemble en tout point à celle d'une armée en ordre de combat[42]. Cette impression est confirmée par le reste de la description, où l'attention d'Ammien se porte sur les militaires, en particulier sur la présence des clibanaires (10, 8) :

> *Et incedebat hinc inde ordo geminus armatorum clipeatus atque cristatus corusco lumine radians, nitidis loricis indutus, sparsique cataphracti equites, quos clibanarios dictitant, [personati] thoracum muniti tegminibus et limbis ferreis cincti, ut Praxitelis manu polita crederes simulacra, non viros : quos lamminarum circuli tenues apti corporis flexibus ambiebant per omnia membra diducti ut, quocumque artus necessitas commovisset, vestitus congrueret iunctura cohaerenter aptata.*

> « Et des deux côtés s'avançaient à pas comptés deux files d'hommes en armes avec le bouclier et le casque à aigrette, jetant des rayons de lumière étincelante, revêtus d'une cuirasse éclatante. Dispersés parmi eux, des cavaliers cuirassés que l'on appelle *clibanaires*, le visage masqué par la visière, la poitrine bardée d'une cotte de mailles, un ceinturon de fer à la taille, auraient pu passer pour des statues polies par la main de Praxitèle et non point pour des hommes. Ils étaient enveloppés de fines mailles de métal qui se prêtaient aux flexions de leur corps, en couvrant tous leurs membres : de la sorte, quelle que fût la direction dans laquelle ils étaient contraints de mouvoir leurs membres, leur vêtement les moulait tant l'ajustement en était étroit ».

Cette unité – dont le nom vient du grec κλίβανος, qui désignait à l'origine une tourtière, et a ensuite pris le sens de « cuirasse » – résultait d'une évolution des « cataphractaires », dont on peut déjà noter la présence

41 *Cf.* M. Feugère, *op. cit.*, p. 203.

42 Sur la possible valeur symbolique de la mention des *dracones* dans le passage, voir Ramsay MacMullen, « Some Pictures in Ammianus Marcellinus », *Art Bulletin* (46) 1964, p. 435-455, ici 443-445.

dans les armées du Haut-Empire[43], probablement sur le modèle de la cavalerie lourde perse à laquelle l'armée romaine devait s'opposer. Ce dont nous pouvons être sûrs, c'est que cette vexillation gardait, aux yeux des contemporains, un pouvoir de fascination, parfaitement restitué par l'*ekphrasis* qu'Ammien propose. La comparaison avec les statues, qui permet à l'historien de mentionner le sculpteur Praxitèle, se retrouve également chez Julien. En effet, dans le premier éloge de Constance, le César décrit la cavalerie de son Auguste au moyen d'une image très similaire à celle que l'on trouve dans notre chapitre (*Or.* I 30, 37c6-d1) :

> ἄπειρον γὰρ ἦγες ἱππέων πλῆθος, καθάπερ ἀνδριάντας ἐπὶ τῶν ἵππων ὀχουμένους, οἷς συνήρμοστο τὰ μέλη κατὰ μίμησιν τῆς ἀνθρωπίνης φύσεως.
>
> « Tu avais une masse innombrable de cavaliers, immobiles sur leurs chevaux comme autant de statues aux membres articulés suivant le modèle de la nature humaine ».

Après la comparaison, Julien décrit en détail les cavaliers et l'on peut rapidement constater qu'il s'agit des mêmes clibanaires qui accompagneront Constance à Rome[44] : il mentionne notamment la cuirasse de mailles qui épouse leur poitrine et leur dos (37d2-3) et un masque de fer qui couvre leur visage (37d4-5), leur donnant « l'air d'une statue qui brille et reluit » (ἀνδριάντος λαμπροῦ καὶ στίλβοντος παρέχει τὴν ὄψιν). Dans le deuxième discours dédié à Constance, Julien évoque une nouvelle fois la cavalerie de l'empereur, écrivant que « chaque homme à cheval a l'air d'une statue » (αὐτοὶ δὲ ἀτεχνῶς ὥσπερ ἀνδριάντες ἐπὶ τῶν ἵππων φερόμενοι, 57c3-4). L'impact visuel des clibanaires est considérable[45] :

---

43 Voir entre autres Ann Hyland, *Equus. The Horse in the Roman World*, New Haven-London, Yale University Press, 1993, p. 154-156, Mariusz Mielczarek, *Cataphracti and Clibanarii. Studies on the Heavy Armoured Cavalry in the Ancient World*, Łódź, Oficyna Naukowa, 1993, en particulier p. 82-83 ; David Soria Molina, « Cataphracti y clibanarii : la caballería pesada del ejército romano, de Severo Alejandro a Justiniano », *Aquila Legionis* (15) 2012, p. 117-163 ; Corentin Méa, *La cavalerie romaine des Sévères à Théodose*, diss. Univ. Bordeaux, 2014, 237-246 ; Maxime Petitjean, *La cavalleria nel mondo antico. Dagli Assiri alle invasioni barbariche*, Rimini, 21 Editore, 2018, p. 152-155. En général sur la cavalerie romaine dans l'Antiquité tardive, voir Maxime Petitjean, « Classicisme, barbarie et guerre romaine : l'image du cavalier dans le monde romain tardif », *Antiquité Tardive* (22) 2014, p. 255-262. Sur la présence des clibanaires chez Ammien, voir aussi Antonio Sestili, *L'equitazione nell'antica roma. Cavalli e cavalieri negli scrittori latini*, Roma, Aracne, 2011, p. 218-219.

44 On trouve une comparaison chez Ignazio Tantillo, *La prima orazione di Giuliano a Costanzo*, Roma, L'Erma di Bretschneider, 1997, p. 360-363.

45 Voir G. Sabbah, *op. cit.*, p. 303-305, et R. MacMullen, *op. cit.*, p. 440-441.

ceux-ci offrent un spectacle extraordinaire sur le champ de bataille, et cet esthétisme est exploité par Constance pour donner plus de faste à son cortège. Ammien semble souligner là encore le mésusage d'un élément dont la place devrait se limiter au contexte guerrier, auquel Constance est dit structurellement inadapté. L'historien passe alors à la description de l'empereur qui semble vouloir imiter la majesté d'une statue. Le passage est très célèbre (10, 9-10) :

> *Augustus itaque faustis vocibus appellatus minime vocum lituorumque intonante fragore cohorruit, talem se tamque immobilem, qualis in provinciis suis visebatur, ostendens. Nam et corpus perhumile curvabat portas ingrediens celsas, et velut collo munito rectam aciem luminum tendens nec dextra vultum nec laeva flectebat tamquam figmentum hominis : non cum rota concuteret nutans, nec spuens aut os aut nasum tergens vel fricans, manumve agitans visus est umquam.*

> « Auguste, acclamé par des cris d'heureux augure, ne fut donc pas troublé par le bruit de tonnerre répercuté par les collines et les rives, mais il observa l'attitude immobile qu'on lui voyait prendre dans ses provinces. En effet, il inclinait sa taille minuscule au passage des hautes portes et, comme s'il eût le cou pris dans un carcan, il portait son regard droit devant lui, sans tourner le visage à droite ni à gauche et, semblable à une statue, on ne le vit jamais faire un mouvement aux cahots de son char, ni cracher, ni essuyer ou frotter son visage ou son nez, ni agiter la main ».

À l'éclairage émanant des ornements brillants de sa procession répond le tonnerre des acclamations du peuple romain : l'empereur ne semble cependant pas touché par l'enthousiasme de cet accueil et se laisse conduire, les yeux fixes, tel une statue. Cette progression immobile et hiératique du souverain, inspirée d'une habitude des rois perses, obéit aux critères esthétiques des représentations impériales dans l'Antiquité tardive et dans le monde byzantin, lesquels s'accordent à leur tour au statut religieux et vénérable conféré aux chefs de l'Empire[46]. Ainsi, pour établir une comparaison avec l'iconographie de l'époque, le portrait de Constance offert par Ammien semble tout à fait cohérent par rapport aux représentations artistiques comme celle de la *largitio* figurant sur le célèbre plat de l'Hermitage, où

46 *Cf. e.g.* R. MacMullen, *op. cit.*, p. 439, S. G. MacCormack, *op. cit.*, p. 48-49, P. de Jonge, *op. cit.*, p. 120 (« classic description of the outward behavior of a Byzantine emperor »), etc. ; pour le détail sur l'interdiction de cracher ou de toucher son visage, Ammien reprend une tradition de représentation du souverain oriental qui remonte à la *Cyropédie* de Xénophon, comme l'a montré Carl J. Classen, « Nec spuens aut os aut nasum tergens vel fricans (Amm. Marc. XVI 10,10) », *Rheinisches Museum für Philologie* (131) 1988, p. 177-186.

l'on remarque la frontalité totale du visage de Constance, qui contraste d'ailleurs avec la position de son corps à cheval[47].

L'insistance avec laquelle Ammien évoque cette attitude statuaire, qui représentait un standard au moins dans les apparitions cérémonielles de l'empereur, n'est cependant pas dépourvue d'un certain sarcasme[48]. En effet, le seul mouvement que semble esquisser cette statue vivante, qui s'incline en passant sous des portes très hautes, est paradoxal : en prétendant avoir une stature colossale, Constance paraît ridicule, exactement comme Caius Memmius[49] accusé par Crassus de se baisser pour passer sous l'arc de Fabius dans le *De oratore* de Cicéron (II 267 = Crassus fr. 21, *ORF*[4] p. 243). À cela près que, dans le cas de Memmius, le geste était en partie justifié puisque – si l'on en croit ce qu'écrit Quintilien – il s'agissait d'un *homo praelongus* (*Inst.* V 3, 67), contrairement à Constance, dont le *corpus* est qualifié de *perhumile* : on serait tenté de voir dans ce contraste une référence directe au passage de Cicéron, à travers l'exégèse qui a été faite par la suite.

En général, le regard d'Ammien, qui interprète sous un angle psychologique l'attitude de Constance, vise à transformer les aspects formels de la cérémonie religieuse de l'*adventus* en un spectacle dont l'élément comique, bien que sous-jacent, souligne l'inaptitude de son protagoniste. Il n'est donc pas surprenant que la dérision de l'immobilité statuaire prêtée à Constance dans ce passage ait été reprise dans plusieurs œuvres littéraires : Libanios, par exemple, dans sa *Monodie* composée à la mort de l'empereur Julien, décrit le prédécesseur de ce dernier en employant le motif de manière très négative et dresse le portrait d'un homme qui « ne savait pas se servir de son intellect et ne valait pas mieux que les images des peintures ou des statues d'argile » (οὐδὲ γὰρ νοῦ μετεῖχεν οὐδὲ πολὺ βελτίων τῶν ἐν ταῖς γραφαῖς ἦν ἢ τῶν πηλίνων : Lib. *Or.* XVII 8).

Le regard ironique d'Ammien est néanmoins en partie atténué par ce qui suit : si la posture de l'empereur semble témoigner d'une certaine affectation de sa part, l'historien l'interprète tout de même comme le signe d'une remarquable endurance, que Constance mettait d'ailleurs en avant pour revendiquer sa proximité avec le divin (10, 11-12). Toutefois, en

47 La comparaison est déjà établie par S. G. MacCormack, *op. cit.*, p. 43.

48 Voir R. Flower, *op. cit.*, p. 831-835.

49 À propos de ce personnage, voir Graham V. Sumner, *The Orators in Cicero's Brutus. Prosopography and Chronology*, Toronto-Buffalo, University of Toronto Press, 1993, p. 85-90, et Anton D. Leeman, Harm Pinkster, Edwin Rabbie, *M. Tullius Cicero, De oratore libri III. Kommentar. 3. Band : Buch II, 99-290*, Heidelberg, Winter, 1989, p. 245.

entrant dans Rome, ce dernier passe, une fois encore, d'objet d'admiration à sujet admirant. Avant de nous concentrer sur la description de la ville chez Ammien, il nous semble utile de récapituler la structure du passage que nous venons d'analyser, afin de faire ressortir le schéma suivi par Ammien dans sa construction narrative.

XVI 10, 1-4 :	préparatifs de Constance, description sommaire de la procession et de son aspect grandiose : stupeur des observateurs.
XVI 10, 5-6 :	Constance rencontre les représentants du Sénat romain : stupeur de Constance face à l'image vénérable des familles patriciennes et à la *celebritas* du peuple romain.
XVI 10, 6-10 :	description détaillée du cortège de Constance et du spectacle lumineux, ainsi que de l'imperturbabilité statuaire de l'empereur : stupeur des observateurs et éloge de la *patientia* de Constance.
XVI 10, 13-17 :	description de la visite de Constance à Rome, « foyer de l'Empire et de toutes les vertus » (10, 13 : *imperii virtutumque omnium larem*) : stupeur de Constance face à la beauté et à la noblesse de la ville, envers laquelle *Fama* ne se montrait plus généreuse autrefois.

On peut donc observer qu'Ammien oppose systématiquement la splendeur de la ville, exprimée tant par ses habitants que par ses monuments, à celle du cortège de l'empereur : il en résulte une succession de tableaux, dans lesquels les merveilles de Rome jouent toutefois le rôle principal, à travers les nombreux passages qui lui sont dédiés[50].

ROME ET SES MONUMENTS

L'*adventus* de l'empereur à Rome, qui s'inscrit dans une *praxis* politique bien établie dans l'histoire de l'Empire romain, a également eu des effets sur le plan des *vestigia* matériels et visibles de la Ville éternelle.

50 Sur la juxtaposition d'images propre au style d'Ammien et de la poétique de l'Antiquité tardive, voir l'article de Michael Roberts, « The Treatment of Narrative in Late Antique Literature. Ammianus Marcellinus (16.10), Rutilius Namatianus and Paulinus of Pella », *Philologus* (132) 1988, p. 181-195.

Constance II nourrissait, en effet, une véritable passion pour les monuments, à tel point qu'il contribua à embellir plusieurs cités de l'Empire[51]. On ne s'étonne donc pas de découvrir qu'il a également souhaité laisser une trace de son passage à Rome.

Il convient de reprendre la description d'Ammien. L'empereur, décrit comme une statue lors de son entrée triomphale à Rome, est frappé d'étonnement lorsqu'il se promène à travers les rues de la Ville éternelle, et ses yeux ne cessent alors de bouger : il observe ce qu'il y a autour de lui, étonné et impressionné par la force des prodiges d'architecture (*miracula*), c'est-à-dire des monuments, s'efforçant de tout imprimer dans sa mémoire par un regard d'ensemble (*obstipuit perque omne latus, quo se oculi contulissent, miraculorum densitate praestrictus*)[52]. La description de Rome est étrangement impressionniste : il s'agit d'une véritable *ekphrasis* poétique, dont les allitérations et le rythme serré visent à exalter la grandeur de la cité éternelle, en mettant en relief la véritable finalité d'Ammien, qui est de décrire non pas le triomphe de l'empereur sur Rome, mais celui de Rome sur l'empereur. Le portrait de la Ville est, pour ainsi dire, une vue à vol d'oiseau[53]. On peut ainsi diviser la narration en trois tableaux.

Dans le premier tableau, qui commence par *proinde*, la description se concentre sur la visite officielle de l'empereur, le moment de l'*adventus*[54] : ce dernier arrive aux *rostra* (orientaux)[55], il parle de la *curia*[56], au sein de laquelle il s'adresse à la noblesse, du *tribunal*, où il adresse son *adlocutio* au peuple, la *plebs urbana*, puis il rejoint le *Palatium*, le Palais impérial du Palatin (*Domus Augustiana* = *Domus Flavia*), où il ressent une forme de joie (*laetitia*). Dans le Cirque Maxime, il organise des jeux, les *ludi circenses*, en se conformant aux habitudes de la plèbe avec respect

---

51 Nick Henck, « Constantius ὁ Φιλοκτίστης », *Dumbarton Oaks Papers* (55) 2001, p. 279-304.

52 Sur la grandeur de Rome, voir aussi Plin. *NH* III 5, 67 ; Ael. Ar. *Or.* 2.92 Keil (à Rome) ; Claud. *C.* 24, 130-173 (*Cons. Stil.* III) ; Dion. Hal. IV 13, 3-4 (Rome s'étend à l'infini) ; Rut. Nam. I, 1-164 et II, 60.

53 *Cf.* Lucy Grig, « Competing Capitals, Competing Representations. Late Antique Cityscape in Words and Pictures », dans Lucy Grig, Gavin Kelly (dir.), *Two Romes : Rome and Constantinople in Late Antiquity*, Oxford-New York, Oxford Studies in Late Antiquity, 2012, p. 31-53, ici 34-35.

54 Sur le parcours de l'*adventus*, voir Paolo Liverani, « Osservazioni sui rostri del Foro Romano in età tardoantica », dans Anna Leone, Domenico Palombi, Susan Walker (dir.), *Lexicon Topographicum Urbis Romae – Supplementum IV. Res bene gestae. Ricerche di storia urbana su Roma antica in onore di Eva Margareta Steinby*, Roma, éd. Quasar, 2007, p. 169-191, ici 175.

55 Voir P. Liverani, *op. cit.*, p. 176.

56 La *curia* avait été restaurée par Dioclétien en 303.

(*reverentia*), en imitant son mordant (*dicacitas*) et en n'intervenant pas dans les compétitions, contrairement à ce qu'il faisait dans d'autres villes.

Dans le deuxième tableau, introduit par *deinde*, il est question des pèlerinages de l'empereur, transformé en touriste, à Rome. C'est surtout à travers les promenades de ce dernier sur les sommets des sept collines d'où il embrasse d'un regard les pentes et les plaines de la cité, tels les membres (parties) d'un corps détendu (*intra septem montium culmina per acclivitates planitiemque, posita urbis membra collustrans*[57] *et suburbana, quidquid viderat primum, id eminere inter alia cuncta sperabat*) qu'Ammien nous offre un aperçu de la topographie de Rome, que voici :

- le sanctuaire de *Iuppiter Tarpeus* (à savoir Iuppiter Optimus Maximus Capitolinus) ;
- les thermes (en général) ;
- l'amphithéâtre Flavien, à savoir le Colisée ;
- le Panthéon ;
- les colonnes des *rostra* (occidentaux du *forum* romain ?) ;
- l'*Urbis Templum*[58] ;
- le *Forum Pacis* (*Forum Vespasiani*) ;
- les *Thermae Pompeii*, l'*Odeum* et le *Stadium*.

L'excellence quasi divine, les dimensions, la beauté des monuments sont soulignées par le regard de l'empereur qui s'identifie ici à celui d'Ammien[59] : ce sont les ornements de la Ville éternelle. La liste, hormis pour les trois derniers monuments liés au Champ de Mars (du sud au nord), ne semble pas suivre une topographie précise, mais plutôt un schéma rhétorique. En effet, non seulement une phrase relative est suivie d'une phrase nominale, mais l'auteur nous décrit un monument sacré (le temple de *Iuppiter*), un monument « ludique », les thermes, un autre monument ludique, le Colisée, et un monument sacré, le Panthéon (schéma ABBA)[60] ; puis, trois éléments « politiques », à savoir

---

57 *Con-lustro* : de nouveau, un terme composé avec *con* qui indique son désir de tout retenir d'un regard.

58 C'est le *Templum Veneris et Romae*, entre le *Colosseum* et la *Basilica Constantinana*, bâti par Hadrien en 135 et reconstruit par Maxence, après un incendie, en 307.

59 Cette description peut dériver de la visite d'Ammien à Rome en 389.

60 On repère également ce schéma rhétorique dans la liste des monuments : excellence (*T. Iuppiter*) – dimension (*lavacra*) – excellence (Colisée) – dimension (Panthéon) – excellence (colonnes).

les colonnes sur lesquelles sont juchées les statues des empereurs, le Temple de la ville, le Forum de la paix ; et, enfin, trois bâtiments accueillant des spectacles sur le Champ de Mars (du sud au nord)[61]. Remarquons également qu'Ammien ne mentionne pas de monuments chrétiens. L'empereur n'est ici qu'un touriste dans Rome, qui regarde avec admiration les monuments. Ce portrait a été repris – comme on l'a vu – par Symmaque dans sa *Relatio* à Valentinien II, datant de 384.

Dans la troisième partie du récit, introduite par *verum*, l'historien évoque la stupeur de l'empereur devant le spectacle offre le *Forum* de Trajan. En effet, c'est seulement en arrivant au *Forum Traiani*, qui impressionne jusqu'aux dieux – écrit Ammien –, que Constance est comme paralysé par une stupeur admirative (*haerebat attonitus*)[62], s'efforçant à nouveau de graver dans sa mémoire les dimensions gigantesques de ce monument, ineffable, qui ne peut être reproduit (*per giganteos contextus circumferens mentem nec relatu effabiles nec rursus mortalibus appetendos*). Conscient de l'impossibilité de réaliser un ouvrage semblable, Constance veut au moins tenter d'imiter la statue du cheval de Trajan, mais il est découragé par le Perse Hormisdas[63], qui joue ici le rôle de conseiller du roi, ses aphorismes ayant pour fonction de créer une rupture ironique dans la narration. En conséquence de son émerveillement (*multis igitur cum stupore visis horrendo*), et pas seulement pour des raisons politiques ou par *vanitas* – comme le laisse supposer Ammien –, l'empereur décide donc, après mûres réflexions, d'embellir Rome en y faisant ériger un obélisque gigantesque, alors le plus grand jamais existé à l'époque (33,15 mètres de haut et 32,15 mètres aujourd'hui), changeant ainsi, dans le sillage des autres empereurs, l'aspect de la Ville éternelle.

---

61 Une liste de monuments similaire est présente, par incise, chez le poète Claudien (*VI Cons.* 39-51), qui décrit l'arrivée de l'empereur Honorius sur le Palatin, le 1er janvier 404 (P. Liverani, *op. cit.*, p. 170-171). On relève deux termes qui se retrouvent également dans le passage d'Ammien : *larem* et *delubra*. Les monuments cités chez Claudien sont : la *regia* (Palais impérial) et les *rostra* orientaux ; la *rupes Tarpeia* et le temple de Iuppiter Optimus Maximus avec ses portes et insignes sur les colonnes des *rostra* ; les temples (en général), les colonnes, les bâtiments, les arcs. Deux termes sont présents chez Ammien : la mention du Palais et des *rostra*, et celle du temple de Iuppiter Optimus Maximus.

62 *Cf.* Plin. *Ep.* I 22 : *Diu iam in urbe haereo et quidem attonitus.*

63 À propos de cette figure, *cf.* Zos. II 27, 3-4. Voir François Paschoud, *Zosime. Histoire Nouvelle. T. I*, Paris, Les Belles Lettres, 2000, p. 232-233. Une étude sur cet épisode avec une synthèse bibliographique se trouve dans Kell, *op. cit.*, p. 600-601.

UN OBÉLISQUE POUR ROME

De quel obélisque parle-t-on ? C'est toujours Ammien qui raconte l'histoire de cet obélisque dans le dix-septième livre de ses *Histoires*. Après un *excursus* sur des exemples d'*hybris*, de Cambyse et Cornelius Gallus[64], liés à la ville de Thèbes en Égypte, et sur le sens des hiéroglyphes, Ammien raconte le transport (*translatio*) et l'érection (*erectio*) de l'obélisque. L'empereur Auguste – qui avait par ailleurs fait ériger deux obélisques, celui du Cirque Maxime et celui du Champ de Mars – n'aurait pas osé transporter cet obélisque en raison de ses dimensions et par peur de se rendre coupable de profanation, car l'obélisque était dédié au Roi Soleil et situé dans la partie sacrée du temple. Ces considérations n'arrêtèrent pas l'empereur Constantin, qui planifia malgré tout son transport à Rome, ne jugeant pas sacrilège de transporter un tel monument depuis un temple (*miraculum*) jusqu'au sanctuaire par excellence, à savoir Rome, le *templum*/*asylum totius mundi*. L'obélisque fut ainsi amené à Alexandrie en 337, la mort de Constantin empêchant cependant la poursuite du voyage. Quoi qu'il en soit, c'est seulement à la suite de l'*adventus* de Constance II à Rome que l'obélisque a été érigé par le *praefectus urbi* Memmius Vitrasius Orfitus dans le Cirque Maxime, probablement en face du *pulvinar*, la mezzanine impériale, ce qui lui donne une position centrale, à 75 mètres d'un autre obélisque, celui d'Héliopolis, dressé dans le Cirque par Auguste (il s'agit de l'obélisque dit *Flaminio*, qui se trouve aujourd'hui à Piazza del Popolo) : Constance II entre ainsi en compétition avec Auguste.

On en revient à la question initiale : de quoi s'agit-il ? Il s'agit d'un obélisque, recouvert de hiéroglyphes, réalisé sous le règne de Thoutmosis III et érigé par Thoutmosis IV dans le temple d'Ammon-Râ à Thèbes, Karnak (XVe s. avant J.-C.). Oublié pendant le Moyen Âge, il n'est redécouvert qu'en 1586 pour être placé, deux ans plus tard, le

---

64 Il s'agit d'*hybris* pour Nicola Baglivi, *Ammianea*, Catania, Centro di studi sull'antico cristianesimo, 1995, p. 55-67 ; pourtant, G. Kelly, *op. cit.*, p. 603, remarque que l'action de Constantin est approuvée par Ammien.

10 août 1588, par ordre du pape Sixte V, sur la Place de Saint-Jean-de-Latran, d'où son nom d'*Obélisque du Latran*[65].

Un autre problème surgit alors : tandis que, selon Ammien, l'obélisque était déjà destiné à Rome par Constantin, le fils se contentant donc de mettre à exécution le projet du père, une autre source présente une version différente. Il s'agit d'une inscription laudative en hexamètres, gravée sur le socle de cet obélisque (*CIL* 6 1163 = 31249 = *ILS* 736 Dessau)[66]. Aujourd'hui disparue, elle a cependant été transcrite en 1589 par Michele Mercati qui consacre, en 1591, un ouvrage aux obélisques de Rome intitulé *De gli obelischi di Roma*.

On peut alors faire trois considérations :

1. d'après cette inscription, ce serait l'empereur Constance II, et non pas son père (comme l'écrit Ammien), qui aurait pris la décision de transporter l'obélisque à Rome (lignes 5-6), tandis que Constantin l'avait destiné à Constantinople[67] ;
2. en outre, alors que si l'on en croit l'inscription Constance II aurait eu cette idée à l'époque de l'usurpation de Magnence (ligne 15, en

65 L'obélisque a été découvert en 1587 dans la *spina* du Cirque Maxime ; en 1588 le pape Sixte V l'avait fait ériger dans Rome pour remplacer la statue de Marc Aurèle (certainement érigée par Constantin) qui fut alors placée sur la Piazza del Campidoglio. Il s'agit du plus grand des obélisques apportés à Rome, avec une hauteur de 32,15 mètres. Voir Jocelyn M. C. Toynbee, « Roma and Constantinopolis in Late-Antique Art from 312 to 365 », *Journal of Roman Studies* (37) 1947, p. 135-144, ici 136 ; Helmut Katsl, *Der Lateranische Obelisk in Rom*, Monumenta Urbis Romae. Band 1, Wiesbaden 1973 ; John H. Humphrey, *Roman Circuses. Arena for Chariot Racing*, London, B.T. Batsford, 1986, p. 287-289 ; Jean-Claude Golvin, *Les obélisques dressés sur la spina des grands cirques*, dans Christian Landes (dir.), *Cirque et courses de chars. Rome-Byzance*, Lattes, Éditions Imago-Musée de Lattes, 1991, p. 49-50 ; Massimiliano Vitiello, « La vicenda dell'obelisco lateranense tra versione ufficiale e tradizione senatoria : Magnenzio, Costanzo e il senato di Roma », *Mediterraneo antico* (2) 1999, p. 359-408 ; Emanuele M. Ciampini, *Gli obelischi iscritti di Roma*, Rome, Istituto Poligrafico e Zecca dello Stato, 2004, p. 57.

66 On trouve une nouvelle édition de l'inscription chez Paolo Liverani, « Costanzo II e l'obelisco del Circo Massimo a Roma », dans Annie Gasse, Frédéric Servajean, Christophe Thiers (dir.), *Et in Ægypto et ad Ægyptum. Recueil d'études dédiées à Jean-Claude Grenier*, Montpellier, Équipe Égypte nilotique et méditerranéenne, 2012, p. 472-487, ici 472-473.

67 En se basant sur la ligne 6, Josef Češka a avancé que Constantin était celui qui avait fait ériger l'obélisque (« En marge de la visite de Constance à Rome en 357 », *Sborník prací Filozofické fakulty brněnské univerzity* (E10) 1965, p. 107-115, ici 110-111 et « De obelisco Lateranensi atque Constantini Magni Christianitate », *Sborník prací Filozofické fakulty brněnské univerzity* (E18), 1969, p. 95-116, ici 115. Sur l'absurdité de cette hypothèse, voir G. Kelly, *op. cit.*, p. 604 n. 71.

348-349 ou 350-353), Ammien pense qu'elle lui est venue après son entrée à Rome, en 357 ;
3. enfin, d'après l'inscription le but était de fêter la victoire sur Magnence, l'obélisque étant un trophée (lignes 23-24), et d'offrir un présent à Rome, tandis que, selon Ammien, l'érection de l'obélisque n'est qu'une preuve de la *vanitas* de l'empereur.

Une question se pose d'emblée : faut-il se méfier de la source littéraire ou de l'inscription ? La question a été soulevée par les savants qui se divisent entre ceux qui se méfient de l'une et ceux qui se défient de l'autre. En réalité, les deux sources peuvent être chargées de partialité. Examinons les trois points que nous venons de soulever.

1. Constantin avait-il songé à Rome ou à Constantinople ? On sait qu'en 326 Constantin se trouvait à Rome[68] pour ses *vicennalia* et que, cette même année, le hiérophante d'Éleusis Nicagoras[69] avait été chargé par lui de trouver des objets sacrés en Égypte. Peut-être est-ce donc à cette occasion qu'il a eu l'idée de transporter l'obélisque jusqu'à Rome afin de créer un lien entre le sénat / les païens et le culte d'Apollon-Râ[70]. Toutefois, Ammien n'est pas toujours une source impartiale. Remarquons que l'omission de la référence à Constantinople chez Ammien est probablement une conséquence de sa vision très négative de la ville, associée au christianisme[71]. La version d'Ammien – qui connaissait très vraisemblablement l'inscription, dont il reprend certains thèmes comme celui de la *translatio* et de la stupeur du Tibre – semble, en effet, dériver d'une tradition propre à une partie de la classe du sénat qui s'employait à minimiser la portée novatrice de l'œuvre de Constance[72]. Mais l'inscription, de son côté,

68 Garth Fowden, « Nicagoras of Athens and the Lateran Obelisk », *Journal of Hellenic Studies* (107) 1987, p. 51-57, ici 56, remarque que l'expression *mundi totius templi* se retrouve en *Ascl.* 24 ; *contra* G. Kelly, *op. cit.*, p. 604 n. 69 considère *recte existimans* non pas comme une preuve documentaire, mais comme l'opinion d'Ammien. Constantin avait probablement fait ériger un autre obélisque à Arles. Voir Caroline Nicholson, Oliver Nicholson, « Lactantius, Hermes Trismegistus and Constantinian Obelisks », *Journal of Hellenic Studies* (109) 1989, p. 198-200.

69 Pendant en l'an 326, Nicagoras, hiérophante d'Éleusis, fut chargé par Constantin de trouver des objets sacrés en Égypte. Sur cet épisode, voir G. Fowden, *op. cit.*

70 G. Fowden *op. cit.*, p. 54-55 ; Gavin Kelly, *Ammianus Marcellinus : the allusive historian*, Cambridge-New York-Melbourne, Cambridge University Press, 2008, p. 255-230.

71 Ammien ne l'appelle jamais Nouvelle Rome : c'est aussi pour cette raison qu'il ne mentionne pas les lois en faveur de cette dernière.

72 Santo Mazzarino, *Aspetti sociali del quarto secolo : ricerche di storia tardo-romana*, Rome, "L'Erma" di Bretschneider, 1951, p. 125-126.

est-elle digne de foi ? Il s'agit d'une inscription encomiastique dont le but est de mettre en lumière l'originalité de Constance II, ce qui nous empêche de lui accorder une confiance totale. S'il a été observé qu'il aurait été préjudiciable de confirmer par écrit la diminution (*deminutio*) de Rome en évoquant le désir de Constantin d'envoyer l'obélisque vers la Nouvelle Rome[73], il n'en reste pas moins qu'en attribuant à Constance II la paternité du projet, l'inscription avait non seulement pour objectif de mettre en valeur ce dernier, mais également de souligner l'importance de la véritable Rome par rapport à Constantinople, créant ainsi une sorte de compétition entre cités. De fait, Constantin avait inauguré une politique très favorable à la capitale orientale, tandis que Constance II a cherché à se rapprocher de nouveau de Rome, s'opposant ainsi à son père, dans le sillage de la tradition[74] : il souhaite être représenté tel un nouvel Auguste, comme la proximité avec l'autre obélisque le démontre.

2. En ce qui concerne le deuxième point, l'association faite par Ammien entre l'obélisque et l'*adventus* de Constance à Rome semble digne de foi, tandis que celle de l'inscription, qui veut que le transport de l'obélisque ait eu lieu pendant l'usurpation de Magnence, paraît hautement improbable : elle est certainement le fruit d'un certain symbolisme qui voit dans l'obélisque la promesse d'un triomphe.

3. Quant à la finalité de l'érection de cet obélisque, c'était bien de fêter la victoire sur Magnence, l'obélisque faisant office de trophée[75]. Réduire l'entreprise à un acte de vanité de la part de Constance, comme le fait Ammien, vise à ternir la réputation de l'empereur.

Que peut-on en conclure ? Quelle que soit la ville à laquelle Constantin avait destiné l'obélisque, le don de Constance II a deux objectifs : d'une part, célébrer sa victoire en laissant une marque éternelle dans la ville éternelle ; de l'autre, comme pour contrebalancer les lois qu'il a lui-même promulguées en faveur de Constantinople, embellir Rome en y ajoutant un monument unique, dans une sorte de tentative de conciliation entre

---

73 S. Mazzarino, *op. cit.*, p. 126 ; John R., Currant, *Pagan City and Christian Capital. Rome in the fourth century*, Oxford, Clarendon, 2002, p. 191-193.

74 Sur le transport de l'obélisque, voir aussi David S. Potter, *op. cit.*, p. 475.

75 John H. Humphrey, *op. cit.*, p. 288, insiste sur l'emplacement et les dimensions de l'obélisque qui auraient stupéfait les Romains. Voir aussi Erik Iversen, *Obelisks in exile – 1968/1972*, Copenhagen, G. E. C. Gad Publishers, I, p. 60.

les deux cités[76]. Rome devient d'ailleurs la seule ville où se dressent deux obélisques à l'époque.

Bien que cette lecture semble raisonnable, il convient de se pencher sur un autre problème. Dans une lettre datant de 361-362 et adressée aux habitants d'Alexandrie, l'empereur Julien, le successeur de Constance II, invite ces derniers à envoyer un obélisque à Constantinople, selon le souhait de Constance II (Jul. *Ep.* 59 [58], p. 67-68 Bidez)[77] :

Ἀλεξανδρεῦσιν.

ὀβελὸν εἶναι παρ' ὑμῖν ἀκούω λίθινον εἰς ὕψος ἱκανὸν ἐπηρμένον, ἐπὶ τῆς ἠιόνος ὥσπερ ἄλλο τι τῶν ἀτιμοτάτων ἐρριμμένον. Ἐπὶ τοῦτον ἐναυπηγήσατο σκάφος ὁ μακαρίτης Κωνστάντιος, ὡς μετάξων αὐτὸν εἰς τὴν ἐμὴν πατρίδα Κωνσταντίνου πόλιν· ἐπεὶ δὲ ἐκείνῳ συνέβη θεῶν ἐθελόντων ἐνθένδε ἐκεῖσε πορευθῆναι τὴν εἱμαρμένην πορείαν, ἡ πόλις ἀπαιτεῖ παρ' ἐμοῦ τὸ ἀνάθημα, πατρὶς οὖσά μου καὶ προσήκουσα πλέον ἤπερ ἐκείνῳ· ὁ μὲν γὰρ αὐτὴν ὡς ἀδελφήν, ἐγὼ δὲ ὡς μητέρα φιλῶ· καὶ γὰρ ἐγενόμην παρ' αὐτῇ καὶ ἐτράφην ἐκεῖσε, καὶ οὐ δύναμαι περὶ αὐτὴν ἀγνώμων εἶναι. Τί οὖν ; ἐπειδὴ καὶ ὑμᾶς οὐδὲν ἔλαττον τῆς πατρίδος φιλῶ, δίδωμι καὶ παρ' ὑμῖν ἀναστῆναι τὴν χαλκῆν εἰκόνα. Πεποίηται δὲ ἔναγχος ἀνδριὰς τῷ μεγέθει κολοσσικός, ὃν ἀναστήσαντες ἕξετε <ἀντὶ> ἀναθήματος λιθίνου χαλκοῦν, ἀνδρός, οὗ φατε ποθεῖν, εἰκόνα καὶ μορφὴν ἀντὶ τριγώνου λίθου χαράγματα ἔχοντος Αἰγύπτια. Καὶ τὸ λεγόμενον δὲ ὥς τινές εἰσιν οἱ θεραπεύοντες καὶ προσκαθεύδοντες αὐτοῦ τῇ κορυφῇ, πάνυ με πείθει χρῆναι τῆς δεισιδαιμονίας ἕνεκα ταύτης ἀπάγειν αὐτόν· οἱ γὰρ θεώμενοι τοὺς καθεύδοντας ἐκεῖ, πολλοῦ μὲν ῥύπου, πολλῆς δὲ ἀσελγείας περὶ τὸν τόπον ὡς ἔτυχεν οὔσης, οὔτε πιστεύουσιν αὐτὸν θεῖον εἶναι καὶ διὰ τὴν τῶν προσεχόντων αὐτῷ δεισιδαιμονίαν ἀπιστότεροι περὶ τοὺς θεοὺς καθίστανται. Δι' αὐτὸ δὴ οὖν τοῦτο καὶ μᾶλλον ὑμῖν προσήκει συνεπιλαβέσθαι καὶ πέμψαι τῇ ἐμῇ πατρίδι, τῇ ξενοδοχούσῃ καλῶς ὑμᾶς, ὅτε εἰς τὸν Πόντον εἰσπλεῖτε, <καὶ>, ὥσπερ εἰς τὰς τροφάς, καὶ εἰς τὸν ἐκτὸς κόσμον συμβάλλεσθαι. Πάντως οὐκ ἄχαρι καὶ παρ' αὐτοῖς ἑστάναι τι τῶν ὑμετέρων, εἰς ὃ προσπλέοντες τῇ πόλει μετ' εὐφροσύνης ἀποβλέψετε.

« Aux Alexandrins

J'entends dire qu'il y a chez vous un obélisque de pierre d'une assez belle hauteur, jeté sur le rivage comme un des plus vils rebuts. Le bienheureux Constance avait fait construire pour lui un vaisseau, afin de l'amener à Constantinople, ma ville natale. Aujourd'hui que, par la volonté des dieux, il lui est advenu de faire d'ici-bas vers l'au-delà le voyage fatal, la ville me

76 Pour G. Fowden, *op. cit.*, p. 54-55, l'érection de l'obélisque vise à compenser, pour les païens, l'enlèvement de l'autel de la Victoire (*cf. infra*). Selon Nicholson, *op. cit.*, p. 200, l'obélisque reste associé au christianisme (p. 200).

77 Garth Fowden, « Obelisks between Polytheists and Christians : Julian, *Ep.* 59 », dans Hero Hokwerda, Edmé R. Smits and Marinus M. Woesthuis (dir.), *Polyphonia Byzantina : Studies in Honour of W. J. Aerts*, Groningen, E. Forster, 1991, p. 33-38.

réclame le monument. Elle est ma patrie et je lui touche de plus près que Constance. Il l'aimait comme une sœur ; moi, je l'aime comme une mère, car j'y suis né, j'y ai été élevé et je ne puis être ingrat vers elle.
Toutefois, comme vous ne m'êtes pas moins chers que ma patrie, je permets que ma statue d'airain se dresse aussi chez vous. Cette statue a été faite récemment, et elle est d'une grandeur colossale. Érigez-la, et, en échange d'un monument de pierre, vous en aurez un d'airain ; vous verrez l'image et la figure d'un homme que vous prétendez chérir, au lieu d'une pierre à la pointe triangulaire couverte de caractères égyptiens. S'il est vrai, comme on le dit, que, par dévotion, certains viennent dormir près de la pointe de l'obélisque, cette superstition même me convainc tout à fait de la nécessité de le déplacer. En effet quand on voit ces gens coucher en cet endroit au milieu de l'ordure et parmi tout le dévergondage qui s'y produit au gré des rencontres, on ne peut croire que cette pierre ait un caractère divin, et la superstition des dévots qui s'y attachent diminue la foi envers les dieux. Cette considération même vous donne un motif de plus de me seconder et d'envoyer l'obélisque à ma ville natale, toujours si hospitalière pour vous quand vous naviguez vers le Pont. Vous contribuez à sa substance. Il ne vous déplaira pas de trouver chez elle le souvenir de votre pays. Chaque fois que vos vaisseaux s'approcheront de notre côté, ce sera une joie pour vos yeux de s'y arrêter[78] ».

Julien avance plusieurs arguments en faveur du transport de l'obélisque à Constantinople. En premier lieu, il était destiné à Constantinople par son prédécesseur Constance II qui avait fait bâtir un vaisseau pour l'occasion ; deuxièmement, l'obélisque se retrouve abandonné sur le rivage, comme un rebut, si bien que des dévots viennent dormir à côté de sa pointe dans une sorte d'*incubatio* dévotionnelle et dans des circonstances qui s'accordent mal avec son statut divin ; troisièmement, il sera une source de joie pour les Égyptiens qui voyagent à Constantinople, un souvenir de leur pays. En échange de cette renonciation, Julien permet aux Alexandrins d'ériger une statue de pierre à son effigie ! Notons que l'obélisque est qualifié de « triangulaire » : peut-être fait-il allusion à sa pointe.

Il est certainement question ici de l'obélisque apporté à Constantinople sous le règne de Théodose Ier. À l'occasion de son triomphe à Rome sur l'usurpateur Maxime, en 389, Théodose décide d'ériger un obélisque dans la *spina* de l'hippodrome de la nouvelle capitale, Constantinople, en 390-391, sous le *praefectus* Proculus-Proklos. L'obélisque mesure aujourd'hui 19,60 mètres, sachant qu'il faisait à l'origine plus ou moins

78 Tr. Joseph Bidez, *Julien. Lettres et fragments. Œuvres complètes. 1/2*, Paris, Les Belles Lettres, 1924 (révisée).

la taille de l'obélisque du Latran[79] : il semble qu'il se soit brisé pendant le transport ou au moment de son érection, et que la partie cassée ait été déposée dans le *forum Strategion*. Or, dans la *spina* située à 70 mètres de cet obélisque, un *colossus* en pierre a été rénové par Constantin VII Porphyrogénète entre 958 et 959.

Ce *colossus* peut :

1. soit avoir été placé par Constance II qui aurait eu l'intention d'y faire déposer l'autre aussi (qui a ensuite été transporté sur ordre de Théodose, voir Jul. *Ep.* 59) : en effet, sur le socle sont représentés deux obélisques (mais il peut s'agir d'une convention) : le cas échéant, Constance II aurait donc cherché à créer une symétrie entre Rome et Constantinople ;
2. soit être un faux en pierre, fabriqué sous Théodose dans le but d'en faire le pendant de celui que Proklos avait fait dresser, sur le modèle de Rome[80].

Quoi qu'il en soit, cet obélisque a la même hauteur que celui de Rome, qui avait été transporté sur ordre de Constance II, et il se trouve à 70 mètres du *colossus* là encore comme l'obélisque de Rome qui se trouve à 75 mètres de celui d'Auguste : la compétition des obélisques entre les deux villes se confirme[81].

À partir de ces éléments, une hypothèse peut être avancée[82]. Après avoir envoyé l'obélisque à Rome, la ville de Constantinople, la Nouvelle Rome, a réclamé son propre obélisque. Constance II a donc ordonné

---

79 Les inscriptions des deux obélisques se répondent vers à vers (celui de C. est bilingue). *Cf.* Henning Wrede, « Zur Errichtung des Theososiusobelisken in Istanbul », *Istanbuler Mitteilungen* (16) 1966, p. 178-198 ; Gerda Bruns, *Der Obelisk und seine Basis auf dem Hippodrom zu Konstantinopel*, Istanbul 1935, p. 425 ; André Grabar, *L'Empereur dans l'art byzantin : recherches sur l'art officiel de l'empire d'Orient*, Paris, Les Belles Lettres, p. 62-70 et p. 144-147 ; Cyril Mango, « The Byzantine Inscriptions of Constantinople : a Bibliographical Survey », *American Journal of Archeology*, (55) 1951, p. 52-66, ici 62 ; Raymond Janin, *Constantinople byzantine : développement urbain et répertoire topographique*, Paris, Institut français d'études byzantines, 1964², p. 192-193 ; *cf.* Gilbert Dagron, *Naissance d'une capitale : Constantinople et ses institutions de 330 à 451*, Paris, Presses Universitaires de France 1974, p. 310.

80 Arnold H. M. Jones pense que ce dernier a été fabriqué par Théodose Ier (*Preliminary Report upon the Excavations carried out at the Hippodrome of Constantinople in 1927*, London, Oxford University Press, 1928, p. 45).

81 Bryan Ward-Perkins, « Old and New Rome Compared », dans Lucy Grig, Gavin Kelly (dir.), *Two Romes. Rome and Constantinople in Late Antiquity*, Oxford 2012, p. 53-78, ici 59-60.

82 Voir G. Kelly, *Ammianus Marcellinus*, p. 227.

d'en envoyer un (et peut-être un autre, le *colossus* en question, faisant pendant au premier comme dans le Cirque Maxime) : mais à sa mort, comme cela était arrivé avec son prédécesseur, l'obélisque est resté à Alexandrie. Julien aurait donc envoyé une lettre aux Alexandrins les priant de faire transporter l'obélisque à Constantinople pour des raisons religieuses et les autorisant à ériger une statue à son effigie. L'obélisque n'a cependant pas été envoyé à Constantinople avant 390, année où il fut placé sur la *spina* de l'hippodrome de la nouvelle Rome, à l'image de l'obélisque décrit par Ammien[83].

CONSTANTIN ET CONSTANCE, ROME ET CONSTANTINOPLE

Cette hypothèse s'insère parfaitement dans le contexte politique espéré par Constance II : l'image de Constantinople comme véritable nouvelle Rome a aussi été diffusée par des rhéteurs de l'époque. Tout cela est souligné dans deux panégyriques qui célèbrent la valeur de l'empereur, au lendemain de sa victoire sur l'usurpateur Magnence. Le succès de Constance méritait une glorification particulière, non seulement en raison de son incontestable importance politique, mais aussi parce que l'empereur en avait besoin pour redorer son image.

La victoire de Constance sur Magnence doit ainsi être interprétée non seulement comme la défaite d'un usurpateur mais aussi, dans une perspective plus large, comme une tentative de l'empereur de « regagner l'Occident[84] », qu'il avait négligé jusque-là. Au cours de ses vingt années de règne, Constance s'était employé principalement à défendre l'Empire face à la menace perse, tant sur le front arménien que sur celui de la Mésopotamie, réussissant à préserver ce dernier en remportant tout d'abord la bataille de Singara en 344 et puis, définitivement, en mettant fin au troisième assaut sassanide de Nisibe en 350. Dans cette

83 Bruns, *op. cit.* ; Iversen, *op. cit.*, II, p. 9-33.

84 Alan J. Ross, « The Constantinians' Return to the West : Julian's Depiction of Constantius II in Oration 1 », dans Diederick P. W. Burgersdijk, Alan J. Ross (dir.), *Imagining Emperors in the Later Roman Empire*, Leiden, Brill, 2018, p. 185-203.

perspective, la parenthèse triennale de Magnence a représenté un épisode fondamental dans le règne de Constance : celui-ci, comme son père avant lui, se chargerait désormais de réunir les deux parties de l'Empire sous l'autorité d'un unique représentant de la dynastie constantinienne. Ainsi la victoire sur Magnence, soldat d'origine semi-barbare usurpateur de l'empire occidental, fut pour Constance l'occasion d'une part de rivaliser avec son père, d'autre part de rétablir sa relation avec Rome, emblème de cet Occident qu'il venait de conquérir.

C'est à l'occasion de la visite de Constance à Rome que le πολιτικὸς φιλόσοφος Thémistios[85] et le César et futur empereur Julien composent deux oraisons en l'honneur de l'empereur. Le premier panégyrique est la troisième oraison de l'édition Schenkl-Downey de Thémistios. Le philosophe de Constantinople avait obtenu les faveurs de l'empereur en 350, avec une oraison célébrant la philanthropie en tant que vertu fondamentale de l'empereur (*Or.* I)[86]. Dans ce cas, la louange du tempérament de Constance a également eu une fonction parénétique, convainquant l'empereur de faire de Thémistios son homme de confiance, car il a reconnu en lui et en sa *paideia* un guide moral qui pourrait servir sa politique impériale. Ainsi, en 355, Constance demande son *adlectio* (introduction) au Sénat de Constantinople dans une δημηγορία présentant le philosophe comme un médiateur entre les valeurs les plus traditionnelles de l'ancienne sagesse et le besoin contingent d'une philosophie civile et active[87]. C'est à ce moment que Thémistios, en sa qualité de membre des *clarissimi*, compose le Πρεσβευτικὸς λόγος, le discours d'ambassade accompagnant l'*aurum coronarium* offert par le Sénat constantinopolitain à Constance.

La datation du second panégyrique rédigé par Julien n'est pas aussi certaine. Il s'agit de l'*Oraison* I de l'édition Bidez, c'est-à-dire le premier des deux éloges dédiés à son cousin Constance II. Il est certainement

85 Il est qualifié ainsi par le compilateur du sommaire de l'*Or.* IV de Thémistios ; voir John Vanderspoel, *Themistius and the Imperial Court. Oratory, Civic Duty, and Paideia from Constantius to Theodosius*, Ann Arbor, The University of Michigan Press, 1995, p. 1.

86 Le discours est prononcé à Ancyre, alors que Thémistios rencontre l'empereur pour la première fois (J. Vanderspoel, *op. cit.*, p. 48 ; Riccardo Maisano (dir.), *Discorsi di Temistio*, Torino, UTET, 1995, p. 17).

87 Le message de Constance au Sénat de Constantinople fut rédigé en latin, mais il n'en reste qu'une traduction grecque, transmise parmi les oraisons de Thémistios ; nous ignorons cependant si le texte a été traduit par le philosophe. Sur la relation entre Thémistios et Constance, voir J. Vanderspoel, *op. cit.*, p. 71-113.

composé entre l'automne 356 et le printemps 357[88]. Bien qu'en 355 Julien ait été élevé par Constance au rang de César, il ne se trouvait pas dans une situation aussi favorable que celle de son collègue Thémistios. Ayant survécu, du fait de son jeune âge, au carnage perpétré contre les membres masculins de sa famille, Julien fut tenu à l'écart des affaires de la cour impériale et envoyé par Constance dans un premier temps à *Macellum*, en Cappadoce, puis, après une brève parenthèse constantinopolitaine (347-351), à Nicomédie et, enfin, en Gaule (355), où, sans autre expérience que celle tirée de la lecture des *Commentaires* de César, il dut prendre la tête de l'armée impériale qui s'efforçait de repousser les attaques des Barbares. C'est là que Julien écrit son oraison, dans un état d'esprit, selon toute vraisemblance, sombre. En effet, son frère aîné Gallus, dernier membre survivant de la famille, avait été éliminé alors que Constance l'avait convoqué à Milan[89] ; ainsi, la crainte qu'une menace de mort puisse aussi se cacher derrière son invitation avait bien sûr contribué à augmenter l'angoisse de Julien. Si l'intercession de l'impératrice Eusébie l'avait, contre toute attente, sauvé, il était tout de même contraint de quitter ses livres et de prendre les armes en Gaule, terre sauvage et ravagée

88 Nombreux sont ceux qui ont daté le discours de 355 (Carolus Gladis, *De Themistii Libanii Iuliani in Constantium orationibus*, Diss. Breslau, 1907, p. 8 ; Wilmer Cave Wright, *The works of emperor Julian*, I, London-Cambridge, Heinemann et Macmillan, 1913, p. 2 ; Augusto Rostagni, *Giuliano l'Apostata. Saggio critico con le operette politiche e satiriche tradotte e commentate*, Torino, Fratelli Bocca, 1920, p. 31 ; Fernand Boulenger, *Essai critique sur la syntaxe de l'Empereur Julien. Remarques critiques sur le texte de l'Empereur Julien*, Lille-Paris, Facultés catholiques et A. Picard, 1922, p. 4 ; Francis Dvornik, « The emperor Julian's "Reactionary" Ideas on Kingship », dans K. Weitzmann (dir.), *Late Classical and Mediaeval Studies in Honor of A. M. Friend Jr.*, Princeton, Princeton University Press, 1955, p. 71-81, ici p. 73 ; Francis Dvornik, *Early Christians and Byzantine Political Philosophy. Origins and Background, II*, Washington, Dumbarton Oaks Centre for Byzantine Studies, 1966, p. 660 ; George A. Kennedy, *Greek Rhetoric under Christian Empire*, Princeton, Princeton University Press, 1983, p. 27). Cette hypothèse a été dépassée : selon Emil von Borries (s.v. *Iulianos 26*, dans *RE* X I, 1918, p. 29-91, ici col. 68), la composition de l'œuvre doit être située à Vienne d'où, en 356, après son élection au rang de César et la prise de Cologne, Julien aurait chargé son fidèle eunuque et chambellan Euthère de l'apporter à la cour de Milan, comme *gratiarum actio* pour son élection, avec le panégyrique pour l'impératrice Eusébie (Jul. *Or.* II Bidez) ; Joseph Bidez, *La vie de l'empereur Julien*, Paris, Les Belles Lettres, 1965, p. 145 crut plutôt qu'Euthère aurait remis le discours entre 356 et 357 en annexe du dossier de défense de Julien contre les intrigues du *magister militum et peditum* Marcellus ; I. Tantillo, *op. cit.*, p. 36-40 pense quant à lui à une rédaction plus tardive, remontant au début de 357, à l'occasion de l'*adventus* romain de Constance. Sur la question et l'*examen* des sources, voir aussi Alessandro Pagliara, « Giuliano Cesare panegirista di Costanzo II », dans Arnaldo Marcone (dir.), *L'imperatore Giuliano : realtà storica e rapresentazione*, Firenze, Le Monnier, 2015, p. 87-118, ici 94-95.

89 Lib. Or. XII.35, XVIII.24, XVIII.152 ; Philostorg. *HE* IV.2 ; Zonar. XIII.9. 20.

par les guerres[90]. Quoi qu'il en soit, Julien était encore en vie et il était reconnaissant envers Constance, dont il ne pouvait s'empêcher de vanter la clémence. Il lui fallait cependant prouver sa fidélité et sa soumission et, en même temps, démentir les rumeurs qui l'accusaient de comploter contre son cousin : or, quelle meilleure occasion que celle d'un triomphe officiel pour lui dédier un éloge ? Plusieurs éléments du texte nous poussent à considérer qu'il a effectivement été composé pour le triomphe de Constance. Par ailleurs tout porte à croire, comme le suggère Ignazio Tantillo, que le panégyrique de Julien a été apporté à Rome par sa femme Hélène, qui prit part aux cérémonies romaines à la suite du couple impérial[91].

C'est à partir de perspectives différentes et pour des raisons différentes que Thémistios et Julien composent un « éloge philosophique » d'inspiration aristotélicienne. Ils déclarent respecter le principe de l'ἀλήθεια (vérité), que leur rôle de philosophe exige[92], et traitent les πράξεις (les actions) du protagoniste comme des preuves de ses vertus : Thémistios, sous la forme d'un bref éloge consacré à une série de sujets ; Julien, au moyen d'un βασιλικὸς λόγος lui permettant d'aborder toutes les facettes de son personnage, sortant même au-delà de la mesure préconisée par le rhéteur Ménandre. On perçoit dans les oraisons de Thémistios et de Julien la synthèse des idées de Constance lui-même, lesquelles, bien que réinterprétées par les différentes expériences et personnalités des panégyristes, nous révèlent que l'historien Ammien n'avait pas tout à fait tort en considérant la visite de Constance à Rome, centre du monde, comme la tentative d'y affirmer son rôle de vainqueur. Mais tandis que Constance ressort perdant et terrassé par l'*Urbs* dans le récit d'Ammien, les éloges écrits par ses « collaborateurs » décrivent, au contraire, une tout autre issue.

Comme l'a écrit Ignazio Tantillo, la comparaison continuelle avec son père a été « le drame de Constance[93] ». En effet, en libérant l'Occident de la tyrannie de l'usurpateur, Constance entrait en concurrence avec son père Constantin, restaurateur de la *libertas romana* après la τυραννικὴ δουλεία de Maxence[94]. C'est pour cette raison que, selon Thémistios, le rapport entre père et fils et entre Rome et Constantinople repose sur la victoire contre l'usurpateur. Il écrit ainsi (*Or.* III 44a, p. 62, 20-63, 8 Schenkl-Downey) :

90 Jul. *Or.* V 7, 24-35, 277d-278a Bidez.
91 I. Tantillo, *op. cit.*, p. 39.
92 Them. *Or.* III 46a 9 ; Jul. *Or.* III 2d-4c, 2.
93 I. Tantillo, *op. cit.*, p. 49.
94 Eus. *VC* I, 26, 2 ; Lib. *Or.* LIX 122, p. 270, 4-5.

ἀλλὰ παρὰ μὲν τοῦ παιδὸς ὑπάρχει τοσούτοις κεχρῆσθαι τῆς πρὸς ἀλλήλας εὐνοίας συμβόλοις τε καὶ γνωρίσμασι, παρὰ τοῦ πατρὸς δὲ ἄρα φαυλοτέροις τε καὶ ἐλάττοσιν, [...] ἀλλ' ὁ μὲν ταύτην πρότερον ἐλευθερώσας τὴν πόλιν ἐκ τυραννίδος ὁμοίας καὶ παρὰ μικρὸν ὁμωνύμου οὕτως ἐπὶ τὸν συνοικισμὸν τῆς καλλιπόλεως ὥρμησεν, ὁ δὲ πρότερον ἐκείνῃ προσθεὶς ὁπόσον ἔδει, μᾶλλον δὲ ὁπόσον ὁ πατὴρ ἐβεβούλευτο, οὕτως τῇδε ἀποδέδωκε τὴν ἐλευθερίαν, καὶ κύκλον ἕνα τῶν εἰς τὰς πόλεις εὐεργετημάτων ἀμφότεροι συνεπλήρωσαν, μᾶλλον δὲ αἱ πόλεις ἀλλήλαις ἀντιδεδώκασιν, ἡ μὲν ἐλευθερωθεῖσα τὸν οἰκιστήν, ἡ δὲ οἰκισθεῖσα τὸν σώσαντα.

« Il s'avère que les plus grandes preuves et marques de la bienveillance réciproque des deux villes ont été fournies par le fils, que les plus modestes et inférieures l'ont été par le père. [...] L'un (*scil.* Constantin), après avoir libéré la ville d'un tyran similaire et presque homonyme (*scil.* Maxence), entreprit la fondation de la belle ville ; l'autre (*scil.* Constance), après avoir donné à cette dernière ce dont elle avait besoin, ou plutôt ce que son père souhaitait, a rendu à l'autre ville la liberté. Ils ont tous deux refermé le cercle unique des avantages accordés aux villes, ou mieux, les deux villes se les sont offerts l'une à l'autre : la première, une fois libérée, a donné à l'autre son fondateur ; la seconde, après sa fondation, a offert un sauveur à la première ».

Plus loin (*Or.* III 47c, p. 66, 25-27 Schenkl-Downey), le philosophe, en abordant la question de l'évergétisme de Constantin et de Constance envers Constantinople, ainsi que la lutte entre Athéna et Poséidon pour la possession de l'Attique, déclare le fils vainqueur et affirme que cette victoire est la plus belle qu'ait connue la ville du Bosphore. En s'adressant à Constance, Thémistios ajoute d'ailleurs que Constantinople, bien qu'ayant pris le nom de Constantin, était en fait davantage à lui qu'à son père (*Or.* III 40c, p. 58, 5-6). Ainsi, bien que Constance ait reçu l'empire de son père en héritage, Thémistios lui reconnaît le mérite d'avoir démultiplié et accru ce patrimoine.

Julien confirme ainsi une thèse que l'on trouve chez Thémistios quand il soutient que Constance a mis fin aux révoltes perses que son père n'était pas parvenu à réprimer (*Or.* I 18b, 13, 30-31) avant d'affirmer, conformément aux préceptes de la rhétorique, que l'empereur n'a pas seulement hérité du pouvoir, mais aussi de la vertu (*Or.* I 7d, 5, 34-36). D'autre part, en s'appuyant sur la conception platonicienne formulée dans le *Ménexène* selon laquelle le patrimoine de l'εὐγένεια encourage l'héritier à surpasser son père, Julien va au-delà et affirme également la supériorité morale de Constance (*Or.* I 9b, 7, 10-12 Bidez) :

σὲ δὲ πρᾳότερον μὲν τοῦ πατρὸς καὶ ἐν ἄλλοις πολλοῖς κρείττονα σαφῶς εὖ οἶδα, καὶ δηλώσω τοῦ καιροῦ φανέντος ἐν τῷ λόγῳ.

« Toi, au contraire, plus doux que ton père, tu le surpasses en mille autres qualités : je le sais pertinemment et je le montrerai à l'occasion dans ce discours[95] ».

C'est donc aussi en vertu de sa valeur morale que Constance gagne la compétition qui l'oppose à son père. Julien écrit que son cousin, en ayant fait preuve de hardiesse et de courage pendant la guerre contre l'usurpateur Magnence, « érigea un trophée plus glorieux que celui de son père », parce qu'il l'avait obtenu contre un tyran jeune et en pleine possession de ses forces, contrairement à son père qui s'était imposé contre un pauvre vieillard (γέρων δυστυχής). En réalité, à sa mort, Magnence n'était pas vraiment dans la fleur de l'âge : il avait cinquante ans et était donc plus âgé que Constance.

Leur devoir de panégyriste impose aussi aux orateurs de prendre la défense de leur protagoniste accusé d'avoir célébré illicitement le triomphe sur Magnence, qu'Ammien dira par la suite « taché de sang romain » (Amm. XVI 10, 1). En effet, l'insistance des auteurs sur la nature extérieure du conflit doit être interprétée comme une réponse à ces critiques. Thémistios en parle comme d'une révolte barbare (βαρβαρικὴ ἐπανάστασις) qui a tenté de pousser l'héritage de Constantin entre les mains d'un épouvantable meurtrier barbare (ἀλάστορος βάρβαρος καὶ παλαμναῖος)[96] ; Julien comme d'une guerre sacrée (πόλεμος ἱερός) contre un chef barbare (*Or.* I 33c-d, 27, 2-7 Bidez), « misérable reste d'un butin fait en Germanie » (*Or.* I 34a, 27, 13-15). En effet, Magnence était le fils d'un Βρετανός et d'une Franque[97], mais il était né et avait grandi en Gaule[98] ; et, en tant que fils d'une déportée dépourvue du *ius conubii*, il n'était pas un Germain, mais un *laetus* (barbare soumis, privé de ses armes et déplacé de force vers certaines terres de l'empire placés directement sous domination militaire ; il était obligé à la cultivation de ces terres et au service militaire). Cette déformation de la réalité, ainsi que le portrait moral déplorable que Julien dresse de Magnence – un ingrat envers les Constantiniens qui l'avaient accueilli comme des bienfaiteurs et lui avaient conféré les honneurs militaires ; un flatteur qui gagnait les faveurs de son armée par le biais de généreuses distributions et de « belles lois[99] » monstrueuses et malhonnêtes –, ont deux objectifs : d'une part, amplifier la victoire de Constance en la représentant comme une entreprise

95 Tr. Bidez, *op. cit.*

96 *Or.* III 43a-b, p. 61,14-24 Schenkl-Downey ; voir aussi *Or.* VI 80c.

97 Zonar. XIII.6b ; Schol. ad Jul. Orat. 2, 95C.

98 Zos. 2, 54, 1 ; *Epitom. de Caesaribus* 42, 7.

99 Ainsi Julien les définie ironiquement dans *Or.* I 34a-c, 27,13-28-7 Bidez.

héroïque (ἀνδρειοτέρα πρᾶξις) qui a libéré Rome d'un homme malhonnête et injuste et protégé ses lois et ses biens publics (42a-c, 34, 27-39) ; d'autre part, briser la réputation de *princeps civilis* et soumis à la loi que Magnence s'était forgée[100]. En effet, l'usurpateur s'était présenté comme un modèle de souverain diamétralement opposé de celui incarné par les Constantiniens : tolérant en matière religieuse[101], loin du pouvoir despotique de la dynastie constantinienne[102], garant de la liberté de Rome et de ses traditions[103]. De plus, Magnence avait pris le parti de l'ancienne capitale, en déclarant publiquement sa prééminence sur Constantinople, par le biais d'émissions monétaires qui nous montrent l'image de l'usurpateur versant des pièces dans le manteau de Constantinople, qui se baisse pour les ramasser, alors que Rome se tient debout à sa droite, la main posée sur son épaule[104]. De cette manière, Magnence s'opposait à la politique constantinienne, qui manifestait son intention de remplacer Rome par Constantinople et gagnait la faveur de la population occidentale, vraisemblablement séduite par l'attitude conservatrice de Magnence. Il fallait par conséquent que Constance se montre rassurant quant à la primauté de Rome, et la voix de ses panégyristes nous en est le clair témoignage.

En recourant au *topos* rhétorique de la πατρίς, Julien déclare que Constance lui-même voulait que Rome soit considérée comme sa patrie, plutôt que Constantinople et l'Illyrie (*Or.* I 6a-b, 4, 25-27 Bidez) :

> ἐχέτω μὲν οὖν τὸ γέρας ἣν αὐτὸς ἐθέλεις, καὶ ἣν ἀρετῶν μητέρα καὶ διδάσκαλον πολλάκις ἐπαινῶν εἴρηκας.
>
> « Mais laissons cet avantage à la ville que tu préfères, à celle que, dans tes éloges, tu as souvent appelée la mère et la maîtresse des vertus[105] ».

100 Lib., *Or.* XVIII 33.

101 Magnence autorisa les sacrifices nocturnes que Constant et Constance II avaient interdits tout d'abord en 341, puis en 346 (*Cod. Theod.*, XVI 10, 2).

102 Il refusa notamment le diadème et le titre *dominus noster*, préférant à ce dernier celui plus traditionnel d'*imperator*, comme en attestent les données numismatiques. Voir Kathleen J. Shelton, « Usurper's Coins : the Case of Magnentius », *Byzantinische Forschungen* (8) 1982, p. 211-235 ; Pierre Bastien, *Le monnayage de Magnence*, Wetteren, Éditions Numismatique romain, 1983², p. 37 et 40.

103 La formule *liberator orbis Romani, restitutor libertatis et reipublicae, conservator militum et provincialium* est fréquente dans les sources épigraphiques (*CIL* V 8061, 8066 ; IX 5938 ; XI 6640) ; voir aussi *AE* 1992, 741 et 783.

104 Francesco Gnecchi, *I medaglioni romani*, II, Milano, Ulrico Hoepli, 1912, tab. 136, n. 7 ; *cf.* aussi J. M.C. Toynbee, *op. cit.*, p. 142 et tab. XIII 9.

105 Tr. Bidez, *op. cit.*

La place particulière que Constance réserve à Rome – et dont témoignent tant son regard émerveillé devant les monuments que ses mots – est confirmée par les mesures concrètes qu'il a prises en faveur de la ville : il fait en effet rétablir les privilèges des *collegia annonaria*, fortement pénalisés sous Magnence[106] ; il ordonne la célébration de fêtes et de jeux en l'honneur du peuple romain ; il fait déplacer à Rome l'obélisque que son père avait offert à Constantinople ; et se montre, par ailleurs, plus tolérant à l'égard de l'aristocratie romaine en matière de religion[107]. En conséquence, Thémistios ne peut que reconnaître en Rome la ville souveraine (ἡ βασιλεύουσα τῶν πόλεων, *cf.* 41c-42a) et le plus haut sommet de l'Olympe, selon la volonté de l'empereur – qui est dit supérieur à Romulus lui-même (III 43c-d) –, bien que son intention soit, au contraire, de magnifier Constantinople. À ce sujet, les deux auteurs empruntent des voies différentes.

Julien, sur les traces de son maître Libanios (*Or.* LIX) et anticipant la pensée d'Ammien, se lance dans un éloge de Rome, présentée comme la reine de l'Empire et la mère nourricière de Constance (ἡ μὲν βασιλεύουσα τῶν ἀπάντων πόλις, μήτηρ οὖσα σὴ καὶ τροφός, *Or.* I 5c, 4, 5-6) – une description qui constitue un *unicum* dans les œuvres de Julien, lequel va jusqu'à soumettre même Rome à un processus d'hellénisation dans un autre texte, au point d'en faire une ville grecque (*Or.* XI 152d-153a). Cela s'explique d'abord par son désir de refléter la volonté de l'Auguste à ce moment précis ; mais des intérêts personnels ont aussi pu entrer en jeu, car Julien se trouvait alors aux commandes de la Gaule, qu'il présente comme l'un des principaux centres de soutien de Magnence (*Or.* I 35a). L'exaltation de Rome à laquelle se livre Julien semble plus disproportionnée encore comparée à sa présentation réductrice de Constantinople (8b-c, 6, 18-22) : en effet, il la considère comme une seconde Rome pour sa grandeur, et il lui attribue un rôle politique bien plus réduit. Ainsi Julien mentionne en effet Constantinople uniquement par rapport à son père, qui l'a fondée, et la ville est en outre privée du statut de πατρίς de Constance (5d, 4, 14-18).

Cela s'oppose radicalement aux propos de Thémistios, qui soutient, comme on l'a vu, qu'elle appartient davantage au fils qu'au père. Pour Thémistios, en effet, l'importance politique moindre de Constantinople par rapport à celle de Rome n'est due qu'à sa jeunesse. Elle est de fait Νέα Ῥώμη. Le philosophe profite du triomphe romain de Constance

106 Voir I. Tantillo, *op. cit.*, p. 377-378, n. 245.
107 Symm, *Rel.* III 6-7.

pour reporter l'attention de l'empereur sur Constantinople, dont il est un homme politique de premier plan et, en cette occasion, l'ambassadeur. Il déclame ainsi son oraison non seulement en tant que simple panégyriste, mais aussi en sa qualité de représentant du Sénat de Constantinople, qui avait confié à son talent oratoire et à sa sagesse philosophique la tâche d'attirer sur la ville du Bosphore les attentions que Constance réservait à Rome. Le discours de Thémistios établit une stricte comparaison entre les deux villes, dont les mérites et la fidélité à l'empereur sont mis à égalité. Face à l'impossibilité pour Constantinople de récompenser au moyen de *l'aurum coronarium* les bienfaits qu'elle a reçus de son empereur, Thémistios affirme que la ville elle-même est le plus grand hommage (*Or.* III 41a, p. 58, 17 Schenkl-Downey), écrivant : αὐτὴ γάρ ἐστιν ὅλη σὸς στέφανος καὶ ἀνάθημα[108]. Il voulait probablement dire par là que, bien que l'obélisque de Constantin ait été cédé à Rome, la ville s'offrait dans toute sa splendeur comme le meilleur tribut à son empereur. D'autre part, Thémistios ne pense pas que fêter la victoire sur Magnence à Rome éclipse le prestige de Constantinople : en effet, il affirme que la célébration de Constance est entonnée par un chœur à trois voix, qu'il qualifie de τελειότατος, « le plus parfait ». Les trois voix de ce chœur sont l'auteur lui-même, à savoir un philosophe au service de la vérité[109], Rome, qui est le siège du triomphe, et Constantinople, que l'orateur rend responsable de la victoire sur l'usurpateur, car c'est elle qui a envoyé à Rome son sauveur (42 a-c). Ainsi, Thémistios déclare ouvertement que son πρεσβευτικὸς λόγος est adressé à Constance pour deux raisons :

> ἕτερον δέ, οὐ προσθήκην αἰτῆσαι τοῖς δεδομένοις· οὐδὲ γὰρ ἕπεται· ἀλλ' ὧν δέδωκας τὴν ἀσφάλειαν.
>
> « L'une, pour rappeler tout d'abord les bienfaits que nous avons reçus de toi ; l'autre, pour demander non pas un ajout à ce que tu nous as déjà offert, mais une confirmation ».

La délégation constantinopolitaine demande donc que l'importance politique que Constantin avait conférée à la ville soit confirmée. Son porte-parole rappelle ainsi à l'empereur son propre rôle et sa responsabilité : après la mort de son père, Constance avait pris en charge Constantinople « qui était encore dans les langes, comme un bon frère aîné fait avec

---

108 « Elle est en effet tout entière ta couronne et ton monument ».
109 *Cf.* Them. *Or.* III 41b, p. 59, 12 ; 44c-45a, p. 63,13-29 Schenkl-Downey.

une sœur petite et délicate[110] ». Toutefois, les attentions que Constance témoigne à Constantinople, selon Thémistios, ne sont pas entièrement conformes à la réalité. En fait, la ville n'a jamais été le siège fixe de Constance, qui choisit dans un premier temps Antioche puis Milan (351-359) ; d'ailleurs, Constance n'avait pas rempli ses devoirs familiaux, car il avait négligé la ville fondée par son père. En 342, l'empereur a même pénalisé le peuple de Constantinople, en réduisant l'attribution annuelle des mesures de grain établies par Constantin. Enfin, la ville n'est devenue le siège des sénateurs des provinces orientales qu'en 350. Le discours de Thémistios est donc plutôt un rappel à ses obligations d'empereur romain d'Occident et d'Orient qui, par la suite, portera ses fruits. Dans l'oraison 34 – écrite en 385 pour répondre aux critiques qui lui reprochaient d'avoir accepté la préfecture urbaine –, Thémistios, rappelant son ambassade romaine de 357, revendique le mérite d'avoir fait réintégrer l'annone et augmenté le nombre des sénateurs qui passe alors de 300 à 2000 membres[111]. On doit ainsi considérer l'éloge que Thémistios dédie à Constance à l'occasion de son triomphe sur Magnence comme une exhortation à accorder plus d'intérêt à Constantinople, surtout dans ce moment précis où les attentions de l'empereur sont détournées vers Rome. Vingt-sept ans après sa fondation, Constantinople ne possédait pas encore de véritable appareil bureaucratique, ce qui l'empêchait de s'affirmer, notamment par rapport à la capitale, bien plus ancienne.

Les oraisons de Julien et de Thémistios revêtent donc une importance fondamentale pour comprendre ce moment historique délicat, car, derrière leurs schémas rhétoriques codifiés, elles visent à redéfinir les rôles de Rome et de Constantinople, au lendemain de la défaite de Magnence qui avait poussé Constance à se rapprocher soudainement de Rome et, par conséquent, à s'éloigner de l'Orient, altérant ainsi les équilibres de l'Empire. Le triomphe romain représente dès lors l'exorde d'une réorganisation politique et administrative de l'empire de Constance, qui réaffirme, d'une part, la primauté politique de Rome en vertu de son histoire, de ses entreprises, de son ancien appareil administratif, de ses monuments éternels et de sa *pietas* religieuse, et d'autre part, confère à Constantinople, sa petite sœur, un nouveau rang. Cette réorganisation institutionnelle impliquait aussi une redéfinition symbolique des deux villes, dont le rapport

110 Them. *Or.* III 47d, p. 67, 5-9 Schenkl-Downey.
111 Socr. II 13 ; Soz., III 7.

a notamment changé à la suite de la « guerre contre Magnence », comme le laisse entendre Thémistios : Rome reste la reine incontestée, emblème de traditions auxquelles elle est encore attachée ; Constantinople, quant à elle, est le symbole de la nouveauté – elle est Νέα plutôt que δεύτερα – et, en tant que telle, sa structure reste à définir. La lecture spéculaire des deux panégyriques, composés par deux auteurs différents mais pour la même occasion, met en lumière une approche « à deux pôles » de Constance vis-à-vis de l'Empire. En effet, ce dernier prend des décisions tantôt en faveur de l'ancienne capitale, tantôt au profit de la nouvelle ; marche tantôt sur les traces de son père tantôt en quête d'autonomie ; agit tantôt en conformité avec les traditions, tantôt en faveur de l'innovation.

L'iconographie monétaire nous le confirme : des *solidi* datant de 340-351 montrent sur une face Constance II et sur l'autre (en exergue) Rome et Constantinople, à la place des Victoires, qui tiennent un *clipeus* avec des *vota*. Cette iconographie rappelle d'ailleurs celle des IIe-IIIe s. de notre ère présentant deux villes qui se tendent les mains avec la didascalie ὁμόνοια. Par sa visite à Rome, l'empereur souhaitait rétablir un équilibre entre les deux villes, mais il ne pouvait pas pour autant renoncer à recevoir les requêtes de Constantinople : la primauté de Rome commençait désormais à s'étioler.

En conclusion, les deux orateurs, influencés par la philosophie néoplatonicienne dont ils sont les adeptes, élaborent une image de Constance qui reflète celle du bon roi platonicien, lequel cherche dans la philosophie la solution aux problèmes de son empire. Constance est doué de toutes les vertus platoniciennes et il se distingue notamment par sa πραότης, εὔνοια, σωφροσύνη et δικαιοσύνη. Derrière l'exposition de ces vertus, présentes dans les deux textes comme la rhétorique de l'éloge l'exige, se cachent des sentiments plus propres aux auteurs. En effet, rappeler l'empereur à ses devoirs politiques est un précepte fondamental pour le πολιτικὸς φιλόσοφος Thémistios, qui encourageait lui-même à s'engager activement en politique ; l'image du roi-philosophe, vertueux et soumis aux lois et à la πρόνοια divine n'est qu'une projection, sur la figure de Constance, du modèle de souverain que Julien s'efforcera de devenir lorsque il sera nommé Auguste ; enfin, les auteurs ont tous deux profité de la clémence et de la bienveillance de Constance : Julien lui devait en premier lieu la vie, puis son rang de César, et Thémistios pouvait lui être reconnaissant pour sa carrière politique. Ainsi, même le genre littéraire du panégyrique, figé en un schéma rigide et impersonnel, se colore des teintes les plus vives de l'histoire personnelle de ses auteurs, prouvant qu'aucun éloge n'est simplement l'image fidèle de la « version officielle des événements », mais qu'il possède toujours quelque chose de profondément original.

Mais retournons à Rome en 357.

L'AUTEL DE LA VICTOIRE

Constance était un empereur chrétien, et plus précisément arien. On sait qu'il avait même promulgué, quelques mois avant sa visite à Rome, deux lois anti-païennes : l'une contre les sacrifices et l'adulation des images, et l'autre qui ordonnait la fermeture des temples dans toutes les villes et en tous lieux (*Cod. Theod.* 16, 10, 6-3, datant du 3 févr. 356 ; *Cod. Theod.* 16, 10, 4, datant du 1 déc. 356). Néanmoins, une fois à Rome, il ne refusa pas d'endosser la charge de *pontifex maximus*, il autorisa les cultes traditionnels et il confirma les privilèges des vestales (Symm. *Rel.* III 7). À l'instar de son père Constantin après la victoire sur Maxence le 29 octobre 312, Constance ne monta pas, comme le voulait la tradition, au Capitole. En outre, avant de visiter Rome, il avait ordonné d'enlever l'autel de la Victoire, situé à l'entrée de la curie, et sur lequel du vin et de l'encens étaient offerts par les sénateurs païens, et ce, afin de ne pas perturber les sénateurs chrétiens[112]. Cette fois-ci l'histoire n'est pas racontée par Ammien, qui omet cet épisode, mais par Symmaque, rhéteur païen, et par son adversaire Ambroise. En effet, la question de l'autel est de nouveau soulevée lorsqu'en 383 Gratien décide de le faire retirer de la curie ; l'année suivante, en 384, après la mort de Gratien, le *praefectus urbi* Symmaque envoie une deuxième légation, la première ayant échoué, auprès du successeur de Gratien, le jeune Valentinien II. Le discours adressé à l'empereur est conservé dans la *Relatio* III (*Rel.* III 4) :

> *Consuetudinis amor magnus est ; merito divi Constantii factum diu non stetit. Omnia vobis exempla vitanda sunt, quae mox remota didicistis.*

112 Pour cet épisode qui a été associé à l'érection de l'obélisque, voir Edbrooke, « The visit… », p. 57.

> « L'amour de la tradition a de la grandeur et il est normal que l'initiative de feu Constance n'ait pas longtemps subsisté. Vous avez à éviter tous les exemples dont Vous avez appris qu'ils furent bientôt écartés[113] ».

Symmaque rappelle donc le déplacement de l'autel sous Constance II, mais il précise qu'il s'agissait d'une action provisoire, et que ce dernier ne l'aurait jamais fait, si l'erreur avait été commise avant lui : Valentinien II, qui sait que c'est une erreur, ne doit donc pas l'imiter. Comme on l'a vu au début de cet article, Symmaque se réfère ensuite aux actions de tolérance de ce prince (vestales, les cérémonies romaines, etc.) qui – comme on l'a dit –, lors de sa visite à Rome, posait des questions sur les monuments païens (Symm. *Rel.* III 6-8) :

> *Cetera potius illus Principis aemulemur, qui nihil tale esset adgressus, si quis ante se alius deviasset. Corrigit enim sequentem lapsus prioris et de reprehensione antecedentis exempli nascitur emendatio. Fas fuit, ut parens ille Clementiae vestrae in re adhuc nova non caveret invidiam. Num potest etiam nobis eadem defensio convenire, si imitetur, quod meminimus inprobatum ? Accipiat Aeternitas vestra alia eiusdem Principis facta, quae in usum dignius trahat. Nihil ille decerpsit sacrarum virginum privilegiis, replevit nobilibus sacerdotia. Romanis caerimoniis non negavit inpensas et per omnes vias Aeternae Urbis laetum secutus senatum vidit placido ore delubra, legit inscripta fastigiis deum nomina, percontatus templorum origines est, miratus est conditores, cumque alias religiones ipse sequeretur, has servavit imperio. Suus enim cuique mos, suus ritus est.*

> « Sur le reste rivalisons plutôt avec un Prince qui n'aurait tenté rien de tel, si un autre, avant lui, avait dévié du chemin. En effet, un devancier qui dérape redresse le suivant et de la critique de l'exemple précédent naît la rectification. Il fut permis que sur un sujet encore neuf le parent de votre Clémence n'ait pas pris garde à l'hostilité qu'il allait déclencher. Une semblable excuse pourrait-elle également nous convenir, si nous imitions ce qui, à notre souvenir, a été désapprouvé ? Que votre Éternité ratifie les autres initiatives de ce Prince, pour les mettre en pratique plus dignement. Il n'enleva rien aux privilèges des vierges consacrées. Il compléta les sacerdoces par des gens de naissance. Il ne refusa pas de financer les cérémonies romaines et, par toutes les voies de la Ville éternelle à la suite du Sénat en fête, il regarda les sanctuaires d'un œil apaisé, lut les noms des dieux inscrits à leurs frontons, s'informa de l'origine des temples, admira leurs fondateurs et, tandis que, personnellement, il suivait d'autres pratiques religieuses, il conserva les nôtres à l'Empire. À chacun sa coutume, à chacun ses rites ».

Sa pétition se concentre sur la sauvegarde de la tradition et des *sancti mores*, l'autel étant un symbole de l'Antiquité romaine. Dans sa réponse

113 Tr. Callu, *op. cit.*

ponctuelle, adressée à l'empereur Valentinien II, l'évêque Ambroise défend la décision, déjà prise par Constance II et actualisée par Gratien, d'avoir enlevé l'autel[114] (Ambr. *Ep.* XVIII, 32) :

> *Constantius augustae memoriae nondum sacris initiatus mysteriis, contaminari se putavit, si aram illam videret. Iussit auferri, non iussit reponi. Illus auctoritatem facti habet, hoc praecepti non habet.*
>
> « Constance, d'auguste mémoire, alors qu'il n'avait pas encore été initié aux sacrés mystères, pensa qu'il se souillerait en voyant cet autel. Il donna l'ordre de l'enlever, il ne donna pas l'ordre de le remettre à sa place. Le premier ordre possède l'autorité du fait accompli, le second ne possède pas celle de la chose commandée ».

Constance aurait donc fait enlever l'autel et il n'aurait pas ordonné de le replacer après sa visite : cette décision étant probablement le fait de Julien[115].

SAINT-PIERRE

Il convient de rappeler une dernière conséquence de la visite de Constance II. En effet, ce dernier a probablement contribué à la substitution de la décoration aniconique de l'abside de Saint Pierre, réalisée à l'époque de son père, par une mosaïque[116]. Une inscription aujourd'hui disparue de l'abside et datant de cette époque faisait partie du projet d'une mosaïque qui aurait représenté la *traditio*

114 Fabrizio Canfora parle de « tolleranza repressiva » pour les païens et de « tolleranza progressiva » pour les chrétiens (*Simmaco. Ambrogio. L'altare della Vittoria*, con una nota di Luciano Canfora, Palermo, Sellerio, 1991, p. 98).

115 Après l'échec de deux délégations, une troisième aurait été envoyée en 391 auprès de l'usurpateur Eugène, qui l'aurait finalement accueillie ; l'autel aurait été enlevé de manière définitive en 394.

116 À propos de cette mosaïque, voir Richard Krauheimer, « A note on the Inscription in the Apse of Old St. Peters », *Dumbarton Oaks Papers* (41) 1987, p. 317-320 ; David Hunt, « The Successors of Constantine », dans Averil Cameron, Peter Garnsey (dir.), *CAH* XIII, Cambridge 1998, p. 1-43, ici 29-32 ; Glenn L. Thomson, « Constantius II and the First Removal of the Altar of Victory », dans Jean-Jacques Aubert, Zsuzsanna Varhelyi (dir.), *Tall Order. Writing the Social History of the Ancient World. Essays in Honor of William V. Harris*, München-Leipzig, K. G. Saur, 2005, p. 85-107 ; Erik Thunø, *The Apse Mosaic in Early Medieval Rome. Time, Network, and Repetition*, New York, Cambridge University Press, 2015, p. 31-32 et 224-225.

legis : le Christ, le bras droit élevé dans le geste de l'*adlocutio*, sur une montagne (où coulent les ruisseaux du Paradis) tend un rouleau à Pierre portant l'inscription *dominus legem dat*, tandis que Paul regarde la scène avec étonnement (la mosaïque a été remplacée vers 1200 par celle d'Innocent III, disparue, quant à elle, en 1506). Ces figures représentent, en fait, l'empereur face aux partisans de Felix et de Libère. En effet, on a vu que la communauté chrétienne était divisée entre les admirateurs de Libère et ceux de Felix, et que Constance a voulu faire preuve de clémence en donnant la possibilité au premier de rentrer à Rome à certaines conditions. Le remplacement de l'image aniconique par la mosaïque aurait été effectué entre 352 et 361 : on peut cependant supposer que c'est à l'occasion de sa visite à Rome que Constance a eu l'idée d'orner un monument symbolique de la communauté chrétienne avec une mosaïque faisant allusion à son pouvoir impérial (Christus *basileus*). Par ailleurs, selon une récente hypothèse, Constance II, et non Constantin, serait en fait le véritable patron de l'église de Saint Pierre[117]. Si cette hypothèse était avérée, elle révèlerait l'importance de l'*adventus* de Constance II à Rome dans l'histoire de l'Église.

Au terme de sa visite, Constance, qui avait voulu stupéfier les Romains par un *adventus* extraordinaire, est complètement subjugué par le caractère du centre du monde : seules les pressions sur le front illyrique l'empêcheront de rester plus longtemps dans la ville, « pour y jouir d'un repos et d'un plaisir plus entiers » (10, 20 : *ut otio puriore frueretur et voluptate*). Le 29 mai, Constance quitte Rome : il n'y retournera jamais.

Dans le récit d'Ammien, si la visite de l'empereur à Rome est d'abord organisée dans le but d'affirmer au cœur de l'Empire le rôle et le statut de *victor* de Constance, toutefois elle se transforme en une victoire incontestable de Rome sur son souverain : l'élément symbolique de la visite est donc visiblement détourné pour devenir un éloge de la ville éternelle. Le séjour de Constance a néanmoins eu une importance symbolique et politique fondamentale pour ce siècle-là, laissant des

---

117 Richard Westall, « Constantius II and the Basilica of St. Peter in the Vatican », *Historia* (64.2), 2015, p. 205-242.

traces dans la littérature et même dans l'aspect et le développement ultérieur de Rome. Dans cette perspective, le statut éternel et éternisant de la capitale révèle la tension dialectique qui sous-tend un empire croyant encore au prestige de ses traditions, et ce même en affirmant un paradigme nouveau.

L'*adventus* de Constance à Rome visait probablement, d'une part, à ordonner une cérémonie traditionnelle spectaculaire qui donnerait l'impression que l'empereur joue un rôle de premier plan dans la ville, de l'autre, à établir une *concordia* entre les communautés chrétiennes et païennes et entre les différentes factions de chrétiens : l'empereur se présente ainsi comme un modèle de *clementia* et de *liberalitas*. Sa décision d'embellir Rome s'inscrit, quant à elle, dans une longue tradition : l'innovation urbaine est donc allée de pair avec un sens d'appartenance profond et radical à une tradition ancienne à laquelle il n'a pas voulu, ni su, renoncer. En cette année 357 il semblait que la ville éternelle pouvait encore exercer son pouvoir de séduction. Cette Rome envisagée par Constance II était, pour ainsi dire, une ville de concorde entre communautés païennes et chrétiennes, entre tradition et innovation. Quelques décennies plus tard, lorsque la dispute à propos de l'autel de la Victoire éclate, Symmaque et Ambroise donnent la parole à Rome dans une prosopopée enflammée. La Rome du premier défend ses traditions ancestrales en clamant (Symm. *Rel.* III 9-10) :

> *Optimi Principum, Patres Patriae, reverimini annos meos, in quos me pius ritus adduxit ! Utar caerimoniis avitis, neque enim paenitet ! Vivam meo more, quia libera sum !* [...] *Videro quale sit quod instituendum putatur ; sera tamen et contemuliosa est emendatio senectutis.*
>
> « Excellents Princes, Pères de la patrie, respectez mes années où m'a conduit les rites exécutés avec piété. Laissez-moi pratiquer les cérémonies ancestrales, car je ne m'en repens pas ! Laissez-moi vivre à ma façon, puisque je suis libre ! [...] J'aurai tôt fait de voir en quoi consiste ce qui, pense-t-on, doit être institué. Il est tard cependant et injurieux pour la vieillesse de se réformer[118] ».

La Rome du second lui répond, alors, en miroir (Ambr. *Ep.* XVIII 7) :

118 Tr. Callu, *op. cit.*

> *Non erubesco cum toto orbe longaeva converti. Verum certe est quia nulla aetas ad perdiscendum sera est. Erubescat senectus quae emendare se non potest. Non annorum canities est laudata, sed morum (Sap. IV 8-9). Nullus pudor est ad meliora transire. Hoc solum habebam commune cum barbaris, quia Deum ante nesciebam.*
>
> « Mais je ne rougis pas de me convertir, malgré mon grand âge, avec tout l'univers. C'est une vérité certaine qu'on n'est jamais trop âgé pour apprendre. Honte à la vieillesse qui est incapable de s'amender ! Ce n'est pas la maturité de l'âge qui est louable, mais celle du caractère. Il n'y a aucune honte à faire mieux. Je n'avais jusqu'ici de commun avec les Barbares que d'ignorer Dieu[119] ».

Rome, femme très âgée, est donc dupliquée : tandis que la première reflète ses traditions, la seconde se présente comme convertie et renouvelée grâce à la foi chrétienne, l'une est traditionnelle quand l'autre ne craint pas le changement, l'une est païenne alors que l'autre est chrétienne. On a donc, en vérité, deux Rome, leur conciliation étant impossible, mais pourtant inéluctable.

Marco DONATO
BSB, Université Bourgogne
Franche Comté
– UR 7477 EREN
Aix-Marseille Université
– UR 3276, Institut d'Histoire
de la Philosophie

Regina FICHERA
Università degli Studi di Firenze
– Dipartimento di Lettere
e Filosofia

Lucia MADDALENA TISSI
EPHE-CNRS, Laboratoire d'Études
sur les Monothéismes (LEM)

119 Tr. Lavarenne, *op. cit.*

LES « ÉCRITURES INFORMELLES » À LA FIN DU MOYEN ÂGE

Les ardoises comme support de l'écrit[1]

L'historiographie européenne a montré à quel point la seconde moitié du Moyen Âge est marquée par un phénomène global de « révolution de l'écrit » (dès les XIIe-XIIIe siècles)[2] puis par le développement de l'imprimerie, deux siècles plus tard[3]. Le premier phénomène s'observe principalement par une augmentation nette de la production écrite, notamment des « écritures pragmatiques » (expression rassemblant les documents de gestion, les actes de chancellerie et les actes juridiques en général) et de la diversification de ces typologies documentaires. L'imprimerie, quant à elle, donne accès de façon massive et rapide à des textes littéraires mais aussi bientôt à des documents à vocation religieuse (missels) et à la documentation réglementaire (ordonnances royales, coutumes régionales).

Dans ce mouvement, la place laissée aux laïcs, au « petit peuple[4] », reste encore dans l'ombre, le plus souvent faute de sources. De précédentes études ont bien montré des formes d'acculturation juridique ou écrite[5],

---

1 Je tiens à remercier les nombreuses personnes qui m'ont aidé à accéder aux documents-objets, qui ont partagé leurs connaissances d'un corpus en particulier ou qui ont relu les premières versions de ce texte : Amélie Berthon, Claire Hanusse, Marlène Helias-Baron, Jean-Pierre Jorrand, Jean-Pierre Lémant, Pierre Larrivée, Christophe Maneuvrier. Ce texte n'aurait pas pu voir le jour dans sa forme actuelle sans eux.

2 En dernier lieu, voir P. Bertrand, *Les écritures ordinaires, sociologie d'un temps de révolution documentaire (entre royaume de France et Empire, 1250-1350)*, Paris, 2015 ; M.T. Clanchy, *From memory to written record : England, 1066-1307*, Chichester (West Sussex), 2013. Voir également É. Anheim et P. Chastang (dir.), *Les pratiques de l'écrit dans les sociétés médiévales (VIe-XIIIe siècle)*, *Médiévales*, 56, 2009.

3 E. L. Eisenstein, *La révolution de l'imprimé : à l'aube de l'Europe moderne*, Paris, 2003.

4 Sur la notion de « petit peuple », P. Boglioni, R. Delort, C. Gauvard (dir.), *Le petit peuple dans l'Occident médiéval. Terminologies, perceptions, réalités*, Paris, 2002, et principalement : R. Fossier, « Le petit peuple au Moyen Âge : approche et questions », p. 11-15 et K. Fianu, « Alphabétisation et définition du petit peuple à la fin du Moyen Âge », p. 647-658.

5 Sur le développement au sein des populations d'une forme d'acculturation à l'écrit ou, du moins, d'une acculturation aux procédures juridiques : C. Gauvard, « Droit et

mais les actions juridiques des individus n'apparaissent finalement qu'à travers des documents très formatés, rédigés par des « professionnels de l'écrit[6] », au nom d'autorités judiciaires ou politiques. À l'exception de quelques typologies documentaires très précises[7], l'étude de tous les aspects de la « culture de l'écrit » (outil de communication au sein des villes ou l'écrit des « peu-lettrés » dans une approche linguistique), bien traitée par les historiens modernistes, resterait dans l'ombre pour les périodes antérieures[8] : le constat premier serait donc l'impossibilité pour le médiéviste de connaître précisément la maîtrise de l'écrit de l'ensemble de la société dans les derniers siècles du Moyen Âge en ne pouvant accéder aux « écritures informelles » définies comme écritures de non-professionnels de l'écrit, ne présentant aucun formalisme juridique et, partant, aucune valeur authentique.

Ce concept d'« écriture informelle » pose plusieurs problèmes : celui de leur définition et, en second lieu, celui de l'accès à de telles écritures. Comment définir les écritures informelles par rapport aux autres : ici, seule une approche pluridisciplinaire permet de prendre en compte l'ensemble des éléments distinguant ces écritures des écritures de « professionnels » : la paléographie (la plupart de la documentation connaissant une uniformisation à partir du milieu du XIVe siècle, ce qui

---

pratiques judiciaires dans les villes du nord du royaume de France à la fin du Moyen Âge, l'enseignement des sources », dans J. Chiffoleau, C. Gauvard, Claude, A. Zorzi, (dir.), *Pratiques sociales et politiques judiciaires dans les villes de l'Occident à la fin du Moyen Âge*, Rome, 2007, p. 33-79 ; J.-P. Genet, « Histoire et système de communication au Moyen Âge », dans J.-Ph. Genet (éd.), *L'histoire et les nouveaux publics dans l'Europe médiévale (XIIIe-XVe siècles), actes du colloque international organisé par la Fondation Européenne de la Science à la Casa de Vélasquez, Madrid, 23-24 avril 1993*, Paris, 1997, p. 11-29. Un colloque sur ce thème (« Archives des gens simples »), organisé par la Société des Amis des Archives de France, s'est tenu en octobre 2017 à la Fondation Singer-Polignac.

6 Terme utilisé pour éviter celui de « hommes juridiques » qui apparaît trop réducteur.

7 A. Petrucci, « Pouvoir de l'écriture, pouvoir sur l'écriture dans la Renaissance italienne », *Annales, Économies, Sociétés, Civilisations*, 4, 1988, p. 823-847 ; sur les écritures privées en général, en dernier lieu, voir J.-P. Bardet et F.-J. Ruggiu (dir.), *Les écrits du for privé en France de la fin du Moyen Âge à 1914*, Paris, 2014.

8 Pour la période moderne, il existe de nombreux travaux sur la culture écrite dans la société, en général : R. Chartier, *Inscrire et effacer : culture écrite et littérature (XIe-XVIIIe siècle)*, Paris, 2005 ; A. Béroujon, *Les écrits à Lyon au XVIIe siècle : espaces, échanges, identités*, Grenoble, 2009. Pour une approche linguistique des écritures des « peu-lettrés », S. Branca-Rosoff et N. Schneider, *L'écriture des citoyens : une analyse linguistique des peu-lettrés pendant la période révolutionnaire*, Paris, 1994, et G. Ernst, « Textes privés des XVIIe et XVIIIe siècles : problèmes et chances d'une édition », *Linguistica*, 50/1, 2010, p. 55-67 (je remercie Pierre Larrivée de m'avoir signalé ce texte).

permet, en regard, de définir plus précisément ce qui n'entre pas dans ce groupe)[9], la linguistique (la langue vernaculaire se standardisant au même moment que l'écriture elle-même)[10] ou encore la codicologie (par l'évolution des structures physiques des documents). En second lieu, comment trouver des sources alors que la majorité des archives conservées est issue d'institutions ecclésiastiques ou de chancelleries princières / royales, donc regroupant en très grande majorité des documents authentiques et particulièrement formalisés ?

Pourtant, plusieurs corpus déjà signalés rendent visibles des pratiques d'« écriture informelle ». On peut ainsi penser aux tablettes de bois dites d'Albertini de l'époque vandale (qui contiennent des contrats et des textes juridiques divers)[11], aux ardoises wisigothiques (étudiées et éditées par I. Velazquez Soriano)[12], aux trouvailles de textes parfois très usuels (correspondances) sur des écorces de bois à Vindolanda[13] et Novgorod[14]. Le point commun de tous ces *corpus* porte non sur une typologie textuelle mais sur leur support, qui n'est ni du papyrus, ni du parchemin, ni du papier, sous-tendant des pratiques moins standardisées que celles ayant recours à ces trois matériaux et s'inscrivant dans des *habitus* de chancellerie ou de bureau d'écriture. Le recours à de tels supports informels renverrait à des pratiques archaïques ou archaïsantes, et serait remplacé progressivement par le papier, qui apparaît aux XIIe

9 M. Smith, « L'écriture de la chancellerie de France au XIVe siècle : observations sur ses origines et sa diffusion en Europe », dans F. Lackner et O. Kresten (éd.), *Régionalisme et internationalisme : problèmes de paléographie et de codicologie du Moyen Âge, Actes du XVe colloque du Comité international de paléographie latine (Vienne, 13-17 septembre 2005)*, Vienne, 2008, p. 279-298.

10 Y. Cazal et G. Parussa, *Introduction à l'histoire de l'orthographe*, Paris, 2009 ; S. Lusignan, *Essai d'histoire sociolinguistique. Le français picard au Moyen Âge*, Paris, 2012.

11 C. Courtois, L. Leschi, C. Saumagne et C. Perrat, Charles (éd.), *Tablettes Albertini. Actes privés de l'époque vandale (fin du Ve siècle)*, Paris, 1952, 2 vol.

12 I. Velazquez Soriano, *Las pizarras visigoda : entre el latín y su disgregación. La lengua hablada en Hispania, siglos VI-VIII*, Burgos, 2004.

13 R. Marichal, « Découverte de tablettes de bois écrites à l'encre à Vindolanda », *Journal des Savants*, 2, 2, 1975, p. 113-120.

14 En dernier lieu, V. Janin, « Les récentes découvertes archéologiques à Novgorod », *Annales. Histoire, Sciences Sociales*, 3, 2009 (64e année), p. 615-630. Des travaux plus anciens restent d'actualité : A. Poppé, « Dans la Russie médiévale, Xe-XIIIe siècles : écriture et culture », *Annales. Économies, Sociétés, Civilisations*, 1, 1961 (16e année), p. 12-35 ; W. Vodoff, « Les documents sur écorce de bouleau de Novgorod », *Journal des Savants*, 4, 1966, p. 193-233 et *Id.*, « Les documents sur écorce de bouleau de Novgorod, découvertes et travaux récents », *Journal des Savants*, 3, 1981, p. 229-281.

et XIIIe siècles dans l'ensemble du bassin méditerranéen puis en Europe occidentale[15].

Dans le cadre du projet de recherche EPELE sur le français des « peu-lettrés » à la fin du Moyen Âge[16], j'ai pu accéder à seize fragments d'ardoises gravées, trouvées lors de fouilles dans les environs de Caen entre 1987 et 1994[17]. Ces fragments portent soit des traits géométriques (pour cinq d'entre elles), soit des dessins (un animal – peut-être un cheval, sur une), soit des inscriptions (une dizaine)[18]. Les lieux de découverte au sein de l'habitat et la datation du site lui-même laissent penser à une date proche de la fin du Moyen Âge, le site ayant été occupé jusqu'au XVe siècle[19]. Cette datation est confortée par l'analyse paléographique, les écritures portées sur ces fragments (majuscules gothiques et minuscules cursives) correspondant à cette

15 On trouve encore des mentions d'objets portant des ardoises, etc., dans des textes littéraires, comme l'indique R. Chartier dans son étude de l'écrit dans *Don Quichotte*. Je remercie Pierre Chastang du signalement de ces objets.

16 Une première étude des documents produits par les peu-lettrés pour la période médiévale a été menée par moi-même et P. Larrivée dans le cadre d'un contrat post-doctoral dans le projet RIN « L'écriture des "peu lettrés" : les origines du Français vernaculaire dans la Normandie médiévale » (dir. P. Larrivée, CRISCO, Université Caen-Normandie) en 2018, financé par la Région Normandie. Les résultats de cette enquête sont disponibles en ligne : https://www.unicaen.fr/epele/accueil.

17 Il s'agit des fouilles menées à Trainecourt (Grentheville), dans le département du Calvados (voir le rapport de fouille de M.-C. Taupin, *Hameau de Trainecourt, XIIIe-XVe siècles, Grentheville, « Les Trains de Cour ». 1991 D.F.S. de sauvetage programmé du 1er-10-1990 au 31-08-1991*). Cette fouille a fait l'objet de plusieurs publications : C. Lorren, « Dans quelle mesure l'archéologie offre-t-elle une image fidèle de la vie au village à la fin du Moyen Âge ? », dans S. Berthelot, J.-Y. Marin, M. Rey-Delqué (dir.), *Vivre au Moyen Âge. Archéologie du quotidien en Normandie, XIIIe-XVe siècles*, Catalogue d'exposition, Milan, 2002, p. 101-109 et M.-C. Taupin, « Le hameau de Trainecourt, XIIIe-XVe siècle », *Ruralia, památky archeologické, Supplementum* 5, 1996, p. 211-216. Je remercie ici les personnes qui ont fait état de cette trouvaille et m'ont procuré des photos de ces objets, Christophe Maneuvrier et Claire Hanusse, de l'Université Caen-Normandie. Les fragments d'ardoises, conservés au musée de Normandie, ont fait l'objet d'une première opération de numérisation en 2018 par deux membres du projet 3D Pointcloud Apps porté à l'université de Caen Normandie (A. Elomoataz et F. Lozes) et grâce à l'accueil de Lucie Voracek, responsable du service de conservation / restauration au sein du musée, que je remercie particulièrement pour l'intérêt qu'elle a porté à ce projet.

18 Certains de ces fragments ont été publiés dans S. Berthelot, J.-Y. Marin, M. Rey-Delqué (dir.), *Vivre au Moyen Âge…*, *op. cit.*, pl. p. 224, notice n° 220 et pl. p. 227, notice n° 225.

19 Plus précisément, il s'agirait de bâtiments élitaires au sein du village, la présence d'ardoises pour la couverture des bâtiments étant d'un usage encore limité pour cette période. Je remercie particulièrement Claire Hanusse de m'avoir transmis ses connaissances du site et de la fouille. L'ensemble des données de la fouille sont actuellement en cours de réexamen avant publication par son équipe dans le cadre du Programme Collectif de Recherche (PCR) « Trainecourt » porté par le CRAHAM (Université de Caen Normandie / CNRS).

période (plus précisément aux XIVe-XVe siècles). Au premier abord, ce corpus apparaissait comme un *unicum*, mais la bibliographie permet de suivre la découverte d'objets semblables lors de fouilles archéologiques, depuis la fin du XIXe siècle.

Plusieurs articles récents[20] font également état de l'existence d'autres corpus similaires dans le Nord et le Sud-Ouest de la France, pour la même période des XIIIe-XVIe siècles. Le corpus « normand » n'est donc pas unique mais, pour autant, est-il possible de construire une réflexion plus large sur les « écritures informelles » à partir de ces inscriptions sur ardoise ? Ces objets constituent-ils les sources d'accès à l'étude de ces écritures du quotidien pour l'ensemble de l'Occident ? Ou s'agit-il de pratiques ponctuelles et archaïques ? À travers l'exploration du corpus normand et sa mise en perspective avec les corpus déjà connus par des publications, nous chercherons à faire émerger les grandes typologies de gravure des ardoises (en lien avec les travaux d'archéologues déjà mentionnés) pour tenter de faire apparaître des usages communs à travers l'espace et le temps. Puis, nous nous arrêterons sur les typologies des textes portés sur les ardoises : les critères permettant de définir ces « écritures informelles » sont aussi ceux de la typologie textuelle (contrat ? document de gestion ? texte littéraire ?) et de leur langue (uniquement du vernaculaire ?). Enfin, à travers quelques mentions prises dans des textes de la fin du Moyen Âge, nous verrons que les ardoises bénéficient d'un usage général dans certaines situations d'écriture.

LES CORPUS D'ARDOISE CONNUS

Si, donc dans un premier temps, les ardoises de Trainecourt apparaissaient comme un *unicum*, une recherche bibliographique poussée a permis d'identifier des mentions d'identification d'ardoises gravées

20 É. Lalou, « Inventaire des tablettes médiévales et présentation générale », dans É. Lalou (dir.), *Les tablettes à écrire de l'Antiquité à l'époque moderne*, Turhnout, 1992, p. 233-288 ; A. A. Berthon, « Les ardoises gravées et inscrites : un support d'écriture opportuniste », *Cahiers LandArc*, 14, 2016, p. 1-7 ; T. Galmiche et V. Buccio, « Les ardoises gravées de l'abbaye de Prémontré (Aisne), un support de notation musicale aux XVe-XVIe siècles », *Archéologie médiévale*, 46, 2016, p. 123-133.

à la suite de fouilles dès la fin du XIXe siècle[21]. Dans les manuels de paléographie, à l'instar des tablettes de cire, les ardoises figurent parmi les supports d'écriture potentiels pour la période médiévale, même s'il s'agit à chaque fois de signalements brefs[22]. M. Prou, dans son manuel de paléographie, ne les mentionne cependant pas parmi les supports de l'écriture : « Les substances qui au moyen âge ont servi à la transcription des actes publics et des livres sont : le papyrus, le parchemin, le papier et les tablettes de cire[23] ». Le fait que M. Prou pointe deux typologies d'écriture précises est peut-être la raison de cette absence de mention, alors que l'auteur connaît déjà les ardoises de l'abbaye de Foigny (son article dans la *Bibliothèque de l'École des Chartes* sur ces ardoises datant précisément de 1890). Les références bibliographiques font toutes état du caractère exceptionnel des découvertes, et principalement de leur singularité paléographique. La possibilité de mise en réseau de ces découvertes, l'analyse plus précise de ces ardoises apparaissent alors inutiles : les archéologues et les historiens ne feraient face qu'à de « simples » curiosités. Ainsi, M. Prou, dans son article sur les ardoises de l'abbaye de Foigny (Aisne), écrit : « Ces notes, écrites sur ardoise, n'ont d'autre intérêt que d'être une singularité paléographique[24] » ; quant aux ardoises de Chenoise (village de Seine-et-Marne), un compte-rendu publié dans la revue *Romania* affirme que « ces ardoises sont deux documents paléographiques fort curieux, et d'une espèce assurément rare[25] ». Ces premiers articles ne

21 M. Prou, « Fragment d'ardoise du Moyen Âge trouvé à Foigny », *Bibliothèque de l'École des Chartes*, 51, 1890, p. 268-269 ; L. Delisle, « Rapport sur les ardoises de Chenoise adressées au comité par M. l'abbé Bonno », *Bulletin historique et philologique du CTHS*, 1894, p. 543-544 ; P. Sheridan, « Les inscriptions sur ardoise de l'abbaye de Villers », *Annales de la Société d'Archéologie de Bruxelles*, 10, 1896, p. 203-215 et p. 404-451 ; H.C. Lawlor, « Report of Work at Nendrum, 1923 », *Proceedings and Reports of the Belfast Natural History and Philosophical Society*, 1924, p. 56-81 ; S. Corbin, « Ardoises gravées ayant servi à la préparation d'exercices musicaux », *Bulletin de la Société Nationale des Antiquaires de France*, 1958, p. 45-47.

22 Chanoine Reusens, *Éléments de paléographie*, Louvain, 1899, p. 370-372 ; J. Stiennon, *Paléographie du Moyen Âge*, Paris, 1973, p. 147 ; B. Bischoff, *Paléographie de l'Antiquité romaine et du Moyen Âge occidental*, Paris, 1993, p. 23.

23 M. Prou, Maurice, *Manuel de paléographie latine et française du VIe au XVIIe siècle*, Paris, 1890, « chapitre VI Matériaux et instruments de l'écriture », p. 163-181, ici p. 163.

24 M. Prou, « Fragment d'ardoise… », art. cité, p. 269.

25 Anonyme, « Comptes rendus, périodiques, Bulletin historique et philologique », *Romania*, t. 24, n°96, 1895, p. 617.

cherchent donc pas à établir de lien entre les découvertes, ni même à caractériser la nature des inscriptions.

Des travaux plus récents d'archéologues laissent cependant augurer des réflexions plus larges sur l'usage des ardoises comme support de l'écriture. Si l'on suit ces études[26], trois typologies de gravures peuvent être identifiées. La première, la plus importante numériquement dans les trouvailles en fouilles, consiste en traits géométriques, certains formant des damiers, peut-être dans un but récréatif. C'est le cas de nombreux fragments trouvés à Montréal-de-Sos[27] ou dans les îles britanniques (Nevern Castle, Pays de Galles, 13 ardoises gravées ; Exeter, 18). Dans le cas de Trainecourt, de telles ardoises sont en minorité dans l'ensemble du corpus, ce qui apparaît comme une vraie caractéristique du corpus normand. Il se trouve peut-être un fragment de damier (pièce n° 1305) mais le reste ne consiste qu'en fragments isolés de quelques éléments. Il est très régulièrement difficile d'interpréter ces traits géométriques : simples traits gravés lors de moments de pause dans le travail de couverture ou lors d'une attente ? C'est une des hypothèses formulées dans le cas des fouilles de Montréal-de-Sos[28]. Dans certains cas, le sens exact des gravures nous échappe alors que leur régularité permettrait d'envisager une véritable fonction. C'est le cas de plusieurs séries de traits présentes sur des ardoises de Trainecourt :

26 A. A. Berthon, « Les ardoises gravées et inscrites… », art. cité ; T. Galmiche et V. Buccio, « Les ardoises gravées de l'abbaye de Prémontré (Aisne)… », *op. cit.*

27 F. Guillot, *Rapport intermédiaire de fouilles programmées, Montréal-de-Sos, Ariège*, 2009, p. 251. Les fouilles de Montréal-de-Sos se sont tenues sur de nombreuses années, chacune ayant donné lieu à un rapport.

28 F. Guillot, *Rapport intermédiaire de fouilles programmées, Montréal-de-Sos, Ariège*, 2006, p. 185-212 sur les lauzes et schistes gravés. Certaines ardoises portent des traits mêlés avec des courbes sans qu'aucune symbolique ou usage potentiel ait pu être identifié.

FIG. 1 – Fragment d'ardoise n° 2002, verso ?, traits réguliers avec double système de gravure.

FIG. 2 – Fragment d'ardoise n° 2040, verso ?, traits réguliers, une seule série.

Dans ces deux cas, les traits présentent une certaine régularité et leur forme est relativement stable : un trait de butée et des traits plus petits et perpendiculaires. Dans le premier fragment, si l'on compare avec un décimètre actuel, on se rend compte que la première ligne est constituée de traits distants à peu près d'1 mm., tandis que la ligne du dessous est composée de traits espacés de 2 mm. environ. Dans le deuxième fragment, nous retrouvons le même espacement d'environ 2 mm. Pour l'heure, d'autres cas de ce genre ne semblent pas avoir été recensés dans la bibliographie. Serions-nous devant une sorte de modèle régulier ?

On peut insérer dans ce groupe des « traits » de nombreux jetons, portant parfois des lettres.

FIG. 3 – Fragment de jeton (?) en forme de cœur ? n° 272. Dans les sections, se trouvent des mots illisibles (ou seulement quelques lettres).

FIG. 4 – Jeton avec gravure n° 2033.

Le deuxième type de gravures consiste dans des notations musicales, c'est-à-dire des lignes de portées, accompagnées parfois de notes gravées, voire, en de très rares cas, de notes portées à la craie. T. Galmiche et V. Buccio en ont relevé 36 pour les XVe-XVIe siècles mais de plus amples recherches permettraient peut-être d'en identifier d'autres. Il est en effet complexe de distinguer entre des traits géométriques « simples » et des lignes de portée. De telles inscriptions apparaissent très fréquemment, notamment dans des sites de fouilles identifiés comme des lieux d'apprentissage, notamment de musique : c'est le cas des documents étudiés par les auteurs susmentionnés de l'abbaye de Prémontré (Aisne), mais aussi d'une plaque de schiste trouvée dans le couvent des Jacobins de Rennes en 2011-2013[29].

Enfin, il existe des ardoises portant des inscriptions alphabétiques, soit des lettres isolées, soit des textes plus ou moins clairement identifiables. De telles ardoises ont été trouvées dans de nombreuses localités (Trainecourt, abbaye de Foigny, abbaye de Signy[30], abbaye de Villers en Brabant[31], ville de Laon[32], abbaye d'Ardenne dans le diocèse de Bayeux[33]), en France mais aussi dans les îles britanniques (Battle Abbey ou Exeter)[34] ou encore en Allemagne (dans le quartier juif de Cologne)[35]. Il faut ici insister sur le fait que dans la plupart de ces fouilles, le corpus d'ardoises portant des inscriptions est très faible (une ou deux). Si l'on

---

29 B. Arnaud, « Archéologie », *Sciences et Avenir*, 10 avril 2017 (en ligne : https://www.sciencesetavenir.fr/archeo-paleo/archeologie/bretagne-comment-un-chant-du-xve-siecle-grave-sur-une-pierre-a-ete-ressuscite_112096).

30 J.-P. Lemant, « Rapport des fouilles (sauvetage urgent) relatif à l'abbaye de Signy (XIIe siècle au XVIIIe siècle), année 1994 », *Revue historique ardennaise*, 32, 1997, p. 23-96, particulièrement p. 72-80 et *Id.*, « Résurgence du site de l'abbaye de Signy, les fouilles de sauvetage urgent de la porterie sud (1994), dans N. Boucher (éd.), *Signy-l'Abbaye et Guillaume de Saint-Thierry, Actes du colloque international d'études cisterciennes, 9-11 septembre 1998, Les Vieilles-Forges (Ardennes)*, Signy-l'Abbaye, 2000, p. 153-189.

31 P. Sheridan, « Les inscriptions sur ardoise de l'abbaye de Villers », *op. cit.*

32 J.-P. Jorrand, « Premières observations d'archéologie urbaine à Laon (Aisne) », *Revue archéologique de Picardie*, 3/1, 1989, p. 209-228 et K. Libert J.-P. Jorrand, « Une fosse du XVe siècle dans le jardin de l'ancien séminaire à Laon (Aisne) », *Revue archéologique de Picardie*, 3/1, 2004, p. 151-163.

33 Y. Chevrefils Desbiolles, *L'abbaye d'Ardenne, Histoire du XIIe au XXe siècle*, s.l., 2007, p. 26.

34 J. N. Hare, *Battle Abbey, the Eastern Range and the Excavations of 1978-80*, Londres, 1985, particulièrement p. 173-176.

35 Une première mention dans C. de Mecquenem, « Archéologie des juifs dans la France médiévale », *Nouvelle Gallia Judaïca, Pour une histoire des juifs en France au Moyen Âge*, septembre 2015, disponible en ligne : https://ngj.hypotheses.org/267. Ces ardoises font actuellement l'objet d'une analyse spécifique par Elisabeth Hollander.

fait exception du corpus de Cologne, l'ensemble de ces fouilles a permis d'identifier un corpus d'une soixantaine d'ardoises avec inscriptions qui sera utilisé, maintenant, à titre de comparaison avec celles de Normandie.

Parmi les 10 ardoises inscrites trouvées à Trainecourt, toutes ne sont pas utilisables en l'état : contrairement à certaines ardoises découvertes notamment en Angleterre ou dans l'actuelle Belgique, les ardoises de Trainecourt sont toutes fragmentaires et, dans certains cas, nous ne pouvons que discerner quelques lettres mais sans pouvoir en tirer plus d'informations.

FIG. 5 – Fragment d'ardoise, N° 1303. Fragments d'inscriptions.
l. supérieure : [---]*en* [-[36]]*nn J*[---]
l. inférieure : partie haute d'une initiale (*i* ? *l* ?)

Les fragments que nous pouvons étudier du point de vue du texte sont au nombre de cinq : plusieurs présentent des dates (« l'an de grace m ccc ... » ou simplement « m ccc »), soit isolées, soit débutant un texte clairement structuré. D'autres sont constitués d'initiales majuscules, peut-être un calendrier (?). Enfin, trois contiennent des textes structurés, plus ou moins lisibles (dans un cas, une gravure seconde a été placée sur le texte initial).

L'ardoise est donc un support de l'inscription au sens générique, mais elle fait également partie des supports de l'écrit, même ponctuels. Le fait que les ardoises gravées de lettres aient été identifiées dans des sites répartis dans un espace très large, de l'Irlande au sud-ouest de la France, depuis la Belgique jusqu'à la Bretagne, tend à démontrer un usage assez général à l'Occident. Les contextes de ces fouilles sont également très divers : le site de Trainecourt apparaît comme un site rural, alors que d'autres découvertes ont été faites dans des villes (Laon) ; nous les

36 Il s'agit d'une lettre avec haste.

trouvons également à la fois dans un contexte laïc (ville, village) et dans un contexte religieux (abbayes). Il ne semble donc pas que ces objets soient liés à un contexte social ou économique spécifique. Maintenant que ce premier panorama a été dressé, il s'agit de comprendre plus précisément la nature des textes présents sur les ardoises de Trainecourt, en les rapportant, là encore, avec les découvertes préalablement effectuées.

TYPOLOGIE TEXTUELLE : DES ÉCRITURES DU TOUT-VENANT ?

Les textes de ces trois ardoises sont à la fois lisibles et difficilement déchiffrables : il manque en effet souvent quelques mots ou quelques lignes d'écriture permettant de faire sens.

D.91.1.1306 :

> « … grace m ccc …
> …ut Jehen l…
> …t da… decembre t…
> .. la … »

D.91.1.2002 :

> « … ne labez (? pour abbé ?) as premie…
> …e h(?)inien pour une m…
> … une … »

D.91.1.2040[37] :
Gravure inférieure

> « …t binn…
> …nner dune et pent…
> … faut …
> (ligne d'écriture sur la brisure de l'ardoise) »

37 Ce fragment est composé de plusieurs lignes d'écriture inscrites les unes sur les autres. L'observation précise des traits permet de distinguer une première phase de gravure (indiquée ici par gravure inférieure).

Gravure supérieure

> « …
> es demandes
> … (lignes d'écriture sur la brisure de l'ardoise) »

Les trois fragments sont donc en l'état peu probants. Le premier texte comporte cependant une date (qui permet d'affirmer que ces artefacts datent du XIVe siècle au moins) et un prénom : il pourrait s'agir d'un contrat, sans certitude cependant. Le deuxième texte semble désigner un abbé (la lettre « b » est assurée car elle présente une haste bouclée) et pourrait consigner une correspondance. Quant au dernier fragment, la présence de deux couches de textes l'une sur l'autre empêche en l'état d'en identifier la typologie. Il faut enfin préciser que dans la plupart des cas, seule la première strate de l'ardoise est incisée, ce qui rend la conservation des écritures fragile : le moindre choc peut faire perdre une partie des informations portées sur la surface de l'ardoise, voire apporter des éclats qui perturbent la lecture et la compréhension des lettres.

Plusieurs éléments apparaissent intéressants ici : en premier lieu, il s'agit de textes en langue vernaculaire mais dans une forme non standardisée[38]. Si des marques sur la lettre *i* peuvent apparaître, les signes de ponctuation sont absents. Pour autant, nous retrouvons dans ces textes l'utilisation d'abréviations classiques : *p* avec une boucle pour « pour », une marque sur un *h* pour signaler peut-être une abréviation. En parallèle, il est possible d'étudier la forme même des lettres inscrites sur ces ardoises. Comme plusieurs historiens l'ont démontré, la fin du Moyen Âge tend à connaître une forme d'homogénéisation de sa production documentaire (principalement pragmatique) qui passe, notamment, par une standardisation de la forme des lettres[39]. Or cette

38 Y. Cazal et G. Parussa, *Introduction à l'histoire de l'orthographe…*, *op. cit.* Pour un cas concret de comparaison d'une écriture de « semi-professionnel », je me permets de renvoyer à mon article : I. Bretthauer, « Système graphique et communauté des "professionnels de l'écrit" : analyse linguistique du manuel de Guillaume Flambart (c. 1470) », dans P. Larrivée et P. Mounier (dir.), « Réseaux communautaires et variation dans le langage en moyen français et français préclassique », *Corela. Cognition, représentation, langage*, 26, 2018 (en ligne ; DOI : 10.4000/corela.6747).

39 Pour une approche générale, P. Bertrand, « L'uniformisation de la culture écrite au XIIIe siècle : les rouages de l'"européanisation" de l'Occident médiéval », dans *Histoire monde, jeux d'échelles et espaces connectés, XLVIIe congrès de la SHMESP, Arras, 26-29 mai*

standardisation s'opère par la diffusion de pratiques, de savoirs, au sein des bureaux d'écriture ou des universités, voire des hommes eux-mêmes. Les « écritures informelles » pourraient donc se distinguer de l'« écriture officielle », de chancellerie, du point de vue paléographique. Il s'agit maintenant d'étudier le *ductus* de ces écritures.

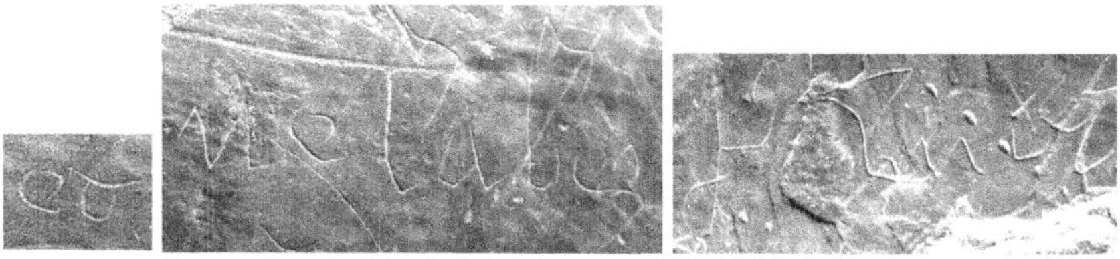

FIG. 6 – Extraits de lettres sur ardoises (Trainecourt) : « et », « ne labez », « p(our) une ».

Les exemples sont issus uniquement du corpus de Trainecourt (deux fragments parmi les trois cités ci-dessus) : les associations « et », « ne labez » et « p. une » montrent de très rares ligatures entre les lettres. Les lettres sont inscrites les unes à côté des autres, sans attache. Les *t* sont systématiquement écrits comme dans le premier exemple ; les *a* ont une forme triangulaire, dans l'ensemble du corpus également. Les hastes des *l* et des *b* sont bouclées, alors que la forme angulaire des lettres laisse supposer que le rédacteur a eu du mal à graver dans l'ardoise.

Ces caractéristiques peuvent se retrouver dans les registres de notaires contemporains, notamment l'utilisation des abréviations (p barré) ou l'usage d'une majuscule/mise en forme de la lettre en tête de mot (forme allographe de position comme c'est le cas pour l'article « une »)[40]. Mais il est possible aussi de retrouver certains caractères de ces lettres dans des documents plus informels (comme les livres de raison ou des mentions informelles). On retrouve dans ce type de documents l'absence d'attache entre les lettres ainsi que certaines formes de « a » et de « e ».

2016, Paris, 2017, p. 163-178 ; pour une étude spécifique à la paléographie, M. Smith, « L'écriture de la chancellerie de France au XIVe siècle… », art. cité.

40 Voir notamment, Arch. dép. Calvados, 7E86, registre de notaire de Caen, 1381. Sur l'allographe de position, voir D. Stutzmann, « Paléographie latine et vernaculaire (livres et documents) », *Annuaire de l'École Pratique des Hautes Études (EPHE), Section des sciences historiques et philologiques [En ligne]*, 144 | 2013, mis en ligne le 23 octobre 2014 (doi : https://doi.org/10.4000/ashp.1485).

Même s'il ne peut être question, ici, de proposer des conclusions définitives, il faut insister sur plusieurs points : tout comme pour les tablettes de cire, le corpus identifié des ardoises gravées ne permet pas de mesurer la diffusion précise de ce support, puisque, voués à des écritures banales, voire à des brouillons, ces fragments et tablettes n'avaient pas vocation à être conservés. Nous nous devons cependant d'extrapoler au-delà des matériaux aujourd'hui accessibles : nous pouvons appliquer les appels déjà énoncés par les études sur les tablettes de cire, invitant à « mettre en cause l'illusion qui nous fait considérer les traces conservées du passé comme un échantillon représentatif de ce qui a existé[41] ».

Il a en effet été démontré que la forme des lettres est, en partie, liée à la nature même du support[42] : un individu n'écrit pas de la même façon sur une matière dure ou sur du parchemin et du papier ; la forme des lettres peut alors être différente selon les contraintes imposées par le support. Le lien entre les évolutions des écritures cursives et les supports reste encore peu connu : dans son étude sur les textes sur écorce de Novgorod, V. Janin a pu comparer les formes des lettres dans les écritures sur écorce, sur parchemin et également sur tablette de cire (grâce à la découverte d'un psautier daté du XIe siècle) : selon l'auteur, l'origine des formes des écritures sur écorce serait à chercher dans les écritures sur tablette de cire[43]. Des comparaisons plus précises seraient à effectuer dans le cas des écritures sur ardoise, mais il est probable que ces écritures puissent s'intégrer à une évolution de l'écriture proche de celle présente sur les tablettes de cire. Le support impose, dans les deux cas, des contraintes sur le tracé des lettres (résistance physique, contrainte de l'outil) qui expliqueraient la forme de certaines lettres (par exemple, les brisures dans les boucles des hastes, sans doute liées à l'impossibilité de faire revenir le stylet en arrière du mouvement initial).

41 M. Smith, « De la cire au papyrus, de la cire au papier : deux mutations de l'écriture ? », *Gazette du livre médiéval*, 43, 2003, p. 1-13, ici p. 3.

42 F. Gasparri, *Introduction à l'histoire de l'écriture*, Turnhout, 1994, particulièrement le chapitre XI « Supports et instruments pour écrire ».

43 V. Janin, « Les récentes découvertes archéologiques ... », art. cité, p. 630 : « Le codex a permis d'établir l'origine des différences paléographiques entre le texte des livres et celui des écorces, que l'on peut observer dès l'avènement de l'écriture (...). L'écriture sur tablette de cire a donc servi de modèle aux premiers textes sur écorce. »

Au-delà des contraintes physiques induites par les matériaux, toujours à propos des tablettes de cire, M. Smith jugeait que les matériaux dominants d'une société en matière d'écriture « ont nécessairement un effet majoré sur la formation des tracés, des réflexes moteurs, mais aussi d'habitudes visuelles, de normes graphiques susceptibles de s'étendre, semblables ou adaptées, à d'autres matériaux[44] ». Ici, cela permettrait de comprendre pourquoi nous retrouvons des morphologies de lettres semblables entre des documents sur ardoise et des documents sur parchemin. En effet, plusieurs des écritures sur ardoise ne sont pas des écritures faites pour être conservées, beaucoup n'ayant aucune marque d'authenticité connue par ailleurs. Dans ces cas, la nature du texte (texte authentique / non-authentique) pourrait induire le choix même de la forme de l'écriture (au sens paléographique), y compris sur des supports « souples », tels que le parchemin ou le papier. Nous pourrions alors identifier les écritures informelles à la fois à leur support (ardoise / tablette de cire / papier dans certains contextes de production) et à la morphologie des lettres tracées.

Mais en quoi ces écritures sur ardoise sont-elles informelles ? Sommes-nous devant un corpus textuel uniforme ? Il s'agit maintenant de comprendre en quoi le corpus de Trainecourt est spécifique, ou non, d'une certaine pratique d'écriture. Grâce aux ardoises déjà connues, nous pouvons établir une comparaison avec un nombre de textes conséquent.

44 M. Smith, « De la cire au papyrus… », art. cité, p. 3.

Lieu de découverte	Date approximative	Typologie textuelle	Longueur du texte	Langue du texte
Foigny (abbaye), diocèse de Laon	Fin du XIIIe siècle ?	Enquête au sein de l'abbaye	Double face	Latin
Villers (abbaye), Brabant wallon	Fin du XIIIe siècle ? Vers 1270 ?	Instructions sur le fonctionnement de la clepsydre et les offices	Double face (trois fragments)	Latin
Villers (abbaye), Brabant wallon	Fin du XIIIe siècle ? Vers 1270 ?	*Étymologies*, Livre IV *De Medicina*, saint Isidore	Double face	Latin
Laon (espace urbain)	XVe siècle ?	Mentions comptables	Une face (lignes se chevauchant)	Français
Laon (espace urbain)	XVe siècle ?	Correspondance	4 lignes et demi	Français
Chenoise (Seine-et-Marne)	1492 environ	Procès-verbal de pose de bornes	Double face	Français
Trainecourt (Calvados)	XVe siècle ?	Contrat (? : date et phrase)	Une face (4 lignes)	Français
Trainecourt (Calvados)	XVe siècle ?	Fragments de date : calendrier ?	Plusieurs fragments	Français
Trainecourt (Calvados)	XVe siècle ?	Lettre (correspondance)	Une face (3 lignes)	Français
Ardenne (abbaye), diocèse de Bayeux	Fin du XVe siècle / début du XVIe siècle ?	Poème sur la chasteté	Une face (7 lignes)	Latin
Battle Abbey (Sussex)	XVIe siècle	Données comptables	Une face (9 lignes)	Anglais

FIG. 7 – Tableau des typologies textuelles de quelques ardoises trouvées en fouille (XIIIe-XVIe siècle).

Comme il apparaît avec ce premier tableau de synthèse, les typologies textuelles des ardoises trouvées en fouilles sont en réalité très diverses : nous trouvons à la fois des textes issus d'un savoir encyclopédique (notamment les *Étymologies* d'Isidore) et un poème, des textes juridiques, des mentions comptables, voire des lettres (correspondance). Les typologies diffèrent en fonction de la nature du site de découverte et renvoient à des contextes locaux très variés. Les ardoises trouvées à Villers en Brabant font partie des plus diverses et des plus « scientifiques » des corpus identifiés jusqu'à maintenant[45]. On y trouve le règlement de la clepsydre de l'abbaye (ardoises n° 1-3), texte très connu car il renseigne de façon unique sur l'application de l'*ordo* cistercien en matière d'organisation de la journée et des heures[46]. Une autre ardoise contient les extraits du livre IV, *De Medicina*, des *Étymologies* d'Isidore[47]. Si P. Sheridan a édité ce texte, il faut noter qu'il est peu utilisé dans les recherches sur les *Étymologies* d'Isidore[48]. Le texte n'étant pas complet, sa place dans la tradition isidorienne reste encore à définir précisément : la datation certaine de la fin du XIIIe siècle (peut-être le dernier tiers de ce siècle) l'insère dans les traditions « tardives » des *Étymologies*, période qui a moins attiré l'attention des chercheurs[49]. Enfin, la dernière ardoise trouvée dans les fouilles de Villers présente un *Te Deum* à la vierge et des extraits d'un miracle. De tels textes se retrouvent dans d'autres corpus non précisés ici : c'est le cas des ardoises de Smarmore (comté de Louth, Irlande) qui donnent à lire aussi bien des annotations musicales que des prescriptions médicales, certaines recourant à des plantes non indigènes. A. J. Bliss, qui a édité ces ardoises, proposait qu'il s'agisse de copies de recettes d'un manuscrit prêté à un prêtre/maître d'école/« médecin » local[50].

Une autre fouille d'une abbaye cistercienne, à Foigny (La Bouteille, département de l'Aisne) a révélé un autre type de texte : il s'agirait dans ce cas d'une déposition d'un moine de l'abbaye, accusé de nécromancie,

---

45 Elles sont aujourd'hui conservées à la Bibliothèque Royale de Bruxelles, sous la cote ms. II 1592.

46 P. Sheridan, « Les inscriptions sur ardoise de l'abbaye de Villers », *Annales de la Société d'Archéologie de Bruxelles*, 10, 1896, *passim*.

47 Sur les *Étymologies* d'Isidore, voir M. Reydellet, « La diffusion des *Origines* d'Isidore de Séville au Haut Moyen Âge », *Mélanges d'archéologie et d'histoire*, 78/2, 1966, p. 383-437. Je remercie Anne Grondeux pour son aide et ses conseils sur cette question. Une analyse plus précise de la place de cette ardoise dans la tradition isidorienne sera proposée ultérieurement.

48 Il n'est ainsi pas mentionné parmi les manuscrits identifiés des *Étymologies* par August Eduard Anspach (travaux publiés par J. M. Fernández Caton, *Las* Etimologias *en la tradicion manuscrita medieval*, s.l., 1966). Mais cette liste ne prend pas en compte les manuscrits comportant uniquement quelques extraits de certains livres ce qui pourrait expliquer son absence dans la liste (voir en dernier lieu http://fama.irht.cnrs.fr/oeuvre/254311).

49 Pour une étude de la tradition du bas Moyen Âge du texte d'Isidore, B. Van den Abeele, « La tradition manuscrite des *Étymologies* d'Isidore de Séville, pour une reprise en main du dossier », *Cahiers de recherches médiévales et humanistes*, 16, 2008, p. 195-205.

50 A.J. Bliss, « The inscribed slates at Smarmore », *Proceedings of the Royal Irish Academy*, 64, 1965, p. 33-60 et pl. I-IV.

entre la fin du XIIIe et le début du XIVe siècle[51]. Seule l'écriture a permis à son éditeur de dater le texte. Celui-ci, copié recto-verso, est très abrégé et ne présente aucune trace de mise en forme authentique (absence de signature, de formule juridique, etc.). Dans un autre contexte de fouille, une ardoise trouvée dans le village de Chenoise (Seine-et-Marne) porte également un texte juridique, le procès-verbal de pose de borne, délimitant les communs de plusieurs parties en présence, au sein de la forêt de Jouy en 1492. Ce procès-verbal, quant à lui, présente des marques d'authenticité attendues pour ce type de texte, avec la présence de signatures cursives sur son verso[52].

Nous trouvons enfin des ardoises qui portent des mentions diverses, plus proches ce que l'on trouve dans le corpus des ardoises de Trainecourt : à Laon, plusieurs fouilles entre les années 1980 et 1990 ont révélé des ardoises dans divers remblais de comblement[53]. Si plusieurs portent de simples lignes ou des portées, d'autres conservent des textes : sur l'ardoise trouvée lors des fouilles du marché aux Herbes, une correspondance adressée à un certain « Jehan » et qui mentionne un « delay » (peut-être une demande de paiement de dette ?). Sur une autre ardoise trouvée, elle, lors des fouilles du séminaire de Laon, deux couches d'écriture sont identifiables. La strate placée en position supérieure ne rend que quelques lettres écrites en majuscule (« OM », etc.) en utilisant l'ardoise telle une *carta non transversa*. Elle vient recouvrir un texte qui apparaît comme une sorte de liste d'éléments chiffrés : « (…) parisis a Henri (?) (…) a (…) Dufourn… (…) s. a Jehan Duf… It*em* xx fran (…) vii fran du (…) et de (…) ». Ce dernier exemple trouve un écho avec une ardoise trouvée en Angleterre (Battle Abbey, Sussex) : elle se présente également comme une *carta transversa*, avec cinq item bien différenciés, séparés entre eux

51 M. Prou, « Fragment d'ardoise du Moyen Âge… », art. cité.

52 L. Delisle, « Rapport sur les ardoises de Chenoise … », art. cité J'ai présenté ces deux ardoises lors du séminaire « Les chartes lapidaires », organisé par V. Debiais, S. Barret, L. Morelle et M. Smith. Je me permets de renvoyer au compte-rendu en ligne : https://devisu.hypotheses.org/243. Ces ardoises font l'objet d'une étude plus générale dans I. Bretthauer et M. Pirat, « Mettre en forme les décisions de justice. Juger et sanctionner les délits relatifs aux eaux et forêts. Domaine du Roi, apanages d'Orléans et de Provence (XVe-XVIIIe siècles) », M. Charageat et M. Soula, dir., *Les écritures judiciaires : formes et légitimités des décisions de justice depuis le Moyen Âge, colloque de la MSHA, Bordeaux, 14-17 septembre 2021*, en cours de publication.

53 Les informations qui suivent sont une synthèse des deux articles mentionnés ci-dessus : J.-P. Jorrand, « Premières observations… », art. cité ; K. Libert et J.-P. Jorrand, « Une fosse du XVe siècle… », art. cité.

par un trait. Les montants signalés apparaissent faibles (on lit « d. » et « ob. » pour denier et obole, les monnaies les plus faibles).

Deux dernières remarques doivent être apportées sur ce corpus : en premier lieu, il convient de préciser si les ardoises utilisées ici sont des ardoises de récupération, présentant par exemple un trou d'attache ou des marques d'utilisation préalable, ou des ardoises prévues pour être utilisées comme support d'une écriture (qu'il s'agisse de texte ou de ligne de portée). Bien sûr, il est difficile d'apporter une réponse définitive puisqu'il est possible de « retailler » des ardoises en fonction des besoins. Certaines ardoises ont une dimension trop faible pour pouvoir répondre à cette question (c'est le cas de l'ardoise de Foigny, fragmentaire, comme de certaines trouvées à Trainecourt). D'autres présentent des trous de fixation sur la toiture, trace d'un usage préalable comme matériau de couverture (c'est le cas des ardoises de Montréal-de-Sos et de certaines ardoises de Trainecourt). Les ardoises de Chenoise se présentent sous la forme d'un format oblong (environ 30x12 cm.) que l'on retrouve pour certaines ardoises de Villers-en-Brabant ou de Signy-l'Abbaye. Enfin, d'autres ardoises présentent un format spécifique (rectangulaire ou carré) s'accompagnant d'une mise en page proche de documents sur parchemin ou papier (avec marge à gauche, interligne régulier, voire traits matérialisant les différents paragraphes).

La dernière remarque porte sur la langue de ces textes : dans les contextes religieux (abbayes), ou lorsqu'il s'agit de textes « scientifiques », nous trouvons fréquemment l'usage du latin (avec de nombreuses abréviations). Mais le français (voire l'anglais pour l'ardoise de Battle Abbey) est également utilisé. Cela signifie que l'ardoise ne constitue pas uniquement le support d'un milieu laïc peu instruit : toutes les catégories sociales peuvent avoir recours, ponctuellement ou non, aux ardoises comme support de l'écrit.

Reprenons maintenant l'hypothèse proposée plus haut : les ardoises sont-elles uniquement un support des écritures quotidiennes et/ou informelles ? Le fait que certaines d'entre elles (notamment celles de la deuxième moitié du XVe siècle) soient signées, à un moment où la signature a gagné en qualité d'authenticité[54], nous invite à les considérer comme des textes juridiques parfaitement authentiques et même potentiellement

54 Je renvoie aux deux ouvrages de référence : B. Fraenkel, *La signature, genèse d'un signe*, Paris, 1992, et C. Jeay, *Signature et pouvoir au Moyen Âge*, Paris, 2015.

recevables en justice (même si je n'ai pour le moment trouvé aucune référence de ce genre). De même, au vu du nombre d'ardoises portant des textes « scientifiques », que ce soit des savoirs encyclopédiques ou des savoirs pratiques de la médecine, nous pouvons appréhender les ardoises comme le support d'un écrit fait pour être conservé, au moins pour un moyen terme.

L'aspect « mémoriel » de ce support est peut-être à envisager différemment : il s'agit parfois de brouillons ou de notes ponctuelles (par exemple des dettes dues à des individus) qui, sans doute, avaient vocation à être détruits une fois la dette payée. Le fait que la plupart de ces ardoises aient été trouvées dans des remblais de fosses ou de fondation de maison montre bien leur caractère « transitoire », sans destination de conservation. Cependant, la diversité des textes que nous avons réunis ici (dans un panorama synthétique) montre que ces ardoises étaient employées comme support pour de nombreux types d'écrits, et non seulement pour de simples brouillons. Tant le règlement de la clepsydre de l'abbaye de Villers que le procès-verbal de pose de borne pour délimiter les communs sont des textes « définitifs », utilisés au quotidien ou présentés à la vue de tous dans un quotidien de fonctionnement du groupe.

Pour autant, s'agit-il de « documents » ? La valeur attribuée par les gens du Moyen Âge à ces textes sur ardoise est-elle identique à celle des mêmes textes transcrits sur parchemin ou papier ? Comment comprendre le choix de ce support par rapport à un autre si la nature des textes que l'on y inscrit est identique à celle des textes inscrits sur supports « souples » ? Quelques exemples d'usages des ardoises à travers des mentions documentaires serviront de base à cette dernière phase de réflexion.

LES ARDOISES ET LEURS USAGES

Les références dans des textes littéraires ou documentaires à des usages attestés d'ardoise comme support de l'écrit sont en faible nombre mais pas inexistantes[55].

Une première mention se trouve dans l'inventaire du mobilier de Charles V, établi en 1379. Dans cet inventaire, nous trouvons mention de deux ardoises :

> § 1996. Item, une ardoyse, en ung estuy de cuivre
> § 2761. Item, deux ardoises enchâssées en deux aiz d'argent ; pesant, à tous les ardoises, quatre marcs une once cinq estellins[56]

Ces items distinguent deux objets : d'une part, une ardoise (peut-être une ardoise enchâssée dans un fond de bois à la manière des tablettes de cire ?) conservée dans un étui ; d'autre part, une sorte de diptyque en argent avec deux plaques d'ardoise à l'intérieur. S'il est difficile de comprendre quel usage Charles V pouvait faire du premier item, il apparaît clairement que le second est un objet de luxe. La preuve en est que cet objet est encore présent dans l'inventaire des biens meubles de Charles VI de 1391[57]. Dans les inventaires des biens de Charles V et Charles VI, ces deux ardoises placées dans des ais d'argent sont suivies d'une « tables a escrire en cire d'argent esmaillées par dehors », soit une tablette de cire également encadrée d'argent. Nous retrouvons ici la chronologie des tablettes de cire, avec une association aux objets de luxe à la fin du XIVe siècle[58]. La question est celle de l'usage concret qu'en faisaient les rois : en effet, des représentations iconographiques font état d'un personnage avec une tablette noire, écrivant avec une sorte de craie blanche. Le fait que l'ardoise prise dans des ais d'argent ait pu être conservée par Charles VI suppose

55 En réalité, il est probable qu'une recherche plus poussée permettra de rassembler des textes un peu plus nombreux.

56 *Inventaire du mobilier de Charles V, roi de France*, Labarte Jules éd., Paris, Imprimerie Nationale, 1879, respectivement p. 225 et p. 294.

57 BnF, fr. 21445, *Inventaires des meubles et joyaux du roi Charles VI : inventaire de Bertrand de Landes, commis à la garde des joyaux, le 21 août 1391*, copie du XVIIe siècle, fol. 73r.

58 É. Lalou, « Les tablettes de cire médiévales », *Bibliothèque de l'École des Chartes*, 147, 1989, p. 123-140.

qu'il s'agit plutôt d'une ardoise sur laquelle ils écrivaient avec un matériau effaçable (craie), plutôt qu'une ardoise gravée. Il y aurait donc dès cette période un usage double des ardoises : soit des ardoises incisées, comme celles étudiées jusqu'ici ; soit l'utilisation d'une craie ou d'une peinture blanche. Cette mention permet également d'affirmer que les ardoises utilisées n'étaient pas simplement des réemplois de matériau de couverture, trouvés au moment de travaux sur les constructions. Tout comme les tablettes de cire, il existait des tablettes d'ardoise pour un usage plus proche des tablettes noires d'écoliers.

Cette remarque est confortée par une mention présente dans l'ouvrage *Archiloge Sophie*, de Jacques Legrand, au début du XVe siècle[59] :

> Bien est vray que a user de ceste science (l'algorithme) il faut souvent desfacier une figure pour mectre l'autre, et pour ce est ce que les clers communement calculent sur pierre d'ardoise ou sur autre chose que l'en puet legierement desfacier

Cette insertion se place dans la partie de l'*Archiloge Sophie* traitant de l'arithmétique (troisième des arts libéraux), rédigée par Jacques Legrand (v. 1365-1415), d'origine champenoise, humaniste français, précepteur de Charles VI avant de devenir son aumônier. Jacques Legrand fait partie des grands universitaires de son temps : il a traduit la Genèse en français à la fin du XIVe siècle ou au début du siècle suivant, a rédigé le *Sophilogium*, sorte d'encyclopédie générale, en a adapté le contenu dans l'*Archiloge Sophie*, première œuvre de savoir encyclopédique en français adaptée pour un public large et, enfin, a rédigé le *Livre des bonnes mœurs*, opuscule proposant des modèles de vie pieuse[60].

Au sein de l'*Archiloge Sophie*, après avoir expliqué rapidement les règles de base en matière de mathématique, Jacques Legrand développe plusieurs exemples de pratique concrète des mathématiques arabes, appelées *algorisme* : il présente en premier lieu la correspondance entre les chiffres romains et les chiffres arabes, avant de développer les techniques de calcul utilisant les chiffres arabes et notamment les additions. La citation ci-dessus se situe dans ce dernier paragraphe. On doit alors

59 Jacques Legrand, *Archiloge Sophie, Livre de bonnes meurs*, E. Beltran éd., Paris, 1986, principalement p. 242-247, ici p. 242-243. Ce passage est cité en exemple de la définition du terme « ardoise » dans le *Dictionnaire du Moyen Français (1330-1500)*, 2015 (en ligne : http://www.atilf.fr/dmf/).

60 Jacques Legrand, *Archiloge Sophie, Livre de bonnes meurs*, E. Beltran éd., *op. cit.*

comprendre que Jacques Legrand met par écrit ses calculs, les « pose » sur une feuille et explique l'ordre dans lequel les chiffres (appelés *figure*) doivent être additionnés, la retenue, etc. C'est donc de façon incidente que Jacques Legrand fait état de l'usage (courant ?) pour les « clercs » d'utiliser l'ardoise pour calculer. Comme dans le cas des ardoises de Charles V et Charles VI, nous pouvons supposer qu'il s'agit non pas de *graver* les ardoises mais d'écrire dessus avec un matériau effaçable.

Enfin, un dernier exemple, mêlant à la fois rumeurs et fabliau, nous montre les modalités de conservation de ces ardoises. On trouve en effet dans un *Abrégé chronologique de l'histoire ecclésiastique*, publié en 1778, la mention suivante :

> Jean de Mehun, choisit sa sépulture dans l'église des Jacobins de Paris, rue Saint Jacques, & leur légue par testament un coffre fort, chargeant son exécuteur testamentaire de ne le remettre aux bons Peres, qu'après qu'ils lui auroient rendu les derniers devoirs. On lui fit de magnifiques funérailles, & aussi-tôt on ouvrit le coffre fort ; mais il ne renfermoit que des ardoises sur lesquelles on avoit gravé des figures de géométrie (je souligne). Les Jacobins mécontens, tirerent le corps de leur prétendu bienfaiteur du tombeau, où ils venoient de le mettre, & il couroit risque de rester sans sépulture, si le Parlement n'eût ordonné qu'on l'enterrât dans le cloître[61].

Ainsi, Jean de Meung, le célèbre auteur de la fin du XIIIe siècle et du début du XIVe siècle, continuateur de Guillaume de Lorris du *Roman de la Rose*, aurait possédé des ardoises ? Cette assertion a été, depuis longtemps, remise en cause : J. Quicherat a démontré que cette histoire, une « légende urbaine », est en réalité liée à des fabliaux, notamment celui de la *Vessie au prêtre*[62]. Ce fabliau relate la convoitise de Dominicains à l'attention d'un prêtre pour bénéficier de son legs testamentaire, alors que ce dernier a déjà établi son testament et réparti ses biens. Lassé des pressions des Dominicains, il leur demande de venir auprès de lui au moment de sa mort pour leur transmettre un trésor, qui s'avère être la vessie du prêtre, qui, assure-t-il, une fois nettoyée, sera aussi solide qu'un cuir cordouan[63].

---

61 *Abrégé chronologique de l'histoire ecclésiastique, Tome Second depuis l'année 801 jusqu'à l'année 1400 de l'ère chrétienne*, Paris, chez Herissant fils, 1778, évènements de 1310, p. 629-630.

62 J. Quicherat, « Jean de Meung et sa maison à Paris », *Bibliothèque de l'École des Chartes*, 41, 1880, p. 46-52, particulièrement p. 47-48.

63 *Histoire littéraire de France, t. XXIIII fin du treizième siècle*, Paris, Firmin Didot, 1856, p. 156-158 ; A. de Montaiglon Anatole et G. Raynaud, *Recueil général et complet des fabliaux des XIIIe et XIVe siècles*, Paris, t. III, 1878, p. 106-117.

Il est également question de cet épisode dans la « Vie de Jean Clopinel dit de Meung » d'André Thevet, rédigée en annexe de l'édition de 1814 du *Roman de la Rose*[64] dirigée par D. Méon. André Thevet précise même, sans indiquer ses sources, que ces ardoises servaient à Jean de Meung à tirer « des figures, tant d'arithmétique que de géométrie[65] ». Cette critique des Dominicains de Paris rejoint la critique formulée par Jean de Meung lui-même dans son *Testament*, œuvre rédigée à la fin de sa vie (première décennie du XIVe siècle)[66]. Il y décrit en effet les Dominicains (et les frères prêcheurs en général) comme des voraces, à la recherche de testateurs afin d'acquérir des biens en cherchant l'appât du gain.

Si nous revenons à cet épisode, ce qui est le plus intéressant est le fait que la conservation volontaire d'ardoises puisse être considérée comme crédible encore au XVIIIe siècle. Le rangement des ardoises dans un coffre n'est attesté dans aucun texte et le fait que les ardoises aient été utilisées comme remblai laisse plutôt penser que ces objets n'avaient pas vocation à être conservés. Cet épisode, avec l'idée potentielle d'une conservation au sein des habitats médiévaux, doit donc être confronté à d'autres sources.

Objets de luxe, potentiellement conservés dans des conditions particulières, ces quelques mentions documentaires d'usage des ardoises ouvrent une perspective neuve par rapport aux trouvailles en fouilles. Elles attestent tout d'abord d'un usage diffus de l'ardoise, ce que le nombre important de fouilles révélant des ardoises pouvait laisser supposer : ici, les exemples sont tous parisiens mais on comprend que l'ardoise peut être utilisée dans une écriture de tous les jours, pour poser des calculs ou établir des sortes de brouillons. D'autre part, elles font apparaître des objets précieux, en argent, que l'on conserve avec les joyaux et les bijoux, dans le cas des inventaires des meubles des rois de France. C'est donc aussi toute une palette de forme, de valeur, d'usage qui doivent être réfléchis, au-delà des seuls exemples trouvés en fouille.

---

64 *Le Roman de la rose par Guillaume de Lorris et Jehan de Meung : nouvelle édition, revue et corrigée sur les meilleurs et plus anciens manuscrits*, D. Méon éd., Paris, P.N.F. Didot l'aîné, 1814, 4 vol. ; le texte d'André Thevet se trouve vol. 1, p. 49-63, le passage sur les ardoises conservées dans un coffre aux p. 58-60. Sur la tradition des éditions du *Roman de la Rose*, voir P. Frieden, « Le Roman de la Rose, de l'édition aux manuscrits », *Perspectives Médiévales (en ligne)*, 34, 2012 (https://doi.org/10.4000/peme.290).

65 *Ibid.*, p. 58.

66 *Le Roman de la rose par Guillaume de Lorris et Jehan de Meung : nouvelle édition, revue et corrigée sur les meilleurs et plus anciens manuscrits*, D. Méon éd., Paris, P.N.F. Didot l'aîné, 1814, vol. 3, p. 1-116, sur les ordres religieux, les clercs et les ecclésiastiques, p. 26-61.

Si l'on suit Jacques Le Goff et Pierre Toubert, le document est « quelque chose qui reste, qui dure et le témoignage, l'ensemble qu'il apporte doivent être d'abord analysés par une démythification de son sens apparent. Le document est monument. Il est le résultat de l'effort des sociétés historiques pour imposer – volontairement ou involontairement – telle image d'elles-mêmes au futur[67] ». En ce sens, les textes écrits sur des ardoises sont-ils des « documents » ?

Assurément il n'est pas possible de généraliser : il faut distinguer au sein de ces textes sur ardoises les « tablettes d'ardoise » comme celles de Charles V et sans doute les ardoises d'écolier, objets fabriqués spécifiquement pour un usage d'écriture, de prise de notes, prolongeant ainsi les usages des « tablettes de cire ». Quant aux autres ardoises, il s'agit clairement d'écritures « transitoires », « opportunistes » pour reprendre l'expression d'Amélie Berthon : conservées seulement par le besoin de combler des fosses ou des remblais et non comme des textes, elles expriment cependant un besoin ou une opportunité d'écrire en l'absence d'autre support, rapidement (encore que la rapidité ne semble pas être la caractéristique première de ces écritures), des textes qui n'ont pas vocation à être conservés. À partir de ce constat, le statut des textes transcrits sur ces supports varie, depuis des écritures du quotidien, préalables à des mises au net ou écritures transitoires dans l'attente d'un paiement (par exemple), à des supports « finaux », dont la conservation est pensée et organisée.

Plusieurs pistes de recherches s'ouvrent donc dans les prochaines années : en premier lieu, il faut approfondir notre connaissance des artefacts trouvés en fouille, afin de proposer un corpus le plus précis possible de ces ardoises inscrites[68]. Il faudra également mieux comprendre l'existence de ces tablettes d'ardoise, peut-être issues de la production des « tabletiers », spécialisés au XIIIe siècle dans la fabrication de tablettes de cire mais qui doivent, dès la fin du XIVe siècle, se reconvertir faute de marché suffisant[69]. En effet, en l'état, peu de tablettes d'ardoise de luxe

---

67 P. Toubert, « Tout est document », dans J. Revel et J.-C. Schmitt, *L'ogre historien. Autour de Jacques Le Goff*, Paris, 1998, p. 89, citant l'article écrit par P. Toubert et J. Le Goff autour de l'histoire-totale.

68 Je prépare actuellement un article sur cette question.

69 Sur les tabletiers parisiens, C. Bourlet, « Les tabletiers parisiens à la fin du Moyen Âge », dans É. Lalou (dir.), *Les tablettes à écrire de l'Antiquité à l'époque moderne*, Turnhout, 1992, p. 323-344.

ont été signalées, alors qu'il s'agit sans doute d'un moyen de replacer ces pratiques dans un espace plus large.

Grâce à ces recherches, ce sera alors une autre facette des écritures médiévales qui sera accessible : nous donnant à connaître à la fois des écritures conservées sur des supports classiques (parchemin, papier) et des textes rarement conservés, l'étude des ardoises gravées permettra sans doute de mieux connaître les pratiques de l'écrit médiéval dans toute leur complexité.

Isabelle Bretthauer
Université de Caen-Normandie,
UMR 6273 CRAHAM

TRANSFERTS CULTURELS, TRANSFERTS LINGUISTIQUES

VISION GRECQUE DE LA RELIGION ROMAINE

S'il est un domaine où la spécificité romaine, remontant aux structures les plus archaïques, s'est développée, c'est bien la religion, même si son hellénisation s'est faite très tôt par le biais de l'*interpretatio graeca*. Cependant, c'est en étudiant chez nos auteurs grecs la description des prêtres et des rites dont les spécialistes s'accordent à penser qu'ils remontent à un passé bien antérieur à l'histoire, que l'on pourra apprécier quelle est leur approche et leur perception de ces *realia* archaïques. En linguiste je me propose d'aborder le problème par le biais du vocabulaire et d'étudier comment ces auteurs nomment les prêtres et les rites de Rome et comment ils expliquent leurs dénominations et les justifient.

En effet, dans le domaine de la transposition d'une langue à l'autre, devant des notions typiquement romaines, le traducteur de l'Antiquité avait, selon ses motivations, ses goûts, ses compétences, trois solutions bien connues :

1. la translittération pure et simple : *quaestor* = κουαίστωρ
2. la traduction : *quaestor*, étant dérivé de *quaerere* = ζητεῖν, se traduit alors par ζητήτης
3. l'équivalence : *quaestor* étant un trésorier se traduit par ταμίας.

Le problème s'est posé en termes nouveaux pour Polybe, puis, avec les progrès du bilinguisme et de l'administration romaine en terres hellénophones, la terminologie officielle tend à prévaloir.

Cependant, pour les écrivains qui s'intéressent à ces domaines, je pense notamment à Denys d'Halicarnasse, Plutarque et Dion Cassius, l'adoption de cette terminologie ne correspond pas forcément au but qu'ils se sont fixé : écrire ποντίφεξ pour pontife n'apprend rien à un lecteur hellénophone ; l'appeler γεφυρόποιος, « faiseur de pont », est une possibilité pour se faire comprendre, mais il y en a d'autres.

Mon propos ne sera pas une étude exhaustive, mais il visera à étudier quelques collèges sacerdotaux comme les pontifes, les augures, les flamines, les Vestales, les haruspices et les luperques, et quelques rites religieux particuliers comme l'*augurium salutis* ou la *supplicatio* pour cerner la réaction de ces Grecs au détour de l'une ou l'autre de leurs réflexions. Mon corpus est essentiellement composé de Denys, Plutarque et surtout Dion Cassius. Ce dernier, pour lequel nous n'avons plus les livres consacrés à la Rome archaïque sinon grâce à son abréviateur Xiphilin, présente l'avantage de signaler au fil de son histoire les interventions marquantes des prêtres, les cultes institués ou rétablis (notamment par Auguste), les interventions divines sous forme de présages, sans forcément expliquer chaque point mais en donnant éventuellement leur avis. Nous nous appuierons éventuellement aussi sur les inscriptions et, référence importante parce que bilingue, sur les *Res Gestae Divi Augusti.*

QUELQUES COLLÈGES SACERDOTAUX

Les prêtres romains sont depuis l'époque archaïque strictement définis, affectés à un dieu ou à une fonction particulière, et fortement hiérarchisés. Leur dénomination semble très ancienne et, pour certains, remonte à la structure indo-européenne (*flamen* est rapproché de brahmane). Il est donc intéressant de voir comment les auteurs grecs ont rendu la spécificité de chacun d'entre eux.

LES FLAMINES

Prêtre de grands dieux archaïques et notamment de ceux de la triade capitoline, Jupiter, Mars, Quirinus, le flamine ne porte en grec que le nom de « prêtre », suivi du dieu qu'il dessert. Ainsi le *Flamen Dialis* est appelé le plus souvent « le prêtre de Jupiter », ὁ ἱερεὺς τοῦ Διος[1], par les auteurs grecs. Ainsi Dion, rappelant le renouveau de ces anciens sacerdoces en liaison avec le culte impérial, rapporte qu'en

---

1 *Cf.* Plutarque, *Numa*, 7, 11 ; *Question romaines*, 40 ; 44 ; Appien, *Bella civilia.* I, 65 ; 70 ; 74 ; Dion Cassius, 54, 24, 2 et 36, 1 ; 59, 13, 1 ; 75, 8, 2.

11 avant J.-C. un « prêtre de Jupiter » fut à nouveau nommé pour la première fois depuis Merula (probablement Lucius Cornelius Merula qui se suicida en 86 avant J.-C[2].). Une seule fois il recourt à la quasi translittération, non de *flamen*, mais de *Dialis* en Διάλιος lorsqu'il rapporte que les Romains, entre autres honneurs, votèrent que César serait honoré comme un « Jupiter Julius » et qu'Antoine serait son flamine à la manière d'un Διάλιος[3]. Un autre passage, évoquant Caligula διάλιόν τε ἑαυτὸν ὀνομάσας[4], « se faisant appeler "dialis" », est sans doute une erreur de copiste et Boissevain propose de lire plutôt Δία τε Λατιάριον plus pertinent, Caligula se faisant appeler « Jupiter Latiaris » comme le signale d'ailleurs Suétone[5].

Les autres auteurs recourent aussi à des approximations plus ou moins fidèles pour traduire *flamen*. Plutarque parle d'un φλάμιν διᾶλις[6], Denys d'un φλάμων[7], Appien d'un φλαμέντας[8], selon la leçon des manuscrits[9]. Il est possible qu'il y ait eu aussi une forme φλαμίνιος[10]. Denys en donne une « traduction », στεφανηφόρος, « porteur de couronne », nom donné à certains magistrats grecs, en faisant référence à l'étymologie habituelle des Romains qui rapprochent *flamen* de *filum*, fil de laine qui entoure l'apex du bonnet de ce prêtre[11]. Plutarque, lui, rapproche ce mot de πῖλος, « bonnet de feutre[12] », comme Appien d'ailleurs qui signale l'obligation pour le flamine de porter cette coiffure en permanence (λέγεται δ'οὗτος ὁ ἱερεὺς *φλαμέντας* καὶ πιλοφορεῖ μόνος αἰεί)[13].

---

2 54, 36, 1 ; voir aussi 102, 11a (*Anecdota* de Bekker, 140, 25).
3 44, 6, 4.
4 69, 28, 5.
5 *Caligula*, 22, 3.
6 *Questions romaines*, 109.
7 II, 64, 2, si l'on en croit les manuscrits qui portent la leçon de datif pluriel φλάμοσιν, corrigée en φλάμισιν par certains éditeurs. Ce nominatif pourrait cependant être mis en relation avec le mot latin *flamonium* qui désigne la dignité de flamine. En tout cas, c'est le seul passage dans lequel Denys parle de ce prêtre.
8 *Bella civilia*, I, 65.
9 Cette leçon est mise en doute par certains éditeurs et par E. Famerie, dans *Le latin et le grec d'Appien*, Paris, 1998, p. 202, qui propose, à juste titre, de corriger en φλᾶμεν Διᾶλις. La forme même du mot, masculin en -τας, serait empruntée au dorien et embarrasse les éditeurs.
10 Plutarque, *Marcellus*, 5, 6 (leçon corrigée par les éditeurs en φλαμῖνες) ; Souda, *s.v.* Νουμᾶς.
11 *Cf.* Varron, *Lingua Latina*, 5, 84.
12 *Numa*, 7, 10.
13 *B.C.* I, 65.

Pour les autres flamines, Dion Cassius et Plutarque signalent un « prêtre de Mars », ὁ ἱερεὺς τοῦ Ἄρεως[14]. Dion le mentionne à propos d'un sacrifice rituel qui fut accompli en 46 avant J.-C. sur le Champ de Mars par les Pontifes et le *flamen martialis* pour réprimer les troubles occasionnés par des soldats jaloux des munificences prodiguées aux civils par César :

> Ἄλλοι δὲ δύο ἄνδρες ἐν τρόπῳ τινὶ ἱερουργίας ἐσφάγησαν, καὶ τὸ μὲν αἴτιον οὐκ ἔχω εἰπεῖν (οὔτε γὰρ ἡ Σίβυλλα ἔχρησεν, οὔτ'ἄλλο τι τοιοῦτο λόγιον ἐγένετο), ἐν δ'οὖν τῷ Ἀρείῳ πεδίῳ πρός τε τῶν ποντιφίκων καὶ πρὸς τοῦ ἱερέως τοῦ Ἄρεως ἐτύθησαν[15]...

> « Deux autres furent exécutés conformément à une sorte de rituel et je suis incapable d'en exposer la raison (il n'y eut pas de consultation de la Sibylle ni d'autre oracle du même genre) mais ils furent sacrifiés sur le Champ de Mars par les pontifes et le *flamen martialis* ».

L'étonnement de Dion porte sur la raison de ce meurtre rituel et non sur les prêtres qui l'accomplissent, qu'il identifie précisément.

Seul Plutarque donne le nom du troisième flamine majeur en l'appelant φλάμιν (ou φλᾶμεν) Κυρινάλιος[16].

Apparemment la spécificité de ces prêtres était surtout pour nos auteurs leur affectation à une divinité particulière, ce qui était effectivement l'essentiel dans la religion romaine. Mais il faut noter le caractère archaïque et pittoresque de leur coiffure qui a dû fortement attirer l'attention de nos auteurs qui donnent de leur nom une translittération et l'expliquent par une étymologie en rapport avec celle-ci.

LES VESTALES

Parmi les sacerdoces les plus anciens qui perdurent à l'époque impériale, celui des Vestales est souvent cité par les auteurs grecs et les inscriptions. La dénomination la plus simple pour une vestale est naturellement « prêtresse de Vesta », ἱέρεια τῆς Ἑστίας[17]. On trouve parfois ἱέρεια seul[18] comme dans un fragment du livre 26 de Dion[19] :

14 *Numa*, 7, 9.

15 43, 24, 4.

16 *Numa*, 7, 9.

17 Denys, I, 76 ; Strabon, V, 220 ; Plutarque, *Questions romaines*, 83 ; *Romulus*, 3 ; Hérodien, I, 11, 4 ; *IG* XII, 2, 58b.

18 *Res Gestae*, VI, 7.

19 87, 1-2 = *Excerpta Valesiana* 75.

Αἱ ἱέρειαι τὸ πλεῖστον αὐταὶ τοῦ τε ὀλέθρου καὶ τῆς αἰσχύνης ὦφλον, συχνοῖς δὲ δὴ καὶ ἄλλοις μεγάλων κακῶν αἴτιαι ἐγένοντο, ἥ τε πόλις ἅπασα ἀπ'αὐτῶν ἐταράχθη. Ἐκλογιζόμενοι γὰρ ὅτι τὰ ὑπὸ τοῦ νόμου ἄχραντα καὶ τὰ ὑπὸ τῆς θρησκείας ἅγια ἔκ τε τοῦ φόβου τῆς τιμωρίας κόσμια ἐλυμάνθη, οὐδὲν ὅ τι οὐχ ὑπετόπουν τῶν αἰσχίστων καὶ ἀνοσιωτάτων δύνασθαι γενέσθαι. Καὶ διὰ τοῦτο καὶ τὰς κολάσεις οὐ μόνων τῶν ἐλεγχθέντων ἀλλὰ καὶ τῶν ἄλλων πάντων τῶν αἰτιαθέντων μίσει τοῦ συμβεβηκότος ἐποιήσαντο. Ὅθεν οὐκ ἐκ γυναικείας ἔτι ἀσελγείας, ἀλλ'ἐκ δαιμονίας τινὸς ὀργῆς σύπαντα τὰ κατ'αὐτὰς συμβῆναι ἔδοξεν.

« Les prêtresses furent elles-mêmes condamnées à mort et au déshonneur mais causèrent de grands maux à de très nombreuses autres personnes et la cité tout entière fut troublée à cause d'elles. En effet, considérant que ce qui était pur en vertu de la loi, saint en vertu de la religion et honnête par crainte du châtiment avait été souillé, ils n'imaginaient pas que rien de pire ou de plus impie pût arriver. Pour cette raison ils firent porter les châtiments non seulement sur les coupables mais sur tous les autres accusés par haine de ce qui s'était produit. C'est pourquoi toutes les affaires concernant les Vestales ne semblèrent plus tant dues à l'impudence féminine qu'à une colère divine ».

Cette analyse de l'affaire de trois Vestales, Marcia, Aemilia et Licinia qui, en 114, défrayèrent la chronique romaine, montre que Dion connaît parfaitement la place qu'occupent ces « prêtresses » et les termes ἄχραντος, ἅγιος, κόσμιος et leurs antonymes αἰσχιστός et ἀνόσιος décrivent de manière précise le respect civil et religieux dont elles sont l'objet. L'épisode du sacrifice rituel des trois « vierges saintes » est aussi rapporté par Plutarque en référence à l'obéissance des Romains aux Livres Sibyllins[20]. On ne sait pas de manière précise comment Dion Cassius présente ces prêtresses au début de l'*Histoire Romaine*, puisque les premières attestations ne sont pas authentiques[21], comme l'expression αἳ Ἑστιάδες παρθένοι qui n'est pas attestée ailleurs chez Dion alors qu'elle se trouve chez Denys et Plutarque, chez qui l'on trouve aussi l'expression ἱεραὶ παρθένοι, « vierges saintes ». Il faut bien dire que l'originalité de ces prêtresses semble laisser perplexes certains de nos auteurs grecs qui sont obligés de recourir à de longues périphrases comme « les vierges qui entretiennent et préservent le feu éternel[22] » ou encore « les prêtresses

20 *Questions romaines*, 83.

21 Boissevain insère dans le livre I, à propos du règne de Numa, un extrait de la Souda et celui de Cedrenus, historien byzantin, qui empruntent peut-être à Dion les remarques suivantes : τάς τε Ἑστιάδας παρθένους τοῦ πυρὸς καὶ ὕδατος τὴν ἐπιμέλειαν ἔχειν ἐπέτρεψεν· αἳ διὰ τοῦ βίου τὴν παρθενίαν ἐφύλαττον, « il confia aux vierges de Vesta, qui conservaient leur virginité toute leur vie, le soin de s'occuper du feu et de l'eau ».

22 Plutarque, *Gracchus T.*, 15.

(ἱεροποιοί) vierges qui gardent le feu éternel[23] ». Leur virginité surprend les Grecs et fait partie de leur appellation au moins autant que la déesse qu'elles servent. Dion va jusqu'à les appeler communément ἱερεῖαι ἀειπαρθένοι[24], « prêtresses toujours vierges », ou même ἀειπαρθένοι, « toujours vierges » seul[25], en employant une expression empruntée sans doute à Sophocle qui désigne ainsi les Erynies[26].

LES PONTIFES

Le plus souvent, auteurs et inscriptions recourent à la translittération pour laquelle le nominatif πόντιφεξ choque dans la série des mots grecs en -αξ/-ιξ/-ηξ parallèle au demeurant de la série latine en -ix/-ox/-ux/-ex, à la différence des autres cas qui s'intègrent dans la flexion grecque. C'est pourquoi Dion, puriste, donne un nominatif ποντίφιξ[27] refait sur les autres cas et conforme à d'autres mots en -ιξ. La translittération, employée couramment chez notre auteur[28], ne laisse cependant de surprendre les Grecs et Plutarque en donne trois étymologies dont celle qu'il juge ridicule de « faiseur de pont » (γεφυροποιός)[29]. C'est pourtant celle qui est affirmée par Denys puisqu'il met en rapport le nom de ces prêtres avec une de leur charge, la réparation du pont de bois[30] :

> Οὗτοι κατὰ τὴν ἑαυτῶν διάλεκτον ἐφ' ἑνὸς τῶν ἔργων ὃ πράττουσιν ἐπισκευάζοντες τὴν ξυλίνην γέφυραν ποντίφικες προσαγορεύονται.
>
> « Ceux-ci s'appellent dans leur langue "pontifes" du nom de l'une de leurs tâches qu'ils accomplissent en réparant le pont de bois ».

Denys, cependant, cherche des équivalents à partir d'un premier élément ἱερο- en utilisant des mots du vocabulaire classique. En effet les pontifes ont la charge des *sacra*, c'est-à-dire des ἱερά. On trouve ainsi ἱερομνήμων[31], « gardien des choses sacrées », « gardien des archives

23 Denys, VIII, 89, 4 ; IX, 40, 3.
24 48, 37, 1 ; 51, 19, 2 ; 56, 5, 7.
25 37, 35, 4 ; 45, 1 ; 42, 31, 3 ; 47, 19, 4 ; 48, 12, 2 ; 19, 4 ; 46, 2.
26 *Ajax*, 835 où l'expression est en deux mots.
27 40, 62, 1.
28 37, 46, 1 ; 39, 11, 3 ; 42, 51, 4 ; 43, 24, 4 ; 48, 32, 4 ; 43, 4 ; 44, 2 ; 53, 6 ; 53, 1, 5 ; 57, 10, 1 ; 67, 3, 3[2].
29 *Numa*, 9, 4.
30 II, 73, 1.
31 VIII, 55, 3 ; X, 57, 6.

sacrées », employé par Démosthène pour désigner le secrétaire des délégations au Conseil des Amphictions[32]. On trouve encore ἱεροφύλαξ[33], « gardien de temple », emprunté à Euripide[34] ou ἱεροδιδάσκαλος[35], « qui enseigne les choses sacrées », terme forgé par Denys. Ce dernier recourt aussi à l'expression τῶν ἱερῶν ἐξηγητής[36] utilisée à Athènes pour désigner l'« interprète des rites et coutumes[37] ». On trouve surtout ἱεροφάντης[38], « hiérophante », « initiateur aux mystères », terme que Denys juge le plus propre (ὡς ἡμεῖς ἀξιοῦμεν) et qui est d'ailleurs utilisé par Plutarque pour expliquer les fonctions du grand pontife[39], οἷον ἐξηγητοῦ καὶ προφήτου, μᾶλλον δ'ἱεροφάντου τάξιν εἴληχεν, « il occupe la fonction d'exégète et d'interprète ou plutôt d'hiérophante ».

En fait ces dénominations ressortissent à des explications savantes plus qu'à des « traductions » et le vocabulaire officiel que l'on trouve par exemple dans les *Res Gestae* se contente de ἱερεύς[40], voire ἀρχιερεύς[41] qui, en général pourtant désigne le *pontifex maximus*, quelquefois il est vrai renforcé par μέγιστος. Ainsi, chez Dion Cassius, en 63, César succéda à Metellus Pius dans la charge de grand pontife, ἀρχιέρεως τῶν ποντιφίκων[42]. Mais cette expression montre bien que pour lui « grand-prêtre » n'est pas suffisamment explicite. C'est bien pourquoi il a préféré un latinisme, une translittération, qui préserve le sens technique du mot au contraire du terme général, « prêtre », ou de toutes les variations approximatives d'un Denys.

32 267, 22 ; 277, 7.
33 II, 73, 3.
34 *Iphigénie en Tauride*, 1207.
35 II, 73, 3.
36 VIII, 56, 4 ; IX, 40, 1.
37 *Cf.* Platon, *Eutyphron*, 4d ; 9a*; Lois* 759c.
38 II, 67-68 ; 73 ; III, 36 ; V, 1, 4 ; VIII, 38, 1 ; 56, 1.
39 *Numa*, 9, 8. *Cf.* 10, 8 et *Gracchus T.*, 21, 6. Voir J. Champeaux, « L'*etrusca disciplina* et l'image de l'Etrurie chez Plutarque », *Les écrivains du IIe siècle et l'*etrusca disciplina, *Caesarodunum*, 1996, suppl. n° 65, p. 39-40.
40 VI, 9.
41 IV, 5. *Cf.* Plutarque, *Numa*, 9, 1 ; Dion, 75, 5, 2 (Xiphilin).
42 37, 37, 2.

LES AUGURES

Pour ces prêtres qui ont en charge les auspices, les Grecs recourent le plus souvent à la translittération αὔγουρ[43], bien que cette forme ne s'intègre pas dans la structure grammaticale grecque. Denys en donne une définition par la traduction οἰωνοπόλος[44], « qui prédit l'avenir d'après le vol des oiseaux », terme emprunté à la langue poétique[45], et Plutarque par l'expression οἱ ἐπ'οἰωνοῖς ἱερεῖς, « les prêtres qui tirent les présages des oiseaux[46] » : ce dernier auteur précise qu'autrefois on les appelait Αὔσπικας et maintenant Αὔγουρας. De fait s'appuyant sur la fausse étymologie de l'initiale *au-* (de *augur*) dans laquelle les Anciens ont vu l'élément *av-* de *avis*, « oiseau », les Grecs ont cherché à traduire à l'aide de toutes sortes de composés sur la base d'un premier élément « oiseau », ὀρνιθο- ou οἰωνο-, et d'un deuxième élément « devin », « prêtre », -μαντις, -πολος, ou « qui observe », -σκοπος. C'est ainsi que l'on trouve chez Denys tantôt οἰωνομάντις[47], terme emprunté à Euripide[48], tantôt οἰωνοπόλος[49], emprunté à Homère[50], tantôt οἰωνοσκόπος[51] emprunté à Euripide[52], tantôt encore ὀρνιθοσκόπος[53] emprunté à Théophraste[54]. Appien se démarque par une expression originale, τῶν σημείων ἱερεύς[55], « prêtre des présages ».

De telles hésitations montrent que ces auteurs, qui connaissent bien les prédictions par le vol ou le cri des oiseaux, familières aux Grecs, ne sont pas conscients de l'importance et de la spécificité des techniques augurales à Rome. Seul Dion traduit toujours « augure » par un seul mot, οἰωνιστής, attesté seulement chez Homère et Hésiode[56], ce qui lui permet d'utiliser le verbe οἰωνίζεσθαι, « prédire par le vol ou le cri des oiseaux » et οἰώνισμα, *augurium*, comme termes techniques. C'est

43 *Cf.* Denys, II, 64 ; *Res Gestae* IV, 5 ; *I.G.* XIV, 1125 ; Voir aussi J. Champeaux, art. cité p. 40 et note 12.

44 II, 64, 4.

45 *Iliade*, I, 59 ; VI, 76 ; Eschyle, *Suppliantes*, 58.

46 *Questions Romaines*, 72.

47 III, 69, 3 ; 70,5 ; 72, 3 ; V, 1, 4.

48 *Phéniciennes*, 767.

49 II, 64, 4.

50 Voir note 35.

51 III, 70, 1 ; VIII, 38, 1.

52 *Suppliantes*, 500.

53 II, 6, 60, 3 ; III, 70, 5 ; 71, 2 ; IX, 41, 3 ; X, 32, 4.

54 *Caractères*, 16, 11 ; 19, 8.

55 *Bella civilia*, III, 7. Voir E. Famerie, *op. cit.* p. 129.

56 *Iliade*, 2, 858 ; 13, 70 ; 17, 218 ; *Bouclier*, 185.

ainsi que l'*augurium salutis* sera traduit par τὸ οἰώνισμα τὸ τῆς ὑγιείας ὠνοσμασμένον[57] dont nous parlerons plus loin.

LES HARUSPICES

La dénomination grecque pour les spécialistes de la divination étrusque est fort vague et a été étudiée pour certains auteurs comme Plutarque[58], Appien[59], Dion Cassius[60]. En fait, le plus souvent les auteurs grecs se contentent de les appeler « devins », μάντεις. Denys utilise la translittération ἅρουσπεξ[61] qu'il explique en ἱεροσκόπος, « qui prédit l'avenir en examinant les entrailles des victimes », hapax en tant que substantif masculin[62], et τερατοσκόπος, « qui observe et explique les prodiges », terme classique[63]. Dion recourt à un mot qu'il semble avoir forgé en faisant un lien étymologique entre *haru-* et ἱερο- et un radical « voir » (racine *okw-) proche pour le sens du latin *-spex*, ἱερόπτης, et qui s'intègre parfaitement dans le système grec (il existe déjà ἐπόπτης, ὑπερόπτης, πανόπτης, αὐτόπτης). Il n'est pas exclu que Denys ait déjà fait le même rapprochement étymologique avec ἱερο-σκόπος. Nous ne trouvons ἱερόπτης qu'en deux occurrences, la première dans un passage du livre 52 dans lequel Mécène conseille à Auguste de condamner l'athéisme et la sorcellerie, mais « de nommer des gens comme haruspices et augures, que fréquenteront ceux qui voudront les consulter sur quelque chose… » (καὶ πάντως τινὰς καὶ ἱερόπτας καὶ οἰωνιστὰς ἀπόδειξον, οἷς οἱ βουλόμενοί τι κοινώσασθαι συνέσονται)[64]. Ce texte est particulièrement intéressant puisque nous y voyons les deux termes techniques bien distincts alors que beaucoup d'autres auteurs appellent indifféremment μάντεις haruspices et augures. L'autre occurrence concerne l'haruspice de Galba, Umbricius Melior[65], qui annonce à l'empereur qu'il sera l'objet d'un complot et qu'il ne doit pas quitter le palais.

---

57 37, 24, 1-25-1 ; 51, 20, 4.

58 *Cf.* J. Champeaux, art. cité, p. 40-41.

59 *Cf.* V. Fromentin, « Appien, les Etrusques et l'*etrusca disciplina* », *Les écrivains du IIe siècle et l'*etrusca disciplina, *Caesarodunum*, 1996, suppl. n° 65, p. 85-86.

60 *Cf.* M.L. Freyburger-Galland, « L'*etrusca disciplina* chez Dion Cassius », *Les écrivains du IIIe siècle et l'*etrusca disciplina, *Caesarodunum*, 1999, suppl. n° 66, p. 20-21.

61 II, 22, 3.

62 Autour duquel ἱεροσκοπεῖσθαι (I, 70) et ἱεροσκοπία (I, 73) forment un champ cohérent pour l'haruspicine.

63 *Cf.* Sophocle, *Œdipe Roi*, 605 ; Platon, *Lois*, 933c.

64 52, 36, 2-3.

65 64, 5, 3.

LES LUPERQUES

Parmi les collèges mineurs, outre les Saliens[66], les Féciaux[67], les Arvales[68], citons plus longuement les Luperques parce que l'analyse « grecque » en est intéressante. Plutarque les appelle par translittération Λούπερκοι[69] et appelle Λουπερκάλια[70] la fête qu'ils célèbrent mais il signale son nom grec Λύκαια[71] (ou Λυκαῖα) qui est le seul donné par Denys[72] quand il décrit cette cérémonie « arcadienne instituée par Évandre ». Appien désigne les Luperques par référence à la fête dont il vient de parler, « les prêtres de cette fête » (οἱ τῆσδε τῆς ἑορτῆς ἱερέες[73]).

Dion Cassius, quant à lui, mentionne cette cérémonie à plusieurs reprises mais uniquement à propos des Lupercales de 44 au cours desquelles Antoine a voulu couronner César. Tout d'abord il signale qu'entre autres honneurs les Romains accordèrent à ce dernier ἱεροποιούς τε ἐς τὰς τοῦ Πανὸς γυμνοπαιδίας, τρίτην τινὰ ἑταιρίαν ἣν Ἰουλίαν ὠνόμασαν, « des prêtres pour s'occuper des Lupercales, un troisième collège qu'ils appelèrent "Julien"[74] ». Puis vient la description de la fête elle-même, ἐν τῇ τῶν Λυκαίων γυμνοπαιδίᾳ, sous la présidence de César. Ensuite, allusion est faite à ces Λυκαῖα, sous la plume de Dion, par Cicéron[75] puis par Calenus[76]. Si l'on étudie le terme « gymnopédie », on s'aperçoit qu'il s'agit d'une fête annuelle spartiate consistant en danse d'hommes et d'enfants nus (γυμνο-παιδια)[77]. Quant aux Λύκαια, il s'agit de fêtes en l'honneur de Zeus Lykaios, c'est-à-dire du Lykaion, montagne d'Arcadie. Mais le dieu Pan est aussi appelé « Lykaios », mot qui serait alors dérivé de λύκος, « loup ». Nos auteurs grecs, qui connaissent bien l'étymologie de *Luperci*, *lupus*, « loup », savent aussi que le culte archaïque pratiqué par les Luperques consistait à honorer un « dieu-loup », un Faunus Lupercus dans la grotte où Romulus et Rémus auraient été allaités

66 *Cf.* Denys, II, 70-71.
67 *Cf.* Denys, II, 72.
68 *Res Gestae*, 7, 3.
69 *Romulus*, 21, 5.
70 *Romulus*, 21, 4 ; *Numa*, 19, 8 ; *Antoine*, 12, 1.
71 *Romulus*, 21, 4.
72 I, 80, 1.
73 *Bella civilia*, II, 109. Voir E. Famerie, *op. cit.*, p. 130.
74 44, 6, 2.
75 45, 30, 1 ; 30, 2 ; 30, 4.
76 46, 19, 4.
77 *Cf.* Hérodote, 6, 67 ; Thucydide, 5, 82 etc.

par une louve. Faunus est souvent assimilé à Pan, d'où la référence à ce dieu chez Dion et chez Denys[78]. L'origine prétendument grecque de cette cérémonie, qui remonte sans doute en réalité à un fonds indigène très ancien, a été affirmée par les Latins eux-mêmes puisque Virgile[79] et Ovide[80] en attestent. Il n'est donc pas étonnant que nos Grecs aient transmis a fortiori semblable analyse.

QUELQUES RITES

L'*AUGURIUM SALUTIS*

Dion Cassius donne une description critique intéressante à propos de ce rite dans le récit qu'il fait de son accomplissement en 63 :

> Τοῦτο δὲ δὴ μαντείας τις τρόπος ἐστί, πύστιν τινὰ ἔχων εἰ ἐπιτρέπει σφίσιν ὁ θεὸς ὑγίειαν τῷ δήμῳ αἰτῆσαι, ὡς οὐχ ὅσιον ὂν οὐδὲ αἴτησιν αὐτῆς, πρὶν συγχωρηθῆναι, γενέσθαι. Καὶ ἐτελεῖτο κατ'ἔτος ἡμέρᾳ, ἐν ᾗ μηδὲν στρατόπεδον μήτε ἐπὶ πόλεμον ἐξῄει μήτ'ἀντιπαρετάττετό τισι μήτε ἐμάχετο. Καὶ διὰ τοῦτο ἐν τοῖς συνεχέσι κινδύνοις, καὶ μάλιστα τοῖς ἐμφυλίοις, οὐκ ἐποιεῖτο· ἄλλως τε γὰρ παγχαλεπόν σφισιν ἦν καθαρὰν ἀπὸ πάντων αὐτῶν ἡμέραν ἀκριβῶς τηρῆσαι, καὶ προσέτι καὶ ἀτοπώτατον, κακὰ αὐτοὺς ἐν ταῖς στάτεσιν ἑκουσίους ἀμύθητα ἀλλήλοις παρέχοντας, καὶ μέλλοντας, ἄν τε ἡττηθῶσιν ἄν τε καὶ νικήσωσι, κακοῦσθαι, ἔπειτα σωτηρίαν παρὰ τοῦ θείου προσαιτεῖν, ἀμέλει καὶ τότε ἠδυνήθη μέν πως τὸ οἰώνισμα ἐκεῖνο ποιηθῆναι, οὐ μέντοι καὶ καθαρὸν ἐγένετο. Ἔξεδροι γάρ τινες ὄρνιθες ἐπέπταντο, καὶ διὰ τοῦτ' ἀνεμαντεύσαντο.
>
> « Il s'agit d'une forme de divination comportant une question pour savoir si le dieu leur permet de demander le salut pour le peuple, comme si c'était impie de le demander avant que cela soit autorisé. Ce rite était accompli chaque jour de l'année pendant lequel aucune armée ne s'en allait en guerre ni ne se rangeait en ligne en face de l'ennemi ni ne combattait. Et pour cette raison, il n'était pas pratiqué quand les dangers étaient continuels et surtout pendant les guerres civiles. Car c'était particulièrement difficile pour les Romains de guetter précisément un jour exempt de tous ces conflits et en outre très absurde, en se causant mutuellement des maux indicibles volontairement dans leurs dissensions et en devant en souffrir qu'ils soient vaincus ou vainqueurs, de demander le salut à la divinité. Certes cet *augurium* put être pratiqué mais il

78 I, 80, 1.
79 *Enéide*, VIII, 343-344.
80 *Fastes*, II, 267-474.

> ne fut pas pur pour autant ; car certains oiseaux de mauvais augure volèrent et, pour cette raison, on recommença la consultation[81] ».

La critique de Dion concernant la question préliminaire est évidente : « comme s'il était *nefas* (οὐχ ὅσιον), sacrilège » de faire cette demande sans permission. Il ne s'agit pas d'incompréhension de sa part, puisque déjà pour Cicéron[82] l'augure n'est plus depuis longtemps que celui qui demande à Jupiter s'il est *fas* ou *nefas* de… et qui analyse la réponse du dieu sous forme de présage.

Apparemment, l'*augurium salutis* de 63 n'aboutit pas puisque, comme le signale Dion, des oiseaux s'envolèrent du mauvais côté. En revanche en 29, après la fermeture du temple de Janus, cette procédure augurale, « qui était tombée en désuétude pour les raisons que j'ai exposées[83] », écrit l'historien en faisant référence au passage que nous venons de voir, a pu être accomplie avec succès et c'est la dernière attestation que nous en ayons dans l'histoire de Rome.

LA SUPPLICATION

La supplication, aussi bien expiatoire que gratulatoire, est une institution typiquement romaine. L'une et l'autre sont décrétées par le sénat, la première lorsque de grands dangers menacent Rome – et le peuple tout entier est alors convié pour supplier l'ensemble des divinités de Rome dans leurs temples –, la deuxième est décrétée après un grand succès militaire : le peuple est alors invité à manifester sa joie en revêtant des vêtements de fête et en allant remercier tous les dieux de Rome dans leurs temples.

Supplication expiatoire

En ce qui concerne le rituel d'expiation des prodiges dont Tite-Live a bien montré le déroulement pour les Guerres Puniques, nous n'avons malheureusement guère de témoignage grec, excepté un fragment de Dion Cassius très mutilé, reconstitué par Angelo Mai et Boissevain, et placé au livre 14 :

---

81 37, 24, 1-25,1.

82 *De legibus*, 2, 20.

83 51, 20, 4.

Πολλὰ τέρατα τὰ μὲν ὡς ἀληθῶς συμβάντα, τὰ δὲ καὶ μάτην θρυλούμενα ἐλογοποιήθη· ὅταν γάρ τινες ἰσχυρῶς φοβηθῶσιν καί σφισι καὶ ἐκεῖνα ὡς ὄντως γενόμενα ἀποδειχθῇ, πολλάκις ἕτερα προσφαντάζεται· κἂν ἅπαξ τι καὶ ἐκείνων πιστευθῇ, προπετῶς ἤδη καὶ τἆλλα πίστιν λαμβάνει. Ἐθύοντο οὖν αἱ θυσίαι καὶ τἆλλα ὅσα οἱ ἄνθρωποι πρός τε τὴν τοῦ παρόντος δεινοῦ σφισιν ἄκεσιν καὶ πρὸς τὴν τοῦ ὑποπτευομένου διάφευξιν ειώθασι ποιεῖν ἐγίγνετο. Ἀλλὰ καὶ γὰρ φιλοῦσιν οἱ πολλοὶ τοῖς τοιούτοις παρὰ τὸ κρεῖττον ἐλπίζοντες πιστεῦσαι, καὶ τότε, εἰ καὶ μᾶλλον διὰ τὸ τοῦ προσδοκωμένου κινδύνου μέγεθος ἐνόμιζον ὅτι καὶ τὸ τραχύτατον αὐτοῖς συμπέσοι, ὅμως ἤλπιζον μὴ ἡττηθήσεσθαι.

« Beaucoup de prodiges, les uns s'étant réellement produits, les autres ayant été répandus mensongèrement, firent l'objet de la rumeur publique. Car, lorsque des gens sont fortement effrayés et qu'on leur indique ces prodiges comme s'étant réellement produits, ils en inventent encore d'autres. Et si jamais on accorde foi aux premiers, les autres dans la foulée reçoivent accréditation. Les sacrifices furent donc accomplis ainsi que tous les autres rites que les gens ont l'habitude d'accomplir pour remédier au danger présent et pour échapper à celui qu'ils conjecturent. Mais la plupart d'entre eux ont coutume de faire confiance à ces rites en plaçant leurs espoirs contrairement à la loi du plus fort et, à cette époque-là, s'ils pensaient encore plus, du fait de l'importance du danger auquel ils s'attendaient, que le pire allait leur arriver, ils n'en espéraient pas moins ne pas être vaincus[84] »

Ce texte fait écho à celui de Tite-Live pour les mêmes événements de 218-217. L'historien latin évoque en effet les prodiges vrais et inventés[85], *multa prodigia facta aut multa nuntiata et temere credita*, et, après leur description, l'apaisement procuré par leur expiation rituelle[86], *haec procurata votaque ex libris Sibyllinis magna ex parte levaverant religione animos.* Manifestement l'historien grec s'inspire ici de Tite-Live et a très bien compris le rite. Il en fait une analyse psychologique particulièrement intéressante.

L'expiation est seulement désignée par l'expression « les sacrifices et les autres rites », mais de nombreux autres passages de Dion nous renseignent sur la terminologie qu'il adopte, non tant pour la supplication expiatoire que pour la supplication gratulatoire.

84 57, 7.
85 21, 62, 1.
86 21, 62, 11.

Supplication gratulatoire

La première attestation de ce rite dans l'*Histoire Romaine* figure dans le résumé de Zonaras pour l'année 449 et signale l'intervention du peuple qui ajoute un deuxième jour de supplications et l'attribution des honneurs du triomphe aux consuls Valérius et Horatius :

> Τὸ μέντοι πλῆθος ἐπὶ δύο τε ἡμέρας ἑώρτασε καὶ τοῖς ὑπάτοις τὰ νικητήρια ἐψηφίσατο,
>
> « Le peuple fit des supplications pendant deux jours et on vota un triomphe aux consuls ».

Cet épisode est aussi rapporté par Tite-Live[87] avec le terme technique de *supplicatio*, ce qui justifie que nous puissions traduire ἑώρτασε par « fit des supplications ».

Nous possédons aussi un fragment qui pourrait se rapporter à la prise de Carthagène par Scipion en 209 et qui signale que le sénat ne lui accorda pas le triomphe (parce qu'il n'était pas magistrat), mais βοῦς μέντοι ἑκατὸν λευκοὺς ἐν τῷ Καπιτωλίῳ θῦσαι καὶ πανηγυρίν τινα ἐπιτελέσαι, « de sacrifier cent bœufs blancs sur le Capitole et de célébrer une fête[88] ». Cela pourrait correspondre à la supplication signalée par Tite-Live[89] pour cette même victoire mais aussi à celle qui fut votée en 201 lorsque Scipion força Hannibal à quitter l'Italie et pour laquelle Tite-Live signale un sacrifice de 120 victimes de gros bétail[90].

Les premières attestations dans les livres conservés de Dion concernent la conjuration de Catilina. Après la condamnation des conjurés, καὶ θυσία καὶ ἱερομηνία ἐψηφίσθη, ὃ μηπώποτε ἐπὶ τοιούτῳ τινὶ ἐγεγόνει, « des sacrifices et des fêtes furent votés, ce qui ne s'était jamais produit pour ce genre de chose[91] ». Cette décision et son caractère exceptionnel pour remercier les dieux d'avoir libéré Rome et l'Italie d'un danger civil sont, bien entendu, rapportés et commentés longuement par Cicéron qui en est le grand bénéficiaire[92]. C'est d'ailleurs dans le discours que

87 III, 63, 5. Notons que L. Halkin, dans *La supplication d'action de grâces chez les Romains*, Paris, 1953, p. 16, ignore ce passage de Dion (Zonaras).

88 57, 56.

89 XXVII, 7, 4.

90 XXX, 21, 10.

91 37, 36, 3.

92 *Catilinaires*, III, 15. Voir L. Halkin, *op. cit.* p. 39-41 (qui cite cette fois Dion Cassius).

Dion prête au même Cicéron contre Antoine après l'assassinat de César que l'épisode est rappelé sans modestie :

> Τεκμήριον δὲ ὅτι καὶ θῦσαι καὶ ἑορτάσαι ἐφ'οἷς ὑπατεύων ἐποίησα ἐψηφίσασθε, ὅπερ οὐδενὶ πώποτε ἄλλῳ μὴ οὐκ ἐν πολέμῳ γέ τι καταπράξαντι ἐγένετο,
>
> « La preuve (de mon courage) en est que vous avez voté des sacrifices et des jours de fête en l'honneur de mes actions accomplies durant mon consulat, ce qui n'a jamais été accordé à quiconque d'autre sinon pour avoir remporté des succès à la guerre[93] ».

Ces propos s'inspirent de nombreux textes authentiques de l'orateur[94].

Lorsqu'Antonius Hybrida défit l'armée de Catilina en 62, il fut acclamé *imperator* et le sénat décréta « des sacrifices », βουθυτηθῆναι ἐψηφίσθη[95]. Le peuple changea alors de vêtement (il avait pris le deuil en 63, comme c'est la coutume en cas de calamité[96]) pour marquer la fin des dangers.

Dans la carrière de César, les supplications de plus en plus longues ponctuent ses victoires : 15 jours pour la victoire sur les Helvètes en 57[97] (ἐψηφίσαντο πεντεκαίδεκα ἐπ'αὐτοῖς ἡμέρας θῦσαι), 20 jours pour ses victoires en Bretagne en 55[98] (ἱερομηνίας ἐπὶ εἴκοσιν ἡμέρας ἀγαγεῖν ἐψηφίσαντο), 60 jours (chiffre erroné) pour les guerres des Gaules en 52[99] (ὥστε καὶ ἑξήκοντα ἡμέρας θῦσαι ψηφίσασθαι), 40 jours pour la bataille de Thapsus en 46[100] (θύειν ἔγνωσαν), 50 jours pour la bataille de Munda en 45[101] (ἱερομηνίαι ἤχθησαν).

Ce sont là des exemples, parmi de nombreux autres qui sont signalés par notre historien pour la fin de la République et les débuts de l'Empire[102], jusqu'au dernier qu'il rapporte pour la victoire de Macrin sur les Parthes en 218[103] (θυσίαι αὐτῷ ἐπινίκιοι ἐψηφίσθησαν) dans un

93 45, 46, 3.
94 Voir L. Halkin, *op. cit.* p. 40, note 5, en particulier *Philippiques.* XIV, 24.
95 37, 40, 3.
96 37, 33, 3.
97 39, 5, 1.
98 39, 53, 2.
99 40, 50, 4.
100 43, 14, 3.
101 43, 42, 2.
102 42, 28, 4 ; 43, 44, 6 ; 45, 7, 2 ; 46, 39, 3 ; 46, 40, 1 ; 47, 2, 2 ; 47, 18, 4 ; 51, 19, 2 ; 51, 20, 3 ; 54, 3, 8 ; 54, 8, 3 ; 54, 24, 7 ; 55, 34, 3 ; 57, 6, 4 ; 57, 15, 5 ; 63, 18, 3.
103 78, 27, 3.

vocabulaire qui oscille entre « sacrifices », θυσία, θύειν, βουθυτεῖν (sacrifier un bœuf), βουθυσία, et « fête », ἱερομήνια, ἑορτάζειν, c'est-à-dire un vocabulaire descriptif et non technique. Cette incapacité à rendre en grec la notion de « supplication » est partagée par tous les écrivains grecs, de Polybe à Appien et Plutarque. Le premier[104] en effet appelle la cérémonie votée en 190 pour la victoire de Régillus sur Antiochus ἐλινύες, « jours fériés », hapax de Polybe forgé sur le verbe ἐλινύειν, « se reposer », qu'il explicite en σχολάζειν πανδημεὶ καὶ θύειν τοῖς θεοῖς χαριστήρια, « chômer nationalement et sacrifier aux dieux en signe d'action de grâces ». Le dernier, pour les supplications césariennes parallèles à celles que nous avons vues, emploie par exemple l'expression composite ἐψηφίσατο θύειν τοῖς θεοῖς καὶ σχολάζειν ἑορτάζοντας[105], « sacrifier aux dieux, chômer et faire la fête » ou encore ἑορτὰς καὶ θυσίας[106]. Mais nous noterons qu'il est le seul auteur grec à distinguer supplication « expiatoire » et supplication « gratulatoire » lorsqu'il signale qu'après la prise de Véies en 396, οἵ τε μάντεις ἤγγελλον ἐπὶ τοῖς ἱεροῖς προφαίνεσθαι θεῶν μῆνιν ἱλασμοῦ καὶ χαριστηρίων δεομένην, « les devins déclarèrent que les victimes des sacrifices annonçaient visiblement la colère des dieux qui réclamaient des cérémonies d'expiation et de reconnaissance[107] ». Appien, quant à lui, recourt habituellement à l'idée de « sacrifice »[108], accompagnée éventuellement de « processions »[109]. Notons aussi qu'il est le seul à prendre au pied de la lettre le mot *supplicatio* et à ajouter aux « sacrifices » l'adjectif « supplicatoires » lorsqu'il parle de la bataille de Modène livrée par Brutus contre Antoine[110], θυσίας τε ἐπ'Ἀντωνίῳ πεντήκοντα ἡμερῶν ἱκεσίους ἐψηφίζετο, « On vota des sacrifices de supplication de 50 jours ». Assurément cette traduction littérale présente un effort pour rendre le sens du mot latin qui s'apparente soit à *plicare*, « (se) plier aux pieds de », soit à *placare*, « apaiser ». Le même Appien[111] emploie comme Dion Cassius le terme ἱερομηνία, mot à mot, « mois sacré » ou plutôt « période sacrée » pendant laquelle on célébrait les

---

104 21, 1, 1.
105 *César*, 21.
106 *César*, 22.
107 *Camille*, 7, 7. *Cf.* Tite-Live, V, 23, 1-3.
108 *Iberica*. 23 ἔθυεν ; *Bella civilia*, II, 106, θύειν.
109 *Punica*. 137 θυσίαι τε καὶ πομπαὶ.
110 *Bella civilia*, III, 74.
111 *Bella civilia*, VI, 130.

grandes fêtes, notamment les jeux panhelléniques. On le trouve chez Pindare[112], puis chez Thucydide, lié à σπόνδαι, « trêve[113] ». On remarquera aussi que, dans beaucoup de ces occurrences de supplication, l'ennemi vaincu ou la cause de la supplication est indiqué par un complément au datif précédé de la préposition ἐπὶ. Or Dion Cassius écrit qu'après la mort d'Agrippine des sacrifices furent votés « en son honneur », θυσίαις ταῖς ἐπὶ τῇ Ἀγριππίνῃ κατὰ τὸ ψήφισμα γενομέναις[114], comme s'il y avait eu des sacrifices expiatoires après le crime de Néron, analyse très proche de celle de Tacite qui écrit : « Chaque fois que le prince ordonna un exil ou un meurtre, des actions de grâces furent rendues aux dieux de sorte que ce qui annonçait jadis nos succès signalait alors les malheurs publics[115] ».

Il apparaît à l'issue de cette analyse que, si les auteurs grecs ont bien compris le sens de la supplication « gratulatoire », le remerciement aux dieux après une victoire ou un succès, réaction somme toute fort logique, il n'en est pas de même de la supplication expiatoire qui ressortit à une conception très archaïque de la religion romaine selon laquelle les catastrophes mêmes annoncées par les dieux par des présages défavorables peuvent encore être évitées par des rites « expiatoires » préventifs. Rares sont les auteurs grecs qui en font mention et le fragment de Dion Cassius me semble en être un témoignage fort intéressant par le scepticisme qu'on y lit, scepticisme confirmé par deux autres fragments. Le premier concerne sans doute les présages qui ont annoncé le désastre de Cannes :

> Ἐγὼ μέντοι οὔτε περὶ τούτων οὔτε περὶ τῶν ἄλλων τῶν ἐκ μαντικῆς προλεγομένων τισὶ συμβαλεῖν ἔχω· τί γάρ που καὶ βούλεται τὸ προσημαίνειν, εἴ γε πάντως τέ τι ἔσται καὶ μηδεμία ἂν αὐτοῦ ἀποτροπὴ μήτ' ἀνθρωπίνῃ περιτεχνήσει μήτ' αὖ θείᾳ προνοίᾳ γένοιτο ; ταῦτα μὲν οὖν ὅπῃ ποτὲ ἑκάστῳ δοκεῖ νομιζέσθω.

> « Je ne peux me faire une idée ni à propos de ces événements ni à propos des autres qui ont été annoncés par la divination. Que signifiera de faire des annonces par des prodiges si de toute façon un événement doit arriver et si aucun moyen de le détourner n'est possible ni par une invention du génie humain ni par une providence divine ? Que chacun en pense donc ce qu'il voudra[116] ».

112 *Néméennes* 3, 3.
113 *Cf.* III, 56 et 65.
114 62, 16, 4 (Xiphilin).
115 *Annales*, XIV, 64, 6. Voir L. Halkin, *op. cit.*, p. 123.
116 57, 22 (= Mai 158, p. 195).

Le deuxième est sans doute bien antérieur chronologiquement puisque, selon A. Mai et U. Boissevain, il concernerait la mère de Romulus et Rémus, Rhéa Silvia[117]. En tout cas, Dion y affirme :

> οὐ γὰρ ἔστιν οὔτε προιδέσθαι πάντα ἀνθρώπῳ ὄντι οὔτε ἀποτροπὴν τῶν ἀναγκαίως ἐσομένων εὑρεῖν
>
> « Il n'est possible pour un mortel ni de prévoir tout ni de trouver un moyen de détourner ce qui doit arriver nécessairement ».

On voit ici les doutes que Dion formule à l'égard de la *procuratio* (ἀποτροπή) des présages, science dans laquelle excellaient pourtant les pontifes et les haruspices.

À l'issue de cette étude qui pourrait naturellement être étendue à d'autres rites et d'autres acteurs de la religion romaine, voire aux noms particuliers de divinités tels que *Fortuna respiciens* ou *Jupiter feretrius*, un certain nombre de remarques s'imposent.

Tout d'abord, nous constatons que la plupart des auteurs mentionnés témoignent à l'égard de la religion romaine et de ses spécificités une curiosité attentive. Denys d'Halicarnasse, s'intéressant aux origines de Rome, ne manque pas d'évoquer les institutions fondées, selon la tradition, par Romulus et Numa, et souvent remises au goût du jour par Auguste. Plutarque, lui-même prêtre de Delphes, s'intéresse vivement aux choses religieuses comme en témoignent nombre de ses *Moralia*. Dion Cassius, quant à lui, se veut le fidèle chroniqueur d'un millénaire d'histoire de Rome et est conscient de la dimension religieuse de celle-ci.

Cette curiosité les a amenés à puiser dans les meilleures sources à leur disposition et il est évident par exemple que les étymologistes latins leur ont fourni un certain nombre d'interprétations de mots qui, même jugées douteuses par les Modernes, éclairent les caractéristiques du rite ou les compétences de l'officiant. C'est pourquoi, loin de sourire des rapprochements insolites faits par Plutarque ou Denys lorsqu'ils proposent des « traductions » multiples pour un mot technique latin, il convient de les examiner avec soin. En effet, lorsqu'ils paraissent se livrer à une systématique hellénisation des concepts latins, nous nous apercevons que les meilleurs auteurs

117 5, 1 (= Mai 4, p. 136).

latins[118] leur donnent parfois l'exemple. Cette « vision grecque » est donc le fait des Latins eux-mêmes...

Nous nous apercevons aussi au fil des textes que leur analyse témoigne en général d'une très solide connaissance des spécificités de la religion romaine. Au-delà des mots utilisés, latinismes maladroits ou approximations floues, Plutarque, Denys et Dion Cassius connaissent très bien les domaines qu'ils abordent et les problèmes que ces domaines suscitent.

C'est ainsi que Denys, parlant des Vestales dans les termes que nous avons étudiés, expose très longuement (six chapitres[119]) l'origine du culte de Vesta et l'histoire des Vestales en précisant :

> Ὑπερ ὧν ὀλίγα καὶ αὐτὰ τἀναγκαιότατα τῆς ὑποθέσεως ἀπαιτούσης ἀναγκαῖον εἰπεῖν. Ἔστι γὰρ ἃ καὶ ζητήσεως ἠξίωται παρὰ πολλοῖς τῶν Ῥωμαικῶν συγγραφέων κατὰ τὸν τόπον τοῦτον, ὧν οἱ τὰς αἰτίας οὐκ ἐξητακότες ἐπιμελῶς εἰκαιοτέρας ἐξήνεγκαν τὰς γραφάς.
>
> « À leur sujet, il est indispensable de dire quelques mots (*sic*) qui sont absolument essentiels et requis par mon sujet. Il y a en effet des problèmes qui ont été considérés comme dignes d'étude dans ce domaine par de nombreux historiens romains parmi lesquels ceux qui n'ont pas enquêté soigneusement sur leurs causes ont publié des écrits sans intérêt[120] ».

Cet avertissement résume bien la position de Denys vis-à-vis de ses sources et de ses lecteurs. Cette position est la même pour Plutarque au Ier siècle de notre ère et pour Dion au IIe : abondamment documentés, ces auteurs n'hésitent pas à comparer et à critiquer leurs sources afin de donner la « vision » la plus exacte possible de Rome. Si Plutarque nous donne de nombreux exemples de ce travail de collecte et de comparaison, éventuellement critique, de ses sources, méthode que nous voyons particulièrement à l'œuvre dans les *Questions Romaines*, Dion Cassius nous en fournit l'aboutissement, ce qui est normal pour l'historien de mille ans d'histoire de Rome. N'écrit-il pas dans un fragment qui appartient peut-être à sa préface :

> Ἀνέγνων μὲν πάντα ὡς εἰπεῖν τὰ περὶ αὐτῶν τισι γεγραμμένα, συνέγραψα δὲ οὐ πάντα ἀλλ'ὅσα ἐξέκρινα.

118 *Cf. supra* Virgile et Ovide à propos des Lupercales.
119 II, 64, 5-69, 3.
120 II, 64, 5.

> « Bien que j'aie lu presque tout ce qui a été écrit sur le sujet par quiconque, je n'ai pas tout intégré dans ma rédaction, mais seulement ce que j'ai sélectionné[121] » ?

S'appuyant donc sur une documentation abondante, voire exhaustive (« presque tout », selon Dion), nos auteurs grecs ne se contentent pas de fournir le fruit plus ou moins adroit de leur compilation. Il semble que, précisément dans les comparaisons qu'ils font et grâce au vocabulaire grec qu'ils emploient, ils donnent des réalités romaines une image que ne renieraient ni un Cicéron, ni un Tacite. Dans beaucoup de domaines en effet, ce sont eux qui éclairent les Modernes sur la signification de tel ou tel détail qu'aucun auteur latin parvenu jusqu'à nous n'aura donné, tant cela lui aura paru évident. C'est là qu'une « vision étrangère » peut enrichir notre connaissance et nous apporter un éclairage nouveau, surtout pour des réalités archaïques qui pouvaient paraître obscures même aux Romains de la fin de la République et du début de l'Empire.

Marie-Laure Freyburger-Galland
Professeur émérite de grec
à l'Université de Haute Alsace
Laboratoire ARCHIMEDE,
UMR 7044

121 I, 1 = A. Mai, 1, p. 135.

LA RÉCEPTION MÉDIÉVALE DU TRAITÉ PSEUDO-ARISTOTÉLICIEN *DE MUNDO*

Le *Περὶ Κόσμου* demeure un traité énigmatique[1], aux sources éclectiques, au genre et à la doctrine inclassables. Il n'a jamais été possible jusqu'à aujourd'hui d'identifier un auteur ni d'arrêter une datation[2]. L'ouvrage, qui interroge la substance et les activités divines, depuis la sphère céleste jusque dans le monde sublunaire, est activement lu et commenté aux périodes antique et tardo-antique mais semble négligé par le Moyen Âge latinophone, dont le corpus de références est maigre et les traductions de Bartholomée de Messine et de Nicolas de Sicile autour de 1250[3], peu influentes. Ce constat, à première vue décourageant, doit pourtant inviter à l'obstination, car la réserve des médiévaux en dit souvent long sur les conditions de réception et de diffusion des sources et permet de reconstruire, aux frontières de l'ignorance et de l'oubli, d'importants croisements doctrinaux, fertiles et révélateurs des débats universitaires en vigueur.

Après avoir présenté le traité, ses contenus cosmothéologiques et expliqué sa présence par éclipse en occident, nous présenterons la culture philosophique mobilisée par les commentateurs puis par les traducteurs du *De Mundo*, propre à faire surgir un éclectisme nouveau, superposé à la nébuleuse des thèses antiques. Ce sera ainsi l'occasion d'étudier la place des références médiévales à ce traité et leur fortune dans les débats

1 Pseudo-Aristote, *De Mundo, Cosmic order and divine power : Pseudo-Aristotle, On the cosmos*, éd. J.-C. Mohr, Tübingen, 2014. *Il trattato "Sul cosmo per Alessandro" attribuito ad Aristotele*, Περι Κοσμου προς Αλεξανδρον, éd. G. Reale, A. P. Bos, Milano, 1995. *Traité du ciel (suivi du) Traité pseudo-aristotélicien du monde*, éd. J. Tricot, Paris, 1990.

2 Lorimer, W. L., *The Text tradition of Pseudo-Aristotle 'De Mundo' Together with an Appendix Containing the Text of the Medieval Latin Versions*, Oxford, 1924.

3 Aristoteles latinus, 11. 1-2, *De mundo, translationes Bartholomaei et Nicholai*, éd. L. Lorimer, Paris, Desclée de Brouwer, Leiden, 1965.

de l'époque, telles la question boécienne de la providence divine, la dénomination divine et les modalités de l'acte créateur dans la nature, entre immanence et transcendance.

LES FONDEMENTS DE L'ÉCLECTISME MÉDIÉVAL DANS LA RÉCEPTION DU « *DE MUNDO* »
La lecture d'une synthèse cosmothéologique inclassable

PLAN DU TRAITÉ : DES SOURCES TRÈS DISCUTÉES

L'œuvre en grec, le *Περὶ Κόσμου*, se présente comme un bref traité compact, accessible, d'une érudition et d'une capacité spéculative sans brio, mais assumées. Il est officiellement signé par une autorité du naturalisme et de la cosmologie antiques : Aristote. En réalité, l'ouvrage fournit une description de l'univers et de ses fondements divins, y exalte la présence d'un Dieu unique et cherche à examiner précisément ses implications et ses effets dans le monde sublunaire.

L'auteur s'interroge : comment Dieu peut-il être responsable de l'ordre et de la préservation du monde, sans renoncer à son auto-suffisance et à son indépendance séparée ? le traité se développe en sept chapitres[4] :

4 Dans le *Traité du monde* (éd. J. Tricot), les médiévaux ont surtout prêté attention au chapitre 2 de la première partie et à la problématique générale introductive : « Le monde est un assemblage composé du Ciel et de la Terre et des natures qui y sont contenues. Mais le Monde est encore pris dans un autre sens : c'est l'ordre et l'arrangement de toutes les choses, conservé sous l'action de Dieu et à cause de Dieu ». (391 b 9-10) (éd. Reale, p. 176 : « Κόσμος μὲν οὖν ἐστι σύστημα ἐξ οὐρανοῦ καὶ γῆς καὶ τῶν ἐν τούτοις περιεχομένων φύσεων. Λέγεται δὲ καὶ ἑτέρως κόσμος ἡ τῶν ὅλων τάξις τε καὶ διακόσμησις, ὑπὸ θεοῦ τε καὶ διὰ θεὸν φυλαττομένη »). Ils ont évoqué aussi le chapitre 5, intégré dans la partie relative à la transcendance divine : Ch. 5 (397 a 7-8 : « Tout ce qui est beau reçoit son nom de lui seul ainsi que tout ce qui est bien ordonné, qui n'est ainsi appelé que parce que le monde est lui-même un ordre ») (ed. Reale, p. 208 : « Τό τε καλοὺ πᾶν ἐπώνυμον ἐστι τούτου καὶ τὸ τεταγμένον, ἀπὸ τοῦ κόσμου λεγόμενον κεκοσμῆσθαι »). La réception médiévale comprend enfin les deux derniers chapitres de l'ouvrage, chapitre 6 et retient que (398 a 38-40) la puissance qui est établie dans le ciel est la permanence et la cause de la permanence des choses, même pour celles qui en sont le plus éloignées. Les médiévaux ont aussi reçu les ultimes paroles rapportées de Platon, *Lois* V, 730 (Ch. 7, fin, 401 b 25-30) : « Dieu est le commencement, la fin et le milieu de tous les êtres, il les conduit

c'est une cosmologie couronnée au rang de théologie ; elle décline dans une première partie (ch. 1 à 4) les conditions de manifestation de l'immanence divine, puis établit finalement dans une dernière partie (ch. 5 à 7) la transcendance de Dieu.

Le problème envisagé ne peut qu'intéresser tous les cosmologues de la période antique et tardo-antique : autant dire qu'il ne s'inscrit pas dans les seules attentes du Stagirite, même si l'on retrouve de nombreuses notions lui appartenant (la doctrine des cinq éléments, l'éternité du monde, le monde géocentrique avec des sphères concentriques, la division supra-lunaire, sublunaire). L'origine du traité reste indéterminée, bien que très structuré et rigoureux dans ses objets. Doté de peu de références explicites, l'ouvrage affiche un net éclectisme et connaît un grand succès, aux confins des philosophies hellénistiques, du paganisme et de l'hermétisme antiques, et du platonisme grec et latin d'Apulée.

Le premier chapitre contient, outre la dédicace à Alexandre (le jeune disciple du Pseudo-Aristote), le concept et l'éloge de la philosophie, et pourrait ainsi s'inscrire dans le genre protreptique. La première partie comprend les chapitres 2 à 4 : le cosmos est envisagé d'un point de vue immanent et physique, il contient un traité scientifique succinct d'astronomie, de physique, de géographie et de météorologie. Le deuxième chapitre fait état d'une cosmographie de caractère aristotélicien, la région sidérale constituée d'éther s'oppose au monde sublunaire, composé des quatre éléments. Le ciel, de forme sphérique, se meut circulairement pour toute l'éternité, entraînant les astres qu'il contient. L'éther se singularise de tous les autres, car il est pur et divin, il n'est sujet à aucun autre mouvement que circulaire. Le ciel comprend la sphère des étoiles fixes innombrables, qui ont toujours la même position, la même vélocité ; il enveloppe sept cercles emboîtés les uns dans les autres, sur lesquels se meuvent les sept planètes Elles n'ont pas toujours la même position, ni la même vitesse. Le chapitre se clôt sur la nature

à leur plein accomplissement, dans sa marche en ligne droite et conforme à sa nature ; toujours le suit la justice vengeresse des manquements à la loi divine ; et quiconque veut être heureux et fortuné doit, dès le principe, s'attacher étroitement à elle ». Ed. Reale, p. 236 : « ὁ μὲν δὴ θεός, ὥσπερ ὁ παλαιὸς λόγος, ἀρχήν τε καὶ τελευτὴν καὶ μέσα τῶν ὄντων ἁπάντων ἔχων, εὐθείᾳ περαίνει κατὰ φύσιν πορευόμενος. Τῷ δὲ ἀεὶ ξυνέπεται δίκη, τῶν ἀπολειπομένων τοῦ θείου νόμου τιμωρός, ἧς ὁ γενήσεσθαι μέλλων μακάριός τε καὶ εὐδαίμων ἐξ ἀρχῆς εὐθὺς μέτοχος εἴη ».

désordonnée de l'élément igné. Le troisième chapitre fait l'objet d'une description de la Terre et de ses territoires recouverts respectivement par la mer et la terre ferme, qui semble redevable aux découvertes du stoïcien Posidonius. Le développement s'interrompt pour rappeler l'ordre des cinq éléments, la sphère centrale est la terre, englobée par celle de l'eau, englobée par celle de l'air, englobée par celle du feu, couronnée par celle de l'éther. Le quatrième chapitre est consacré à la météorologie, où l'on peut reconnaître l'influence majeure de Théophraste, au point de penser qu'il aurait pu procéder à une réécriture du traité, si on l'attribuait à Aristote.

Les trois derniers chapitres constituent l'ultime partie du traité, de nature métaphysique et théologique. La théologie exposée au chapitre 5 présente une nature qui crée l'harmonie et la concorde à partir des opposés. Tous les éléments sont contraints à l'équilibre. Au-delà de tous les cataclysmes possibles, les forces en présence rendent le tout indestructible. Le cosmos résulte de l'engagement immanent de Dieu, exerçant sa *Dunamis* dans le sublunaire mais il se présente aussi comme un rayonnement dominant l'ordre et la mesure. Aucun terme ne semble assez élogieux pour le décrire :

> Par la grandeur, le monde est le plus immense, par le mouvement, le plus rapide, par l'éclat, le plus lumineux, et, par la puissance, il ne subit ni vieillissement ni corruption. [...] Ainsi, une permanence sans faille que les êtres contribuent à assurer par leur interaction réciproque [...] préserve l'Univers de la destruction durant l'éternité[5].

Ce chapitre figure un Univers incorruptible, alors qu'il est constitué de principes contraires. Il prône la concorde du dissemblable. Le monde, purement constitué de contraires, est éternel grâce à l'harmonie, obtenue par la force divine, qui pénètre tout l'univers et concilie les natures opposées. Au chapitre 6, Dieu est désigné comme la cause de toutes les choses ; tout le monde admet son existence car toutes les choses sont emplies de Dieu ; Dieu est explicitement désigné (la seule fois dans le

5 *Traité du monde* (éd. Tricot), ch. 5, 397 a 14-17-397 b 4-7, p. 194, éd. Reale, p. 208 : « [...] καὶ μὴν μεγέθει μὲν οὗτος πανυπέρτατος, κινήσει δὲ ὀξύτατος, λαμπρότητι δὲ εὐαυγέστατος, δυνάμει δὲ ἀγήρως τε καὶ ἄφθαρτος. [...] [397 397 b 5-8, p. 212] Μία δὲ ἐκ πάντων περαινομένη σωτηρία διὰ τέλους ἀντιπεριισταμένων ἀλλήλοις καὶ τοτὲ μὲν κρατούντων, τοτὲ δὲ κρατουμένων φυλάττει τὸ σύμπαν ἄφθαρτον δι'αἰῶνος ».

traité) de *Genitor* ; il n'agit pas directement mais par sa *Dunamis*. Il se trouve au point le plus élevé et initie un mouvement qui se propage, par le premier acte, jusqu'aux êtres les plus éloignés de lui ; s'il y a immanence et présence de la puissance de Dieu, la substance de Dieu n'en reste pas moins en dehors du monde.

Le mouvement simple ordonne tout[6] : l'auteur compare la transmission de la puissance divine qui offre une impulsion des êtres qui résident près d'elle jusqu'aux êtres les plus éloignés, au mouvement des montreurs de marionnettes, qui, en tirant un seul fil, font se mouvoir le cou et les mains de leurs poupées animées. Dieu est aussi assimilé, dans son rôle auprès du monde, au pilote dans un vaisseau, au cocher dans un char, au coryphée dans un chœur, ou au législateur dans une cité[7].

Le tout dernier chapitre clôt cette partie cosmothéologique, et se termine sur l'exaltation d'un Dieu aux multiples noms, il y a là de nombreuses citations des *Lois* de Platon (IV et V) : « Dieu est le commencement, la fin et le milieu de tous les êtres ».

Les sources, l'authenticité, la datation de ce traité (du IIe s. av. J.-C. au IIIe siècle ap. J.-C.) ainsi que la part de l'éclectisme entre aristotélisme et stoïcisme grec restent très discutées.

La seconde partie qui exalte l'harmonie universelle est un thème cher à Posidonius : cependant, le traité n'est pas favorable à un panthéisme stoïcien avec une diffusion divine à travers la matière (6, 398 a 1-6). Dieu reste transcendant au monde, à la façon du premier moteur aristotélicien, et c'est la sphère suprême qui reçoit la première son influence, transmise de là aux autres sphères et à tout l'Univers, comme la volonté du grand roi par l'intermédiaire de ses officiers, à travers tout son empire[8]. Sa transcendance, exprimée sous le mode aristotélicien, laisse une place limitée au providentialisme stoïcien :

> Il est par suite préférable de penser, (ce qui est convenable au surplus et qui s'harmonise au plus haut degré avec la nature de Dieu) et de soutenir que la puissance qui est établie dans le Ciel est la cause de la permanence des choses, même pour celles qui en sont le plus éloignées (disons-le en un mot : pour toutes choses sans exception), plutôt que de penser que, pénétrant et errant

6 *Traité du monde*, 398 b 17-21.

7 *Traité du monde*, 400 b 6-8.

8 ch. 5 et 6 : 397 b 25-30, 398 a 10-b 10, 399 a 1 *sq.*, 400 a 3 *sq.*

> çà et là en des endroits qui ne sont ni beaux ni respectables, elle administre elle-même les affaires de cette terre[9].

Dieu régit l'Univers à la façon dont la loi ordonne la cité[10] : il règne comme un monarque, il ne correspond pas seulement, selon la représentation stoïcienne, à une raison, un principe d'ordre : il marque une volonté[11]. Le *De Mundo* semble ainsi dénoter une conciliation entre l'aristotélisme et le stoïcisme mais aussi l'influence de doctrines étrangères au naturalisme et au rationalisme helléniques, venues peut-être de la tradition biblique.

D'un autre côté, on reconnaît les parties contradictoires à la théorie aristotélicienne, la première étant l'implication de Dieu dans le monde face aux caractéristiques du Moteur immobile. Dans le traité, l'air est froid et noir (comme chez les stoïciens) et non chaud et humide comme chez Aristote. On relève des éléments géographiques post-aristotéliciens, comme la mer caspienne qui est ouverte à l'Océan, et non fermée comme celle d'Aristote.

Il en résulte une longue série de discussions sur le nom de l'auteur : Posidonius (135-51 av. J.-C.), très récemment, Aristobule de Panéas, précepteur de Ptolémée (150 av. J.-C.), représentant important de la culture alexandrine, avec la thèse centrale du ch. 6 d'une transcendance divine et de son influence sur le monde, du fait des éléments de stoïcisme[12]. Selon Aristobule, la puissance divine parcourt toute chose et il rattache ce dogme à Moïse, en soutenant que les Grecs le tiennent de la Bible hébraïque.

Le traité se fait aussi l'héritier d'un certain médio-platonisme. Les chapitres 1 et 7 présentent des accents fortement platoniciens, en particulier sur la connaissance des êtres, la vérité, l'œil divin de l'âme (dans les premières lignes du traité). Pourtant, les conceptions typiques du médioplatonisme (la doctrine des Idées, la conception de l'âme du

9 *Traité du monde*, ch. 6, 398 a 1-6, p. 196. Ed. Reale, p. 214-216 : « Κρεῖττον οὖν ὑπολαβεῖν, ὅ καὶ πρέπον ἐστὶ καὶ θεῷ μάλιστα ἁρμόζον, ὡς ἡ ἐν οὐρανῷ δύναμις ἱδρυμένη καὶ τοῖς πλεῖστον ἀφεστηκόσιν, ὡς ἑνὶ γε εἰπεῖν καὶ σύμπασιν αἴτιος γίνεται σωτηρίας, μᾶλλον ἢ ὡς (l. 5, p. 216) διήκουσα καὶ φοιτῶσα ἔνθα μὴ καλὸν μηδὲ εὔσχημον αὐτουργεῖν τὰ ἐπὶ γῆς ».

10 *Traité du monde*, ch. 6, 400 b 28-31.

11 *Traité du monde*, ch. 6, 400 b 11-12.

12 *De Mundo, Cosmic order and divine power : Pseudo-Aristotle, On the cosmos*, éd. J.-C. Mohr, Tübingen, 2014.

monde, la doctrine démiurgique exemplaire que l'on retrouve dans la paraphrase d'Apulée, la place des mathématiques, la démonologie), ne sont pas présentes dans le traité d'origine. La question se pose dans les mêmes termes pour le néopythagorisme.

On a donc spéculé sur Apulée, le premier grand traducteur et interprète en latin du traité, qui a ménagé le passage gréco-romain du *Περὶ Κόσμου* au *De Mundo*[13] ; il a même été envisagé que le Traité du Monde soit une traduction faite en grec sur le latin d'Apulée, ou que le texte grec soit une version du texte paraphrastique latin d'Apulée, ce dernier maîtrisant mieux le grec que le latin. Théophraste fait aussi partie des auteurs hypothétiques de cette cosmologie pour sa théorie météorologique du ch. 4, Apulée affirmant lui-même[14] que son travail se basait sur Aristote et Théophraste. Les dernières discussions supputent la possibilité d'une écriture dans la période imminente à la naissance de l'ère chrétienne, mais les traces de la patristique grecque ou de la tradition judaïque ne sont pas présentes ; une théorie originale et intuitive du traité se centre surtout sur la conception arrangée de la *dynamis* comme médiation entre Dieu et le cosmos. Dieu, en tant que créateur, acquiert à la fois le statut proche du christianisme de nature et de milieu rayonnant.

UNE PRÉSENCE DISCRÈTE ET ÉCLECTIQUE DANS LE CORPUS MÉDIÉVAL

Le maigre corpus de la réception médiévale relative à ce traité tient d'abord au fait que Boèce semble ne pas l'avoir lu[15] et que l'université

13 Lévi, N., « La chronologie de la vie et des œuvres d'Apulée, essai de synthèse et nouvelles hypothèses », *Latomus* 73, 2014, 693-720.

14 Apulée, *Apulée, Opuscules philosophiques (Du Dieu de Socrate, Platon et sa doctrine, Du monde)*, éd. J. Beaujeu, Paris, 1973. *De Mundo* 289.

15 L'Occident latin, depuis le Vᵉ siècle, est le parent pauvre de la philosophie ; il se construit péniblement face aux éblouissants mondes byzantin et islamique. Après la reprise par les chrétiens de plusieurs terres orientales, le transfert des centres d'études s'est trouvé irrigué par Tolède, avec la diffusion dantesque du capital philosophique islamique ; avec Aristote, la transmission du *Peri Cosmou* en syriaque, en araméen et en arabe s'est activement effectuée dès le VIᵉ siècle, sans pour autant atteindre la latinité carolingienne, qui trouve enfin un peu d'oxygène avec Augustin, Boèce, Scot érigène, (draînant Macrobe, Martianus Capella), et la patristique grecque. Boèce (480-524) se fait le vecteur central d'une philosophie néoplatonicienne d'Orient vers l'Occident, il transmet les enseignements d'un platonisme pleinement pénétré par l'aristotélisme, dans la tradition des écoles d'Athènes et d'Alexandrie, mais sans le *De Mundo*. Courcelle, P., *La « consolation de Philosophie » dans la tradition littéraire : antécédents et postérité de Boèce*, Paris, 1967.

de Paris ne diffuse pas de fonds naturalistes, cosmologiques, qu'ils soient d'origine platonicienne[16] ou aristotélicienne, avant 1260[17]. Si Oxford

---

16 Boèce transmet surtout l'héritage cosmologique du *Timée* de Proclus d'ailleurs, plus que de Platon. Platon est d'ailleurs seulement connu par une lecture fragmentaire et indirecte du *Timée* de Calcidius. Le *Timée* reste, à cette époque, un texte universitaire auxiliaire, certes dûment inscrit dans les programmes curriculaires, le plus souvent aux côtés du *De Consolatione* de Boèce, mais travaillé uniquement les jours fériés, et en disparition à partir de 1255. Après 1255, la présence dominante du péripatétisme accentue encore la place marginale du *Timée* et la dimension presque fantomatique de sa transmission, qui ne permet aucune approche *ad litteram*. Bien plus, le *Timée* devient une présence constellée, une reprise en florilèges. Beierwaltes, W., *Platonismus in Christentum*, Frankfurt am Main, 1998, p. 1-31, Lemoine, M., « Innovations de Cicéron et Calcidius dans la tradition du *Timée* », dans R. Ellis et R. Tixier, *The Medieval Translator. Traduire au Moyen Âge*, t. 6, Turnhout, 1998, p. 72-81, « Le *Timée* latin en dehors de Calcidius », dans A. De Libera, A. Elamrani-Jamal, A. Galonnier, *Langages et philosophie, Hommage à Jean Jolivet*, Paris, 1997, p. 63-78, Bakhouche, B., « La transmission du *Timée* dans le monde latin », dans D. Jacquart, *Les voies de la science grecque, études sur la transmission des textes de l'Antiquité au dix-neuvième siècle*, Genève, 1997, « la tradition indirecte du Platon latin », dans R. Ellis et R. Tixier, *The Medieval Translator. Traduire au Moyen Âge*, t. 5, Turnhout, 1996, p. 337-346, Steel, C., « Plato Latinus », dans J. Hamesse, C. Steel, M. Fattori, *Rencontres de cultures dans la philosophie médiévale, traductions et traducteurs de l'antiquité tardive au XIVe siècle*, Louvain-la-Neuve, Université catholique de Louvain, Cassino, 1990, p. 301-316, Beierwaltes, W., *Platonismus in der Philosophie des Mittelalters*, Darmstadt, 1969. Neschke-Hentschke, A., *Le Timée de Platon. Contributions à l'histoire de sa réception*, Louvain-Paris, 2000, Lemoine, M., *Théologie et platonisme au XIIe siècle*, Paris, 1998, MacEvoy, J., « Présence et absence de Platon au Moyen Âge », dans A. Neschke-Hentschke, *Images de Platon et lectures de ses œuvres*, Louvain-Paris, 1997, p. 79-98. Steel, C., « Das neue Interesse für den Platonismus am Ende des 13. Jahrhunderts », dans T. Kobusch et B. Mojsisch, *Platon in der abendländischen Geistesgeschichte : neue Forschungen zum Platonismus*, Darmstadt, 1997, p. 120-133, Kobusch, T. et Mojsisch, B., *Platon in der abendländischen Geistesgeschichte : neue Forschungen zum Platonismus*, Darmstadt, 1997, Hamesse, J., Steel, C., Fattori, M., *Rencontres de cultures dans la philosophie médiévale, traductions et traducteurs de l'antiquité tardive au XIVe siècle*, Louvain-la-Neuve, Université catholique de Louvain, Cassino, 1990. Klibansky, R., *The Continuity of the Platonic tradition during the Middle Ages*, with a new preface and four supplementary chapters; (together with) Plato's Parmenides in the Middle Ages and the Renaissance, Millwood, NY, 1984. Lamy A., « La forme singulière du commentaire parisien inédit et anonyme au *Timée* de 1363 », dans M. Furno, C. Louette, V. Méot-Bourquin (éd.), *Formes du texte latin au Moyen Âge et à la Renaissance*, IVe congrès de la Semen-l, Université de Grenoble – site de Valence –, 4, 5, 6 juin 2015, Genève, 2017, p. 178-193. Lafleur, C., « L'enseignement philosophique à la Faculté des arts de l'Université de Paris en la première moitié du XIIIe siècle dans le miroir des textes didascaliques », *Laval théologique et philosophique*, 60/3, 2004, p. 409-448. Lafleur, C. et Carrier, J., *L'enseignement de la philosophie au XIIIe siècle : autour du « Guide de l'étudiant » du ms. Ripoll 109*, actes du colloque international éd., avec un complément d'études et de textes, Turnhout, 1997.

17 Après 1220, la philosophie d'Averroès et d'Avicenne domine de plus en plus les contenus philosophiques. Dans les premières années du XIIIe siècle, la connaissance universitaire des théologiens parisiens sur l'aristotélisme concerne surtout le champ de la logique et se trouve freinée par l'entrée contestée de la *Métaphysique* et des *Libri naturales*, (censures

présente une plus grande avance dans la transmission de la littérature cosmologique, cette université ne fait pas état d'une réception du *Περὶ Κόσμου*.

Du peu qu'ils ont pu en lire, les auteurs médiévaux tendent à recréer de nouveaux croisements entre Aristote, Platon et le christianisme, qui élaguent et écrasent les reliefs de l'éclectisme antérieur. On observe ainsi un phénomène de nivellement provoqué ou par le concordisme entre Aristote et Platon, hérité de Boèce, et par toutes les discordes qui en ont résulté, ou par la domination scolastique du péripatétisme arabe. Les médiévaux, quand ils ont lu les traductions latines du *De Mundo*, n'ont donc pas remis en question l'autorité d'Aristote. Seul Maïmonide, dans le *Guide des égarés*, s'appuyant sur les doutes de Proclus, confirme que le traité est pseudo-aristotélicien. En effet, à Paris, les médiévaux réunissent volontiers sous tension, l'ontologie de Platon et celle d'Aristote[18], en connaissant très peu de cosmologie ; il leur est donc assez difficile d'être bien réceptifs aux sources de l'éclectisme du traité. Au Moyen Âge, les problèmes de diffusion créent de lourdes contraintes dans la reconnaissance des doctrines[19] : la culture néoplatonicienne reste peu maîtrisée même par les grandes figures de la scolastique, qui méconnaissent les philosophies hellénistiques et continuent de nourrir la confusion permanente et accentuée, par rapport aux époques antérieures, entre platonisme, stoïcisme et épicurisme[20].

---

successives de 1210, 1215, 1231, 1245). Il faut attendre 1252, puis 1255 pour que le *De Anima* et tous les livres d'Aristote disponibles soient officiellement lus et enseignés à la faculté des Arts de Paris.

18 Aristote rejette l'être platonicien, il déréalise la nature de l'universel, il favorise le naturalisme du sujet singulier, il le réduit à une notion abstraite en lui refusant une existence séparée des êtres individuels. Ch. Erismann, *L'homme commun, la genèse du réalisme ontologique durant le haut Moyen Âge*, Paris, 2011. De Libera, A., *La querelle des Universaux, De Platon à la fin du Moyen Âge*, Paris, 1992.

19 Les médiévaux n'exploitent pas les cosmologies différentes de Platon et d'Aristote pour lire le traité : le premier Moteur immobile aristotélicien est une pure pensée qui se contemple elle-même, la pensée de la pensée, (*Métaphysique* XII, 9, 107 4b 34-5), cause finale qui rythme le ciel dans un mouvement cyclique sans être impliqué par le monde sublunaire ; le démiurge du *Timée* (même s'il est secondé par d'autres instances) porte au contraire la responsabilité ultime de la création ; le *De Mundo* maintient serrée transcendance aristotélicienne et responsabilité immanente du démiurge.

20 De Libera, A. « Albert le Grand et l'antiplatonisme sans Platon », dans M. Dixsaut (éd.), *Le platonisme dévoilé*, Paris, 1993, p. 247-271. « Albert le Grand et le platonisme. De la doctrine des Idées à la théorie des trois états de l'universel », dans E.-P. Bos et P. A. Meijer (éd.), *On Proclus and his influence in medieval philosophy*, Leiden, 1992, p. 89-119.

Les deux dynamiques propres aux sources éclectiques et à l'économie du traité pseudo-aristotélicien sont difficilement maîtrisables du XIIe au XIVe siècle : i) les croisements contradictoires ou complémentaires entre stoïcisme, aristotélisme, platonisme, médioplatonisme, néopythagorisme. ii) la pensée singulière de l'articulation entre immanence et transcendance divines. L'éclectisme médiéval précipite Platon et Aristote dans le creuset du Christianisme et fait resurgir les problématiques afférentes : le débat sur l'éternité du monde, le statut de la providence et de la toute-puissance divines (que l'on retrouve à la fois chez les commentateurs et chez les traducteurs). À ce titre, les médiévaux ont rendu hommage au traité, en faisant surgir un éclectisme plus fruste mais révélateur de la culture médiévale.

LES THÉMATIQUES DOCTRINALES RETENUES À LA PÉRIODE MÉDIÉVALE
L'expression de Dieu et de sa toute-puissance, au-delà du temps, au-delà des mots

L'INTÉGRATION DU « *DE MUNDO* » (2-5-6-7) À LA PHILOSOPHIE DE BOÈCE : L'ACTION DIVINE COMME PROVIDENCE ÉTERNELLE DU MONDE. L'EXEMPLE DU PSEUDO-THOMAS ET DE PIETRO D'ABANO

Les figures vectrices de transmission du traité appartiennent à des territoires médiévaux divers et étendus, les époques couvrant toutes les étapes du Moyen Âge, de l'époque chartraine à l'ère scolastique. Bien que Boèce n'ait pas explicitement mentionné le traité pseudo-aristotélicien dans sa *Consolation de Philosophie* et n'ait pas même eu connaissance du texte, ses questionnements sur la Providence, le destin et le libre arbitre marquent profondément le Moyen Âge, au point que certains d'entre eux associent ces problématiques majeures aux thématiques du *De Mundo* : en effet, les médiévaux tentent de saisir les fondements de la Raison divine (ou Providence) qui ordonne le monde et que le Destin assiste dans le temps, de comprendre Dieu, qui a toujours et déjà été, sur le mode de l'éternité, dans la nécessité comme dans la liberté, afin d'analyser la vision infinie des moments du temps et des aléas vécus par chaque être temporel. Dans la *Consolation*, on peut lire ainsi :

> 9. La providence, c'est la raison divine elle-même, constituée en suprême et universelle maîtresse qui dispose toutes choses ; le Destin, c'est une disposition inhérente aux choses changeantes [...]. 10. Car la Providence embrasse tout de la même façon, même si c'est différent, même si c'est infini, tandis que le Destin met en mouvement chacune des choses, en les répartissant selon le lieu, la forme et le temps[21].

L'éclectisme médiéval relatif au *De Mundo* surgit donc dans la réception de Boèce, la *Consolation* devenant un foyer de reconstruction et de restructuration doctrinale du Dieu décrit dans le traité pseudo-aristotélicien. Dans le traité, en effet, la question de la providence décrit l'engagement d'un Dieu créateur qui tient avec force de part en part les contrariétés du monde sublunaire. L'auteur use abondamment du terme *σωτηρία*, pour prendre ses distances avec la connotation stoïcienne de l'*εἱμαρμένη* : il en résulte que la lecture médiévale du Pseudo-Thomas d'Aquin et de Pietro d'Abano, qui ignorent tout de Posidonius, va inscrire le *De Mundo* dans leurs références à la *Consolation de Philosophie*.

Deux auteurs médiévaux, le Pseudo-Thomas d'Aquin[22] et Pietro d'Abano[23], en particulier, insèrent dans leurs lectures boéciennes plusieurs références au *De Mundo*[24].

---

21 Boèce, *De Consolatione philosophiae*, Comment. Pseudo-Thomas d'Aquin, éd. G. Le Roy, Lyon, ante 1489. *De consolatione philosophiae ; Opuscula theologica*, ed. C. Moreschini, Monachii, 2005. *La consolation de philosophie*, éd. J.-Y. Guillaumin, Paris, 2002. Glei, R., Kaminski, N., Lebsanft, F., *Boethius Christianus ? Transformationen der « Consolatio philosophiae » in Mittelalter und Früher Neuzeit*, Berlin, 2010. Boèce, *De consolatione philosophiae*, éd. J.-Y. Guillaumin, Paris, 2002, p. 115. (ed. Moreschini), IV, Prose 6, 9-11, p. 122 : « 9. [...] Nam providentia est ipsa illa divina ratio in summo omnium principe constitua, quae cuncta disponit, fatum vero inhaerens rebus mobilibus dispositio [...]. 10. Providentia namque cuncta pariter quamvis diversa quamvis infinita complectitur, fatum vero singula digerit in motum locis, formis ac temporibus distributa ».

22 L'auteur appartient au XIIe siècle.

23 Pietro d'Abano, né autour de 1255, a reçu son éducation en Italie, il voyage à Constantinople pour apprendre le grec et il revient à Paris autour de 1290. Il complète la traduction latine d'une version française de traités astrologiques d'Abraham Ibn Ezra originellement écrit en hébreu (que connaît également très bien Henri Bate de Malines). D'Alverny, M. Th., « Pietro d'Abano et les "naturalistes" à l'époque de Dante », dans V. Branca et G. Padoan, (éd.), *Dante e la cultura veneta*, Florence, 1966, p. 207-219.

24 Toutefois, pour des raisons de datation ou de contexte culturel, aucun ne semble utiliser les supports latins des traducteurs ni la paraphrase d'Apulée. Le Pseudo-Thomas pourrait

Le commentaire de la Consolation du Pseudo-Thomas cite le *De Mundo*, au moment du traditionnel passage III, mètre 9, *topos* carolingien originaire, restituant la cosmologie et la pensée platoniciennes (très controversées et censurées dans le cercle d'Alcuin, elles font l'objet de vifs débats autour de Rémi d'Auxerre). La citation du passage concerne le chapitre 2[25] et le chapitre 6, où le Pseudo-Aristote caractérise Dieu comme gouverneur du monde[26]. Le Pseudo-Thomas affirme ainsi :

> Il faut noter que le monde, selon Aristote dans le livre *Du Monde*, est constitué de ciel et de terre et des éléments naturels qui sont en eux ; Dieu gouverne ce monde d'une raison perpétuelle dans sa procidence perpétuelle qui n'est pas transitoire comme la providence humaine mais demeure dans une durée infinie[27].

L'auteur évoque le chapitre 2 (391 b 9-10) et désigne le monde comme assemblage (*σύστημα*) composé du Ciel et de la Terre et des natures qui y sont contenues. Mais le Monde est encore renforcé dans son sens d'ordre et d'arrangement de toutes les choses, conservé sous l'action de Dieu et à cause de Dieu (*constitutio*). La citation du Pseudo-Thomas se poursuit avec la référence au chapitre 6 ; Dieu est désigné comme la cause de toutes les choses ; tout le monde admet son existence car toutes les choses sont emplies de Dieu ; à ce titre, il est le *Genitor* (terme unique à cet endroit du traité).

Le Pseudo-Thomas évoque enfin la doctrine d'une providence divine éternelle boécienne (*Consolation* IV). Dans un style travaillé, sous forme chiasmatique, l'auteur oppose la providence divine, l'acte simple par lequel Dieu embrasse d'un seul coup l'infinité des êtres

---

bénéficier d'une source arabe chartraine indéterminée. Quant à Pietro d'Abano, il cite le commentateur d'Averroès et il pourrait superposer le *De Mundo* attribué à Aristote et le *De Caelo* aristotélicien attesté ; il partage la même culture boécienne que le Pseudo-Thomas.

25 Ch. 2 : « Le monde est un assemblage composé du Ciel et de la Terre et des natures qui y sont contenues. Mais le Monde est encore pris dans un autre sens : c'est l'ordre et l'arrangement de toutes les choses, conservé sous l'action de Dieu et à cause de Dieu ». (391 b 9-10).

26 *De Mundo*, 400 b 6, le traducteur Bartholomée reprend le terme de *Gubernator*, Apulée dit *gubernator* et Nicolas, le terme de *Nauta*.

27 Pseudo-Thomas d'Aquin (XIIe siècle), *Commentaire à la Consolation de philosophie de Boèce*, III, *metrum* 9 : « Notandum quod mundus secundum Aristotelem in libro de Mundo [2, (391 b 9-10)] est constitutio ex celo et terra et naturis quae in eis sunt quem mundum deus gubernat [6, 400 b 6-8 *gubernator*, trad. Bartholomée] perpetua ratione in sua providentia perpetua quae non est transitoria sicut providentia humana sed permanet duratione infinita. »

en dehors de l'espace et du temps, et la providence humaine (notons l'adjectif *transitoria*, opposé à perpetua/*infinita*). La Providence a ainsi pour effet de conserver et de perpétuer les espèces, la nature seule ne le peut pas. Le destin, au contraire, est soumis à la providence et c'est cette architecture providentielle du destin qui est ici évoquée par le Pseudo-Thomas. Ainsi, l'extrait réunit-il les termes communs incluant l'unité de l'univers, son harmonie, la relation de Dieu au monde physique et à la divine providence. Ce témoignage emprunte donc un autre croisement que celui effectué dans le traité d'origine, qui introduit la σωτηρια/providence à partir des chapitres 2 et 4[28]. Les médiévaux, au contraire, se réfèrent au chapitre 6 pour penser l'immanence et la transcendance divines, plus propice à s'articuler avec la doctrine boécienne.

L'intégration du *De Mundo* aux problématiques cosmo-théologiques de Boèce chez le Pseudo-Thomas semble avoir contribué aux choix sémantiques des traducteurs médiévaux du traité, Bartholomée de Messine et Nicolas de Sicile.

Περὶ Κόσμου [2, (391 b 9-10)] éd. Reale, p. 176	Pseudo-Thomas d'Aquin (XIIe siècle), *Commentaire à la Consolation de philosophie de Boèce*, III, *metrum* 9, IV, éd. Leroy	Traducteurs latins *De Mundo*, éd. Lorimer, p. 4, p. 33
"Κόσμος μὲν οὖν ἐστι σύστημα ἐξ οὐρανοῦ καὶ γῆς καὶ τῶν ἐν τούτοις περιεχομένων φύσεων. Λέγεται δὲ καὶ ἑτέρως κόσμος ἡ τῶν ὅλων τάξις τε καὶ διακόσμησις, ὑπὸ θεοῦ τε καὶ διὰ θεὸν φυλαττομένη".	« Notandum quod mundus secundum Aristotelem in libro *de Mundo* [2, (391 b 9-10)] est **constitutio** ex celo et terra et naturis quae in eis sunt …	**constitutio** (Nicolas de Sicile, proche de Robert Grosseteste) **consistentia** (Bartholomée de Messine)
[6, 400 b 6-8] éd. Reale, p. 225 "καθόλου δὲ ὅπερ ἐν νηῒ μὲν **κυβερνήτης**, ἐν ἅρματι δὲ ἡνίοχος, ἐν χορῷ δὲ κορυφαῖος, ἐν πόλει δὲ νό-μος, ἐν στρατοπέδῳ δὲ ἡγεμών, τοῦτο θεὸς ἐν κόσμῳ".		φυλαττομένη = **conservatus** (Nicolas et Bartholomée)

28 La question est de savoir comment les phénomènes violents n'en arrivent pas à détruire le monde.

	...quem mundum deus gubernat [6, 400 b 6-8]...	κυβερνήτης = **nauta** (Nicolas, p. 47) κυβερνήτης = **gubernator** (Bartholomée), p. 23
[5, 397 a 14-17-397 b 4-7] éd. G. Reale, 194-208		
"[...] καὶ μὴν μεγέθει μὲν οὗτος πανυπέρτατος, κινήσει δὲ ὀξύτατος, λαμπρότητι δὲ εὐαυγέστατος, δυνάμει δὲ **ἀγήρως τε καὶ ἄφθαρτος.** [...] [397 b 5-8, p. 212] Μία δὲ ἐκ πάντων περαινομένη σωτηρία διὰ τέλους ἀντιπεριισταμένων ἀλλήλοις καὶ τοτὲ μὲν κρατούντων, τοτὲ δὲ κρατουμένων **φυλάττει τὸ σύμπαν ἄφθαρτον δι᾽αἰῶνος**".	[5, 397 a 14-17-397 b 4-7] ... perpetua ratione in sua providentia perpetua quae non est transitoria sicut providentia humana sed permanet duratione infinita ».	*De Mundo*, [5, 397 a 14-17-397 b 4-7], p. 40, p. 16 αγήρως τε καὶ ἄφθαρτος = **indecrepitum et incorruptibile** (Nicolas) ἀγήρως τε καὶ ἄφθαρτος= **insenescibile et incorruptibile** (Barth.) φυλάττει τὸ σύμπαν ἄφθαρτον δι'αἰῶνος" = **servatur universum incorruptibile per secula** (N)/**conservat universum incorruptum per seculum** (B)

Pietro d'Abano, quant à lui, va intégrer le *De Mundo* dans la question de la prescience divine (*Consolation* V).

> Il faut montrer aussi que, selon Aristote et le Commentateur, Dieu ne peut rien mettre en œuvre dans les choses créées dans le milieu : de même que toute son action ici-bas se perfectionne par l'intermédiaire du mouvement et du changement, de même le lien depuis les corps célestes supérieurs jusqu'à la matière informée inférieure ne connaît pas de modification. Bien qu'il s'ensuive un certain désordre, une certaine altération et un certain changement, il n'est pas raisonnable pour autant de croire que toutes ces perturbations sont comprises en Dieu qui les produit. Les choses créées sont confirmées dans leur permanence par la raison divine parfaite et ne peuvent être modifiées comme on le lit dans le *Timée* (Calcidius, 37 D). On peut dire que la science de Dieu est la cause des choses et les choses qu'elle prévoit depuis l'éternel, se produisent. Pourtant, sa préscience ou ses prévisions n'abandonnent pas la nécessité aux choses comme on le lit au livre V de la *Consolation* parce

> que Dieu a produit toutes les choses et les contient sans mouvement et dans un temps indivisible[29].

Pietro d'Abano reprend ainsi, sans le nommer, les chapitres 6 et 7 décrivant un Dieu qui agit au milieu de toutes choses, puis cite immédiatement Boèce, dont on reconnait le lexique doctrinal d'emprunt (*potentia divina*, *praescentia aeterna* (*Consolation* V, 3, 5 et 6)). Le *Timée* semble faire référence ici, peut-être du fait de l'exposé boécien sur la conception platonicienne de l'éternité du monde (*Consolation* V, 5 et V, 6). Pour autant, le *De Mundo* ne marque pas un point d'ancrage pour développer la question de l'éternité du monde chez ces auteurs.

Pietro d'Abano présente Dieu comme un premier moteur immobile aristotélicien christianisé, notion clairement exprimée dans le choix lexical des traducteurs latins.

29 Pietro d'Abano, *Conciliator differentiarum philosophorum et medicorum*, *Conciliator, Pietro d'Abano*, a cura di E. Riondato e L. Olivieri, Padova, 1985. Pietro d'Abano (1310), *Conciliator differentiarum philosophorum et medicorum* diff. 113rb, f° 164 : « [...] Ad aliud ostendum secundum Aristotelem et Commentarorem quod Deus nihil potest in haec operari absque medio [7, 401b 25-30] : cum omnis ejus actio hic mediante motu et transmutatione perficiatur, ita ut (periodus) a superis corporibus in hac inferiori materia inducta non habeat permutare. Cum ad id sequitur quaedam inordinatio ac defectus et mutabilitas [6, 397 b 36] in (primo), tamquam non sapienter (permissum) omnia producenti denotetur inesse. Que enim perfecta ratione firmata sunt et permutari non possunt juxta Thimeum. [...] Licet quod dei scientia sit rerum causa et secundum quod providit ab eterno ita eveniat. Non tamen ejus praescientia seu praevisio rebus necessitatem condonat 5° de Consolatione quia enim omnia produxit et comprehendit sine motu et tempore indivisibili. »

Περὶ Κόσμου	Pietro d'Abano (1310), *Conciliator differentiarum philosophorum et medicorum* diff. 113rb, f°. 164	Traducteurs latins, *De Mundo*, éd. Lorimer, p. 49, p. 25
[7, (401 b 25-30) = Platon *Lois* V, 730] éd. Reale, p. 236 :		[7, (401 b 25-30)]
“ὁ μὲν δὴ θεός, ὥσπερ ὁ παλαιὸς λόγος, **ἀρχὴν τε καὶ τελευτὴν καὶ μεσα τῶν ὄντων ἀπάντων ἔχων**, εὐθείᾳ περαίνει κατὰ φύσιν πορευόμενος. Τῷ δὲ ἀεὶ ξυνέπεται δίκη, τῶν ἀπολειπομένων τοῦ θείου νόμου τιμωρός', 'ἧς ὁ γενήσεσθαι μέλλων μακάριός τε καὶ εὐδαίμων ἐξ ἀρχῆς εὐθὺς μέτοχος εἴη'”.	« [...] Ad aliud ostendum secundum Aristotelem et Commentarorem quod Deus nihil potest in haec operari absque medio [7, 401b 25-30] :	ἀρχὴν τε καὶ τελευτὴν καὶ μέσα τῶν ὄντων ἁπάντων ἔχων = **initium et medium atque finem habens omnium entium (N.)/(B.) principium et finem et medium omnium eorumque sunt habens.**
[6, 398 b 17-27] éd. Reale, p. 217 “ὁμοίως δὲ καὶ οἱ νευροσπάσται μίαν μήρινθον ἐπισπασάμενοι ποιοῦσι καὶ αὐχένακινεῖσθαι καὶ χεῖρα τοῦ ζῴου καὶ ὦμον καὶ ὀφθαλμόν, ἔστιδὲ ὅτε πάντα τὰ μέρη, μετά τινος εὐρυθμίας. οὕτως οὖν καὶή θεία φύσις	[6, 398 b 17-27] cum omnis ejus actio hic <u>mediante motu et transmutatione perficiatur</u>, ita ut (periodus) a superis corporibus in hac inferiori materia inducta non habeat permutare.	[6, 398 b 17-21], p. 43, p. 19
ἀπό τινος ἁπλῆς κινήσεως τοῦ πρώτου τὴν δύναμιν εἰς τὰ συνεχῆ δίδωσι καὶ ἀπ' ἐκείνων πάλιν εἰς τἀπορρωτέρω, μέχρις ἂν διὰ τοῦ παντὸς διεξέλθη· κινηθὲν γὰρ ἕτερον ὑφ' ἑτέρου καὶ αὐτὸ πάλιν ἐκίνησεν ἄλλο σὺν κόσμῳ, δρώντων μὲν πάντων οἰκείως ταῖς σφετέραις κατασκευαῖς, οὐ τῆς αὐτῆς δὲ ὁδοῦ πᾶσιν οὔσης, ἀλλὰ διαφόρου καὶ ἑτεροίας, ἔστι δὲ οἷς καὶ ἐναντίας, καίτοι τῆς πρώτης οἷον ἐνδόσεως **εἰς κίνησιν μιᾶς γενομένης**·”.		ἀπὸ τινος ἁπλῆς κινήσεως = **Ex quodam simplici motu (N.) / a quodam simplici motu (B.)**

		εἰς κίνησιν μιᾶς γενομένης = **prima colligantia facta sit ad unum motum (N.) / prima colligatione in unum motum facta (B.).**
	Cum ad id sequitur quaedam inordinatio ac defectus et mutabilitas [6, 397 b 36] in (primo), tamquam non sapienter (permissum) omnia producenti denotetur inesse. Que enim perfecta ratione firmata sunt et permutari non possunt juxta Thimeum. [...] Licet quod dei scientia sit rerum causa et secundum quod providit ab eterno ita eveniat. Non tamen ejus praescientia seu praevisio rebus necessitatem condonat 5° *de Consolatione* quia enim omnia produxit et comprehendit sine motu et tempore indivisibili ».	

LES RÉFÉRENCES DE HENRI BATE DE MALINES ET DE THOMAS BRADWARDINE : L'IMITATION DE LA NATURE PAR L'ART ET LA DÉNOMINATION DIVINES, REPRISES DES LECTURES DE MAÏMONIDE

Un second éclectisme se nourrit plutôt de Maïmonide comme source principale de références au *De Mundo*, avec les références de Henri Bate de Malines[30] et de Thomas Bradwardine[31]. Pour Maïmonide, auteur du *Guide des Égarés*, il s'agit de donner l'éveil à l'homme religieux et d'exalter un Dieu transcendant, qui n'est pas sans rappeler, dans ses

30 Henri Bate de Malines, disciple de Thomas d'Aquin, en 1270, libre penseur, délibérément en dehors de l'Université, grand érudit, fervent platonicien mais concordiste convaincu, lecteur averti de Proclus. Pour Guy de Hainaut, frère du comte Jean II d'Avesnes, il rédige entre 1280 et 1305, une vaste encyclopédie philosophique et théologique, synthèse platonicienne nourrie des apports scientifiques d'Aristote et des savants arabes et juifs.

31 Thomas Bradwardine, brillant mathématicien et théologien, pur produit d'Oxford, à l'âge d'or de la philosophie naturelle aristotélicienne, est un des plus illustres calculateurs de la période, fin connaisseur du *De Caelo* d'Aristote.

interventions cosmiques, celui du *De Mundo*. Il fait référence à l'imitation de la nature par l'art :

> [...] il y a aussi quatre espèces de forces générales descendues d'elle vers nous et qui sont : la force qui fait naître les minéraux, celle de l'âme végétative, celle de l'âme vitale et celle de l'âme rationnelle [...]. Si tu considères les actions de ces forces, tu trouveras qu'elles sont de deux espèces : faire naître tout ce qui naît et conserver cette chose née, je veux dire conserver l'espèce perpétuellement [=*σωτηρία*/*providentia*] et conserver les individus pendant un certain temps. Et c'est là ce qu'on entend par la nature, dont on dit qu'elle est sage, qu'elle gouverne, qu'elle a soin de produire l'animal par un art semblable à la faculté artistique (de l'homme) et qu'elle a soin de le conserver et de le perpétuer [*De Mundo* 5, 396 b 12 : éd. Tricot : il appraît bien aussi que l'art, en imitant la nature, fait de même. L'art du peintre, en effet, par le mélange des éléments du blanc et du noir, du jaune et du rouge, aboutit à la réalisation d'images conformes au modèle ; la musique, en mêlant ensemble les notes aigües et graves, prolongées et brèves, atteint une seule harmonie dans des sons différents ; la grammaire, en opérant une combinaison de voyelles et de consonnes, constitue à leur aide tout son art.][32].

Henri Bate de Malines retient surtout cette première occurrence de Maïmonide :

> Pourquoi et comment par notre intellect qui représente toutes les espèces intelligibles en même temps non par distinction formelle mais en puissance, nous ne comprenons pas toutes les formes d'êtres en même temps mais nous les déterminons une par une singulièrement.
> Le même intellect existant en lui-même au regard des fantasmes singuliers, il se produit des intellects singuliers et déterminés. De là, on dit que l'art imite la nature et que l'œuvre de la nature est l'œuvre de l'intellect[33].

Henri Bate s'attache à définir l'intellect aristotélicien et reprend les considérations du chapitre 5 relatives à la concorde originelle par les

32 Maïmonide, *Le Guide des égarés*, II, 10, « l'influence des sphères », (éd. Munk), p. 268.

33 Henri Bate de Malines, *Speculum divinorum et quorundam naturalium*, T. I (Phaedo, Timaeus), II (Phaedo, Timaeus, Proclus, *Elem. Theol.*), n° 9, vol. III : *On the Nature of Matter*, n° 10, vol. IV, *On the Platonic Doctrine of Ideas*, n° 11, vol. V, n° 12, vol. VI : *On Platonic Philosophy*, éd. C. Steel, Leuven, 1990-1994. Henri Bate de Malines (1305), *Speculum divinorum et quorundam naturalium*, Pars II, cap. 38, p. 148, "Propter quid et quomodo per intellectum nostrum, qui non formali distinctione sed potestate simul omnes est species intelligibiles, non simul omnes intelligimus formas entium, sed per se determinatam unamquamque singillatim" : « et intellectus idem existens secundum se, respectu phantasmatum singulorum determinata fit et singula intellecta. [*De Mundo* 5, 396 b 12] Unde et ars naturam imitari dicitur et opus naturae opus dicitur intellectus. »

contraires et non par les semblables[34]. Bate cite ainsi le *De Mundo* dans une perspective noétique et non cosmologique. C'est une référence fugace et dissidente, peu intéressée par l'économie d'ensemble du traité : Bate connait très bien la littérature cosmologique arabe de son temps, qu'il doit sans doute juger d'un niveau autrement plus précis.

De plus, Maïmonide est le seul auteur médiéval à évoquer le chapitre 7 du traité sur la dénomination impossible de Dieu, et à énumérer ses noms glorieux :

> Tous les noms de Dieu qu'on trouve dans les livres sont généralement dérivés des actions, ce qui n'est point inconnu. Un seul Nom doit être excepté, c'est *Yod*, *Hé*, *Waw*, *Hé* car c'est un nom improvisé [nom propre, non dérivé], pour désigner Dieu [...], ce qui veut dire qu'il indique expressément l'essence de Dieu et qu'il n'y a pas là d'homonymie. Quant à ses autres noms glorieux, ils le désignent par homonymie, car ils sont dérivés de certaines actions[35].

Thomas Bradwardine est, quant à lui, plus attentif à ce passage :

34 À ce titre, ce passage du traité est d'influence aristotélicienne (*Physique* B 2, 194, a 21, *Météorologiques* Δ 3, 381 b 6). Moreau, J., *Aristote et son école*, Paris, 1962. Romeyer Dherbey, G., *Les choses mêmes. La pensée du réel chez Aristote*, Lausanne, 1983.

35 Maïmonide, *Le Guide des égarés*, éd. S. Munk, Paris, 1959, éd. René Lévy, M. Aouad pour la langue arabe, Lagrasse, Verdier, 2012. Maïmonide, *Le Guide des égarés*, I, 61, (éd. Munk, 1964), p. 267. *De Mundo* 7, 401 a 12-26, ed. Tricot, p. 203 : Tout en étant unique, Dieu a plusieurs noms, désigné qu'il est par tous les attributs dont il est l'origine. Nous l'appelons, en effet, Zen et Zeus, en employant ces deux noms dans le même sens, comme si nous disions, 'par lui, nous vivons'. Il est encore nommé fils de Cronos et du Temps, car il dure sans fin d'une éternité à l'autre. Il est aussi Dieu de l'éclair et du Tonnerre, du Ciel serein et de l'éther, de la Foudre et de la Pluie, ainsi appelé d'après les pluies, les foudres et autres phénomènes. On le nomme encore l'Auteur des Fruits, à cause des fruits qu'il donne, Protecteur de la Cité, en raison des villes qu'il protège, Générateur, Rempart, Dieu des Parents, de nos Pères, car il participe à tout cela. Il est le Dieu de la sociabilité, de l'Amitié et de l'Hospitalité, des Armées et des Trophées, de la Purification et de la Vengeance, de la Supplication et de la Douceur, comme les poètes le nomment, et il est en vérité le Sauveur et le Libérateur, et, pour le dire en un mot, Dieu du Ciel et de la Terre, recevant son nom tiré de toute nature et de toute condition, comme étant lui-même cause de toutes choses, ed. Reale, p. 232-234 : « Εἷς δὲ ὢν πολυώνυμός ἐστι, κατονομαζόμενος τοῖς πάθεσι πᾶσιν ἅπερ αὐτὸς νεοχμοῖ. Καλοῦμεν γὰρ αὐτον καὶ (p. 234) Ζῆνα καὶ Δία, παραλλήλως χρώμενοι τοῖς ὀνόμασιν, ὡς κἂν εἰ λέγοιμεν δι'ὅν ζῶμεν. Κρόνου δὲ παῖς καὶ χρόνου λέγεται, διήκων ἐξ αἰῶνος ἀτέρμονος εἰς ἕτερον αἰῶνα. Ἀστραπαῖός τε καὶ βρονταῖος καὶ αἴθριος καὶ αἰθέριος κεραύνιός τε καὶ ὑέτιος ἀπὸ τῶν ὑετῶν καὶ κεραυνῶν καὶ τῶν ἄλλων καλεῖται. Καὶ μὴν ἐπικάρπιος μὲν ἀπὸ τῶν καρπῶν, πολιεὺς δὲ ἀπὸ τῶν πόλεων ὀνομάζεται, γενέθλιός τε καὶ ἑρκεῖος καὶ ὁμόγνιος καὶ πατρῷος ἀπὸ τῆς πρὸς ταῦτα κοινωνίας, ἑταιρεῖός τα καὶ φίλιος καὶ ξένιος καὶ στράτιος καὶ τροπαιοῦχος καθάρσιός τε καὶ παλαμναῖος καὶ ἱκέσιος καὶ μειλίχιος, ὥσπερ οἱ ποιηταὶ λέγουσι, σωτὴρ τα καὶ ἐλευθέριος ἐτύμως, ὡς δὲ τὸ πᾶν εἰπεῖν, οὐράνιός τε καὶ χθόνιος, πάσης ἐπώνυμος φύσεως ὢν καὶ τύχης, ἅτε πάντων αὐτὸς αἴτιος ὢν ».

> Les noms par lesquels nous connaissons Dieu ne signifient pas Dieu en lui-même essentiellement et profondément absolument, ils sont le résultat de notre traduction, depuis les créatures et leurs effets les plus évidents jusqu'à Lui qui ne nous est pas tellement connaissable ; on peut donc mieux le connaître dans sa simplicité. C'est ce que dit le Philosophe dans le dernier chapitre du *De Mundo* et puisqu'il est un, il est dénommé de multiples façons par toutes les passions qu'il renouvelle. En effet, il est appelé Jupiter, fils de Saturne, Enicus, fulminant, pluvieux, tonitruant, tempétueux, serein et surtout, pour le désigner dans son essence, il faut l'appeler céleste et terrestre, répondant de n'importe quelle nature, fortune, comme l'être lui-même, cause de toutes les choses ; Hermès comme Denys s'accordent sur ce qui vient d'être dit plus haut. De là, on peut le lire dans *Le Guide des égarés* de Maïmonide[36].

Au moment où il tente de savoir comment définir Dieu, Bradwardine fait cette unique citation du *De Mundo* avec une large référence paraphrastique au chapitre 7 : la pluralité des noms attribués à Dieu ne doit pas faire oublier que tous proviennent du même Dieu, une même essence, comme la loi du monde et comme le destin. Dieu est le destin parce qu'il relie tout et s'avance sans empêchement. Il associe étroitement sa citation à la référence de Maïmonide. Lui aussi, comme Bate, connaît bien l'astronomie arabe et le *De Caelo* aristotélicien ; pour lui, Maïmonide assure peut-être une garantie théologique au *De Mundo*, qu'il ne doit pas considérer comme un traité scientifique rigoureux.

Nous constatons donc les traces discrètes mais étendues du traité, dont la pérennité doit beaucoup aux autorités théologiques, cosmologiques et astronomiques arabes (ce sont les savoirs premiers de Maïmonide, Henri Bate et Thomas Bradwardine).

---

36 Thomas Bradwardine, *De causa Dei contra Pelagium et de virtute causarum*, éd. A. Lukács, Göttingen, 2013. Thomas Bradwardine (1345), *De causa Dei* 1.29, p. 120 : « Nomina igitur quibus Deum cognoscimus, non significant ipsum per se essentialiter et penitus absolute, quonum a creaturis et effectibus notioribus nobis transferuntur ad ipsum ignotiorem nobis, licet simpliciter notiorem. Ideoque dicit Philosophus in de Mundo ultimo [*De Mundo* 7, 401 a 12-26] cumque sit unus, multinomius est nominatus ab omnibus passionibus quas innovat ; vocatur enim Iupiter, filius Saturni, Enicus, fulmineus, pluvialis, tonitrualis, tempestuosus, serenus et in summa loquendo, caelestis et terrestris appellandus a qualibet natura, et fortuna, velut ens ipse omnium causa ; cui et concordant Hermes atque Dionysius superius recitati. Unde et Rabbi Mose de duce dubiorum [I, 61]. »

LA LECTURE COMPARÉE DES CHAMPS LEXICAUX LATINS DES TRADUCTEURS BARTHOLOMÉE DE MESSINE ET NICOLAS DE SICILE RELATIFS À LA PUISSANCE, L'IMMANENCE ET LA TRANSCENDANCE DIVINES : L'EXEMPLE PLUS PARTICULIER DES CHAPITRES 5, 6 ET 7

Les deux traducteurs sont d'emblée en conformité avec le verbe grec θεολογεῖν qui inaugure le programme du traité, avec la formule *teleologice disserimus* chez Nicolas, *theologizemus* chez Bartholomée (qui paraît être un néologisme pour la circonstance).

De plus, les enjeux du traité relatifs aux actions divines d'ordre, d'équilibre et d'ornement de la nature créée donnent lieu à une compréhension efficace des traducteurs. La concorde créée dans la nature (5, 396 b 5) est scrupuleusement décrite, l'uniformité des deux traducteurs siciliens se manifeste dans la traduction de la notion héraclitéenne et pythagoricienne d'harmonie (*ἁρμονία*, 5, 396 b 23[37]) par *armonia* chez Bartholomée et Nicolas (396 b 26[38]). L'accord des éléments (*ἡ τῶν στοιχείων ὁμολογία*, 5, 396 b 34[39]) mais aussi l'entente entre toutes choses détenue par le créateur (*ἡ ὁμονόνοια τοῦ πάντων γενετῆρος*, 397 a 4) sont rendus par les expressions *concordia elementorum* et *concordia genitoris* (Bartholomée et Nicolas, 396 b 34, 397 a 4[40]). La providence (ἡ σωτηρία[41]) qui vient décrire Dieu en tant que préservation, conservation de l'univers, est rendue aux mêmes endroits par les traducteurs latins au moyen de *salus*[42]. Quant à la destinée, (Αἶσα ἀεὶ οὖσα, 7, 401 b 14[43]), Nicolas traduit la notion par *Esa quia semper sit*[44] Bartholomée ne la traduit pas. Les Parques sont traduites par le terme *fatum* au pluriel chez Nicolas, *Parce* chez Batholomée, les deux traducteurs désignant le terme grec d'Εἱμαρμένη (7, 401 b 9) par l'équivalent latin *Ymarmenè*.

En revanche, les deux traductions latines du *Περὶ Κόσμου* présentent des divergences pour les chapitres 6 et 7 sur la puissance et l'être divins, la nature transcendance d'un Dieu, qui, par sa force tient tous

37 Ed. Reale, p. 208.

38 *Translatio Bartholomaei, De Mundo* 5-6, p. 15, *Translatio Nicholai, De Mundo* 5-6, p. 40.

39 Ibidem.

40 Ibidem.

41 Ed. Reale, 396 b 33-4, 397 a 31, b 5-16-20, 398 a 4, b 10, 400 a 4, 401 a 24.

42 Apulée traduit quant à lui la providence par l'expression *Infatigabili Providentia*, puis par *perseverantia*, *De Mundo*, éd. Beaujeu, II, XXIV.

43 Ed. Reale, p. 236.

44 *Translatio Nicholai, De Mundo* 7, 401 b 15, p. 49.

les contraires et ordonne la totalité de l'univers, sans que rien ne puisse le menacer ou le détruire. Dieu est distinct du monde par sa substance, mais partout s'exerce sa puissance (397 b 16-20) :

> C'est pourquoi quelques Anciens allaient jusqu'à soutenir que sont pleines de dieux toutes ces choses qui se manifestent à nous (*videntur*[A]/*ymaginata sunt*[B])[45] par l'intermédiaire des yeux, des oreilles et de tous les autres sens, adoptant ainsi une explication qui, tout en étant assurément conforme à la puissance (*potentia*[A]/*virtuti*[B]/*potestas*[APULÉE]) de Dieu, ne l'est pas, du moins à sa nature (*substantia*[A]/*substantie*[B]).
> Dieu, en effet, est réellement le conservateur/*Sospitator*[APULÉE] (*Pater [...] omnium est*[A]/*Paternus*[B]) et le générateur de toutes les choses, qui de quelque façon que ce soit (*Genitor eorum autem que perficiuntur qualiter utique quandoque secundum hunc modum*[A]), s'accomplissent en ce monde ; pourtant, il n'est pas sujet à la fatigue d'un être vivant qui travaille et qui peine, mais il emploie une puissance qui jamais ne se lasse et qui le rend supérieur même aux choses qui semblent bien éloignées de lui (*potentia utens impassibili, per quam et opinabilium esse longe circumfit*[A]/utens infatigabili *virtute, qua et longe visa fore aggreditur*[B]). [...] Et le corps céleste qui est le plus rapproché de lui bénéficie de sa puissance, et ensuite le Corps qui vient après celui-là, et ainsi successivement jusqu'aux lieux où nous habitons. Aussi la Terre, et ce qui est sur terre, étant placée à la plus grande de l'influence bienfaisance qui procède de Dieu, paraît faible et incohérente et remplie d'une grande confusion ; pourtant, dans la mesure où la divinité pénètre (*diïkneistaï*) (*in quantum ad omne accedere videtur divinum*[A]/ in quantum per totum solitum est numen *transire*[B]) naturellement toute chose, les êtres de notre terre subissent cette pénétration (*penetrare*[APULÉE]), et les êtres qui sont au-dessus de nous, suivant qu'ils sont plus rapprochés ou plus éloignés de Dieu, participent dans une mesure plus ou moins large au secours divin (*utilitate*[A]/*commodum*[B])[46]. »

45 Traduction de Bartholomée de Messine = [a] Traduction de Nicolas = [b]. *Translatio Nicholai, De Mundo* 6, p. 41-42, *Translatio Bartholomaei, De Mundo* 6, p. 17.

46 Ed. Reale, 6, 397 b 14-27-398 a 1, p. 212-214 : « Διὸ καὶ τῶν παλαιῶν εἰπεῖν τινες προήχθησαν ὅτι πάντα ταῦτά ἐστι θεῶν πλέα τὰ καὶ δι' ὀφθαλμῶν ἰνδαλλόμενα ἡμῖν καὶ δι' ἀκοῆς (p. 214) καὶ πάσης αἰσθήσεως, τῇ μὲν θείᾳ δυνάμει πρέποντα καταβαλλόμενοι λόγον, οὐ μὴν τῇ γε οὐσίᾳ. Σωτὴρ μὲν γὰρ ὄντως ἁπάντων ἐστὶ καὶ γενέτωρ τῶν ὁπωσδήποτε κατὰ τόνδε τὸν κόσμον συντελουμένων ὁ θεός, οὐ μὴν αὐτουργοῦ καὶ ἐπιπόνου ζῴου κάματον ὑπομένων, ἀλλὰ δυνάμει χρώμενος ἀτρύτῳ, δι'ἧς καὶ τῶν πόρρω δοκούντων εἶναι περιγίνεται. Τὴν μὲν οὖν ἀνωτάτω καὶ πρώτην ἕδραν αὐτὸς ἔλαχεν, 'ὑποτατός' τα διὰ τοῦτο ὠνόμασται, κατὰ τὸν ποιητὴν 'ἀκροτάτη κορυφῇ'τοῦ σύμπαντος ἐνκαθιδρυμένος οὐρανοῦ. Μάλιστα δέ πως αὐτοῦ τῆσ δυνάμεως ἀπολαύει τὸ πλησίον αὐτοῦ σῶμα, καὶ ἔπειτα τὸ μετ' ἐκεῖνο, καὶ ἐφεξῆς οὕτως ἄχρι τῶν καθ'ἡμᾶς τόπων. Διὸ γῆ τα καὶ τὰ ἐπὶ γῆς ἔοικεν, ἐν ἀποστάσει πλείστῃ τῆς ἐκ θεοῦ ὄντα ὠφελείας, ἀσθενῆ καὶ ἀκατάλληλα εἶναι καὶ πολλῆς μεστὰ ταραχῆς. Οὐ μὴν ἀλλὰ καθ' ὅσον ἐπὶ πᾶν διικνεῖσθαι πέφυκε τὸ θεῖον, καὶ τὰ καθ' ἡμᾶς ὁμοίως συμβαίνει τά τε ὑπὲρ ἡμᾶς, κατὰ τὸ ἔγγιον τε καὶ πορρωτέρω θεοῦ εἶναι μᾶλλόν τα καὶ ἧττον ὠφελείας μεταλαμβάνοντα ».

Dans la mesure où l'immanence du traité se refuse à une solution purement stoïcienne, le traité concilie cette immanence et cette transcendance singulières en distinguant l'essence de Dieu (l'οὐσία) et son pouvoir (la *δυνάμις*) : en essence, Dieu préserve une transcendance séparée du monde, sa *δυνάμις* se limite à son implication dans le cosmos. Il y a un Dieu invisible en lui, par lui, séparé et une manifestation divine par les actions visibles qui résultent de son pouvoir : il est donc sauveur et géniteur. Tricot traduit à tort l'οὐσία divine par *nature* et non par essence, caractérisant l'être divin par son pouvoir immanent ; les traducteurs siciliens choisissent le terme *substantia* et non *essentia*, du fait peut-être que le chapitre 7 délivre ultérieurement l'ensemble des noms glorieux attribué à Dieu et que la *substance divine* se fait suppôt du langage humain, mais aussi des actions et de la vie humaine, Apulée use du terme de *substance* pour le monde et non pour Dieu, pour lequel il n'y a, selon lui, ni substance, ni essence.

Nicolas choisit, pour le terme *δυνάμις*, le mot *virtus*, plus aristotélicien, plus païen et Bartholomée fait le choix de *potentia*, pleinement inscrit dans les problématiques du dogme chrétien. L'extrait cité se clôt sur le secours divin (ὠφελεία) : ce terme qui marque la dimension immanente du moyen et de l'usage, est un synonyme de *dunamis*, de mouvement. Apulée emploie le terme *utilitas*, comme Bartholomée, tandis que Nicolas recourt au terme *commodum*, à la connotation encore plus terrestre et concrète que l'utilité.

À la fin de l'extrait, Dieu est décrit comme pénétrant toutes choses, sur le mode stoïcien. Nicolas choisit de traduire διικνεῖσθαι par *transire* – terme physique propre à un corps en mouvement – et Bartholomée par *accedere* – terme avec une verticalité augustinienne, qui rappelle l'élan de procession –. Apulée n'hésite pas à utiliser *penetrare* (II, XXV), ce terme n'indique pas de direction, ni de mouvement, de haut en bas, ou circulaire ; les traductions latines inscrivent les actes de l'immanence divine dans la verticalité physique ou spirituelle, de façon beaucoup plus marquée.

Penser la force divine rayonnant sur le désordre des créatures, dans un monde qui regagne toujours l'horizon de l'identique et de l'immuable, marque un défi pour tout philosophe. Le traité pseudo-aristotélicien *De Mundo*, du grec au latin, de Byzance à Charlemagne, de Théophraste à Albert le Grand cultive son terreau fertile d'ignorances et de confusions. La pénurie des transmissions textuelles invite le Moyen Âge aux éclectismes créateurs, qui ajournent les certitudes, redessinent indéfiniment des frontières inattendues entre les autorités doctrinales. La réception du traité offre ainsi la chance de préserver dans la pensée humaine ce qu'elle a de plus précieux : l'ambition d'un idéal, l'humilité du provisoire.

Alice LAMY
Lycée Montesquieu – Le Mans,
Sorbonne Université EA 4081,
UPJV EA 4284

DU LATIN AU MOYEN FRANÇAIS

L'exemple de l'*Ovide moralisé*

Au début du XIVe siècle, un auteur anonyme entreprend de traduire les *Métamorphoses* d'Ovide du latin à la langue romane : « Pour ce me plaist que je commans », dit-il, « Traire de latin en rommans / Les fables de l'ancien temps[1] ». Contrairement aux mythographes qui l'ont précédé, il va livrer la première traduction intégrale du poème ovidien en langue vernaculaire. Il connaît bien le latin, et se montre capable de le rendre avec exactitude. Mais la notion de « traduction » est à comprendre au sens médiéval : l'auteur va également « adapter » le texte à son public contemporain, et plier la langue latine aux contraintes de la langue du XIVe siècle. Et tout d'abord, il adopte pour sa version romane le vers qu'ont utilisé les auteurs de « romans » (le mot a d'abord le sens de « mise en langue romane ») depuis le XIIe siècle : le couplet d'octosyllabes à rimes plates. Il lui faut en général deux octosyllabes pour rendre l'hexamètre dactylique d'Ovide, et l'une des techniques de traduction qu'il a apprise dans les écoles est celle du « doublet synonymique », qui lui permet de rendre au plus près le mot latin dans la nouvelle langue. En outre, il veut « acomplir sa matière », comme il l'affirme à maintes reprises : lorsque le poète augustéen est laconique, ne fait que suggérer une légende, en omet d'autres qui ne touchent pas directement au sujet de la métamorphose, il n'est pas rare que le translateur roman ajoute des éclaircissements, voire des fables entières. On le sait, si les auteurs médiévaux sont les imitateurs des anciens, le lieu de l'*inventio* se trouve souvent pour eux dans le procédé de l'*amplificatio*, conseillé par les *Arts Poétiques* des XIIe et XIIIe siècles[2]. Et

1 Livre I, vers 15-17. Voir *Ovide Moralisé, Livre I*, édition critique par Craig Baker, Marianne Besseyre, Mattia Cavagna, Stefania Cerrito, Olivier Collet, Massimiliano Gaggero, Yan Greub, Jean-Baptiste Guillaumin, Marylène Possamaï-Pérez, Véronique Rouchon-Mouilleron, Irene Salvo, Thomas Stuntler, Richard Trachsler, Paris, SATF, 2018, t. II, p. 7-8.

2 *Cf.* E. Faral, *Les arts poétiques du XIIe et du XIIIe siècles. Recherches et documents sur la technique littéraire du Moyen Âge*, Paris, Champion, 1958, rééd. 1982, p. 61.

l'on a souvent l'impression que l'anonyme a l'ambition de réaliser une véritable somme mythologique. Mais « acomplir la matière », c'est aussi parfois la simplifier, en supprimant des noms propres ou des allusions mythologiques trop obscures pour des lecteurs du XIVe siècle. On est donc loin de la conception moderne de la traduction, et l'on préfèrera parler de *translatio* pour ce passage du latin à la langue romane.

En outre, pour notre auteur du XIVe siècle, il ne s'agit pas de traduire les *Métamorphoses* d'Ovide pour le seul plaisir de raconter des fables mythologiques : il est nécessaire de justifier cette démarche du point de vue de la morale et de l'orthodoxie. Il faut prouver que ces récits, parfois grotesques ou obscènes, invraisemblables le plus souvent, recèlent une valeur cachée, qui les rend dignes d'intérêt. C'est pourquoi l'anonyme fait suivre sa « translation » de chaque fable d'une deuxième « traduction » : après la transposition linguistique, il propose une transposition axiologique, pour reprendre les termes de Gérard Genette[3]. C'est en effet la lecture allégorique qui va permettre de sauver ces légendes païennes : « S'en dirai ce que je entens[4] », annonce l'auteur dans son prologue. Chaque fable sera donc suivie d'une interprétation allégorique. Mais si le translateur est original dans sa façon de rendre l'intégralité des récits fabuleux, il l'est aussi dans ce deuxième travail, celui du moraliste : là où les mythographes antérieurs ont pu délivrer une signification évhémériste ou morale des fables, l'auteur du XIVe siècle élabore un véritable édifice allégorique, construit sur le modèle des quatre sens de l'écriture : « *Littera gesta docet, quid credas allegoria / Tropologia quid agas, quo tendas anagogia* », dit le distique anonyme : « La lettre enseigne les faits, l'allégorie ce qu'il faut croire, / la tropologie ce qu'il faut faire, l'anagogie ce vers quoi il faut tendre » : tels sont les quatre sens que les Pères de l'Église accordent à l'Écriture sainte[5]. Le mot « Jérusalem » désigne selon la lettre la cité historique des Juifs, selon l'allégorie l'Église terrestre, militante, selon la tropologie l'âme humaine, selon l'anagogie enfin la cité céleste[6]. C'est ce principe que le moraliste du XIVe siècle entend appliquer aux fables antiques. Simplement, s'il ne veut pas être taxé d'hérésie, il ne peut accorder un sens littéral vrai à ces récits

3 G. Genette, *Palimpsestes. La littérature au second degré*, Paris, éd. du Seuil, 1982, p. 293.

4 *Ovide moralisé*, v. 18 (éd. citée, *ibid.*, p. 8).

5 *Cf.* H. de Lubac, « Sur un vieux distique. La doctrine du "quadruple sens" », *Mélanges Ferdinand Cavallera*, Toulouse, Bibliothèque de l'Institut Catholique, 1948.

6 *Ibid.*, p. 353.

invraisemblables. Après avoir traduit chaque fable, il commence donc par une signification « littérale », une interprétation concrète, de type physique (sur le modèle des lectures stoïciennes) ou historique (à l'instar de l'interprétation évhémériste) : cette première explication permet de donner à la fable un sens littéral acceptable, rationnel, qui va légitimer la deuxième série d'interprétations, celle qui touche à l'un des trois sens spirituels, celui du *quid credas*, du *quid agas* et/ou du *quo tendas*. En effet le moraliste des fables d'Ovide ne délivre pas nécessairement les trois sens spirituels, mais il marque une hiérarchie très nette entre la première série de sens, qu'il appelle souvent « sentence », « exposition », et la seconde série, à laquelle seule il accorde le nom d'« allégorie ». Il pratique ainsi ce que Gilbert Dahan appelle le « saut herméneutique », entre les sens « concrets » et les sens « intelligibles », les premiers jouant aussi le rôle de tremplin vers les vérités supérieures[7].

Ainsi le changement de langue est lié dans l'*Ovide moralisé* à un « dialogue des cultures[8] » entre Antiquité et Moyen Âge, entre paganisme et christianisme. Pour en donner un exemple précis, nous prendrons une fable assez peu étudiée, celle de l'enlèvement d'Europe par Jupiter. Dans un premier temps nous nous intéresserons à la manière dont l'auteur roman traduit le texte latin – en recherchant d'éventuels intermédiaires entre l'hypotexte et l'hypertexte (pour parler encore comme G. Genette[9]) : sa « translation » est souvent fidèle au texte latin, qu'il connaît bien, qu'il a sous les yeux, mais pour « acomplir » sa matière il dispose aussi de « gloses », comme il le dit explicitement à plusieurs reprises (« La glose dit que[10] ») : le manuscrit des *Métamorphoses* sur lequel il travaille ressemble à ce témoin conservé à la Bibliothèque du Vatican[11], dont le texte latin, au centre de la page, est truffé de gloses interlinéaires qui proposent des équivalents (latins encore, mais parfois déjà romans, accompagnés du mot *gall.* pour *gallice*) aux mots d'Ovide.

7 G. Dahan, *L'exégèse chrétienne de la Bible en Occident médiéval (XIIe-XIVe s.)*, Paris, 1999, p. 435 *sq.*

8 Tel était le sujet de la session du congrès GIS Humanités dans laquelle a été prononcée cette communication, le 18 décembre 2018.

9 *Op. cit.*, p. 374, p. 554-555.

10 Voir par exemple l. I, v. 330, éd. citée, *ibid.*, p. 21. *Cf.* M. Possamai-Pérez, « L'*Ovide moralisé*, ou la "bonne glose" des *Métamorphoses* d'Ovide », *Regards croisés sur la glose, Cahiers d'Études Hispaniques Médiévales*, n° 38, 2008, p. 181-206.

11 Sous la cote *Vaticanus Latinus 1479*.

Nous nous intéresserons ensuite aux interprétations, qui pour la fable d'Europe respectent bien l'étagement dont nous parlions : une première moralisation s'appuie sur « l'estoire » (livre II, vers 5085-5102). Une deuxième interprétation (vers 5103-5138) présente la leçon du *quid credas* (comme le confirme clairement le vers 5134 : « Ce devons nous fermement croire »), mais se termine par quatre vers qui introduisent l'anagogie, marquée par le futur (« Si vendra jugier mors et vis / Et donner aus bons Paradis, / Et aus mauves, o le dyable, / Torment et paine pardurable » : c'est l'interprétation de Minos, fils de Jupiter et Europe, juge des enfers). Le beau manuscrit Rouen Bm O. 4 marque bien ces trois étapes : celle de la fable est annoncée, au folio 71, par une miniature qui représente Europe chevauchant le taureau blanc qui va l'emporter sur la mer, Jupiter métamorphosé. Les interprétations sont précédées d'une miniature figurant l'Ascension du Christ, qui « emporta l'umanité / Aus cieulz avueuc sa deïté » (interprétation du départ du taureau enlevant Europe). Mais chacun des deux niveaux d'interprétation est bien démarqué grâce à la présence de deux initiales peintes, le L de « L'estoire » et le C de « Cil dieux ».

Nous essaierons de repérer les sources possibles de l'auteur anonyme, tant pour ce qui concerne sa traduction en langue romane, que pour l'autre transfert que constitue l'interprétation allégorique.

Pour ce qui concerne la traduction d'abord, nous pouvons constater une importante amplification : les 43 vers d'Ovide[12] sont rendus par 148 vers dans l'*Ovide moralisé*[13], ce qui dépasse de plus d'un tiers la proportion habituelle de deux octosyllabes pour un hexamètre. Il est facile de constater tout d'abord que les additions du translateur roman concernent soit la « conjointure » de son propre texte (le rappel de la fin de la fable des Danaïdes[14], absente des *Métamorphoses* et que l'anonyme a ajoutée « pour mieux acomplir (s)a matière »), soit

12 Ovide, *Les Métamorphoses*, éd. et trad. Georges Lafaye, Paris, Les Belles Lettres, 1969 (désormais *Mét.*), t. I, p. 64-66, l. II, v. 833-875.

13 « *Ovide moralisé* », *poème du commencement du quatorzième siècle*, publié d'après tous les manuscrits connus par Cornelis de Boer, Verhandelingen der Koninglijke Akademie van Wetenshappen, Afdeeling Letterkunde, Nieuwe Reeks, Amsterdam, Johannes Müller, 1915-1938, Vol. I-V, les vol. III et IV avec la collaboration de Mlles G. de Boer et J. Th. M. Van't Sant (désormais *Om*), vol. I, p. 276-279, l. II, v. 4937-5084.

14 *Om*, *ibid.*, vers 4937-4941.

des précisions généalogiques sur le père et les frères d'Europe[15]. Par ailleurs entre le vers 4970 et le vers 4999, l'auteur se souvient des romans antiques ou arthuriens pour dire le pouvoir d'Amour : les vers 846-847 d'Ovide : « *non bene conveniunt nec in una sede morantur / maiestas et amor* », « On ne voit guère s'accorder et habiter ensemble la majesté et l'amour », sont traduits par les seuls vers 4977-4979 : « Ja n'avront bone compaignie / Loiaus amours et seignorie, / Quar trop sont divers et contraire. », et les vers 848-849 : « *ille pater rectorque deum, cui dextra trisulcis / ignibus armata est, qui nutu concutit orbem* », « le père et souverain des dieux, dont la main est armée de la foudre au triple dard, qui d'un signe de tête ébranle l'univers… », sont rendus par les 4988-4990 : « Le dieu poissant, le roi celestre, / Jupiter, qui tone et espart, / Qui les foudres jete et depart ». À l'exception de ces six vers, tout le reste, qui constitue donc une addition de trente vers, ne vient d'aucune source précise, mais notre moraliste est aussi un lecteur, sans doute fasciné, des romans du XIIe siècle et du *Roman de la Rose* du XIIIe siècle. La version romane rend encore magnifiquement aux vers 5011-5084, la beauté, la pureté, le naturel du tableau ovidien de la séduction d'Europe par Jupiter transformé en taureau[16]. Ces vers ne sont pas moins poétiques que les vers latins[17] qu'ils amplifient encore de manière assez substantielle (74 vers contre 17 seulement en latin).

Le récit proprement dit de la métamorphose de Jupiter et de l'enlèvement d'Europe commence au vers 5000 de l'*Ovide moralisé*. Le translateur roman suit le récit ovidien, avec le déplacement par Mercure du troupeau vers le rivage[18], et Jupiter qui vient se mêler aux bêtes sous sa forme d'emprunt. Mais sous cette apparente fidélité à son hypotexte, on peut déjà déceler des glissements à peine perceptibles, mais très conscients et concertés, par lesquels le moraliste prépare l'interprétation typologique (le processus allégorique repose en effet sur le principe de *similitudo*, et les termes utilisés dans le récit de la fable pourront être repris dans l'allégorie : ces parallélismes entre la fable et l'interprétation justifient l'entreprise de l'exégète).

15 *Om*, *ibid.*, vers 4949-4958.

16 *Om*, *ibid.*, II, 5011-5084 : *cf. Mét.*, *ibid.*, II, 859-875.

17 *Mét.*, *ibid.*, II, 859-875.

18 Les vers 843-844 d'Ovide sont rendus par les v. 5000-5003.

On remarque à peine, en effet, que Jupiter est appelé « dieux » sans déterminant au v. 5003, ce qui permettra d'instaurer une équivalence entre le dieu païen et le dieu unique des chrétiens. On remarque peut-être un peu plus l'insistance sur l'humiliation volontaire du dieu : « tant s'abessa / qu'il en deigna… ». Mais on ne peut pas ne pas remarquer que le taureau de la légende (*induitur faciem tauri*, écrit Ovide au vers 850), est remplacé par le « bues » des vers 5007-5008 de l'*Ovide moralisé* : « qu'il en deigna bues devenir / et com bues se vault contenir ». Les sources tardo-antiques et médiévales que l'auteur du XIVe siècle a pu utiliser, Hygin dans les *Astronomica*, Fulgence dans les *Mitologiae*, Lactance dans les *Narrationes fabularum ovidianarum*, les trois Mythographes du Vatican, Arnoul d'Orléans dans les *Allegoriae* ou Jean de Garlande dans les *Integumenta*, ont tous gardé le taureau de la fable antique. Seule la deuxième glose marginale de la fable, au folio 70v du *Vat. lat. 1479*, remplace le mot *taurus* par *bovem* : les autres gloses du même manuscrit gardent *taurus*. On ne sait pas quel témoin de ces manuscrits glosés était celui de notre anonyme. Mais les indices sont trop minces pour qu'on puisse penser que la transformation n'est pas l'invention de notre auteur : de toutes façons, elle lui convient trop bien pour qu'il n'ait pas saisi la plus petite occasion d'établir une correspondance entre la figure de la fable et son signifié dans l'allégorie, le Christ. Plus bas, le terme *formosus* d'Ovide (v. 859) est traduit par « biaus fu » (une glose interlinéaire du *Vat. lat. 1479* donne *pulcher* comme équivalent à *formosus*), mais le translateur ajoute de son cru « mes trop double / Sa biauté par sa grant simplece » (v. 5026-5027) : en l'espace de sept vers, il introduit trois fois cette idée de simplicité[19]. Parallèlement, il ne reprend pas la mention du sceptre de Jupiter (« *sceptri gravitate relicta* », « abandonnant son sceptre auguste[20] »). La nuance essentielle de l'humilité est donc déjà introduite dans le texte même de la légende. L'humiliation par amour, le mouvement descendant du dieu vers la terre, la notion de labeur et de sacrifice liée à la figure du bœuf (la typologie s'appuiera sur ce lien), préférée au taureau symbole de force et de fertilité, donnent déjà une orientation à la fable. Le translateur reprend aussi de façon précise la

19 Vers 5025, 5027 et 5030.
20 *Mét.*, *op. cit.*, p. 66, v. 847.

comparaison de la blancheur de l'animal avec la neige fraîchement tombée et non encore foulée[21]. Il transcrit les détails du visage pacifique[22] et du regard doux[23], celui des petites cornes luisantes[24] moins menaçantes que faites pour être tenues dans la main[25] : dans bien des passages on peut constater que l'auteur rend le latin de manière assez précise – ce qui permet d'affirmer que les changements, pour subtils qu'ils soient, sont intentionnels. Pour prendre un dernier exemple, nous avons trouvé intéressante la traduction du vers 854 d'Ovide : *armis palearia pendent*, « son fanon pend jusqu'à ses épaules », par « Ou pis devant veïst l'en pendre / Grans palaires » (v. 5022-5023) : pour le mot *palearia*, le *Vat. lat. 1479* donne la glose interlinéaire : « fanons gall(ice) », c'est-à-dire une proposition de traduction en langue romane, que notre translateur n'a pas lue (rien ne dit que cet exemplaire soit celui qu'il a utilisé, ce n'est qu'un exemple de ce qu'il a pu avoir entre les mains) : il fait donc œuvre de création verbale, en inventant cet équivalent « palaire », qu'aucun dictionnaire n'a recensé à ma connaissance. C'est sans doute un hapax, mais qui révèle la façon dont il travaille pour traduire le poème latin.

Les interprétations quant à elles utilisent différemment les commentaires et gloses antérieurs. La première, historique, reprend une lecture très répandue, selon laquelle Jupiter, roi de Crète, avait enlevé Europe dans un bateau sur lequel était peint un taureau : « En Tyr a la bele ravie, / Et porta par mer, a navie / Ou il avoit un toriel paint »

21 Les vers 852-853 du poème latin, « *color nivis est, quam nec vestigia duri / calcavere pedis nec solvit aquaticus auster* » (« Sa couleur est celle de la neige, où aucun pied n'a encore mis sa dure empreinte et que n'a pas détrempée le souffle humide de l'Auster ») sont rendus par « Cil bues avoit la coulour blanche / Plus que novele nois sor branche / Qui n'est foulee ne remise » (v. 5011-5013) : le translateur n'a supprimé que la comparaison peut-être peu claire pour ses lecteurs avec le souffle humide de l'Auster.

22 « *pacem vultus habet* » (*Mét.*, *ibid.*, v. 858, « une expression de paix règne sur sa face ») est traduit par « la chier simple et paisible » (*Om.*, *ibid.*, v. 5015).

23 « *nec formidabile lumen* » (*Mét.* v. 857, « ses yeux n'ont rien de redoutable »), rendu par « N'avoit pas le regard orible » (*Om* v. 5016).

24 « *cornua parva…puraque magis perlucida gemma* » (*Mét.*, v. 855-856, « ses cornes sont petites […] elles l'emportent par leur éclat sur une gemme d'une eau pure »), « Plus cleres de cristal luisant / Ot les cornes et petitetes » (*Om.*, v. 5018-5019).

25 « *quae contentere possis / facta manu* » (*Mét.*, v. 855-856, « on pourrait soutenir qu'elles ont été faites à la main ») : « De tel mesure furent faites / Qu'on les peüst ou poin comprendre » (*Om.*, v. 5020-5021 – il y a peut-être cependant un défaut de compréhension de l'expression « *facta manu* », rendue par « ou poin comprendre »).

(vers 5091-5093). L'interprétation se trouve chez Arnoul d'Orléans[26] et chez Jean de Garlande[27] et elle est recopiée dans les marges du *Vat. lat. 1479*[28]. Chez Arnoul et dans le *Vat. lat. 1479*, elle est mise en relation avec la « réalité », avec le « fait vrai ». Mais dès cette première interprétation l'auteur de l'*Ovide moralisé* ajoute de son cru cinq vers qui ne se lisent nulle part ailleurs, ce sont les vers 5096-5100 :

> Et non porquant tant d'art savoit,
> Que de legier, s'il li seïst,
> En guise de buef se meïst,
> Ou d'autre forme se couvroit,
> Par magique, dont il ouvroit.

Quelle peut être la raison de cet ajout ? Le moraliste cherche peut-être à établir un parallélisme, une correspondance, entre les deux

26 Arnoul d'Orléans, *Allegoriae super Ovidii Metamorphoseon*, II, 13, « *Iupiter in thaurum mutatus Europam filiam Agenoris raptam devirginavit : Re vera Iupiter rex cretensis. Europam Agenoris regis Phenicie filiam adamavit ad quam Mercurium id est facundum misit filium qui virgini persuasit ut ad litus accederet. Quod cum fecisset, Iupiter eam in litore inventam et navi impositam in Cretam portavit quam ibi tenens devirginavit. Sed quia navis eius thaurum depictum habebat in priori parte ideo dicitur in specie thauri eam rapuisse. Vel quia navis eius thaurus vocabatur quam ipsa ascendit* ». « En vérité Jupiter, roi de Crète, aima Europe, la fille du roi de Phénicie Agénor : il lui envoya son fils Mercure, c'est-à-dire l'éloquent, qui persuada la jeune fille de s'approcher du rivage. Après quoi Jupiter la trouva sur le rivage et l'emporta sur un navire en Crète où, la tenant prisonnière, il lui prit sa virginité. Mais parce que son navire était décoré de la peinture d'un taureau sur sa proue, on dit qu'il l'enleva en prenant l'aspect d'un taureau. Ou (c'est) parce que le navire sur lequel elle monta était appelé "Taureau". » Voir F. Ghisalberti, *Arnolfo d'Orléans, Un cultore di Ovidio nel secolo XII*, Memorie del R. Istituto Lombardo di Scienze e Lettere, Classe di Lettere, Scienze e morali storiche, Vol. XXIV, Hoepli, Milano, 1932.

27 Jean de Garlande, *Integumenta Ovidii*, III, v. 151-152, *Iupiter Europam rapuit rape, taurus in illa / pictus erat, taurus nomine navis erat*, « Jupiter enleva Europe sur un bateau sur lequel était peint un taureau ». Voir F. Ghisalberti, *Giovanni di Garlandia, Integumenta Ovidii, Poemetto inedito del secolo XIII*, Principato, Milano, 1933.

28 « *Rei veritas est talis : Iupiter, rex cretentis, adamavit Europam filiam Agenoris regis, unde primo misit nuncios ad explorandum civitatem et ad ultimum in navi transfretavit, in qua quidam taurus pictus erat, et sic dicitur rapuisse in specie tauri* », « La vérité des faits est la suivante : Jupiter, roi des Crétois, aima Europe, la fille du roi Agénor, c'est pourquoi il envoya d'abord des messagers pour explorer la cité, et finalement fit embarquer Europe dans un bateau sur lequel était peint un taureau : aussi on dit qu'il l'enleva sous l'aspect d'un taureau. » (Voir *Un commentaire médiéval aux* Métamorphoses. *Le* Vaticanus Latinus 1479, *Livres I à V.* Texte établi, introduit et annoté par Lisa Ciccone, traduction de Marylène Possamai-Pérez, avec la collaboration de Prunelle Deleville, Garnier, Textes littéraires du Moyen Âge 56, Série *Ovidiana textes*, 2020.

interprétations[29], pour justifier la deuxième, qui fait de Jupiter une figure du Christ, et d'Europe « l'humain lignage », l'humanité que le Christ est venu sauver en se « couvrant d'humaine forme ». C'est en effet une transformation volontaire que l'Incarnation : « Por l'amour d'humaine nature / Se vault descendre et abessier » (vers 5115-5116). L'interprète, en ajoutant l'idée que « l'art » de Jupiter lui aurait permis de se « couvrir d'autre forme » facilement, « de legier », prépare peut-être l'équivalence entre la métamorphose en « bœuf » et l'Incarnation. De la même façon il souligne le parallélisme entre le récit de la fable et cette deuxième interprétation en reprenant par deux fois le verbe « s'abessier », au vers 5116 déjà cité, et plus bas, au vers 5122.

Cette deuxième interprétation, qui ne se lit chez aucun des mythographes antérieurs, lui est pourtant peut-être soufflée par une glose du type de celle qu'on lit dans la marge du manuscrit *Vat. lat. 1479* : celle-ci fait de Jupiter la figure de Dieu le Père et d'Europe « la bonne rive » (bona ripa), c'est-à-dire Marie, « rive et fin du Vieux Testament ». *Mutavit Iupiter in speciem tauri, quia deus assumpsit formam humanam, assumens quod non erat, non relinquens quod erat*, « Jupiter se métamorphosa en prenant l'aspect d'un taureau, parce que Dieu prit forme humaine, prenant ce qui n'était pas sans laisser ce qui était » (c'est-à-dire prenant la nature humaine sans abandonner la nature divine). Mais l'*Ovide moralisé* ne fait pas d'Europe une figure de Marie, et ne reprend pas la suite de cette glose, qui fait de la blancheur la figure de la virginité et d'Europe chevauchant le taureau Marie qui place tout son esprit en Dieu, pour traverser la mer, c'est-à-dire le monde, en étant exempte de tout péché ; Dieu naquit d'elle ; Jupiter s'unit à elle sans la corrompre, mais en la préservant[30]. L'auteur de l'*Ovide moralisé* préfère insister,

---

29 La phrase « Autre sentence puet l'en metre, / Qui bien s'acorde a ceste letre » (v. 5103-5104) relie les deux interprétations. Les mots « ceste letre » désignent-ils le texte de la fable, ou plutôt la première interprétation, selon « la vérité historique » ?

30 « *Moralitas talis est : Iupiter, iuvans pater, id est Deus, misit Mercurium, id est facondiam, angelum suum, Europe, id est bone rippe. Maria etiam rippa et finis fuit Veteri Testamenti. Mutavit Iupiter in speciem tauri, quia deus assumpsit formam humanam, assumens quod non erat, non relinquens quod erat. Niveus erat. Per nivem intelligimus virginitatem. Europa ascendit super eum quia Maria totam mentem in Deum posuit, unde mare, id est mondum, transivit, quia mundi viciis caruit, et Deus ex illa natus fuit. Sic dicitur. Iupiter rem com illa habuit non corrumpendo, sed conservando illam.* », « La moralité est la suivante : Jupiter, le père aidant, c'est-à-dire Dieu, envoya Mercure, l'éloquence, son ange, vers Europe, la bonne rive, Marie, qui fut la rive et la fin de l'Ancien Testament. Jupiter prit l'apparence d'un taureau, parce que

comme il l'avait fait dans le récit de la fable, sur le contraste entre la grandeur de Dieu (qui correspond aux attributs de Jupiter, vers 5105-5113) et l'humilité de l'Incarnation (« Tant s'abessa, tant s'apovri », v. 5122) « pour raiembre l'umain lignage et giter d'infernal servage » (v. 5119-5120) ; le passé simple du récit marque de manière habituelle la leçon typologique. La mention de l'Incarnation est suivie de celle de la Passion, qui permet une nouvelle comparaison avec le bœuf de la fable par l'intermédiaire de la notion de sacrifice, de la Résurrection et de l'Ascension (vers 5124-5133)[31].

Ainsi donc, on le voit, l'auteur de l'*Ovide moralisé* opère une habile « conjointure », pour utiliser le terme de Chrétien de Troyes, entre les différents hypotextes dont il dispose : son manuscrit des *Métamorphoses* contient des gloses qui recopient sans doute dans les marges, sans les nommer, les interprétations d'Arnoul d'Orléans et celles de Jean de Garlande[32]. Mais l'anonyme du XIVe siècle ajoute « sa peine et s'entencion », comme Chrétien de Troyes encore, pour livrer des *Métamorphoses* une traduction complète et toute personnelle (il connaît bien le latin, et nous avons vu qu'il n'hésite pas à créer des mots pour enrichir la langue romane), mais surtout pour construire un édifice parfaitement cohérent, qui étage le récit de la fable et ses interprétations : chaque pallier est construit sur

---

Dieu revêtit la forme humaine, prenant ce qu'il n'était pas, sans laisser ce qu'il était. Il était blanc comme la neige. Par la neige nous comprenons la virginité. Europe monta sur son dos parce que Marie posa tout son esprit en Dieu, et ainsi traversa la mer, c'est-à-dire le monde, parce qu'elle fut exempte des vices de ce monde, et Dieu naquit d'elle. C'est ce qui est dit. Jupiter s'unit à elle sans la corrompre, mais en conservant sa pureté. », *Un commentaire médiéval… op. cit.*

31 « … il ot fain et soif en ce monde, / Et mainte tribulation, / Puis souffri mort et passion / Por nous, si fu menez a paine, / Aussi come buef que l'on maine / Au sacrefice souffrir mort. / Au tiers jour suscita de mort, / Puis enporta l'umanité / Aus cieulz avueuc sa deïté. / La regne en pardurable gloire ».

32 Voir F. T. Coulson, « Ovid's *Metamorphoses* in the school tradition of France, 1180-1400 », éd. J. G. Clark, F. T. Coulson et K. L. McKinley, *Ovid in the Middle Ages*, Cambridge, 2011, p. 48-82 et *The Vulgate commentary on Ovid's* Metamorphoses, *Book I*, TEAMS, Medieval institute publications, Kalamazoo, Western Michigan University, 2015. Voir aussi les travaux d'I. Salvo-Garcia sur ce manuscrit et sur les sources de l'*Ovide moralisé.* Parmi les plus récents, voir son chapitre d'introduction au livre I de l'édition critique de l'*Ovide moralisé*, parue en octobre 2018 à la SATF (*op. cit.*) et son article « Les *Métamorphoses* et l'histoire ancienne en France et en Espagne (XIIIe-XIVe) : l'exemple des légendes crétoises (*Mét.* VII-VIII) », paru dans *Ovidius explanatus. Commenter et traduire les Métamorphoses au Moyen Âge*, chez Garnier, coll. *Ovidiana*, fin oct. 2018.

le précédent, et les reprises de termes justifient l'entreprise allégorique par ces *similitudines*. Il insiste plus que les mythographes qui l'ont précédé sur l'humilité que constitue la métamorphose, et il est l'un des rares adaptateurs de la fable à remplacer le taureau par le bœuf. Cet effort de construction se poursuivra sans faiblir sur les quinze livres, sur les 72 000 vers de l'*Ovide moralisé*. C'est ainsi une véritable cathédrale gothique que bâtit l'anonyme au début du XIVe siècle.

Marylène POSSAMAÏ-PÉREZ
Université Lumière-Lyon 2
– UMR 5648 CIHAM

L'ORGUEIL
AU MIROIR DE NARCISSE

Narcisse a fait l'objet d'un vif engouement au Moyen Âge comme en attestent le nombre et la variété des œuvres où il apparaît. Je ne m'intéresserai dans cet article qu'à celles qui proposent une lecture morale de ce héros et de son comportement. Leurs auteurs interprètent la fable antique selon l'herméneutique chrétienne et associent ainsi Narcisse à l'orgueil. Il est significatif d'étudier de quelle manière la *superbia* que l'on trouve chez Ovide a été transposée en latin médiéval puis traduite en ancien et moyen français. Le lexique employé pour désigner le comportement du héros antique est un témoin important de la manière dont la notion d'orgueil était appréhendée au Moyen Âge et de son évolution dans la pensée chrétienne.

Avant de nous plonger dans les versions médiévales du mythe, je vous propose de nous tourner un bref instant du côté du péché d'orgueil et des débats qu'il a suscités au sein des communautés monastiques médiévales.

L'ORGUEIL MÉDIÉVAL

Ce vaste sujet touche une notion complexe aux réalisations diverses. Je me fonde, entre autres, sur les articles « orgueil » et « vaine gloire » du *Dictionnaire de spiritualité ascétique et mystique*[1] pour dresser un panorama de l'évolution de l'orgueil dans la pensée médiévale.

1 *Dictionnaire de spiritualité, ascétique et mystique, doctrine et histoire*, fondé par M. Viller, F. Cavallera, J. de Guibert, s. J., Paris, Beauchesne, 1982. T. III (1957) article « Défaut » col. 68-88 ; T. VI (1967) article « Gloire » col. 494-505 ; T. XI (1982) article « Orgueil » col. 907-933.

Isidore de Séville dans ses *Etymologiae* propose la définition suivante de l'orgueil :

> *Superbus dictus est, quia super vult videri quam est : qui enim vult supergredi quod est, superbus est*[2].

Le grammairien relie l'adjectif « *superbus* » au verbe « *supergredior* » par le préfixe commun « *super* » qui exprime l'idée de supériorité, de dépassement.

L'orgueil entraîne l'individu qui en souffre à désirer être indépendant de Dieu et des hommes, et à ne pas tenir compte de leur opinion et surtout à les mépriser[3]. La prépondérance de l'orgueil par rapport aux autres péchés est une question cruciale qui a occupé les milieux monastiques et les théologiens.

Évagre le Pontique, moine du IVe siècle, dresse la liste des huit péchés capitaux dont l'orgueil et la vaine gloire font partie intégrante[4]. Ces deux derniers péchés forment le duo ultime à vaincre pour ceux qui recherchent la perfection. La vaine gloire entretient un rapport étroit avec l'orgueil. Elle consiste à préférer la gloire des hommes plutôt que celle qui vient de Dieu ou les biens terrestres plutôt que les biens spirituels.

Le Moyen Âge occidental hérite de cette classification par l'intermédiaire de Jean Cassien au Ve siècle. Cependant les théologiens ne parviennent pas à s'accorder sur la frontière à dresser entre la vaine gloire et l'orgueil. Au VIe siècle, Grégoire le Grand présente l'orgueil comme la racine de tous les maux en s'inspirant d'un passage de l'Ecclésiaste : « *Initium omnis peccati est superbia*[5] ». Le nombre des péchés capitaux passe donc à sept mais le débat est loin d'être clos.

Pour les uns, orgueil et vaine gloire sont deux défauts différents puisque le premier était le père de tous les vices tandis que le second

---

2 *Dictionnaire de spiritualité*, éd. citée. T. XI, article « Orgueil », col. 907-933. *Cf.* col. 920 : « On appelle orgueilleux celui qui veut être considéré au-dessus de ce qu'il est ; celui qui veut tout surpasser est en effet un orgueilleux. », traduction personnelle.

3 *Ibid. Cf.* col. 916 et col. 931.

4 *Ibid.*, article « Défaut » col. 72. L'ordre établi par Évagre correspond au progrès de la vie spirituelle. Il évoque d'abord les vices qui touchent le corps et les biens extérieurs (la gourmandise, la luxure, l'avarice) puis les vices de l'âme (la colère, la tristesse, la paresse ou *acedia*) et enfin les deux derniers, les plus difficiles à vaincre : la vaine gloire et l'orgueil. Tous ces vices découlent d'une source commune : l'amour de soi ou la philautie.

5 Ecclésiaste (10,15).

fait partie intégrante du septénaire des péchés. Pour d'autres, il s'agit du même défaut dont l'écart réside dans une différence de degré ou de réalisation du désir de l'individu selon qu'il porte plutôt vers des biens extérieurs ou sur lui-même[6].

Ce n'est qu'à partir du XIIIe siècle, sous l'influence de Thomas d'Aquin, que l'orgueil et la vaine gloire se retrouvent unifiés et que le septénaire des péchés s'impose dans la doctrine théologique. Albert le Grand, dans sa *Summa de mirabilis scientia Dei* en 1270, présente la filiation entre l'orgueil et les défauts qui en découlent :

> *De aliis filiabus superbiae, quae sunt praesumptio, arrogantia, iactantia* [...] *inquiremus,* [...] *secunda est arrogantia, quando adscribit propriis meritis, quod non habet nisi ex gratia Dei*[7].

Le terme consacré en théologie pour désigner l'orgueil est *superbia* comme en attestent les citations de l'Ecclésiaste, d'Isidore de Séville ou encore ici d'Albert le Grand.

Si la littérature parénétique condamne fermement l'orgueil et tous ses corollaires, il en va de même dans les œuvres qui ne sont pas *a priori* des œuvres de théologie. Des ouvrages à destination d'un public beaucoup plus large se font le relai du débat autour de l'orgueil comme en atteste la variété lexicale que l'on trouve pour désigner le comportement de Narcisse. Le héros incarne plusieurs comportements orgueilleux que l'on peut regrouper sous le nom générique d'orgueil en tant que mépris de Dieu. Mais ce mépris se réalise sous des formes différentes qui chacune actualise un certain degré d'éloignement de Dieu. La vaine gloire, le moins grave, serait le premier degré car elle concerne les biens terrestres.

6 *Dictionnaire de spiritualité*, éd. citée. Article « Gloire » col. 504 : « *Prout inanis gloria dicit appetitum dignitatis et excellentiae, sic est idem cum superbia et est capitale vitium ; prout inanis gloria dicitur appetitum laudis, sic est filia, quia non desideratur laus humana, nisi propter excellentiam.* » « Dans la mesure où la vaine gloire dit le désir de prestige et de supériorité, alors c'est le même péché que l'orgueil et c'est un péché capital ; dans la mesure où on dit que la vaine gloire est le désir d'éloge, alors elle est la fille de l'orgueil, parce qu'on n'aspire pas à recevoir des éloges de la part des hommes, si ce n'est à cause de sa supériorité. », traduction personnelle.

7 *Mittellateinisches Wörterbuch : bis zum ausgehenden 13. Jahrhundert. II*, *Summa theologiae*, 18, 116, 2, 7, p. 357a, 24 *sq.* « Nous examinerons les autres rejetons de l'orgueil, qui sont la hardiesse, l'arrogance, la jactance, [...] la deuxième est l'arrogance, quand on inscrit à ses propres mérites ce que l'on n'a pas si ce n'est par la grâce de Dieu. », traduction personnelle.

Le deuxième palier, l'orgueil à strictement parler, touche l'individu et son intériorité, il s'agit de l'amour de soi. Les auteurs condamnent ici l'orgueil en tant que défaut ou vice social avant tout. Enfin le stade ultime réside dans l'orgueil en tant que péché qui conduit à un éloignement total de Dieu.

L'ORGUEIL DE NARCISSE EN LATIN

RETOUR AUX ORIGINES ANTIQUES

Voici ce qu'on lit aux vers 354-355 des *Métamorphoses* d'Ovide :

> *Sed (fuit in tenera tam dura superbia forma)*
> *Nulli illum iuuvenes, nullae tetigere puellae*[8].

L'habileté poétique d'Ovide transparaît à travers l'ordre des mots et les sonorités. L'homéotéleute en -a-, permise par l'appartenance à la première déclinaison de « *superbia* » et « *forma* », relie étroitement les deux noms ainsi que leurs adjectifs respectifs, « *tenera* » et « *dura* », qui s'opposent, quant à eux, par leur sens. En outre, l'enclave du groupe « *tam dura superbia* » redouble de manière figurée les replis de l'intériorité de Narcisse. Sa belle et tendre physionomie cache laideur et dureté. Cette constatation va à l'encontre de la théorie antique selon laquelle les qualités de l'âme transparaissent à travers l'apparence physique. Un bel individu est, selon les Anciens, un être au comportement vertueux et la laideur ne peut que laisser supposer une âme vile et basse. Mais Narcisse n'est pas à une contradiction près !

Ovide ne fait aucun commentaire d'ordre moral, il ne mentionne l'orgueil de Narcisse qu'une fois sans s'appesantir sur ce défaut. Ainsi, c'est avant tout le mépris de Narcisse pour ses pairs qui est mis en relief.

C'est par l'intermédiaire des mythographes que le Moyen Âge prendra, entre autres, connaissance de la mésaventure de Narcisse. Il est

8 Ovide, *Les Métamorphoses*, texte édité et traduit par Georges Lafaye, Paris, Les Belles Lettres, 1928 (T. I et II) – 1957 (T. III), coll. des Universités de France. T. I, Livre III, vers 354-355 : « Mais sa beauté encore tendre cachait un orgueil si dur que ni jeunes gens ni jeunes filles ne purent le toucher. ».

significatif de noter que ni Lactance ni deux des trois Mythographes du Vatican n'emploient le terme « *superbia* ». Ils ont recours à l'expression suivante : « *ob nimiam crudelitatem*[9] ». Narcisse est puni pour avoir méprisé la nymphe, c'est son insensibilité qui le conduit à sa perte.

Or dans les reprises littéraires au cours du Moyen Âge, on assiste à un glissement dans le vocabulaire employé. En effet, la vision du monde des clercs et leur système de valeur colorent diversement le défaut de Narcisse.

LES MULTIPLES FACETTES DE L'ORGUEIL DE NARCISSE AU MOYEN ÂGE

L'orgueil dont fait preuve Narcisse recouvre des réalisations très diverses comme en témoigne la variété lexicale[10] des textes étudiés. Cette diversité dans la désignation du comportement de Narcisse est le témoin des débats qu'il y avait autour de l'orgueil.

Entre arrogance et vanité

Vers la fin du XIIe siècle et le XIIIe siècle, Arnoul d'Orléans, Alexandre Neckam et Jean de Garlande rapportent la légende de manière concise avant d'en proposer une interprétation morale. Ils s'inspirent ainsi de la tradition mythographique en résumant le mythe dans les grandes lignes.

9 *Premier Mythographe du Vatican*, texte établi par Nevio Zorzetti et traduit par Jaques Berlioz, Paris, Les Belles Lettres, 1995, coll. des Universités de France. Fable 83, p. 100 : « *Narcissum autem supradictum ob nimiam crudelitatem, quam in Echo exhibebat, Nemesis – id est fortuna ultrix fastidientium – in amorem sui pertulit, ut non minori flamma ac illa exureretur.* », « Quant à Narcisse, dont nous avons parlé, l'excessive cruauté qu'il avait manifestée envers Écho fit que Némésis (c'est-à-dire la fortune, qui punit ceux qui repoussent avec dédain), le fit tomber amoureux de lui-même, afin qu'il brûlât d'un feu qui ne fût pas moins grand que celui d'Écho. » ; et *Ovidi Nasonis Metamorphoseon Libri XV. Lactanti Placidi qui dicitur Narrationes fabularum ovidianarum*, recensit, apparatu critico instruxit Hugo Magnus, Berolini, Weidmannos, 1914. III, p. 644 : « *Narcissum autem supradictum ob nimiam crudelitatem, quam in Echo exhibuerat, Nemesis ultrix fastidientium in amorem sui inpulit, ut non minore flamma ille exureretur.* » Lactance est repris par le deuxième Mythographe du Vatican comme le précise Ph. Dain p. 228. *Mythographe du Vatican II*, texte édité et traduit par Philippe Dain, révisé par François Kerlouégan, Paris, Presses universitaires franc-comtoises, 2000.

10 On trouve le lexique suivant : « *arrogantia* / *vanitas, inanis gloria* / *gloria rerum* et *superbia* ».

L'arrogantia

Arnoul d'Orléans évoque le mythe de Narcisse dans ses *Allégories sur les Métamorphoses d'Ovide*[11] et dévoile le sens profond du funeste destin de Narcisse. Après avoir évoqué la beauté du jeune homme, Arnoul d'Orléans retrace en deux phrases, consacrées l'une à Narcisse et l'autre à Écho, le mythe tout entier.

Le clerc propose ensuite deux interprétations du mythe, l'une d'ordre moral et l'autre d'ordre physique. Il prend le contrepied de ce qui deviendra l'ordre habituel dans lequel un commentateur livre ses interprétations. Au lieu de commencer par l'explication la plus simple, historique ou physique, et d'approfondir ensuite l'analyse sur le plan de l'allégorie chrétienne, Arnoul d'Orléans préfère suivre l'ordre du récit. Il commence d'abord par interpréter ce que représentent les deux protagonistes dans la perspective d'une morale sociale puis il propose une interprétation physique des métamorphoses[12].

D'après Arnoul d'Orléans, Narcisse est l'arrogance personnifiée. La syntaxe latine lui permet de mettre côte à côte au cœur de la proposition principale Narcisse et son défaut :

> *Re vera per Narcissum arroganciam accipere possumus, que multis placet si et illi placet arroganti*[13].

Arnoul d'Orléans s'intéresse ensuite à la métamorphose en fleur qui s'explique par la rapidité avec laquelle le jeune homme est mort[14]. Il dépérit aussi vite qu'une fleur fane. La caractérisation de la fleur

11 Ghisalberti, Fausto, *Arnolfo d'Orléans. Un cultore di Ovidio nel secolo XII*, Milano, U. Hoepli, 1932, coll. Memorie del R. Instituto Lombardo di Scienze e Lettere. Classe di Lettere, Scienze morali et storiche ; XXIV, iii / XV, iv.

12 Arnoul d'Orléans renoue avec la dimension étiologique du mythe d'Écho en donnant une définition brève et claire du phénomène physique correspondant.

13 Ghisalberti, Fausto. *Arnolfo d'Orléans*, *op. cit. Cf.* § 5-6, p. 209 : « Il est vrai qu'à travers Narcisse nous pouvons entendre l'arrogance, qui plaît à beaucoup et du moins à l'arrogant. », traduction personnelle.

14 *Ibid.* « *Narcissus vero umbram suam dicitur amavisse quia excellenciam suam cunctis rebus pretulit. Unde deceptus deficiendo cum iam nullius haberetur momenti, mutatus est in florem id est in rem inutilem, quia cito evanuit ad modum floris.* » « Mais on raconte que Narcisse aima son reflet parce qu'il préféra sa supériorité à tous les autres biens. De là, trompé par son reflet il se laissa aller à un abandon complet puisque plus rien n'avait d'importance à ses yeux, il se métamorphosa en fleur, c'est-à-dire en une chose inutile parce qu'il s'évanouit aussi rapidement qu'une fleur. », traduction personnelle.

comme une chose inutile permet de rejoindre l'allégorie première. En effet, l'évanescence de la floraison évoque parfaitement la situation vide de sens dans laquelle Narcisse est plongé. L'arrogance l'a poussé à se mettre au-dessus de toute chose. Cette posture de mépris des autres et de repli sur ses propres qualités l'a conduit à sa perte. L'arrogance est un corollaire de l'orgueil comme l'exprime plus tard Albert le Grand.

Notons que dans un manuscrit glosé des *Métamorphoses*, de la fin du XIIIe siècle, qui est le type de manuscrit dont aurait pu se servir l'auteur de l'*Ovide moralisé*, on retrouve dans la glose marginale la mention de l'*arrogantia* et une moralisation quasiment identique à celle d'Arnoul d'Orléans. Il est significatif de constater que malgré la reprise de la moralisation d'Arnoul d'Orléans ce n'est pas ce terme qui sera définitivement associé à Narcisse.

*L'*inanis gloria

Alexandre Neckam et Jean de Garlande quant à eux, considèrent le défaut de Narcisse sous l'angle de la renommée à travers la vaine gloire[15]. Ce terme possède un lien étroit avec la *vanitas* où prime l'idée de vide, de vacuité.

Alexandre Neckam expose dans le *De Naturis rerum* la somme des connaissances de l'époque en histoire naturelle en l'émaillant de nombreuses références aux mythes antiques. La mention de Narcisse se trouve au chapitre XX, intitulé « *De voce* » dans lequel Alexandre Neckam examine les liens qui unissent la voix et l'air[16]. Il fait un excursus sur un étrange phénomène : l'écho. Fidèle à son objectif scientifique, Alexandre Neckam donne d'abord une explication physique très précise du

15 Malgré la proximité de l'orgueil et de la vaine gloire, il faut les différencier puisque les auteurs médiévaux les désignaient par des termes spécifiques. Dans l'article sur l'orgueil, on trouve la précision suivante. La vaine gloire apporterait « une dimension religieuse » au défaut de vanité. La vanité consiste pour un individu à être satisfait de soi et à étaler « cette satisfaction par désir de paraître et de produire de l'effet ». Le sujet qui souffre de vaine gloire, quant à lui, recherche d'abord la louange des hommes sans accorder la moindre importance à la louange qui vient de Dieu. La vanité au sens moderne de « caractère d'une personne satisfaite d'elle-même » apparaît assez tardivement, en 1580 d'après le TLFI.

16 Neckam, Alexandre, *De Naturis rerum libri duo* et *De laudibus divinae sapientiae*, texte édité par Thomas Wright, London, Longman Roberts and Green, 1863, coll. Rerum Britannicarum medii aevi scriptores or The chronicles and memorials of Great Britain and Ireland during the middle ages. *Cf. I, 20.*

phénomène de l'écho acoustique. Puis il donne un sens figuré à l'écho qui désigne d'après lui les individus qui ont une très forte inclination à parler et les triomphateurs qui veulent avoir le dernier mot. Or à cet endroit de la démonstration, on assiste à un glissement de la pensée de l'auteur. Alexandre Neckam passe au domaine de la morale par l'intermédiaire de ce sens figuré qu'il donne à l'écho. Contre toute attente, il ne s'attarde pas sur l'*exemplum* de la nymphe mais sur celui de Narcisse. Les mythes de Narcisse et d'Écho sont si intimement liés que les clercs passent de l'un à l'autre de manière lâche par simple association d'idées.

L'irruption abrupte de Narcisse dans cet excursus sur l'écho peut s'expliquer par la citation de l'Ecclésiaste dont le thème majeur est la condamnation de la *vanitas*. Le commentaire moral débute en effet avec une citation tronquée de l'Ecclésiaste : « *Melior est finis orationis quam principium*[17] ». Tout lecteur de l'époque devait être en mesure de compléter la citation :

> *Melior est finis orationis quam principium. Melior est patiens arrogante*[18].

Pourquoi avoir tu cette mention de l'arrogance qui permettait de faire le lien de manière aisée avec la figure de Narcisse comme on l'a vu chez Arnoul d'Orléans ? Alexandre Neckam poserait ici une sorte de premier jalon qui annonce la dénonciation finale des vices de la cour comme l'hypocrisie et la flatterie en s'appuyant sur l'Ecclésiaste.

Le clerc se lance alors dans une diatribe contre la vaine gloire dont Narcisse est l'incarnation parfaite. Tout son propos est émaillé par des expressions variées qui dénoncent cette idée de vanité et de gloire éphémère qui ne mène à rien si ce n'est à son propre évanouissement comme en témoignent les expressions et les verbes de l'extrait suivant :

> *Per Narcissum enim inanis designatur gloria, quae umbra sui ipsius fallitur. Vanitate enim sui ipsius decipitur inanis gloria, dum se ipsam nimis miratur et nimis commendat. In aquis autem resultat imago Narcissi, qua accenditur sui ipsius nimis uehemens*

17 Neckam, Alexandre, *De Naturis rerum libri duo*, *op. cit.*, p. 67 : « Mieux vaut la fin d'un discours que son début », traduction personnelle.

18 Ecclésiaste (7,9). *La Bible de Jérusalem*, traduction en français sous la dir. de l'École biblique de Jérusalem, Paris, Les Éditions du Cerf, 1973 : « Mieux vaut la fin d'une chose que son début, mieux vaut la patience que la prétention ».

*amator ; quia dum in rebus transitoriis pompam sui umbratilem admiratur obstupescens gloria, nimio sui amore infeliciter ignescit. Tandem in florem mutatur, quia euanescit mundana gloria, et ipsum nomen solum superes*t[19].

Le clerc s'intéresse ici à la vanité des choses humaines c'est-à-dire à leur fragilité, leur caractère illusoire et éphémère. Narcisse est ici pris au piège des illusions des réalités mondaines. La vanité, la fugacité des choses contrastent avec l'immobilité dans laquelle Narcisse s'est lui-même englué. Tout passe et finalement celui qui admire les bien terrestres et qui s'y attache trop également ! La portée religieuse n'est jamais très loin même dans les ouvrages qui se présentent d'abord comme scientifiques. Le texte sacré et le mythe se répondent, se font écho pour permettre à l'auteur d'exhorter le lecteur à la vertu.

On retrouve une condamnation similaire chez Jean de Garlande avec la « *gloria rerum* » qui prend Narcisse au piège :

Narcisus puer est cupidus quem gloria rerum
Fallit que florent que uelut umbra fluunt.
Dicitur in siluis Echo regnare quod illic
Aer inclusus uerba referre solet[20].

Ces auteurs, en présentant Narcisse comme un arrogant ou un vaniteux, interprètent le comportement de Narcisse de manière très précise sans se contenter de la catégorie générale de la *superbia*, fidèles aux débats en cours à leur époque autour de ce péché.

19 Neckam, Alexandre, *De Naturis rerum libri duo*, *op. cit.*, p. 67 : « Par Narcisse en effet on désigne la vaine gloire par laquelle il a été trompé par l'intermédiaire de sa propre ombre. En effet, la vaine gloire est trompée par la vanité qu'il a de lui-même, si bien qu'il l'admire excessivement et se fait valoir à l'excès. Et des eaux jaillit le reflet de Narcisse, à travers lequel l'amoureux passionnée s'enflamme pour lui-même ; parce qu'encore, parmi les biens éphémères, engourdi par la gloire, il admire sa propre splendeur fugace, il brûle malheureusement du grand amour qu'il se porte. Enfin il est métamorphosé en fleur, parce que la gloire mondaine s'évanouit, et il ne subsiste de lui qu'un nom. », traduction personnelle.

20 Garlande, Jean de, *Integumenta Ovidii, poemetto inedito del secolo XIII*, texte édité par Fausto Ghisalberti, Messina-Milano, Giuseppe Principato, 1933. *Cf.* p. 49, v. 163-166 : « Narcisse est un jeune homme plein de désir que déçoit la gloire des choses qui fleurissent car elles disparaissent comme une ombre. On dit qu'Écho règne dans la forêt car l'air qui y est contenu a l'habitude de rapporter les paroles », (traduction de Ch. Lucken dans son article « L'Écho du poème ("ki sert de recorder che d'autres dist") ». Dans *Par la vue et par l'ouïe. Littérature du Moyen Âge et de la Renaissance*, textes réunis par Michèle Gally et Michel Jourde, Fontenay-aux-Roses, E.N.S. Éditions Fontenay-Saint-Cloud, 1999, coll. Signes, p. 25-58, traduction p. 36.).

Renouer avec les origines : la superbia

Pierre Bersuire, dans son *Ovidius moralizatus*, composé au XIVe siècle, propose un résumé des fables des *Métamorphoses* accompagné d'un exposé allégorique ou mystique. Ce n'est pas le lieu d'étudier ici de manière approfondie[21] la manière dont Pierre Bersuire adapte le poème ovidien mais notons qu'il retravaille le poème en profondeur afin que les passages choisis fassent sens par rapport à la moralisation finale qui les accompagne. Il effectue de nombreuses coupes franches pour ne conserver que les éléments essentiels du mythe. Il modifie également certains détails pour conformer le récit à la morale chrétienne. C'est le cas par exemple dans la fable de Narcisse dans laquelle Pierre Bersuire supprime l'allusion aux amours homosexuelles que l'on trouvait chez Ovide afin de conformer son texte au dogme chrétien.

Toutefois, la fidélité à Ovide transparaît dans le lexique choisi : il emploie un mot de la famille de *superbia* :

> *Cum igitur narcisus a nymphis et puellis pluries esset requisitus et omnes contemneret et de pulchritudine superbiret* [...][22].

Cependant le clerc prend de la distance avec Ovide puisque le jeune homme semble savoir qu'il est très beau et qu'il peut en retirer de la fierté.

On retrouve à nouveau la *superbia* dans le commentaire allégorique :

> [...] *ideo ipsi in superbiam elati omnes alios despiciunt nulliusque volunt societatem aut copulam immo alios indignos societate et familiaritate sua credentes ipsos fatue vilipendunt. Quid igitur*[23] ?

---

21 Je me permets de renvoyer à mon travail de thèse dans lequel j'ai analysé de plus près ce passage. Romaggi, Magali, « La figure de Narcisse dans la littérature et la pensée médiévales », thèse de doctorat sous la direction de Mme la professeure Marylène Possamai-Pérez, décembre 2018, Université Lumière-Lyon 2.

22 Bersuire, Pierre, *Ovidius moralizatus : Petrus Berchorius : Reductorium morale, Liber XV, cap. II-XV*, texte édité par Thomas Walleys, préface de J. Engels, Utrecht (Pays-Bas), Instituut voor laat latijn der Rijksuniversiteit, 1962. *Cf.* p. 70 : « Ainsi alors que Narcisse était désiré par un grand nombre de nymphes et de jeunes filles, il les méprisait toutes et s'enorgueillissait de sa beauté. », traduction personnelle.

23 *Ibid.* « Pour cette raison, depuis le faîte de leur l'orgueil, eux-mêmes méprisent tous les autres, ils ne veulent ni de la compagnie ni de la relation d'aucun autre et bien plus les considérant comme indignes de leur compagnie ou de leur amitié ils les dédaignent. Pourquoi donc ? ».

Les échos lexicaux instaurés entre la fable et le commentaire permettent au clerc de les lier profondément l'un à l'autre. La signification de l'œuvre poétique d'Ovide se trouve en quelque sorte suspendue, comme en attente du sens que Pierre Bersuire lui confère dans son commentaire. Le clerc voit donc dans la fable de Narcisse une condamnation de la *superbia*. Mais que recouvre ce terme ? Il condamne d'abord le comportement des orgueilleux envers leurs proches. Les verbes « *despiciunt* » et « *vilipendunt* » encadrent le refus de la part des orgueilleux d'entretenir tout commerce avec leurs proches. Cependant, Pierre Bersuire n'en reste pas à cette interprétation de l'orgueil.

Avec le motif du « *fons* » dans lequel Narcisse se mirait surgit la *vanitas.* La source devient la fontaine des biens terrestres dans laquelle se perdent tous ceux qui s'y admirent trop :

> *Pro certo isti in fonte mundanae prosperitatis videntes vmbram et eminentiam status sui quae omnia transeunt sicut vmbra. Sapientiae .V.*[24]

Selon le principe de *similitudo* sur lequel repose l'allégorie, le reflet acquiert une portée universelle en devenant celui de tout un chacun. Pierre Bersuire étaye d'ailleurs sa lecture allégorique d'une assise théologique en citant le livre de la Sagesse, qui évoque l'idée de vanité de toute chose ; citation de mémoire comme en témoigneraient les légères modifications[25]. Le commentaire de Pierre Bersuire rejoint ici ceux d'Alexandre Neckam ou Jean de Garlande.

Arrogant, vaniteux ou orgueilleux ? Quel terme convient le mieux à Narcisse ? Cette hésitation et la diversité des mots employés sont la conséquence en littérature des questions théologiques débattues dans les milieux monastiques. Il apparaît que les auteurs des XIIe et XIIIe siècles emploient d'autres termes que celui de l'orgueil alors qu'à partir du XIVe siècle, on retrouve la *superbia.* Peut-être que le tournant que figure Thomas d'Aquin dans les débats sur les rapports entre la vaine gloire et l'orgueil a été entériné et transparaît dans le vocabulaire.

---

24 Bersuire, Pierre, *Ovidius moralizatus*, *op. cit.*, p. 71 : « Infailliblement ceux-ci ont vu dans la fontaine des biens terrestres leur ombre et la prééminence de leur condition, toutes ces choses qui passent comme une ombre. Sagesse .V. », traduction personnelle.

25 Sagesse (5, 8-9) : « *Quid nobis profuit superbia ? / aut divitiarum jactantia quid contulit nobis ? / Transierunt omnia illa tamquam umbra, / et tamquam nuntius percurrens* [...] ». « À quoi nous a servi l'orgueil ? Que nous ont valu richesse et jactance ? Tout cela a passé comme une ombre, comme une nouvelle fugitive. », *Bible de Jérusalem*, éd. citée.

LE TRIOMPHE DE L'ORGUEIL DE NARCISSE EN LANGUE VERNACULAIRE

Il est significatif de constater que dans les reprises du mythe de Narcisse en ancien ou moyen français, le seul terme qui apparaît est celui d'orgueil et de ses dérivés, issus du francique « orgolz[26] ». Néanmoins cet unique vocable recouvre des sens d'une portée légèrement différente selon la perspective prise par les auteurs.

L'auteur du *Lai de Narcisse*, Guillaume de Lorris dans le *Roman de la Rose* ou encore Guillaume Coquillart dans la *Complaincte de Eco qui ne peult jouyr de ses amours* condamnent l'orgueil de Narcisse dans une perspective sociale, même si la pensée de Dieu n'est jamais bien loin. L'orgueil, grave défaut ou vice selon le degré de prise de conscience de l'individu, risque de mettre en péril la société. Or la lutte est difficile et inégale car il faut bien souvent se battre contre soi-même et les biens que l'on possède en soi. Il est parfois difficile pour un individu de ne pas tirer de gloire d'une qualité corporelle ou intellectuelle. Narcisse est l'incarnation idéale de l'orgueil, aussi bien des défauts qui lui sont affiliés que du vice pris dans une perspective sociale.

Dans le *Roman de la Rose*, la mention catégorique de l'orgueil du personnage le situe du côté du vice social :

> C'est li mireors perilleus
> Ou Narcisus li orgueilleus
> Mira sa face et ses yauz vers,
> Dont il jut puis morz toz envers[27].

La substantivation de l'adjectif par l'article défini semble personnifier l'orgueil à travers Narcisse. Il en est l'incarnation parfaite. C'est pour cette raison que Narcisse est mort en se penchant sur les eaux de la fontaine périlleuse, alors que le narrateur, pour sa part, peut « veoir l'eve qui courroit[28] » sans courir le même danger. L'amant-poète ne partagera

26 On trouve dans les textes, que nous avons analysés, composés en langue vernaculaire, les termes suivants : « orguile » / « orgueil » et « orgueillous » / « li orgueilleux ».

27 Lorris, Guillaume de et Meun, Jean de, *Le Roman de la Rose*, texte édité, présenté et traduit par Armand Strubel, Paris, Le Livre de Poche, 2012. *Cf.* v. 1568-1571.

28 *Ibid.*, v. 1522.

pas le même sort que Narcisse puisqu'il ne fait pas preuve d'orgueil. Ce qu'il aperçoit au fond de l'eau le prouve : il voit la moitié du verger et non son propre reflet. En outre, Écho meurt parce qu'elle se heurte à un jeune homme « plein de desdeing et de fierte » à cause de « sa grant biaute ». Ces vers méritent d'être relevés car Narcisse semble retirer de l'orgueil de sa beauté, cela signifierait qu'il est conscient de ses atouts physiques. Or cette idée va à l'encontre de l'hypotexte ovidien mais se retrouve au siècle suivant chez Pierre Bersuire[29] comme on l'a vu et dans l'*Ovide moralisé*[30]. *Le Roman de la Rose* pourrait être considéré comme un premier moment important dans la construction de la figure de Narcisse comme incarnation de l'orgueil[31] puisque dans les œuvres postérieures au *Roman de la Rose*, Narcisse n'incarne plus que l'orgueilleux.

L'auteur de l'*Ovide moralisé* au XIVe siècle se situe dans la tradition du *Roman de la Rose* en présentant Narcisse comme un orgueilleux et la fontaine comme le miroir périlleux par lequel il court à sa perte. Fidèle à son habitude, le clerc prépare déjà la moralisation finale en introduisant dès le début du récit les jalons interprétatifs qui lui serviront ensuite.

29 Bersuire, Pierre, *Ovidius moralizatus*, *op. cit. Cf.* p. 70 : « *et omnes contemneret et de pulchritudine superbiret […]* ».

30 *Ovide moralisé. Poème du commencement du XIVe siècle*, [1915], texte édité par Cornelis de Boer, Vaduz (Liechtenstein), Sändig Reprint Verlag : H. R. Wohlwend, 2007, coll. Verhandelingen der Koninklijke Akademie van Wetenschappen te Amsterdam, Afdeeling Letterkunde, Nieuwe Reeks. T. I, Livre III, v. 1432-1433 : Narcisse « qui trop s'outrecuide / Pour la grant biauté de son vis ». Dans son article « La faute de Narcisse », Marylène Possamai fait la remarque suivante, p. 85 : « […] ce détail est absent du modèle latin, mais le translateur insiste parce qu'il va l'utiliser dans la moralisation. Peut-être aussi veut-il signifier que l'orgueil du personnage est d'autant plus vain qu'il n'est pas une caractéristique innée et intrinsèque de sa "dure nature" comme dans l'hypotexte, mais qu'il est lié à un bien matériel et très éphémère : la beauté du visage. Au contraire, dans les vers 1434-1437, la version romane supprime la mention du vers 390 des *Métamorphoses*, celle des "mains (d'Écho) qui enlacent" Narcisse : *manus complexibus aufer*. Voulant sans doute ici rendre Narcisse plus coupable, il met en cause son orgueil plus que cette impression passive d'emprisonnement. C'est la raison pour laquelle aussi sans doute il avait supprimé l'histoire du viol de sa mère. » (Possamai-Pérez, Marylène. « La faute de Narcisse ». Dans *Bien dire et bien aprandre. Revue de Médiévistique*, 2006, n° 24, *Réception et représentation de l'Antiquité*, Villeneuve d'Ascq, Centre d'Études Médiévales et Dialectales de Lille 3, p. 81-97, p. 86-90).

31 Badel, Pierre-Yves, *Le Roman de la Rose au XIVe siècle. Étude de la réception de l'œuvre*, Genève, Droz, 1980. Pierre-Yves Badel rappelle l'influence considérable de cette œuvre jusqu'à la fin du Moyen Âge, p. 1 : « *Le Roman de la Rose* est l'une des dernières œuvres médiévales à disparaître de la culture vivante des écrivains du XVIe siècle : Ronsard et sa génération en sont encore nourris. ».

C'est pour cette raison qu'il insiste sur le caractère orgueilleux par l'intermédiaire des deux adjectifs coordonnés :

> Mais en la fin fu voirement
> Ceste devinaille avoirie
> La nouvelle forsonnerie De l'enfant fier et orgueillous Firent la gent apercevoir
> Que li devins avoit dit voir[32].

Par ailleurs, cette mention liminaire lui permet également de renforcer la culpabilité du héros antique. Marylène Possamai l'a montré dans son article « La faute de Narcisse[33] » où elle met en lumière la manière dont l'auteur médiéval rend Narcisse beaucoup plus responsable[34] de son destin que ne l'était le héros antique. Le translateur du XIVe siècle indique à plusieurs reprises l'orgueil dont fait preuve Narcisse[35] : le lecteur averti comprend alors que ce défaut fera l'objet de la moralisation qui va suivre le récit mythique. Le clerc condamne dans sa moralisation finale les orgueilleux[36]

---

32 *Ovide moralisé*, *op. cit.*, v. 1320-1325.

33 Possamai, Marylène. « La faute de Narcisse », art. cité.

34 *Ibid.*, p. 83 : M. Possamai relève les suppressions de l'histoire de la mère et de la conception de Narcisse ainsi que celle de l'adjectif « *fatidicus* » pour qualifier le devin, il n'est plus question de destin mais de la responsabilité du jeune homme. En effet Narcisse est « plus mûr » puisqu'il passe de seize à vingt-et-un ans dans la version romane (p. 84). « Grâce à toutes ces petites transformations, qui peuvent paraître insignifiantes et que l'on pourrait croire involontaires, le translateur opère un glissement de sens. Narcisse n'est pas une victime de la fatalité : on oublie l'histoire du viol de sa mère, on insiste sur son orgueil et la dureté de son cœur, il est plus vieux que son modèle latin. C'est un chasseur ennemi de l'amour, comme Diane ; il aime la solitude et n'éprouve pas de passion altruiste. Lors même de son aventure funeste, sa volonté est mise en cause plus que son impuissance. Il est donc responsable de sa perte, comme dans l'allégorèse le pécheur qu'il figure est responsable de sa damnation. » (p. 86).

35 *Ovide moralisé*, *op. cit.* Le clerc ajoute de nombreuses mentions à propos de la dureté de Narcisse, comme on peut le voir v. 1336-1338 : « Mes tant fu en sa joenne enfance / Plains d'orgueil et d'outrecuidance, / Qu'il ne vault nul ne nulle oïr. » ; ou encore, v. 1339-1340 : « Tant ot dur cuer et plain d'amer, / C'onques n'en deigna nul amer » ; et un peu plus loin, v. 1432-1433 : « Cil s'en fuit, qui trop s'outrecuide / Pour la grant biauté de son vis ». Rappelons à propos de ces derniers vers la remarque de M. Possamai (p. 85) : « Le vers 1432 rappelle la faute principale de Narcisse, l'orgueil [...]. », *cf.* Possamai, Marylène. « La faute de Narcisse », art. cité.

36 Les mots qui relèvent du champ sémantique de l'orgueil sont très nombreux au fil de la moralisation : le verbe « s'orgueillir » aux vers 1859, 1863 et 1893, le substantif aux vers 1874, 1875, 1906 et 1926 ou encore « s'outrecuider » au vers 1877 et « sorcuidiez » au vers 1906. La variété lexicale témoigne des origines diverses de la langue française médiévale. Si le mot « orgueil » et ses dérivés sont issus du francique, le verbe « s'outrecuider »

puis il rappelle également la fugacité[37] des biens terrestres, symbolisée par la beauté[38].

On retrouve des mentions de l'orgueil de Narcisse dans des termes similaires dans les *Eschez d'Amours* et surtout dans *Le Livre des Eschez d'Amours moralisés* d'Évrart de Conty. Le poète évoque dans la moralisation qu'il fait du décor l'orgueil comme source de tous les autres maux donc Narcisse est l'incarnation. Il énumère longuement les multiples comportements des orgueilleux qui peuvent être des « gloutons » ou des « luxurieux » s'ils recherchent « les deliz corporeulx », des « ambicieux » quand « les honneurs et les grans dignités » les attirent ou encore des « avaricieux » ou des « couvoiteux » s'ils désirent les « richesces » et les « biens temporeulx[39] ». Narcisse actualise concrètement l'orgueil. L'énumération de tous les vices qui découlent de l'orgueil exprime bien la vision de ce péché comme source unique de tous les vices. C'est le péché capital dont il faut se détourner à tout prix pour éviter de s'éloigner définitivement de Dieu.

---

et le substantif « sorcuidiez » proviennent du latin ; « *cuider* » est un doublet populaire de « *cogiter* » issu du latin « *cogitare* ». La formation de ces deux derniers mots est significative : la base verbale « cuider » a été préfixée par « outre » et « sor », préfixes qui connotent une idée de supériorité. L'orgueil est le « sentiment exagéré que l'on a de sa valeur » tandis que l'outrecuidance est l'attitude de mépris que l'on montre en raison de sa supériorité (feinte ou avérée). Ainsi le clerc élargit sa condamnation à tous les êtres humains qui s'imaginent supérieurs aux autres et qui font l'erreur de profiter des biens terrestres sans voir leur caractère éphémère. Ces remarques ont été élaborées à l'aide des articles du DMF et du *Dictionnaire historique de la Langue française*, sous la dir. d'Alain Rey, Paris, Le Robert, 2006. T. 2.

37 On peut relever de nombreuses expressions qui expriment la caducité, la fragilité de la condition humaine : l'adverbe « tost » répété quatre fois aux vers 1860, 1862, 1866 et 1870 ; les verbes « faillir » aux vers 1800 et 1870, « trespasser » au vers 1862, « mourir » et « vieillir » au vers 1864, « périr » aux vers 1866 et 1894, « choir » et « flétrir » au vers 1889 ; les adjectifs « decevable » aux vers 1861 et 1933, « vain(e) » aux vers 1861, 1889 et 1891, « muable » aux vers 1889 et 1934 et « transitoire » au vers 1957 ; les expressions lexicalisées « si poi dure » au vers 1870, « poi d'ore » au vers 1890, « en si poi d'ore » au vers 1893, « petit vault » au vers 1869 et « c'est temps perdu » au vers 1955.

38 La beauté physique symbolise par la suite tout ce qu'un homme peut posséder durant son existence mais qui ne dure guère : la « biauté mondaine », aux vers 1862 et 1869, qualifiée de « vaine » au vers 1891 ou encore la « gloire » des vers 1884 et 1861, qui est « faintive », et les « biens temporeus » au vers 1907 ou encore les « mondains delis » au vers 1927.

39 Conty, Évrart de, *Le Livre des eschez amoureux moralisés*, texte édité par Françoise Guichard-Tesson et Bruno Roy, Montréal, éditions CERES, 1993, coll. Bibliothèque du moyen français, 2, p. 587.

À la fin du Moyen Âge, Narcisse représente le péché d'orgueil comme en témoignent les occurrences relevées chez Christine de Pizan et Jean Molinet. Dans l'*Espitre Othea*, la poétesse mêle le vers, réservé à la fable, et la prose pour les interprétations. Le chevalier doit faire preuve de mesure et ne pas « s'outrecuidier » de ses qualités comme a pu le faire le héros antique :

Narcisus ne vueilles sembler,
Par trop orgüeil affubler,
Car chevalier oultrecuidez
Est de mainte grace vuidez[40].

Christine de Pizan n'a pas jugé utile de s'attarder sur le récit du mythe. Elle développe la partie réservée au commentaire qu'elle élabore en deux temps distincts. Dans la glose, la poétesse donne une version littérale de la mésaventure du jeune homme. On retrouve le détail de la connaissance par Narcisse de sa propre beauté, avant même qu'il se soit contemplé dans les eaux de la fontaine[41].

Un écho dans le lexique permet de dresser un parallèle étroit entre le passage en vers et la glose en prose : on retrouve bien sûr le défaut condamné, l'orgueil, mais également « l'oultrecuidance ». Les mentions de la vanité des biens terrestres et de Socrate confèrent à la glose une portée d'ordre moral. Christine de Pizan attaque ici l'orgueil en tant que vice social pour ensuite le mettre explicitement au rang de péché dans le second temps de sa moralisation, l'allégorie[42] :

> Or ferons allegorie a nostre propos, applicant aux .vij. pechez mortieulx. Par Narcisus entendrons le peché d'orgueil dont le bon esperit se doit garder. Et dit Originés es Osmelies : « A quoy se orgueillist terre et cendre, ne homme

40 Pizan, Christine de, *Epistre Othea*, édition critique de Gabriella Parussa, Genève, Droz, 1999. « Narcisus qui se mira en la fontaine », p. 226.

41 *Id.* « Narcisus fu un damoisel qui pour sa grant beauté se esleva en si grant orgueil que il avoit en despris tous autres. Et pour ce que il ne prisoit se lui non, est il dit que il fu si amoureux et assotis de lui meismes que il en mourut, aprés que il fu mirez (*sic*) en la fontaine, c'est a entendre l'oultrecuidance de lui meismes, ou il se mira. Pour ce deffent au bon chevalier que il ne se mire point en ses bien fais par quoy il en soit oultrecuidez. Et a ce propos dit Socratés : "Filz gardes que tu ne soyes deceu en la beauté de ta jeunece, car ce n'est mie chose durable." ».

42 Christine de Pizan reprend les dénominations de l'*Ovide moralisé*, qui n'appelle « allégorie » que les seules interprétations spirituelles.

> comment se ose il eslever en arrogance, quant il pense dont il est venu, et que il devendra et en quant fraisle vaissel est sa vie contenue et en quelles ordures il est plungié et quelles nettayeures il ne cesse de giter de sa char par tous les conduis de son corps ? ». Et a ce propos dit la Sainte Escripture : « Si ascenderit ad celum superbia eius et caput eius nubes tetigerit quasi sterquilinium in fine perdetur. » Job. .x.° capitulo[43].

Christine de Pizan opère ici une sorte de « saut herméneutique » en évoquant les sept « pechez mortieulx ». On passe de la catégorie du vice à celle du péché, acte beaucoup plus grave dans une conception religieuse. Il semble que l'auteure s'implique dans ce chapitre qui concerne directement le salut de l'âme comme le laisse suggérer la présence de la première personne du pluriel. La poétesse a tout de suite recours à une citation d'un Père de l'Église ; Origène rappelle la petitesse de la condition humaine. L'être humain n'a aucune raison de s'enorgueillir. La citation biblique, extraite du Livre de Job[44], va dans le même sens. L'être humain aura beau se grandir jusqu'à toucher le ciel, il n'est rien. Le terme latin « *sterquilinium*[45] » fait écho aux « ordures » évoquées par Origène. Que ce soit en latin ou en langue vernaculaire, Christine de Pizan, à l'aide des autorités qu'elle cite, insiste bien sur la faiblesse humaine : le corps nous emprisonne et nous conduit trop souvent au péché. Il est inutile de s'enorgueillir d'une quelconque qualité car rien ne dure et nous finissons tous en poussière.

Au terme de cette étude, nous constatons que la notion d'orgueil a connu une évolution dans la pensée médiévale au fil des débats théologiques. La littérature se fait l'écho de ces controverses dans le vocabulaire employé pour désigner ce défaut. Par ailleurs, le passage d'une langue à une autre, ici du latin à la langue vernaculaire d'oïl permet certainement une réception plus large. Il s'agit alors peut-être pour nos auteurs de s'adapter à un public qui n'est pas forcément versé dans les débats théologiques et n'est pas au courant des questions pointues de doctrine. Ce qui compte avant tout c'est la portée de leurs œuvres dans lesquelles ils souhaitent condamner l'orgueil dont Narcisse est l'incarnation parfaite.

---

43 Pizan, Christine de, *Epistre Othea*, *op. cit.*, p. 226-227.

44 La référence de la citation de Job est incorrecte, il s'agit de Job (20, 6-7) : « Même si sa taille s'élevait jusqu'aux cieux, si sa tête touchait la nue, comme un fantôme il disparaît à jamais. » *Bible de Jérusalem*, éd. citée.

45 *Sterculinum*, *i*, n. : tas de fumier.

Qui d'autre que le jeune homme perdu dans la contemplation de son reflet serait plus apte à le figurer ? « Toute chair est comme l'herbe et toute gloire humaine comme la fleur des champs[46] » nous rappelle Isaïe, ou comme le narcisse pourrait-on préciser…

Magali Romaggi
Université Lumière-Lyon 2
– CIHAM

46 Isaïe (40, 6).

LES HUMANITÉS
FACE AUX OUTILS NUMÉRIQUES

RÉINTERPRETER L'HISTOIRE À PARTIR DES DONNÉES DE L'ARCHÉOLOGIE À L'HEURE DU *LINKED OPEN DATA*

Le cas du Verduron (IIIe s. av. J.-C., Marseille 15e)

La fouille exhaustive du petit établissement de la Celtique méditerranéenne du Verduron permet de jeter un nouvel éclairage sur les relations entre Grecs et Celtes à la fin du IIIe s. av. J.-C. Les acquis de la fouille seront présentés brièvement, ce sont les interprétations historiques et surtout l'utilisation des techniques numériques lors de l'interprétation du contexte du site qui feront l'objet de cette contribution. En effet, grâce aux nombreux outils mis à disposition des chercheurs en Humanités, notre travail d'archéologue et d'historien évolue et nous permet d'appréhender avec un regard différent le passé au travers du prisme des outils en ligne.

LE VERDURON

Le site de l'oppidum du Verduron se trouve aujourd'hui en bordure de la commune de Marseille, dans le 15e arrondissement. Lors de l'arrivée sur le site, le visiteur est d'emblée frappé par la large vue qui englobe la rade de Marseille. De cet emplacement on domine la mer, les routes longeant la rive, les îles et on distingue la ville grecque, distante de moins de 9 km à vol d'oiseau. Le site, posé sur une avancée de garrigue, sur les derniers contreforts de la chaîne de la Nerthe, culmine à 190 m au-dessus du niveau de la mer pour sa partie la plus haute. Il est implanté sur une forte pente, la partie la plus basse de l'établissement est à la cote de 180 m.

Le site a fait l'objet de fouilles au début du XXe siècle : Stanislas Clastrier[1], sculpteur et enseignant aux Beaux-Arts de Marseille découvre et fouille la moitié du site entre 1905 et 1915. Ses travaux ont permis de disposer du plan du site et d'une datation des vestiges au IIIe s. av. J.-C.

La régularité du plan ayant posé la question de l'origine et du peuplement de l'établissement qui est en marge de la *chôra* massaliète, nous avons décidé de reprendre et de fouiller intégralement le site entre 1999 et 2007[2].

La publication de l'ensemble des structures et mobiliers a permis de caractériser le peuplement, la chronologie, les techniques constructives et la durée de vie du site, qui fournit un précieux instantané d'un épisode des relations entre Marseillais et Celtes méditerranéens. En effet, à la fin du IIIe s. av. J.-C. un groupe de Celtes s'installe sur un promontoire proche de Marseille. Nos travaux ont démontré[3] l'utilisation d'un plan modulaire qui sera ensuite réutilisé lors de la fondation d'Entremont une décennie plus tard. L'adaptation de ce plan au relief spécifique du Verduron comme les qualités différentes des reprises[4] prouvent la présence d'un pouvoir décideur et celle de spécialistes lors de la construction. Ces mêmes spécialistes n'étaient plus présents après la livraison, ce qui s'observe bien sur la seule pièce ayant fait l'objet de réfections.

La durée de vie du Verduron a été très courte, plus courte que ce que les marqueurs chrono-typologiques des archéologues permettent d'identifier. Tout se joue dans le dernier quart du IIIe s. av. J.-C. : les mobiliers mis au jour (céramiques campaniennes A anciennes, amphores puniques et de Marseille, fibules) ainsi que l'absence de céramiques caractéristiques du IIe s. av. J.-C. ne laissent que peu de doutes quant à cette datation. C'est aussi l'observation du bâti, en l'occurrence l'absence

1 L. Bernard, « Stanislas Clastrier. Hagiographie contrastée d'un acteur de l'archéologie protohistorique marseillaise », *DAM* 33, 2010, p. 243-252.

2 L. Bernard, *Le Verduron, un établissement de la Celtique méditerranéenne aux portes de Marseille grecque*, Aix-en-Provence, 2020.

3 A. Badie et L. Bernard, « Organisation modulaire du site du Verduron à Marseille (Bouche-du-Rhône), habitat gaulois du IIIe siècle avant notre ère », dans *Archéologie de Provence et d'ailleurs. Mélanges offerts à Gaëtan Congès et Gérard Sauzade*, Bulletin Archéologique de Provence, Supplément 5, 2008, p. 291-299.

4 L. Bernard, « Le cas du Verduron (Marseille) : implantation et architecture d'un habitat de la Celtique méditerranéenne fouillé intégralement », dans A. Villard-Le Tiec (éd.), *Architectures de l'âge du Fer en Europe occidentale et centrale, Actes du XLe colloque international de l'AFEAF (Rennes, 4-7 mai 2016)*, Rennes, 2018, p. 113-122.

généralisée de reprises ou de modifications du plan original qui confirme cette analyse des mobiliers : un seul foyer a été rechargé, pour ne prendre qu'un exemple, les ruelles n'ont pas non plus fait l'objet de réfections.

L'autre élément fort de l'interprétation est la destruction du site par Marseille – peut-être avec des alliés. En effet, le site a fait l'objet d'une offensive militaire, comme l'indiquent les nombreux traits de machines de siège mis au jour lors des fouilles, anciennes comme récentes. Cette attaque s'est soldée par un abandon total du Verduron, qui n'a donc été redécouvert qu'en 1905.

L'analyse des 38 pièces composant la dizaine de maisons existant sur le site le place dans la normalité des établissements protohistoriques contemporains. Trois à quatre pièces constituent une maison, l'une des chambres ne contient que de la vaisselle et un foyer lenticulaire non décoré, alors qu'une à trois remises permettaient de stocker de grands vases et d'implanter des cuves en torchis et quelques fours domestiques. Le vaisselier utilisé n'est pas grec, ce qu'attestent les plus de 85 % de céramiques culinaires traditionnelles (dites « non-tournées provençales ») et la limitation aux emprunts en relation avec le vin (cruches, coupes, quelques amphores) ou les mortiers[5]. L'absence d'éléments de mouture indique que le site était directement ravitaillé en farine ou en pain. Les faibles quantités de stockage disponible –quelques dizaines de *dolia* – ne correspondent pas à un établissement agricole. Dans la mesure où nous n'avons aucune trace de commerce ni d'artisanat, il semble que le Verduron ait été un site atypique. Ceci est confirmé par l'analyse du mobilier métallique[6], qui a mis en évidence une surreprésentation des *militaria* très nette.

Au final, les premières interprétations de Clastrier et de Henry de Gérin-Ricard[7], qui proposaient de voir dans le site une caserne, se révèlent inspirées. Une fois achevé le long travail de post-fouille et de mise en valeur des différents éléments mis au jour lors des campagnes, il a fallu orienter l'interprétation historique du site vers une approche plus large, régionale et méditerranéenne.

---

5 Sur ce dernier point et l'importance de l'appropriation de certains types de céramique, voir M. Dietler, « Rencontres culinaires : la culture matérielle incorporée », dans R. Roure (éd.), *Contacts et acculturations en Méditerranée occidentale. Hommages à Michel Bats*, Paris, 2015, p. 153-160.

6 *Cf.* B. Girard, dans L. Bernard, *Le Verduron, un établissement…*, *op. cit.*

7 H. de Gérin-Ricard, « Sur l'habitat du "Pain de Sucre" (près de Marseille) », *BSPF*, III, 9, 1907, p. 41-46.

L'INTERPRÉTATION D'UN SITE ARCHÉOLOGIQUE

En effet, si du point de vue du protohistorien les destructions à la fin du IIIe s. av. J.-C. ne sont pas rares dans le Midi (Pech-Maho, Roquepertuse, Teste-Nègre, Buffe-Arnaud, Le Verduron[8]…), l'emplacement très spécifique du Verduron aux portes de Marseille grecque nécessitait une interprétation plus poussée. La première question qui se pose est celle de la mise en place du site, à savoir comment est-il envisageable que la Marseille grecque ait laissé un habitat pérenne se construire si elle ne souhaitait pas sa présence ? En effet, les hypothèses anciennes de *phrourion* ou de ferme gauloise formulées sur la base du plan[9] ne tiennent plus depuis la fouille qui a démontré qu'aussi bien les techniques de construction que le mode d'implantation ou le vaisselier sont typiquement celtiques.

La Celtique méditerranéenne, pour reprendre le titre de la synthèse publiée par D. Garcia en 2014[10] est très bien étudiée en Provence – nous disposons de dizaines de sites fouillés et publiés, d'excellents pièges stratigraphiques et de typo-chronologies solides –, et il est donc possible de proposer des interprétations à l'échelle de la région.

Au moment de l'installation du site du Verduron aux portes de Marseille, le monde celtique dans son ensemble est en pleine effervescence et se structure de manière importante. Il est l'objet d'innovations capitales, sensibles dans tous les domaines de l'art, de la technique, des cultes ou de la société. À La Tène C1 et surtout à La Tène C2[11]se déve-

8 *Cf.* L. Bernard, *Le Verduron, un établissement…*, *op. cit.*

9 P. Arcelin et H. Tréziny, « Les habitats indigènes des environs de Marseille Grecque », dans *Voyage en Massalie. 100 ans d'archéologie en Gaule du Sud*, Marseille, 1990, p. 28 ; M. Bats, « Le territoire de Marseille : réflexions et problèmes », dans M. Bats (éd.), *Le territoire de Marseille grecque, Actes de la table ronde d'Aix-en-Provence, 16 mars 1985*, Aix-en-Provence, 1986, p. 19.

10 D. Garcia, *La Celtique méditerranéenne. Habitats et sociétés en Languedoc et en Provence VIIIe-IIe s. av. J.-C.*, Paris, 2014.

11 La Tène C1 260-200, La Tène C2 200-140 pour la plupart des auteurs ; *cf.* Ph. Barral, S. Fichtl (éd.), *Regards sur la chronologie de la fin de l'âge du Fer (IIIe-Ier siècles avant J.-C.) en Gaule non méditerranéenne, Actes de la table ronde de Bibracte, Centre archéologique européen (Glux-en-Glenne, 15-17 octobre 2007)*, Glux-en-Glenne, 2012 pour un état des lieux.

loppent ainsi les premières agglomérations ouvertes, qui deviendront pour beaucoup d'entre elles nos villes actuelles. C'est aussi la période d'installation sur certaines agglomérations qui deviendront des *oppida* (Manching ou Besançon notamment). Ce regroupement des populations au sein de structures urbaines correspond à d'importantes modifications sociétales. Difficiles à cerner par l'archéologue, on les retrouve par exemple dans la sphère rituelle ou guerrière[12], de l'organisation des troupes et de leur équipement[13], dans le développement de l'usage de la monnaie[14], la modification des faciès mobiliers avec l'augmentation du commerce avec le monde romain qui transparaît dans le nombre important de céramiques tournées italiques dans les faciès céramiques.

Cette période est également celle à laquelle les schémas laténiens si baroques dans leurs premières expressions se normalisent et dont l'expression méridionale pourrait être le bracelet de type « Teste-Nègre ». Cette phase de structuration se fait aussi d'une certaine manière en opposition avec les sociétés méditerranéennes – grecques et romaines. Cette méfiance des Celtes envers Rome suite à la conquête de la Cisalpine au début du IIIe s. av. J.-C. transparaît aussi dans les textes antiques[15], et peut expliquer le relativement bon accueil fait à Hannibal par les Celtes lors de son périple.

Aux marges méridionales de cet espace peuplé de Celtes, la Provence se distingue par un certain nombre de caractéristiques propres.

Les sites perchés et fortifiés des Celtes méditerranéens restent le type d'établissement le mieux connu pour la Protohistoire récente provençale. Ils sont caractérisés par un rempart qui enceint des cellules d'habitat accolées à ce dernier, avec un degré d'urbanisation variable. Les fouilles permettent d'y reconnaître des habitants ayant des traditions culinaires celtiques : céramiques non-tournées majoritaires à plus de

12 Pour n'en citer qu'un, J.-L. Brunaux, *Guerre et religion en Gaule. Essai d'anthropologie celtique*, Paris, 2004.

13 Récemment, G. Bataille, J. Kaurin et S. Marion, « Une archéologie de la guerre au second âge du Fer (fin du IVe siècle av.-début du Ier siècle ap. J.-C.) », dans O. Buchsenschutz, O. Dutour, Cl. Mordant (éd.), *Archéologie de la violence et de la guerre dans les sociétés pré- et protohistoriques*, Paris, 2014, p. 127-140.

14 K. Gruel, C. Haselgrove, « Le développement de l'usage monétaire à la fin de l'Âge du Fer en Gaule et dans les régions voisines », dans C. Haselgrove (éd.) *Les mutations de la fin de l'Âge du Fer*, Glux-en-Glenne, 2006, p. 117-138, en part. p. 125.

15 Déjà dans M. Clerc, Massalia. *Histoire de Marseille dans l'Antiquité. Des origines à la fin de l'empire romain d'Occident (476 ap. J.-C.).* Marseille, 1927-1929, 2 et 3 du volume 2.

75 %, rareté des importations, qui sont essentiellement en relation avec la consommation du vin. Les faciès métalliques également renvoient systématiquement au costume et à l'armement celtique, ainsi que les rares traces de cultes identifiées. La spécificité d'un culte des ancêtres, caractérisé par la présence de crânes exposés et de statuaire en ronde bosse est également caractéristique. Enfin, la destruction d'un certain nombre de ces établissements par des armées disposant de machines de siège atteste des conflits fréquents avec la cité phocéenne[16].

Au quotidien, c'est l'agriculture et l'élevage qui semblent fournir l'essentiel des richesses dans ces habitats. D'autres activités peuvent avoir été lucratives, n'oublions pas, par exemple, que les Celtes méridionaux sont de plus en plus impliqués dans les conflits méditerranéens en tant que mercenaires depuis au moins l'époque de Philippe II de Macédoine[17].

Les sites contemporains les plus importants et dont nous sommes certains qu'ils existaient avant la fondation du Verduron sont ceux de Saint-Pierre et de L'île à Martigues à l'ouest. Je propose de voir ici un pôle oriental du chaînon de l'Estaque. Plus proche du Verduron, dans la Nerthe, se trouvent les sites de Teste-Nègre, Sainte-Maxime et, sur l'étang de Berre, de Notre-Dame-de-Pitié. Les autres sites connus sont finalement assez éloignés du Verduron, il s'agit du Baou-Roux et de Teste de l'Ost à Mimet. Les niveaux correspondant au début de IIIe s. av. J.-C. ne sont pas les mieux connus sur ces sites, et de nombreux autres établissements ne sont connus que par des prospections[18].

De l'autre côté de Marseille, vers l'est, le verrou de Saint-Marcel, dans la vallée de l'Huveaune, est implanté en limite de la *chôra*, et semble entouré de vignes[19].

Plus loin, au nord de la chaîne de l'Étoile et jusqu'à la Durance, le nombre des habitats perchés fortifiés connus augmente au cours du IIIe s. av. J.-C. Au final, tous ces groupes et ces différents sites semblent avoir

16 Pour une vision synthétique plus détaillée de ces aspects, *cf.* D. Garcia, *La Celtique méditerranéenne…*, *op. cit.*

17 M. Dietler, « Rencontres culinaires… », art. cité.

18 L. Bernard, S. Bouffier, A. Copetti, D. Isoardi et F. Sacchetti, « Aux frontières du territoire marseillais : rythmes grecs et rythmes celtiques entre le VIIe et le Ve s. av. J.-C. », dans S. Bouffier et D. Garcia (éd.), *Les territoires de Marseille antique*, Arles ; 2014, p. 71-98.

19 P. Boissinot, « Des vignobles de Saint-Jean du Désert aux cadastres antiques de Marseille », dans H. Treziny (éd.), *Grecs et indigènes de la Catalogne à la Mer Noire*, Paris, p. 147-154.

eu des existences longues, au moins pour les sites centraux, et des phases de réinstallation ou de réactivation de leurs fortifications à différentes époques. La plupart des *stimuli* causant ces variations semblent irradier depuis les tumultueuses zones méditerranéennes, après la fondation de Marseille au VIe s. av. J.-C., après la deuxième guerre punique à la fin du IIIe s. av. J.-C., et lors de la conquête de la *Provincia* par les Romains au cours du IIe s. av. J.-C. Malgré tout, la Provence n'est pas (encore) fédérée ou constituée en confédération – pas plus que le reste du monde celtique, c'est-à-dire que ceux que les auteurs antiques nomment fréquemment les « rois ou roitelets[20] » ont dû avoir un pouvoir de décision local fort, au moins jusqu'à la mise en place de la Confédération salyenne.

L'implication de Marseille dans les différents conflits de l'Ouest méditerranéen à la fin du IIIe s. av. J.-C. n'a pas pu être ignorée, et les élites celtiques savaient qu'au moins une partie des soldats de la cité phocéenne était occupée à seconder Rome dans sa guerre contre Carthage. À mon sens, c'est dans ce contexte spécifique de structuration du monde celtique méridional et d'absence d'intérêt de Marseille pour son arrière-pays qu'un ou plusieurs des groupes celtiques entourant Marseille ont décidé de la création du Verduron.

Cette décision, l'archéologie le montre bien, s'est faite dans un temps très court, avec d'importants moyens, sur un emplacement jusqu'alors vierge de toute occupation. L'hypothèse la plus simple serait celle d'un aristocrate de la Nerthe qui aurait décidé de l'implantation du site. Il n'est pas exclu que cette décision ait été prise à un niveau « plus haut », ou qu'une ébauche de la confédération Salyenne mentionnée lors de la prise d'Entremont ait tenté l'aventure de grignoter du territoire aux marges de la cité phocéenne.

20 Chez Polybe, III, 44, par exemple, « le roitelet Magilos » est mentionné dans les Alpes, lors du périple d'Hannibal, Nannos est qualifié de *rex* par Trogue-Pompée (Justin, XLIII, 3), Catumandos, lui, est qualifié de *regulus* (traduit par « roitelet », dans *CAG* 13-3, 151).

L'APPORT DES HUMANITÉS NUMÉRIQUES

Si à la fin du XXe siècle, la fouille comme l'enregistrement ont été faites manuellement, très rapidement les outils des Humanités numériques ont permis d'accélérer et de faciliter l'accès à la documentation et au partage des informations produites par la fouille. Je me propose ici de présenter quelques-uns des outils qui ont permis de finaliser cette étude afin de les mettre en avant et de suggérer une mise en commun accrue de nos connaissances à l'ère digitale.

Parmi les pionniers de l'usage massif des ressources numériques, les bibliothèques ont toujours été à la pointe. Depuis les catalogages systématiques, les plateformes de ressources en ligne (PERSEE https://www.persee.fr/, FRANTIQ https://www.frantiq.fr/, GALLICA https://gallica.bnf.fr/…) permettent aujourd'hui grâce à Isidore-science (https://isidore.science/) de disposer de bien plus que de simples « pdf » en ligne. Dans un premier temps, la numérisation a permis d'accéder à des ressources qui étaient vraiment pénibles à trouver, par exemple le *Bulletin de l'Association française pour l'avancement des sciences* – dans lequel plusieurs articles de l'inventeur du site sont parus – sont désormais en ligne. Lors d'une consultation récente, on a pu bénéficier des outils dits de facettage : ceux qui permettent de voir avec qui un auteur a publié, dans quelles revues et qui cite ses travaux. Ces outils sont particulièrement puissants, particulièrement pour les travaux anciens et ont permis de mettre en exergue les différentes interactions de l'inventeur du site dans son temps.

La mise à disposition des textes antiques et des interprétations de ce dernier est également accrue : il m'a par exemple été plus facile de trouver en ligne le scan de l'original du parchemin de Sosylos que d'accéder au volume de Jacoby correspondant dans une bibliothèque (https://www.uni-wuerzburg.de/en/news-and-events/einblick/archive/2007/uni-intern0211/) ! Cet ouvrage (les *FGH* de Jakoby) est en grande partie scanné et ocrisé dans *Google books*.

D'autres outils, plus spécifiques aux archéologues, permettent aussi d'accélérer les comparaisons entre sites. Les ressources développées et mises en ligne par M. Py et désormais maintenues et augmentées par l'équipe de Montpellier autour de syslat sont déjà anciens mais se révèlent très efficaces. Les DICOCER http://dicocer.cnrs.fr/, DICOBJ et DICOMON (http://www.syslat.fr/) sont ainsi de précieuses ressources pour les archéologues. Il s'agit de dictionnaires de types avec la datation et les principales occurrences des principaux fossiles directeurs de la Protohistoire méridionale et traitent respectivement des céramiques, des objets métalliques et des monnaies.

Au niveau de la cartographie des sites, afin de mieux saisir l'environnement du site et de produire des cartes de travail à l'aide de SIG en ligne, j'ai utilisé la plateforme développée à Strasbourg ArkeoGIS http://arkeogis.org/. Il s'agit d'un site permettant de mettre en commun des données spatialisées sur le passé et de les interroger ensuite à l'aide d'une interface cartographique. Concrètement, chaque chercheur ou équipe de chercheur peut décider de partager tout ou partie de ces données en implémentant ses informations à l'aide d'un tableur préétabli. À l'aide de cette application, il a été très rapide de produire des cartes et d'identifier des sites, mais aussi de trouver les sites de comparaison et d'être au courant des fouilles préventives récentes et des analyses paléoenvironnementales menées à proximité du site.

D'autres outils plus spécifiques existent, Patriarche pour les services régionaux de l'archéologie, DOLIA pour les données de l'INRAP – dont les données sont également visibles en partie au sein de l'infrastructure européenne ARIADNE http://portal.ariadne-infrastructure.eu/ –, PERIPLEO https://pelagios.org/peripleo/map, qui interroge à la volée (*linked open data*) les « *gazeteer* » (répertoires toponymiques ou atlas) du type de ceux développés en Allemagne par le *Deutsches Archäologisches Institut*, ou encore Chronocarto http://www.chronocarto.ens.fr/gcserver/atlas#, qui propose un atlas de l'âge du Fer. Il est difficile pour le débutant de bien saisir les forces et faiblesses de ces outils, ainsi que de comprendre leurs articulations, mais leur exploitation systématique et le croisement des données partagées par ces systèmes permet au chercheur de s'approcher de l'exhaustivité quand il travaille son état de l'art.

L'accès aux bases et sites du ministère de la Culture (Patriarche, l'inventaire) est relativement complexe selon les régions ; dans le cadre des politiques d'ouverture des données (*Opendata*), d'importants jeux de données sont désormais facilement accessibles (https://www.pop.culture.gouv.fr/) ; concrètement les photos aériennes du Service Régional de l'Archéologie et plusieurs illustrations du Verduron sont directement accessibles en bonne qualité.

Les autres ressources en ligne, de Wikipedia à des sites participatifs ou amateurs sont plus difficiles à exploiter pour des recherches scientifiques, dans la mesure où la donnée n'est pas forcément permanente (existence d'un permalien ou URI, de type DOI ou Handle par exemple), mais surtout du fait de l'opacité de la production de données. L'habitude de citer ses sources, qui est une évidence dans les Humanités, reste à développer lorsque l'on utilise des outils et ressources en ligne, plus particulièrement lorsqu'il s'agit de sciences participatives (*cf.* par exemple le projet Particip'Arc – https://www.participarc.net/ – et le rapport produit).

Dans un premier temps, le concept de « *fair data* » (*Findable, Accessible, Interoperable, Reusable*) ne sera une réalité que lorsque la citation de travaux en ligne aura le même « *impact factor* » que celui d'une publication papier pour les chercheurs et les laboratoires. En attendant, le développement des « *data managment plans* » et celui des archivages à long terme devrait développer ces bonnes pratiques. La formation des étudiants comme des chercheurs à ces différents outils est complexe à organiser, elle casse un certain nombre de traditions et repose sur le partage des connaissances davantage que sur la (sur) spécialisation des chercheurs.

Soulignons enfin la chance qu'ont les Humanités Numériques françaises de disposer de la très grande infrastructure HUMA-NUM du CNRS https://www.huma-num.fr/, qui permet de résoudre facilement les questions d'archivage, de mise en ligne et de sauvegarde des données produites.

L'étude du Verduron et de la région de Marseille à la fin du IIIe s. av. J.-C. illustre bien la manière dont les Humanités numériques prennent une place grandissante dans nos démarches de chercheurs. Depuis la gestion de la fouille et des mobiliers à l'archivage et au partage des données produites, de nombreux outils digitaux permettent d'accéder plus rapidement à la substantifique moelle des travaux universitaire, à l'aide d'interfaces en ligne. Il est aujourd'hui temps d'apprivoiser ces manières de travailler qui sont davantage coopératives qu'individuelles, ce qui permettra à moyen terme d'accélérer le partage et la production de donnée nouvelles. En effet, la juxtaposition de bases de données produit plus de résultats que la simple somme des données agrégées, c'est cet effet qui est recherché dans la mise en place de plateformes participatives comme ArkeoGIS.

Loup BERNARD
Université de Strasbourg,
UMR 7044 Archimède

LE PROGRAMME SIGILLA

La sigillographie à l'heure des humanités numériques

En septembre 2013, grâce au soutien du GIS SOURCEM, une équipe de chercheurs réunis par le Centre d'études supérieures de civilisation médiévale de Poitiers a initié le programme SIGILLA visant à l'élaboration d'une base de données en ligne des sceaux conservés en France. Depuis, l'ambitieux projet s'est mué en véritable programme dont la base numérique est accessible en ligne depuis 2016 et recense aujourd'hui près de 13 000 empreintes[1] de sceaux.

Visant à fédérer les initiatives françaises de recherches, de conservation et de diffusion des données sigillographiques, SIGILLA propose un mode d'approche inédit des sceaux fondé sur les principes et les outils des Humanités numériques. Ce programme intègre et développe également diverses solutions innovantes, propres à l'étude de ces documents, capables de stimuler les recherches futures et d'enrichir nos connaissances.

---

1 Le sceau médiéval est une galette de cire ou « empreinte », appendue ou appliquée sur un document, estampée sur une ou deux faces au moyen d'une « matrice » gravée en creux. Certaines de ces empreintes ont été relevées depuis le XIXe siècle par des « moulages » qui constituent, avant la diffusion de la photographie, le principal media des catalogues.

LA GENÈSE DU PROJET, L'INITIATIVE DES ARCHIVES DÉPARTEMENTALES DE LA VIENNE

En 2012, le Centre d'études supérieures de civilisation médiévale[2] de Poitiers a été sollicité par les Archives départementales de la Vienne pour les assister dans l'élaboration d'un catalogage numérique de leur collection de pièces scellées. Rassemblés dans une série spécifique, ces documents collectent près de 1500 empreintes sigillaires médiévales et modernes. L'objectif du projet d'institution était autant la préservation de ces pièces que leur valorisation par l'intermédiaire de leur site internet propre. Encadré par le directeur adjoint des archives, M. Pierre Carouge, ce recollement s'est en partie appuyé sur plusieurs stages d'étudiants du CESCM, dans le cadre du Master II d'histoire médiévale.

Ce projet a notamment été l'occasion, pour les AD86, de solliciter les Archives nationales, des spécialistes de la restauration de sceaux[3] et de faire l'état des lieux des sites internet d'archives ou d'institutions françaises proposant la consultation de tout ou partie de leurs collections sigillographiques, soit une dizaine de sites environ[4]. Cette lecture comparée a clairement souligné l'intérêt renouvelé pour ce matériau et la volonté de ces services d'archives de valoriser et de préserver cette source documentaire fragile et méconnue.

Pourtant, la plupart de ces réalisations témoignent souvent de l'intérêt particulier d'un conservateur pour l'objet plus que d'une réelle politique générale de conservation. Cette enquête a également fait ressortir la

---

2 Le CESCM de Poitiers est une Unité Mixte de Recherches (UMR 7302) associant le CNRS à l'Université de Poitiers. Ce laboratoire développe des compétences spécifiques sur les sciences de l'érudition (épigraphie, iconographie, castellologie, emblématique et héraldique, philologie, musicologie).

3 Ont notamment été sollicités Marie-Adélaïde Nielen (AN) et Philippe Jacquet (Société ARES).

4 Parmi les dépôts d'archives ayant mis en ligne tout ou partie de leurs sceaux il faut citer les archives départementales de l'Aube, de Loire-Atlantique, de la Creuse, de l'Yonne, de la Somme, de la Sarthe, du Puy-de-Dôme. Différents projets numériques sigillographiques sont également en cours de réalisation tels que le *Projet Matrice* (Cabinet des Médailles, Inès Villela-Petit, Ambre Vilain); le *Projet Chartes scellées* (Département des Manuscrits, Solène de La Forest d'Armaillé); le *Projet SPHAM* – modes d'attache des sceaux du Haut Moyen Âge, (M.-A. Nielen, Archives nationales de France).

grande inégalité des situations dans les dépôts, certains conservant de masses d'empreintes considérables, encore très partiellement étudiées ou même largement inconnues, quand d'autres ne possèdent plus que quelques empreintes, parfois parfaitement analysées.

Mais ce qui est apparu avant tout est l'extrême dispersion de l'information, la différence de traitement des données, l'inexistence de compatibilité entre ces bases, l'importante énergie humaine et financière dépensée à reformuler autant de fois que nécessaire les solutions informatiques, le manque d'homogénéité de l'information dispensée et l'irrégularité dans le suivi des consignes de description du sceau émises par le Service des sceaux des Archives nationales par l'intermédiaire de la note ISAD-G[5]. Enfin, centrés sur des collections spécifiques, ces inventaires envisagent rarement le sceau dans la sérialité et la matérialité qui le caractérisent pourtant, l'empreinte de sceau étant un objet de cire tridimensionnel décliné à partir d'une matrice en de multiples occurrences introduisant souvent de nombreuses variantes par la couleur, le mode d'attache, le contre-scellage, etc.

L'expérience poitevine a donc révélé la nécessité de fédérer les efforts des promoteurs de bases sigillographiques mais elle a aussi souligné l'intérêt d'adosser ces travaux à l'actualité de la recherche sur le sceau et rappelé l'indispensable conjugaison avec les initiatives internationales dans ce domaine[6].

La réalisation d'une base de données nationale qui assurerait la visibilité et l'homogénéité de l'information sigillographique a donc été avancée et mise à l'étude[7].

---

5 La note ISAD(G), établie par la directive des Archives Nationales en 2005 pour la description des collections sigillographiques, est un outil très pertinent, notamment dans la logique archivistique qui était celle de ses concepteurs. Ce cadre pose cependant divers problèmes d'application pratique et demande souvent à être adapté ou simplifié pour la saisie en ligne.

6 En 2015, plusieurs programmes internationaux de bases de données sigillographiques sont avancés parmi lesquels on peut citer le consortium SIGILLVM, Seals and Sealing : History, arts, preservation. International network (Société internationale de Sigillographie, Archives nationales de France, British Museum, National Archives, Universités de Londres, Prague, New York, Durham, Norwich etc.) ; le Projet SIGILLUM, Base numérisée des sceaux du clergé portugais (Rosario Morujao, professeur, Université de Coïmbra) ; le Projet SiMeW (seals in medieval Wales), Université de Aberyswyth, Pr. Elizabeth New) ; le Projet WELFENSIEGEL, Datenbank der Welfensiegl, Historische Kommission fur Niedersachschen und Bremen, Pr. Dr. Toni Diederich).

7 Cette initiative n'est pas totalement originale. Le service des sceaux des Archives nationales et la société ARES dirigée par Philippe Jacquet avaient déjà ébauché des projets de ce type.

L'ÉTUDE DU PROJET
Phase exploratoire septembre-décembre 2013

Le soutien financier du Groupement d'intérêt scientifique SOURCEM[8] a permis de réaliser cette étude conduite à l'occasion d'une série de rencontres avec les principaux acteurs du sujet : conservateurs d'archives, de bibliothèques et de musées, agents des services de consultation et de conservation des sceaux aux Archives nationales, chercheurs et enseignants-chercheurs spécialistes de sigillographie ou de disciplines concernées, informaticiens[9].

Ces rencontres ont notamment permis de prendre la mesure du projet, d'éprouver l'enthousiasme général pour l'idée mais aussi d'appréhender les difficultés, d'identifier les écueils éventuels. Un projet de cette ampleur, déjà imaginé plusieurs fois mais jamais abouti faute de moyens, nécessite en effet une importante étude de faisabilité tant scientifique que logistique, institutionnelle et financière.

Une des premières originalités du projet consistait dans sa dimension nationale et collective quand jusqu'alors ce type d'initiative avait toujours relevé d'une institution donnée, le plus souvent un dépôt d'archives, liée à la détermination particulière d'un conservateur et sur ses fonds documentaires propres. En ce sens l'objectif de SIGILLA rejoignait, avec de nouveaux moyens et de nouveaux paradigmes, la grande entreprise

---

8 Le Groupement d'intérêt scientifique Source de la culture européenne et méditerranéenne (GIS SOURCEM) est un contrat de coopération scientifique réunissant des laboratoires de recherches en sciences humaines. Il soutenait chaque année des projets de recherches ou des étapes préparatoires à des programmes. Ont été associés à ce projet initial Hanno Wisjman (IRHT), Jean-Christophe Blanchard (CRHUL), Michel Pastoureau (EPHE), Laurent Hablot (CESCM).

9 Ce projet exploratoire a donc permis d'associer plusieurs laboratoires partenaires (CESCM, IRHT, CRHUL, EPHE) dont les représentants ont organisé une série de rencontres et de consultations auprès d'institutions de conservation (Archives nationales, BnF, AD de la Vienne, du Nord, de la Côte d'Or, de l'Aube) ; de laboratoires (CESCM-Poitiers, IRHT, CRULH, CRAHAM-Caen, EPHE), de musées et conservateurs de collections (Musée Dobrée de Nantes, Cabinet des Médailles de la Bnf), de sociétés savantes (SFHS, SAO) ; d'informaticiens (expertise sur les bases existantes recensées et étude des solutions techniques de moissonnage et de développement de la base, études des solutions des grandes bases interopérables de l'IRHT) de spécialistes de la restauration de sceau (Société ARES).

de collecte nationale de sceaux initiée par Louis Douët d'Arcq dans les années 1860[10].

La structuration des archives départementales françaises, à la fois autonomes et encadrées dans leur politique archivistique par le Service interministériel des archives de France, est apparue comme un atout important dans ce processus, offrant des possibilités d'action commune à l'échelle du pays. Cette singularité, effet bénéfique de la centralisation, est une véritable chance que nous envient beaucoup de nos collègues étrangers, pénalisés dans leurs initiatives de collectes nationales par l'absence de politique générale de conservation archivistique.

Par ailleurs, depuis plusieurs décennies, le Service des sceaux des Archives nationales avait assuré une politique de conseil et d'expertise en matière de conservation et de valorisation des collections sigillographiques des archives françaises. Les récentes réorganisations de ce service, sans faire disparaître ses compétences scientifiques et techniques, ne lui donnaient hélas plus les moyens d'encadrer une telle initiative collective.

Enfin, les multiples actions scientifiques en faveur des études sigillographiques, conduites depuis une dizaine d'années par des universités, des laboratoires de recherche ou soutenues par des sociétés savantes, à commencer par la Société française d'Héraldique et de Sigillographie, ou même des particuliers – érudits ou restaurateurs – rendaient évidente la collaboration technique et scientifique dans le portage de ce projet, pratique désormais courante et inscrite dans une volonté commune de valorisation de la recherche. Les laboratoires associés au programme garantissant pour leur part une véritable expertise dans le portage de projet et la gestion des multiples aspects scientifiques des données fournies par la matière sigillographique tels que l'histoire et l'histoire de l'art, la diplomatique, l'épigraphie, l'héraldique.

Pourtant, en dépit de l'intérêt marqué de nombre de conservateurs pour les sceaux de leurs collections, la réalité des contraintes et des priorités archivistiques actuelles rendait improbable toute politique d'investissement direct des dépôts d'archives dans ce projet. Il s'agissait donc de proposer un ensemble de solutions pratiques et financées pour intervenir auprès des institutions sollicitées en qualité d'agence de moyens mise au service de leurs collections sigillographiques. Plusieurs solutions ont ainsi été imaginées pour y parvenir :

---

10 L. Douët d'Arcq, *Collections de sceaux*, Paris, 3 vol., 1863.

- l'élaboration d'outils informatiques nécessaires au catalogage et à la diffusion de ces informations.
- la mise en place d'un réseau de collaborateurs locaux susceptibles de décharger les services d'archives de la saisie des données.
- le développement d'opérations autofinancées concentrées sur des fonds spécifiques.

Les réunions préparatoires ont permis d'imaginer collectivement les grandes lignes des outils informatiques indispensables à la réalisation de ce projet : une interface de saisie, la plus intuitive possible, permettant une indexation collaborative ouverte à des non-spécialistes ; une base de données relationnelle mettant en lien les informations relatives à chaque unité documentaire ; une interface internet permettant l'interrogation et la consultation de la base de données ; des protocoles de saisie et de diffusion des données textuelles et iconographiques.

À l'issue de ces concertations, le projet SIGILLA a donc été initié et s'est engagé dans la recherche de solutions de financements avec pour double objectif le développement informatique des outils de saisie et de consultation et la pérennisation du projet. Le programme s'est structuré par la constitution d'un comité scientifique[11], ensemble d'experts garantissant la pertinence des propositions de SIGILLA, et d'un comité de pilotage[12] chargé de conduire le développement technique de la base et de veiller à sa cohérence et à sa pertinence scientifique. Un accord de consortium entre les institutions partenaires, encadré par le CNRS, a été signé.

L'importance du projet a su convaincre les soutiens sollicités et SIGILLA a donc pu être engagé dès l'automne 2014 grâce à la participation financière du SIAF, renouvelée à plusieurs reprises depuis, complétée par le Consortium COSME, le mécénat d'un membre de SIGILLVM, le

11 Brigitte Bedos-Rezak (New-York University – SIGILLVM), Jean-Luc Chassel (Université Paris X), Dominique Delgrange (Société Française d'Héraldique et de Sigillographie), Marc Gil (IRHIS, Université de Lille), Michel Pastoureau (École Pratique des Hautes Études), Agnès Prévost (Archives Nationale de France), Laurent Macé (Université de Toulouse), Rosario Morujao (Université de Coïmbra – Coordinatrice du programme SIGILLVM PORTVGALIAE), Marie-Adélaïde Nielen (Archives Nationales de France), Torsten Hiltmann (Université de Münster).

12 Laurent Hablot (EPHE), Estelle Ingrand (CESCM), Amable Sablon du Corail (ANF), Jean-Charles Bedague (SIAF), Jean-Christophe Blanchard (CRULH), Hanno Wisjman (IRHT).

soutien logistique de la TGIR Huma-Num[13], de l'Université de Poitiers et du CESCM. La Fondation du Patrimoine de Lausanne a par ailleurs soutenu un projet satellite de SIGILLA, le catalogage des sceaux inédits des archives départementales de la Côte d'Or. En 2016, le porteur du programme a rejoint le Domaine d'intérêt majeur d'Île-de-France, Sciences du texte et connaissances nouvelles, autour du projet E-SIGNA, portail de l'emblématique médiévale, qui intègre directement la base SIGILLA et qui a obtenu en 2019 un important financement de l'ANR centré sur les données ouvertes.

Le consortium SIGILLA initial a été modifié par l'entrée, en juin 2016, de l'École pratiques des hautes études qui a délégué à l'équipe d'accueil SAPRAT rejointe par le coordonnateur, le portage du programme autrefois assuré par le CESCM ; en 2018, l'École nationale des Chartes puis, en 2019 par l'Université de Strasbourg sont également entrées dans le COPIL.

LES SOLUTIONS SIGILLA

L'objectif du programme SIGILLA est donc de mettre à disposition des chercheurs et des amateurs un corpus critique et illustré des sceaux conservés dans les dépôts français.

À la différence des catalogues traditionnels, qui énumèrent une liste descriptive d'empreintes données, ne retenant que les mieux conservées d'entre elles ou uniquement celles conservées dans leur propre collection, la base SIGILLA organise l'information autour du prototype de chaque sceau, tel qu'il est connu par la matrice originelle – quand elle est conservée – ou tel que l'on peut le reconstituer à partir des différentes empreintes connues. Ce dénominateur commun est qualifié de « sceau-type ».

13 Cette *Très Grande Infrastructure de Recherche* dédiée aux humanités numériques assume notamment l'hébergement des données, fonction essentielle dans l'élaboration d'une base appelée à devenir conséquente. Cette opération de conservation et d'entretien des données représente un coût très conséquent heureusement assumé par cette structure scientifique institutionnelle.

Dans une approche inédite, la base énumère donc pour chaque sigillant, l'ensemble des sceaux-types dont il a fait usage au cours de son existence et propose, pour chacun des sceaux-types, un catalogue aussi exhaustif que possible de toutes les empreintes conservées, quelque soit leur état et leur lieu de conservation. Chaque empreinte pouvant introduire des variantes de couleur, de mode d'attache, de façonnage ou de contre-scellement. Ce nouveau regard porté sur le sceau ouvre des perspectives inédites dans les études sigillographiques et annonce, nous l'espérons, d'importantes avancées dans le domaine.

Ce programme implique en priorité la collecte des données. L'objet du recensement SIGILLA est le sceau considéré sous ses multiples aspects (matrice et empreinte), sous ses différentes formes initiales (empreintes de cire, bulles, sceaux sous papier, cachets ou timbres à sec) et sous ses différents media de conservation (empreintes originales, moulages, dessins ou frottis, clichés photographiques).

Même si la priorité reste donnée aux sceaux du Moyen Âge, aucune limite chronologique n'a été imposée, considérant que le cadre sera d'abord défini par les partenaires et selon la nature de leur fonds.

Sont donc concernés par ces collectes l'ensemble des dépôts sigillographiques français, en priorité les archives nationales et départementales, mais également les archives municipales, les bibliothèques, les collections des musées, les archives privées et les collections de particuliers.

La collecte des données SIGILLA provient essentiellement de deux sources : Le « moissonnage » des données sigillographiques déjà cataloguées et/ou disponibles en ligne ; le versement de nouvelles données par les institutions de conservation et le catalogage direct par des chercheurs ou des agents du programme.

Le moissonnage s'applique notamment aux grands catalogues de sceaux dressés à partir de la seconde moitié du XIXe siècle, conservés sous forme éditée et le plus souvent non illustrée ou peu illustrée. Cette opération implique en premier lieu la « rétro-conversion » des données, c'est-à-dire leur reformulation via un classement typologique au moyen d'un logiciel de classement du type fichier Excel, et l'illustration de sceaux décrits par des clichés des empreintes ou des moulages correspondants. Cette opération a déjà pu être réalisée pour le catalogue d'Auguste Coulon consacré aux sceaux de la Bourgogne[14], à partir d'un fichier rétro-

14 A. Coulon, *Inventaire des sceaux de la Bourgogne*, Paris, 1912.

converti élaboré par les archives départementales de la Côte-d'Or et des clichés des moulages conservés aux Archives nationales. Le traitement du catalogue des 11 800 sceaux relevés par Louis Douët d'Arcq est en cours d'achèvement[15] et une petite dizaine d'autres catalogues ont été partiellement ou intégralement saisis.

L'autre type de moissonnage de données consiste à saisir plus ou moins automatiquement des informations déjà organisées, notamment celles des bases sigillographiques précédemment élaborées par des dépôts d'archives. Ces opérations nécessitent la collaboration étroite des institutions concernées, en soulignant que leur contribution à SIGILLA n'a pas pour but de les dessaisir de leur outil ou de rendre ceux-ci obsolètes mais bien plutôt de les enrichir. Il deviendra par exemple possible, pour une empreinte donnée, conservée par un dépôt particulier, de la confronter aux autres empreintes connues répertoriées par SIGILLA et donc d'en parfaire la connaissance. Ces bases locales sont par ailleurs libres de glaner dans SIGILLA toutes les informations utiles à leurs propres collections comme par exemple une empreinte de meilleure qualité, la matrice réelle ou le sceau-type, des informations plus précises sur la période d'utilisation du sceau, de la bibliographie, etc. Un important travail de communication et de présentation du projet est donc engagé.

Par ailleurs, une solution de page SIGILLA dédiée, propre à chaque lieu de conservation, est en cours de finalisation. Générée par SIGILLA et mise à la disposition des institutions partenaires, elle permettra d'accéder directement à une collection précise saisie dans SIGILLA. Ce processus a été par exemple appliqué à la collection des sceaux des

15 Le traitement informatique de ces données rétro-converties, presque impossible à systématiser à l'aide d'un programme *ad hoc* (une « moulinette » dans le jargon informatique) est un lourd travail de saisie. L'expérience conduite par Philippe Jacquet sur le fichier Coulon permet d'estimer la saisie à environ 1000 cotes par mois. La saisie de ces grandes collections soulève un certain nombre de problèmes. En effet ces données ne sont pas exemptes d'erreurs de datation, d'attribution, de localisation, ou de description que la confrontation avec l'empreinte originale ou les données réelles met à jour. Il ne sera évidemment pas possible de les corriger toutes dans un premier temps. La structure même de la base permettra toutefois de corriger progressivement ces erreurs de nos prédécesseurs. De nombreuses données traitées par les auteurs des catalogues du XIX siècle et même du XX siècle ont d'ailleurs pour une part été détruites. De ce fait, l'information produite par SIGILLA se posera à terme comme nouvelle référence, au détriment des classifications traditionnelles.

archives de Haute-Savoie[16] dont le catalogue, établi en par Gérard Detraz en 1998[17], a été numérisé dans la base ou aux sceaux des archives municipales de Joigny[18].

Ces opérations de moissonnage sont essentielles et ont permis de fournir, relativement rapidement, une masse critique d'informations de près de 13000 empreintes qui peut être portée à 80 000 entrées issues des grands inventaires nationaux, complétées par environ 10 000 entrées collectables sur les sites déjà opérationnels.

À ces sources, il convient d'ajouter la collecte des données rassemblées par les érudits modernes. Nombre de ces antiquaires se sont en effet intéressés aux sceaux et livrent des milliers de dessins d'empreintes parfois conservées mais le plus souvent perdues à jamais. La collaboration entre SIGILLA et la base COLLECTA[19], consacrée à la recomposition et à la valorisation des documents de ce célèbre érudit est à ce titre exemplaire[20].

Mais la collecte de SIGILLA passe également par le versement de nouvelles données.

Il s'agit dans ce cas d'une saisie directe, in situ, de sceaux inédits. Ce catalogage s'effectue au moyen de l'interface de saisie développée par SIGILLA. Cet outil informatique est conçu pour être le plus intuitif possible – même si de nombreuses améliorations restent à faire – et se veut un compromis entre la qualité scientifique de l'information collectée et la prise en compte des capacités réelles des agents de saisie.

En effet, l'opération de collecte à grande échelle ne peut s'envisager qu'avec le soutien d'« agents » SIGILLA engagés localement. Ces personnes – personnels des institutions de conservation, étudiants en Histoire, en Histoire de l'art, en DU Archives, stagiaires de MII, lecteurs volontaires ou membres de sociétés savantes nationales, sont formées à la saisie par un membre de SIGILLA à l'occasion d'un bref stage proposé régulièrement.

16 http://www.sigilla.org/fr/sgdb/lieu-de-depot/1102.

17 G. Detraz, *Catalogue des sceaux médiévaux des Archives de la Haute-Savoie*, sous la direction d'Hélène Viallet, Annecy : Archives départementales de la Savoie, 1998.

18 http://www.sigilla.org/fr/sgdb/lieu-de-depot/1102.

19 https://www.collecta.fr.

20 L'objectif est, à terme, de renvoyer pour chacun des sceaux cités par Gaignières, à une notice de la base SIGILLA à l'exemple de ce qui a été expérimenté pour le cartulaire de l'abbaye Notre-Dame du Val.

Avec le soutien du CTHS, le programme s'inscrit d'ailleurs résolument dans cette promotion des sciences participatives en encourageant, au sein des ateliers pédagogiques des archives, la constitution d'ateliers SIGILLA tels que celui initié par archives départementales du Haut-Rhin dans le cadre du volet alsacien de SIGILLA, SIGI-Al, développé par l'Université de Strasbourg[21].

L'interface de contribution est basée sur un formulaire type fondé sur la note ISAD (G) dont il retient en priorité les champs essentiels, réservant à une saisie experte la totalité des champs : informations diplomatiques et archivistiques sur le document ; informations sur le sigillant ; description du sceau ; bibliographie ; iconographie, épigraphie et héraldique. Ces informations sont complétées par les opérateurs à partir de listes fermées accessibles par des menus déroulants proposant une série de choix nommés et/ou figurés – en particulier pour les éléments techniques comme le mode d'attache, le type de sceau. Plusieurs champs de commentaires libres sont prévus pour compléter ces informations si nécessaires et permettre également en aval une recherche « plein texte ». Le renseignement de l'intégralité des champs (92 au total) n'est donc pas nécessaire pour le versement des formulaires. Ces données sont validées, et si besoin complétées, par les webmasters de la base avant leur mise en ligne. Un indicateur de remplissage – en back office – permet de connaître l'étendue des données complétées. En effet, contrairement aux éditions papier qui figent dans le temps les informations, le grand intérêt de l'outil informatique est de permettre une révision continue des données. Enfin, ces contributions collaboratives sont identifiées en back office et leurs auteurs référencés, permettant la « traçabilité » de l'intervention.

Des outils de description des données épigraphiques sont en cours d'élaboration en collaboration avec l'équipe d'épigraphie du CESCM, grâce au financement du programme de SCRIPTA-PSL, Histoire et pratiques de l'écrit[22], proposant notamment un développement informatique, calé sur le logiciel PIM[23], permettant le traitement semi-automatisé des données épigraphiques du sceau : lecture automatique,

21 Ce programme est porté par Olivier Richard et Thomas Brunner et a bénéficié d'un financement Initiative d'excellence de L'Unistra en 2019 (voir leur carnet Hypothèse https://sigial.hypotheses.org)

22 https://univ-psl.fr/scripta.

23 F. Codine, « Polices de caractères et inscriptions monétaires. Le projet PIM », *Document numérique*, vol. 16, no. 3, 2013, p. 69-79.

transcription, repérage des particularités épigraphiques, des formules, noms de personnes et de lieux, etc.

Les données héraldiques des sceaux font également l'objet d'un traitement spécifique.

En effet pour résoudre les problèmes posés par la question du blasonnement[24] – langage qui produit différentes versions selon les auteurs et que tous les utilisateurs ne maîtrisent pas, loin s'en faut –, SIGILLA a développé une base de données interne permettant de figurer les armoiries observées ou recherchées au moyen d'un catalogue de formes graphiques restituant les couches du signe héraldique (champ, pièce, figures) et ses possibles combinaisons. Ce relevé produit par le lecteur et transcrit en niveaux de gris pour correspondre à la nature monochrome du sceau, dans une forme générique rectangulaire, est coloré au niveau de la fiche « sigillant » quand les couleurs des armoiries de ce dernier sont connues et documentées. Une recherche par armoirie peut ainsi être opérée et permet d'identifier tous les sceaux utilisant une même composition héraldique[25]. Cet outil, déjà fonctionnel en back office avec des résultats visibles en ligne, est en cours de développement pour une interrogation en front office.

Les données emblématiques fournies par les sceaux saisis dans SIGILLA sont par ailleurs mises en relations avec diverses bases concernant l'emblématique médiévale : la base ARMMA[26] (Armorial monumental du Moyen Âge), centrée sur les décors armoriés conservés ou documentés), la base DEVISE[27], qui recense les emblèmes princiers de la du Moyen Âge, la base BIBALE qui étudie les bibliothèques médiévales et leurs possesseurs. L'ensemble de ces données bio-emblématiques seront prochainement rassemblées dans un portail dédié, E-SIGNA.

L'ensemble des notices est bien entendu illustré : un des principaux avantages de ce nouvel outil sur la plupart des catalogues existants. Les clichés versés sur la base sont, si possible, établis selon les normes définies par la Bnf dans son Projet chartes scellées pour lequel a été

24 On qualifie de « blasonnement » la description des armoiries à partir d'une méthode et d'une terminologie spécifique progressivement élaborée entre le début du XIII siècle et le XVIII siècle.

25 Voir par exemple tous les sceaux portant une combinaison intégrant les armes de Bourgogne (http://www.sigilla.org/fr/sgdb/blason/20189)

26 http://armma.saprat.fr.

27 En cours de transfert.

établi un cahier des charges photographique fournissant les standards de la « bonne » photographie d'un sceau. Toutefois, en l'état actuel des besoins, la couverture photographique ne requiert aucune restauration préalable ni dépoussiérage spécifique, étant entendu qu'à défaut d'avoir pu opérer une couverture photographique dans les règles, une photo de qualité moyenne reste préférable à une lacune d'illustration. Dans l'idéal, cette couverture comprend donc cinq photographies : une photo recto-verso du sceau (qu'il intègre ou non un contre-sceau) et trois photos de l'acte, face/revers/repli, permettant son étude, celle du type d'attache, etc. Cette attention permet d'intéresser à SIGILLA les bases diplomatiques qui connaissent actuellement un grand développement[28].

L'utilisation des données moissonnées ou collectées se fait dans le cadre de conventions établies entre SIGILLA et l'institution concernée et ses tutelles, définissant les conditions d'exploitation et de diffusion des informations. Un certain nombre de dispositions informatiques (accès limité aux images, mention du copyright, renvoi automatique vers un formulaire de demande de reproduction propre au dépôt concerné) garantissent les droits des contributeurs et des opérateurs. La récente réglementation en matière de diffusion des données publiques allège considérablement cette procédure.

LE SITE INTERNET

L'ensemble des résultats de la collecte SIGILLA est accessible via un site internet public (www.sigilla.org).

Un soin particulier a été porté à l'interface de consultation livrant des notices simples, intuitives et conviviales tenant un juste milieu entre le confort d'utilisation, l'esthétique et l'information scientifique.

Pour accéder à ces données, l'utilisateur consulte un moteur de recherche organisé en deux niveaux : une recherche simple, en plein

28 SIGILLA collabore désormais avec les bases de diplomatique TELMA (http://www.cn-telma.fr), ACRONAVARRE (https://acronavarre.hypotheses.org et par exemple https://acronavarre.hypotheses.org/1843), TRANSSCRIPT (https://crulh.univ-lorraine.fr/content/anr-transscript).

texte, renvoyant aux mentions des termes interrogés dans les notices sceaux-types et, si nécessaire, une recherche experte par l'intermédiaire de « facettes » renvoyant à l'ensemble des champs disponibles dans les tables de la base et sélectionnables. Ce moteur de recherche s'appuie sur un système d'auto-complétion, constitué à partir des informations du site, qui accélère l'enquête.

Les résultats obtenus renvoient aux « fiches sceau-type » ce qui permet ensuite à l'internaute de naviguer vers la « fiche-sigillant », la « fiche-empreinte », la « fiche-acte » :

- la « fiche-sigillant » fournit les données biographiques essentielles, des données généalogiques et héraldiques et mentionne, sous forme de fiche synthétique, tous les sceaux-types employés par une personne physique ou morale.
- la « fiche sceau-type » livre toutes les informations données par la matrice originale ou, à défaut de la conserver encore – ce qui est la majorité des cas –, par les empreintes qui en dérivent. Se trouvent donc mentionnées sur cette notice les informations biographiques a minima, et des informations sigillographiques (nature, forme, description, légende). À la suite de la fiche sceau-type, sont énumérées en mention réduite toutes les empreintes connues tirées de ce prototype et ouvrant sur des « fiches-empreintes » « moulages » « dessins ». Ces variantes sont ordonnées hiérarchiquement dans la base en vertu de leur degré de proximité à la matrice. Le choix est fait en revanche de mentionner la totalité des empreintes connues sans se limiter aux meilleures d'entre elles. Cet inventaire exhaustif permettra de considérer l'importance des exemplaires conservés pour une matrice donnée, de déceler d'éventuelles variantes ignorées jusqu'ici, de valoriser la totalité des empreintes quel que soit leur état de conservation (et donc d'attirer l'attention de conservateurs sur la nécessiter de préserver même les fragments d'une empreinte détériorée). Depuis la fiche « sceau-type » sont également mentionnés les différents actes portant une empreinte de ce sceau (« fiche-acte »).
- la « fiche-empreinte », « moulage », « dessin ». L'ouverture d'une fiche-empreinte ou d'une fiche moulage donne accès à une notice détaillée sur chaque document sigillographique, recensant l'ensemble des informations rassemblées lors de la saisie : cote de l'acte,

matière, couleur, contre-marque, état matériel, position sur l'acte, type d'attache (mode d'apposition, nature des attaches, matière). Une vignette avec le cliché du sceau peut s'ouvrir sur simple clic et permettre de consulter la photographie sur sceau via un viewer muni de quelques outils indispensables (zoom, rotation, échelle, etc.). Quand le sceau bénéficie d'une couverture tomographique ou 3D, celle-ci est annoncée sur la fiche et peut être lue en séquence animée.

– la « fiche-acte » donne accès à une notice détaillée sur l'acte support de l'empreinte livrant toutes les informations diplomatiques requises et, si possible, proposant une couverture photo de l'acte en question.

En l'état actuel, l'affichage des notices se présente en défilement. D'autres solutions sont à l'étude comme des « coups d'œil » rassemblant des entrées avec différentes logiques et permettant de varier les modes d'affichages et de consultation, en colonnes, en planches, en notice, en nuages, etc. La facilité de circulation entre les modes d'affichage et entre les niveaux de requête reste une priorité du développement. À terme, l'objectif de l'interface est d'offrir les fonctionnalités attendues mais aussi permettre d'exploiter l'outil par de nouveaux modes d'interrogations et d'expositions croisés sur un thème (par exemple les sceaux de connétables entre 1240 et 1500 avec affichage par planches pour une lecture comparée), des consultations par dépôt (par exemple tous les sceaux des AD 86), ou par collection ou catalogue (par exemple les sceaux du catalogue de François Eygun).

Un ensemble d'informations générales sur la sigillographie, de liens vers des espaces pédagogiques (à l'instar des outils accessibles sur le site « Sceaux et usages de sceaux » développé par les archives départementales de l'Aube), ou vers les outils essentiels de la discipline, permettent aux amateurs de perfectionner leurs connaissances et d'exploiter au mieux les données de la base.

SIGILLA ET LES NOUVELLES TECHNOLOGIES

Comme tous les outils numériques développés actuellement, la base SIGILLA intègre un certain nombre de nouvelles solutions numériques. La base se doit également d'anticiper les développements en cours tels que la numérisation 3D, les outils d'interopérabilité français et étrangers, la production et l'exploitation de métadonnées, la compatibilité avec les tablettes et Smartphones, etc.

À côté des outils héraldiques et épigraphiques cités, le principal investissement technique souhaité par SIGILLA reste le développement d'outils de modélisation d'une matrice virtuelle à partir des empreintes conservées. Il est en effet prévu sur la base qu'à défaut de la préservation de la matrice originale, une « matrice virtuelle », reconstituée automatiquement à partir des images superposées des empreintes, soit signalée au niveau de la fiche « sceau-type ». Dans la plupart des cas en effet, les matrices, ces objets gravés en creux dans du métal ayant permis de produire en série les empreintes des sceaux qui nous sont parvenues, ont aujourd'hui disparu. Ces objets sont pourtant le prototype à la fois pratique et symbolique à partir duquel est émise l'image sigillaire. Ils sont la source unique de chaque sceau. L'état de conservation de la majorité des empreintes connues produites à partir de ce sceau-matrice est hélas souvent médiocre. Façonnées sur un matériau cireux malléable devenu sec et cassant, la plupart de ces empreintes sont aujourd'hui ébréchées, incomplètes, en partie illisibles ou détériorées voire éparpillées en fragments. Cependant, dans de nombreux cas, la conservation de tirages multiples peut permettre, à partir de ces différents éléments, de reconstituer à la manière d'un puzzle le dessin plus ou moins complet du prototype initial.

Le but est donc de pouvoir, automatiquement, superposer des parties d'images produites par la même matrice, à la manière de calques, pour permettre de reconstituer, de façon la plus complète possible, l'image prototype du sceau (matrice) complet d'origine. Cette étape comprend de multiples contraintes techniques. En effet, une empreinte sigillaire est un objet tridimensionnel dont la lecture est parfois rendue délicate, notamment pour des questions d'éclairage. Cette opération nécessite donc en premier lieu la production d'une image numérique normalisée de l'empreinte. Par ailleurs, l'empreinte sur cire a le plus souvent subie de relatives déformations, au moment même de l'impression ou du fait des conditions de conservation, chaleur, chocs, usure, etc. Il est donc pratiquement impossible de superposer exactement l'image de plusieurs empreintes d'un même sceau. Le développement d'outils informatiques automatisés impliquera donc un ajustement automatique des images (calibrage des empreintes sur une taille identique), une correction chromatique (transcription au trait d'empreintes de couleurs variées ou harmonisation sur une couleur neutre), une prise en compte des variables des unités à superposer (correction des déformations, interprétation des dissemblances accidentelles, définition d'un pourcentage acceptable de coïncidence). L'élaboration d'un outil logiciel de reconstitution virtuelle de matrices offrira un champ de possibilités totalement inédit et novateur qui ne manquera pas de susciter l'intérêt des différents chantiers de numérisation de collections de sceaux en cours à travers l'Europe.

D'un point de vue sigillographique, cette possibilité offerte par les outils informatiques est une innovation exceptionnelle qui doit permettre de reconstituer des quantités importantes de sceaux aujourd'hui méconnus et de distinguer différents types jusqu'alors confondus ou ignorés. Cette correction des données aura des incidences directes dans l'attribution et la datation des documents médiévaux.

D'un point de vue archivistique, cette nouvelle technologie devrait conduire les conservateurs à prendre soin des fragments apparemment dépourvus d'intérêt mais qui pourraient, par cette méthode, composer des pièces essentielles du puzzle traité par l'outil de recomposition de la matrice virtuelle. L'enjeu en termes de conservation du patrimoine est donc là encore essentiel.

Parmi les innovations avancées par SIGILLA figure également la numérisation en trois dimensions de sceaux.

La tomographie de sceaux, obtenue par balayage de l'objet aux rayons X, offre une lecture polyfonctionnelle de l'objet sceau, en surface et en profondeur. Elle fournit notamment une perception de l'image dégagée des contraintes d'éclairage et permet une recomposition 3D de l'objet. Donnant à lire le sceau « à cœur ouvert », la tomographie permet de le détailler en coupes ou en strates, et d'isoler ainsi les phases de composition, de percevoir les techniques d'assemblage des cires, de saisir les modes de laçage interne destinés à éviter les falsifications ou propres à une chancellerie, de comprendre le traitement particulier de la surface, voir même d'identifier dans la matière et sans détériorer le sceau des corps étrangers (cheveux, billets, etc.).

Relativement complexe à réaliser – elle impose de déplacer le document jusqu'au tomographe –, et encore assez onéreuse, la lecture tomographie ne peut être appliquée à tous les sceaux. Mise en œuvre pour quelques exemplaires fameux ou particulièrement intéressants, elle ouvre cependant des pistes tout à fait nouvelles dans les études sigillographiques.

La lecture tridimensionnelle du sceau produite par la tomographie peut également être obtenue par le procédé de la photogrammétrie au moyen de scanners 3D.

Cette image 3D, lorsqu'elle est rendue accessible sur le site SIGILLA[29], souligne particulièrement la matérialité de la source-sceau qui échappe évidemment dans la lecture bidimensionnelle du document rendue par la photographie. On oublie trop souvent en effet que l'empreinte de sceau est un objet en volume, parfois très conséquent, doté le plus souvent d'un avers et d'un revers, réalité que restitue parfaitement la lecture 3D, ouvrant ainsi de nombreuses perspectives d'analyse et d'étude. En termes de restauration, l'image 3D permet encore d'isoler les manques et de travailler avec une infinie précision à la reconstitution de synthèse des lacunes. Dans le cadre du programme d'équipement du DIM STCN, SIGILLA devrait être prochainement équipé de deux scanners portables[30] qui permettront de multiplier ce type de saisies. Dans un futur très proche, l'imprimante 3D permettra de reproduire exactement un sceau biface, ajoutant un nouvel avatar aux moyens plastiques de reproduire et donc de conserver les sceaux médiévaux.

Avant tout pensé comme le produit de collaborations techniques et scientifiques entre spécialistes et passionnés de sigillographie, la base SIGILLA a donc pour ambition de mettre à la portée du plus grand nombre des informations actuellement difficiles d'accès voir totalement méconnues des spécialistes eux-mêmes. S'appuyant sur les avantages

29 Voir par exemple l'empreinte en 3D du sceau d'Agnès de France († 1325) des archives municipales de Nuits-Saint-Georges (http://www.sigilla.org/fr/sgdb/empreinte/6538)

30 Il s'agit du modèle Artec Space Spider de la société ARTEC.

multiples de l'outil informatique, cette base s'efforce donc de répondre aux attentes des conservateurs, des chercheurs et des amateurs dans le but de favoriser et de valoriser les études sigillographiques et de sauvegarder ce patrimoine en péril.

Son approche originale de l'objet sceau, les possibilités offertes par le croisement des données autorisé par la structuration même de la base, les perspectives offertes par les nouveaux outils en cours de développement font déjà de SIGILLA, nous l'espérons, un outil incontournable des recherches sigillographiques.

Laurent HABLOT
Paris Sciences et Lettres
– École pratique des hautes études
– SAPRAT

ÉDITER UN CORPUS DE BROUILLONS

Héritage et reconfiguration des méthodes de la philologie classique en régime numérique

Lors du congrès du GIS Humanités, nous avons proposé, Bruno Bureau et moi, une réflexion à deux voix, afin de confronter deux méthodes d'édition de corpus : l'édition philologique et l'édition génétique. En effet, ces deux types d'édition se distinguent par la manière dont les sources sont produites et par la visée de celles-ci. Cependant ces deux types d'édition partagent des méthodes communes, notamment en régime numérique. Dans ces actes, je traiterai de la façon dont la critique génétique s'est approprié les méthodes de la philologie classique tout en les questionnant, et sur la façon dont le numérique fédère l'ensemble de ces méthodes au profit d'éditions multiformes et adaptées aux corpus étudiés.

Commençons tout d'abord par définir les deux types d'édition qui nous occupent.

Édition philologique : L'objectif d'une édition philologique est d'établir un texte dont l'état originel a disparu, et dont nous avons conservé des témoins, complets ou partiels qui comportent des différences appelées variantes. Les méthodes de l'édition philologique se subdivisent en deux courants principaux. Le premier courant est appelé méthode stemmatique ou méthode Lachmanienne car elle a été initiée par Karl Lachmann à la première moitié du XIXe siècle :

> *it aims at reconstructing the "original" work using significant errors made by scribes as a guide to reconstructing the genealogical relationships (organized in the* stemma codicum*) among the surviving manuscript sources (the witnesses*[1]*).*
>
> « son but est de reconstruire l'œuvre "originale" en utilisant les erreurs signifiantes commises par les scribes comme un guide pour reconstruire les

1 E. Pierazzo, *Digital Scholarly Editing : Theories, Models and Methods*, <hal-01182162 >, s. l., 2014 (p. 18).

> relations généalogiques (organisées en un *stemma codicum*) à partir des sources manuscrites qui ont perduré (les témoins) ».

Il s'agit alors de reconstituer un ancêtre hypothétique appelé archétype en comparant ces témoins et en choisissant les leçons les plus plausibles ou en réalisant des conjectures[2].

Le second courant, surnommé la méthode du bon manuscrit, est une réponse au premier. Cette méthode, introduite par Joseph Bédier, « encourage l'éditeur à rester au plus près du manuscrit de base qu'il a sélectionné pour réaliser son édition[3] ».

Édition génétique : Comme l'écrit Almuth Grésillon, la critique génétique « ne vise pas l'édition du meilleur texte, mais l'élucidation du travail d'écriture[4] ». En d'autres termes, contrairement à l'édition philologique qui se propose d'établir un texte ancien dans son dernier état, prêt à lire, scientifiquement plausible et justifié par un appareil de variantes, l'édition génétique s'intéresse aux gestes d'écriture dans leur spatialité et dans leur temporalité pour identifier des opérations systématiques (« écrire, ajouter, supprimer, remplacer, permuter ») et « forme[r] des conjectures sur les activités mentales » qui sous-tendent ces gestes[5].

Or, malgré leurs différences, ces deux types d'édition sont très liés. De fait l'édition génétique, apparue dans les années 1970, est tributaire de l'édition philologique, puisqu'elle s'inspire de ses méthodes pour établir un dossier génétique (déchiffrement, transcription, comparaison des états de texte, histoire du livre). En outre, un de ses objectifs est aussi de donner à lire un texte, l'avant-texte. Mais les réflexions menées sur le processus d'écriture reconfigurent la représentation que nous avons du texte et remettent en question sa fixité. Ainsi, l'édition génétique s'est progressivement distinguée de l'édition philologique en assumant son

2 M. J. Driscoll, « The Words on the Page : Thougts on Philology, Old and New », dans J. Quinn et E. Lethbridge (éd.), *Creating the Medieval Saga : Versions, Variability and Editorial Interpretations of Old Norse Saga Literature*, Denmark, 2010, p. 85-102, (p. 89).

3 P. Bourgain et F. Vielliard (éd.), *Conseils pour l'édition des textes médiévaux. Fascicule III, Textes littéraires*, Paris, 2002 cité par J. Casenave, « Le positionnement éditorial dans l'édition critique numérique », *Digital Studies / Le champ numérique*, vol. 9, nº 1, 2019 (DOI : http://doi.org/10.16995/dscn.348 dernière consultation le 15 janvier 2020)

4 A. Grésillon, *Éléments de critique génétique : lire les manuscrits modernes*, Paris, [1994], 2016 (p. 42).

5 *Id.*, p. 24.

objectif, représenter le processus d'écriture. Elle a redéfini le concept de variante, qui n'est plus une erreur à écarter, mais un état du texte à un moment donné de son histoire[6].

En outre, l'établissement d'éditions nativement numériques a relancé la réflexion sur les enjeux de l'édition en général. Éditer un texte numérique offre en effet au chercheur une importante liberté de conception et renouvelle les façons de lire. Les chercheurs se sont alors emparés de ce sujet en fondant le consortium de la Text Encoding Initiative dans les années 1980, dans le but d'utiliser les langages numériques, principalement le langage XML (eXtensible Markup Language), au service de l'édition de textes. Parce que l'édition numérique offre de nouvelles perspectives éditoriales et parce qu'elle répond aux enjeux de science ouverte plébiscités par les institutions de recherche nationale et internationale, j'ai choisi de présenter les méthodes de l'édition génétique en régime numérique ainsi que les possibilités offertes par un tel choix. Mon étude reposera sur une expérience pratique, la réalisation dans le cadre de ma thèse de l'édition du dossier des brouillons du poème latin « *Crepereia Tryphaena* » (1893) de Giovanni Pascoli[7]. J'adopterai également une démarche comparative avec les méthodes de l'édition philologique, illustrées notamment par les travaux de Bruno Bureau, notamment le projet Hyperdonat[8] (édition numérique des commentaires de Donat à Térence).

---

6 Ce changement est contemporain de l'avènement de la nouvelle philologie, *cf.* M. J. Driscoll, « The Words on the Page : Thougts on Philology, Old and New », *op. cit.*, p. 90 : *The immediate inspiration for this new philology came from Bernard Cerquiglini's polemical essay* Éloge de la variante *from 1989, which marked a clear turning point in the history of medieval textual studies by arguing that instability (variance) is a fundamental feature of chirographically transmitted literature : variation is what the medieval text is about.* L'inspiration directe de cette nouvelle philologie vient de l'essai polémique de Bernard Cerquiglini, *Éloge de la variante* de 1989, qui a marqué un tournant dans l'histoire des études textuelles médiévales, en soutenant que l'instabilité (variance) est un caractère fondamental de la littérature transmise par écriture manuscrite : la variation est au cœur du texte médiéval. Cette nouvelle philologie se donne alors pour but de reconnecter le texte avec la matérialité du document sur lequel il est écrit, et de considérer les différents acteurs qui ont été en contact avec ce texte (copistes, lecteurs, conservateurs, …) comme jouant un rôle dans sa constitution (résumé de *Id.*, p. 90).

7 S. Orsini, *Les Carmina de Giovanni Pascoli : édition traduite et commentée d'une sélection de poèmes latins et édition numérique d'une sélection de brouillons*, Thèse de doctorat des Universités Lyon 2 et Roma Tre, soutenue en 2019, sous la direction de Bruno Bureau et Giuseppe Leonelli.

8 Hyperdonat – Collection d'éditions numériques de commentaires anciens avec traduction, commentaire et annotation critique. URL : http://hyperdonat.huma-num.fr/editions/html/index.html [Dernière consultation le 16/11/2020].

Je procèderai par étapes d'édition, de la découverte des sources aux perspectives de visualisation du texte édité.

ÉTAPE 0 : LES SOURCES

LES CONDITIONS DE CONSERVATION ET D'ACCÈS AUX DOCUMENTS

Tout projet numérique est conditionné par la façon dont les documents sont conservés, et notamment par les paramètres suivants :

- la localisation des documents (pour organiser des missions de consultation)
- l'institution qui les conserve (pour connaître les méthodes de conservation mais aussi les restrictions en matière de consultation ou d'exploitation)
- la proportion de documents conservés (pour savoir si le corpus est complet ou lacunaire)
- l'histoire des sources (changement de lieux de conservation, remaniements, place du document dans le lieu de conservation)
- l'état des documents

L'ère numérique a révolutionné ces enjeux rendant accessibles de nombreuses numérisations de façon gratuite et illimitée. Il est désormais possible de consulter des manuscrits situés dans le monde entier, et plus longuement qu'auparavant, ce qui permet d'agrandir le corpus des sources et de gagner en précision. De plus, grâce aux outils de reconnaissance optique de caractères (OCR) on peut réaliser automatiquement des transcriptions d'imprimés et de manuscrits de plus en plus variés et ainsi gagner un temps considérable. Ainsi, certains projets d'édition numérique vont privilégier des corpus numérisés, et la mise en ligne d'archives peut encourager la création d'un projet d'édition. De fait c'est la numérisation des Archives Pascoli qui a conditionné mon travail sur les brouillons. Cependant, la source numérisée ne permet pas toujours de percevoir la place du document dans les archives ou d'avoir une connaissance précise de son aspect matériel (reliure, agencement des feuilles, ce qu'il y a au verso ou au recto du document consulté…).

Par exemple, les Archives de Giovanni Pascoli[9], situées dans la maison du poète à Castelvecchio, proposent depuis 2014 la consultation en ligne de 61 000 documents (150 000 images) de divers types : brouillons de poèmes ou d'ouvrages critiques, correspondances, préparations de cours, traductions et fiches de lecture. Ces archives numériques présentent l'intégralité des documents que Pascoli avait conservés de son vivant[10], il s'agit donc d'une ressource très riche. De plus, ces documents ont été légués à l'État ce qui facilite leur exploitation par les chercheurs. Cependant, la sœur du poète, Maria Pascoli, les a conservés en les rangeant et en les numérotant selon un ordre discutable. Cet ordre a été conservé après numérisation. Des notices pourraient expliciter l'agencement des brouillons et décrire leur aspect matériel, mais elles sont pour le moment lacunaires, ce qui contraint l'éditeur à se rendre sur les lieux.

Ainsi, à cette étape, les conditions d'accès aux sources (de manière physique ou à distance) et de conservation jouent un rôle important sur la façon dont on circonscrit le corpus (étape 1) et dont on le traite (étape 2). Ces paramètres peuvent aussi jouer sur le coût d'un projet ou sur son temps de réalisation. À l'étape 0, l'édition philologique et l'édition génétique reposent sur les mêmes bases. En revanche, l'édition génétique se distingue de l'édition philologique dès que l'on étudie les caractéristiques physiques des documents et leur visée.

CARACTÉRISTIQUES PHYSIQUES ET VISÉE DES DOCUMENTS

Un brouillon n'est *a priori* pas destiné à être lu comme un livre. Il s'agit d'un manuscrit autographe qui est un document de travail représentant une étape dans un projet d'écriture. Cela explique les caractéristiques physiques particulières d'un tel document. Tout d'abord, le support est différent : au lieu d'un volume ou d'un livre, il s'agit fréquemment d'un

9 URL : http://pascoli.archivi.beniculturali.it/index.php?id=2 [dernière consultation le 01/12/2020].

10 À ces fonds s'ajoutent les états de texte envoyés à l'académie d'Amsterdam pour participer au *certamen poeticum hoeufftianum*, un concours annuel de poésie néolatine. Ces documents sont conservés aux archives de Haarlem et sont en cours d'étude (voir V. Fera, X. Van Binnebeke et D. Gionta, « Per una nuova edizione dei Carmina », dans *Pascoi e le vie della tradizione, atti del congresso internazionale di studi, Messina 3-5 dicembre 2012*, Messina, 2017, p. 265-400).

carnet, d'un cahier ou de feuilles volantes. D'autre part, l'organisation de l'écriture sur la page diffère d'un texte dans son état final : l'écriture, parfois chaotique et multipliant les alternatives, rend difficile une lecture linéaire. Le déchiffrement d'un brouillon peut donc s'avérer complexe.

taciturna
In nigros circum ˘˘–˘ lucos
Abditur cornix, _ volatu
deferebantur memoresque ... corvus
saxa Palati

consulum corvus memor urbis.

Abditur cornix ; et ~~in alta fertur~~
iam memor Romae repetit quadratae
saxa Palati.

FIG. 1 – Transcription diplomatique d'un extrait du brouillon n° 4/10 du poème « Crepereia Tryphaena » de Giovanni Pascoli.

Par exemple, dans la figure 1, on observe que le projet d'écriture, ici la rédaction de la première strophe, est repris à trois reprises (la première et la troisième fois Pascoli rédige une strophe complète, la seconde fois, il reprend uniquement le vers 3).

Ainsi, ce qui nous intéresse sur la page n'est pas uniquement le texte mais les opérations d'écriture visibles (écrire, raturer, sélectionner, supprimer, ajouter, échanger...). L'objectif est de comprendre les opérations mentales qui les sous-tendent et d'obtenir des informations sur la façon dont l'auteur procède pour produire un texte. Or les deux courants de l'édition philologique (méthode stemmatique ou méthode du bon manuscrit) ne peuvent permettre d'obtenir des résultats satisfaisants, puisque l'on renoncerait à une importante quantité d'informations sur le processus d'écriture. De fait, la variante génétique prend un autre statut que la variante philologique : on l'étudie et on l'édite parce qu'elle constitue un indice sur la façon dont le texte a été construit. Ce changement concerne aussi l'édition de textes anciens. En effet, puisqu'une édition numérique nous offre la possibilité d'afficher une quantité illimitée de texte et de multiplier les visualisations, la variante philologique peut être exploitée en tant qu'information sur l'histoire et la transmission du texte. De même, les gloses, les lettrines, les images, la description de l'écriture ou de la reliure peuvent être valorisées dans l'édition numérique alors qu'elles ne sont pas prises en compte pour éditer l'archétype d'un texte ancien. Cette approche redéfinit la place des variantes, mais aussi la notion de texte. En effet le texte n'est plus uniquement une œuvre que l'on donne à lire, mais il peut être un travail en cours, un commentaire, ou, plus largement, correspondre à toute forme de trace écrite.

Ce changement du rapport au document modifie notre rapport à la lecture. En effet ces informations, qui dépassent l'établissement du texte, étaient difficilement représentables sur un livre[11]. Mais à présent

11 Des éditeurs ont essayé malgré tout de représenter le caractère dynamique de l'écriture dans des éditions génétiques papier, mais cela a abouti à des ouvrages extrêmement longs multipliant les représentations du texte. Par exemple l'édition des poèmes de C. F. Meyer par Hans Zeller occupe quinze volumes, et sur cet ensemble l'édition génétique prend cinq fois plus de place que l'édition des états finaux du texte. De fait, H. Zeller distingue dans son édition génétique les transcriptions dont l'objectif est de représenter objectivement le texte – il les appelle « befund » (substrat, constat) et les représentations synoptiques des divers états de texte qui représentent l'interprétation éditoriale, « deutung » (H. Zeller, « L'édition génétique dans le domaine germanique moderne : origine et développements », I. Vodoz (trad.), *Genesis (Manuscrits, Recherche, Invention)*, 1996, p. 29-44, [p. 35-36]). L'autre défi est celui de représenter la chronologie de l'écriture et les opérations réalisées par l'auteur sur la page. Giovanni Bonaccorso a tenté de relever ce défi pour éditer le *Corpus Flaubertianum*, en utilisant un système de codification mis en place par les éditeurs de la Miscellaneorum Centuria Secunda du Politien, publiée en 1972 par Vittore Branca et Manlio Pastore Stocchi : Cet appareil est axé sur un système de flèches ascendantes et descendantes [...] servant à indiquer la position que chaque variante occupe en interligne. En outre, deux autres flèches en gras indiquent les variantes se trouvant dans les marges supérieure et inférieure, et des flèches horizontales signalent la partie de variante commençant ou finissant en marge. Toutes ces flèches sont employées en double, au début et à la fin de chaque terme ou proposition en interligne. (G. Bonaccorso, « L'édition des manuscrits d'un cœur simple », *Cahiers de l'AIEF*, vol. 33, n° 1, 1981, p. 171-186 [p. 174]). Force est de constater que cette codification est extrêmement complexe et engendre des problèmes de lisibilité, comme le confirme Elena Pierazzo : *A particularly good (or bad) example of this is represented by the genetic edition of* Hérodias *by Gustave Flaubert, edited by Giovanni Bonaccorso et al. (1991) ; this edition encompasses nine different types of arrows to mark the location of interlinear and marginal insertions belonging to four different revision campaigns.* (E. Pierazzo, *Digital Scholarly*

l'édition numérique apporte aux chercheurs une grande liberté créative dans l'exploitation des documents, parce qu'elle nous permet de multiplier les façons de les visualiser (nous développerons ce point par la suite). En d'autres termes, l'édition numérique permet de proposer de nouvelles façons de lire. Cela offre une importante liberté de recherche et de représentation des textes, et induit une grande variété de projets numériques. Or, malgré cette créativité caractéristique des nouveaux champs de recherche, il est parfois difficile de trouver des repères méthodologiques et de sortir de la logique « un projet – une méthode ». Il est donc nécessaire de bien définir en amont les objectifs de son projet éditorial et de se documenter sur les projets déjà réalisés pour réemployer les méthodes et outils qui fonctionnent et tenir compte des difficultés rencontrées par autrui. Il est enfin essentiel d'exposer clairement les méthodes retenues et de les évaluer tout au long du projet.

ÉTAPE 1 : CIRCONSCRIRE LE CORPUS ET DEFINIR SON PROJET ÉDITORIAL

La sélection du corpus dépend du type d'édition que l'on souhaite réaliser. En effet, malgré la possibilité de multiplier les parcours de lecture, on ne peut pas tout représenter. Il faut donc à la fois circonscrire les sources et le type d'analyse à réaliser sur le corpus. Plus les analyses sont fines et variées, plus le temps consacré à l'encodage et à la visualisation sera long, et plus le corpus devra être restreint.

CIRCONSCRIRE SON CORPUS EN FONCTION DU PROJET ÉDITORIAL

Pour réaliser une édition génétique, comme pour une édition philologique, il faut parcourir l'ensemble des sources à disposition correspondant

---

Editing : Theories, Models and Methods., *op. cit.*, p. 88). « Un exemple particulièrement bon (ou mauvais) est illustré par l'édition génétique d'*Hérodias* de Gustave Flaubert édité par Giovanni Bonaccorso et al. (1991) ; cette édition compte neuf types de flèches différents pour maquer la localisation d'insertions interlinéaires ou marginales appartenant à quatre campagnes de révision différentes ».

aux textes qui nous intéressent. Cependant, un premier choix s'impose : étant donné que l'édition génétique s'intéresse à l'écriture, que faire du contenu non textualisé[12], sans lien direct avec la rédaction d'un texte ? Il est possible de l'exclure du dossier génétique[13]. Ce critère de sélection diffère peu des méthodes de l'édition philologique qui excluent les passages qui ne correspondent pas au texte à établir lorsque les manuscrits contiennent plusieurs textes. Cependant l'éditeur peut désormais choisir de donner à lire ces textes au sein d'une édition documentaire où l'on prend en compte le support comme un ensemble signifiant indissociable du texte[14]. La sélection du corpus et l'encodage dépendent donc de ce premier choix éditorial entre édition critique et édition documentaire.

Or, la TEI traduit ce choix par la distinction de deux types d'encodages : l'édition du point de vue du **texte** ou l'édition du point de vue du **document**[15].

- Privilégier **le niveau du texte** : on transcrit le brouillon en fonction de la structure logique et syntaxique du texte qu'il contient (sections, paragraphes ou strophes, vers, mots, etc.). Les éditions philologiques suivent en général cette démarche, notamment parce qu'un de leurs objectifs est de fournir une édition critique

12 Par exemple, Pascoli glisse fréquemment des opérations mathématiques dans ses cahiers de composition, sans doute parce qu'il faisait ses comptes en écrivant.

13 Dossier génétique : « ensemble constitué par les documents écrits que l'on peut attribuer dans l'après-coup à un projet d'écriture déterminé dont il importe peu qu'il ait abouti ou non à un texte publié » (A. Grésillon, *Éléments de critique génétique : lire les manuscrits modernes*, *op. cit.*, p. 132).

14 C'est un des principes de la nouvelle philologie, *cf.* M. J. Driscoll, « The Words on the Page : Thougts on Philology, Old and New », *op. cit.*, p. 90 : *Literary works do not exist independently of their material embodiments, and the physical form of the text is an integral part of its meaning ; one needs therefore to look at the whole book, and the relationships between the text and such features as form and layout, illumination, rubrics and other paratextual features, and, not least, the surrounding texts.* « Les œuvres littéraires n'existent pas indépendamment de leurs incarnations matérielles, et la forme physique du texte fait partie intégrante de sa signification ; il faut donc examiner "l'ensemble du livre", ainsi que les relations entre le texte et des éléments tels que la forme et la mise en page, l'enluminure, les rubriques et autres caractéristiques paratextuelles, et, surtout, les textes environnants. »

15 Cette distinction est présentée au chapitre 11 des TEI Guidelines : TEI Consortium, eds. « 11.2 : Combining Transcription with Fac-similé », *TEI P5 : Guidelines for Electronic Text Encoding and Interchange.* [Version 4.1.0]. [Last updated on 19-08-2020]. TEI Consortium. URL : https://www.tei-c.org/release/doc/tei-p5-doc/en/html/index.html [Dernière consultation le 20/09/19].

du texte. L'avantage est de pouvoir décrire très précisément le texte (en analysant la métrique, la syntaxe, le sens des mots, etc.). L'inconvénient est de ne pas pouvoir décrire précisément le positionnement du texte sur la page et de ne pas pouvoir réaliser de transcription intégrée au fac-similé.

– Privilégier le « **niveau du document** », c'est faire reposer la transcription sur les caractéristiques physiques du document (support, mise en page, zones localisées sur le document, lignes) pour ensuite y intégrer le texte. La transcription peut alors être intégrée au fac-similé. Ce mode de représentation est recherché en édition génétique parce que la forme contient des informations essentielles sur l'écriture. En effet, le simple manque de place sur une page influence l'écriture car changer de page représente une rupture importante, l'auteur n'ayant plus sous les yeux les gestes d'écriture passés[16]. C'est la démarche adoptée dans le *Proust Prototype* réalisé par Elena Pierazzo et Julie André[17]. Il s'agit d'une édition génétique d'un échantillon de brouillons de Proust dans laquelle la transcription est intégrée au fac-similé et où chaque zone de texte correspond à une campagne d'écriture que le lecteur peut afficher l'une après l'autre dans l'ordre chronologique. Cependant, cette représentation visuelle se fait au détriment de la représentation sémantique du texte, puisque seules les balises décrivant le placement du texte sur la page sont autorisées (par exemple, on ne peut pas utiliser de balises décrivant la structure métrique d'un poème).

La TEI recommande de distinguer ces deux approches, afin de différencier l'interprétation du texte et son « enregistrement » mais elle laisse le chercheur libre de ses choix éditoriaux[18]. Il est en effet possible de réaliser les deux types d'encodage (même si cela coûte le double du temps) ou bien d'essayer de les associer. Cependant cela génère un encodage

16 « Plus que l'alinéa ou le chapitre qui subdivisent l'imprimé, l'écriture manuscrite se moule littéralement dans la forme page » A. Grésillon, *Éléments de critique génétique : lire les manuscrits modernes*, *op. cit.*, p. 76.

17 Malheureusement, ce prototype n'est plus accessible en ligne. Il est toutefois présenté dans l'article suivant : J. André et E. Pierazzo, « Le codage en TEI des brouillons de Proust : vers l'édition numérique », *Genesis. Manuscrits – Recherche – Invention*, n° 36, Sigales, 2013, p. 155-161. DOI : https://doi-org.acces.bibliotheque-diderot.fr/10.4000/genesis.1159)

18 E. Pierazzo, *Digital Scholarly Editing :Theories, Models and Methods.*, *op. cit.* (p. 102). On retrouve ainsi l'opposition de Zeller entre *« befund »* et *« deutung »*.

complexe, car on est contraint d'ajouter un grand nombre d'attributs descriptifs aux éléments, soit pour apporter des détails d'analyse textuelle (stylistique, lexicale, grammaticale, génétique…) dans le cas d'une édition privilégiant le niveau du document, soit pour apporter des descriptions physiques dans le cas d'une édition privilégiant le texte. Dans le cas des brouillons de Pascoli, l'accès au fac-similé et l'organisation claire de l'écriture sur l'image (contrairement à Proust), propre à la poésie qui procède par versions, permet de se passer d'une transcription intégrée à l'image. Nous choisissons donc de privilégier le niveau du texte, ce qui nous permet de décrire finement la construction métrique des poèmes et de représenter les lacunes métriques qui se comblent progressivement. Nous nous éloignons donc du modèle que représente le *Proust Prototype* bien que les objectifs de reconstituer la chronologie de l'écriture soient les mêmes. Ce choix permet de réaliser une analyse de détail, mais empêche d'imiter physiquement le fac-similé de façon satisfaisante.

CIRCONSCRIRE SON CORPUS EN FONCTION DE LA PRÉCISION DES ANALYSES

En outre, si l'objectif est d'éditer les différents états d'un texte, éditer l'ensemble des brouillons d'un auteur n'est pas un objectif réaliste si ceux-ci sont très nombreux, puisque chaque texte publié n'est que la partie émergente de l'iceberg, le dernier état de multiples versions. Il est donc important de choisir des échantillons, en restreignant son étude à une œuvre ou à quelques passages pertinents[19]. Pour représenter l'œuvre latine de Pascoli, j'ai choisi pour échantillon *Crepereia Tryphaena*, un poème composé de seize strophes saphiques dont le dossier génétique comporte dix versions. Le choix d'un poème court m'a permis de réaliser un encodage très fin des gestes d'écriture jusqu'à l'échelle de la lettre, un travail malheureusement très peu automatisable[20]. Mais il était aussi possible de réaliser une édition génétique à l'échelle du recueil, en éditant par exemple les divers états de textes publiés en fonction de la date de publication ou des divers plans de recueils ébauchés par l'auteur.

19 Il est aussi possible de s'intéresser uniquement à une phase de l'écriture (carnets de notes, documentation ou phase rédactionnelle pour observer le travail de détail d'une œuvre à l'autre).

20 Il serait toutefois intéressant d'étendre cette édition à quelques poèmes supplémentaires, en variant les sous-genres et les époques de composition afin de comparer l'évolution des méthodes d'écriture de l'auteur en fonction du temps et des contraintes génériques.

Enfin, il aurait été intéressant également de proposer un déchiffrement plus large bien que moins précis d'un grand nombre de brouillons, en ne classant par ordre chronologique que les pages et non pas les gestes d'écriture sur la page.

La délimitation du corpus dépend donc à la fois de ce que l'on souhaite donner à lire au lecteur et des analyses que l'on souhaite mener sur les documents. Elle est aussi conditionnée au temps accordé au projet, à ses acteurs et aux moyens dont on dispose. Dans le cadre d'un doctorat, j'ai préféré expérimenter de nouvelles méthodes, d'une part parce que je disposais d'un temps limité consacré à la fois à me former et à éditer, et d'autre part parce que j'étais seule sur le projet, mais une équipe soutenue par des financements nationaux ou européens pourrait passer à une échelle supérieure.

Cette réflexion sur la délimitation du corpus et le projet d'analyse est également l'occasion de réaliser un premier classement des brouillons ou des manuscrits afin de les mettre en perspective et faciliter leur transcription.

ÉTAPE 2 : DÉCHIFFRER, TRANSCRIRE, ENCODER

L'étape de l'encodage est au cœur de l'édition numérique. Cette étape est indissociable de celle du déchiffrement et de la transcription puisqu'elles sont toutes trois réalisées dans un même temps.

DÉCHIFFRER LES SOURCES

Le déchiffrement des sources est réalisé de la même façon quel que soit le type d'édition. Il peut être facilité par un outil de reconnaissance optique de caractères, à condition que l'écriture soit de forme constante. En effet les OCR sont performants pour reconnaître l'écriture manuscrite de copiste, les caractères d'imprimerie ou les tapuscrits mais malheureusement pas suffisamment pour déchiffrer les manuscrits autographes comme des brouillons ou des lettres car l'écriture y est personnalisée. Sans l'aide d'un OCR, le déchiffrement est réalisé en même temps que la transcription et l'encodage.

TRANSCRIRE ET ENCODER

La transcription des sources est une tache profondément modifiée par le passage au numérique, et se confond avec l'encodage. En effet, l'accès simplifié aux fac-similés remet en cause l'utilité de la transcription comme document de travail situé entre le document et son édition, consistant à fournir une représentation du texte qui soit proche de l'original. La transcription devient alors un objet d'élucidation et a tendance à se confondre avec l'édition elle-même[21]. Elle contient à la fois une copie du texte, une structuration de ses éléments et une interprétation.

Contrairement à une transcription sur un cahier ou un logiciel de traitement de texte, la transcription en XML-TEI supprime la contrainte des deux dimensions de la page. L'éditeur peut donc multiplier les lectures du document et transcrire tout ce qu'il voit sur la page : toutes les formes de textes mais aussi des informations physiques sur le support (reliure, mise en page, pliages, collages, …) ou graphiques (caractères choisis, couleur, traits de crayon, dessins…). Ces transcriptions qui cherchent à représenter le document le plus précisément possible selon ces divers aspects sont appelées transcriptions ultra-diplomatiques. Elles sont utiles quand le fac-similé est difficile d'accès ou pose des problèmes de lisibilité.

L'éditeur peut ensuite enrichir sa transcription en insérant ses analyses dans son encodage. Ces analyses sont situées dans des attributs contenus par les balises qui structurent le texte[22].

---

21 E. Pierazzo, *Digital Scholarly Editing : Theories, Models and Methods.*, *op. cit.*, p. 83 : *The process of digitization through transcription, followed by the process of encoding such transcriptions, accompanied by the expressiveness provided by the TEI which allows for a very deep analysis of the transcribed signs ; all of these together have opened a new field of study. Transcription, normally thought to be a preliminary operation to the real editorial act, has revealed itself to be a complex, interpretative operation, the mechanics, implication and hermeneutics of which are not yet completely understood but promise to be fascinating and scholarly engaging.* « Le processus de digitalisation par la transcription, suivi du processus d'encodage de ces transcriptions, accompagné de l'expressivité fournie par la TEI, qui permet une analyse très approfondie des signes transcrits, tout cela a ouvert un nouveau champ d'étude. La transcription, normalement considérée comme une opération préliminaire à l'acte éditorial réel, s'est révélée être une opération complexe et interprétative, dont la mécanique, l'implication et l'herméneutique ne sont pas encore complètement comprises mais qui promettent d'être fascinantes et engageantes du point de vue de la recherche ».

22 Dans l'exemple ci-dessous, « <subst> » est un élément, tandis que « change » est un attribut suivi de sa valeur, « #s2 ».

Exemple : *Transcription d'un extrait du brouillon nº 2/10 du dossier Crepereia Tryphaena :*

Fu
~~Era~~ un giorno ben triste [...]

Encodage en XML-TEI du premier mot de cet extrait :

```
<mod type="subst" change="#s2">
            <del rend="overstrike">
                  <w change="#s1">Era</w>
            </del>
      <add place="above">Fu</add>
</mod>
```

Dans notre prototype, nous analysons les campagnes d'écriture présentes sur chaque brouillon, en réalisant une datation relative des éléments sur la page. Dans cet extrait, la transcription décrit une substitution (suppression de « Era » [c'était] et ajout de « Fu » [ce fut] au-dessus de « Era »). Mais cette description n'est pas un simple enregistrement : autrement on trouverait seulement « Fu », et « Era », biffé à la ligne suivante. Le constat d'une substitution repose sur une interprétation du geste et sur une datation relative des éléments les uns par rapport aux autres au moyen de l'attribut @change : « Era » était le premier mot à être écrit, tandis que « Fu » lui est postérieur, ce qui fait que c'est « Fu » qui remplace « Era ». Il faudra par la suite déterminer si le reste de la phrase est contemporain de « Era » (campagne d'écriture 1) ou s'il s'inscrit dans la continuité de « Fu » (campagne 2). Ainsi, enregistrement et interprétation du texte sont ici indissociables.

Cette datation chronologique des gestes d'écriture répond à un des principaux enjeux de l'édition génétique : représenter le texte en fonction du temps. Or, l'intérêt de l'édition numérique est de permettre une lecture dynamique du texte reposant sur ce qu'Edward Vanhoutte appelle la « transiency », c'est-à-dire l'aspect évolutif au fil du temps[23].

23 E. Pierazzo, *Digital Scholarly Editing : Theories, Models and Methods.*, *op. cit.*, p. 40-42 : *Vanhoutte imagines editions with a* play mode *where users can watch editions like they watch movies, for instance.* « Vanhoutte imagine des éditions avec un mode *play* où les utilisateurs peuvent regarder les éditions comme ils regardent des films, par exemple ».

Ainsi, la transcription du texte est à la fois indissociable de son analyse et d'une réflexion en amont sur la visualisation.

COMPARER LES SOURCES

La critique génétique reprend les méthodes de la philologie pour comparer les sources : déterminer les éléments identiques et localiser les zones de variance. Ce repérage donne lieu à trois types d'analyse :

- **Reconstituer l'histoire du texte.** Il s'agit de dater ces variations, en les classant les unes par rapport aux autres dans l'ordre chronologique à diverses échelles (lettre, mot, groupe de mots, ligne ou vers, paragraphe, brouillon, d'un brouillon à l'autre, d'un projet à l'autre). Comme il n'y a qu'une seule main, une ligne chronologique simple remplace le stemma. Cependant tous les événements de cette chronologie peuvent être rassemblés en des projets de plus ou moins grande ampleur (par exemple, le projet « reformuler la première strophe » contient les projets « proposer un synonyme de tel mot » et « mettre le verbe au passé »).
- **Suivre l'évolution d'éléments du texte (lecture synoptique).** En faisant correspondre les éléments semblables d'un brouillon à l'autre on peut voir s'ils ont évolué au fil du temps (évolution lexicale, métrique, orthographique…). Les éléments parallélisés sont rapprochés par leur lien sémantique et non par leur placement, ce qui permet d'effectuer le rapprochement même si les mots sont déplacés ou échangés. Par exemple, dans chaque brouillon le mot n° 35 du texte final apparaît au brouillon 3 en italien, « naiade », puis devient « nais » dans les brouillons 4 à 9. Pascoli le remplace ensuite par « virgo » au brouillon 9 et valide ce mot dans le dernier brouillon. Cette méthode est une inversion de la méthode de segmentation parallèle des éditions philologiques. Au lieu de signaler les variantes par rapport aux lemmes, on signale les ressemblances des brouillons entre eux et avec le texte final.
- **Réaliser une typologie des modifications.** Chaque campagne d'écriture comporte des modifications qu'il s'agit de différencier : corriger, adapter, ajouter, supprimer, réécrire, reformuler, développer, renoncer, confirmer. L'objectif est de déceler ce qui a poussé l'auteur à réaliser ces modifications. Au fil de l'encodage nous avons repéré

les causes suivantes : insatisfaction d'ordre technique (sonorité, métrique, syntaxe, imprécision du vocabulaire, typographie), ou expression d'un projet créatif nouveau (doute, nouvelle allusion, volonté de développer ou d'ajouter un contenu). Ces analyses sont inspirées des éditions de la nouvelle philologie qui s'attachent à expliciter les variantes de copie en les considérant comme des témoins de la réception du texte (erreur de copie, incompréhension, correction, développement, glose...). C'est notamment un des aspects du projet HyperDonat bien que ces éléments ne soient pas publiés pour l'instant.

Ainsi, réaliser une édition numérique offre la possibilité de traiter à la fois le texte et son support, le document. Elle permet aussi de valoriser le concept de variance, qui devient une véritable clé de lecture de l'histoire du texte. Les tâches de transcription, de déchiffrement, d'encodage et d'analyse sont indissociables, mais la multiplication des visualisations permettra ensuite de proposer des représentations ciblées (transcription diplomatique, édition critique, typologie, tableaux statistiques, listes d'occurrences...) et de présenter des modes de lecture relevant plutôt de l'édition critique, de l'édition documentaire, ou de l'interprétation. Comme l'encodage préfigure les visualisations possibles, plus l'encodage est riche, plus les parcours de lecture sont nombreux, et plus le niveau technique est élevé. Il est donc nécessaire de réfléchir en amont aux parcours de lecture envisagés et de simuler les cas d'utilisation au moyen de schémas ou de maquettes.

ÉTAPE 3 : VISUALISER, DONNER À LIRE

Se posent alors les questions suivantes : comment proposer une lecture intuitive du travail scientifique réalisé ? Comment surmonter le défi technique associé à la mise en place d'éditions sur-mesure ?

LA MULTIPLICATION DES LECTURES

Les brouillons sont difficilement lisibles tels qu'ils sont. C'est pourquoi nous cherchons à diversifier les parcours de lecture afin que les rendre plus accessibles tout en conservant les exigences scientifiques de l'édition critique. L'exploration de projets existants et la réflexion sur les usages possibles permettent d'établir une liste de parcours de lecture (non exhaustive) :

- L'archétype du texte ou, s'il y a lieu, l'état final du brouillon[24]
- La lecture des témoins ou brouillons (transcription diplomatique ou normalisée)
- La lecture des témoins ou brouillons annotés (en sélectionnant les annotations que l'on souhaite voir apparaître : historique, linguistique, stylistique, métrique, modifications sur le texte, références intertextuelles…)
- Le stemma ou le parcours d'écriture[25] (tableaux de lecture)
- Les fac-similés
- La chronologie de l'écriture[26] (visualiser les étapes d'écriture qui apparaissent sur le texte)
- La visualisation comparative[27] (paralléliser les divers témoins ou brouillons)

24 Voir l'édition numérique de C. Auvray-Assayas, *Édition critique du De natura deorum de Cicéron : introduction, histoire du texte, traduction et notes*, Caen, 2019. URL : https://www.unicaen.fr/puc/sources/ciceron/accueil [dernière consultation le 16/11/2020]. L'édition numérique HyperDonat, réalisée par Bruno Bureau et Christian Nicolas présente quant à elle les commentaires de Donat à Térence en distinguant de façon claire le texte de Térence et les commentaires.

25 Je ne connais pas encore d'interface présentant un stemma explorable. En revanche, le centre Flaubert présente un tableau de lecture permettant d'explorer de façon intuitive les brouillons de Bouvard et Pécuchet (bien que ceux-ci ne soient pas encodés en XML). Voir « édition génétique des manuscrits de *Bouvard et Pécuchet*, Centre Flaubert. URL : http://flaubert.univ-rouen.fr/bouvard_et_pecuchet [dernière consultation le 16/11/2020].

26 Voir le *Proust Prototype* (J. André et E. Pierazzo, « Le codage en TEI des brouillons de Proust », *op. cit.*). Il est aussi possible d'accéder aux lectures chronologiques que j'ai réalisées sur le poème *Crepereia Tryphaena* (Orsini, Sarah [2022], « Données de l'édition XML-TEI des brouillons du poème "Crepereia Tryphaena" de Giovanni Pascoli » [Dataset] NAKALA. https://doi.org/10.34847/nkl.794e6b21 [dernière consultation le 14/03/2022]).

27 Voir par exemple l'outil TEI Critical Apparatus Toolbox réalisé par Marjorie Burghart (http://teicat.huma-num.fr/credits.php [dernière consultation le 16/11/2020]) permettant d'afficher en parallèle les témoins et l'édition critique d'un texte encodé en segmentation

– Listes et tableaux issus de l'extraction des données (occurrences, statistiques, typologie, … – voir figure 3).

Ces divers parcours de lecture sont extraits à partir d'un unique document ou ensemble de documents XML, en lui appliquant diverses transformations. Les scénarios de transformations sont écrits dans une feuille de transformation XSLT (eXtensible Stylesheet Language Transformations) où diverses actions de sélection et de reconfiguration sont écrites pour être exécutées par la machine (voir figure 3). Il est d'ailleurs possible de transformer ces données dans une multiplicité de formats (HTML, PDF, ePub, formats des traitements de texte, etc.). Par exemple, on peut générer une édition bilingue papier avec apparat critique à partir d'une édition XML-TEI si l'on a prévu l'encodage correspondant en amont[28].

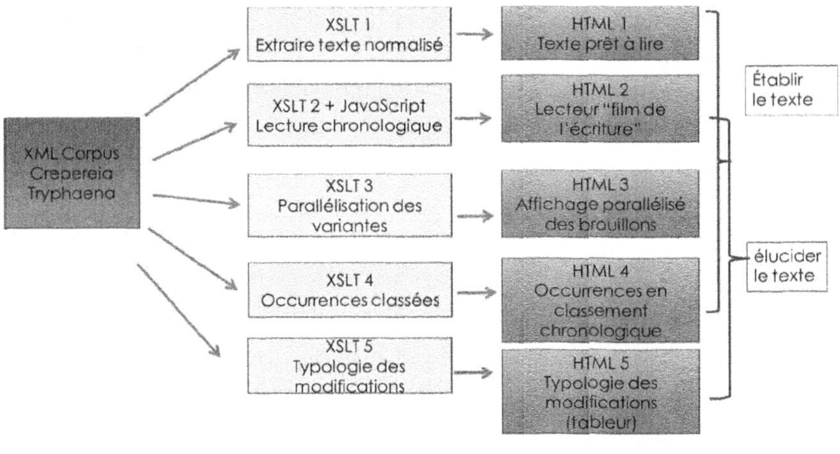

FIG. 2 – Création de divers parcours de lecture à partir d'un même corpus XML : le dossier génétique de *Crepereia Tryphaena* de Pascoli.

parallèle. Cela peut aussi être réalisé avec des traductions, voir *Coran 12-21*, éd. T. Vigliano et M. Khaly Wélé, 2019. URL : http://corpus.ihrim.huma-num.fr/fr/ [dernière consultation le 16/11/2020]).

28 Par exemple le TEI Critical Apparatus Toolbox comporte un outil pour imprimer une édition numérique avec apparat critique.

Brouillon n°10

		CAUSE											
		allusion	doubt	fix	gap	language	metric	orthograph	precision	syntax	sound	typography	Total ANA
ANA	adapt	0	0	0	0	0	0	0	1	0	0	0	1
	addnew	0	0	0	1	0	0	0	0	0	0	0	1
	alternative	0	0	0	0	0	0	0	0	0	0	0	0
	confirm	0	2	0	0	0	0	0	0	0	0	0	2
	correct	0	0	0	0	0	0	5	0	0	0	12	17
	develop	0	0	0	0	0	0	0	0	0	0	0	0
	reformulate	1	0	0	0	0	0	0	0	0	0	0	1
	renounce	0	0	0	0	0	0	0	0	0	0	0	0
	rewrite	0	0	0	0	0	0	0	0	0	0	0	0
	switch	0	0	0	0	0	0	0	0	0	0	0	0
	Total CAUSE	1	2	0	1	0	0	5	1	0	0	12	

22	Total Modifications commentées
22	Total Modifications

FIG. 3 – Typologie des modifications présentes dans le dernier brouillon de *Crepereia Tryphaena* de Giovanni Pascoli.

LA PRISE EN COMPTE DES LECTEURS

Les éditions numériques ambitionnent en général de mettre à disposition les textes en accès ouvert[29] mais aussi de les accompagner d'une proposition d'explicitation. L'avantage de ce genre de présentation est que l'on donne le choix au lecteur de ce qu'il veut voir. Ainsi, comme l'écrit Joana Casenave[30], « la question du public de l'édition critique numérique et de ses attentes se pose aux éditeurs de manière prégnante ». En effet, selon elle, « la spécificité de conception des éditions numériques oblige les éditeurs à s'interroger, tout au long du processus d'édition, sur les informations qu'ils vont fournir, ainsi que sur la manière dont ils les présenteront ». Or, si le lecteur a une certaine habitude du format livre, les parcours personnalisés d'une édition numérique doivent être compréhensibles. Ainsi, quel que soit le type d'édition choisi, la structuration de l'information propre aux éditions numériques pousse l'éditeur à modéliser son édition en tenant compte des lecteurs potentiels :

> Cette modélisation [...] précise les choix de codage, influant donc sur la conceptualisation finale de l'édition numérique et sur les informations qu'il est possible de montrer aux lecteurs. Avant même de s'engager dans la réalisation technique de l'édition, les éditeurs numériques doivent donc déterminer quels types d'informations ils souhaitent consigner et quels usages – de lecture, de recherche et de manipulation – ils en prévoient[31].

Réfléchir au design de l'interface au moyen de maquettes favorise la réalisation d'une interface intuitive. De plus, il est possible de s'inspirer des mécanismes du jeu vidéo (exploration, interactivité ludique) pour « diffuser un contenu sans sacrifier au niveau de scientificité ». Ce procédé est appelé « gamification[32] ». On le trouve dans le *Proust Prototype*, qui se veut accessible à la fois aux chercheurs en littérature comme aux non-spécialistes malgré la complexité des brouillons de Proust. C'est également un objectif que je souhaite atteindre, cependant, un tel objectif dépasse le champ de compétences du chercheur en littérature et en humanités numériques. Il faut pouvoir solliciter des prestataires

29 Parfois, la source peut aussi être ouverte, et le lecteur peut être mis à contribution (crowdsourcing).

30 J. Casenave, « Le positionnement éditorial dans l'édition critique numérique », *op. cit.*

31 *Id.*

32 E. Pierazzo, *Digital Scholarly Editing : Theories, Models and Methods.*, *op. cit.*, p. 38.

spécialistes de développement et de webdesign, ou bien consacrer beaucoup de temps à se former en développement afin de gagner en autonomie, ce qui peut nous faire perdre de vue nos objectifs : analyser et éditer des textes complexes.

En conclusion, bien qu'un brouillon et un manuscrit aient deux fonctions différentes, l'édition philologique et l'édition génétique partagent des méthodes communes aussi bien dans l'approche des documents (comparaison, datation, analyse) que dans l'utilisation des standards de l'édition numérique. Or, le numérique transforme profondément la conception que nous nous faisons du texte et des variantes et ce changement modifie ces deux types d'édition et les rapproche. En effet, en régime numérique, le texte peut être représenté et analysé en tenant compte de sa matérialité. D'autre part, la variante et les divers états de texte ne sont plus seulement utilisés pour créer l'apparat critique d'un unique archétype mais peuvent être valorisés comme des éléments de l'histoire d'un texte mouvant et faire l'objet de représentations propres grâce à la multiplication des lectures.

En outre, quel que soit le type d'édition, en réalisant une édition numérique, le chercheur peut décider de la précision de son encodage, multiplier les parcours de lecture et les adapter à ses sources, rendre accessibles les textes et les données voire exporter les méthodes et outils créés, et corriger ou autoriser des corrections en permanence. Une limite existe cependant : la technicité de la mise en place d'interfaces sur-mesure, qui est plus importante si l'édition repose sur des visualisations originales. Ce défi peut être relevé par un véritable travail d'équipe avec des spécialistes de développement et de web design, mais cela suppose à l'heure actuelle d'importants moyens financiers puisqu'il faut faire appel à des prestataires extérieurs. Quoi qu'il en soit, l'ensemble de ces réflexions sur les objectifs du projet et les méthodes employées, menées en amont, pendant et à l'issue du projet permettent de partager les expériences et résultats et de constituer une communauté, ce qui est précieux pour consolider le domaine relativement récent de l'édition numérique. Les recommandations pour la science ouverte vont dans ce sens en encourageant les chercheurs et chercheuses à documenter la production de leurs données (plan de gestion de données, *data papers*, manuels d'encodage disponibles sur les interfaces des éditions) et à rendre celles-ci accessibles et réutilisables.

Sarah ORSINI
ENS de Lyon – HiSoMA 5189

DEUXIÈME PARTIE

RELIRE LE PASSÉ ET PENSER LE PRÉSENT

RECONSTRUCTION ET TRANSMISSION DES CORPUS

TRAVAILLER SUR UN CORPUS DE FRAGMENTS

Le cas des *Satires* de Lucilius

Lucilius est le père de la satire romaine[1]. Pourtant, en comparaison des écrits des satiristes postérieurs, nous connaissons assez mal son œuvre. Si les recherches sur le genre de la satire ont permis de tracer quelques grands traits de la figure de Lucilius, l'étude de cet auteur reste toutefois marginale en comparaison des recherches menées sur Horace, Juvénal, Perse.

Notre méconnaissance des *Satires* s'explique en grande partie par le caractère fragmentaire de l'œuvre et par la difficulté de reconstituer les trente livres qu'elle comptait à partir des seuls fragments. Nous avons conservé 901 fragments qui peuvent être répartis de manière très inégale dans les trente livres que comptaient les *Satires*[2]. 217 fragments, que nous pouvons de manière à peu près certaine attribuer à Lucilius, ne peuvent être rapportés à un livre précis des *Satires* à cause de l'imprécision de la citation[3]. Ajoutons que, comme l'explique très

1 Quelle que soit l'origine du terme *satura*, c'est Ennius qui le premier introduisit ce genre à Rome. De ces poèmes, Lucilius conserve la grande liberté de ton et la latitude dans le choix du mètre qu'il finit par abolir en simplifiant et purifiant la forme de la satire. Il y eut d'autres satires « primitives » qui possédaient une inspiration médisante ou satirique dans le sens où nous prenons aujourd'hui le mot, mais elles étaient composées de poèmes variés, associant des sujets divers, mariant le plaisant et le grave. Parmi les représentants de cette satire primitive, on trouve, en plus d'Ennius, Pacuvius qui écrivit des satires dont il ne nous reste rien. C'est Lucilius qui donna à la satire latine sa forme définitive, créant ainsi le genre que pratiqueront, après lui Horace, Perse et Juvénal (voir en particulier Horace, *Sat.*, I, 4 ; I, 10, II, 1, 62 ; Perse, I, 115-119 ; Juvénal, I, 165-167).

2 L'édition de F. Charpin, que nous utilisons comme édition de référence, répartit les fragments comme suit : livre I, 33 fragments ; II, 23 ; III, 34 ; IV, 16 ; V, 28 ; VI, 22 ; VII, 23 ; VIII, 17 ; IX, 33 ; X, 8 ; XI, 16 ; XII, 7 ; XIII, 11 ; XIV, 17 ; XV, 19 ; XVI, 10 ; XVII, 6 ; XVIII, 2 ; XIX, 9 ; XX, 7 ; XXI, 0 ; XXII, 5 ; XXIII, 1 ; XXIV, 0 ; XXV, 1 ; XXVI, 77 ; XXVII, 45 ; XXVIII, 46 ; XXIX, 82 ; XXX, 101.

3 On trouve dans ces fragments huit sénaires iambique, 21 rythmes iambiques et 188 hexamètres dactyliques.

justement F. Charpin dans son édition des *Satires*, un certain nombre de fragments ne peuvent être de manière certaine imputés à Lucilius en raison d'un contexte de citation trop vague[4]. Par ailleurs, certains livres ou fragments désorientent dans la mesure où ils n'ont rien à voir avec ce que l'on peut imaginer de la satire[5].

Ainsi, certains livres contiennent trop peu de fragments pour en restituer l'argument, ce qui rend leur étude extrêmement complexe. Ajoutons que les textes qui nous transmettent les fragments de Lucilius ne précisent pas toujours le livre dont ils tirent des extraits : il devient alors parfaitement arbitraire de placer ces vers dans un livre en particulier et extrêmement périlleux de reconstruire la trame des *Satires* à partir de ces hypothèses d'édition. Enfin, si l'interprétation et la reconstitution de textes fragmentaires sont toujours un défi, elles le sont d'autant plus dans un genre, qui, contrairement à la tragédie et à la comédie, ne s'appuie pas sur un modèle grec ou sur une intrigue traditionnelle et qui se définit par ailleurs comme un genre du mélange. La voie de l'ecdotique se révèle donc difficile à suivre lorsque l'on souhaite étudier Lucilius et il n'est guère possible d'aller au-delà des travaux qui existent déjà, qu'il s'agisse des éditions de Frederich Marx[6], de Werner Krenkel[7], de François Charpin[8], ou encore de l'édition en préparation d'Anna Chahoud[9].

Nous proposons de suivre autre voie et de renouveler la lecture des *Satires*, tout en ne perdant jamais de vue le caractère fragmentaire de l'œuvre de Lucilius et en faisant le moins de place possible aux spéculations et aux reconstitutions arbitraires d'une œuvre dont, *in fine*, nous ne savons presque rien. Il nous paraît plus légitime d'aborder le corpus lucilien

4 F. Charpin (*Lucilius Satires*, vol. 1, Paris, 1978, p. XV) souligne d'abord le flou des contours de certaines citations puis rappelle l'ambiguïté des abréviations adoptées par les copistes, le sigle « *Luc.* » pouvant renvoyer à Lucilius comme à Lucrèce. Enfin, il relève les cas dans lesquels, malgré la mention du nom de Lucilius, il est impossible de trancher entre imitation et citation d'un vers.

5 Le livre IX des *Satires* de Lucilius semble tout entier être tourné vers des considérations métalittéraires ; le fragment IX, 19 analyse l'utilisation de la lettre *R* sur laquelle repose une doctrine de l'euphonie qui se base sur l'impression d'agrément ou de désagrément. Le poète y retranscrit les théories hellénistiques concernant l'euphonie que Quintilien (VIII, 3, 59) nous rapporte également.

6 F. Marx, *C. Lucilii carminum reliquiae*, 2 vol., Leipzig, 1904-1905.

7 W. Krenkel, *Satiren*, 2 vol., Leiden, 1970.

8 F. Charpin, *Lucilius Satires*, 3 vol., Paris, 1978-1991.

9 A. Chahoud, *Critical edition with commentary of the fragments of the 2^d^ century by satirist C. Lucilius*, Cambridge, à paraître.

comme un ensemble de citations. Ainsi, en s'affranchissant des visées de l'ecdotique et en ne cherchant ni à reconstituer l'œuvre ni à formuler des hypothèses sur l'ordre des fragments ou sur le contenu des livres, on peut s'intéresser aux fragments en tant que fragments et les étudier dans leur contexte originel, c'est-à-dire le passage de tel ou tel auteur dans lequel ils étaient cités. Cette méthode permet d'éviter les spéculations et peut tout de même, par l'étude de la réception, permettre indirectement de se faire une idée de la réalité de l'œuvre du père de la satire.

CITATIONS ET CONTEXTES DE CITATION, UN POINT D'ENTRÉE POUR UNE ÉTUDE DE LA RÉCEPTION

Dans une étude qui s'intéresse à la réception, le caractère fragmentaire d'une œuvre, loin d'être obstacle, se change en atout puisqu'il permet de définir les passages et les qualités qui ont suffisamment intéressé les lecteurs pour passer à la postérité.

Une telle approche ne permet bien sûr pas de tirer des conclusions sur les caractéristiques les plus saillantes d'un ouvrage ni sur la nature des parties que nous avons perdues. Il faudrait pour cela présupposer que les lecteurs ont mis l'accent sur les aspects les plus importants du recueil et que les témoignages dont nous disposons nous permettent de nous en faire une idée juste. Cependant, elle permet de saisir la manière particulière dont chaque époque interroge un texte, en fonction d'enjeux qui lui sont propres, y cherche des réponses spécifiques et en renouvelle la lecture et l'interprétation. Elle permet également de comprendre au mieux l'histoire du texte, et, dans le cas précis des *Satires* de Lucilius, l'histoire d'un nouveau genre poétique et l'histoire de la construction d'une figure littéraire majeure. Cette approche a enfin le grand mérite de considérer les *Satires* de Lucilius comme ce qu'elles sont aujourd'hui, c'est-à-dire comme un ensemble de fragments que nous avons conservés parce qu'ils étaient cités par les Anciens.

En partant précisément du caractère sélectif des citations que les Anciens nous ont conservées, il est ainsi possible de déterminer la façon dont les *Satires* ont été lues et de cerner la place qu'elles ont occupée dans le paysage culturel romain. Les citations de Lucilius et les contextes qui les entourent deviennent alors primordiaux : ces éléments constituent le point de départ de l'étude de la réception de Lucilius et sont autant de témoignages qui permettent de déterminer l'image que chaque écrivain et chaque époque se font du père de la satire latine et de son œuvre.

Le choix de la citation comme point d'entrée nous semble particulièrement pertinent dans la mesure où les éditeurs, au même titre que la critique, ont insisté sur l'intérêt des contextes de citation, seules sources d'information sur le contexte des textes fragmentaires[10], et où la citation a été ces vingt dernières années mise à l'honneur par les chercheurs, et en particulier par les chercheurs français. La question de la citation a en effet fait l'objet d'un certain nombre de colloques et de séminaires, dont les conclusions ont donné lieu à la publication d'ouvrages collectifs. En 2002, le colloque du PARSA[11] qui s'est tenu à Lyon s'est intéressé à la pratique et à l'usage de la citation dans l'Antiquité[12]. De son côté, l'équipe AGREAH[13] a publié un ouvrage sur les mécanismes de la citation et de la mention dans les langues anciennes[14]. Les chercheurs qui ont participé à ces travaux ont notamment abordé la question de l'authenticité de la citation, de ses fonctions poétiques et pragmatiques, de l'énonciation propre à la culture grecque et romaine et se sont intéressés aux fonctions idéologiques du texte cité, aux formes et matériaux de la citation et de la mention, aux usages chrétiens de la citation, à ses illustrations plastiques, et enfin à la citation des auteurs antiques par les auteurs modernes. En 2004, l'ouvrage collectif édité par Claude Calame et Roger Chartier a mêlé de manière fructueuse la question de la citation dans l'Antiquité à celle de l'identité de l'auteur, ce dernier n'étant plus considéré, depuis la conférence fondatrice de Michel Foucault « Qu'est-ce qu'un auteur ? », comme une personne historique, mais comme une figure construite dans et par le texte[15]. Si aucune communication n'a

10 S.M. Goldberg et G. Manuwald, *Fragmentary republican Latin*, I, Cambridge, 2018, p. XXXIV.

11 Pôle Alpin de Recherches sur les Sociétés Anciennes.

12 C. Darbo-Peschanski (éd.), *La citation dans l'Antiquité : actes du colloque du PARSA (Lyon, 2002)*, Grenoble, 2004.

13 Association des Groupes de Recherches en Études Anciennes et Humanistiques.

14 C. Nicolas (éd.), *Hôs ephat'*, dixerit quispiam, *comme disait l'autre… : mécanismes de la citation et de la mention dans les langues de l'Antiquité*, Grenoble, 2006.

15 C. Calame et R. Chartier (éd.), *Identités d'auteur dans l'Antiquité et la tradition européenne*, Grenoble, 2004.

envisagé la construction polyphonique d'une figure auctoriale seule et unique, les différents travaux que nous venons de mentionner ont ouvert la voie à l'étude des textes fragmentaires par le biais de la citation, en insistant sur l'importance du processus et des contextes de citation et en montrant la complexité et l'intérêt de l'acte citationnel dans l'Antiquité. Parce qu'elle contribue à construire une certaine image d'un texte ou d'un auteur, la citation semble constituer un point d'entrée pertinent lorsqu'il s'agit d'étudier la réception des textes.

Les citations de Lucilius se déploient sur une période extrêmement large : près de soixante auteurs ont transmis les vers de ce poète et, si les auteurs citant Lucilius sont majoritairement des grammairiens, des lexicographes ou des commentateurs, les citations fleurissent aussi chez les auteurs classiques[16]. Une étude complète de la réception de Lucilius devrait donc prendre en considération des auteurs vivant à des époques tout à fait différentes, écrivant des œuvres extrêmement hétéroclites et mettre en regard, par exemple, l'image de Lucilius chez Cicéron avec celle du même auteur chez Nonius, ou encore, si l'on veut pousser plus loin le *terminus ad quem*, chez Montaigne. La tâche est donc colossale et il convient souvent, pour mener des recherches à la fois convaincantes et exhaustives, de la segmenter le plus judicieusement possible.

Dans le cas de Lucilius, la segmentation, ou en tout cas le début de celle-ci se révèle assez aisée. En effet, ce que nous pouvons appeler « première réception », ou « première réception disponible » de l'œuvre du satiriste, correspond aux citations et aux contextes de citations présents chez Cicéron et Varron, les deux seuls auteurs exclusivement républicains à citer Lucilius. Et de fait, le nombre de citations de Lucilius chez Cicéron et la richesse des contextes de ces citations rendent l'œuvre de

16 Si l'on reprend le décompte de F. Charpin (Lucilius, *op. cit.*, vol. 1, p. XVI), les citations faites de Lucilius se répartissent comme suit : Nonius Marcellus : 674 ; Festus : 45 ; Charisius : 42 (soit qu'il cite lui-même, soit qu'il compile), Servius : 38, Priscien : 35, Paulus ex Festo : 34, Donat : 30, Porphyrion : 29. Cicéron : 28, Aulu-Gelle : 26, Varron : 19, Macrobe : 13, Lactance : 11, *Corpus Glossariorum* : 8, Velius Longus : 8, Diomède : 7, Isidore de Séville : 7 ; Quintilien : 7 ; Probus : 5, Horace : 5 ; Rufin : 5 ; *Scholia Bobiensia* : 4 ; Pline l'Ancien : 4 ; Scholiaste de Juvénal : 4 ; *Scholia Veronensia* : 4 ; Scholiaste de Perse : 3 ; Apulée : 3 ; 2 pour Acron, Pseudo-Acron, Arnobe, Ausone, Perse, Scholiaste *Vaticanus ad Verg.* Sergius, Terentius Scaurus, Virgile ; 1 pour : Pseudo-Asconius, Atilius Fortunatianus, Cassiodore, Censorinus, Cledonius, Chirius Fortunatianus, Flavius Caper, Fulgence, Jérôme, Julius Capitolinus, Julius Romanus, Martianus Capella, Marius Victorinus, Probus, Martial, Maximus Victorinus, Pétrone, Pompeius, Marius Plotius Sacerdos, l'auteur du *De dubiis nominibus*.

l'Arpinate incontournable lorsqu'il s'agit de cerner la représentation du *primus inuentor* de la satire. L'importance et la diversité de l'œuvre de Varron, le fait qu'il ait composé des satires ménippées et que certains critiques lui aient par ailleurs attribué la paternité du rapprochement entre la comédie et la satire[17] font également de lui une figure majeure de la réception de Lucilius. Ces deux auteurs nous transmettent ainsi plus d'une cinquantaine de citations, paraphrases et mentions de Lucilius, qui peuvent constituer la base d'une étude solide sur la « première réception » des *Satires*.

Mais s'appuyer sur les seuls auteurs républicains ne permet pas d'éclairer l'influence que Cicéron et Varron ont pu avoir sur les représentations postérieures de Lucilius. Il est nécessaire, pour ce faire, de s'inscrire dans un arc temporel plus large. Horace semble alors pouvoir servir non seulement de *terminus ad quem* à l'étude de la réception de Lucilius à l'époque républicaine, mais aussi de pierre de touche. Parce qu'il compose des satires et doit se situer face à l'héritage parfois embarrassant de Lucilius, Horace dresse à plusieurs reprises le portrait de son prédécesseur et commente son œuvre, notamment dans ses satires I, 4, I, 10 et II, 1. Si plusieurs travaux, en particulier ceux de K. Freundenburg[18] et de B. Delignon[19], ont montré tout ce que la représentation de Lucilius chez Horace doit aux enjeux littéraires et politiques des *Sermones*, l'inclusion d'Horace dans le corpus d'étude ajoute à leurs conclusions une dimension toute nouvelle, puisqu'il s'agit alors de déterminer si le discours d'Horace sur son prédécesseur est construit *ex nihilo*, pour répondre aux exigences

17 Cette hypothèse a émergé au XIXe siècle (O. Jahn, « Miscellen : 9 », *Rheinisches Museum für Philologie*, 9, 1854, p. 629-630 ; F. Leo, « Varro und die Satire », *Hermes*, 24, 1, 1889, p. 67-84 ; F. Leo, « Livius und Horaz über die Vorgeschichte des Römischen Dramas », *Hermes*, 39, 1, 1904, p. 63-77 ; Hendrickson, « The dramatic satura and the old comedy at Rome », *American Journal of Philology*, 15, 1, 1894, p. 1-30 ; Hendrickson, « A pre-Varronian chapter of Roman literary history », *American Journal of Philology*, 19, 3, 1898, p. 295-311) et est acceptée par une partie de la critique moderne (A. Kiessling et R. Heinze, *Q. Horatius Flaccus. II, Satiren*, Berlin, 1957, p. 70 ; M.P. Brown, *Horace Satires I.* Warminster, 1993, p. 128 ; J.C. Zietsman, « Persius on Greeks, Jews and barbarians », *Akroterion*, 42, 1997, p. 97 ; E. Gowers, « Eupolitics : Horace, *Sermones* I, 4 », in F. Felgentreu, F. Mundt et N. Rücker (éd.), *Per attentam Caesaris aurem : Satire – die unpolitische Gattung ? Actes du colloque (Berlin, 2008)*, Tubingen, 2009, p. 88 ; R. Hunter, *Critical moments in classical literature : studies in the ancient view of literature and its uses.* Cambridge, 2009, p. 99).

18 K. Freudenburg, *The Walking Muse : Horace on the theory of satire*, Princeton, 1993.

19 B. Delignon, *Les* Satires *d'Horace et la comédie gréco-latine : une poétique de l'ambiguïté*, Louvain, 2006.

esthétiques et politiques du moment, ou s'il doit à la réception républicaine de Lucilius. Autrement dit, il s'agit de faire l'archéologie de la réception horatienne de Lucilius, en remontant à Cicéron et Varron.

QUELQUES EXEMPLES DES DIFFICULTÉS MÉTHODOLOGIQUES

Lorsqu'on cherche à s'appuyer sur des contextes de citation pour évaluer la manière dont les auteurs qui citent Lucilius construisent sa figure auctoriale, il est nécessaire, en premier lieu, de constituer aussi consciencieusement que possible le corpus d'étude et d'en reconnaître les limites. Certes, l'édition de F. Charpin, relativement prudente dans la reconstitution des différents livres et présentant le contexte environnant la citation, permet de proposer à partir de la simple lecture de son ouvrage un premier corpus de travail[20]. Toutefois, il est impossible de soutenir que le corpus établi englobe toutes les citations et paraphrases des *Satires* faites par les auteurs républicains ni tous les propos relatifs à Lucilius et ce pour deux raisons majeures : la perte de certains textes d'une part, et, d'autre part, la manière même qu'ont les Romains de citer.

En effet, dans la mesure où un certain nombre de textes de l'époque républicaine ne sont plus connus de nous ou ne nous sont parvenus que de manière fragmentaire, l'étude de la réception de Lucilius se trouve amputée des citations, paraphrases et mentions qui y apparaissaient ou se voit privée des contextes dans lesquels le satiriste était cité. La seconde raison qui interdit de conclure à l'exhaustivité du corpus est liée aux modalités mêmes de l'acte citationnel dans l'Antiquité. Comme les Grecs, les Romains ne spécifient pas nécessairement le nom de l'auteur qu'ils citent. Ainsi, il arrive que le lecteur moderne ne puisse reconnaître la paraphrase ou la citation, d'autant que les textes antiques ne présentent évidemment pas de guillemets signalant qu'un texte emprunte à un autre. Cette pratique de la citation implique que les

20 Il est nécessaire d'ajouter aux fragments édités par F. Charpin les satires d'Horace, en particulier Horace, *Sat.*, I, 4 ; I, 7 ; II, 1 qui présentent des références explicites à Lucilius, à sa pratique littéraire et à son œuvre.

textes républicains qui nous sont parvenus de manière complète comme fragmentaire comptent sans doute plusieurs citations et paraphrases que nous n'avons pas identifiées comme telles. Par ailleurs, lorsque la critique moderne reconnait dans ces textes la présence d'une citation, il lui est parfois impossible de déterminer à quelle œuvre empruntent les auteurs républicains.

Il faut alors abandonner l'idée d'un corpus exhaustif, et, afin d'éviter les spéculations, renoncer à prendre en compte les passages problématiques. De même, lorsque le contexte de citation ne contient pas de référence explicite à Lucilius, il est nécessaire, en dépit de la prudence de l'édition de F. Charpin, de justifier le rattachement de certains passages aux *Satires*, soit en recoupant les textes républicains et des témoignages postérieurs, soit en se fondant sur ce que nous trouvons dans d'autres fragments :

> *Et scito Curionem adulescentem uenisse ad me salutatum. Valde eius sermo de Publio cum tuis litteris congruebat ; ipse uero mirandum in modum* reges odisse superbos. *Peraeque narrabat incensam esse iuuentutem neque ferre haec posse.* (Cicéron, *Ad Att.*, II, 8, 1)
>
> « Sache aussi que le jeune Curion est venu me saluer. Ce qu'il m'a dit à propos de Publius s'accordait entièrement avec le contenu de tes lettres ; lui-même en vérité *haïssait les rois superbes* d'une façon admirable. De la même manière, il racontait que la jeunesse était très remontée et qu'elle ne pouvait plus supporter ce qui se passe[21]. »

Aucun indice, dans ce passage, n'indique la présence d'une citation, et encore moins d'une citation lucilienne. Pourtant, la formule *reges odisse superbos* se retrouve dans la lettre à Atticus VI, 3, lettre dans laquelle Cicéron indique que ces mots furent prononcés par un certain Granius[22]. Or, ce dernier est un *praeco* que l'on rencontre dans les *Satires* de Lucilius, comme le souligne Cicéron en deux endroits du Brutus[23]. Dans les *Nuits Attiques*, Aulu-Gelle cite même un fragment des *Satires* dans lequel Lucilius annonce qu'il compte mettre en vers les plaisanteries du crieur public[24]. Ces indices, ajoutés à la scansion des segments ainsi qu'à la dislocation du groupe à l'accusatif *reges superbos*, plaident pour un rattachement de ces passages aux *Satires* de Lucilius.

---

21 Toutes les traductions proposées sont personnelles.

22 Cicéron, *Ad Att.*, VI, 3, 7.

23 Cicéron, *Brut.*, 160 ; 172.

24 Aulu-Gelle, IV, 17, 2.

Dans certains cas, il est nécessaire d'expliquer les limites que l'on choisit d'appliquer à la citation, dans la mesure où il arrive que les auteurs républicains entremêlent le propos de leur œuvre et le texte qu'ils empruntent à Lucilius. Les frontières de la citation n'apparaissent pas clairement et il convient de les justifier :

> *Quid de sacrilegis, quid de impiis periurisque dicemus ? Tubulus si Lucius umquam, si Lupus aut Carbo aut Neptuni filius, ut ait Lucilius, putasset esse deos, tam periurus aut tam inpurus fuisset ?* (Cicéron, *De nat. deo.*, I, 63)
>
> « Que dire des sacrilèges, des impies, des parjures ? Si Lucius Tubulus, si Lupus ou Carbon ou le fils de Neptune, comme dit Lucilius, avaient cru à l'existence des dieux, auraient-ils été aussi parjures ou aussi impies ? »

L'incise *ut ait Lucilius* permet ici d'affirmer que la démonstration que Cicéron met dans la bouche de Cotta contient une citation issue des *Satires* de Lucilius. La question posée n'est donc pas celle de savoir si le passage doit être inclus dans le corpus d'étude, mais de délimiter les frontières entre texte citant et citation.

Les différents éditeurs considèrent que le segment qui précède l'incise *ut ait Lucilius* appartient au texte des *Satires*. De fait, la scansion permet de constater que les termes *Tubulus si Lucius umquam, si Lupus aut Carbo aut Neptuni filius* peuvent être scandés comme la fin d'un premier hexamètre et le début d'un second hexamètre incomplet, ce qui rend l'hypothèse d'un emprunt littéral fort probable. De plus, la place de conjonction de subordination *si* entre *Tubulus* et *Lucius* tout comme l'inversion du *praenomen Lucius* et du *cognomen Tubulus* semble peu naturelle en prose et indique sans doute un emprunt poétique. On est donc fondé à accepter cette partie de la reconstruction du texte lucilien.

La suite du texte est en revanche plus problématique. W. Krenkel considère la phrase cicéronienne tout entière comme une citation empruntée à Lucilius et propose la reconstruction suivante : *Tubulus si Lucius umquam / sī Lŭpŭs āut Cārb[o] āut Nēptūnī fīlĭūs pŭtāssĕt / esse deos tam periurus, tam impurus fuisset*[25]. Toutefois, cette hypothèse pose d'importants problèmes de scansion : l'hexamètre ici scandé comporte une syllabe en trop et, à moins que l'on admette la synérèse de la syllabe *–ius* mais également l'apocope du *s* de *filius* devant *putasset*, la scansion du dactyle

25 W. Krenkel, *op. cit.*, p. 702.

cinquième est extrêmement difficile. Enfin, et c'est sans doute l'argument déterminant, la reconstitution proposée suppose que l'incise *ut ait Lucilius* coupe l'hexamètre précisément au milieu du dactyle cinquième. Or, si Cicéron coupe parfois les citations poétiques à l'aide d'une incise[26], celle-ci n'est jamais placée au milieu d'un pied, qui plus est au milieu d'un dactyle cinquième posant de tels problèmes de scansion. Dans son édition de Lucilius, F. Charpin suggère que le passage des *Satires* repris par Cicéron comprend une lacune entre *filius* et *putasset*. Toutefois, les diverses propositions qu'il emprunte à J. Soubiran pour combler la lacune du texte de Lucilius sont totalement arbitraires[27]. Enfin, la proposition *putasset esse deos* nous apparaît davantage imputable à Cotta, et donc à Cicéron, qu'à Lucilius, dans la mesure où elle renvoie au sujet même du *De natura deorum*. Ainsi, il est nécessaire de réexaminer en profondeur le texte des éditions pour comprendre que l'accumulation de noms propres ainsi que l'apodose du système hypothétique (dont la scansion n'est pas problématique) sont des citations extraites de Lucilius, tandis que la fin de la protase – *putasset esse deos* – appartient en propre à Cicéron. Ce dernier mêle ainsi le propos général de son traité et la citation empruntée aux *Satires* et c'est dans ce sens que devra s'orienter l'analyse de la citation, puisqu'une reformulation partielle du texte cité permet de le plier d'autant plus facilement à l'argumentation dans laquelle il est inséré.

Une fois la citation identifiée et convenablement circonscrite, il s'agit de comprendre la fonction qu'elle occupe dans le texte citant. Ce travail passe nécessairement par une compréhension des enjeux propres aux textes qui citent le satiriste, et notamment de leurs contextes d'écriture, qui permettent de comprendre le sens pris par la citation lorsque celle-ci est extraite de son contexte premier :

> *Itaque et edit et bibit* ἀδεῶς *et iucunde, opipare sane et apparate nec id solum sed* bene cocto et condito, sermone bono, et, si quaeris, libenter. *Praeterea tribus tricliniis accepti* οἱ περὶ αὐτὸν *ualde copiose. Libertis minus lautis seruisque nihil defuit ; nam lautiores eleganter accepi. Quid multa ? Homines uisi sumus. Hospes tamen non is cui diceres « amabo te, eodem ad me cum reuertere ». Semel satis est.* σπουδαῖον οὐδὲν *in sermone,* φιλόλογα *multa. Quid quaeris ? Delectatus est et libenter fuit.* (Cicéron, *Ad Att.*, XIII, 52, 1-2)

26 Pour n'en donner qu'un seul exemple : Cicéron, *Ad fam.*, VII, 33, 1.
27 J. Soubiran, *Essai Sur la versification dramatique des Romains*, Paris, 1988, p. 285.

« C'est pourquoi il mange et boit ἀδεῶς (avec plaisir) et agréablement ; il festoie richement et somptueusement, et ce n'est pas tout, *bonne cuisson, bon assaisonnement, conversation plaisante et, si tu veux savoir, du plaisir.* En outre, οἱ περὶ αὐτὸν (ses compagnons) furent reçus dans trois salles et servis en abondance. Les affranchis de second rang et les esclaves ne manquèrent de rien, et les plus distingués, je les ai reçus avec raffinement. En un mot, j'ai eu l'air d'un homme du monde. Pourtant, ce n'est pas un hôte à qui on dirait "de grâce, passe encore me voir quand tu reviendras". Une fois c'est assez. Dans la conversation, σπουδαῖον οὐδὲν (rien de pénible), beaucoup de φιλόλογα (problèmes d'érudition). Quoi d'autre ? Il a apprécié et a été de bonne compagnie. »

La citation de Lucilius est identifiable grâce au recoupement effectué avec le *De finibus*, dans lequel les mêmes termes sont explicitement attribués à Lucilius[28]. La question ici posée est en fait celle de la tonalité même de la lettre de Cicéron à Atticus, écrite alors que l'Arpinate reçoit César à dîner en décembre 45. Les relations entre les deux hommes sont tendues et l'ensemble de la lettre est traversée par l'ambivalence des sentiments de Cicéron, qui conclut à la réussite de son entrevue avec César alors même qu'il répète qu'il a agi par devoir et non par plaisir. Or l'interprétation que l'on retient concernant les sentiments de Cicéron oriente nécessairement la lecture de la lettre : si l'on considère que l'animosité de l'Arpinate contre César prend le dessus[29], il faut alors faire une lecture ironique de la citation de Lucilius[30], auquel cas le satiriste est évoqué comme figure de la *libertas uerborum* qui a été refusée à Cicéron lors de ce dîner ; au contraire, si l'on privilégie la lecture selon laquelle la rencontre fut agréable, il faut mettre en lien la mention du *sermo bonus* de Lucilius avec celle de la conversation entre érudits et considérer que le satiriste est ici invoqué comme *poeta urbanus et doctus*, une locution employée par deux fois chez Cicéron pour désigner Lucilius[31].

Enfin, la difficulté majeure n'est pas tant de déterminer comment la citation s'inscrit dans le texte d'accueil ni même le rôle qu'elle y joue, mais de comprendre comment l'acte citationnel nous renseigne sur la figure de Lucilius et comment les modalités de citation laissent entrevoir la représentation que les auteurs qui citent le satiriste se font de lui.

28 Cicéron, *De fin.*, II, 8, 25.

29 P. Grimal, *Cicéron*, Paris, 1986, p. 371.

30 W.M. Short, « Eating your words : "oral" metaphors of auditory perception in Roman culture », *I Quaderni del Ramo d'Oro*, 2, 2009, p. 117.

31 Cicéron, *De orat.*, I, 72 ; II, 25.

Ainsi, le démarquage net de la citation n'implique pas nécessairement que l'auteur qui cite Lucilius s'en distancie, et l'inclusion des vers dans la syntaxe du texte d'accueil ne montre pas non plus systématiquement que l'auteur qui cite Lucilius adhère pleinement au propos du satiriste :

> *An uero uir fortis, nisi stomachari coepit, non potest fortis esse ? Gladiatorium id quidem ; quamquam in eis ipsis uidemus saepe constantiam : [...] ut magis placati quam irati esse uideantur. Sed in illo genere sit sane Pacideianus aliquis hoc animo, ut narrat Lucilius :*
> *Occidam illum equidem et uincam, si id quaeritis, inquit,*
> *uerum illud credo fore : in os prius accipiam ipse*
> *quam gladium in stomacho sura ac pulmonibus sisto ;*
> *odi hominem, iratus pugno, nec longius quicquam*
> *nobis, quam dextrae gladium dum accommodet alter :*
> *usque adeo studio atque odio illius ecferor ira.* (Cicéron, *Tusc.*, IV, 48)
>
> « Vraiment, est-ce qu'un homme courageux ne peut être courageux que s'il se met en colère ? Cela, c'est bon pour les gladiateurs ; d'ailleurs, nous voyons souvent les gladiateurs eux-mêmes faire preuve de sang-froid [...] donnant ainsi une impression de calme plus que de colère. Mais admettons qu'il y ait dans cette catégorie d'hommes un Pacideianus avec l'acharnement que décrit Lucilius : "Oui, je le tuerai et le vaincrai, si vous le demandez, dit-il, il pourra bien se faire que je reçoive quelque chose sur la figure avant que je ne lui plante mon glaive dans la poitrine, dans la jambe et dans les poumons ; je hais cet homme ; je combats dans la rage et rien ne semble plus long que d'attendre que l'adversaire ait assuré son glaive dans sa main tant la passion et la haine qu'il m'inspire soulèvent ma colère" ».

Cicéron cite Lucilius au moment où il explore l'expression des émotions, thème particulièrement propice à l'usage de la citation et où il s'oppose à la métriopathie des Péripatéticiens, qui défendent l'idée que les passions peuvent parfois conduire à la vertu. L'Arpinate souhaite au contraire montrer que le courage, s'il naît de la colère, est digne d'un gladiateur. Alors que certains gladiateurs se distinguent par leur sang-froid, Pacideianus est présenté comme contre-modèle et le net démarquage de la citation permet d'isoler, dans la syntaxe même du texte citant, le contre-exemple du gladiateur des *Satires*. Mais la mise à distance de la figure de Pacideianus n'implique pas pour autant la mise à distance de Lucilius. En citant si longuement le discours de Pacideianus, Cicéron veut donner à voir à son lecteur l'expression parfaite de la colère. En rappelant le nom de Lucilius, il représente donc le satiriste comme un poète particulièrement doué pour donner vie à ses personnages et pour dépeindre des caractères, une facette du satiriste qu'il donne à voir en d'autres endroits de son œuvre[32].

La production d'un travail de synthèse nécessite enfin de regrouper les différentes représentations qui apparaissent de manière éclatée et dans des œuvres diverses, puis de les confronter aux propos d'Horace sur son prédécesseur. Cette mise en perspective des textes républicains et des *Satires* d'Horace permet de savoir si une représentation s'est maintenue ; si, au contraire, elle s'efface soit en partie soit totalement ; si les motifs associés à la figure de Lucilius à l'époque républicaine se trouvent repris dans les mêmes termes, mais transférés à Horace lui-même ; si Horace opère dans son œuvre la synthèse de plusieurs représentations du *primus inuentor*. Cette étape permet de saisir les originalités de la réception et de la représentation de Lucilius à l'époque républicaine et les éléments qu'elles transmettront aux générations futures.

L'approche qui consiste à aborder les textes-fragments en passant par l'étude des citations et de leur contexte nous semble essentielle à plus d'un titre. Elle est en effet susceptible de nourrir et parfois de réviser les résultats tirés de l'étude des seuls fragments en ce qu'elle se libère des spéculations et des reconstructions arbitraires et qu'elle inclut une nouvelle dimension, celle de la réception, à l'étude des œuvres perdues. Mais cette méthode d'analyse permet également de compléter les conclusions faites sur les ouvrages qui nous sont parvenus dans leur entier. Sur ce point, le cas de Lucilius se révèle de première importance dans la mesure où la figure du satiriste est largement évoquée par ses successeurs et qu'ils se positionnent systématiquement par rapport à lui. Étudier la réception du père de la satire à l'époque républicaine permet alors d'apporter un nouvel éclairage sur les satires de ces auteurs et sur la manière dont ils définissent le genre qu'ils pratiquent.

Sarah GAUCHER
ENS de Lyon, UMR 5189
HISOMA

32 Cicéron, *De fin.*, V, 72 ; *Tusc.*, III, 31.

À PROPOS D'UN MANUSCRIT DU *BELLUM CIUILE* DE LUCAIN

(St Gallen, Stiftsbibliothek, cod. Sang. 863)

Lors des trois dernières décennies du XXe siècle, trois éditions majeures du *Bellum ciuile* de Lucain ont vu le jour, à la suite des travaux de G. Luck (1985), D.R. Shackleton Bailey (1988 et 1997) et enfin R. Badalì (1992)[1]. Parmi ces trois éditions, c'est celle de Shackleton Bailey qui est considérée comme l'édition de référence. Fait remarquable, elle est entièrement fondée sur les collations de C. Hosius, datant du début du XXe siècle[2], et n'apporte aucun progrès sur l'étude des manuscrits. À l'inverse, les éditions de Luck et, plus encore, de Badalì se sont concentrées sur l'apport de nouveaux manuscrits pour l'établissement du texte. Bien plus, les tentatives de H.C. Gotoff pour établir un *stemma codicum* de la tradition de Lucain[3] ont été l'objet de vives critiques par L. Hakanson qui laisse entendre que les travaux de Gotoff sont de très faible intérêt pour l'éditeur[4]. Si, sans nul doute, l'établissement du texte de Lucain peut encore être amélioré grâce à la critique textuelle[5], faut-il tout à fait abandonner l'étude des manuscrits de Lucain ? Certains témoins ne peuvent-ils pas apporter une source d'information indépendante sur le texte du *Bellum ciuile* ? C'est pour tenter de répondre à cette question que nous nous proposons, dans cette étude exploratoire, d'examiner un manuscrit négligé par l'ensemble des précédents éditeurs de Lucain : le manuscrit Sankt Gallen, Stiftsbibliothek, Cod. Sang. 863. Nous ferons tout d'abord la description codicologique de ce manuscrit avant de tenter de voir les liens qu'il entretient ou non avec d'autres manuscrits de Lucain.

1 Luck, 1985, Shackleton Bailey, 1997 et Badalì, 1992.

2 Hosius, 1913.

3 Gotoff, 1971.

4 Hakanson, 1979, p. 28.

5 C'est notamment la voie suivie par G. Luck dans sa deuxième édition du *Bellum ciuile* (Luck, 2009).

DESCRIPTION DU MANUSCRIT

Le manuscrit Sankt Gallen, Stiftsbibliothek, Cod. Sang. 863 (Csg 863) fait partie des *codices* signalés par M.D. Reeve qui déclare que les éditeurs de Lucain auraient sans doute intérêt à le consulter[6]. Longtemps daté de la première moitié du Xe siècle[7], ce manuscrit daterait plutôt du deuxième quart du XIe siècle, d'après l'étude récente d'A. von Euw qui se fonde sur le type d'écriture ainsi que sur la lettrine au début du chant IV du *Bellum ciuile*[8]. Grâce à ces mêmes éléments, il apparaît que ce *codex* a probablement été copié à l'abbaye de Reichenau. Selon von Euw toujours, les gloses et les dessins, en revanche, auraient été ajoutés à Saint Gall au cours du troisième quart du XIe siècle.

Du point de vue matériel, le *codex* Csg 863 est un manuscrit de 270 pages de parchemin, de 22.5 cm de longueur pour 16.3 cm de largeur. Les folios sont répartis essentiellement en quaternions[9]. Les deux premières pages du manuscrit sont vides. La page trois contient un long propos dû à l'auteur des gloses[10], dans lequel il donne des informations sur Lucain et le contenu du *Bellum ciuile*. Le texte du *Bellum ciuile*, écrit sur une colonne de 29 à 31 vers, occupant 11 cm de longueur pour 16.5 cm de hauteur sur chaque page débute à la page 4 et s'achève à page 269. On trouve, enfin, en page 270, une page vide à l'origine selon von Euw[11], sur laquelle des mains postérieures ont dessiné à la plume et à l'encre deux chevaliers à cheval. Le texte de la *Pharsale* a été copié par plusieurs mains, en caroline minuscule[12]. En marge du texte, on trouve des gloses très abondantes, de la page 4 à la page 20. À partir de la page 21, les gloses deviennent très rares et les principales interventions de la deuxième main sont des corrections interlinéaires ou marginales.

6 Reeve, 2009, p. 151, n. 62.

7 Voir Scherrer, 1875, p. 297, Munk Olsen, 1985, p. 65et Schmuki, 1998, p. 114-115.

8 von Euw, 2008, p. 504-505. Pour la lettrine, voir le manuscrit p. 79. Malgré la force de la démonstration de von Euw, D. Butterfield (Butterfield, 2013) continue à considérer que le manuscrit date du Xe siècle (« Not its source but also surviving at St Gall, is a full text of the poem from the tenth century (CSG 863) »).

9 À l'exception des cahiers 3-14, 15-26, 75-78, 111-122 et 123-142.

10 Scherrer, 1875, p. 297.

11 von Euw, 2008, p. 504-505.

12 On voit, par exemple, un changement de main à la page 42.

Un des aspects les plus remarquables de ce manuscrit réside dans les illustrations qu'il contient. De fait, si l'on ne trouve que deux lettrines dans tout le manuscrit[13], on ne dénombre pas moins de six dessins qui occupent les marges ou les pages du *codex*[14]. Nous ne nous attarderons pas ici sur la description des dessins des pages 47 et 270, que von Euw a déjà faite de façon exhaustive[15]. Nous nous contenterons donc d'ajouter quelques compléments à propos des autres illustrations du manuscrit Csg 863. Tout d'abord, le dessin de la page 77, placé à la fin du chant 3 du *Bellum ciuile* est décrit par Scherrer comme une bataille navale[16], dans laquelle Munk Olsen et von Euw voient une représentation de la bataille de Marseille[17]. Or, si la place de cette illustration semble favoriser cette interprétation, il nous semble qu'une étude plus minutieuse du dessin permet une toute autre identification. En effet, on observe dans le dessin divers éléments qui se rattachent directement à la fuite de Pompée depuis Brindes, racontée par Lucain à la fin du chant II de son épopée. Ainsi, la forme de port, entouré par des bandes de terre, correspond tout à fait à la topographie de Brindes telle qu'elle est décrite par le poète :

> *Hinc latus angustum iam se cogentis in artum / Hesperiae tenuem producit in aequora linguam, / Hadriacas flexis claudit quae cornibus undas.*
>
> « De ce côté, le flanc étroit de l'Hespérie qui se resserre finement avance dans la mer une mince langue de terre qui enferme les eaux adriatiques dans la courbure de ses **cornes**[18]. »

En outre, la présence d'une sorte de fortification dans la mer, en face du port, est conforme au dispositif de siège mis en place par César dans le *Bellum ciuile* où il est question de tours dressées sur les flots[19]. En guise de bataille, on ne voit qu'un bateau resté au port dont les occupants sont attaqués : ce bateau représente les deux navires de la flotte de Pompée

13 Voir p. 4 et p. 79. Elles arborent toutes deux des motifs végétaux.

14 P. 47, 77, 78, 230, 234 et 270.

15 von Euw, 2008, p. 505.

16 Scherrer, 1875, p. 297. *Cf.* von Rothenburg, 2009, p. 27.

17 Munk Olsen, 1985, p. 65 et von Euw, 2008, p. 504-505.

18 Luc., *BC*, 2, 613-615.

19 Luc., *BC*, 2, 679 *longaeque tremunt super aequora turres* « de hautes tours tremblent sur les flots ». Le reste du dispositif de siège, à savoir des troncs placés dans les flots (Luc., *BC*, 2, 669-671) sont également représentés.

qui n'ont pas pu s'échapper et dont l'équipage a été tué par les troupes de César :

> *Angustus puppes mittebat in aequora limes / artior Euboica, quae Chalcida uerberat, unda. / Hic haesere rates geminae, classique paratae / excepere manus, tractoque in litora bello / hic primum rubuit ciuili sanguine Nereus. / Cetera classis abit summis spoliata carinis :*
>
> « Un étroit chenal conduisait les poupes vers la mer, plus resserré que les eaux de l'Eubée qui frappent Chalcis. Ici s'arrêtèrent deux navires, des troupes préparées pour la flotte s'en emparèrent et, la guerre étant ramenée vers le rivage, ici, pour la première fois, Nérée rougit du sang de la guerre civile. Tout le reste de la flotte s'en va, dépouillé de ses derniers navires[20] : »

Enfin, le dessinateur a représenté au deuxième plan un bateau qui s'enfuit. Tout son équipage regarde en direction du large, sauf un homme qui regarde d'un air nostalgique le port de Brindes. Cet homme est sans doute Pompée puisque c'est ainsi que le décrit le poète dans les premiers vers du chant 3 :

> *Omnis in Ionios spectabat nauita fluctus : / solus ab Hesperia non flexit lumina terra / Magnus…*
>
> « Chaque matelot regardait les flots de la mer Ionienne : seul Magnus ne détourna pas ses regards de la terre d'Hespérie[21]… »

L'ensemble de ces éléments nous permet, nous semble-t-il, d'affirmer que le dessin de la page 77 n'est pas une représentation de la bataille de Marseille mais plutôt celle de la fuite de Pompée hors de Brindes[22]. Le dessin de la page suivante, la page 78, pourrait lui aussi être une représentation de Brindes. On y voit une ville, faite d'une tour centrale et de murailles. Fait remarquable, la porte de la ville est ouverte. Ce détail rappelle les vers de Lucain où le poète évoque l'avancée des troupes de César dans Brindes :

> *Ergo hostes portis, quas omnes soluerat urbis / cum fato conuersa fides, murisque recepti / praecipiti cursu flexi per cornua portus / ora petunt pelagusque dolent contingere classi.*

---

20 Luc., *BC*, 2, 709-714.

21 Luc., *BC*, 3, 3-5.

22 Certes, ce dessin apparaît, au sein du manuscrit, après le chant 3 alors que sa place logique aurait été après le chant 2, mais c'est sans doute parce que c'est à cet endroit qu'une double page avait été laissée libre, sans qu'on ait anticipé qu'une illustration y serait réalisée.

« Donc les ennemis, accueillis par des portes toutes ouvertes – car la ville accompagnant le destin avait renversé ses engagements –, une fois à l'intérieur des murs, s'élancent et, à la course, parcourent les flancs courbes du port pour gagner son embouchure : ils se lamentent de ce que la mer ait échu à la flotte[23]. »

En outre, puisque ce dessin suit immédiatement celui de la page 77 sur la fuite de Pompée, il est vraisemblable qu'il aborde le même thème. Bien plus, la représentation des portes ouvertes peut apparaître comme une explication du dessin précédent : si les seuls combats, à la page 77, ont lieu sur le port, c'est bien parce que la ville n'a pas résisté et a ouvert ses portes aux troupes de César. Sans que cela soit certain, il semble donc possible de considérer que le dessin de la page 78 est celui de la ville de Brindes se livrant à César. Une autre piste d'interprétation serait de considérer qu'il s'agit de Corfinium livrant Domitius[24]. De fait, la ville représentée ne semble pas être en bord de mer et, s'il s'agit d'une ville dans les terres, alors Corfinium est une des villes dont la reddition est célèbre. Cependant, il paraît difficile de trancher entre ces deux hypothèses puisque le dessin ne présente que très peu de détails.

Les deux autres dessins auxquels nous nous intéresserons se trouvent bien plus loin dans le manuscrit, respectivement aux pages 230 et 234. Ils illustrent chacun l'excursus géographique de Lucain lors du passage de l'armée de Caton en Afrique, au chant 9 du *Bellum ciuile*. Le premier dessin est décrit de façon incomplète par von Euw qui indique seulement qu'il s'agit d'une illustration faite à la plume représentant l'*orbis tripartitus* entre *Asia*, *Europa* et *Affrica*, avec une tête représentant un vent soufflant sur ces deux dernières régions, tête sous laquelle il est écrit *Occidens*[25]. À ces éléments il convient d'ajouter qu'en haut du dessin est noté *oriens*, *meridies* à droite et *aquilo* à gauche pour noter tous les points cardinaux. Ce dessin permet d'illustrer les vers où Lucain indique que l'opinion répandue situe la Libye dans la troisième partie du monde alors que les vents la placent plutôt dans l'Europe[26]. Plus précisément encore, l'illustrateur a voulu expliquer à l'aide de son dessin les vers 417 à 420 du chant 9, dans lesquels Lucain explique que le zéphyr souffle

23 Luc., *BC*, 2, 704-707.
24 Luc., *BC* 2, 507-508 et 478-479 pour la description des murailles de la ville.
25 von Euw, 2009, p. 505.
26 Luc., *BC* 9, 411 *sq.*

sur les deux premières parties du monde (l'Europe et l'Afrique), tandis que l'Asie seule est exposée à l'Eurus :

> *nam, cum communiter istae / effundant Zephyrum, Boreae latus illa sinistrum / contingens dextrumque Noti discedit in ortus / Eurum sola tenens.*
>
> « Car, alors qu'elles [l'Europe et l'Afrique] ont en commun de déverser le zéphyr, celle-là [l'Asie], qui touche le flanc gauche de Borée et le flanc droit du Notus, s'avance vers le levant, gardant pour elle seule l'Eurus[27]. »

Le dessin est conforme au texte de Lucain à cela près que les vents ne sont pas nommés comme dans le texte : ce sont les points cardinaux qui servent de repères à leur place. Pour finir avec les illustrations du manuscrit Csg 863, le dessin de la page 234 vient également illustrer un excursus géographique, plus spécifiquement à propos de la théorie des zones. Von Euw le décrit de façon assez complète et note qu'il s'agit d'un dessin sans doute inspiré des commentaires de Macrobe au songe de Scipion chez Cicéron[28]. De fait, si on le compare avec un manuscrit de Saint Gall d'une période proche dans lequel se trouve le texte de Macrobe, des points communs apparaissent, notamment dans la délimitation des zones par les tropiques[29]. Toutefois, un détail semble avoir échappé à von Euw : dans la partie centrale du dessin en marge du manuscrit de Lucain, on peut distinguer deux éléments notés dans la partie orangée : la zone en question, tout d'abord, est qualifiée d'*inhabitabilis calore*, conformément au lexique employé pour désigner les autres zones inhabitables. En outre, on remarque un trait oblique qui part du tropique du Capricorne, à gauche, pour rejoindre le tropique du Cancer, à droite. Le long de ce trait, dans une écriture très peu lisible, nous croyons déchiffrer *circulus solsticialis*, ce qui pourrait correspondre au nom donné au cercle excentrique du soleil. Cet élément constituerait une différence sensible entre le terme employé dans le dessin présent en marge du Csg 863 et ceux employés par Macrobe dans sa représentation du monde et des zones : de fait, ce trait oblique reçoit le nom de *zodiacus* sur l'illustration du manuscrit de Macrobe, Csg 65, ce qui désigne une réalité astronomique différente[30].

---

27 Luc., *BC* 9, 417-420.

28 von Euw, 2009, p. 505.

29 Voir Sankt Gallen Stiftsbibliothek, Cod. Sang. 65 (Csg 65), p. 116.

30 Voir Bakhouche, 2008, p. 102-105.

Les dessins du manuscrits Cdg 863 avaient donc été décrits jusqu'alors d'une façon assez lacunaire. Nous espérons que les présentes lignes contribuent à une meilleure connaissance du manuscrit.

LA PLACE DU MANUSCRIT DANS LA TRADITION MANUSCRITE DU *BELLUM CIVILE*

UNE TRADITION CONTAMINÉE

Avant de tenter d'établir quels sont les liens que le Csg 863 tisse avec les autres manuscrits traditionnellement consultés par les éditeurs, il convient de rappeler que la tradition manuscrite de Lucain est marquée par une contamination massive, c'est-à-dire par un contact fréquent entre au moins deux témoins manuscrits, contact qui produit une copie contenant des leçons provenant de chacun des deux témoins. De fait, il a été avancé, s'agissant des manuscrits du *Bellum ciuile*, que « contamination and interpolation are abundantly present in the entire tradition and [...] attempts at stemmatic recension can hope for only limited success[31] ». De fait, toutes les éditions les plus récentes du *Bellum ciuile* ont pour point commun de ne pas présenter de *stemma codicum*[32] et, comme nous le signalions plus tôt, la tentative d'Harold Gotoff pour en établir un a été vivement critiquée, principalement pour sa faible utilité pour la *constitutio textus*.

De fait, la description de la tradition manuscrite faite par A.E. Housman dans son édition *editorum in usum* n'a pas véritablement été dépassée. Il écrivait ainsi, il y a près d'un siècle : « *The five manuscripts on which we chiefly depend, ZPGUV, cannot be divided and united into families or even classes. The circumstances in which Lucan's text was transmitted from his own time to the scholars of the Carolingian renascence did not afford the requisite privacy and isolation. There were no sequestered valleys through which streams of tradition might flow unmixed, and the picture to be set before the mind's*

31 « La contamination et l'interpolation sont abondamment présentes dans la tradition tout entière et les tentatives de recension stemmatique ne peuvent espérer qu'un succès limité ». Tarrant, 1983, p. 216.

32 C'est le cas des éditions de Badali, 1992, Shackleton Bailey, 1997 et Luck, 2009.

eye is rather the Egyptian Delta, a network of watercourses and canals. [...] *The manuscripts group themselves not in families but in factions;* [...] *and the utmost which can be done to classify them is to note the comparative frequency of their shifting alliances*[33] ». La représentation de la contamination comme un maillage qui lie les manuscrits est très conforme à l'impression d'ensemble que donne la lecture d'un apparat critique du *Bellum ciuile.* La collation des principaux des témoins confirme cette première impression et les résultats très divers auxquels sont parvenus Lejay, Beck, Hosius et Gotoff[34], lorsqu'ils ont tenté de faire un *stemma* de la tradition, montrent combien il est difficile de trouver une logique dans les diverses allégeances des manuscrits entre eux. Toutefois, il faut souligner que le propos de Housman ne porte que sur cinq manuscrits et ne signifie pas qu'il est tout à fait impossible de classer certains manuscrits entre eux. Au contraire, sa dernière phrase laisse entendre qu'il n'est pas impossible, en comparant les variantes des uns et des autres de retrouver un lien entre des manuscrits. Quelle sera la nature de ce lien ? Housman doute du fait qu'il est possible d'établir des familles. L'étude de Gotoff a pourtant montré qu'il n'est pas inenvisageable d'établir un lien d'antigraphe à apographe entre certains manuscrits : sa démonstration selon laquelle A est la copie de Z[35] est tout à fait convaincante et constitue un des véritables apports de son ouvrage à la connaissance de la tradition manuscrite du *Bellum ciuile.* Notre étude du manuscrit que nous présentons a donc pour objectif non de le placer dans un *stemma* déjà établi mais plutôt de chercher à comprendre de quels témoins ce manuscrit est le plus proche. S'il est vraisemblable que cette enquête ne permette pas de révéler un lien d'antigraphe à apographe, il n'en reste pas moins important de la mener puisqu'il s'agit là de la seule façon d'évaluer la contribution d'un manuscrit.

33 « Les cinq manuscrits dont nous dépendons principalement, ZPGUV, ne peuvent pas être divisé ou réunis dans des familles ou même des classes. Les circonstances dans lesquelles le texte de Lucain a été transmis depuis son époque jusqu'aux érudits de la renaissance carolingienne n'ont pas donné la séparation et l'isolement nécessaires. Il n'y avait pas vallées isolées traversées par des ruisseaux de tradition dont les eaux ne se mélangent pas et l'image qu'il faut se représenter dans son esprit est plutôt celle du delta du Nil, un réseau de cours d'eau et de canaux. [...] Les manuscrits se regroupent non en familles mais en factions ; et ce que l'on peut faire de mieux pour les classer est de comparer la fréquence à laquelle ils s'allient avec un tel ou un tel. » Housman, 1927, p. VI-VII.

34 Lejay, 1894, Beck, 1900, Hosius, 1913 et Gotoff, 1971.

35 Gotoff, 1971, p. 59-70.

Pour situer le manuscrit Csg863 dans la tradition manuscrite de Lucain, il convient de préciser que Gotoff a établi, dans son étude, que les principaux *codices* semblent se répartir en deux groupes. Le premier groupe, uni par 850 innovations partagées, est constitué des manuscrits du IXe siècle (MZAB), dans lesquels on trouve bon nombre de lectures inintelligibles ; le second, constitué des manuscrits postérieurs, principalement QGUVP, présente un texte trivialisé, dans lequel la plupart des erreurs grossières ont disparu[36]. Gotoff considère que, s'il est possible de retrouver les liens qui unissent les manuscrits du IXe siècle, c'est impossible pour les *codices* postérieurs (QGUV) qui ne cessent de changer d'allégeances dans les différentes variantes qu'ils présentent[37]. Nous tenterons donc de voir si le manuscrit Csg 863 peut être rapproché de l'un ou l'autre groupe. Pour mener cette étude, nous avons refait personnellement la collation de chacun des manuscrits suivants :

Q Paris, Bibliothèque nationale, 7900 A ; Xe siècle.
P Paris, Bibliothèque nationale, 7502 ; Xe siècle.
G Bruxelles, Bibliothèque royale de Belgique, 5330 ; XIe siècle.
U Leiden, Bibliotheek der Rijksuniversiteit, Voss lat, F 63 ; Xe siècle.
V Leiden, Bibliotheek der Rijksuniversiteit, Voss lat, Q 51 ; Xe siècle.
M Montpellier, Bibliothèque de la Faculté de Médecine, H 113 ; IXe siècle.
Z Paris, Bibliothèque nationale, 10314 ; IXe siècle.
Y Leiden, Bibliotheek der Rijksuniversiteit, Voss lat, Q 16 ; Xe siècle.
A Paris, Bibliothèque nationale, NAL 1626 ; IXe siècle.
B Bern, Burgerbibliothek, 45 ; IXe siècle.
E Erlangen, Universitätsbibliothek, 389 ; Xe siècle.
T Paris, Bibliothèque nationale, 8039 ; Xe siècle.
H Vaticano, Biblioteca Apostolica Vaticana, Palat lat 869 ; XIIe siècle.

Ce sont donc à ces témoins que nous ferons référence lorsque nous parlerons de l'ensemble des manuscrits que nous avons consultés.

36 Gotoff, 1971, p. 9-10.
37 Gotoff, 1971, p. 97-98.

LES LIENS ENTRE LE MANUSCRIT ST GALLEN, STIFTSBIBLIOTHEK, COD. SANG. 863 ET LES AUTRES TÉMOINS DU *BELLUM CIUILE*

Pour débuter notre étude du manuscrit Csg 863, il convient de souligner que nous fonderons, d'abord, nos propos sur l'analyse des innovations dont l'ampleur est supérieur ou égale à un vers, qu'il s'agisse des omissions, des déplacements ou des ajouts. De fait, Gotoff lui-même, dans son étude fondée sur l'ensemble des variantes reconnaît, au terme de son analyse, que ce sont les accidents concernant des vers entiers qui lui ont permis de comprendre les liens qu'entretenaient les manuscrits entre eux et non les seules variantes qui sont plus à même de voyager aisément d'un manuscrit à l'autre[38]. Il semble donc judicieux de commencer notre étude en nous concentrant sur ce type d'innovations. Nous ne nous servirons pas, dans notre discussion, des vers omis dans les manuscrits parce qu'ils sont vraisemblablement interpolés : ils sont généralement absent de la vaste majorité des manuscrits (voire de la totalité de ceux de notre corpus d'étude) et ne sont souvent introduits que par des correcteurs plus tardifs[39].

Commençons par remarquer que le manuscrit Csg 863 est à 18 reprises le seul de notre corpus d'étude à présenter une innovation concernant un vers ou davantage, ce qui constitue un nombre tout à fait moyen si on le compare à d'autres témoins[40]. Il s'agit d'omissions, pour 17 d'entre elles[41], et d'un déplacement de vers[42]. Une innovation attire d'emblée notre attention : on trouve les vers 6, 35-47 à deux reprises dans le manuscrit, à la page 133, après le vers 34 et avant le vers 48, et à la page 137, après le vers 125 et avant le vers 126, où une seconde main indique qu'il faut les supprimer. Chose remarquable, les vers 6,

---

38 Gotoff, 1971, p. 81-82. « What has been possible to determine is formal relationship based on the evidence not of readings which, whether right or wrong, or impossible, were introduced and removes haphazardly in successive transcriptions, but of mistakes in placement of lines which can only be attributed to the physical state of a particular manuscript and a particular form of correction. »

39 Nous ne discuterons pas les omissions des vers suivants : 1, 436-440 ; 4, 251 ; 6, 152 ; 6, 207 ; 7, 257-258 ; 9, 494 ; 9, 664.

40 On trouve ainsi 9 innovations de ce type dans le manuscrit G, 12 dans M, 26 dans Q ou encore 36 dans Z.

41 Les vers suivants sont omis dans le seul manuscrit Csg 863 : 1, 575 ; 2, 719 ; 2, 735-736 ; 3, 437 ; 3, 599-600 ; 4, 93 ; 5, 127 ; 5, 647 ; 6, 48-125 ; 6, 672 ; 6, 768 ; 8, 745 ; 9, 576 ; 9, 778-779 ; 10, 466 ; 10, 483 ; 10, 508.

42 Il s'agit du vers 6, 495, placé après le vers 496.

35-47 occupent à chaque fois le début de la page où ils apparaissent. Bien plus, ils apparaissent au sein d'un cahier sensiblement différent de ce que l'on trouve d'ordinaire dans le Csg 863. En effet, les pages 123 à 142 constituent un ternion dans lequel sont ajoutés, en son milieu, deux bifolios de 4 pages chacun (129-132 et 133-136). Les vers 6, 35-47 se situent donc au début d'un des bifolios (p. 133) et à la page qui suit immédiatement ce bifolio (p. 137). Ce doublon signale l'insertion d'une correction dans le manuscrit. En effet, le bifolio qui va de la page 133 à la page 136 a, selon toute vraisemblance, été ajouté lorsqu'un lecteur du manuscrit s'est aperçu qu'au folio 137 le vers 47 était suivi du vers 125 et qu'il existait donc une lacune de 78 vers (6, 48-125). La solution choisie pour pallier cette lacune a été d'ajouter les vers manquants dans un bifolio inséré dans le cahier, à la suite du vers 34 qui occupe le bas de la page 132, et d'indiquer que les vers 35-47 de la page 137 doivent être supprimés. Cette hypothèse nous semble confirmée par l'étude des différentes mains : de fait, la main qui a écrit les pages 133 à 136 semble différente de celle qui a copié le reste du manuscrit[43]. En outre, les vers 35-47 de la page 133 présentent deux variantes par rapport à ceux de la page 137 : au vers 35 on trouve la leçon *domos* à la page 133 contre *domus* à la page 137. Plus intéressant, au vers 42, le mot *feras* est omis à la page 137 alors qu'il est bien présent à la page 133. Ce dernier élément confirme que les pages 133-136 constituent une correction ultérieure du manuscrit, sans doute faite à l'aide d'un autre témoin dans lequel les vers 48 à 125 apparaissaient et le vers 42 comportait bien le mot *feras*. Il faut donc considérer que le manuscrit Csg 863, lorsqu'il a été copié originellement, comportait une lacune s'étendant du vers 6, 48 au vers 6, 125. Cette omission de 78 vers ne se retrouve dans aucun autre *codex* de Lucain consultés pour cette étude. En outre, elle ne peut pas provenir d'un saut de page(s) d'un copiste à la lecture d'un des manuscrits de notre corpus : en effet, une omission de 78 correspondrait à un folio de 39 vers par page ou un bifolio d'environ 25 vers par page, la première page commençant par le vers 6, 48 et la dernière s'achevant

43 L'étude de ces différents folios à l'aide de l'Handwriting Analysis Tool v2.0 développé par l'Université d'Hambourg ne donne, cependant, pas en la matière de résultat probant. Sans doute la correction de cette lacune n'est-elle pas bien postérieure à la copie du Csg 863 et a-t-elle été réalisée dans le même scriptorium, ce qui pourrait expliquer la ressemblance entre les différentes mains.

par le vers 6, 125. Cette configuration ne se retrouve dans aucun des manuscrits que nous avons collationnés. Par conséquent, il nous faut supposer que le manuscrit Csg 863 n'est pas la copie directe d'un de ces *codices* et qu'il manquait, dans son modèle, les vers 6, 48-125. Pour autant, cela ne signifie pas que le manuscrit Csg 863 n'entretient aucun lien avec notre corpus de manuscrits. Seule l'étude des innovations partagées avec d'autres *codices* peut nous renseigner.

Le manuscrit Csg 863 a en commun 17 innovations d'au moins un vers avec les autres manuscrits de notre corpus d'étude. : 12 omissions[44], 4 déplacements[45] et un vers ajouté[46]. Si l'on tente de situer ce *codex* dans l'un des deux groupes définis par Gotoff, MZ(AB) d'un côté[47], QPGUV de l'autre, on s'aperçoit qu'il partage 10 innovations avec les deux groupes[48] : c'est le cas des omissions des vers 5, 796, 7, 257-258, 7, 747, 7, 796, 7, 820-822, 9, 87, 9, 253, 9, 494, 9, 644 et 10, 8. Un certain nombre de ces omissions ont en commun de concerner des vers présents dans la plupart des secondes mains des *codices* ainsi que dans les premières mains des manuscrits ABET, qui sont les descendants du manuscrit Z[49]. Ainsi, les vers 7, 820-822 ne sont présents que dans les premières mains des manuscrits UABET. Il en est de même pour le vers 7, 796 qui n'apparaît que dans VABET, en première main[50]. Dans l'ensemble, sur les 10 omissions de vers partagées par le Csg 863 avec les deux groupes de manuscrits MZ et QPGUV, 8 n'apparaissent plus dans les témoins ABET[51]. Ces premiers éléments créent l'impression selon

---

44 Il s'agit des vers suivants : 5, 135 ; 5, 796 ; 6, 311 ; 7, 747 ; 7, 796 ; 7, 820-822 ; 8, 124 ; 8, 695 ; 9, 87 ; 9, 100 ; 9, 253-254 ; 10, 8.

45 Il s'agit des cas suivants : 3, 166 placé après 168 ; 4, 744-745 placés après 741 ; 7, 462 placé après 463 ; 9, 83 placé après 79.

46 Il s'agit d'un vers supplémentaire après le vers 10, 122 (que nous appellerons 10, 122 b).

47 Je note AB entre parenthèses puisque Gotoff a établi qu'ils sont des descendants de MZ, même si l'on ne peut pas parler de *codices descripti* en raison de la contamination.

48 Nous considérons que notre manuscrit partage une innovation avec le groupe MZ(AB) lorsque les manuscrits MZ ont tous deux cette innovation. Pour le groupe QPGUV, nous estimons que c'est le cas lorsque la majorité des manuscrits la présentent.

49 C'est ce que montre le *stemma* de Gotoff pour les manuscrits A et B (Gotoff, 1971, p. 97). Les manuscrits E et T semblent appartenir au même groupe (voir Barriere 2013, p. 102-104).

50 Le Csg 863 omet également parfois des vers qui n'apparaissent que dans les corrections du groupe ABET : c'est le cas pour 7, 257-258 que l'on ne trouve que dans la première main de G et dans les corrections de VMZYABETH.

51 Il s'agit des omissions de 7, 747 ; 7, 796 ; 7, 820-822 ; 9, 87 ; 9, 253 ; 9, 494 ; 9, 644 ; 10, 8.

laquelle le manuscrit Csg 863 n'est pas proche d'ABET, les descendants de Z dans lesquels la contamination est forte et les corrections sont particulièrement nombreuses. En outre, le fait que sur les 17 innovations partagées par notre manuscrit, 10 sont communes aux groupes MZ et QPGUV laisse penser qu'il sera difficile d'établir un lien plus étroit entre notre témoin et tel ou tel groupe. De fait, seul le vers 9, 100, est omis par notre *codex* et MZ contre la majorité des témoins de QPGUV. À l'inverse, seules deux innovations sont partagées par la majorité des manuscrits du groupe QPGUV et le Csg 863 contre le groupe MZ : l'ajout du vers 10, 122 b et le déplacement du vers 7, 462, placé après le vers 463. Ces rares cas d'accord entre notre manuscrit et l'un des deux groupes ne nous permettent pas de définir un quelconque lien.

Parmi les innovations partagées par le Csg 863, un déplacement de vers attire plus particulièrement notre attention : le déplacement du vers 3, 166 après le vers 3, 168. De fait, les vers 3, 167-168 sont absents des manuscrits PUMZA en première main. Or, dans le manuscrit A, une correction réintroduit les vers en les plaçant avant le vers 166. Il s'agit précisément d'un des arguments qui permet à Gotoff de considérer que B et R sont des copies de manuscrits issus de A et de ses corrections[52]. Il nous semble, pour autant, qu'on ne peut pas tirer la même conclusion pour le manuscrit Csg 863. Certes, il partage cette innovation avec le manuscrit A corrigé, mais, comme nous l'avons montré plus haut, il ne se trouve que très rarement en accord avec les manuscrits du sous-groupe ABET. Restent deux explications possibles : ou bien cette innovation commune est le fruit du hasard (le déplacement de vers s'est produit dans deux manuscrits sans que ceux-ci aient été en contact), ou bien le manuscrit Csg 863 possède un ancêtre commun avec le modèle du correcteur de A. Là encore, l'étude des innovations concernant au moins un vers ne nous permet pas d'avancer davantage, faute d'un nombre conséquent d'innovations partagées.

Le dernier temps de notre propos nous amène donc à élargir notre étude en ne considérant plus seulement les innovations ayant pour ampleur au moins un vers mais aussi toutes les variantes présentes dans les manuscrits. Pour réaliser une enquête statistique sur les liens entre le Csg 863 et d'autres manuscrits, nous avons réalisé un sondage

52 Voir Gotoff, 1971, p. 71. Le manuscrit A et ses corrections apparaissent sous la forme du sigle β^2 dans l'étude de Gotoff (Gotoff, 1971, p. 79).

sur toutes les innovations des livres 1 et 2 du *Bellum ciuile*, à savoir sur 1431 vers, un peu plus d'un sixième de l'œuvre. Dans ce corpus, nous avons relevé 194 variantes présentées par notre *codex*[53]. 41 de ces variantes n'apparaissent que dans le Csg 863, ce qui nous permet donc de constituer un corpus d'étude de 153 innovations partagées par le Csg 863 et d'autres manuscrits. Si nous tentons d'appliquer la même méthode pour que les omissions, déplacements et ajouts de vers pour situer notre manuscrit, il nous apparaît qu'il ne partage que 8 variantes avec le groupe MZ contre la majorité du groupe QPGUV[54], c'est-à-dire 5.2 % des innovations communes. À l'inverse, ce sont 35 variantes communes (22.8 %) qui unissent le Csg 863 à la majorité du groupe QPGUV contre le groupe MZ. Ce chiffre, plus de quatre fois supérieur au précédent, laisse penser que notre manuscrit est sensiblement plus proche du groupe des témoins du xe siècle et qu'il n'entretient pas de lien direct avec le groupe MZ.

Cette impression est confirmée par l'étude des accords entre le Csg 863 et chaque manuscrit. Ainsi, le Csg 863 partage 42 innovations avec Z (27.4 %) et 45 avec M (29.4 %). Dans le groupe QPGUV, si l'on excepte le manuscrit P (43 innovations communes, à savoir 28.1 %), tous les manuscrits partagent bien plus de variantes avec le Csg 863 : 67 pour U (43.7 %), 76 pour GV (49.6 %) et 80 pour Q (57.5 %)[55]. Ces chiffres mettent en exergue le lien plus étroit entre notre *codex* et le groupe de manuscrits du xe siècle, QPGUV, un lien que l'étude des seules innovations concernant au moins un vers ne nous avait pas permis de voir. Il paraît donc pertinent d'appliquer la même méthode pour examiner la question du lien potentiel entre notre manuscrit de Saint Gall et le manuscrit A (et sa version corrigée A^2), en raison du déplacement du vers 3, 166 que l'on trouve dans les deux témoins (de première main dans le Csg 863 et de seconde main dans A). Or, il apparaît que le manuscrit Csg 863 ne partage que 45 variantes (29.4 %) avec le manuscrit A et seulement 42 avec A^2 (27.4 %). Ces chiffres, relativement faibles, laissent penser que les deux manuscrits ne sont, en réalité, pas reliés par un lien

53 Nous n'intégrons pas à ce relevé de variantes des variantes purement orthographiques comme *Babilon* pour *Babylon* en 1, 10.

54 Cette majorité est de 2 manuscrits pour les vers 1, 1-175 (qui sont absents de Q dont la première page est manquante) et de 3 manuscrits pour le reste de notre corpus.

55 Pour ce pourcentage, nous ne tenons compte que des innovations partagées par S pour la partie non lacunaire de Q, c'est-à-dire à partir de 1, 176.

étroit. Ils partagent seulement un nombre de variantes assez commun dans une tradition contaminée.

Quelle conclusion tirer alors de cette étude ? Si aucun lien précis, semblable à ceux que Gotoff a reconstitués pour les manuscrits du IXe siècle, ne semble pouvoir être établi entre le manuscrit St Gallen, Stiftsbibliothek, Cod. Sang. 863 et les autres témoins que nous avons consultés, il demeure possible de situer le Csg 863 au sein de la tradition manuscrite du *Bellum ciuile*. En effet, celui-ci partage le plus d'innovations avec le groupe QPGUV. Plus précisément, au sein de ce groupe, c'est du manuscrit Q qu'il semble être le plus proche (il a presque deux fois plus de variantes en commun avec Q qu'avec un manuscrit comme Z). Toutefois, il convient de souligner que les deux manuscrits ne sont pas très proches : en effet, Q n'est en accord avec le Csg 863 que pour la moitié environ des innovations du manuscrit, ce qui reste un chiffre assez faible. Surtout, il n'existe aucune innovation caractéristique qui relie le manuscrit Csg 863 à un autre *codex*, à la manière des innovations qui lient Z à A, comme le déplacement du vers 3, 211[56].

Une question subsiste : que tire l'éditeur de cette information ? De fait, si une telle étude a toujours un intérêt pour mieux comprendre la tradition manuscrite du *Bellum ciuile* et notamment pour illustrer le phénomène de la contamination, reste à savoir quel enseignement l'éditeur peut en tirer au moment d'établir le texte de Lucain. La tradition contaminée qui est celle de la *Pharsale* rend inenvisageable la perspective de l'utilisation mécanique d'un *stemma* pour tenter d'identifier quelles sont les meilleures leçons : à de rares exceptions près, il sera difficile d'établir qu'un manuscrit est la copie d'un autre et on ne pourra pas faire appel à la notion d'autorité d'un manuscrit. Cependant, situer notre *codex* dans un groupe de manuscrits nous donne davantage de chances de comprendre la genèse de certaines variantes qui apparaîtront comme des innovations nées de telle ou telle leçon majoritaire dans le groupe de manuscrits. En outre, d'autres manuscrits du même groupe étant déjà connus, l'éditeur pourra se dispenser de citer systématiquement ce manuscrit dans l'apparat critique pour se contenter de mentionner les

56 Cela pourrait être le cas de la lacune de 6, 48-125 qui est tout à fait caractéristique de ce manuscrit. Elle ne se retrouve, néanmoins, dans aucun manuscrit que nous avons consulté jusqu'alors.

leçons propres à ce manuscrit et dignes d'intérêt. Il devra, cependant, prendre connaissance des variantes de ce manuscrit, dans lequel on trouve un certain nombre d'innovations, absentes de la tradition.

Florian BARRIÈRE
Université Grenoble Alpes
– UMR 5316 Litt&Arts
– TRANSLATIO

LES SERMONS D'AUGUSTIN D'HIPPONE

Un corpus impossible ?

« Les sermons d'Augustin d'Hippone, un corpus impossible ? » La question un rien provocante qui forme le titre de cette contribution voudrait attirer l'attention sur un paradoxe de la prédication augustinienne.

En apparence, tout est simple. Généralement pris en note par des tachygraphes pendant la prédication, les sermons d'Augustin n'ont que rarement été révisés avant d'être rangés dans les bibliothèques d'Afrique[1]. Ils semblent donc permettre d'approcher au plus près de la parole vive du prédicateur, d'analyser son impact sur les communautés chrétiennes et la manière dont Augustin cherchait à façonner les mentalités. De ce fait, ils constituent des sources de première importance pour les historiens, ainsi que pour les spécialistes d'histoire des idées et d'histoire des religions, de philosophie ou encore de rhétorique[2].

Sources de première importance donc, et cela, d'autant plus qu'elles sont abondantes. Nous avons conservé des *Enarrationes* sur les cent cinquante *Psaumes*, cent vingt *Tractatus* sur l'*Évangile de Jean* et dix *Tractatus* sur la *Première Épître de Jean*, ainsi que quelque six cents *Sermones ad populum*. Transmis principalement en collections ou dans des homiliaires durant la période médiévale[3], ces derniers ont, au XVIIe siècle, été organisés en quatre classes thématiques par les Mauristes, qui ont repris et amélioré des systèmes de classement utilisés dans les éditions

---

1 Pour une synthèse accompagnée de renvois bibliographiques, voir P.-M. Hombert, « Sténographie et transmission des prédications », *Bibliothèque augustinienne* 59/B, Paris, 2019, p. 684-688. Pour situer le cas augustinien parmi les pratiques tardo-antiques, voir F. Dolbeau, « La transmission de la prédication antique de langue latine », *Preaching in the Patristic Era. Sermons, Preachers, and Audiences in the Latin West*, éd. A. Dupont, S. Boodts, G. Partoens, J. Leemans, Leiden, 2018, p. 31-58.

2 Pour un aperçu des possibilités d'analyses offertes par la prédication augustinienne, voir *Augustinus Lexikon*, s. v. *Praedicatio*, c. 846-865 (F. Dolbeau).

3 S. Boodts, A. Dupont, « Augustine of Hippo », *Preaching in the Patristic Era*, *op. cit.*, p. 177-197.

précédentes[4] : *Sermons* sur l'Écriture (Ancien, puis Nouveau Testament), sur le temporal (les fêtes relatives à la vie du Christ), sur le sanctoral (les fêtes des saints), sur des sujets divers. Ces quatre classes paraissent former autant de corpus « prêts à l'usage », immédiatement exploitables.

Or, cette apparente simplicité dissimule des difficultés de deux ordres, que nous aborderons successivement.

D'une part, ce groupement de textes est en extension continuelle, et ce à deux niveaux : de nouveaux sermons d'Augustin ou des parties de sermons déjà connus sont régulièrement découverts. Les conséquences de ces inventions sont analysées dans un premier temps.

D'autre part, le classement des Mauristes n'aboutit pas à la formation de « corpus », ni au sens antique du terme, ni au sens moderne. En effet, Gilles Dorival a montré que, dans l'Antiquité, quatre éléments définissaient un « corpus » : le nombre de livres qui le composent, leur ordre, la présence éventuelle de « sous-corpus » et la possibilité d'être soumis à des commentaires[5]. La définition antique diffère de la définition actuelle du terme, qu'il rappelle à partir de l'image du *corpus* : un ensemble de textes présentant, comme le corps humain, une unité organique interne[6]. De fait, les classes entre lesquelles sont répartis les *Sermons au peuple* d'Augustin regroupent des homélies prononcées durant près de quarante ans (entre 391 et 429) ; elles ne constituent pas des catégories étanches, car plusieurs sermons rangés dans une catégorie auraient tout aussi bien pu être placés dans une autre[7]. Nous interrogeons donc différents critères (chronologiques, thématiques, contextuels et philologiques) qui permettent d'organiser ces sources en corpus, en précisant la méthode adaptée à chacun et les résultats auxquels ils sont susceptibles de conduire.

4 P.-P. Verbraken, « Les éditions successives des *Sermons* de saint Augustin », *Troisième centenaire de l'édition mauriste de Saint Augustin*. Communications présentées au colloque des 19 et 20 avril 1990, Paris, 1990, p. 157-167.

5 G. Dorival, *Qu'est-ce qu'un corpus littéraire ? Recherches sur le corpus biblique et les corpus patristiques*, Paris, 2005, p. 129-132.

6 Dorival, *Qu'est-ce qu'un corpus littéraire ?*, *op. cit.*, p. VIII-IX.

7 H.R. Drobner, *Augustinus von Hippo, Sermones ad populum. Überlieferung und Bestand – Bibliographie – Indices*, Leiden, Boston, 2000, p. 5 : « Cette répartition, qui est encore valable aujourd'hui, ne doit pas être comprise comme une division nette entre les catégories, parce que l'Écriture [...] imprègne tous les sermons, et que, parmi les sermons *De diuersis* se trouvent, outre des sermons thématiques prononcés en diverses occasions, des pièces qui devraient être rangées dans d'autres catégories (Noël, Épiphanie, Pâques, fêtes des saints). » (je traduis).

UN « CORPUS » EN EXTENSION CONSTANTE

Premier défi pour qui veut établir un corpus à partir de la prédication augustinienne : le groupement de textes est en extension constante et ce, donc, à deux niveaux.

INVENTION DE NOUVEAUX SERMONS

Le premier type d'extension constitue tout autant une opportunité qu'une invitation à la prudence : de nouveaux sermons d'Augustin sont régulièrement inventés, que ce soit dans des lectionnaires[8], des florilèges[9], des manuscrits entiers[10] ou encore parmi des pièces rejetées comme pseudépigraphes[11]. En 1685, les Mauristes en connaissaient environ quatre cents[12] ; près de deux cents autres ont été découverts depuis. Un corpus de sermons augustiniens est donc toujours susceptible d'être modifié si de nouveaux témoins sont retrouvés. Certes, cette ouverture est commune à tous les corpus anciens, puisque des textes perdus sont régulièrement retrouvés[13], mais, dans le cas de la

8 Comme le *Lectionarium Placentinum* : B.M. Jensen, « Unidentified Sermons Attributed to Augustine in the *Lectionarium Placentinum* : Reception and Liturgical Use of Augustine in a Twelfth Century Lectionary for the Divine Office », *Praedicatio Patrum. Studies on Preaching in Late Antique North Africa*, éd. G. Partoens, A. Dupont, Sh. Boodts, Turnhout, 2017, p. 169-181 (le *Sermo Erfurt* 4 = 350F se trouvait, non identifié, dans le *Lectionarium Placentinum*) ; B.M. Jensen, C. Weidmann, « Another Brick to the Augustinian Wall. New Texts by Augustine Discovered in the Sanctorale of the *Lectionarium Placentinum* », *Revue d'Études Augustiniennes et Patristiques*, n° 63, 2017, p. 239-276.

9 Comme le florilège attribué à Jean Diacre : J. Delmulle, « Une page inédite d'Augustin sur le septième jour de la Création, tirée du *s.* 229W », *Revue d'Études Augustiniennes et Patristiques*, n° 64, 2018, p. 243-285.

10 Comme les *Sermons* découverts par F. Dolbeau en 1990 : Augustin d'Hippone, *Vingt-six sermons au peuple d'Afrique*, éd. critique par F. Dolbeau, Paris, 1996 (2009²).

11 Selon C. Weidmann, plusieurs sermons attribués à Césaire d'Arles par Dom Morin seraient en réalité augustiniens (Augustinus, *Sermones selecti*, *CSEL* 101, éd. critique par C. Weidmann, Berlin, 2015). Sur la validité de ces hypothèses, voir le jugement critique de F. Dolbeau, [recension de Augustinus, *Sermones selecti*, *op. cit.*], *Revue d'Études Augustiniennes et Patristiques*, n° 62, 2016, p. 448-451.

12 P.-P. Verbraken, *Études critiques sur les sermons authentiques de saint Augustin*, Turnhout, 1976.

13 Deux exemples de découvertes récentes : Fortunatien d'Aquilée, *Commentarii in evangelia*, éd. critique par L. J. Dorfbauer, *CSEL* 103, Berlin, 2017 ; Origène, *Die neuen Psalmenhomilien.*

prédication augustinienne, le rythme des découvertes impose une réelle prudence : les conclusions les mieux établies peuvent être remises en cause lorsqu'une nouvelle pièce est trouvée. Il n'est que de parcourir les nombreuses contributions qui ont succédé l'invention des *Sermons Dolbeau* pour mesurer le renouvellement que ces textes, peu retouchés durant le Moyen-Âge, ont apporté aux études augustiniennes et tardo-antiques en général[14].

INVENTION DE PARTIES INCONNUES DE SERMONS CONNUS

Nous étions notamment persuadés que, pour l'Épiphanie comme pour les autres fêtes liturgiques, Augustin ne prêchait que de courts sermons d'accès facile[15], jusqu'à la découverte du *Sermon Dolbeau* 23 (374 *auct.*), qui polémique très longuement contre les païens[16]. Cet exemple renvoie à une seconde extension à laquelle sont sujets les sermons d'Augustin : la découverte de parties perdues de certains sermons. Ce fait pose, plus généralement, la question des révisions qu'ils ont subies, de la qualité des textes transmis, et donc de la valeur des résultats auxquels des recherches sont susceptibles d'aboutir. Les modifications ont pu avoir lieu à deux moments de la transmission.

Eine kritische Edition des Codex Monacensis Graecus 314, éd. critique par L. Perrone, *GCS, Neue Folge, Band* 19, Berlin, 2015.

14 Les domaines concernés sont variés : pastorale et lutte contre des adversaires (païens, donatistes notamment), Bible et liturgie, histoire, christologie, conception du mariage, de la maladie... Le colloque organisé à Chantilly en 1996 en donnait un aperçu suggestif (G. Madec, éd., *Augustin prédicateur (395-411)*, Actes du Colloque International de Chantilly (5-7 septembre 1996), Paris, 1998). Les travaux sur ces sermons se sont multipliés depuis : voir les tables analytiques des ouvrages bibliographiques de H.R. Drobner (*Augustinus von Hippo, Sermones ad populum, op. cit.* ; *Augustinus von Hippo, Sermones ad populum. Überlieferung und Bestand – Bibliographie – Indices, Supplement 2000-2010*, Francfort, 2010), ainsi que les différents « Bulletins augustiniens », publiés chaque année dans la seconde livraison de la *Revue d'Études Augustiniennes et Patristiques*.

15 Cela n'exclut nullement une densité de contenu, dont l'expression rhétorique a été analysée par P.-M. Hombert, « La prédication sur le Verbe incarné dans les sermons d'Augustin pour Noël et l'Ascension. Rhétorique et théologie », *Tractatio Scripturarum. Philological, Exegetical, Rhetorical and Theological Studies on Augustine's Sermons*, éd. A. Dupont, G. Partoens, M. Lamberigts, Turnhout, 2012, p. 271-333.

16 F. Dolbeau invite donc à la plus grande prudence dans l'analyse des sermons pour l'Épiphanie, d'autant plus que l'*Indiculum* mentionne au moins trois sermons pour cette fête dirigés contre les païens (« Longueur et transmission des sermons d'Augustin au peuple : un examen des sermons pour l'Épiphanie et *De sanctis* », *Revue bénédictine*, n° 127, 2017, p. 5-27, ici p. 9, n. 25).

Modifications du vivant d'Augustin

Du vivant d'Augustin, tout d'abord. Car les plus fidèles tachygraphes, même lorsqu'ils notaient les réactions ou les applaudissements du public, n'ont jamais pu transcrire l'*actio*, l'action du prédicateur, qui dans bien des cas aurait permis de comprendre la signification exacte d'un passage, sa valeur (sérieuse ou ironique ?), d'établir la ponctuation ou encore de répartir les répliques d'une *sermocinatio*, d'un dialogue fictif[17]. Dans le *Sermon Denis* 25 (72A), elle aurait par exemple permis de savoir si Augustin attribue la série d'insultes au manichéen fictif avec lequel il dialogue ou à lui-même ; elles sont ici attribuées à Augustin.

> *Et unde argumententur attendite. Ecce, inquiunt, ipse dicit. Quid dicit ? Quae est mater mea ?* Aut qui sunt fratres mei ? [Mt 12, 48] *Ipse, inquiunt, negat, et tu ei uis imponere quod negat ; ipse dicit :* Quae est mater mea, aut qui sunt fratres mei, *et tu dicis, habet matrem ? O stulte, o contentiose, o merito odiose. Responde mihi*[18].
>
> « Considérez aussi les fondements de leur argumentation. "Regardez, disent-ils, Jésus en personne le dit." Que dit-il ? *"Qui est ma mère ? Et qui sont mes frères ?"* [Mt 12, 48] "C'est lui, disent-ils, qui dit que Marie n'est pas sa mère, et toi, tu veux lui attribuer ce qu'il refuse ! C'est lui qui dit : *'Qui est ma mère ? Et qui sont mes frères ?'* Et toi, tu dis : 'Il a une mère' ?" Espèce d'imbécile ! Chicaneur ! Odieux personnage ! Réponds-moi ! » (*S. Denis* 25, 5)

Les *Sermons* d'Augustin ont donc subi cette déperdition irrémédiable entre la *performance* orale et le texte écrit. En revanche, contrairement à d'autres sermons ou discours anciens, certes, pris en note et retranscrits, mais retravaillés ensuite par leurs auteurs en vue de leur publication[19], ils n'ont pas été révisés systématiquement par Augustin avant d'être

17 Sur l'*actio*, voir *Historisches Wörterbuch der Rhetorik* 1, s. v. *Actio*, c. 43-74 (B. Steinbrink) sur la période antique, c. 43-52 sur Augustin. L'*actio* renvoie aux gestes qui accompagnent le discours ; elle inclut également tous les éléments de « communication non verbale » (rythme, tonalité, etc.), que le meilleur sténographe ne peut noter, et qui sont pourtant indispensables à l'élaboration du sens (F. Dolbeau, « "*Seminator uerborum*". Réflexions d'un éditeur de sermons d'Augustin », *Augustin prédicateur (395-411)*, *op. cit.*, p. 95-111, ici p. 97-98).

18 Avg., *S. Denis* 25 (72A), 5, *MA* 1, p. 160, l. 5-10. Sauf indication contraire, les traductions sont miennes.

19 C'est le cas de la plupart *Sermons* d'Ambroise : la différence entre le *De sacramentis* et le *De mysteriis* est connue, bien qu'elle soit encore discutée (H. Savon, « Doit-on attribuer à Ambroise le *De Sacramentis* ? », *Ambrogio e la liturgia*, éd. R. Passarella, Milan, 2012, p. 23-45). Chez Augustin, la situation du *De fide et symbolo* (édition d'un ouvrage à partir d'une prise de parole lors d'un concile général d'Afrique, tenu à Hippone en 393) est isolée.

rangés dans une bibliothèque. Si la révision de quelques textes est probable[20], les réactions des auditeurs et les argumentations tronquées, les phrases à la syntaxe hésitante ou les retours en arrière du fait d'une incompréhension manifestée par l'auditoire plaident en faveur de la rareté de ces révisions augustiniennes. Un seul exemple de syntaxe hésitante, car il serait possible de les multiplier :

> *Numquid enim et illi qui sunt ad uineam conducti, quando ad illos exibat paterfamilias, ut conduceret quos inuenit hora tertia, et conduxit, uerbi gratia, dixerunt illi : "Exspecta, non illuc imus nisi hora sexta*[21]*" ?*
>
> « En effet, est-ce que ceux qui ont été conduits à la vigne quand le père de famille sortait à leur rencontre pour conduire ceux qu'il a trouvés à la troisième heure, et qu'il a conduits – est-ce qu'ils lui ont dit par exemple : "Attends ! Nous irons seulement à la sixième heure" ? » (*S.* 87, 8)

Il paraît impossible de revenir sur ces premières modifications et l'on n'a jamais, à ma connaissance, retrouvé deux versions d'un même sermon dont l'une serait manifestement la révision augustinienne de l'autre, sans compter qu'il serait probablement difficile d'établir avec certitude une telle identification.

Modifications durant le Moyen-Âge

La seconde série de modifications, pendant la transmission médiévale, a de plus graves conséquences encore. Les sermons transmis dans des collections antiques sont plus fiables que ceux transmis par d'autres voies, qu'il s'agisse des collections arlésiennes, dues à Césaire d'Arles, des collections médiévales, des homiliaires ou encore de sermons extravagants[22]. François Dolbeau a montré qu'un sermon « ordinaire » d'Augustin comporte au moins deux mille mots[23] et qu'un sermon de moins de neuf cents mots « laisse soupçonner une réduction effectuée durant le haut Moyen Âge ou un accident codicologique[24] ». Deux techniques

---

20 Il est, à l'heure actuelle, impossible d'identifier ceux qui auraient fait l'objet d'une telle révision, exception faite des sermons qui possèdent un titre propre, témoignant de la révision d'Augustin (*De continentia*, *De prouidentia*…).

21 Avg., *S.* 87, 8, *PL* 38, c. 534, l. 2-6. Voir aussi *En. Ps.* 56, 1, *CCL* 39, p. 694, l. 31-42.

22 Boodts, Dupont, « Augustine of Hippo », *op. cit.*, p. 178-179.

23 F. Dolbeau, « Longueur et transmission des sermons d'Augustin au peuple », *op. cit.*, p. 26.

24 Dolbeau, [recension de Augustinus, *Sermones selecti*, *op. cit.*], *op. cit.*, p. 448.

principales pour réduire un sermon et l'adapter au goût ou aux besoins, spécialement liturgiques, du moment : soit l'excision de petits groupes de mots, soit la suppression de paragraphes entiers, spécialement dans les recueils liturgiques (lectionnaires ou homiliaires), de sorte à aboutir à des moignons de sermons (*S.* 198, 374...), à des centons (*S. Caillau II* 114 = 97A), ou à des adaptations (*S. Caillau II* 19 = 346A)[25].

Cette situation invite à la prudence sur l'authenticité des sermons, car la frontière entre les notions d'authentique et d'apocryphe n'est pas aussi étanche que les termes le laissent supposer. L'authenticité des textes transmis recouvre au contraire un dégradé de nuances : entre les pièces authentiquement augustiniennes et les pseudépigraphes se trouve une série d'homélies attribuables de plus ou moins près à l'Hipponate (des sermons excisés ou tronqués aux adaptations et aux centons). Comme y invite François Dolbeau, réinsérer dans nos répertoires la catégorie de *sermo dubius* utilisée par les Mauristes permettrait à tout le moins d'attirer l'attention sur le statut problématique de nombreuses pièces[26]. En tout état de cause, se lancer dans une étude sans vérifier auparavant la qualité de la tradition textuelle est des plus hasardeux ; devant un sermon attribué à Augustin, il convient de se demander en premier lieu si le texte transmis est intégral. Par ailleurs, les seules sources vraiment fiables sont les textes de plus de deux mille mots. Raisonner sur la structure d'un sermon plus court n'a donc a priori guère de sens[27], pas plus qu'argumenter *a silentio* à partir de l'absence d'un thème dans un sermon – spécialement si ce raisonnement doit aboutir à une datation[28].

Faut-il cependant en conclure que toute étude est d'avance vouée à l'échec ? Sans doute, pour les *Sermons* d'Augustin, sommes-nous tout spécialement affrontés à un *work in progress* ; mais n'est-ce pas le propre de la recherche ? Et une fois ces précautions posées, les *Sermons* d'Augustin peuvent donner lieu à des études promettant des conclusions riches et novatrices, car ce gisement est encore largement sous-exploité.

25 F. Dolbeau, « Un demi-siècle de travaux philologiques sur Augustin. Bilan et perspectives », *Revue d'Études Augustiniennes et Patristiques*, n° 50, 2004, p. 271-293, ici p. 277 ; « "*Seminator uerborum*" », *op. cit.*, p. 95-111.

26 Dolbeau, « "*Seminator uerborum*" », *op. cit.*, p. 95-111.

27 Voir cependant la contribution de J. van Neer, « Cunning as Serpents, Simple as Doves. *Serm.* 64 *auct.* (*Lambot* 12) and 64A (*Mai* 20). Two Sermons by Augustine on *Mat* 10 :16 », *Cristianesimo nella storia*, n° 38, 2017, p. 785-812, qui entend démontrer que ces deux sermons répondent aux impératifs de structure indiqués par Augustin dans le *De doctrina christiana*.

28 Dolbeau, « Longueur et transmission des sermons d'Augustin au peuple », *op. cit.*, p. 26.

CRITÈRES, MÉTHODES ET CONCLUSIONS

Il est bien sûr possible de décider de l'analyse d'un sermon ou d'un groupe de sermons de manière auxiliaire par rapport à une autre recherche : nul besoin, en ce cas, de perdre du temps à élaborer un corpus. La question se pose en revanche pour qui prend ces sermons comme point de départ d'une enquête à part entière : il est alors nécessaire, pour aboutir à des conclusions sûres sur un plan scientifique, d'organiser en corpus cette masse de textes toujours en extension et d'avancer un questionnement cohérent avec le corpus élaboré. Étant donné la « démesure » de la bibliographie augustinienne, que notait déjà André Mandouze en 1968[29], nous limitons les renvois bibliographiques à des exemples que nous estimons paradigmatiques sans viser une exhaustivité par ailleurs impossible à atteindre.

CRITÈRES CHRONOLOGIQUES : IDENTIFICATION ET ANALYSE DE « MICRO-SÉRIES »

Première méthode pour élaborer un corpus à partir de la prédication d'Augustin : étudier des « micro-séries[30] », c'est-à-dire plusieurs pièces prêchées à la même époque, qu'unissent des renvois internes. La précision est importante. Il est en effet tentant d'étudier la prédication augustinienne d'une époque donnée, spécialement celle, abondante d'après les répertoires[31], de 403-404 ou encore de 411-412. Mais une telle entreprise repose sur un cercle logique, car la plupart des textes d'Augustin sont actuellement datés grâce à des parallèles textuels. Or, cette méthode pertinente en certains cas a le travers d'agglutiner des textes de plus en plus nombreux autour des quelques années où un grand nombre d'autres œuvres sont déjà localisées[32]. Il faut aussi, naturellement, que les renvois

---

29 A. Mandouze, *Saint Augustin. L'aventure de la raison et de la grâce*, Paris, 1968, p. 12.

30 J'emprunte l'expression à C. Broc-Schmezer, « Théologie et philosophie en prédication : le cas de Jean Chrysostome », *Revue des sciences philosophiques et théologiques*, 2013, n° 97, p. 187-212, ici p. 199-201. Elle l'a forgée à propos des séries de Jean Chrysostome déconstruites par W. Mayer, *The Homilies of St John Chrysostom : Provenance, Reshaping the Foundations*, Roma, 2005.

31 Notamment R. Gryson, *Répertoire général des auteurs ecclésiastiques latins de l'Antiquité et du haut Moyen Âge*, 2 vol., Fribourg, 2007, t. 1, p. 231-269.

32 B. Meunier, [recension de Hombert, Pierre-Marie, *Nouvelles recherches de chronologie augustinienne*, Paris, 2000], *Revue des Sciences Philosophiques et Théologiques*, n° 88, 2004, p. 116-119.

soient solidement établis : nombreuses ont été les micro-séries à exploser après une analyse plus fine des textes concernés[33].

L'idéal est bien sûr que la micro-série soit solidement datée. Mais même dans le cas contraire, pour peu que les sermons qui la composent répondent aux critères identifiés plus haut (qualité du texte, longueur), elle constitue le support fiable d'études sur un aspect de la pensée augustinienne ou encore d'analyses sur la pédagogie du prédicateur.

Ces « micro-séries » sont de longueur variable. Elles peuvent regrouper plusieurs dizaines de pièces, comme les quatorze *Enarrationes* sur les *Psaumes* des Montées, prêchées de la fin de l'automne 406 au printemps 407 en alternance avec les seize premiers *Tractatus* sur l'*Évangile* de Jean[34]. Le plus souvent, il s'agit de petits groupes de quelques sermons : les *Sermones* 182 et 183 par exemple[35], ou encore les *Enarrationes* 38, 61 et 76 sur Idithun[36]. C'est également le cas des *Sermons* 133, *Dolbeau* 10 (162C) et 89[37], prêchés probablement vers 396-398, au moment où Augustin s'oppose à Jérôme sur l'interprétation de la querelle entre Pierre et Paul rapportée par l'*Épître aux Galates* (Ga 2, 11-14) – Jérôme estime

33 Cas paradigmatique, mais non isolé : S.M. Zarb avait établi que sept *Enarrationes* (101, 148, 145, 56, 63, 54, 100) avaient été prêchées après la seconde *Enarratio* au Psaume 21, qu'il situait le Vendredi Saint 395 (*Chronologia Enarrationum S. Augustini in Psalmos*, Valetta, 1948, p. 193-214). Mais les renvois internes sont trop fragiles pour aboutir à une conclusion fiable (H. Rondet, « Essais sur la chronologie des *Enarrationes in Psalmos* de saint Augustin », *Bulletin de littérature ecclésiastique*, n° 71, 1970, p. 174-200, ici p. 177).

34 Sur cette chronologie, voir M.-F. Berrouard, *Introduction aux Homélies d'Augustin sur l'Évangile de saint Jean*, Paris, 2004, p. 22-27. Les *Psaumes des montées* ont fait l'objet d'une thèse de doctorat qui sera publiée par l'Institut d'Études Augustiniennes : A.-C. Favry, *Vt unus ascendat. Ascension vers Dieu et communion ecclésiale d'après les Enarrationes in Psalmos 119-133 (Psaumes des montées) de saint Augustin*, thèse dactylographiée, préparée sous la direction de Daniel Vigne, soutenue à l'Institut catholique de Toulouse en 2015.

35 En 2015, la première livraison de la revue *Augustiniana* (n° 65) leur a été consacrée : y sont regroupées une édition critique des deux pièces, une analyse rhétorique, une recherche sur les fondements néoplatoniciens de leur christologie et deux études sur les hérétiques visés (manichéens pour le *Sermon* 182, donatistes et pélagiens pour le *Sermon* 183).

36 Augustin y décrit un dépassement inspiré, certes, du schème de l'anabase plotinienne, mais qui, parce qu'il s'inscrit dans un contexte historique déterminé (412 probablement, d'après P.-M. Hombert, *Nouvelles recherches de chronologie augustinienne*, Paris, 2000, p. 599-602), inclut le thème du dépassement des ennemis, recense les obstacles qui entravent la tâche du pasteur et s'ouvre sur l'histoire du salut (voir I. Bochet, « Le commentaire augustinien des Psaumes pour Idithun : les *Enarrationes in Psalmos* 38, 61 et 76 », *Praedicatio Patrum*, *op. cit.*, p. 219-268).

37 Auxquels il faut probablement adjoindre le *Sermo* 145, prêché quelque temps après les autres (F. Dolbeau, « Quatre sermons prêchés par Augustin au début de son épiscopat », *Augustiniana*, n° 66, 2016, p. 7-62).

impossible que ces deux grands apôtres se soient disputés ; pour Augustin, le refus hiéronymien pose, fondamentalement, la question de la vérité des Écritures. L'intéressant de cette « micro-série » est que l'ordre de la prononciation (*Dolbeau* 10, 89 et 133) n'est pas celui de la transmission (133, *Dolbeau* 10, 89). Seule l'édition critique récente des *Sermones* 89 et 133 par François Dolbeau a permis, en restituant quelques mots omis par les éditeurs précédents, d'identifier la méprise[38], car l'ordre connu jusqu'alors était attesté depuis l'Antiquité par les meilleurs témoins, notamment par l'*Indiculum*, le catalogue de la bibliothèque d'Hippone[39]. Néanmoins, ce nouvel ordre présentait l'avantage de reconstituer de manière pédagogique, du plus simple au plus complexe (la véracité de l'auteur sacré, la sincérité des personnages bibliques, la question de la feinte du Christ à Emmaüs rapportée en Lc 24) des développements augustiniens bien moins systématiques à l'origine.

Nombreuses sont encore les micro-séries qui mériteraient d'être analysées en détail, par exemple les *Sermons* 23, 53, 277 autour de la vision de Dieu[40] ou les *Enarrationes in Psalmos* 110-117[41].

CRITÈRES THÉMATIQUES : ÉVOLUTION CHRONOLOGIQUE DE LA PENSÉE AUGUSTINIENNE

Une deuxième manière d'organiser un corpus de sermons augustiniens consiste à retenir des sermons prêchés sur un même thème à des époques différentes[42]. Pour peu qu'une partie du corpus soit solidement datée (sur des critères externes donc), et à condition de se garder de tout raisonnement *a silentio*, une telle démarche aboutit à deux résultats.

Elle peut établir la constance d'un aspect de la pensée augustinienne. Pierre-Marie Hombert a par exemple montré que la doctrine sur la grâce, qu'Augustin développa surtout après 412, lors de la controverse

38 Les premiers éditeurs avaient jeté le manuscrit après l'avoir édité ; le *Sermon* 89 n'était donc connu que par son édition *princeps*.

39 Dolbeau, « Quatre sermons », *op. cit.*, p. 9-10.

40 O. Perler, J.-L. Maier, *Les voyages de saint Augustin*, Paris, 1969, p. 310.

41 L'introduction à cette série d'*Enarrationes* publiée dans la *Bibliothèque augustinienne* 66 constitue l'excellente entrée en matière d'un travail plus approfondi (M. Dulaey, « Psaumes 110-117 », *Bibliothèque augustinienne* 66, Paris, 2013, p. 161-201).

42 Cette méthodologie inclut les études sur la lutte contre un type d'adversaire précis, par exemple S. González, *La preocupación arriana en la predicación de San Agustín*, Valladolid, 1989.

avec Pélage, est abondamment présente dans la prédication bien avant cette date[43].

Elle peut, au contraire, démontrer l'évolution de la pensée augustinienne ou souligner la spécificité d'une idée ou d'un commentaire biblique. Geoffrey D. Dunn a notamment montré que, dans les homélies datant du presbytérat d'Augustin, Marie n'est jamais présentée en un modèle à imiter. Les interprétations se limitent à la christologie et visent à démontrer la réalité de l'humanité du Christ à des manichéens qui niaient l'Incarnation. En l'état actuel de conservation de l'œuvre augustinienne, il faut donc en déduire que la réflexion sur les rapports entre Marie et les fidèles se développa progressivement par la suite[44]. Ces évolutions de la pensée augustinienne peuvent être dues à l'adaptation du prédicateur à la situation historique dans laquelle il se trouve et aux besoins nouveaux qu'elle crée chez les auditeurs. On emploie volontiers à ce propos le terme de *feed-back*, emprunté à la communication. Étudiant la pastorale de la mort, Éric Rebillard a par exemple montré que, au moment du sac de Rome par Alaric en 410, la prédication augustinienne sur les martyrs s'est transformée : présentés avant cette date comme des modèles de courage devant la mort, ils sont ensuite décrits comme des hommes ordinaires, qui ont confessé leur foi jusqu'à la fin en dépit de leur peur[45]. À la même époque, dans le *Sermon* 81, Augustin transforme sa définition du *scandale* (terme cité en Mt 18, 7-9, qu'il commente). Il ne le définit plus *a priori*, de manière objective, comme une occasion de péché créée par une situation douloureuse de laquelle il convient de se détourner, mais l'insère à l'intérieur d'un processus subjectif : telle situation difficile, à laquelle il est impossible d'échapper, deviendra

43 P.-M. Hombert, « Augustin, prédicateur de la grâce au début de son épiscopat », *Augustin prédicateur (395-411)*, *op. cit.*, p. 217-245.

44 G.D. Dunn, « Mary in the Presbyteral Homilies of Augustine of Hippo », *Prayer and Spirituality in the Early Church*, t. 3. *Liturgy and Life*, éd. B. Neil, G.D. Dunn, L. Cross, Strathfield, 2003, p. 83-91.

45 De même, l'interprétation de l'épisode de l'agonie du Christ à Gethsémani change : alors qu'il présentait la scène comme une leçon de patience, Augustin y lit ensuite l'expression de la compassion du Christ qui a voulu partager la peur de la mort qui affecte tous les hommes. Voir É. Rebillard, « Interaction between the Preacher and his Audience. The Case-Study of Augustine's Preaching on Death », *Augustine and his opponents, Jerome, other latin Fathers after Nicaea*, Papers presented at the Twelfth International Conference on Patristic Studies held in Oxford 1995, éd. E.A. Livingstone, Leuven, 1997, p. 86-96.

scandale pour qui consent au péché ; sinon, elle ne sera qu'une occasion bénéfique de purification[46].

L'étude d'un même thème ou d'un même verset biblique dans des sermons d'époques différentes permet donc non seulement de mesurer la constance ou l'évolution de son traitement, mais aussi d'identifier le rôle actif joué par l'assemblée dans l'élaboration de développements nouveaux[47]. Ces exemples démontrent donc l'impact du contexte historique sur la prédication augustinienne.

CRITÈRES CONTEXTUELS : INFLUENCE DU CONTEXTE LITURGIQUE SUR LE CONTENU DES HOMÉLIES

Il est un autre contexte, commun à un grand nombre d'homélies, qui permet de faire l'unité d'un corpus de sermons augustiniens : le contexte liturgique.

Nombreuses sont les invitations à en tenir compte, spécialement pour comprendre les variations dans les interprétations scripturaires[48]. En 1972, Alexandre Olivar suggérait trois étapes pour étudier l'insertion liturgique de la prédication[49]. D'abord, l'analyse de son contenu proprement liturgique, c'est-à-dire des explications des sacrements, des fêtes et des temps liturgiques. Les nombreux travaux sur les *Sermons* prêchés aux *competentes* sur le Symbole ou le *Pater* relèvent de cette approche[50]. Ensuite, l'évaluation de l'efficacité pour ainsi dire « sacramentelle » de la

46 M. Pauliat, « *Si manus tua scandalizat te, amputa !* L'exégèse de Mt 18, 7-9 dans le *Sermo* 81 d'Augustin d'Hippone », *Cristianesimo e violenza, gli autori cristiani di fronte a testi biblici 'scomodi'*, Atti del XLIV Incontro di Studiosi dell'Antichità Cristiana, Roma, 5-7 maggio 2016, Roma, 2018, p. 351-359.

47 É. Rebillard, « Sermons, Audience, Preacher », *Preaching in the Patristic Era*, *op. cit.*, p. 87-102.

48 Voir l'affirmation de I. Bochet, « De l'exégèse à l'herméneutique augustinienne », *Revue d'Études Augustiniennes et Patristiques*, n° 50, 2004, p. 349-369, ici p. 368 : « L'exégèse d'Augustin est, dans bien des cas, l'exégèse d'un prédicateur. Ne faudrait-il pas approfondir à nouveaux frais le rapport entre exégèse et prédication et resituer en conséquence l'exégèse augustinienne dans le contexte liturgique où elle prend tout son sens ? »

49 A. Olivar, « Quelques remarques historiques sur la prédication comme action liturgique dans l'Église ancienne », *Mélanges liturgiques offerts au R.P. Dom Bernard Botte*, Louvain, 1972, p. 429-443, ici p. 429.

50 Voir notamment les travaux indiqués en *Augustinus Lexikon*, s. v. *Cathecumenus*, c. 788-794 (É. Lamirande), ainsi que M. Pignot, *The Catechumenate in Late Antique Africa*, Leiden, Boston, 2020, p. 210-220.

prédication d'après l'enseignement des auteurs eux-mêmes[51]. Ce deuxième point a fait l'objet de deux journées d'études internationales que j'ai organisées à l'ENS de Lyon en octobre 2019 : « Prédication et sacrement(s) dans l'Antiquité tardive et au Moyen-Âge ». Les différentes interventions ont montré que l'analogie développée par les auteurs entre prédication et sacrements n'est pas d'ordre intellectuel, mais qu'elle est causée par le contexte historique dans lequel elle est développée[52]. Enfin, l'examen de « l'inspiration liturgique » des sermons patristiques, c'est-à-dire de leur style et de leur contenu, en ce qu'ils reflètent une ambiance cultuelle[53]. Carol Harrison estime par exemple que le prédicateur se donne pour tâche de tourner le regard de l'assemblée, à travers les réalités matérielles de la célébration, vers les réalités spirituelles, tâche qu'il réalise grâce à différents procédés (abstraction, narrations ouvertes, invitations à la louange). Le sermon fonctionnerait comme une sorte de prisme dans lequel les différentes facettes du culte (lecture des Écritures, chant des Psaumes, actes rituels, sacrements...) se refléteraient pour orienter les auditeurs vers la rencontre avec le Dieu qu'il entend célébrer[54].

---

51 Il renvoie à W. Gessel, « Gemeinschaft durch die Speise des Wortes nach Augustinus », *Revue des Études augustiniennes*, nº 12, 1966, p. 241-245.

52 P. Molinié, M. Pauliat, *Prédication & sacrement(s). Enquête sur la représentation de l'acte homilétique dans l'Antiquité et au Moyen-Âge*, coll. *Théologie historique*, nº 132, 2022, Paris. Le programme peut être consulté sur https://www.hisoma.mom.fr/sites/hisoma.mom.fr/files/2019_360degres-predications_programme.pdf (consulté le 13 novembre 2020).

53 L'enquête a été menée sur d'autres corpus de sermons anciens. J. Mossay, « La prédication "liturgique" de Grégoire de Naziance », *Editiones, critica, philologica, biblica, historica, liturgica et ascetica*. Papers presented to the fifth international conference on patristic studies held at Christ church, Oxford 1967, éd. F.L. Cross, Berlin, 1970, p. 402-406 : les sermons de Grégoire de Naziance sont tous "liturgiques" en ce qu'ils se rapportent à une liturgie de la Parole et parce que Grégoire les situe dans un climat de culte solennel. L. Machielsen, « Fragments patristiques non-identifiés du ms. Vat. Pal. 577 », *Sacris Erudiri*, nº 12, 1961, p. 488-539, ici p. 509 : ces fragments présenteraient un « style liturgique » apparenté avec les oraisons brèves, d'une construction et d'un style classique, qui se rencontrent souvent dans les sacramentaires romains ; ce style indiquerait que le sermon participe activement à la liturgie.

54 C. Harrison, « Worship as the Beginning and End of Preaching », *Praedicatio Patrum*, *op. cit.*, p. 201-217. H. Müller interprète également en fonction du contexte liturgique la rareté des références à la vie quotidienne. L'ambiance des basiliques closes sur elles-mêmes, loin d'un monde extérieur dangereux, serait la projection matérielle stylisée du concept ecclésiologique et mystique d'intériorité. Cela expliquerait « un curieux processus d'aliénation [...] [qui] dissocie le sermon de la vie quotidienne et l'intègre dans un spectacle polysémique. Or, paradoxalement, cette séparation était précisément ce que le sermon visait à communiquer » (« Preacher. Augustine and His Congregation », *A*

Mes recherches sur les *Sermons* d'Augustin sur l'*Évangile* de Matthieu m'ont conduite à identifier deux autres critères pour analyser l'impact du contexte liturgique sur l'exégèse homilétique[55]. Premièrement, l'organisation de la liturgie peut susciter certaines interprétations : dans ses sermons, Augustin commente en effet très souvent de façon conjointe les différentes lectures. Le 10 août 401 à Carthage, dans le *Sermo Denis* 13 (305A), l'évocation de Paul dans la *Seconde Épître aux Corinthiens* qui venait d'être lue (2 Co 1, 5) a donné lieu à une exégèse de Mt 23, 37 (*Combien de fois j'ai voulu rassembler tes enfants comme une poule rassemble ses petits sous ses ailes !*) aux nuances inédites : le Christ en personne agit lorsque, par la voix du prédicateur, il rassemble ses poussins[56]. Augustin relève aussi volontiers que le thème de l'Évangile s'accorde avec celui des lectures[57]. L'influence d'une lecture sur le commentaire d'une autre mérite d'être explorée de façon systématique. Deuxièmement, Augustin estime que le contexte liturgique de la prédication confère à ses sermons un statut particulier, qu'il s'attache à expliciter devant les auditeurs. D'une part, le sermon prolongerait et mettrait en œuvre les Écritures[58] à travers un prédicateur considéré comme « la voix de la Parole[59] ». D'autre part, le sermon recevrait à la fois des Écritures commentées et de la célébration liturgique une double finalité qui correspond aux deux dimensions de la charité, structurante pour la pensée augustinienne : l'union personnelle des auditeurs à Dieu et l'édification de la communauté ecclésiale[60]. Sur

Companion to Augustine, éd. M. Vessey, Oxford, 2012, p. 297-309, ici p. 303, je traduis). Mais cette évaluation ne tient à mon avis pas assez compte de la transmission manuscrite des sermons et des coupes qu'ont subies précisément les passages les plus concrets.

55 M. Pauliat, *Augustin exégète et prédicateur dans les Sermons sur Matthieu*, Paris, Collection des études augustiniennes, Série Antiquité 205, 2020.

56 Pauliat, *Augustin exégète et prédicateur*, *op. cit.*, p. 215-229.

57 Par exemple, *En. Ps.* 56, 1, *CCL* 39, p. 694, l. 28-31.

58 F. Cassingena-Trévedy, *Les Pères de l'Église et la liturgie. Un esprit, une expérience. De Constantin à Justinien*, Paris, 2009, p. 313.

59 Augustin désigne fréquemment Jean-Baptiste par cette expression (J.T. Lienhard, « John the Baptist in Augustine's Exegesis », *Augustine. Biblical Exegete*, éd. F. Van Fleteren, J.C. Schnaubelt, New-York, 2001, p. 197-213, ici p. 199-200). Pour des applications à la prédication, voir par exemple *Io. eu. tr.* 12, 5, *BA* 71, p. 640 ; 46, 6, *BA* 73B, p. 104.

60 À ce titre, la clé d'interprétation des adaptations homilétiques d'Augustin élaborée par Anthony Dupont, pour légitime qu'elle soit, ne me paraît pas tout à fait suffisante : le fait que le genre du sermon soit normatif et parénétique n'est pas à même de rendre compte de toutes les caractéristiques propres à ces textes. Pour un exemple d'utilisation, voir A. Dupont, « Homiletic Perspectives on Augustine's Sacrificial Theology. Exegetical Approaches of *Sacrificium* in the *Sermones ad Populum* », *Annali di storia dell' esegesi*, n° 35/1,

un plan pragmatique, ces perspectives permettent de donner leur poids spécifique à des développements par ailleurs fréquents chez Augustin, comme ceux sur la virginité de Marie : en proposant une définition spirituelle de la vertu à pratiquer (en l'occurrence, conserver la virginité de la foi), le prédicateur n'enseigne pas simplement un contenu doctrinal. Il transcende les différences physiques qui opposaient les hommes aux femmes et les vierges aux personnes mariées, contribuant par là à rassembler l'assemblée en communauté[61].

Pour approfondir des recherches sur le contexte liturgique de la prédication, il est néanmoins nécessaire de préciser deux points. D'une part, sur quels critères définir un « contexte liturgique » et comment identifier les sermons qui ont été prêchés dans un tel contexte ? De fait, s'il est certain que plusieurs pièces de la prédication augustinienne n'ont probablement aucun rapport direct avec la liturgie (comme les *Sermones* 240-242[62]), et s'il est relativement aisé d'affirmer qu'un sermon a été prêché lors d'une synaxe eucharistique (renvoi à des lectures, spécialement à l'Évangile[63]), il est beaucoup difficile d'établir le contraire : l'absence de renvoi à un élément liturgique ne permet pas de conclure à un tout autre contexte, spécialement en l'état de transmission des sermons augustiniens. Par ailleurs, un sermon peut être « liturgique » à différents titres : parce qu'il a été prononcé lors d'une messe, mais aussi parce qu'il prépare au baptême, tels les *Sermons* 56-59A prononcés pour la *Traditio* du *Pater.* Autant de points qui méritent d'être clarifiés. D'autre part, il convient de tenir compte de l'impact de la transmission sur notre perception des sermons : ceux-ci ont en effet souvent été calibrés pour servir à un usage liturgique. Il convient donc d'éviter le piège d'une « illusion d'optique »

2018, p. 141-160, ici p. 160 : « The frequency however with which *sacrificium* in the *sermones* is to be understood as an assignment for each Christian, is proper to moral-exhortative character of the genre of the *sermones* ». « Toutefois, la fréquence avec laquelle, dans les *sermones*, *sacrificium* doit être compris comme une injonction pour chaque chrétien est propre au caractère moral-exhortatif du genre des *sermones* » (je traduis).

61 M. Pauliat, « Mt 12, 46-50 dans la prédication d'Augustin. Exégèse inclusive et questions de genre », *Revue d'Études Augustiniennes et Patristiques*, n° 65, 2019, p. 73-98.

62 Ces sermons sur les philosophes ont été étudiés par I. Bochet, « Résurrection et réincarnation. La polémique d'Augustin contre les platoniciens et contre Porphyre dans les *Sermons* 240-242 », *Ministerium Sermonis. Philological, Historical and Theological Studies on Augustine's Sermones ad Populum*, éd. G. Partoens, A. Dupont, M. Lamberigts, Turnhout, 2009, p. 267-298.

63 A priori, l'Évangile n'était pas lu hors des messes ; voir *Augustinus Lexikon*, s. v. *Euangelium*, c. 1144-1150 (M. Dulaey, M. Klöckener), ici c. 1149, n. 20.

créée au Moyen-Âge et d'attribuer à l'époque d'Augustin des traits qui seraient propres à une période plus tardive.

CRITÈRES PHILOLOGIQUES : ÉTUDE D'UNE COLLECTION DANS SON ENSEMBLE

De fait, il est une dernière manière de constituer un corpus pour étudier la prédication augustinienne : partir des collections, des florilèges ou des homiliaires qui ont transmis ces sermons. Selon les cas, les problématiques varient. Certaines sections des collections antiques, les plus anciennes, spécialement lorsqu'elles se trouvent également dans l'*Indiculum* d'Hippone (le catalogue de la bibliothèque épiscopale[64]), pourraient avoir conservé l'ordre initial de la prédication, et donc fournir la base à la constitution d'un petit corpus correspondant à une période bien délimitée de la prédication augustinienne[65]. Surtout, ces collections comme les groupements plus tardifs plongent le chercheur dans un autre univers qui est lui aussi loin d'avoir livré tous ses secrets : celui des motifs qui ont suscité leur composition, des principes qui ont présidé à leur élaboration et des usages auxquelles elles se sont prêtées. Ces collections, et encore moins les homiliaires ou les lectionnaires, ne sauraient servir à la constitution d'un corpus proprement augustinien, mais elles forment une base de travail de premier intérêt pour les spécialistes de la période médiévale[66] : pour avoir un statut différent de l'écoute des premiers auditeurs, la réception des lecteurs médiévaux n'en a pas moins de valeur, car le temps de prédication n'éclaire en réalité qu'une partie infime de la vie d'un sermon.

---

64 *Augustinus Lexikon*, s. v. *Indiculum, -us*, c. 571-581 (F. Dolbeau).

65 Voir à ce propos les remarques méthodologiques fournies par F. Dolbeau, [recension de Augustinus von Hippo, *Predigten zu den Büchern Exodus, Könige und Job (Sermones 6-12). Einleitung, Text, Übersetzung und Anmerkungen*, trad. H.R. Drobner, Francfort-sur-le-Main, 2003], *Revue d'Études Augustiniennes et Patristiques*, n° 49, 2003, p. 424-428.

66 Un nouveau projet ERC est porté par Shari Boodts à l'Université de Nimègue, aux Pays-Bas, précisément à propos de la transmission médiévale des sermons patristiques : PASSIM (*Patristic Sermons in the Middle Ages. The dissemination, manipulation and interpretation of Late-Antique sermons in the Medieval Latin West*). La présentation est accessible sur https://applejack.science.ru.nl/passimproject/?page=contact (consulté le 12 novembre 2020). Deux thèses en cours portent également sur des collections médiévales : celle Nadine Pirringer (sur la collection de sermons du Pseudo-Fulgence, à l'Université de Salzbourg sous la direction de Clemens Weidmann) et celle de Léa Zéringer (sur la collection de l'Eusèbe Gallican, à l'Université Lyon 2, sous la direction de Stéphane Gioanni).

Tout en conservant la prudence qu'imposent la transmission textuelle complexe des sermons d'Augustin et l'invention régulière de nouvelles pièces, plusieurs critères se présentent pour organiser en corpus les sermons augustiniens.

Une organisation chronologique, à partir de micro-séries de sermons prêchés successivement, mais séparés par la classification des Mauristes, permet d'apprécier l'ampleur d'un développement et la pédagogie déployée par l'orateur. Un classement thématique, regroupant des sermons prêchés sur un même sujet à des époques différentes, donne de mesurer les constantes et les évolutions de la pensée d'Augustin, mais aussi d'identifier l'éventuel *feed-back* renvoyé par l'assemblée au prédicateur dans un contexte historique spécifique. Le contexte liturgique, à condition d'être convenablement défini, peut dans une perspective pragmatique justifier certains développements ou donner un poids spécifique à des idées par ailleurs habituelles chez Augustin. Enfin, les collections dans lesquelles ont été transmis les sermons conduisent parfois à identifier une petite série de sermons classés dans l'ordre chronologique, mais introduisent surtout dans l'univers de la composition médiévale et des usages en fonction desquels des sermons ont été transmis.

Les quatre méthodologies évoquées pour élaborer un corpus aboutissent donc à des résultats complémentaires, dont la richesse et la diversité rappellent suffisamment que l'étude de la prédication augustinienne en est encore à ses débuts.

Marie PAULIAT
ENS de Lyon – UMR 5189
HISOMA

LA DOCUMENTATION DES INTERSTICES

Copies et insertions de documents de gestion dans les livres (XIIe-XVe siècles)[1]

Au cours de leur vie, les livres manuscrits, quel que soit leur contenu, peuvent être les réceptacles de documents de gestion, ajoutés dans les interstices[2], c'est-à-dire dans tous les espaces laissés vides d'écriture ou de décor (marges, feuillets restés blancs lors de la rédaction du texte principal, contregardes, pages de garde, etc.). Sans être un phénomène majoritaire, il s'agit d'une pratique courante, mais difficile à expliquer. Pour qualifier une situation proche, c'est-à-dire l'insertion des chartes dans les *codices*, Laurent Morelle, lors de son séminaire de l'École pratique des hautes études (EPHE) en 2015-2016, a proposé le néologisme « incodication[3] ». Ce concept peut être appliqué à l'intégration, dans les manuscrits, de documents de gestion. Cette dernière expression qualifie tous les documents qui permettent de gérer le patrimoine, tout en contrôlant ceux qui y travaillent et/ou y habitent, à savoir les « polyptyques[4] », les listes de cens et de censitaires, pour certaines

1 Comme aucune recherche ne se fait en solitaire, je tiens à remercier chaleureusement Isabelle Bretthauer (Archives nationales) et Judith Kogel (IRHT) pour leurs relectures et leurs conseils.

2 La typologie des textes insérés aux marges des manuscrits et des incunables est très diverse ; elle a fait l'objet du cycle thématique de l'IRHT du 18 mai 2017 (voir : https://irht.hypotheses.org/2968).

3 Morelle Laurent, « Pratiques médiévales de l'écrit documentaire », *Annuaire de l'École pratique des hautes études (EPHE), Section des sciences historiques et philologiques* [En ligne], 148 | 2017, mis en ligne le 25 septembre 2017, consulté le 06 août 2019. URL : http://journals.openedition.org/ashp/1952. Son projet d'étudier ces insertions a commencé avec une journée d'étude sur « Les transcriptions d'actes dans les manuscrits non diplomatiques » (Paris, IRHT/EPHE, 10 janvier 2013), organisée avec Sébastien Barret et Caroline Bourlet (https://drd.hypotheses.org/996). Paul Bertrand propose la notion de « parasitage documentaire » (*Les écritures ordinaires. Sociologie d'un temps de révolution documentaire (1250-1350)*, Paris, 2015, p. 88).

4 Pour les travaux sur les polyptyques carolingiens et les ajouts ultérieurs, voir Devroey Jean-Pierre, *Le polyptyque et les listes de cens de l'abbaye de Saint-Remi de Reims (IXe-XIe siècles).*

devenues censiers, les énumérations de rentes et les rentiers, les terriers, les comptes et comptabilités, bref tout un ensemble de textes rassemblant des données liées à la gestion et à l'administration d'un patrimoine, aux contours parfois relativement flous[5].

Au-delà de l'« incodication » ponctuelle, il convient d'explorer toutes les associations, sous une même reliure, de différents types de documents, qu'elles soient prévues dès la conception des manuscrits ou qu'elles soient intervenues lors de regroupements ultérieurs, dont il faudra comprendre les modalités.

Dans le cadre de mes travaux sur les « livres d'archives » menés conjointement au sein des sections de diplomatique et de paléographie de l'IRHT, j'ai été conduite à consulter les manuscrits de nombreuses institutions religieuses parisiennes ou franciliennes[6] et j'ai pu y repérer un certain nombre d'insertions documentaires[7]. En effet, pour Paris et sa région, la documentation incorporée dans d'autres écrits est relativement importante, mais peu signalée par les inventaires[8], ce qui implique de mener des sondages dans les fonds conservés aux Archives nationales et à la Bibliothèque nationale, dont je présente ici les premiers résultats.

Édition critique, Reims, 1984 ; Desportes Pierre et Dolbeau François, « Découverte de nouveaux documents relatifs au polyptyque de Saint-Remi de Reims. À propos d'une édition récente », dans *Revue du Nord*, t. 68, 1986, p. 575-604 ; Hägermann Dieter, *Das Polytychon von Saint-Germain-des-Prés. Studienausgabe*, Cologne-Weimar-Vienne, 1993 ; Devroey Jean-Pierre, « Au-delà des polyptyques. Sédimentation, copie et renouvellement des documents de gestion seigneuriaux entre Seine et Rhin (IXe-XIIIe siècle) », dans Xavier Hermand, Jean-François Nieus et Étienne Renard (dir.), *Décrire, inventorier, enregistrer entre Seine et Rhin au Moyen Âge*, Paris, 2012, p. 53-86.

5 Bertrand Paul, *Les écritures ordinaires*, *op. cit.*, p. 245.

6 Pour mener cette étude, ont été mis à contribution les livres et les archives des abbayes, collégiales et prieurés de Saint-Magloire, Saint-Germain l'Auxerrois, Sainte-Geneviève, Saint-Victor, Saint-Germain-des-Prés, Saint-Martin-des-Champs, Saint-Maur-des-Fossés, Saint-Éloi, Saint-Antoine-des-Champs, Val Sainte-Marie et Port-Royal (Porrois).

7 Le corpus est constitué de 37 manuscrits à la typologie très variée. Pour Saint-Martin-des-Champs : Arch. nat., LL 1378 et BNF lat. 10978 ; pour Saint-Magloire : Arch. nat., LL 39 et BNF lat. 10978 ; pour Sainte-Geneviève : Arch. nat., S*1627² et BSG, ms 351, 368, 1636 ; pour Saint-Maur-des-Fossés : Arch. nat., LL 46 ; BNF lat. 3 et lat. 12200 ; pour Saint-Germain-des-Prés : Arch. nat., LL 1024, LL 1027, LL 1102A, LL 1104, LL 1105, LL 1112 ; BNF lat. 11750, lat. 12169, lat. 12258, lat. 12834, lat. 13316 ; pour le Val Sainte-Marie : Arch. nat. LL 1541, S 4172 ; BNF lat. 2003, lat. 12169 et lat. 18170 ; pour Saint-Antoine-des-Champs : Arch. nat., LL 1595 ; S 4362B (9 censiers).

8 Weiss Valentine, *Cens et rentes à Paris au Moyen Âge. Documents et méthodes de gestion domaniale*, Paris, Honoré Champion, 2009, vol. 1, p. 537.

Faute d'explication donnée directement par leurs scripteurs et/ou par leurs producteurs, les raisons, les fonctions et les usages de ces textes des interstices ne sont guère aisés à apprécier. Face à eux, plusieurs questions se posent, dont la première implique de faire une typologie précise des « lieux » qui les accueillent pour pouvoir distinguer les insertions fonctionnelles de celles qui sont de simples remplois. Une fois cette typologie établie, il conviendra de mettre en évidence les liens qu'elles entretiennent avec les livres qui les reçoivent. Enfin, il pourrait être possible de mettre en relation ces ajouts avec l'absence de documents indépendants et spécifiquement prévus pour les accueillir ; dans ces conditions, l'apparition, à partir du XIIIe siècle, de nouveaux genres documentaires pourrait avoir entraîné leur disparition progressive à la fin du Moyen Âge.

LES « LIEUX » DES INSERTIONS DOCUMENTAIRES

La localisation des insertions documentaires et la place qu'elles occupent dans le manuscrit peuvent être des indications sur la manière dont elles étaient perçues par ceux ou celles qui les ont inscrites.

Les parties liminaires des *codices*, c'est-à-dire les reliures, les contregardes ou les gardes, sont les lieux où les insertions sont les plus évidentes pour le lecteur. Cette pratique concerne un très large spectre de documents[9], qui ont alors été conservés de manière finalement tout à fait fortuite.

9 Par exemple la garde supérieure d'un manuscrit du XIIe siècle du Val Sainte-Marie (BNF lat. 12169) est un fragment de manuscrit liturgique également du XIIe siècle, avec l'ex-libris de la fin du XIIe siècle : « Liber sancte Marie de Valle » au recto. Ce manuscrit est ensuite entré en possession de Saint-Maur-des-Fossés puis de Saint-Germain-des-Prés.

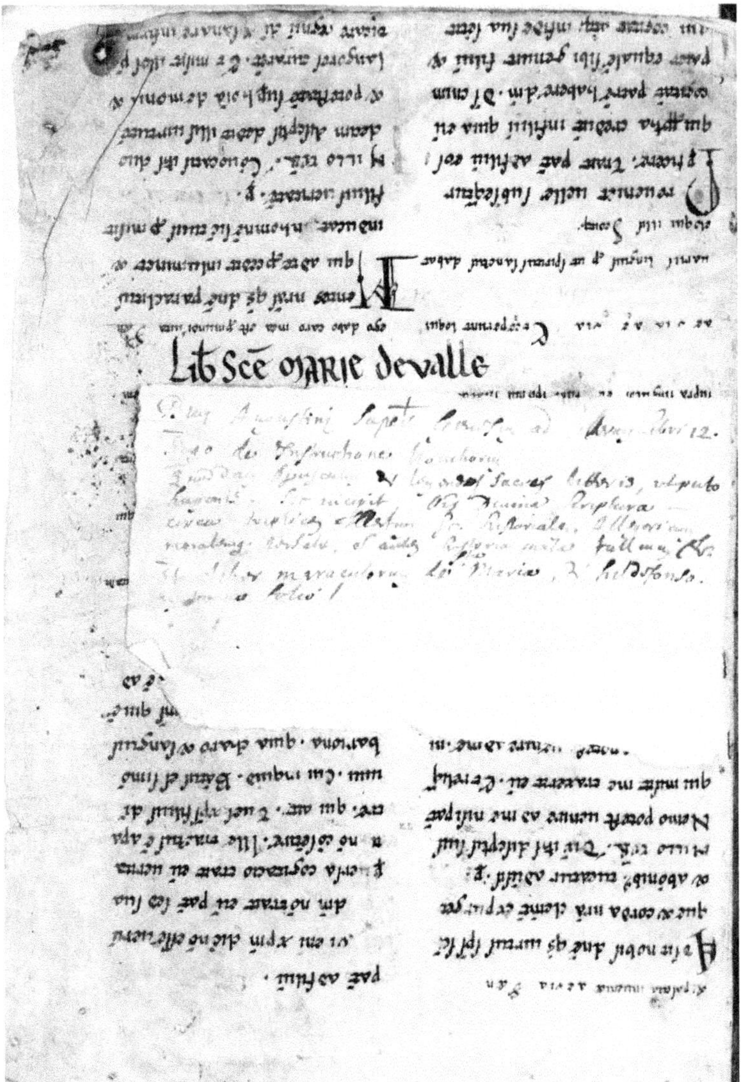

FIG. 1 – Fragment de manuscrit liturgique dans la garde supérieure d'un manuscrit provenant du Val Sainte-Marie (BNF lat. 12169). Bibliothèque nationale de France. https://gallica.bnf.fr/ark:/12148/btv1b10035330p/f3)

Servent de couvrures non seulement des actes – c'est le cas pour un censier du Val Sainte-Marie daté de 1406 et couvert d'un acte du XVe siècle[10], mais aussi des comptes. Par exemple, un des censiers de Saint-Antoine-des-Champs, daté de 1417, est couvert par une feuille de parchemin contenant l'extrait d'un compte de 1397[11]. Enfin, deux feuillets du célèbre « polyptyque » d'Irminon (823-828) ont été retrouvés en 1826 dans la couverture d'un ordinaire du XVe siècle de Saint-Germain-des-Prés[12]. Les documents ainsi insérés sont soit des documents à durée de vie très courte – comme les comptes[13], soit des documents périmés ou considérés comme tels et de ce fait destinés à disparaître. Cette pratique est en fait celle du remploi, voire du recyclage, et n'est pas isolée au Moyen Âge et à l'époque moderne. En effet, des fragments de manuscrits sont couramment réutilisés dans les reliures, quand les livres dont ils sont issus sont jugés obsolètes et sont de ce fait démembrés. C'est ainsi que des fragments de manuscrits hébreux ont pu être remployés dans des reliures[14], notamment celles d'incunables à Colmar à la fin du XVe siècle, suite à la destruction complète de la communauté juive de la ville[15].

Contrairement à ces rebuts, les documents de gestion copiés ou insérés dans les espaces laissés vides des manuscrits ont sans doute une certaine valeur, quelle qu'elle soit, aux yeux de leurs producteurs et de leurs utilisateurs, puisque ce sont des textes qui ont été copiés ou ajoutés volontairement.

Intervenant souvent sur les derniers feuillets des manuscrits, ces insertions peuvent être faites sous forme de listes[16], plus ou moins longues, comme celle qui a été ajoutée à la fin de la Bible de Rorigon[17], exécutée à Tours vers 825, et passée dans la bibliothèque de Saint-Maur-des-Fossés au moment de

10 Arch. nat., S 4172.

11 Arch. nat., S 4362B.

12 BNF lat. 13316. Voir Devroey Jean-Pierre, *Le polyptyque et les listes de cens de l'abbaye de Saint-Remi de Reims*, *op. cit.*, p. 56.

13 Quand un compte est inséré, comme dans le cas du censier de Noisy-le-Sec de 1452 pour Saint-Antoine-des-Champs (Arch. nat., S 4362B), il est utilisé comme couvrure.

14 Le projet « Books within Books » (http://www.hebrewmanuscript.com/) a pour objectif de recenser les fragments de textes hébreux dans les manuscrits.

15 Kogel Judith, *Sur les traces de la bibliothèque médiévale des Juifs de Colmar. Reconstitution à partir des fragments conservés dans les reliures d'incunables*, Leyde, Brill, 2019 (European Genizah Texts and Studies, vol. 3).

16 Brunel Ghislain, « Listes de terres, listes de tenanciers, listes de revenus. La gestion et la mémoire entre Seine et Oise (XIIe-XIVe siècle) », dans Xavier Hermand, Jean-François Nieus et Étienne Renard (dir.), *Décrire, inventorier, enregistrer entre Seine et Rhin au Moyen Âge*, *op. cit.*, p. 197-226.

17 BNF lat. 3, f. 409v.

la translation des reliques de saint Maur depuis Glanfeuil (Saint-Maur-sur-Loire) aux Fossés (Saint-Maur-des-Fossés) en 868[18]. Concernant le village de Torcy (*Cest li cens de Torci*), cette liste a été écrite, par une seule main au XIIIe siècle, sur trois colonnes et énumère les noms de 192 censitaires.

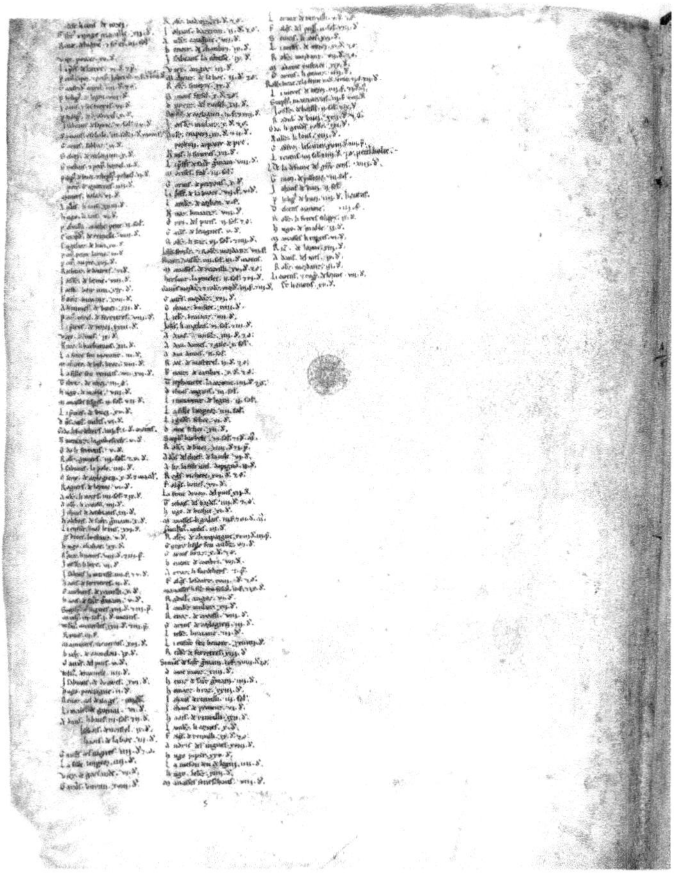

FIG. 2 – Liste de cens copiée à la fin de la Bible de Rorigon (BNF lat. 3, f. 409 v). Bibliothèque nationale de France. https://gallica.bnf.fr/ark:/12148/btv1b8426789n/f824)

18 Petitmengin Pierre, « La *bible* de *Rorigon* », dans Henri-Jean Martin et Jean Vezin (dir.), *Mise en page et mise en texte du livre manuscrit*, Paris, 1990, p. 78-83 ; Denoël Charlotte, « Un catalogue des manuscrits de Saint-Maur-des-Fossés au XIIe siècle », dans *Scriptorium*, 2006, 60-2, p. 186-205.

Dans un manuscrit composite du XIIe siècle provenant de Saint-Germain-des-Prés apparaissent deux insertions de ce genre qui commencent immédiatement après le texte du *Diadema monachorum*[19].

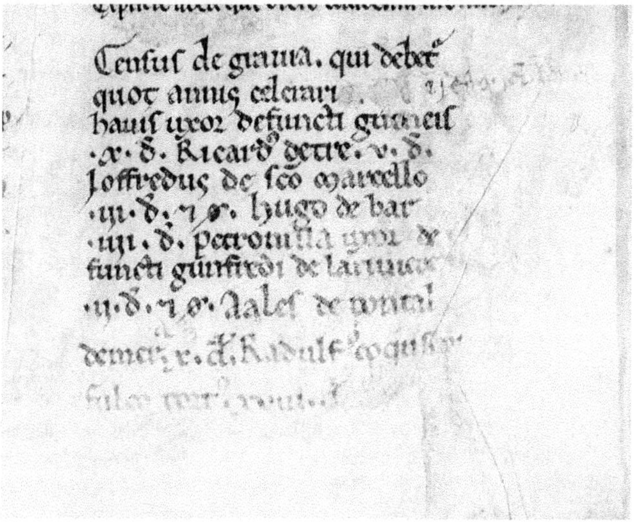

19 BNF, lat. 12258, f. 189r-v.

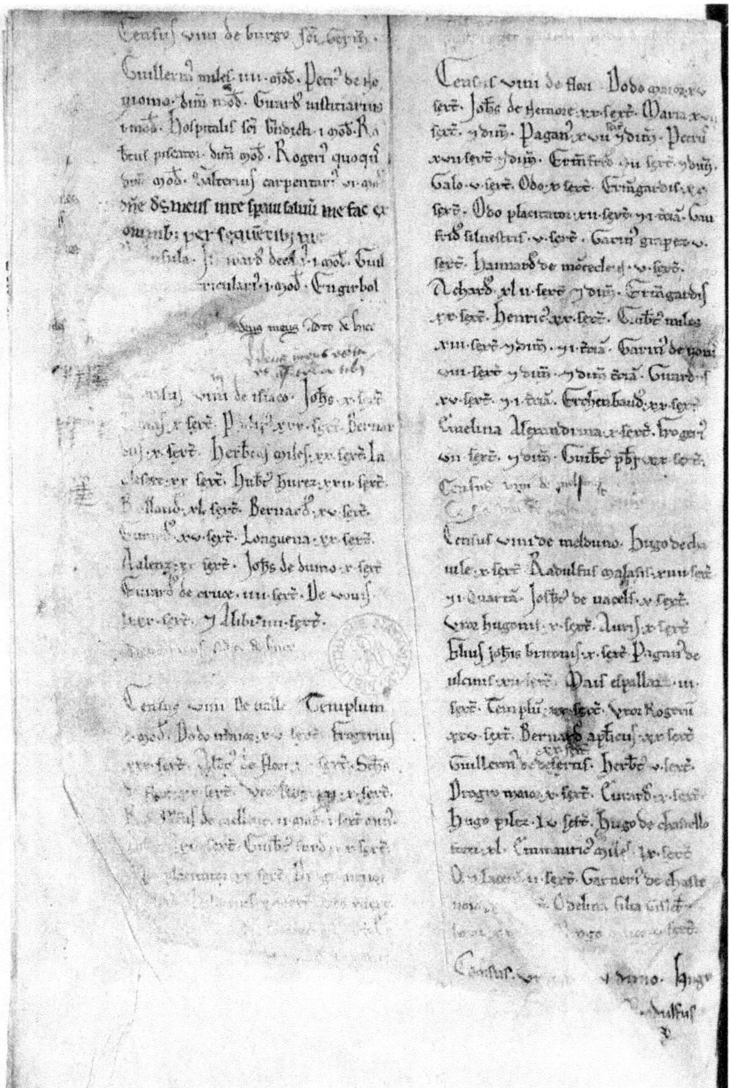

FIG. 3 – Deux listes copiées à la fin du manuscrit composite provenant de Saint-Germain-des-Prés (BNF, lat. 12258, f. 189 r-v). Bibliothèque nationale de France. https://gallica.bnf.fr/ark:/12148/btv1b9080821f/f197 et https://gallica.bnf.fr/ark:/12148/btv1b9080821f/f198)

Il s'agit de deux listes probablement copiées à deux moments différents du XIIe siècle, du moins par deux mains différentes. À la fin de la deuxième colonne du recto du f. 189, se trouvent en effet les censitaires qui doivent payer le *census de gravia* chaque année[20] ; cette énumération a été écrite en *praegothica libraria* par une main proche, mais différente, de celle du texte qui la précède. Copiée sur 11 lignes, elle contient les noms de huit censitaires qui doivent des sommes modiques, de deux deniers et une obole à dix-huit deniers. Au verso[21], a été transcrite sur deux colonnes, dans une écriture diplomatique, la liste des censitaires qui doivent payer un cens pour le vin, selon une répartition géographique qui commence par le bourg Saint-Germain. Cette liste ne semble pas complète et pouvait se poursuivre sur un autre feuillet, mais la structure actuelle du manuscrit ne permet pas de mener l'étude codicologique nécessaire à une meilleure compréhension de cette « incodication ». Ces deux listes n'ont a priori pas de lien entre elles, ni par le contenu, ni par l'écriture, mais elles sont de fait associées puisqu'elles concernent le même établissement et ont été copiées à la fin du même manuscrit.

Au-delà des simples listes, des ajouts de documents complets peuvent apparaître sur les feuillets, voire dans les cahiers laissés vides d'un manuscrit. Ainsi, à la suite du cartulaire de Saint-Antoine-des-Champs rédigé au début du XIVe siècle[22], de nombreux documents de gestion ont été ajoutés à partir du f. 77v. Il s'ouvre sur une table des actes écrite par la même main que le reste du cartulaire (en *cursiva antiquior*). Copié aux f. 5r-77r, il rassemble environ 140 actes copiés en entier et à peu près autant de mentions d'autres chartes, au point de ressembler à une sorte d'inventaire. Concernant les possessions parisiennes du monastère, le manuscrit est constitué de quaternions (f. 1-96) et de trois feuillets

---

20 Weiss Valentine, *Cens et rentes à Paris au Moyen Âge*, *op. cit.*, vol. 1, p. 51. BNF, lat. 12258, f. 189rb : « Census de gravia qui debitur quot annis celerari [add. marg. : in festo sancti Andree]. » ; f. 189va-b : « Census de vini de burgo sancti Germani ».

21 Weiss Valentine, *Cens et rentes à Paris au Moyen Âge*, *op. cit.*, vol. 1, p. 540.

22 Arch. nat., LL 1595. Delaforge-Marchand Sandrine, *Édition du chartrier de l'abbaye de Saint-Antoine-des-Champs (1191-1256)*, 3 vol., Thèse pour le diplôme d'archiviste paléographe, 1994 ; Berman Constance H., « Cistercians Nuns and the Development of the Order : The Abbey of Saint-Antoine-des-Champs Outside Paris », dans E. Roxanne Elder (éd.), *The Joy of Learning and the Love of God : Essays in Honor of Jean Leclercq, OSB*, Kalamazoo, Cistercian Publications, 1995, p. 121-156 ; Id., *The White nuns. Cistercian Abbeys for Women in Medieval France*, Philadelphie, 2018, p. 153.

ajoutés (f. 97-99)[23]. La première liste de rentes datée de 1358 occupe la fin du dernier cahier du cartulaire et le début du cahier suivant (f. 77v-84v). Le rentier suivant, daté de 1344, occupe les f. 87r-90r et est de nouveau à cheval sur deux cahiers. En fait, toutes les insertions faites dans ce manuscrit, jusqu'au f. 96 compris, l'ont été dans des cahiers sans doute préparés pour accueillir la copie des actes mais laissés vides après la rédaction du texte principal, peut-être plus court que prévu. Cartulaire et rentiers sont intimement liés, puisque les actes du premier contiennent majoritairement des octrois de rentes sur des maisons à Paris au cours du XIIIe siècle et que les deux rentiers donnent la liste des rentes dues par rue et par maison au milieu du siècle suivant, ce qui permet de dessiner la carte mentale de Paris conçue par les moniales[24]. S'ils ne font pas partie du même programme de rédaction, puisqu'ils ont été rédigés plusieurs années après le cartulaire, ils font partie de la même logique intellectuelle et viennent compléter les chartes copiées dans les feuillets précédents. Ainsi combiné, le cartulaire devient un instrument de gestion véritable et non pas seulement un document voué à la mémoire patrimoniale de l'abbaye.

Un ou des cahiers complets contenant des documents de gestion peuvent également avoir été insérés dans un manuscrit : dans ce cas, les uns et les autres ont pu avoir une existence autonome avant d'être associés. Le problème le plus délicat est de déterminer à quel moment de l'histoire des institutions et/ou des documents ces rapprochements ont été réalisés. En effet, les reliures ont souvent été restaurées à de nombreuses reprises et ces insertions documentaires peuvent être tardives. Au début du premier cartulaire de Saint-Magloire[25], a été ajouté un cahier complet contenant un censier daté de 1274. Copié sur les quatorze premiers feuillets de ce cahier qui en compte seize, il a ensuite été complété par d'autres mains. Non prévu dans le programme initial de rédaction du « cartulaire », mais sans doute associé assez tôt puisqu'un ajout fait sur le f. 15r est de la main majoritaire du recueil, il correspond à la censive parisienne de Saint-Magloire. L'écriture, de type diplomatique, ressemble à celle des actes produits à Paris dans les années 1270,

23 12 quaternions occupent les f. 1 à 96 (avec la perte du f. 62 et de la moitié du f. 90). Les trois derniers f. sont à part.

24 Berman Constance H., *The White nuns*, *op. cit.*, p. 180-183.

25 Arch. nat., LL 39, f. 1-16.

notamment par l'officialité, alors que l'écriture majoritaire du cartulaire est plus livresque.

Certains documents de gestion copiés dans des cahiers isolés peuvent être rassemblés et placés sous une même reliure. Ces regroupements ont pu avoir lieu pour favoriser une meilleure conservation des données. Certains censiers procèdent sans doute de ce phénomène, comme le premier censier de Saint-Martin-des-Champs[26]. Valentine Weiss, dans sa thèse d'École des chartes, considère qu'il s'agit de « la réunion de quatre censiers [de 1263, 1274, 1293 et 1300], probablement indépendants les uns des autres à l'origine, et reliés par la suite[27] ». Ils constituent en effet quatre unités codicologiques bien différenciées. Ils n'ont pas le même format, ni le même nombre de cahiers d'un exemplaire à l'autre ; la foliotation n'est pas continue sur l'ensemble, mais reprend au début de chacun d'entre eux. S'ils ont été écrits tous les quatre en *textualis libraria*, des différences graphiques apparaissent laissant supposer l'intervention de quatre copistes successifs[28].

Un censier de Saint-Antoine-des-Champs concernant Noisy-le-Sec relève de ce même modèle[29]. Il rassemble en effet des listes de censitaires dressées entre 1358 et 1434 et écrites par plusieurs mains différentes. Elles ont été rassemblées dans un ordre qui n'est pas toujours chronologique, puisque les premiers documents concernent des cens dus en 1401-1406. Viennent ensuite des listes datées de 1358, 1380, 1386, 1391 et 1393, puis d'autres produites à partir de 1410. La foliotation en chiffres romains, sans doute de la fin du Moyen Âge, laisse supposer que cette compilation est ancienne, mais incomplète puisque le document ne commence qu'au f. 89. En tout état de cause, nous sommes face à une compilation qui a été fréquemment utilisée et actualisée.

---

26 Arch. nat., LL 1378. Le censier de 1300 (BnF, ms. lat. 10978 (https://gallica.bnf.fr/ark:/12148/btv1b100382149)) est lui d'un seul tenant et écrit par une seule main. Voir Weiss Valentine, *Étude de topographie parisienne : la censive de Saint-Martin-des-Champs à Paris du* XIIIe *au début du* XVe siècle, Thèse pour le diplôme d'archiviste paléographe, 1993, t. IV (édition).

27 Weiss Valentine, *Étude de topographie parisienne*, *op. cit.*, t. I, p. 3.

28 En 1263 et 1274, certains « s » finaux sont des « s » longs, ce qui n'est plus le cas en 1293 et 1300. Les manières de traiter les « g » sont différentes d'un censier à l'autre ; l'abréviation de « pro » n'est pas non plus la même.

29 Arch. nat., S 4362B.

Un livre de comptes de Saint-Germain-des-Prés présente une toute autre situation[30]. Il est composé en effet de deux ensembles de comptes établis entre 1423 et 1428 au nom du pitancier Jean de Venderetz, qu'il a sans doute écrits lui-même en *cursiva currens*[31]. La mise en page est semblable d'un compte à un autre, laissant supposer que le copiste a suivi un modèle préétabli (lettres-cadeaux en initiales, premiers mots en *textualis formata*, notices écrites sous forme de blocs-textes, marge à droite pour les corrections et les actualisations de données, marge à gauche pour noter les sommes à percevoir). Le premier ensemble contient les comptes des années 1423 à 1426, organisés par année d'exercice, le changement d'année se faisant à Pâques, et par terme, dans l'ordre chronologique. En revanche, dans le deuxième bloc, une erreur est intervenue dans l'assemblage des documents puisque les trois derniers comptes ont été placés dans un ordre décroissant de 1428 à 1426. Ce livre apparaît aujourd'hui comme un document de travail entre les mains du pitancier, mais aussi comme un justificatif de son activité sur cinq années.

Ainsi, l'incodication des documents de gestion se fait de manière différente selon qu'il s'agit d'un texte périmé, d'une simple liste de censitaires ou d'un document complet. Si les premiers sont susceptibles d'être remployés dans les reliures ou comme gardes, les deux autres types de de documents apparaissent finalement à la fois « évolutifs » et fonctionnels, puisqu'ils se retrouvent soit liés à des textes sans rapport direct avec eux, soit à d'autres ensembles formant avec eux une véritable intertextualité.

30 Arch. nat., LL 1105.

31 Arch. nat., LL 1105, f. 1r : « Recepte faicte par [moy] frere Pierre de Venderetz cuisinier et pitancier de l'église Saint Germain des Prez lez Paris depuis le jour saint Remy mil IIIIC XXIII (1423) jusques au jour de Noel ensuivant ». Les deux ensembles se distinguent notamment par la foliotation, moderne en chiffres romains. Pour le premier bloc, elle va du f. 1 au f. 110 ; pour le second, elle reprend du f. 1 au f. 51.

DES LIENS COMPLEXES ENTRE LES MANUSCRITS-HÔTES ET LES INSERTIONS DOCUMENTAIRES

La présence de copies d'actes dans des livres a été traitée notamment par Jean-Loup Lemaître, Paul Bertrand et Laurent Morelle[32], principalement pour les périodes antérieures au XIIIe siècle. En effet, les Bibles, les livres liturgiques, bréviaires ou missels, mais aussi et surtout les livres du chapitre, obituaires et nécrologes, peuvent être mis à contribution, comme « livres-entrepôts », pour les accueillir. Ce phénomène pose la question des liens que ces actes entretiennent avec les manuscrits qui les abritent. En effet, la mise en page et la composition de certains de ces livres-hôtes ménageant des espaces parfois conséquents favorisent sans doute cette pratique, mais n'expliquent pas tout.

Il pourrait plus certainement s'agir d'une recherche de protection et de conservation des textes ainsi insérés, dont certains ont été copiés immédiatement lors de leur conception ou de leur circulation. Ainsi, dans un recueil de vies de saints de Saint-Germain-des-Prés daté du XIe siècle, on trouve, copié au verso du dernier feuillet, un hommage servile prêté par Guillaume, maire d'Emans (*Emanto*)[33], à l'abbé de Saint-Germain en présence de trois moines et de douze laïcs[34].

32 Lemaître, Jean-Loup « Les actes transcrits dans les livres liturgiques », dans éditeur ? *Les cartulaires. Actes de la Table ronde organisée par l'École nationale des chartes et le GDR 121 du CNRS*, Paris, 1993, p. 59-78 ; Bertrand Paul, *Les écritures ordinaires*, p. 88-89 ; Morelle Laurent, « Une pratique à explorer : la transcription d'actes dans les manuscrits "non-diplomatiques" », dans le cadre du cycle annuel de séminaires-conférences organisé par le centre de recherche « Pratiques médiévales de l'écrit » (Université de Namur), 5 février 2015.

33 Emans : rég. Île-de-France, dép. Seine-et-Marne, arr. Provins, cant. Montereau-Fault-Yonne.

34 BNF lat. 11750, f. 260v.

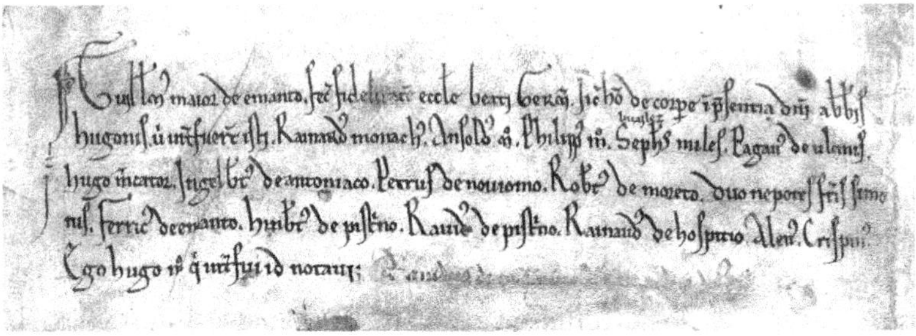

FIG. 4 – Hommage servile copié dans un recueil de vies de saints de Saint-Germain-des-Prés (BNF lat. 11750, f. 260 v). Bibliothèque nationale de France. https://gallica.bnf.fr/ark:/12148/btv1b100222892/f532)

Cet acte, non daté, est écrit dans une écriture diplomatique du XIIe siècle. La mention du scripteur : « Ego Hugo monachus qui interfui id notavi » se réfère sans doute à l'original et non à la présente copie, même s'il est toujours possible qu'il s'agisse d'une primo-inscription. Un autre exemple, plus complexe, concerne un dossier diplomatique complet inséré à la fin d'un manuscrit de Saint-Magloire copié au début du XIIe siècle et contenant l'*Histoire ecclésiastique* d'Hugues de Fleury suivie de l'*Historia Senonensis*[35].

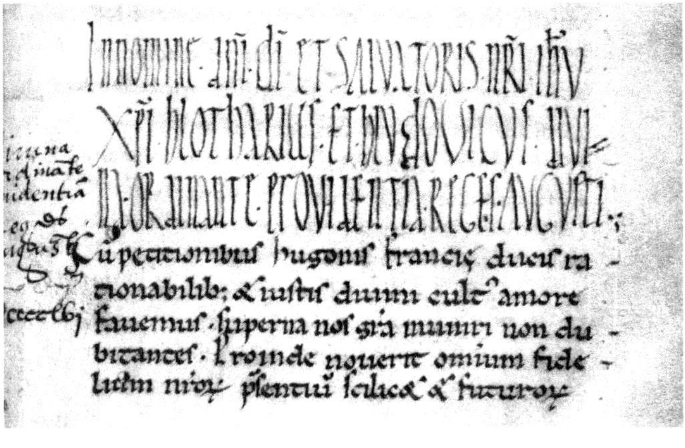

FIG. 5 – Dossier diplomatique copié dans un manuscrit de Saint-Magloire (BNF lat. 13701, f. 161r-171). Bibliothèque nationale de France. https://gallica.bnf.fr/ark:/12148/btv1b10036809q)

35 BNF lat. 13701, f. 161r-171r.

Le dossier documentaire regroupe les principales chartes du monastère, notamment des diplômes royaux de la fin du Xe à la fin du XIe siècle, ainsi qu'une exemption donnée par Pascal II en 1116[36]. Comme ces actes concernent les origines de Saint-Magloire, il est possible d'avancer l'idée que le copiste a voulu insérer l'histoire de son abbaye dans l'histoire globale de la chrétienté. Selon Anne Terroine et Lucie Fossier, « son but était de travailler à la reconstitution du fonds de Saint-Magloire après l'épisode malheureux du rattachement à Marmoutier et la dispersion ou tout au moins le mauvais état du chartrier à la fin du XIe siècle[37] », d'autant qu'il a mis un soin particulier à son travail en mettant la première ligne des actes en *littere elongate*, mais aussi en dessinant les monogrammes royaux et les croix de souscription, ainsi que la *rota* et le *benevalete* du privilège pontifical.

Dans le cas de l'« incodication » des documents de gestion, nous retrouvons une typologie similaire pour les livres d'accueil[38]. Par exemple, au verso du dernier folio de la Bible de Rorigon, apparaît la liste de censitaires déjà évoquée et copiée sans doute au XIIIe siècle d'après l'écriture de type *textualis libraria*[39]. Cette insertion documentaire, loin d'être unique dans ce manuscrit prestigieux, prend la suite de deux autres qui y ont été faites, à savoir le polyptyque de Saint-Pierre-des-Fossés[40] et l'acte de donation par *Anouvareth* au monastère de Glanfeuil de la terre appelée *Anast* située en Bretagne avec l'église qui y est construite[41]. Ce dernier a été copié sciemment et sans doute directement comme on peut le comprendre de la mention suivante : « Donum autem hujus rei est hec biblioteca veteris ac novi testamenti ». La valeur du manuscrit et sa portée, sinon symbolique, du moins historique expliquent l'intégration de ces trois documents, le copiste du XIIIe siècle suivant probablement les exemples de ces prédécesseurs.

36 Terroine Anne et Fossier Lucie, *Chartes et documents de l'abbaye de Saint-Magloire*, t. I, Paris, CNRS éd., 1998, actes 1, 2, 3, 6, 8, 9, 12, 13, 21. Certains des actes royaux sont des faux d'après la note liminaire sur les faux de Saint-Magloire, p. 41-52.

37 Terroine Anne et Fossier Lucie, *Chartes et documents de l'abbaye de Saint-Magloire*, t. I, p. 51.

38 Weiss Valentine, *Cens et rentes à Paris au Moyen Âge*, vol. 1, p. 537, 540 et 543.

39 BNF lat. 3, f. 409v. Hägermann Dieter et Hedwig Andreas, *Das Polyptychon und die Notitia de Areis von Saint-Maur-des-Fossés*, Sigmaringen, Thorbecke, 1990, p. 13.

40 Hägermann Dieter et Hedwig Andreas, *Das Polyptychon und die Notitia de Areis von Saint-Maur-des-Fossés*, p. 10-19 ; Devroey Jean-Pierre, « Au-delà des polyptyques. Sédimentation, copie et renouvellement des documents de gestion seigneuriaux entre Seine et Rhin (IXe-XIIIe siècle) », *op. cit.*, p. 70. Le polyptyque a été copié aux f. I et 407v-408r et a été complété par de nouvelles listes de noms au cours du Xe et sans doute du XIe siècle.

41 BNF lat. 3, f. 408v.

Dans la documentation explorée, il apparaît que ces textes sont très fréquemment associés aux cartulaires[42], mais aussi aux « livres de chapitre », ou encore aux obituaires. Dans ces cas, les liens entretenus entre les différentes parties du manuscrit sont fonctionnels, puisque les documents de gestion viennent conforter les actes copiés ou les listes d'obits et réciproquement. L'« incodication » peut en fait survenir dans le cadre de programmes de rédaction de « livres d'archives ». Il pourrait s'agir en fait du témoignage des tâtonnements des religieux dans un processus d'élaboration et de conception de documents spécialisés, mais plus certainement d'un phénomène d'intertextualité, avec des textes construits et copiés en étroite relation les uns aux autres[43], et surtout d'une forme de validation mutuelle par la circulation des informations d'un texte à l'autre[44].

La volonté de mettre ensemble actes et documents de gestion est manifeste dans certains cartulaires parisiens dès le XIIIe siècle. Cela pourrait être une preuve à la fois d'adaptation et d'innovation dans un contexte d'intense activité sur les outils à mettre en place pour mieux administrer les patrimoines. Le premier cartulaire de Port-Royal-des-Champs est intéressant à cet égard[45].

---

42 Pour Saint-Maur-des-Fossés : Arch. nat., LL 46; pour Saint-Germain-des-Prés : Arch. nat., LL 1024, LL 1027, LL 1102A ; pour le Val Sainte-Marie : Arch. nat., LL 1595 ; pour Porrois : BNF lat. 10997.

43 Gignoux Anne-Claire, « De l'intertextualité à la récriture », dans *Cahiers de Narratologie* [En ligne], 13 | 2006, mis en ligne le 25 septembre 2016, consulté le 27 juin 2018. URL : http://journals.openedition.org/narratologie/329.

44 Bretthauer Isabelle et Helias-Baron Marlène, « L'individu face à la gestion d'un patrimoine : la rédaction de "livres de gestion" au XIVe siècle », dans *Médiévales*, 2019/1, n° 76, p. 25-56.

45 BNF lat. 10997.

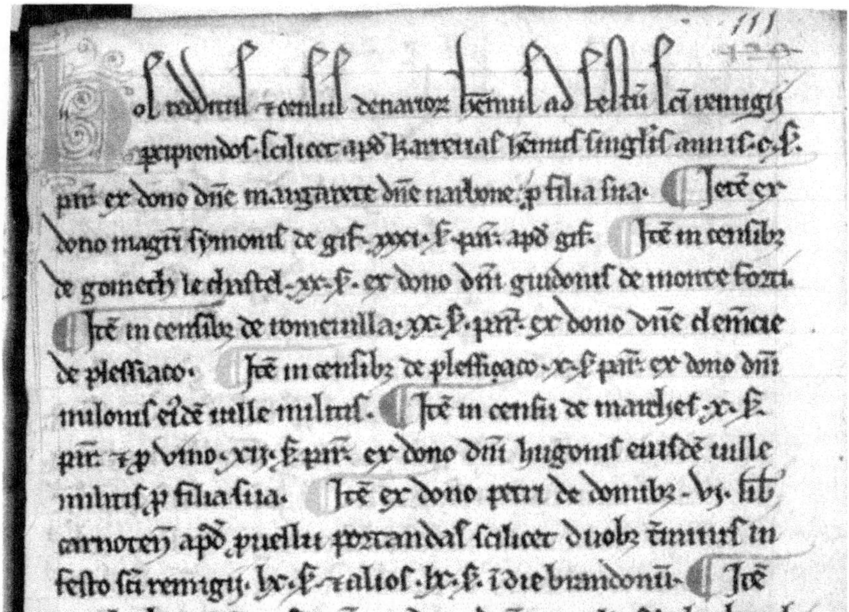

FIG. 6 – Rentes et cens dans le premier cartulaire de Port-Royal (BNF lat. 10997, f. 111r). Bibliothèque nationale de France. https://gallica.bnf.fr/ark:/12148/btv1b9065849h/f114)

Rédigé aux alentours de 1250, il contient, à partir du f. 111r, les rentes et les cens dus à l'abbaye. L'écriture et le décor sont les mêmes que ceux du cartulaire copié aux f. 1r-110v. Une même main est intervenue en *textualis libraria*. Des initiales rouges et bleues filigranées et des pieds de mouche alternativement rouges et bleus apparaissent aussi bien dans les actes que dans le rentier[46]. Le contenu de ce dernier renvoie aux rentes qui ont fait l'objet de donations dans le cartulaire. Pour ce document, il s'agit bien d'un programme cohérent d'association, sans doute conçu dès l'origine.

Dans le « petit cartulaire » de Saint-Magloire dont le noyau a été rédigé en 1294 à l'instigation de l'abbé Louis de Montfort[47], la situation est plus complexe[48]. Le livre est en effet composite et codicologiquement difficile à analyser, à cause d'une reliure restaurée et de son agencement actuel. Composé de 136 f., il rassemble de nombreux textes de nature et de mains différentes, dans un ordre qui semble peu logique. Il a été construit autour d'un embryon de cartulaire voulu par l'abbé Louis de Montfort en 1294[49], dont témoignent la table énumérant 59 chartes (f. 17v-19r) et des actes apparaissant aux f. 67r-112r et 117r-118r. À ce noyau initial, ont été agrégés les « pitances » dues par l'abbé aux moines (f. 19v-21v)[50], une bulle de Boniface VIII (f. 32r-33r), une chronique rimée (f. 76r-81v), des enquêtes sur la justice de Saint-Magloire et la recette de la prévôté de Saint-Magloire (f. 129r-v, 131r-v, 133r), l'assise de la taille (f. 135r), ainsi que deux censiers. Si le premier est plutôt le résultat d'une insertion ultérieure, le deuxième, daté de 1294, est de la même main que le texte du cartulaire (*cursiva antiquior libraria*). Éparpillé entre les f. 23r-26r, 29r-31r, 37r-39v, et 52r-58r, il s'agit d'un état des domaines du monastère rédigé, comme le cartulaire, sur l'ordre de Louis de Montfort en 1294[51]. En fait, il est sans doute à rattacher

46 Marchal Catherine, « L'intégration des monastères féminins dans l'ordre cistercien durant la première moitié du XIIIe siècle : l'exemple de l'abbaye de Porrois (Port-Royal) », dans *Revue Mabillon*, n. s., t. 29 (= t. 90), 2018, p. 131-161, ici p. 133-134.

47 Arch. nat., LL 39.

48 Fossier Lucie et Terroine Anne, « Le chartrier de l'abbaye Saint-Magloire de Paris », dans *Revue Mabillon*, 1998, p. 181-208 ; Weiss Valentine, *Cens et rentes à Paris au Moyen Âge*, *op. cit.*, vol. 1, p. 538.

49 Arch. nat., LL 39, f. 17r-v.

50 « Ce sont les festes que monseigneur l'abbé doit par an ».

51 Arch. nat., LL 39, f. 23r.

au projet initial de rédaction, mais la manière dont les deux textes se combinent est difficile à établir devant l'état actuel du manuscrit. D'un point de vue typologique, plutôt qu'un cartulaire *stricto sensu*, ce *codex* serait un « livre de chapitre », d'après un accord conclu en 1398 entre l'abbé et les religieux de Saint-Magloire[52]. Dans cet acte, en effet, est mentionné le « Livre de Chappitre » dans lequel se trouve la liste des obligations alimentaires dues par l'abbé aux moines[53].

La même complexité typologique et codicologique s'observe dans le cas d'un *Livre de la pitancerie* de Saint-Germain-des-Prés[54]. Il résulte en effet de l'association, sous une même reliure, de deux parties distinctes composées à 150 ans de distance. Précédée d'un calendrier, la première partie a été écrite en *textualis libraria* (f. 1-78) en 1259 par Herbert de Jouy, ancien pitancier du monastère[55]. Elle associe étroitement un obituaire et un rentier, les deux documents se renforçant mutuellement, puisque les fondateurs d'anniversaires ont prévu le versement de rentes pour les célébrer. La seconde partie (f. 79-222), compilée en 1400 par Robert Chauveau, alors pitancier, apparaît plus complexe. Écrite en *cursiva currens* avec des initiales filigranées en rouge et bleu, elle est le résultat d'une sorte de projet global, puisqu'elle contient une table, une préface et la liste des anniversaires (f. 79r-86v), suivies d'un cartulaire (f. 89r-157r ; 204r-220r) et d'un censier (f. 158r-199v). Divers ajouts ont été faits dans les interstices (f. 87r-88v), notamment la copie en 1526 d'un privilège du roi Childebert Ier. Devant ce livre, on comprend qu'il s'agit, pour les pitanciers successifs, d'avoir à leur disposition tout le matériel documentaire nécessaire à l'exercice de leur fonction, c'est-à-dire à la distribution aux membres de leur communauté des pitances versées par les fondateurs d'anniversaires.

52 Terroine Anne et Fossier Lucie, *Chartes et documents de l'abbaye de Saint-Magloire*, *op. cit.*, t. III, acte 338 ; p. 735, note 1.

53 Arch. nat., LL 39, f. 19v-21v. ; Terroine Anne et Fossier Lucie, *Chartes et documents de l'abbaye de Saint-Magloire*, *op. cit.*, t. II, acte 348, p. 545-547. Cet acte est conservé en original (Arch. nat. L 441, n° 21).

54 Arch. nat. LL 1102A.

55 D'après un court prologue (f. 1ra), on apprend que le livre a été composé par le frère Herbert de Jouy, alors qu'il avait quitté sa fonction de pitancier : … *anno incarnationis dominice millesimo ducentesimo quinquagesimo nono confectus fuit liber iste pitanciarum omnium conventualium de assensu tocius capituli par fratrem Herbertum de Yoiaco quondam pitanciarium* ; Lehoux Françoise, « Deux obituaires de Saint-Germain-des-Prés retrouvés aux Archives nationales », dans *Bibliothèque de l'École des chartes*, 1936, 97, p. 257-306.

Ainsi, les « livres d'archives », loin d'être monolithiques, apparaissent comme des documents complexes, associant, de manière diverse, actes et toutes sortes de documents de gestion, dans une démarche d'innovation documentaire troublante qui fait sortir ces *codices* des typologies établies[56].

LES INSERTIONS DOCUMENTAIRES
Une étape avant la conception de nouveaux types de livres spécialisés ?

Mis à part quelques polyptyques anciens dont les cahiers ont été rassemblés dès leur origine pour former un livre[57], tel celui de Saint-Germain-des-Prés au IXe siècle[58], c'est à partir du XIIIe siècle que les documents de gestion apparaissent en tant que tels ; ils deviennent de plus en plus nombreux, que ce soit lié à une plus grande production ou à une meilleure conservation[59], de plus en plus développés et de plus en plus spécialisés. Dès lors, ils nécessitent pour les contenir en entier le recours à plusieurs cahiers formant *codex* ou à plusieurs feuilles de parchemin dans le cas des rouleaux. Dans ces conditions, l'insertion ponctuelle dans un livre de documents de gestion pourrait précéder la composition de livres qui leur seraient uniquement dédiés.

Les censiers, par exemple, sont nombreux dans les fonds des établissements sélectionnés. Dans son étude menée sur l'ensemble des censiers de Paris en 2009[60], Valentine Weiss recense 322 ou documents assimilés produits avant 1500 sur les 2485 documents qu'elle a retenus pour son étude, soit à peine 13 % de son corpus[61]. Elle s'est notamment penchée sur les fragments et extraits de censiers insérés dans des livres ou des

56 Bertrand Paul, *Les écritures ordinaires*, *op. cit.*, p. 92-102.

57 Renard Étienne, « Administrer des biens, contrôler des hommes, gérer des revenus par l'écrit au cours du premier Moyen Âge », dans *Décrire, inventorier, enregistrer entre Seine et Rhin au Moyen Âge*, *op. cit.*, p. 7-36.

58 BNF lat. 12832 ; Devroey Jean-Pierre, « Au-delà des polyptyques. Sédimentation, copie et renouvellement des documents de gestion seigneuriaux entre Seine et Rhin (IXe-XIIIe siècle) », dans *Décrire, inventorier, enregistrer entre Seine et Rhin au Moyen Âge*, *op. cit.*, p. 53-86.

59 Bertrand Paul, *Les écritures ordinaires*, *op. cit.*, p. 21.

60 Weiss Valentine, *Cens et rentes à Paris au Moyen âge*, *op. cit.*, 2 vol., Paris, 2009.

61 *Ibid.*, vol. 1, p. 530.

cartulaires et en a dénombrés trente-et-un : dix-huit pour le XIIIe siècle, dix pour le XIVe siècle et trois pour le XVe siècle[62]. Pour elle, cette pratique tend à disparaître à la fin du Moyen Âge. Les livres de comptes quant à eux se structurent et se standardisent sous la pression de contrôles internes ou externes qui aboutissent ou non à leur validation[63]. À ce titre, la recette de la prévôté de Saint-Magloire insérée dans le « Livre du chapitre » de cette abbaye à la fin du XIIIe siècle n'est pas un véritable compte[64]. En effet, il s'agit d'une liste des sommes prélevées entre 1283 et 1295, sans plus d'indication et sans mention des dépenses. Cette énumération fonctionne comme une sorte d'aide-mémoire et ne semble pas destinée à une vérification des comptes de la prévôté.

En tout état de cause, cette disparition progressive des insertions sur trois siècles pourrait bien correspondre à une transition documentaire amorcée dès le XIIIe siècle, comme l'a démontré Paul Bertrand[65]. Ainsi, le XIIIe siècle et la première moitié du XIVe siècle correspondraient à une période de tâtonnements et de fortes innovations documentaires voyant se multiplier les documents difficiles à classer d'un point de vue typologique[66]. C'est le cas d'un document présenté comme un « censier » de Sainte-Geneviève et datable des années 1243-1272[67]. Ce n'en est pas un, d'après le titre ajouté au XVe siècle[68], sur l'ancienne couvrure, sans doute par le cellérier de l'époque, Mathieu Mouton[69]. Il compte 146 f. écrits en *textualis libraria*, par une main majoritaire. Comme le « cartulaire » de Saint-Magloire[70], c'est un document complexe ras-

62 *Ibid.*, vol. 1, p. 544.

63 Mattéoni Olivier, « Introduction », dans *Classer, dire compter. Discipline du chiffre et fabrique d'une norme comptable à la fin du Moyen Âge*, Paris, 2015, p. 20-21.

64 Arch. nat., LL 39, f. 129r-v.

65 Bertrand Paul, *Les écritures ordinaires*, *op. cit.*, p. 88 : « Ce système se raréfie à partir du XIIIe siècle et surtout du XIVe siècle parce que ces micro-textes trouvent leur propre espace ».

66 Helias-Baron Marlène, « Le manuel de l'archiprêtre de Lesparre (diocèse de Bordeaux). Un aide-mémoire pour la gestion d'un patrimoine ecclésiastique dans la deuxième moitié du XIVe siècle », dans *Revue d'Histoire de l'Église de France*, 2017, 103-1, p. 67-87.

67 BSG, ms 351 (https://archive.org/details/MS351) ; Weiss Valentine, *Cens et rentes à Paris au Moyen Âge*, *op. cit.*, vol. 1, p. 54-55.

68 BSG, ms 351, f. 1r : « Ce sont les papiers de l'esglise Saincte-Genevieve ou Mont de Paris. C'est le livre du celerier de Saincte-Geneviefve ou Mont de Paris ».

69 Sous le titre, Mathieu Mouton a apposé sa signature : « Mathieu Mouton religieux et celerier de l'église ». Il est frère à Sainte-Geneviève en 1486. Voir Weiss Valentine, *Cens et rentes à Paris au Moyen Âge*, *op. cit.*, vol. 1, p. 625.

70 Arch. nat., LL 39.

semblant de nombreux textes différents concernant, d'une part, ce que perçoit l'abbaye[71], et, d'autre part, ce qu'elle doit elle-même[72]. Certaines parties relèvent plus spécifiquement des activités du cellérier à savoir les recettes du blé, de l'orge et de l'avoine (89r-91r ; 110r-118r ; 124r-129v ; 134r-135v). L'ensemble est truffé de textes variés, plutôt de nature diplomatique, depuis des chartes d'affranchissement, jusqu'à un rôle de taille de 1272, mais on y trouve aussi un rituel des processions de la châsse de sainte Geneviève[73]. Les données ont été régulièrement actualisées par d'autres mains qui ont ajouté des actes ou des listes de revenus. Ainsi, ont été rassemblés en un seul *codex* tous les documents jugés nécessaires par un cellérier du milieu du XIIIe siècle et ses successeurs pour l'exercice de leur fonction, mais sans aucune spécialisation. Le livre apparaît finalement comme une sorte de fourre-tout peu pratique à manipuler, notamment à cause de l'absence de table, même si Mathieu Mouton a été capable de l'utiliser en son temps[74].

La seconde moitié du XIVe et le XVe siècle pourraient être vus comme une période de stabilisation des types documentaires avec une spécialisation et une diversification des « livres d'archives », depuis le censier ou le rentier, jusqu'au livre de comptes. Ainsi, le censier de Sainte-Geneviève de 1380 ne contient plus que les cens et rentes dus au pitancier et cuisinier de l'abbaye, Gilles d'Achères[75]. Un certain soin a été porté à

71 BSG, ms 351 : cens (f. 6r-22v ; 27r-34r), pitances (f. 22v-26v), coutumes (f. 37r-38r ; 43v-44v), rentes (f. 38r-39r ; 45r-v), dîmes (f. 41r-v).

72 BSG, ms 351 : cens ou dîmes (f. 39r-40v, 42r).

73 BSG, ms 351, f. 66r. Dans ce manuscrit, on trouve également une requête adressée en 1239 par les Génovéfains à Louis IX au sujet des processions de la châsse (f. 68r) ; une note sur la confection d'une nouvelle châsse en 1242 (f. 68v) ; une relation de Jacques de Dinant (f. 68v) ; une note *De consuetudinibus pertinentibus ad viariam de monte Beate Genovefae Parisius* (f. 92v) ; un rituel de la visite que l'évêque de Paris, après son élection, doit faire à l'église Sainte-Geneviève (f. 97v) ; un rôle de la taille levée dans quelques domaines de l'abbaye, en 1272, *quando dominus Philippus, rex Francie, ivit cum exercitu suo contra comitem de Fois* [Roger-Bernard III, comte de Foix] (f. 105r) ; des actes d'affranchissement (f. 119r-122r).

74 Dans les marges du document, apparaissent des annotations (sur les sommes à prélever) qui pourraient être d'une main du XVe siècle.

75 BSG ms 369, f. 1r : « Ce sont les cens, rentes et fonds de terre deubs à l'office des pitances et cuisinne de l'esglise Sainte-Genevieve ou Mont de Paris, receus par moy frere Gilles d'Achières, chanoine pitancier et cuisinier de la dicte esglise, en l'an mil CCC quatre vins, et Philippot Meinnier mon clerc es offices pour le terme saint Remy l'an dessus dit ; ou quel terme les autres termes sont compris les quieus cens, rentes et fons dessus dis sont deubs tant a Paris, a Saint-Marcel, a Notre-Dame des Champs comme en plusieurs

son élaboration, puisqu'il s'ouvre sur une lettre initiale historiée[76] et que le texte est écrit en *textualis formata* (en rouge pour les titres et les informations jugées les plus importantes et en noir pour les notices), avec une mise en page soignée.

FIG. 7 – Initiale historiée du censier de Sainte-Geneviève de 1380 (Bibl. Sainte-Geneviève, ms 369, f. 1r). Cliché IRHT. https://bvmm.irht.cnrs.fr/consult/consult.php?REPRODUCTION_ID=13272)

Le censier de Saint-Éloi, élaboré dix ans plus tard, ne concerne que les cens du prieuré malgré sa désignation comme « cartulare » dans le

autres lieux cy après esclarcis aus termes et par la fourme et maniere que contenu est en ce present registre » ; Weiss Valentine, *Cens et rentes à Paris au Moyen Âge*, vol. 1, p. 55, 328-329, 624, vol. 2, p. 780, 783-784, 825.

76 Il s'agit d'une lettre initiale « C », dans laquelle se trouve représenté le miracle du cierge de sainte Geneviève. La sainte tient un livre et un cierge dans les mains, un diable et un ange se trouvent au-dessus de sa tête, alors que deux hommes (un chanoine et un clerc, sans doute Gilles d'Achères et Philippot Meinnier, son clerc) sont agenouillés devant elle. Cette initiale serait de la main du Maître du *Policratique* de Charles V d'après François Avril (« Le parcours exemplaire d'un enlumineur parisien à la fin du XIVe siècle. La carrière et l'œuvre du Maître du Policratique de Charles V », dans *De la sainteté à l'hagiographie. Genèse et usage de la légende dorée*, Genève, Droz, 2001, p. 268, 270 et 280).

colophon final[77], ainsi que l'insertion de deux diplômes royaux dans les parties liminaires du codex. Il a également été décoré, mais de manière plus sobre que le censier de Sainte-Geneviève. On y trouve en effet des pieds-de-mouche filigranés alternativement en bleu et rouge. Comptant 83 f., il a été écrit d'une seule main en *cursiva currens*, mais les titres et les premiers mots sont en *textualis formata*. C'est un digraphisme très fréquent dans les manuscrits, à la fois décoratif et fonctionnel, puisqu'il agit comme un marqueur visuel de hiérarchisation des informations au sein du texte et permet aux lecteurs de trouver plus facilement les informations recherchées.

Au cours du XVe siècle, cette présentation se généralise, aussi bien dans les comptes[78], que dans les censiers ou les cartulaires[79] ; les livres d'archives apparaissent en fait de plus en plus standardisés, à l'exemple des livres de comptes de Saint-Germain-des-Prés écrits sous forme de blocs, avec de larges marges à gauche et à droite pour les annotations[80].

Dans ce contexte de spécialisation et de standardisation renforcées, les insertions documentaires se seraient faites plus rares. Ce n'est pourtant pas si simple, puisque des additions ponctuelles persistent à la fin du Moyen Âge et à l'époque moderne. Mentions difficiles à interpréter correctement, elles sont souvent réduites à leur portion congrue (signatures, mots isolés, listes de chiffres, notes diverses, etc.), comme dans un censier de Sainte-Geneviève de 1406-1410[81] ou dans un compte de Saint-Germain-des-Prés de 1484-1485[82]. Ce ne sont plus des tâtonnements mais des griffonnages, parfois de simples

77 Arch. nat., LL 75, f. 83v : « Anno Domini millesimo trecentesimo nonagesimo primo prima die mensis januarii fuit rescriptum istud cartulare et fecit illud cartulare rescribi homo nobilis optime memorie frater Petrus Philippelli humilis prior prioratus monasterii sancti Eligii Parisiensis. Et illud rescripsit frater Johannes Lathonii monachus dicti prioratus. Orate pro eis si vobis placuerit ».

78 Jéhanno Christine, « Le compte et son décor : entre norme comptable et liberté du scribe », dans Olivier Mattéoni et Patrice Beck (dir.), *Classer, dire, compter. Discipline du chiffre et fabrique d'une norme comptable à la fin du Moyen Âge*, Paris, 2015, p. 97-152.

79 Weiss Valentine, *Cens et rentes à Paris au Moyen Âge*, *op. cit.*, vol. 2, p. 785-797. C'est le cas du cartulaire du collège des Bernardins qui date de la fin du XVe siècle (Arch. nat., MM 366). Dans ce cas, on remarque néanmoins l'absence de lettres cadelées et de titres en *textualis*, mais reste la présentation par bloc.

80 Arch. nat., LL 1104 (comptes de 1418-1458) et LL 1105 (comptes de 1423-1428).

81 Arch. nat., S*1627², f. 130r, 130r, 193r, 217r, 221v.

82 Arch. nat., LL 1112, f. 157r.

essais de plume, souvent insérés dans les espaces laissés libres des manuscrits[83].

À travers le corpus sélectionné, essentiellement parisien et francilien, il est apparu que l'« incodication » de documents de gestion a concerné tous les types documentaires, du censier au compte en passant par les actes.

Lorsqu'il s'agit de documents servant de couvrure, leur conservation a été complètement fortuite, liée à leur position de remploi, mais comment expliquer celle des autres types d'insertion ? S'ils ont été faits consciemment, ces ajouts peuvent correspondre à la volonté de conserver la mémoire de textes parfois isolés et de ce fait vulnérables, souvent importants pour la gestion du patrimoine de la communauté. C'est le cas des listes copiées dans les feuillets restés blancs lors de la rédaction du manuscrit principal[84], véritables « parasites » profitant pour certaines de la valeur symbolique accordée au livre-hôte. Comment interpréter en revanche l'insertion de cahiers complets dans un cartulaire ou un livre du chapitre ? Ont-ils été ajoutés pour soutenir et conforter le contenu principal ? Pour le cartulaire médiéval de Saint-Antoine-des-Champs, les deux listes de cens entrent en résonance avec le contenu des actes copiés une trentaine d'années auparavant[85].

Au-delà des insertions documentaires ponctuelles, cette habitude aboutit à la fin du XIIIe et dans la première moitié du XIVe siècle à l'existence de *codices* complexes associant sous une même reliure, parfois écrits par la même main, des documents très différents, comme nous l'avons vu par l'exemple du « Livre du chapitre » de Saint-Magloire[86]. Dans la confection et l'assemblage de ces textes, quelle est la marge d'innovation des scripteurs et quelle est le poids des modèles – si jamais il en existait ?

Dans la seconde moitié du XIVe et au cours du XVe siècle, les « livres d'archives » se sont progressivement spécialisés et standardisés, au point que les insertions documentaires se sont raréfiées, sans

83 Weiss Valentine, *Cens et rentes à Paris au Moyen Âge*, *op. cit.*, vol. 2, p. 798-799.

84 Brunel Ghislain, « Listes de terres, listes de tenanciers, listes de revenus… », *op. cit.*, p. 214-215.

85 Arch. nat., LL 1595.

86 Arch. nat., LL 39.

disparaître complètement. Ce sont ces traces tenues qu'il conviendra d'interroger pour comprendre comment travaillaient les copistes de la fin du Moyen Âge et comment leurs successeurs ont réceptionné leurs travaux.

Marlène HELIAS-BARON
Institut de recherche et d'histoire
des textes (IRHT) UPR 841

DE LA BIBLIOTHÈQUE PRIVÉE À LA BIBLIOTHÈQUE COLLÉGIALE

Aux origines de la collection scientifique du collège de Sorbonne

Le collège de Sorbonne fut fondé vers 1257 par Robert de Sorbon, dans une période de crise pour l'université parisienne confrontée à la querelle entre séculiers et mendiants. Bien que le fondateur ne se soit jamais impliqué dans celle-ci, son institution a bénéficié du soutien de certaines figures de proue de cette querelle, telle que le maître séculier en théologie Gérard d'Abbeville. Ces années marquent également la réhabilitation d'Aristote en 1252 et l'officialisation de son enseignement en 1255 dans les Statuts de la nation anglaise[1].

La maison de Robert de Sorbon devint dès ses premières années le fer de lance d'un nouveau modèle de collège séculier ayant résolu le problème matériel du logement et celui de l'aide apportée à l'étude. Comme on le sait le rayonnement du collège fut rapide. Il ne tient pas seulement à son caractère novateur mais également à sa bibliothèque. Plus qu'un soutien à l'étude, celle-ci devint grâce aux dons de bienfaiteurs et plus tard d'anciens sociétaires, un véritable tableau des disciplines universitaires dont témoigne le classement thématique du catalogue de 1338. Les matières enseignées dans les facultés des arts, de médecine, de théologie et de décret sont ainsi représentées.

Les débuts du collège sont marqués par la reconnaissance officielle du Pape et du roi, Louis IX, et par de nombreuses libéralités émanant de bienfaiteurs issus du milieu universitaire ou liés à la cour royale. L'installation matérielle de cette communauté formée par les *socii*,

1 P. Glorieux, *Aux origines de la Sorbonne. I. Robert de Sorbon. L'homme, le collège, les documents*, Paris, 1966. R. H. Rouse, « The Early Library of the Sorbonne », *Scriptorium* 21, 1967, p. 42-71, 227-251. Voir surtout le récent volume collectif : C. Angotti, G. Fournier, D. Nebbiai (éd.), *Histoire et rayonnement du collège et de ses bibliothèques du* XIIIe *siècle à la* Renaissance, Paris, 2017.

similaire à celle des couvents mendiants, régie par des statuts et un fort esprit corporatif instituait le *collegium* en tant que subtil intermédiaire entre le monde régulier et la *communitas* universitaire. Mais plus encore que son statut de premier collège séculier ou d'organe secondaire de la faculté de théologie, ce qui fit le succès de la maison de Sorbonne, qui assura sa prépondérance au sein de l'Université, c'est sa bibliothèque. Les premiers dons qui vinrent enrichir le collège comprenaient donc pour certains des livres. La conscience que le soutien prodigué aux « pauvres maîtres de Sorbonne » passait par l'accès aux manuels nécessaires à la poursuite de leurs études était bien présente. Ce qui constituera le noyau primitif de la bibliothèque du collège et qui deviendra la ligne de conduite de l'enrichissement de cette *libraria* furent donc dès les débuts les dons et les legs. Les deux premiers legs de livres, intervenus en 1258 et 1260 et dont on ne connaît pas l'ampleur émanent de deux maîtres proches du roi, tous deux nommés Robert de Douai. Robert de Douai († 1258), médecin de la reine Marguerite et chanoine de Senlis, fut l'un des plus fidèles soutiens de Robert de Sorbon dans son entreprise de fondation. En plus de 1500 livres parisis, il légua tous ses livres de théologie. Le deuxième don est celui de Robert de Douai († 1260) – clerc de Guillaume II de Villehardouin, prince d'Achaïe – dont l'exécuteur testamentaire est Gérard d'Abbeville. Le contenu et le nombre de livres ne sont pas précisés, mais l'on sait que leur valeur totale s'élève à 700 livres parisis. S'ensuivent entre 1260 et 1272 plusieurs autres dons de livres, dont le plus important, sans commune mesure avec les autres libéralités est celui de Gérard d'Abbeville († 1272)[2].

Ce maître parisien légua au collège une collection substantielle d'environ 300 manuscrits comme le souligne l'obituaire de Sorbonne. Ce legs d'ampleur intervenu en 1272 changea la physionomie de la bibliothèque[3]. Les sciences mathématiques ou quadriviales étaient largement représentées. Il faut dire que Gérard d'Abbeville était entré en

---

2 *Cf.* C. Angotti, « Les bibliothèques des couvents mendiants, un modèle pour les séculiers ? L'exemple de deux premiers bienfaiteurs de la bibliothèque du collège de Sorbonne (Robert de Sorbon, Gérard d'Abbeville) », dans N. Bériou, M. Morard, D. Nebbiai (éd.), *Entre stabilité et itinérance : Livres et culture des ordres mendiants,* XIIIe-XVe *siècle* (Bibliologia 37), Turnhout, 2014, p. 31-72.

3 [8 novembre] *Obiit magister Geraudus de Abbatisvilla qui nobis legavit quasi iij^C^ volumina librorum tam in theologia quam in philosophia, et omnia ornamenta que pertinent ad capellam pro pictancia x sol'.* : P. Glorieux, *Aux origines de la Sorbonne. I. Robert de Sorbon. L'homme, le collège, les documents*, Paris, 1966, p. 176.

possession de la bibliothèque du chancelier de la cathédrale d'Amiens, Richard de Fournival († 1260), poète, médecin, largement versé dans les sciences dites séculières et en particulier dans le *quadrivium*. Par ce don exceptionnel, Gérard d'Abbeville joua un rôle fondateur dans la formation de la bibliothèque du collège, et par là même, de la collection scientifique de l'institution.

Sous cette impulsion, la bibliothèque du collège allait accueillir d'autres dons octroyant une place non négligeable aux sciences mathématiques. En 1306, Pierre de Limoges, ancien sociétaire de la Sorbonne, désigné dans l'obituaire du collège comme « *magnus astronomus* », légua 120 volumes représentatifs d'une lecture et d'une pratique intenses des sciences. Ces deux générations de donateurs, l'un bienfaiteur, l'autre ancien sociétaire, ont permis au collège de se doter de l'une des collections de livres scientifiques les plus importantes du monde latin au début du XIVe siècle[4]. Quelques décennies après sa fondation, le collège de Sorbonne devint l'un des vecteurs de la *renovatio* scientifique, par la transmission de traductions de textes scientifiques issus de la science arabe et grecque, de leurs adaptations et de textes originaux latins. Les apports successifs de bibliothèques privées ont ainsi permis au collège de Sorbonne de s'ériger en véritable bibliothèque universitaire. C'est à la genèse de cette collection scientifique que nous nous intéressons ici. Dans ce cadre, deux legs font donc figure de fondateurs : celui de Gérard d'Abbeville, consciencieusement planifié, et celui de Pierre de Limoges, ancien sociétaire, dont la collection renouvela le fonds scientifique inauguré en 1272. Il ne sera pas question ici de reconstituer l'ensemble de ces deux collections scientifiques[5], mais de donner à voir plusieurs éléments importants, permettant de mieux saisir les étapes d'élaboration du fonds scientifique de Sorbonne.

---

4 [3 novembre] *Obiit magister Petrus de Lemovicis, quondam socius domus, canonicus Ebroicensis qui refutavit duos episcopatus et bis prebendas parisius. Bacalarius in theologia, magnus astronomus qui legavit domui plus quam vi*^{xx} *volumina exceptis quibusdam caternis magne reputationis. Pitancia x sol. par. Ibid.* p. 176.

5 Sur la reconstitution de l'ensemble du fonds scientifique du collège de Sorbonne et son évolution de la fondation de la maison jusqu'en 1500, voir : L. Miolo, *Le fonds scientifique d'un collège de théologie : le cas de la bibliothèque de Sorbonne 1257-1500*, thèse de doctorat, Université Lumière Lyon II, 2017. La publication de cette étude est en préparation.

LES SOURCES

Dans le cadre de cette étude nous disposons de plusieurs sources, d'une part les manuscrits subsistants provenant de ces deux collections et présentant pour la plupart les ex-libris indiquant l'institution ainsi que le légateur, d'autre part les catalogues et inventaires médiévaux des deux dépôts de la *libraria*[6]. Cette dernière catégorie comprend le catalogue général de la bibliothèque établi en 1338 et le catalogue double de la *libraria communis* ou bibliothèque des livres enchaînés élaboré entre 1321 et 1338, et constitué d'un inventaire topographique de la collection suivi d'un répertoire méthodique[7].

Le catalogue général de 1338 décrit en détail les manuscrits faisant partie du fonds en circulation – ouvert au prêt – mais il ne se limite pas à cela : il mentionne également les manuscrits perdus (*defficit* ou *vacat quia defficit*) et les volumes enchaînés (le livre est présenté comme *defficit quia cathenatus* ou *cathenatus*, sans autres précisions). Les bibliothécaires en charge du catalogue se sont appuyés sur un registre précédent – probablement celui de 1290, mentionné à la fin du catalogue de 1338[8] – afin d'établir un récolement complet de la collection. En effet, certains manuscrits sont précisément décrits mais portent la mention « manquant ».

Le catalogue général décrit 1172 volumes et mentionne 649 manuscrits comme enchaînés ou perdus. Celui-ci est organisé en 59 rubriques

---

6 Sur les sources bibliothéconomiques du collège de Sorbonne : R. H. Rouse, « The early library of the Sorbonne », *Scriptorium*, 21 :1, 1967, p. 42-71, et 21 :2, p. 227-251. Plus récemment voir : G. Fournier, « Listes, énumérations, et modernes de la bibliothèque du collège de Sorbonne (Première partie : Les sources médiévales) », *Scriptorium*, 65 :1, 2011, p. 158-215.

7 Tous deux sont conservés dans le manuscrit Paris, BnF, Nouv. acq. lat. 99. Le fragment du catalogue primitif de 1274-1275 ne présente pas de manuscrits scientifiques, il s'agit uniquement de volumes appartenant aux *Originalia Augustini* et aux *Originalia mixta Sanctorum*. Sur ces fragments, voir : R. H. Rouse, « The early library of the Sorbonne, II », *loc. cit.* p. 245-251.

8 Ce *registrum* est mentionné à la fin du catalogue de 1338 (Paris, BnF, Nouv. acq. lat. 99, p. 223b). Selon cette note il aurait décrit 1017 volumes. Richard Rouse a reconstitué une partie de ce catalogue perdu grâce aux mentions d'ex-legato présentées dans un ordre stratigraphique dans le catalogue de 1338 : R. H. Rouse, « The early library of the Sorbonne, I », *loc. cit.* p. 64. G. Fournier, « Listes, énumérations, et modernes de la bibliothèque du collège de Sorbonne (Première partie : Les sources médiévales) », *loc. cit.* p. 186.

thématiques, la 56ᵉ étant dédiée au *Libri quadruviales*, soit les livres ayant trait au *quadrivium*[9]. Le catalogue décrit chaque volume présent dans la bibliothèque en circulation, en signalant d'abord sa cote numérique, puis en précisant le titre de l'œuvre (ou les titres des textes principaux contenus dans le manuscrit) et l'auteur, le nom du donateur, sous la forme d'un ex-legato, les mots repères du second et de l'antépénultième feuillets, pour finir par la prisée du manuscrit, comme suit dans l'exemple tiré de la liste des *Libri quadruviales* :

> 1. In uno volumine sunt isti libri qui secuntur : algorismus, practica arismetice, compotus prosaicus, quedam alia practica arismetice, ex legato magistri G. de Abbatisvilla. Incipit in 2° folio *unitatem*, in penultimo *solidi sunt*[10].

Ce volume, que l'on peut identifier avec certitude au manuscrit Paris, BnF, lat. 15461, contient deux traités d'arithmétique pratique (*algorismi*) adaptés de textes arabes : le *Liber Alchorismi de practica arismetice* et le *Liber Mahameleth*[11]. Il présente également un comput. Ce manuscrit qui inaugure la rubrique des livres mathématiques fait partie du legs de Gérard d'Abbeville. Si l'on se reporte au premier feuillet de garde du manuscrit, celui-ci présente au verso un ex-libris du collège présentant des informations similaires au catalogue de 1338, assorties d'un anathème. La mention « Inter quadruviales primus » se réfère directement au catalogue du collège. Cette même mention écrite d'une main postérieure a été apposée sur le dernier feuillet de garde du manuscrit (f. 50v), à la suite d'un autre ex-libris. Il est probable que la première fut composée avant le catalogue de 1338, probablement pour le registre de 1290, tandis que la deuxième (f. 50v) correspond à la main du bibliothécaire responsable des mentions que l'on trouve dans tous les manuscrits scientifiques décrits en 1338[12].

Le catalogue double de la bibliothèque commune (*libraria communis*) composé entre 1321 et 1338 est issu de la réforme de la bibliothèque

---

9 La rubrique des *Libri quadruviales* couvre les pages 211 à 216 du Paris, BnF, Nouv. acq. lat. 99.

10 Paris, BnF, Nouv. acq. lat. 99, p. 211.

11 J. Sesiano, ed., *The Liber Mahameleth : A 12th-Century Mathematical Treatise*, New York, 2014. Sur le *Liber algorismi*, voir : A. Allard, « L'influence des mathématiques arabes dans l'Occident médiéval », dans R. Rashed (éd.), *Histoire des sciences arabes*, II, *Mathématiques et physique*, Paris, 1997, 199–230.

12 L. Miolo, *Le fonds scientifique d'un collège de théologie, I*, *op. cit.* p. 290.

initiée par le proviseur Annibald de Ceccano en 1321[13]. Celui-ci comprend un inventaire sommaire (topographique), suivi d'une préface (intitulée *Doctrina tabule*) rédigée par un bibliothécaire nommé Jean, et d'un répertoire méthodique. La préface a été élaborée comme un exercice scolastique raisonné – elle en a la structure quasi syllogistique – dont le principe est didactique. Il s'agit d'une véritable clé de lecture de la *tabula* ou du répertoire méthodique qui suit. Jean y expose les principes d'organisation quasi platonicienne de cette *libraria* menant à la Philosophie, c'est-à-dire à la Sagesse. Jean, bibliothécaire de Sorbonne, utilise sa nouvelle organisation comme « remède » aux difficultés rencontrées par les lecteurs au sein d'une bibliothèque recelant une multitude de livres, plus qu'un remède, il entreprend d'ouvrir un chemin : une métaphore utilisée pour décrire les sept arts libéraux *trivium* et *quadrivium* qui sont autant de chemins menant à la Sagesse, comprise dans le cadre du collège comme la théologie, qui vient couronner le classement de la bibliothèque. Ce n'est donc pas un hasard si la classification en rubriques thématiques de Jean débute par les sciences profanes et spécifiquement par les arts libéraux. La classification adoptée par le bibliothécaire représente les quatre facultés de l'université de Paris : faculté des arts, facultés supérieures de théologie, de décret et de médecine.

La table élaborée par Jean s'organise en 52 rubriques thématiques qu'il cite à la suite de sa préface, certaines de ces rubriques sont subdivisées en matières, c'est notamment le cas du *quadrivium* : *libri quadruviales, primo de arismetica et sic convenienter : [libri] astronomie, musice, alkimie, geometrie* (Paris, BnF, Nouv. acq. lat. 99 p. 247b). Dans le répertoire méthodique, chacune de ces rubriques est apposée en tête du ou des feuillets qui lui sont dédiés. À l'intérieur de ces dernières, le contenu de chaque manuscrit est décrit indépendamment. En tête de chaque œuvre figure une cote alphabétique : la première représente le pupitre sur lequel est enchaîné le manuscrit – les pupitres sont quant à eux décrits dans l'inventaire sommaire – et la deuxième renvoie à la cote même du volume. Le titre de l'œuvre est précisé suivi de son *incipit.* Selon Richard Rouse, il est fort probable que la deuxième cote attribuée au manuscrit soit une

13 Cette réforme relative à la bibliothèque, son règlement et son catalogue fut provoquée par le proviseur (de 1320 à 1326) Annibald de Ceccano *ad utilitatem domus et ad meliorem custodiam librorum* « pour l'utilité de la maison et pour une meilleur conservation des livres ». Le texte de cette décision a été édité par Palémon Glorieux : P. Glorieux, *Aux origines de la Sorbonne*, I, *op. cit.* p. 214-215.

invention du bibliothécaire. En effet, aucune de ces cotes n'est lisible actuellement dans les manuscrits subsistants, seule la cote numérique du catalogue de 1338 apparaît sur les feuillets de garde. Richard Rouse avance l'hypothèse de la présence d'un index synoptique, à l'usage du bibliothécaire, répertoriant ces nouvelles cotes[14].

Ainsi, prenons l'exemple de la rubrique des *libri quadruviales* et du texte du Pseudo-Messahallah sur l'astrolabe cité comme suit :

> Bancus P volumen h. Composicio astrolabii. *Scito quod astrolabium sic nomen grecum*[15].

Si un lecteur souhaitait consulter ce traité, il savait qu'il devait se reporter au pupitre P et consulter le manuscrit « h » enchaîné au pupitre et contenant ce traité. En revanche, la concordance avec l'inventaire sommaire – qui offre une topographie des pupitres et des manuscrits enchaînés – est malaisée, car il apparaît bien que le répertoire méthodique et l'inventaire sommaire représentent un travail toujours en cours, ou du moins que l'une des parties du catalogue ait été actualisée au détriment de l'autre[16]. Dans l'inventaire sommaire, les volumes sont décrits succinctement, le plus souvent par la première œuvre qu'ils contiennent mais pour certains ouvrages le bibliothécaire s'est attaché à mentionner toutes les œuvres d'un même volume ou du moins les deux premières. Les principes adoptés par le bibliothécaire dans le catalogage des pupitres de l'inventaire sommaire ne sont donc pas clairs. L'ordre alphabétique de la deuxième

14 R. H. Rouse, « The early library », *loc. cit.* p. 237-239.

15 Paris, BnF, Nouv. acq. lat. 99 p. 257.

16 Selon Richard Rouse, le catalogue double est un travail qui était toujours en cours au vu des divers ajouts du bibliothécaire et du manque de concordance avec l'inventaire sommaire. Certains manuscrits sont cités dans l'inventaire et ne sont pas reportés (ou partiellement) dans le répertoire méthodique ; de même, certains manuscrits sont cités dans le répertoire méthodique et ceux-ci semblent passer sous silence. Pour plusieurs exemples sur la concordance inventaire sommaire / répertoire méthodique, il faut se reporter à : R. H. Rouse, « The early library », *loc. cit.* p. 237-239. Jacques Monfrin dans la préface à l'édition du Registre de prêt du collège note également ce manque de concordance et établit que le répertoire méthodique et la table représenteraient « un état très légèrement différent de l'inventaire des pupitres ». J. Vielliard, M-H. Jullien de Pommerol, J. Monfrin (éd.), *Le registre de prêt de la bibliothèque du collège de Sorbonne (1402-1536). Diarium Bibliothecae Sorbonae. Paris, Bibliothèque Mazarine, ms. 3323*, Paris, 2000, p. 13.

cote du manuscrit (que l'on trouve dans le répertoire méthodique) est respecté dans certains cas[17], mais le plus souvent il apparaît que le catalographe n'a pas prêté une grande attention à l'ordre dans lequel les manuscrits étaient disposés sur le pupitre. Le cas du manuscrit contenant le traité de composition et des usages du pseudo-Messahallah cité précédemment illustre le problème de concordance entre répertoire méthodique et inventaire sommaire : aucun manuscrit cité au pupitre P ne semble correspondre.

L'absence du nom du donateur et des mots-repères dans les descriptions fournies par l'inventaire sommaire et le répertoire méthodique rend l'identification des manuscrits subsistants difficile. Toutefois, les volumes qui nous sont parvenus présentent une cote numérique se rapportant au catalogue de 1338, qui mentionne les *codices* enchaînés. Le croisement de ces indices et de la description détaillée des œuvres dans le répertoire méthodique permet d'identifier certains manuscrits. Par ailleurs, des indices internes, telles que les annotations de possesseurs, comme nous le verrons sous peu, constituent des témoins importants dans l'identification d'autres volumes.

LA GENÈSE D'UN FONDS DE NICOLAS DE VRIGNY À GÉRARD D'ABBEVILLE

En 1264, Nicolas de Vrigny, chanoine de Coutances lègue treize volumes dont il détaille le contenu, et plusieurs autres petits livres – probablement non reliés –, qui correspondent à la collection qu'il possédait durant ses études en arts et en théologie. Le testament de ce maître contient la toute première mention explicite de manuscrits légués au collège de Sorbonne[18].

---

17 Les deux premières entrées du pupitres A – Expositio compoti Campani / Leopoldus de astronomia – semblent ainsi correspondre au même manuscrit puisque les deux entrées correspondantes du Répertoire méthodique sont cotés Aa. Paris, BnF, Nouv. acq. lat. 99 p. 237a.

18 Le testament de Nicolas de Vrigny a été édité par Palémon Glorieux : P. Glorieux, *Aux origines de la Sorbonne. II : Le Cartulaire*, Paris, 1965, p. 276. La liste est reprise dans : G. Murano, *Opere diffuse per* « exemplar » *e* pecia, Turnhout, 2005, p. 71-72.

Les mentions des titres sont assez succinctes, mais il est intéressant de remarquer que sur les douze volumes décrits, sept ont circulé par *pecie*. Chaque entrée comprend le titre du livre et est suivie du nombre de *pecie* qu'il comprend[19]. L'achat de ces manuscrits circulant par *pecie* laisse peu de doute sur les études universitaires de Nicolas de Vrigny et témoigne du difficile accès au livre pour un étudiant. Le système d'*exemplaria* et de *pecie* chez les stationnaires, contrôlé par les instances universitaires, permettait à l'étudiant de louer et parfois d'acheter des manuscrits nécessaires aux études, cahier par cahier auprès de ceux que l'on nomme les *librarii*[20]. La liste des livres donnés par Nicolas de Vrigny au collège comprend donc des volumes nécessaires à l'étudiant en théologie, à savoir : les *Sentences* de Pierre Lombard, un bréviaire dit *ad usum Parisiensem*, un missel portatif *ad usum curie Romane*, la *Summa de Bono* de Philippe le Chancelier, un recueil de questions philosophiques et une collection de *questiones* théologiques. Deux autres manuscrits ne correspondent pas au *curriculum* en théologie mais se rapportent plutôt aux études artiennes de Nicolas, et ont également circulé par *pecie*[21]. Le premier volume composé de 51 *pecie* s'ouvre sur les *Topiques* d'Aristote[22], tandis que le deuxième débute par un texte relatif à l'astrolabe et compte 62 *pecie*.

Le volume contenant un traité sur l'astrolabe suivi d'autres textes dont l'on peut soupçonner qu'ils se rapportent à cet instrument ou du

19 Sur la circulation des œuvres par *pecie* et l'exemple de Nicolas de Vrigny il faudra se reporter à l'étude de Giovanna Murano : G. Murano, *Opere diffuse per* « exemplar » *e* pecia, Turnhout, 2005, p. 71.

20 Sur la production du livre par *exemplar* et *pecie* qui débute à la fin de la première moitié du XIIIe siècle et trouve son point d'orgue dans les années 1270 : R. H. Rouse, M. A. Rouse, « The book trade at the University of Paris c. 1250-c. 1350 », dans L. J. Bataillon, B. G. Guyot, R. H. Rouse (éd.), *La production du livre universitaire au Moyen Âge. Exemplaria et Pecia. Actes du symposium tenu au Collège San Bonaventura de Grottaferrata en mai 1983*, Paris, 1988, p. 41-113. H. V Shooner, « La production du livre par la *pecia* », dans *ibid.* p. 17-30. L. J. Bataillon, « Les textes théologiques et philosophiques diffusés à Paris par *Exemplar* et *Pecia* » dans *ibid.* p. 155-163.

21 G. Murano, *Opere diffuse per «* exemplar *» e* pecia, Turnhout, 2005, p. 72 : [8] *Item collectionem que incipit per Topica Aristotelis cum suis consequentiis ; pecias L et unam* / [9] *Item collectionem que incipit De opere astrolabii, cum suis consequentiis, pecias LXIII.*

22 Les *Topiques* d'Aristote ont fait leur entrée dans le corpus logicien de la *logica nova* depuis les statuts de la nation anglaise de 1252 et ceux de la faculté des arts de 1255. Ils devenaient donc obligatoires alors que les statuts de 1215 en faisaient des lectures extraordinaires, les jours de fêtes. Voir : H. Denifle, E. Chatelain, *Chartularium universitatis Parsiensis*, Paris, 1889 (dorénavant abrégé CUP). CUP, I, n° 202 (1252) et n° 246 (1255).

moins à l'astronomie est difficilement identifiable. En l'absence de plus de précisions, il est difficile de savoir à quels textes se rapporte précisément ce volume. Était-ce le *corpus astronomicum* qui inclut généralement la composition et les usages de l'astrolabe du pseudo-Messahallah, largement diffusé dans le milieu universitaire dans la seconde moitié du XIIIe siècle[23] ? S'il s'agit bien du *Corpus astronomicum*, il en est un témoin précoce car selon Guy Beaujouan ce manuel circulait vers 1250[24]. Quant au *De compositione et de operatione astrolabii* du pseudo-Messahallah, il constitue un ensemble de compilations et d'adaptations latines dérivant d'œuvres arabes achevées au milieu du XIIIe siècle[25]. Toutefois, la mention *De opere astrolabii* dans le testament de Nicolas de Vrigny pourrait tout à fait se rapporter à d'autres œuvres sur l'astrolabe accessibles à cette époque[26]. L'absence d'incipit ne permet donc pas d'identifier ce texte avec certitude.

Le fait que ce volume ait circulé sous forme de *pecie* laisse penser que ce *codex* était un manuel exigé à la faculté des arts. On ne peut malheureusement pas être éclairé par les statuts parisiens, qui demeurent bien silencieux concernant les œuvres mathématiques[27]. Par ailleurs, la liste de taxations du stationnaire Guillaume de Sens (1275) ne mentionne pas d'*exemplar* de traité de l'astrolabe qui aurait pu nous mettre sur la voie du contenu[28].

En revanche, la présence de ce volume astronomique dans le testament de Nicolas de Vrigny nous permet d'affirmer que de tels textes ont circulé par *pecie* avant 1264, et que par conséquent, ce *De opera astrolabii* faisait

---

23 Sur le *Corpus astronomicum* voir O. Pedersen, « The *Corpus astronomicum* and the traditions of medieval latin astronomy », *Studia Copernicana*, 13, 1975, p. 57-96.

24 G. Beaujouan, « Le *quadrivium* à la faculté des arts », dans *L'enseignement des disciplines à la Faculté des arts (Paris et Oxford, XIIIe-XVe siècles)*, Turnhout, 1997, p. 185-194 (plus précisément p. 192).

25 *Cf.* P. Kunitzsch, « On the authenticity of the treatise on the composition and use of the astrolabe ascribed to Messahalla », *Archives Internationale d'Histoire des Sciences*, 31, 1981, p. 42-62 ; réimprimé dans *The Arabs and the Stars*, Northampton, Variorum, 1989.

26 Sur la littérature astrolabique au Moyen Âge, voir : E. Poulle, « L'astrolabe médiéval d'après les manuscrits de la Bibliothèque nationale », *Bibliothèque de l'École des chartes*, 112, 1954, p. 81-103. Id, « La littérature astrolabique latine jusqu'au XIIIe siècle », *Physis. Rivista internazionale di storia della scienza*, 32, 1995, p. 227-237.

27 O. Weijers, *Le maniement du savoir. Pratiques intellectuelles au temps des premières universités (XIIIe-XIVe siècles)*, Turnhout, 1996.

28 G. Murano, *Opere diffuse per* « exemplar » *e* pecia, Turnhout, 2005, p. 72 : [12] *Item collectionem qui incipit a Viatico medicine, cum suis consequenciis ; pecias LXXII.*

partie des lectures prescrites par des écoles artiennes, si ce n'est la faculté des arts elle-même. Du point de vue de l'histoire de la bibliothèque du collège de Sorbonne, le legs du chanoine de Coutances constitue la première mention d'un manuscrit scientifique entré dans la maison des « pauvres maîtres » de Sorbonne. On n'oubliera pas non plus, que la liste de livres de Nicolas de Vrigny comprenait un livre médical contenant le *Viaticum* – la version latine du traité *Zād al-musāfir* (Provision du voyageur) d'Ibn al-Ǧazzār par Constantin l'Africain –, œuvre citée dans les statuts de la faculté de médecine de Paris de 1270-1274 dans le cadre de *lectiones ordinarie* ou *cursorie*[29]. Le *Viaticum* faisait donc partie du corpus de l'*Ars medicine* parisien[30]. Est-ce à dire que Nicolas de Vrigny suivit un enseignement en médecine ? Rien n'indique que ce ne fut pas le cas mais d'autres hypothèses peuvent être avancées : peut-être a-t-il bénéficié lui-même d'un don ou a-t-il acquis cette œuvre pour les sociétaires du collège à qui rien n'interdisait de suivre des leçons à la faculté de médecine ? Quoi qu'il en soit, le testament de Nicolas de Vrigny constitue le premier témoignage de l'entrée de livres mathématiques dans le collège. En revanche, le volume contenant le *De opere astrolabii*, n'est pas identifiable que cela soit dans le catalogue de la *libraria communis* (1321-1338) ou dans le catalogue général de 1338. Il semble donc que malgré la menace d'anathème présente dans le testament de Nicolas de Vrigny[31], ce volume ait disparu avant 1338 et probablement même avant 1290, puisque le premier livre mathématique cité dans la rubrique des *Libri quadruviales* a été légué par Gérard d'Abbeville.

Si Gérard d'Abbeville n'est pas le premier à léguer des manuscrits scientifiques, il peut être considéré comme le fondateur de cette collection. La rubrique des *Libri quadruviales* du catalogue de 1338 (Paris, BnF, Nouv. acq. lat. 99, p. 211-216) est ainsi composée à 65 % de manuscrits issus du legs de l'archidiacre de Ponthieu en 1272. L'importance de cette collection mathématique est à mettre sur le compte de l'acquisition par Gérard d'Abbeville de la bibliothèque de Richard de Fournival[32].

---

29 CUP, I, n° 453.

30 Sur le détail de ce corpus voir : D. Jacquart, *La médecine médiévale dans le cadre parisien*, Paris, 1998, p. 162-163.

31 *Cf.* P. Glorieux, *Aux origines de la Sorbonne*, II, p. 276.

32 Sur l'intérêt de Richard de Fournival pour les sciences, voir le volume collectif : *Richard de Fournival et les sciences*, Textes réunis par Joëlle Ducos et Christopher Lucken, Florence, Sismel-Edizioni del Galluzzo, « Micrologus' Library, 88 », 2018. Le lien entre la *Biblionomia*

Il est difficile de savoir comment Gérard d'Abbeville a pu entrer en possession de cette riche bibliothèque, mais il est probable qu'en tant qu'archidiacre de Ponthieu, Gérard d'Abbeville ait entretenu des liens avec le chapitre d'Amiens. L'acquisition de cette bibliothèque au caractère encyclopédique et universel, en partie décrite par Richard de Fournival dans sa *Biblionomia* (v. 1250), figurait peut-être déjà dans le programme de soutien de Gérard d'Abbeville aux sociétaires du collège de Robert de Sorbon. Ainsi, il a pu acquérir cette bibliothèque à la mort de Richard de Fournival en 1260 en vue de la donner à la nouvelle fondation séculière. Les recommandations précises qu'il donne au collège dans son testament vont dans ce sens. Il s'agit d'un projet mûri dans lequel le soin et l'attention portés aux livres demeurent centraux. Ce testament étudié par Claire Angotti comporte un certain nombre de demandes relatives à la conservation des livres qui préfigurent, en un sens, les réformes entreprises par la suite au collège[33]. Gérard d'Abbeville exige ainsi que les livres soient constamment surveillés par un procureur du collège. Cette clause paraît confirmer l'absence d'une fonction de bibliothécaire dans les premières années de la bibliothèque. Parmi les autres exigences du testament, on note : l'élaboration d'un inventaire, un compte-rendu annuel de l'état de la bibliothèque par le procureur et l'emprunt d'ouvrages contre caution. Par ailleurs, les livres devront être conservés dans un *armarium* et des coffres[34].

De même, si Gérard d'Abbeville lègue une bibliothèque au contenu fort riche et divers, il n'en oublie pas pour autant le dessein du collège : former une élite de théologiens et prédicateurs de haut niveau. Les œuvres de théologie, en particulier les *Originalia*, et de droit canon devront être soigneusement conservées – voire pour certaines, être

de Richard de Fournival et Gérard d'Abbeville a été démontré par Aleksander Birkenmajer : A. Birkenmajer, « La bibliothèque de Richard de Fournival, poète et érudit du début du XIIIe siècle, et son sort ultérieur », dans *Études d'histoire des sciences et de la philosophie du Moyen Âge*, Wroclaw-Varsovie-Cracovie, 1970, p. 117-210, en part. p. 129-139.

33 C. Angotti, « Les bibliothèques des couvents mendiants, un modèle pour les séculiers ? », *loc. cit.*, p. 58-60. L'édition complète du testament est donnée dans : P. Glorieux, *Aux origines de la Sorbonne*, II, *op. cit.* p. 355.

34 La demande d'enchaînement de livres n'est présente que dans une des variantes du testament. Il est donc difficile de dire si l'enchaînement qui sera décidé en 1289 est né des dispositions testamentaires de Gérard d'Abbeville. *Ibid.* p. 47. Gérard lègue également trois coffres (*cistae*) et un *armarium* afin de conserver les livres qu'il a légués. Voir A. Tuilier, « La bibliothèque médiévale de Sorbonne et ses livres enchaînés », *Mélanges de la bibliothèque de la Sorbonne*, 2, 1981, p. 7-41 (*cf.* p. 10).

enchaînées si l'on suit une des variantes du testament –. Les livres de philosophie seront accessibles aux étudiants et maîtres régents de la faculté des arts sous caution, tandis que les livres de médecine devront être vendus. Ces derniers représentaient peut-être à ses yeux quantité négligeable pour un étudiant en théologie. L'argent de ces ventes devait permettre ensuite d'acheter ou de faire copier des livres nécessaires au *curriculum* des sociétaires du collège. La mention des étudiants et des maîtres régents séculiers désigne le début de l'ouverture du collège à l'ensemble des étudiants et maîtres de l'université de Paris. Néanmoins, si l'ambition de Gérard d'Abbeville est de faire de la bibliothèque du collège une bibliothèque universitaire ouverte au plus grand nombre d'étudiants et maîtres séculiers, son hostilité vis-à-vis des mendiants n'a pour autant pas diminué, comme en atteste cette formule, bien connue, de son testament : « je souhaite que l'on effectue des copies des *originalia* et des sommes seulement pour les maîtres en théologie séculiers, car les religieux en ont assez[35] ».

Gérard d'Abbeville avait probablement conscience des difficultés d'organisation qui se poseraient à la suite de l'acquisition d'une telle bibliothèque d'où ses recommandations précises. Au-delà, la vocation de faire de cette *libraria* un modèle du savoir théologique mais plus largement universitaire est bien présente dans ce legs. Son ouverture, sa diversité et son ampleur en font une bibliothèque qui concurrence voire dépasse la bibliothèque mendiante. L'ambition de Gérard était bien de faire du collège une institution qui rivaliserait avec les nouveaux Ordres mais pas uniquement, il s'agissait de l'établir en tant que centre intellectuel fonctionnant dans et pour l'université. Les recommandations du testament de Gérard d'Abbeville ne sont pas à négliger dans l'analyse des réformes postérieures de la bibliothèque.

Le plan ambitieux de Gérard d'Abbeville passait donc par l'élaboration d'une bibliothèque au contenu exceptionnel, répondant tant aux exigences universitaires qu'intellectuelles. Il coïncide d'une certaine façon avec le dessein de Richard de Fournival, dont on ne sait rien de ses liens avec l'université de Paris, mais qui a largement contribué – de manière indirecte – à l'enrichissement du collège de Sorbonne et à son ouverture à une science largement renouvelée.

---

35 *Volo autem quod de originalibus et summis fiat copia magistris theologie secularibus dumtaxat, quia religiosi satis habent.* P. Glorieux, *Aux origines de la Sorbonne*, II, p. 355.

Fils de Roger de Fournival, médecin de Philippe-Auguste[36] et frère de l'évêque d'Amiens, Arnoul, Richard naquit le 10 octobre 1210 à Amiens d'après sa *Nativité*[37] – qui décrit comme il se doit sa vie depuis sa naissance –. On ne sait s'il poursuivit des études dans un centre scolaire, bien qu'il soit nommé *magister* au début de la *Biblionomia* : *Biblionomia magistri Richardi de Furnivalle cancellarii Ambianensis*[38]. La copie – tardive – de ce manuscrit ayant été élaborée près d'un siècle après sa mort ne peut constituer un indice de la formation de Richard. D'après la confirmation de la dispense papale accordée par Innocent IV en 1247, il exerçait déjà la chirurgie en 1227 – alors qu'il était sous-diacre – et avait bénéficié de la dispense de Grégoire IX[39]. A-t-il été initié à cet art par son père ? Rien ne le prouve, mais il semble tout de même probable que la profession de Roger de Fournival ait encouragé son fils dans cette voie et qu'il lui ait alors transmis une partie de ses connaissances comme il le fit fort probablement pour ses manuscrits. On sait également que Richard de Fournival était un membre de la *familia* de Robert de Somercote († 1241), il fut son chapelain alors que ce dernier était au service de Grégoire IX à la curie romaine. Depuis 1240, il était chancelier de la cathédrale d'Amiens, une charge offerte par Grégoire IX qui n'était pas inconnue de Richard puisque son demi-frère Arnoul de la Pierre († 1247) l'avait occupée jusque-là. Avant d'obtenir cet office, le nouveau chancelier d'Amiens posséda également plusieurs prébendes dont le canonicat d'Amiens et de Rouen[40].

36 *Cf.* La mise au point biographique récente de Christopher Lucken sur Richard de Fournival : C. Lucken, « Parcours et portrait d'un homme de savoir », dans *Richard de Fournival et les sciences*, *op. cit.* p. 3-46.

37 Sur la *Nativitas* de Richard de Fournival « commentée » par Pierre de Limoges voir : A. Birkenmajer, « Pierre de Limoges commentateur de Richard de Fournival », *Isis*, 40, 1949, p. 18-31 ; et plus récemment J-P. Boudet, C. Lucken, « In search of an astrological identity chart : Richard de Fournival's *Nativitas* », dans *Richard de Fournival et les sciences*, *op. cit.* p. 283-322. Une édition critique de la *Nativitas* de Richard de Fournival et du commentaire de Pierre de Limoges est en cours de publication par Jean-Patrice Boudet et Christopher Lucken.

38 Bibliothèque de la Sorbonne, ms. 636 f. 1v.

39 M. E. Langlois, « Un document relatif à Richard de Fournival », *Mélanges d'archéologie et d'histoire*, 10/1, 1890, p. 123-125. Il bénéficia de cette dispense en 1227 et 1241 – avec le soutien du cardinal-prêtre Thomas de Capoue – sous le pontificat de Grégoire IX.

40 Arnoul de la Pierre avait étudié la théologie à Paris. Voir : C. Lucken, « La *Biblionomia* de Richard de Fournival : un programme d'enseignement par le livre. Le cas du trivium », dans J. Verger, O. Weijers (éd.), *Les débuts de l'enseignement universitaire à Paris (1200-1245 environ)*, Turnhout, 2013, p. 89-125.

En parallèle d'une carrière ecclésiastique brillante, Richard de Fournival se présente comme un homme de savoir à l'esprit curieux et avisé. Il est un homme de son temps certes, mais son érudition et l'éclectisme qui le caractérise sont frappants. Il est certain que le champ de savoir qu'il embrasse est très large allant de la philosophie à la théologie en passant par l'alchimie et la mathématique. Cette appétence livresque et encyclopédique semble caractéristique d'une première moitié du XIIIe siècle marquée par l'assimilation, la rationalisation et le classement du produit de la *renovatio* scientifique du siècle précédent. La *Biblionomia* constitue de ce fait un témoin privilégié de la réception des nouveaux textes traduits et de leur incorporation dans des classifications traditionnelles. La production littéraire de Richard de Fournival est un reflet de la variété de registres dans lesquels évoluent l'auteur : ses poèmes, le *Bestiaire d'Amours*, sa *Nativité* – véritable autobiographie astrologique composée avant octobre 1239 – et son œuvre « bibliologique », la *Biblionomia*, sont tout autant de révélateurs d'une vaste culture encyclopédique. Ce n'est donc pas un hasard s'il demeure l'auteur supposé d'un traité d'alchimie *Dixit Arturus* et du pseudo-Ovide *De vetula*[41].

C'est véritablement par l'étude de sa bibliothèque, en partie décrite dans la *Biblionomia*, que l'on peut saisir l'ampleur des acquisitions et des lectures de Richard de Fournival. Car ce dernier est avant tout un bibliophile, un esprit docte, particulièrement versé dans les sciences. La *Biblionomia* de Richard de Fournival a donc été écrite vers 1250 et constitue à la fois un guide bibliologique de premier ordre et une bibliothèque réelle que le chancelier d'Amiens n'a cessé d'enrichir – même après la rédaction de cette œuvre – entre 1230 et 1260[42]. La répartition des volumes décrits en compartiments, fidèles (en partie)

41 Sur le *De arte alchemica*, voir : A. Calvet, « Le *De arte alchemica* (Inc. *Dixit Arturus explicator huius operis*) est-il une œuvre authentique de Richard de Fournival », dans *Richard de Fournival et les sciences*, *op. cit.* p. 243-282. Sur le *De vetula*, C. Panti, « An astrological path to wisdom. Richard de Fournival, Roger Bacon and the attribution of the Pseudo-Ovidian *De Vetula* », *ibid.* p. 363-400.

42 Les œuvres les plus récentes citées dans la *Biblionomia* sont : *la Summa Alexandrinorum* traduite par Herman l'Allemand vers 1244, et l'*Éthique à Nicomaque* traduite par Robert Grosseteste vers 1246. Voir notamment : A. Birkenmajer, « La bibliothèque de Richard de Fournival, poète et érudit français du début du XIIIe siècle et son sort ultérieur », *loc. cit.* p. 142-154 ; M.-T. d'Alverny, « Remarques sur la tradition manuscrite de la *Summa Alexandrinorum* », *Archives d'Histoire Doctrinale et Littéraire du Moyen Âge*, 49, 1983 p. 265-272 ; C. Lucken, « La *Biblionomia* de Richard de Fournival », *loc. cit.*

aux disciplines enseignées dans les facultés de l'université médiévale, offre une véritable clef de lecture des œuvres qui circulaient durant cette période mais également des intérêts du possesseur[43]. L'ambition du fondateur de cette collection est manifeste dans son prologue, il s'agissait d'ouvrir une partie de sa bibliothèque aux étudiants de la ville d'Amiens, désireux de s'initier aux « secrets de la philosophie[44] ». Dans le même temps, les prolégomènes de la *Biblionomia* établissent son auteur en tant qu'« expert en mathématiques » (*exercitatus in mathematicis*), autrement dit, si l'on suit la définition médiévale de *mathematica*, dans les sciences du *quadrivium*, impliquant le nombre et la mesure.

Si l'on se fie à la *Biblionomia*, Richard de Fournival avait donc réuni en 1250, 132 manuscrits ayant trait à la philosophie et aux sciences[45]. Il est probable que lors de la rédaction de la *Biblionomia* et peut-être jusqu'à sa mort, le chancelier d'Amiens n'avait pas acquis tous les manuscrits cités. Une large part des volumes décrits dans le compartiment philosophique est aujourd'hui repérable grâce aux manuscrits subsistants ou par une étude des catalogues du collège de Sorbonne. Néanmoins, certains des *codices* ont pu ne jamais voir le jour, c'est en cela qu'une partie de la *Biblionomia* pourrait être lue comme un programme d'acquisition des manuscrits[46]. L'œuvre bibliologique de Richard serait donc le catalogue d'une bibliothèque existante mais en cours d'évolution.

Parmi les 162 manuscrits précisément décrits dans la *Biblionomia*, 45 manuscrits nous sont aujourd'hui parvenus et peuvent être liés au collège de Sorbonne. Néanmoins, d'autres manuscrits pouvant être rattachés avec certitude à Richard de Fournival ne sont pas cités dans la *Biblionomia*, il s'agit le plus souvent de *codices* de grand module. Faisaient-ils partie du compartiment de la *librairie* du chancelier d'Amiens dédiée aux « grands volumes » ? Aucun indice ne permet de l'affirmer. Par ailleurs, il continua également à acquérir des manuscrits après la rédaction de la *Biblionomia*, c'est notamment le cas du *Liber de rationibus tabularum* ou *Canones tabule pisane* d'Abraham ibn Ezra contenu dans la deuxième partie du manuscrit

43 Sur la classification des savoirs dans la *Biblionomia* : J-M. Mandosio, « La *Biblionomia* de Richard de Fournival et la classification des savoirs au XIIIe siècle », dans *Richard de Fournival et les sciences*, *op. cit.* p. 47-82.

44 Nous nous reportons à l'édition de Léopold Delisle : L. Delisle, *Le cabinet des manuscrits de la Bibliothèque impériale [puis nationale]*, II, Paris, 1874, p. 518-535.

45 C. Lucken, « La *Biblionomia* de Richard de Fournival », *loc. cit.* p. 192.

46 *Ibid.* p. 94.

Paris, BnF, lat. 16659[47]. Il ne s'agit pas du seul exemplaire de cette œuvre puisque Richard possédait déjà une copie de ces canons des tables de Pise (Paris, BnF, lat. 16648, f. 106r-146v) décrite dans la *Biblionomia*[48].

L'érudit amiénois était à la tête d'une bibliothèque conséquente s'élevant à un nombre probablement plus élevé que les manuscrits cités dans la *Biblionomia*, car il ne faut pas non plus négliger le fait que le traité bibliologique tait de multiples volumes, notamment ceux présents dans le compartiment des livres secrets[49]. La réalisation du projet de Richard de Fournival de réunir une bibliothèque à visée encyclopédique fut permise en premier lieu par ses intérêts personnels, néanmoins, son aboutissement matériel fut certainement favorisé par son office ecclésiastique. Rappelons qu'avant de devenir chancelier, ce dernier fut chanoine d'Amiens ainsi que chanoine de Rouen, une charge qu'il conservera alors à la tête de la cathédrale. Les prébendes et les subsides dont il bénéficiait – et peut-être également son activité de chirurgien – lui ont permis de faire copier et d'acheter des manuscrits d'une grande diversité. Richard de Fournival avait donc certainement accès à un vivier de copistes qui étaient à son service.

Si l'on suit l'hypothèse de Patricia Stirnemann, Richard devait probablement ramener de ses séjours en Italie ou à Rouen[50], des tablettes

47 Une partie des tables de Pise était déjà présente dans le manuscrit Paris, BnF, lat. 16208, f. 4r-v, qui a certainement appartenu à son père. Plusieurs manuscrits identifiés comme ayant appartenu à Richard de Fournival ne sont pas cités dans la *Biblionomia*. Sur ce point voir : R. H. Rouse, « Manuscripts belonging to Richard de Fournival », *Revue d'histoire des textes*, 3, 1973, p. 253-269 (p. 257).

48 *Cf.* L. Delisle, *Le cabinet des manuscrits*, II, *op. cit.* p. 527 : [58]. Thesbich filii Chore liber de diffinitionibus, qui est introductorius in librum Almagesti, et ejusdem liber super figura alkara, et ejusdem etiam liberde motu accessionis capitum arietis et libre circa sectiones equatoris diei cumequinoctiali coluro. Item liber de ascentionibus nubium, et liber Esclilegii deascentionibus signorum. Item Abrahismus. Item liber de correptionis errorumqui in ecclesiastico kalendario circa neomenias ex diuturnitate temporisacciderunt. In uno volumine cujus signum est littera F.

49 Le nombre de 300 manuscrits est avancé depuis Aleksander Birkenmajer qui, pourtant, ne met pas ce chiffre en relation avec Richard de Fournival mais énonce simplement l'ampleur du don de Gérard d'Abbeville au collège de Sorbonne. A. Birkenmajer, « La bibliothèque de Richard de Fournival », *loc. cit.* p. 127. Toutefois, la *librairie* de Richard devait, tout de même, avoisiner les 300 manuscrits, car la *Biblionomia* cite 132 manuscrits de philosophie et sciences, 30 manuscrits de médecine et 32 manuscrits relatifs aux Écritures, auxquels doivent s'ajouter les livres secrets et grands volumes qui ne sont pas mentionnés ainsi que les livres qu'il acquit après 1250. *cf.* C. Lucken, « La *Biblionomia* de Richard de Fournival », *loc. cit.* p. 92.

50 Il n'est pas exclu que Richard de Fournival se soit rendu en Angleterre – étant membre de la *familia* de Robert Somercote – ou à Paris, du fait de sa proximité avec Amiens. Néanmoins, aucune source ne permet de le situer dans l'un de ces deux lieux.

sur lesquelles il avait pu copier lui-même les textes qui l'intéressaient[51]. Cependant, dans certains cas, un lieu plus proche aurait pu faire office de relais, il s'agit de Corbie. Ainsi, le manuscrit de la Biblioteca Medicea Laurenziana, Plut. 29.19 contenant des textes de géométrie pratique et surtout de gromatique a pu être copié sur un manuscrit de la bibliothèque de Corbie[52]. La compilation dite *Géométrie I* du Pseudo Boèce a certainement été élaborée dans ce monastère au VIIIe siècle. Par ailleurs, la bibliothèque de Corbie présentait également un nombre important d'œuvres classiques dont certaines étaient liées aux arts libéraux[53]. Il n'est donc pas invraisemblable que Richard de Fournival ait consulté ou fait copier des manuscrits issus de la bibliothèque de ce monastère. Par ailleurs, la proximité géographique de Paris pourrait justifier à la fois de la copie de textes dont la diffusion fut relativement récente[54] ainsi que l'emploi d'une forme d'écriture caractéristique du milieu universitaire doublée d'initiales filigranées de type parisien avec une alternance rouge et bleue. Ces deux dernières techniques sont fréquemment employées dans la copie de certains manuscrits de Richard de Fournival.

51 Patricia Stirnemann se fonde sur deux points principaux pour affirmer que la copie des manuscrits eut lieu à Amiens : 1) deux copistes responsables de la décoration de certains manuscrits ont pu être repérés dans des cartulaires de la première moitié du XIIIe siècle de la cathédrale d'Amiens, 2) la manière dont ont été préparés les cahiers des manuscrits pour la décoration filigranée est différente de celle employée à Paris. Néanmoins, si deux des copistes ou enlumineurs sont clairement apparentés à la cathédrale d'Amiens, on ne peut affirmer avec certitude que toutes les copies eurent lieu dans cette ville. Mais il semble certain que Richard de Fournival s'était entouré d'un groupe de copistes ayant œuvré durant des périodes différentes. Il est fort probable que Richard de Fournival aient profité de son séjour en Italie pour consulter des textes auxquels il n'avait pas accès à Amiens ou à Paris. Voir : P. Stirnemann, « Private libraries privately made », dans *Medieval Manuscripts, Their makers and users : A special issue of Viator in Honor of Richard and Mary Rouse*, Turnhout, 2011, p. 185-198.

52 Sur ce volume dans la *Biblionomia* et au collège de Sorbonne, voir : L. Miolo, « Science des nombres, science des formes. Arithmétique et géométrie dans les manuscrits de la *Biblionomia* de Richard de Fournival », dans *Richard de Fournival et les sciences, op. cit.* p. 155-178.

53 B. L. Ullman, « Geometry in the Medieval Quadrivium », *Studi di Bibliografia e di storia in onore di Tammaro de Marinis, 4, 1964, p. 263-285.* Sur les textes classiques de Richard ayant pu être copiés à Corbie voir : Id, « The library of the Sorbonne in the fourteenth century », dans *The Septicentennial Celebration of the Founding of the Sorbonne College in the University of Paris*, Chapel Hill, 1953, p. 33-47.

54 C'est notamment le cas du manuscrit Paris, BnF, Latin 16581 contenant la traduction de l'*Ethique* d'Aristote datée de 1243/1244. Voir : M-T. d'Alverny, « Remarques sur la tradition manuscrite de la *Summa Alexandrinorum* », *Archives d'Histoire Doctrinale et Littéraire du Moyen Âge*, 49, 1983, p. 265-272.

Parmi les manuscrits de Richard de Fournival peuvent donc être distingués, sur des critères codicologiques et paléographiques : 1) les manuscrits copiés pour lui, dont il fut certainement le commanditaire ; 2) les manuscrits qui lui ont été transmis, 3) et pour finir les volumes qu'il a acquis de seconde main[55]. Les manuscrits de ce premier groupe possèdent des caractéristiques communes qui laissent penser qu'en plus d'avoir commandité ces ouvrages, Richard de Fournival s'était également attaché à ce que ceux-ci demeurent uniformes. Bien que les copistes aient pu être différents, le format et la décoration des volumes sont sensiblement similaires : il s'agit le plus souvent de volumes de petits modules (200 millimètres de hauteur et 150 millimètres de largeur en moyenne) dont la décoration filigranée ainsi que les diagrammes sont probablement le fruit des auteurs des copies. L'ornementation élémentaire et le format de ces manuscrits renforcent l'hypothèse de livres à vocation essentiellement utilitaire[56].

Trois phases différentes de copies ont été distinguées par Patricia Stirnemann sur des critères paléographiques et de décoration[57]. Les deux premières campagnes de copies eurent probablement lieu entre 1240 et 1245, plusieurs copistes furent impliqués dans celles-ci. La dernière grande entreprise de copie intervint probablement après 1245 mais avant 1250, date approximative de la rédaction de la *Biblionomia.* S'il s'agit ici d'une politique intensive de copie étendue sur à peine une décennie, il semble bien que Richard ait continué à acquérir et faire copier certaines œuvres peu de temps après la rédaction du catalogue. Par ailleurs, il faut souligner que la majorité des œuvres copiées pour lui est d'ordre scientifique ou philosophique.

Cette entreprise massive aurait donc débuté après son retour de la Curie au début des années 1240. Avant 1240, Richard de Fournival a

55 Sur cette typologie voir : R. H. Rouse, « Manuscripts belonging to Richard of Fournival », *loc. cit.* p. 254-258.

56 Sonia Patterson avait déjà distingué un copiste-enlumineur responsable de la copie et/ou de la décoration de plusieurs manuscrits de Richard de Fournival. Celui-ci utilisait une méthode d'élaboration des filigranes similaire à celle employée à Paris et dans le Nord de la France mais ajoutait à celle-ci quelques traits d'influence anglaise. S. Patterson, « Minor initial decoration used to date the Propertius fragment (MS. Leiden Voss. Lat. O. 38) », *Scriptorium*, 28/2, 1974, p. 235-247.

57 Elle affine en ce sens la chronologie déjà établie par Richard Rouse qui situait l'entreprise de copie des manuscrits pour Richard de Fournival entre 1230 et 1260. Voir : R. Rouse, « Manuscripts belonging to Richard de Fournival », *loc. cit.* p. 255. P. Stirnemann, « Private libraries, privately made », *loc. cit.* p. 185-190 et 193-198.

également commandé des copies mais de manière moins récurrente que durant les années 1240. Il semble que lors de son séjour à Rome il se soit attaché à faire copier et à acheter des manuscrits. En effet, un certain nombre de manuscrits dont une ou plusieurs œuvres ont été copiées par un copiste d'origine anglaise laisse supposer qu'un scribe de la *familia* de Robert Somercote a œuvré pour le chancelier d'Amiens[58]. Quant aux manuscrits acquis, peut-être a-t-il également bénéficié dans ces achats du patronage de Robert de Somercote. Toujours est-il que plusieurs manuscrits de grands modules pouvant être rattachés à Richard de Fournival, mais qui ne sont pas cités dans la *Biblionomia*, proviennent d'Italie[59]. Le séjour à Rome de Richard pourrait donc correspondre à une première période d'acquisition de manuscrits. Le format de ces grands volumes pourrait ainsi expliquer l'absence de description de certains d'entre eux dans la *Biblionomia.*

En revanche, il ne faut pas non plus perdre de vue le possible héritage d'une collection provenant du père de Richard de Fournival. Le seul indice le plus sûr que nous possédons est contenu dans le manuscrit Paris, BnF, lat. 16208. Ce recueil constitue l'une des plus riches collections de textes astrologiques du XIIe siècle, et présente également un nombre important de tables et de textes astronomiques. Probablement copié dans le sud de la France par plusieurs scribes contemporains[60],

58 Les manuscrits scientifiques Paris, BnF, lat. 14065 ; 16652 ; 7344A possèdent des caractéristiques anglo-saxonnes. Voir : F. Avril, P. Stirnemann, *Manuscrits enluminés d'origine insulaire VIIe-XXe siècle*, Paris, 1987, p. 69-71.

59 Le manuscrit Paris, BnF lat. 16209, contenant les tables de Tolède, dans la version la plus répandue « Cb », en constitue un exemple. Il s'agit d'un *codex* de grand module, copié en Italie durant la première moitié du XIIIe siècle. Celui-ci est mentionné dans la *Biblionomia*, L. Delisle, *Le cabinet des manuscrits II*, *op. cit.* p. 528 : *[60] Alzerkel Hyspani liber tabularum tam ad annos Domini ad mediam diemTholose quam ad annos Arabum ad mediam diem Toleti et omnium equationum, in uno volumine cujus signum est littera F.* Il porte l'ex-libris de Sorbonne et faisait partie du legs de Gérard d'Abbeville. Il est décrit comme suit dans le catalogue de 1338 (Paris, BnF, Nouv. acq. lat. 99, p. 212a) : *15. Canones astronomie ex legato eiusdem* [ie. Geroudi de Abbatisvilla] *incipit in 2° folio* extracto annorum, *in penultimo* ferias kal. *Precium octo sol'.*

60 Compte tenu de l'écriture et des textes présents dans ce manuscrit, nous privilégions l'hypothèse de David Juste qui considère ce manuscrit comme étant d'origine française (*ibid.* p. 236). Il est à noter qu'un calendrier à l'usage du sud de la France a été ajouté au fol. 66v : *cf.* Fr. S. Pedersen, *The Toledan Tables. A Review of the Manuscripts and the Textual Versions with an Edition*, Copenhague, C.A. Reitzels Forlag, 2002, t. 1, p. 166. Toutefois, celui-ci entretient des liens évidents avec Paris (obiit de Pierre le Mangeur) et également Le Mans (Julien du Mans). Le nord de l'Italie a été suggéré dans : F. Avril et

ce *codex* a appartenu à différents praticiens de la science des astres à la fin du XIIe siècle et durant la première moitié du XIIIe siècle comme l'attestent les nombreuses annotations présentes dans ce manuscrit. Le commanditaire de ce volume homogène n'est pas identifié, mais il s'agissait certainement d'un expert de la science des astres, qui a pensé ce manuscrit comme un ouvrage de référence pour la pratique de l'astronomie et de l'astrologie. C'est d'ailleurs en tant que tel que des possesseurs ultérieurs l'ont utilisé. L'un d'entre eux a été identifié par Emmanuel Poulle comme étant Roger de Fournival, père de Richard, médecin et astrologue du roi Philippe Auguste, puis de Louis VIII[61]. Roger de Fournival est responsable de deux notes autographes, l'une se rapporte à sa date de naissance (le 6 mai 1179), l'autre à la chronologie du monde, précisant la date de refondation de la ville d'Amiens[62]. Cet important volume fit partie du legs de Gérard d'Abbeville en 1272, et entra dans la bibliothèque en circulation. Il est décrit comme suit dans le catalogue général de 1338 :

> 12. Tabula astronomie cum pluribus libris de iudiciis astrorum. Incipit in 2o fol' fuerit in pen[ultimo] facies. Precium sexaginta sol'[63].

Plusieurs textes astrologiques contenus dans ce manuscrit furent également utilisés pour la copie de l'anthologie astrologique peut-être commanditée par Richard de Fournival (Paris, BnF, lat. 16204), qui fut enchaînée lors de son entrée au collège de Sorbonne[64]. Le manuscrit Paris, BnF, lat. 16208 constitue donc aujourd'hui le seul témoin concret

M.-T. Gousset, *Manuscrits enluminés d'origine italienne, t. II : XIIIe siècle*, Paris, Bibliothèque nationale de France, 1984, p. 65.

61 Sur cette identification, voir : E. Poulle, « La date de naissance de Louis VIII », *Bibliothèque de l'École des chartes*, 145 :2 (1987), p. 427-430.

62 Paris, BnF, lat. 16208, f. 136r : « Anno Domini M°.C°.7°9° sexta die ~~aprilis~~ maii fuit nativitas mea, aureo numero existente 2, littera dominicali G que fuit in die nativitatis mee, anni Arabum 573, 29a die sauel [shawwāl] ». f. 136r. Une partie de la note concernant la date de fondation de Rome dérive du premier chapitre du *De mirabilibus mundi* de Solin. L'annotateur a d'ailleurs écrit « Solinus » au-dessus de cette annotation. À la suite de ces sept lignes, la même main a composé deux lignes relatives à la refondation de la ville d'Amiens : « Anno ab urbe condita .dccc°.lxvii°. refundata est civitas Ambianensis ubi natus est ».

63 Paris, BnF, Nouv. acq. lat. 99, f. 212ra.

64 Le manuscrit Paris, BnF, lat. 16204 est le fruit d'un travail de compilation dirigé selon toute vraisemblance par Richard de Fournival. Pour une description détaillée du latin 16204 et une bibliographie indicative, voir : D. Juste, *Les manuscrits astrologiques latins*,

d'un legs (ou d'un don) de manuscrit émanant du père de Richard de Fournival. D'autres manuscrits de la bibliothèque du médecin-astrologue ont également pu entrer dans la bibliothèque de son fils mais aucun autre indice ne semble avoir subsisté.

À la mort de Richard de Fournival, en 1260, cette riche bibliothèque, fruit du programme de toute une vie, passa donc à Gérard d'Abbeville. En 1272, le legs de Gérard d'Abbeville entra au collège comme une seule et même bibliothèque. Difficile donc de distinguer la bibliothèque personnelle de l'archidiacre de Ponthieu, de celle de Richard de Fournival. Néanmoins, plusieurs indices permettent de nous mettre sur la voie. Les intérêts de Gérard d'Abbeville semblent restreints au cadre scolastique et théologique[65]. Dans ses *quodlibets*, les références aux sciences mathématiques se limitent à l'arithmétique de Boèce et à son *De consolatione philosophie*[66]. Les manuscrits de mathématiques légués par Gérard proviennent donc en grande majorité de la bibliothèque de Richard de Fournival, le croisement entre les manuscrits et la *Biblionomia* laisse peu de doutes. La reconstitution récente par Claire Angotti de la bibliothèque personnelle du maître régent en théologie, Gérard d'Abbeville, a permis d'affirmer un peu plus les intérêts de ce dernier. Il s'agit d'une véritable bibliothèque de théologie dans laquelle les instruments de travail facilitant la consultation des œuvres – concordances, indexs – occupent une place importante tout comme les *Originalia*[67].

Lorsque les manuscrits ont subsisté plusieurs indices permettent de distinguer leur provenance. La décoration et en particulier le format des manuscrits permettent bien souvent de déterminer si un volume a appartenu à Richard. Il en est de même concernant les copistes : dans les différentes phases d'acquisition de ses *codices*, le chancelier d'Amiens a fait appel aux mêmes scribes que l'on peut reconnaître d'un manuscrit

---

op. cit. p. 228-233. Sur le lien étroit entre les manuscrits Paris, BnF, latin 16204 et latin 16208 : L. Miolo, *Le fonds scientifique d'un collège de théologie*, *op. cit.*, I, p. 370-380.

65 Voir : P. Glorieux, « Bibliothèques de maîtres parisiens. Gérard d'Abbeville », *Recherches de théologie ancienne et médiévale*, 36, 1969, p. 148-183. On se reportera à l'étude plus récente de Richard Rouse. R. H. Rouse, « Manuscripts belonging to Richard of Fournival », *loc. cit.* p. 258.

66 *Cf.* A. Pattin, *L'anthropologie de Gérard d'Abbeville. Étude préliminaire et édition critique de plusieurs Questions quodlibétiques concernant le sujet, avec l'édition complète du* De cogitationibus, Louvain, 1993. P. Grand, « Le quodlibet XIV de Gérard d'Abbeville. La vie de Gérard d'Abbeville », *Archives d'histoire doctrinale et littéraire du Moyen Âge* 39, 1964, p. 207-269.

67 C. Angotti, « Les bibliothèques de couvents mendiants », *loc. cit.* p. 41-44, 60-72.

à l'autre. De même, dans la plupart des cas, le contenu du manuscrit et la description d'un des catalogues médiévaux du collège permettent de le rattacher à l'entrée correspondante dans la *Biblionomia.*

Enfin, Richard Rouse a mis en lumière un indice important : des tables du contenu furent copiées sur des feuillets de garde de manuscrits associés à Richard de Fournival. Peu de manuscrits arborent ce type de table car les diverses entreprises de reliures ont pu avoir raison de celles-ci. Toutefois, si l'on suit cette hypothèse il s'agirait de mentions relatives au contenu écrites dans une encre noire, d'une écriture cursive, robuste et linéaire[68]. Ces tables du contenu ou ces titres apposés d'une même main, n'apparaissent que dans des manuscrits légués par Gérard d'Abbeville qui proviennent de Richard de Fournival. Richard Rouse supposait alors que ceux-ci furent exécutés avant l'entrée des volumes au collège de Sorbonne[69].

Si l'apposition des titres s'est faite avant 1272, elle a probablement été contemporaine de l'acquisition des manuscrits de Richard de Fournival par Gérard d'Abbeville ou du moins légèrement antérieure à leur arrivée à la Sorbonne. Deux exemples issus de manuscrits scientifiques ayant appartenu au chancelier d'Amiens et présentant ce type de table peuvent illustrer cette hypothèse. Tout d'abord, le manuscrit Paris, BnF, lat. 16652 est un manuscrit composite présentant deux volumes distincts provenant de Richard de Fournival et décrits dans la *Biblionomia* : le premier manuscrit occupe aujourd'hui les feuillets 2 à 39, il s'agit d'un recueil de plusieurs traités liés à la composition et aux usages de l'astrolabe[70], le deuxième *codex*, quant à lui, contient le *De institutione musica* de Boèce (f. 43r-95r). En tête de volume, le verso de la garde volante de parchemin offre deux « tables » du contenu – écrites par deux mains différentes – accompagnées de mentions bibliothéconomiques du collège de Sorbonne correspondant au premier manuscrit[71].

68 « One possible distinguish feature may exist, and that is the entry of a title or table of contents in a vigorous linear hand ». R. H. Rouse, « Manuscripts belonging to Richard de Fournival », *loc. cit.* p. 258.

69 « [...] they seem to have been entered before the arrival of the manuscripts at the Sorbonne », *Ibid.* p. 258.

70 Les œuvres que comporte la première partie du manuscrit sont toutes relatives à la composition ou aux usages de l'astrolabe mis à part le traité attribué à Bérenger, familier d'Hermann de Reichenau, *De horologio viatorum* (f. 21r-24r) portant sur la construction du cadran solaire de forme cylindrique.

71 Ces mentions sont écrites dans une encre plus claire est précise la cote du manuscrit *Item quadriviales XIX*^{us}. Une autre note *cathenabitur* indique que le manuscrit fut enchaîné.

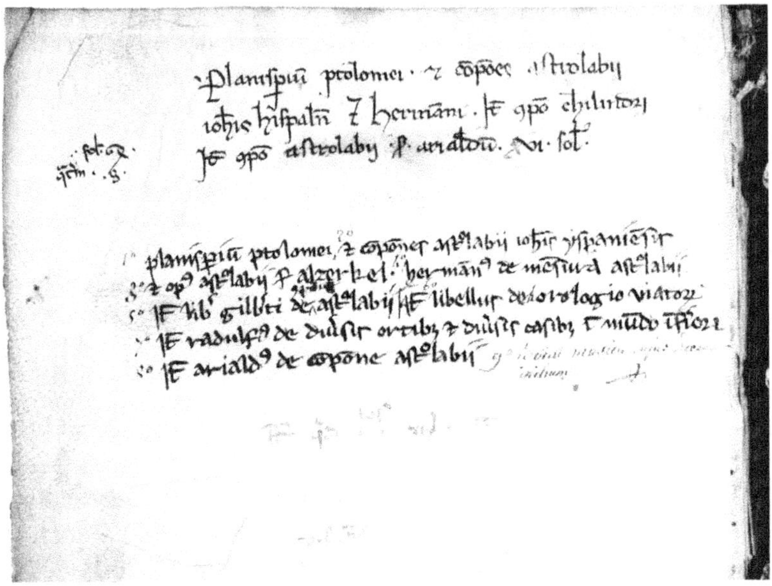

FIG. 1 – BnF, lat. 16652, fol. 1v. Garde volante supérieure. Bibliothèque nationale de France.

La première table (1) correspondrait donc bien aux mentions que l'on trouve dans d'autres manuscrits de Richard de Fournival. Or, le plus souvent les deux tables se côtoient sur les gardes. Comment distinguer la main du *librarius* de Sorbonne de celle qui pourrait avoir apposé les titres du volume avant l'entrée de celui-ci au collège ? Il semble bien que la main responsable de la deuxième mention soit celle d'un bibliothécaire du collège puisqu'elle paraît bien avoir ajouté un des deux ex-libris du manuscrit (f. 41v).

De plus, la description de la deuxième table du contenu correspond en tout point à l'entrée dédiée au manuscrit dans le catalogue de 1338, ce qui laisse penser que le bibliothécaire a apposé celle-ci avant de la reporter dans le catalogue – l'item devait déjà être décrit dans l'inventaire de 1290 –. On peut donc supposer que cette mention fut rédigée peu de temps avant 1290. Qu'en est-il des titres reportés en tête de feuillet ?

Cet enchaînement ne put intervenir qu'après 1338 car à cette date le manuscrit est cité dans le catalogue de la *parva libraria* sous la cote 19.

La situation de cette table et le *ductus* laissent envisager que cette main est légèrement antérieure à celle du bibliothécaire. En revanche, la formulation est éloignée de la description employée par le *librarius* du collège. Certes, la deuxième table du contenu est de loin la plus détaillée tandis que la première mention se contente de titres succincts. Le bibliothécaire a, semble-t-il procédé à un récolement précis de tous les traités contenus dans ce manuscrit[72]. En revanche, le sommaire offert par la première main omet certaines œuvres au profit d'autres et ajoute une mention de prisée de 16 sous. Il s'agissait vraisemblablement d'offrir une description générale du contenu. Si la deuxième table du contenu peut être rapprochée avec certitude du catalogue du collège, ce n'est pas le cas de la recension de la première main. De même, elle est très éloignée de l'entrée de la *Biblionomia* associée à ce manuscrit.

72 Au vu de la précision de cette table, le bibliothécaire moderne du collège, Gayet de Sansale († 1792) n'a pas trouvé nécessaire d'ajouter sa notice habituelle sur le feuillet, il s'est contenté d'ajouter des chiffres romains en tête de chaque œuvre pour ensuite reporter la description dans le catalogue qu'il rédigeait alors sous la cote 1249 (Paris, BnF, Nouv. acq. lat. 101). Les deux volumes avaient déjà été adjoints puisqu'à la fin de la table (2) il ajoute « Boecii musica, *deest initium* ».

	Tables du contenu BnF, Latin 16652	Catalogue de 1338 BnF, Nal 99 p. 213a	Biblionomia L. Delisle, II, p. 527
Main (1)	Planisperium Ptolomei et compositiones astrolabii Iohanis Hispalensis et Hermanni. Item chilindri. Item composicio astrolabii secundum Arialdum. XVI sol'.	19. In uno volumine planiperium (sic) Tholomei, compositiones astralbii Johanis Hispani opus astralabii secundum Alzequel. Hermannus de mensura astralabii. Gilbertus de compositione astralabii. Libellus de horologio viatorum. Radulphus de diversis ortibus et diversis casibus in mundo inferiori. Alnardus de composicione astralabii ex le[gato] m[agistri] G[erardi] de Abbatisvilla, incipit in 2° fo. *Quoniam me quandoque* in pe[nultimo] *due prime*. Precium sexdecimi sol'.	Claudii Ptolomei Phludensis liber Walzagore, id est plane spere ad Jhesurium, cujus extensio est super superficiem paralelli brumalis. Item abbreviatio Walzagore super superficiem coluri solsticialis. Item Johannis Hyspalensis atque Linensis liber de opere astrolabii secundum Mascelamach. Item opus et compositio astrolabii secundum Alzerkel Toletanum, et cum ceteri extenderint ipsum super superficiem paralelli, sequentes vestigia Ptolomei, iste solus extendit super superficiem coluri, quod, licet contentum sit unica tabula, est tamen universale. Item Hermanni Secundi de compositione astrolabii. Item Gilleberti de opere astrolabii. Item libellus de compositione horologii viatorum. Item de compositione astrolabii secundum Radulphum Brugensem. Item de eadem ejusdem secundum Arialdum, et de opere tam astrolabii quam quadrantis. Item Jordani de Nemore suppletiones plane spere, cum quibusdam demonstrationibus compositionis ejusdem. In uno volumine cujus signum est littera F.
Main (2)	Planisperium Ptolomei et composiciones astrolabii Iohanis Yspaniensis et opus astrolabii secundum Alzerkel. Hermanus de mensura astrolabii. Item liber Gilberti de [compositio] astrolabii. Item libellus de orologio viatorum. Item Radulfus de diversis ortibus et diversis casibus in mundo inferiori. Item Arialdus de compositione astrolabii.		

La main (1) cite ainsi le *Planispherium* de Ptolémée[73], le traité de composition (sans les usages) de l'astrolabe du Pseudo-Messahallah, attribué ici à Jean d'Espagne, et le *De mensura astrolabii* d'Hermann de Reichenau. Elle omet par contre le traité de projection stéréographique de la saphea (composition et usages) attribué à Azarquiel, normalement situé entre les traités du Pseudo-Messahallah et d'Hermann de Reichenau. Elle passe également sous silence le traité des usages de l'astrolabe du Pseudo-Gerbert. Le traité de gnomonique *De horologio viatorum* n'est pas ici associé à un auteur – tout comme dans le volume – bien qu'il soit attribué dans d'autres manuscrits à Hermann de Reichenau[74]. Dans ce cas précis, la main (1) utilise une tout autre terminologie que dans la table du contenu (2), alors que le catalogue de 1338, la table (2) et la *Biblionomia* emploient tous trois le terme d'*Horologium viatorum.* Le terme *chilindrus* ou cylindre a donc été choisi dans cette première liste pour décrire le traité de gnomonique attribué ici à Hermann de Reichenau, mais qui est sans doute dû à son familier Bérenger[75]. Il est à noter que ces deux acceptions sont employées dans l'incipit de l'œuvre[76]. Pourquoi

73 Ce traité faisait partie du premier manuscrit aujourd'hui contenu dans le Paris, BnF, lat. 16652, et si l'on en croit la notice de la *Biblionomia* il était accompagné d'un abrégé – *Item abbrevatio Walgazore* – néanmoins, au moins un cahier fut mutilé car le manuscrit début aujourd'hui par le début du Pseudo-Messahala (ici attribué à Jean d'Espagne) sur la composition de l'astrolabe.

74 Le manuscrit Paris, BnF, lat. 16208 – ayant appartenu à Richard de Fournival – contient également cette œuvre. L'identité de l'auteur n'y est pas non plus précisée (f. 65ra-65vb) : « Componitur quoddam maioribus simplex et parvulum horologium instrumentum ». Le traité est suivi par un extrait de la *Geometria incerti auctoris* (chapitre XXII) du Pseudo-Gerbert : (f. 65vb) « Si vis alicuius arboris aut columpne ». Le prologue du traité est repris au f. 88va du même manuscrit. Il est à noter que le manuscrit Latin 16652 interpole également dans l'*Horologium viatorum* des parties de la *Geometria incerti auctoris* : (f. 23r) « Exastotenes (sic) philosophus geometriaque sagatissimus totius orbis terre ». Notons que cette intégration est tout à fait cohérente car l'*Horologium viatorum* reprend cet extrait R. C. Gunther, *Chaucer on the astrolabe*, Oxford, 1931, p. 418-422. Le manuscrit lat. 16208 n'intègre pas le passage d'Ératosthène sur le calcul de la magnitude de la terre au sein du traité de gnomonique mais celui-ci est reporté par un annotateur sur le feuillet de garde supérieur. Un autre manuscrit de Richard de Fournival (copié pour lui) Endinburgh, Royal Observatory, Cr. I. 27 contient également ce traité de manière isolée (f. 41v). En revanche, dans le manuscrit lat. 16652, l'*Horologium viatorum* prend fin comme dans le Latin 16208, par l'adjonction du chapitre XXII du Pseudo-Gerbert : « Si vis alicuius arboris aut columpne vel terris ».

75 C. Jacquemard, « Du *Quadrant vetustior* à l'*Horologium viatorum* d'Hermann de Reichenau : étude du manuscrit Vaticano, BAV, Ott. Lat. 1631, fol. 16-17v », *Kentron*, 23, 2007, p. 79-124.

76 *Componitur quoddam simplex et parvulum* ***viatoribus horologicum instrumentum****, quod in modum teretis et aequalis grossitudinis pali seu* ***chilindri*** *formatum atque suspensum in summitate transversim orthogonaliter affixum, et circumvertibilem habet sciotherum.* Latin 16652, f. 21v.

chilindrus plutôt qu'*Horologium viatorum* ? Le terme de cylindre est plus précis que « l'horloge des voyageurs » puisqu'il renvoie sans détours à la forme de cet instrument gnomonique servant à mesurer la latitude ainsi que l'altitude du soleil afin de déterminer l'heure[77]. La table (1) prend fin avec le traité de composition et d'usages d'Arialdus – dont le lat. 16652 constitue le seul témoin – tout comme dans la *tabula* rédigée par le bibliothécaire. Les *Suppletiones plane spere* attribuées à Jordanus de Nemore, qui correspondent probablement à sa *Demonstratio de plana spera* – portant sur la projection stéréographique appliquée à l'astrolabe – ne sont mentionnées que dans la *Biblionomia*, et sont absentes du manuscrit. En 1338, cette œuvre ne faisait pas ou plus partie du *codex*. Que déduire du témoignage que nous offre les deux tables du contenu du manuscrit lat. 16652 ? Il semble bien que les titres écrits de la main (1) ont plus vocation à établir un aperçu du contenu du volume qu'à le préciser comme c'est le cas chez le bibliothécaire du collège. Cette hypothèse est renforcée par la mention de prisée qui clôt la première table et qui sera d'ailleurs reprise dans le catalogue du collège. De même, la précision du nombre de folio *fol' 64* et de cahiers *quaterni 8*[78] en marge – et pouvant probablement avoir été consignée par la main (1) – entrerait dans cette même logique pragmatique d'évaluation du manuscrit.

Le deuxième exemple nous est offert par le manuscrit Paris, BnF, lat. 16648, également composé de deux volumes à l'origine distincts. La première partie dédiée à la géométrie est constituée des livres X à XV des *Éléments* d'Euclide dans la traduction attribuée à Jean de Tynemouth[79], du Pseudo Jordanus de Nemore, *Liber de triangulis*[80] et des *Data* d'Euclide[81] (f. 1r-91v). La deuxième partie (f. 102r-146v) comprend en majorité des traités astronomiques dont deux œuvres attribuées à Thābit ibn Qurra[82], un

77 L. Thorndike, « Of the Cylinder Called the Horologe of Travelers », *Isis* 13 :1, 1929, p. 51-52.

78 Cette indication renvoie à la première partie du manuscrit lat. 16652.

79 H. L. L. Busard, *Johannes de Tinemue's Redaction of Euclid's Elements, the socalled Adelard III Version*, Stuttgart, Franz Steiner, 2001, t. I, p. 24-25.

80 B. B. Hughes, « The Arithmetical Triangle of Jordanus de Nemore », *Historia Mathematica*, 16, 1989, p. 213-223.

81 Voir l'édition : S. Ito, *The Medieval Latin Translation of the Data of Euclid*, Tokyo, 1980.

82 Il s'agit du traité *De figura sectore* et du Pseudo-Thābit ibn Qurra *De motu octave sphere*. F. J. Carmody, *The astronomical works of Thabit b. Qurra*, Berkeley, 1960, p. 149-164 et 81-113.

traité d'optique d'Abhomadi Malfegeyr[83], Esculeius sur les mouvements ascendants des astres et enfin le *De rationibus tabularum* d'Abraham ibn Ezra[84]. Le premier ajout de la main (1) se situe sur le feuillet de garde supérieur, il s'agit de la mention *Stereometria* qui paraît se rapporter aux derniers livres des *Éléments* d'Euclide dédiés à l'étude des solides. Cette indication est liée au premier manuscrit contenu dans le lat. 16648. La deuxième mention, de la même main, fait état des œuvres occupant le second volume (f. 95v) : *Extractiones quedam astronomie et equata coniuncta et disiuncta et de elevationibus nubium et de ascensionibus signorum. Item liber Habrahismus.* ~~*VII sol'.*~~ [*X sol*][85]. Or, ici le bibliothécaire du collège n'a sans doute pas trouvé nécessaire d'ajouter une table du contenu dans le manuscrit. Dans le premier cas, le terme de *Stereometria* n'est pas repris par le catalogue de 1338 qui utilise la mention *Geometria Euclidis*, néanmoins, cette acception pourrait être rapprochée de l'entrée 40 de la *Biblionomia* indiquant : *Ejusdem stereometria ex ejusdem Boetii commentario*[86]. Les titres correspondant à la deuxième partie du manuscrit sont plus succincts que ceux qui sont mentionnés dans la *Biblionomia.* En revanche, le bibliothécaire du collège emploie une terminologie analogue dans le catalogue de 1338 laissant supposer qu'il s'est appuyé sur cette table du contenu.

---

83 Le *De crepusculis* ou traité d'optique s'attachant au calcul de la réfraction atmosphérique des rayons du soleil. A. M. Smith, « Ptolemy, Alhacen, and Ibn Mu'adh and the problem of atmospheric refraction », *Centaurus*, 45, 2003, p. 100-115.

84 A. Birkenmajer, « À propos de l'Abrahismus », *Études d'histoire des sciences et de la philosophie du Moyen Âge*, Studia Copernicana, I, Cracovie, 1970, p. 3-15 ; B. Goldstein, « Astronomy and Astrology in the Works of Abraham ibn Ezra », *Arabic sciences and philosophy*, 6, 1996, p. 9-21 ; R. Mercier, « The Lost Zij of al-Sūfī in the Twelfth Century Tables for London and Pisa », in R. Mercier (éd.), *Studies on the Transmission of Medieval Mathematical Astronomy*, Aldershot, 2004 [art. VIII, p. 1-30].

85 Les mentions bibliothéconomiques liées au catalogue du collège ont été ajoutées à la suite dans l'encre brun pâle utilisée par le bibliothécaire en charge du récolement avant 1338.

86 L. Delisle, *Le cabinet des manuscrits*, II, *op. cit.* p. 526.

	Tables du contenu BnF, Latin 16648	Catalogue de 1338	Biblionomia
Feuillet de garde	Stereometria	8. Geometria Euclidis, ex legato magistri G[erardi] de Abbatisvilla. Incipit in 2° fol' *sicut*, in pen[ultimo] *G. punctus*. Precium XVI sol. [BnF, Nouv. acq. lat., 99 p. 212a]	40. Ejusdem stereometria ex ejusdem Boetii commentario. Item ipsius Euclydis liber datorum. In uno volumine cujus signum est littera D [L. Delisle, II, p. 526]
f. 95v	Extractiones quedam astronomie et equata coniuncta et disiuncta et de elevationibus nubium et de ascensionibus signorum. Item liber Habrahismus	21. In uno volumine extractiones quedam astronomie, equata et coniuncta *sic*, de ascencionibus signorum, ex legato magistri G[erardi] de Abbatisvilla. Incipit in 2° fol. *cumque den'*, in pen[ultimo] *super punctum*. Precium X sol. [BnF, Nouv. acq. lat., p. 213b]	Thesbich filii Chore liber de diffinitionibus, qui est introductorius in librum Almagesti, et ejusdem liber super figura alkara, et ejusdem etiam liber de motu accessionis capitum arietis et libre circa sectiones equatoris diei cum equinoctiali coluro. Item liber de ascentionibus nubium, et liber Esclilegii de ascentionibus signorum. Item Abrahismus. Item liber de correptionis errorum qui in ecclesiastico kalendario circa neomenias ex diuturnitate temporis acciderunt. In uno volumine cujus signum est littera F. [L. Delisle, II, p. 527]

Il semble donc à nouveau que l'ambition de ce catalogueur anonyme n'a pas été de décrire précisément le contenu du manuscrit mais d'en donner un aperçu. Plusieurs autres exemples pourraient illustrer cette hypothèse : les manuscrits Paris, BnF, lat. 16654 et lat. 16208 présentent des titres et des prisées apposés par la même main, également repris avec quelques variantes par le bibliothécaire de Sorbonne. En tête du feuillet de garde supérieur du manuscrit lat. 16654[87], deux titres ont été ajoutés : *Alphraganus. Item Alpetrans. X solidos.* Ces derniers sont suivis de l'ex-libris du collège dans lequel le bibliothécaire a semble-t-il répété ces indications avec plus de précisions sur le contenu cette fois : *Liber Ameti Alphragrani et liber Avenalpetrani. Precium X solidos, ex legato magistri Geroudi de Abbatisvilla* – ce premier essai a été biffé –, suivi de cette formule de la même main : *Liber Ameti Alphragrani et Avenalpetrans translatus a magistro Michaele Scoto Tholeti. Precium X solidos ex legato magistri Geroudi de Abbatisvilla.* Il est à noter que la référence au traducteur Michel Scot est un emprunt direct à l'explicit de l'œuvre par le bibliothécaire[88].

Ces indices nous offrent des renseignements précieux concernant les méthodes de catalogage au collège de Sorbonne. Ainsi, lors de l'entrée des manuscrits dans la maison de Sorbonne, le bibliothécaire devait lire consciencieusement les incipit et explicit des œuvres contenues dans le *codex* afin de reporter ces informations sur le feuillet de garde, facilitant ainsi l'établissement du catalogue ou de l'inventaire. On notera à nouveau que la prisée indiquée par la main (1) est reprise par le bibliothécaire. Le même procédé est visible dans le manuscrit lat. 16208, dont il était question plus haut : le responsable de la table (1) indique sur le feuillet de garde supérieur : *Plures libri astronomie et tabule ad annos arabum. 60 sol'.* Le bibliothécaire du collège ajoute à la suite : *Tabule astronomie cum aliis pluribus libris de iudiciis astrorum.* C'est cette dernière mention que l'on trouve dans le catalogue de 1338 : *12. Tabula astronomie cum pluribus libris de judiciis astrorum. Incipit in 2° fol. fuerit, in pen. facies. Precium sexaginta sol'*[89]. Une note peut-être écrite par le *librarius* précise également que le manuscrit présente 17 cahiers : *quaterni XVII*, le prix est ensuite répété.

87 Il contient deux œuvres : al-Farghani, *De scientia stellarum* et al-Bitruji, *De astronomia.*

88 L'explicit du *De astronomia* d'Al-Bitruji se présente comme suit : f. 79v : *Laudetur Ihesus Cristus qui vivit in eternum per tempora translatus est a magistro Michaele Scoto Tholeti in decimo octavo die veneris augusti hora tercia cum abuteo levite anno incarnationis Ihesu Cristi 1217.*

89 BnF, nouv. acq. lat. 99 p. 212a.

Ces divers éléments permettent d'émettre l'hypothèse selon laquelle les tables de la main (1) ont été rédigés avant l'entrée des manuscrits de Richard de Fournival au collège de Sorbonne et probablement au moment même où Gérard d'Abbeville a acquis ceux-ci en bloc. Ces titres succincts, souvent imprécis, accompagnés d'une prisée semblent être le fruit d'un inventaire qui aurait permis à l'archidiacre de Ponthieu d'évaluer monétairement les manuscrits et de connaître de manière globale le contenu de chacun d'entre eux. Gérard d'Abbeville a certainement employé un clerc en charge d'une telle inventorisation[90]. Si les titres apposés lors de cette campagne sont souvent peu précis, ils furent probablement utiles aux bibliothécaires dans un premier temps. Soulignons pour finir que la prisée établie demeure celle que le collège adjoindra à ses catalogues.

Le legs de Gérard d'Abbeville a non seulement permis au collège de Sorbonne d'acquérir une collection scientifique de grande ampleur, caractérisée par la rubrique des *libri quadriviales*, mais entérine dans le même temps la consécration de l'idéal de bibliothèque « publique » exprimé par Richard de Fournival dans sa *Biblionomia*. Les sociétaires de Sorbonne, et au-delà, les maîtres de l'université de Paris bénéficiaient dès lors d'un accès à des œuvres quadriviales de référence, et surtout à une science renouvelée par l'apport des traductions arabo-latines et gréco-latines. Bien que ce legs n'ait pas été le tout premier en matière d'ouvrages scientifiques, il demeure fondateur par son ampleur et sa spécificité. Il fait entrer au collège un ensemble de traductions, adaptations et originaux latins unique en son genre, offrant à l'institution de Robert de Sorbon ainsi qu'à l'université de Paris, un fonds scientifique incomparable. Le caractère unique de cette collection consciencieusement planifiée et assemblée par Richard de Fournival, n'a pas laissé certains membres du collège insensibles à cette richesse. Pierre de Limoges, sociétaire du collège et membre de l'entourage de Robert de Sorbon, saura en tirer profit. En ce sens, il peut être désigné comme héritier et continuateur de cette collection qu'il contribua à enrichir de ses propres volumes.

90 On note ce procédé en Angleterre avec William Reed († 1385), évêque de Chichester, bibliophile, possédant une bibliothèque de 500 volumes (léguée à plusieurs collèges d'Oxford, dont Merton College), et employant à demeure un clerc, Walter Robert, responsable du récolement de cette collection privée et de la copie des tables de contenu et ex-libris. *Cf.* R. Thomson, « William Reed, Bishop of Chichester (d. 1385) – Bibliophile ? », dans *The Study of Medieval Manuscripts of England*, G. H. Brown, C. F. Briggs (éd.), *The study of medieval manuscripts of England : Festschrift in honor of Richard W. Pfaff*, Turnhout, 2010, p. 281-294.

LE LEGS DE PIERRE DE LIMOGES († 1306)

Suite au legs substantiel de Gérard d'Abbeville, la collection des livres quadriviaux du collège continua à s'accroître, grâce à plusieurs anciens sociétaires dont Pierre de Limoges. Avec 120 manuscrits et des « cahiers de grande valeur », le legs qui intervient en 1306 constitue sans aucun doute le deuxième don d'ampleur, après celui de Gérard d'Abbeville, dans l'histoire de la bibliothèque du collège qui avait alors un peu moins de cinq décennies d'existence.

Disciple de Robert de Sorbon, Pierre de Limoges est attesté à Paris entre 1260 et 1261, alors qu'il suivait la prédication du fondateur du collège et d'autres théologiens, dont il reporta les sermons. À cette époque, il était certainement déjà sociétaire du collège de Sorbonne. Entre 1267 et 1270, il assuma probablement la charge de doyen de la faculté de médecine, une discipline d'ailleurs bien représentée dans sa bibliothèque personnelle. Selon toute vraisemblance, il acheva ses études de théologie vers 1270. Entre 1272 et 1273, toujours à Paris, Pierre de Limoges assembla de nombreux sermons et élabora des instruments de travail pour son activité pastorale. Sa prédication est attestée à Paris en 1273 et en 1280[91].

Sa lecture et sa pratique des sciences lui valurent le qualificatif de « grand astronome » dans l'obituaire du collège. Sa bibliothèque reflète cet intérêt pour les sciences mais également les liens étroits qu'il noua

91 Sur la vie de Pierre de Limoges, voir : L. Delisle, *Le Cabinet des manuscrits de la Bibliothèque impériale*, II, *op. cit.* p. 167-169 ; A. Birkenmajer, « Pierre de Limoges commentateur de Richard de Fournival », *Isis*, 40, 1949, p. 18-31, repris dans ses *Études d'histoire des sciences et de philosophie du Moyen Âge (Studia Copernicana I)*, Wroclaw-Varsovie-Cracovie, 1970, p. 222-235 ; M. Mabille, « Pierre de Limoges, copiste de manuscrits », *Scriptorium*, 24, 1970, p. 45-47 ; Ead., « Pierre de Limoges et ses méthodes de travail », in *Hommages à André Boutemy*, éd. Guy Cambier, Bruxelles, 1976, p. 244-251 ; N. Bériou, « La prédication au béguinage de Paris pendant l'année liturgique 1272-1273 », *Études augustiniennes*, 13, 1978, p. 105-229, aux p. 107-108 ; Ead., « Pierre de Limoges et la fin des temps », *Mélanges de l'École française de Rome. Moyen-Âge, Temps modernes*, 98, 1986, p. 65-107 ; L-J. Bataillon, « Comptes de Pierre de Limoges pour la copie de livres », dans *La production du livre universitaire au Moyen Âge. Exemplar et pecia*, éd. Louis-Jacques Bataillon, Bertrand Georges Guyot et Richard H. Rouse, Paris, 1988, p. 265-273 ; A. Soler, « Ramon Lull and Peter of Limoges », *Traditio*, 48, 1993, p. 93-105. O. Weijers, *Le travail intellectuel à la Faculté des arts de Paris : textes et maîtres (c. 1200-1500). VII. Répertoire des noms commençant par P*, Turnhout, 2007, p. 196-199.

avec des contemporains tels que Guillaume de Saint-Cloud, Pierre de Saint-Omer, Francon de Pologne et certainement Roger Bacon[92]. Pierre de Limoges est lui-même l'auteur de plusieurs textes astrologiques et astronomiques, dont fait partie le commentaire de la *Nativitas* de Richard de Fournival (composée sans doute avant 1273)[93]. Il rédigea également un jugement sur la comète de 1299, qu'il observa à l'aide d'un turquet, un instrument astronomique dont la construction et les usages ont été introduits dans le monde latin par Bernard de Verdun et Francon de Pologne[94]. Il est peut-être également l'auteur de l'observation de la comète de 1301, effectuée à l'aide du même instrument, et d'un court texte dédié à la composition de tables astronomiques des moyens mouvements pour les années chrétiennes et sur la manière de déterminer les solstices et les équinoxes[95]. Toutefois, l'œuvre la plus diffusée de Pierre de Limoges est sans conteste le *De oculo morali* composé entre 1275 et 1289 mêlant théologie et optique[96].

92 D. Juste, « Bate's Nativitas in Context », in The Astrological Autobiography of A Medieval Philosopher Henry Bate's Nativitas (1280-1281), éd. C. Steel, S. Vanden Broecke, D. Juste, S. Sela, Louvain, 2018, p. 65-85. Sur les liens de Pierre de Limoges et Roger Bacon : J. Hackett, « The Hand of Roger Bacon, the Writing of the *Perspectiva* and MS Paris BN Lat. 7434 », dans *Roma, Magistra Mundi : Itineriaria Culturae Medievalis*, ed. by Jacqueline Hamesse, 3 vols. Louvain-la-Neuve, 1998, vol. 1, p. 323-336.

93 Une édition critique de la *Nativitas* de Richard de Fournival et du commentaire de Pierre de Limoges est en cours de publication par Jean-Patrice Boudet et Christopher Lucken. Voir en attendant A. Birkenmajer, « Pierre de Limoges commentateur de Richard de Fournival », *loc. cit.*

94 Sur le jugement de la comète de 1299, voir : L. Thorndike, *Latin Treatises on Comets, 1238-1368 A.D.*, Chicago, 1950, p. 196-201. Sur Bernard de Verdun : E. Poulle, « Bernard de Verdun et le turquet », *Isis*, 55, 1964, p. 200-208. Sur Francon de Pologne, voir : L. Thorndike, « Franco de Polonia and the Turquet », *Isis*, 36, 1945, p. 6-7. P. C. Nothaft, « Criticism of Trepidation Models » (*supra* n.1), p. 219-220 ; Fritz S. Pedersen, *The Toledan Tables : A review of the manuscripts and the textual versions with an edition*, Copenhague, 2002, vol. 1, p. 167. Le turquet est un instrument peu commun, il est pourtant attesté au XVe siècle dans le Registre de prêt du collège de Sorbonne. Peut-être était-il présent dès le XIVe siècle. *Cf.* J. Vielliard, « Instruments d'astronomie conservés à la bibliothèque du collège de Sorbonne aux XVe et XVIe siècles », *Bibliothèque de l'École des chartes*, 131, 1973, p. 587-593 (p. 587).

95 Ce texte autographe est contenu dans le manuscrit Paris, BNF, lat. 16658, f. 137v.

96 Sur le *De oculo morali*, voir entre autres : R. Newhauser, « *Inter scientiam et populum* : Roger Bacon, Peter of Limoges and the *Tractatus Moralis de Oculo* », in *After the Condemnations of 1277. Philosophy and Theology at the University of Paris in the Last Quarter of the Thirteenth Century. Studies and Texts*, éd. J. A. Aetsen, Kent Emery, A. Speer, Berlin, 2001, p. 682-703 ; Id., « Peter of Limoges, Optics and the Science of the Senses », *Senses and Society*, 5, 2010, p. 28-44 ; Nous renvoyons également à la traduction anglaise du *De oculo morali* effectuée par Richard Newhauser : Id, *The Moral Treatise on the Eye*, Turnhout, 2012.

L'ancien sociétaire de Sorbonne paraît avoir été en quête constante de nouveaux textes. Il collecta et assembla de nombreux textes scientifiques. Si certains textes sont écrits de sa main, la plupart de ses manuscrits ont été copiés par des scribes professionnels. Il semble bien que Pierre de Limoges employait régulièrement les mêmes copistes. Par exemple, les manuscrits Paris, BnF, lat. 16206 (contenant le *De iudiciis astrorum* d'Hali Abenragel) ; lat. 16653 (Ptolémée, *Quadripartitum* accompagné du commentaire d'Haly Abenrudian, traduits par Gilles de Thebaldis) ; lat. 16655, (f. 85r-88r, contenant les tables d'éclipses extraites des tables de Novare et un court canon) ont été copiés par un même scribe. Un autre copiste récurrent est responsable de la copie des manuscrits Vatican, BAV, Reg. lat. 1261 et d'une partie du manuscrit Paris, BnF, lat. 7434, f. 72-107 comprenant des textes d'astrologie et d'optique[97]. La liste de comptes de Pierre de Limoges (Vatican, BAV, Reg. lat. 1554) éditée par Louis-Jacques Bataillon atteste également de ce recours à des copistes professionnels et des libraires[98]. Par ailleurs, il n'est pas rare de trouver dans les manuscrits du maître parisien des mentions de corrections et relectures apposées par des copistes en marge inférieure des cahiers. Ainsi, dans la copie commandée par Pierre de Limoges du *Tractatus de musica* du dominicain parisien Jérôme de Moravie – composé après 1280 et avant 1306 – (Paris, BnF, lat. 16663), on note les mentions *correctus* ou *correctus per G* (f. 68r) et *correctus per H* (f. 12v) apposées à chaque fin de cahiers[99]. L'une d'elles – *correctus per G* – pourrait être attribuable

97 Sur ces deux manuscrits, voir : D. Juste, *Les manuscrits astrologiques latins de la Bibliothèque nationale de France*, *op. cit.* p. 155.

98 L-Jacques Bataillon, « Comptes de Pierre de Limoges pour la copie de livres », *loc. cit.* Une autre liste de compte de Pierre de Limoges est présente à la fin du manuscrit Paris, BnF, français 24402, celle-ci se rapporte à l'élaboration de ce même manuscrit, qui est une copie du *Livre Evast et Blanquerne*, une traduction française anonyme de la *Blanquerna* de Raymond Lulle. L. Delisle, *Le cabinet des manuscrits*, *op. cit.* p. 168.

99 Paris, BnF, lat. 16663. Le manuscrit était enchaîné au pupitre V, sous la cote « V.g ». Sur Jérôme de Moravie : O. Weijers, Le travail intellectuel à la Faculté des arts de Paris : textes et maîtres (*ca. 1200-1500), 4 : H-J*, Turnhout, 2001, p. 83. Voir également : M. Huglo, « Hieronymus de Moravia : "frère morave" ou "Scottish Blackfriar" ? », dans *« Nationes », « Gentes » und die Musik im Mittelalte*, Berlin, 2014, p. 423-434. Hieronymus de Moravia, *Tractatus de musica* (éd.) C. Meyer et G. Lobrichon, Corpus Christianorum Continuatio Medievalis, 250, Turnhout, Brepols, 2012, p. XII-XIV. Jérôme de Moravie justifie son traité par la nécessité pédagogique : Alain, Bourreau, « Jérôme de Moravie et la rationalité dominicaine du XIIIe siècle », dans (éd.) C. Meyer, *Jérôme de Moravie : un théoricien de la musique dans le milieu intellectuel parisien du XIIIe siècle*, Royaumont, 1989, p. 43-54.

à un certain Grégoire, correcteur d'un autre manuscrit de Pierre de Limoges, contenant notamment la *Practica geometrie* d'Hugues de Saint-Victor[100]. Pierre a probablement commandé ces deux manuscrits dans un même atelier. Le manuscrit lat. 16663 constitue vraisemblablement un travail en cours, ou du moins un manuscrit de travail, les rubriques n'ont ainsi jamais été apposées dans les espaces qui leur étaient dédiés. Pierre corrige l'ouvrage en plusieurs endroits, et renvoie à la nécessité d'insérer plusieurs diagrammes[101]. Bien que le maître parisien fasse appel à des ateliers, il supervise sans aucun doute les copies, comme en témoigne par exemple le manuscrit Paris, BnF, lat. 16210 contenant les tables de l'*Almanach planetarum* de Guillaume de Saint-Cloud (1292). Le manuscrit présente à la fin de chaque cahier les mentions « correctus » apposées par Pierre de Limoges[102].

Tout au long de sa vie, l'ancien sociétaire du collège de Sorbonne s'est donc appliqué à réunir de nombreux textes tant en théologie qu'en sciences. Son importante bibliothèque est représentative de ce double intérêt. La majeure partie des manuscrits scientifiques légués par Pierre de Limoges est entrée dans la bibliothèque des livres enchaînés. Ils sont donc décrits dans le catalogue double du collège[103]. La collection des livres du *quadrivium*, déjà forte d'une riche collection, bénéficia largement de ce nouvel apport, et s'enrichit de nouvelles œuvres tel que le *Quadripartitum* de Ptolémée[104], qui faisait alors défaut au collège. L'autre apport de la collection léguée en 1306 réside dans les textes scientifiques des contemporains de Pierre de Limoges, renouvelant ainsi un fonds qui

100 Paris, BnF, Latin 15362, f. 60v.

101 Au folio 62 recto, un espace a ainsi été laissé libre en attente d'un diagramme, l'un des correcteurs a ajouté « nichil deficit hic », tandis que Pierre renvoie à une autre figure circulaire illustrant les huit tonalités : *Que habetur in magna scedula in parte superiori ipsius scedule scilicet specialiter in figura rotunda octo tonorum que est in quadam parva scedula.*

102 Paris, BnF, lat. 16210, f. 2r, 14r, 37v, f. 121v, 133v, 157v, 169v, 193v, 217v, ou « correptum est » au f. 149v. Ce manuscrit faisait partie de la bibliothèque en circulation et est décrit dans le catalogue de 1338 sous la cote 70 : [BnF, Nouv. acq. lat. 99, f. 216ra] : *70. Item quedam tabule astronomie ex legato eiusdem* [ie. Petri de Lemovicis], *incipit in 2°folio.* aspectus, *in penultimo.* sol, luna. *Precium viginti sol'.*

103 Sur la reconstitution de cette collection, voir : L. Miolo, *Le fonds scientifique d'un collège de théologie*, I, *op. cit.* p. 391-451.

104 Le legs de Pierre de Limoges fait ainsi entrer deux versions du *Quadripartitum*, l'une dans la traduction de Platon de Tivoli (Paris, BnF, lat. 7320 f. 61r-104v) ; l'autre version est accompagnée du commentaire d'Haly Abenrudian dans la traduction de Gilles de Thebaldis (Paris, BnF, lat. 16653).

représentait un état des sciences mathématiques des années 1250-1260. Avec ce don, des œuvres élaborées dans la deuxième moitié du XIIIe siècle et au tout début du XIVe siècle font leur entrée.

Le catalogue de 1338 nous informe finalement assez peu de ce legs puisqu'il ne décrit que les manuscrits du fonds en circulation. Ainsi, au sein de la rubrique des *Libri quadruviales* la collection de Pierre de Limoges occupe majoritairement les entrées 56 à 72 incluse. Le premier volume, portant la cote 56, était enchaîné comme le précise la mention *Defficit quia cathenatus*, il est néanmoins à rattacher au manuscrit Paris, BnF, lat. 16206 (Haly Abenragel, *De iudiciis astrorum*)[105], qui porte la cote *inter quadruviales 56* au verso de son dernier folio. Quinze volumes sont donc cités dans cette rubrique, auxquels doit être ajouté le numéro 74, compté comme *Defficit*, mais correspondant à un autre manuscrit légué par Pierre de Limoges, à savoir le Paris, BnF, Français 24276[106]. Ce dernier manuscrit est un recueil de textes astrologiques d'Abraham ibn Ezra et Albumasar traduits en français par Hagin le Juif. Il est à noter que la cote précédente « 73 », ne correspond pas à un codex légué par Pierre de Limoges, mais à un recueil de tables et textes astronomiques donné par Philippe de Dunois[107]. Sur les quinze volumes mathématiques légués par le *quondam socius*, seulement trois d'entre eux n'étaient pas enchaînés et faisaient partie de la bibliothèque en circulation (*parva libraria*). Ces trois codices correspondent tous à des tables astronomiques[108]. La majeure partie de la bibliothèque personnelle de Pierre de Limoges fut donc très tôt enchaînée dans la *libraria communis*. L'ampleur de son don, son statut d'ancien sociétaire et de disciple de Robert de Sorbon mais également la rareté des textes copiés et transmis justifient sans doute cet enchaînement massif.

---

105 D. Juste, *Les manuscrits astrologiques latins de la Bibliothèque nationale de France*, *op. cit.* p. 234-235.

106 S. Sela, « The Abraham ibn Ezra – Peter of Limoges Astrological – Exegetical Connection », Aleph, 19, 2019, p. 9-57 ; D. Juste, « Bate's Nativitas in Context », in C. Steel, S. Vanden Broecke, D. Juste, S. Sela (éd.), *The Astrological Autobiography of A Medieval Philosopher Henry Bate's* Nativitas *(1280-1281)*, Louvain, 2018, p. 65-85 (en particulier p. 68).

107 Paris, BnF, lat. 16211. Or, ce codex paraît avoir un lien avec Pierre de Limoges. Une note au f. 10v fait état de l'activité astronomique de Francon de Pologne. Ce dernier a également conduit avec Pierre de Limoges des observations solaires à l'aide d'un turquet dans les années 1280. P. C. Nothaft, « Criticism of Trepidation Models », *Archive for History of Exact Sciences*, 71, 2017, p. 211-244 (p. 219-220).

108 Il s'agit des manuscrits cotés 68, 70 et 72 (le dernier est coté 73 par erreur dans le catalogue de 1338, car il n'y a pas de n° 72) ; Paris, BnF, Nouv. acq. lat. 99 p. 216a.

La formule de Louis-Jacques Bataillon désignant Pierre de Limoges comme « lecteur et chercheur, plus que collectionneur, s'intéressant aux textes eux-mêmes plus qu'à la beauté ou à la richesse de leur présentation », prend tout son sens dans le cadre du dossier « fournivalien » constitué par Pierre de Limoges[109]. Ce travail de recherche débuta certainement par la copie de la *Nativitas* que Pierre de Limoges fit exécuter à ses frais par un scribe qui travailla régulièrement pour l'ancien sociétaire du collège[110]. On peut supposer que l'*exemplar* de la *Nativitas* de Richard de Fournival dont Pierre de Limoges se servit, se trouvait alors dans un volume du collège de Sorbonne – qui ne nous serait pas parvenu – puisque la quasi totalité des manuscrits de Richard était entrée dans l'institution en 1272. Il semble envisageable que Pierre de Limoges y ait eu accès à ce moment-là.

Le maître parisien élabora le commentaire de la *Nativitas* avant 1273. Les calculs autographes relatifs à la *Nativitas* de Richard de Fournival contenus dans le manuscrit Paris, BnF, lat. 16658 (f. 31v-32r), ont pu être élaborés en 1267, si l'on se fie à une note apposée en marge inférieure du calendrier (f. 38v)[111]. Or, si le début du travail de Pierre de Limoges sur la *Nativitas* est à situer en 1267 ou avant, on ne peut convenir d'une consultation de la *Nativitas* au collège de Sorbonne. En revanche, il put y avoir accès par le biais de Gérard d'Abbeville qui entra probablement en possession de la bibliothèque du chancelier d'Amiens dès 1260.

Quoi qu'il en soit, Pierre de Limoges fit exécuter une copie de la *Nativité* dans un de ses volumes, le Vatican, BAV, Reg. Lat. 1261 (f. 59r-60v), qu'il glosa abondamment. La copie personnelle de son propre commentaire faisait quant à elle partie du *Liber magnus iudiciorum*, dont le fragment est aujourd'hui le manuscrit Paris, BnF, lat. 7320.

---

109 L-J. Bataillon, « Comptes de Pierre de Limoges pour la copie des livres », *loc. cit.* p. 265.

110 On retrouve notamment sa main dans le BnF, Latin 7434 (f. 72-107), BnF, Latin 16396 (f. 3-46) et Vatican, Reg. Lat. 1261, dont il est question ici. Voir : A. Birkenmajer, « Pierre de Limoges commentateur de Richard de Fournival », p. 23. Voir également : D. Juste, *Les manuscrits astrologiques latins*, *op. cit.* p. 155-156.

111 Cette note avait déjà été relevée par Aleksander Birkenmajer, qui supposait que le commentaire avait été élaboré entre 1267 et 1295. Or, Jean-Patrice Boudet et Christopher Lucken ont récemment situé sa date d'élaboration avant 1273. Les calculs du lat. 16658 ont donc pu être écrits en 1267, juste avant la rédaction du commentaire (avant 1273). Voir : A. Birkenmajer, « Pierre de Limoges commentateur de Richard de Fournival », *loc. cit.* p. 28. L'édition critique de Jean-Patrice Boudet et Christopher Lucken est en cours de publication.

Celle-ci n'a malheureusement pas subsisté aux dommages subis par le manuscrit[112]. Pierre de Limoges avait donc réuni un solide dossier sur la *Nativité* du chancelier d'Amiens, qui lui permit peut-être de s'exercer à l'art de l'horoscope et des jugements. Il rassembla minutieusement gloses et calculs afin de former son commentaire, qui suscita encore l'intérêt d'un astrologue au XVe siècle[113].

Mais l'engouement de l'ancien sociétaire du collège pour Richard de Fournival ne s'arrêta pas à cette *Nativitas.* Plusieurs indices attestent que Pierre de Limoges apprécia et surtout étudia les manuscrits provenant de la bibliothèque du chancelier d'Amiens. Il puisa un certain nombre de matériaux dans cette collection. Plusieurs manuscrits copiés pour ou par Pierre de Limoges ont déjà été signalés pour leur lien étroit avec ceux de Richard de Fournival[114]. Ainsi, Elisabeth Pellegrin relevait la proximité de l'œuvre de Jean de Hauteville cité dans la *Biblionomia* au numéro 108 avec le manuscrit Vatican, BAV, Reg. Lat. 1554, copié pour Pierre de Limoges, comme l'indique la mention « P. de Lemovicis » en marge du folio 109r[115] :

Vatican, BAV, Reg. Lat. 1554 (f. 109r)	Biblionomia (Delisle, *Cabinet des manuscrits*, II, p. 531)
Incipit liber magistri Iohannis de Hauvilla de itineracione et questu architreni ad Galterum Rothimagensem archiepiscopum.	Johannis de Hauvilla liber de itineratione et questu architrenii, in uno volumine cujus signum est littera M.

112 Sur le ms. Paris, BnF, lat. 7320 et le *Liber magnus iudiciorum*, voir : *ibid.* p. 23-28. Le contenu du *Liber magnus iudiciorum* peut être reconstitué par le biais des annotations de Pierre de Limoges, mais également grâce au catalogue double du collège de Sorbonne.

113 Roland l'Escripvain emprunta le volume en 1435, celui-ci étant enchaîné, la requête du médecin, astrologue parisien, proche du duc de Bedford, fut examinée par l'assemblée des sociétaires. Celle-ci lui octroya le droit d'emprunter le volume contre une mise en gage importante. *Cf. Le Registre de prêt du collège de Sorbonne*, *op. cit.* dossier 82, n° 26.

114 Bruno Roy cite quelques-uns de ces manuscrits, signalés par Elisabeth Pellegrin, Richard Rouse, Marie-Thérèse d'Alverny et Dorothy M. Robathan. B. Roy, « Richard de Fournival, auteur du *Speculum Astronomie* ? », *Archives d'Histoire Doctrinale et Littéraire du Moyen Âge*, 67, 2000, p. 159-180 (p. 177-178).

115 E. Pellegrin, « Possesseurs français et italiens de manuscrits latins du fonds de la Reine à la Bibliothèque Vaticane », *Revue d'histoire des textes*, n° 3, 1973, p. 271-297 (en particulier p. 286).

Le catalogue du collège de Sorbonne cite deux exemplaires de l'*Architrenius*, l'un faisant partie de la bibliothèque en circulation, dans la rubrique des *libri grammaticales*, l'autre dans la *libraria communis.* L'exemplaire de la *parva libraria*, ne peut que correspondre au manuscrit légué par Gérard d'Abbeville : d'une part car il porte la cote 13 et fut donc légué avant 1290, si l'on se fie à la reconstitution proposée par Richard Rouse, et d'autre part, car il faisait partie d'un bloc de manuscrits légué par l'archidiacre de Ponthieu en 1272[116]. De plus, les mots-repères du manuscrit de la bibliothèque Vaticane ne correspondent pas à cette entrée. Le volume Vatican, BAV, Reg. Lat. 1554 semble donc à mettre en relation avec la bibliothèque des livres enchaînés et surtout avec la mention du répertoire méthodique, citant un *Auctor qui dicitur Architrenius*[117]. Pierre de Limoges ayant consulté cette œuvre poétique dans le volume provenant de Richard de Fournival – aujourd'hui perdu –, décida sans doute d'en commander une copie personnelle.

C'est également le cas du traité *De causa et causato* du Pseudo-Avicenne contenu dans le manuscrit Paris, BnF, lat. 16407 (f. 5v-6r) ayant appartenu à Pierre de Limoges. Marie-Thérèse d'Alverny fait état de l'analogie entre ce manuscrit et le volume légué par Gérard d'Abbeville au collège, mais qui ne nous est pas parvenu[118]. Le volume de Richard de Fournival faisait partie de la *parva libraria* et est cité dans la rubrique des *Libri mixti philosophorum*, sous la cote 8, mentionnant l'ex-legato de Gérard d'Abbeville, tandis que le BnF, lat. 16407 est décrit dans la bibliothèque en circulation mais dans la rubrique des *Summe questionum* sous la cote 73[119].

116 [XLV. Libri grammaticales] 13. Architrenius incipit in 2° fol. *incola* in penultimo *coniugii pacem.* Precium quatuor sol. Paris, BnF, Nouv. acq. lat. 99, p. 179b. Pour la reconstitution de la rubrique dans le catalogue perdu de 1290, voir : R. Rouse, « The early library of Sorbonne », *loc. cit.* p. 64.

117 BnF, Nouv. acq. lat. 99, p. 250. Cette mention a été ajoutée par le deuxième bibliothécaire.

118 M-T. D'Alverny, *Avicenna Latinus*, Bruxelles, 1994, p. 73 et 344. L-J. Bataillon fait également état de ce manuscrit pour la mention en hébreu se rapportant à *sigerus* soit Siger de Brabant : L-J. Bataillon, « Les comptes de Pierre de Limoges », *loc. cit.* p. 268. Sur ce manuscrit voir D. Calma, « Une question inédite de Siger de Brabant copiée par Pierre de Limoges (Paris, Bibliothèque nationale de France, ms. lat. 16407, f. 227va-vb) », *Przeglad Tomistyczny (Revue Thomiste de Varsovie)*, t. 12, 2006, p. 141-175.

119 BnF, Nouv. acq. lat. 99, p. 199b [LIII, Libri mixti philosophorum, 8] *In uno volumine Agazel de intencionibus logicis, Alpharabius de distinctione scienciarum, liber Avicenne de causa et causato, liber ejusdem de demonstracione, liber Ag[azelis] de ortu scienciarum, liber Condisalvi de ortu omnium scienciarum, ex legato magistri G. de Abbatisvilla. Incipit in 2° fol. quod in pen.*

Une liste d'œuvres copiées par Pierre de Limoges dans l'un de ses manuscrits – Paris, BnF, lat. 16468 contenant les *Distinctiones* de Philippe le Chancelier sur le Psautier – semble indiquer qu'il planifiait la copie d'autres textes, dont certains provenaient de la bibliothèque de Richard de Fournival. Cette liste est située au dernier feuillet du bifolio de garde (f. 130r) et est majoritairement composée de classiques.

Ces œuvres étaient pour une large part présentes dans la bibliothèque de Richard de Fournival. Il est possible de croiser les données fournies par cette liste avec les catalogues médiévaux du collège et la *Biblionomia.* En l'absence de manuscrits subsistants, il est difficile d'affirmer que les manuscrits de Pierre de Limoges ont été copiés directement sur ceux de Richard de Fournival. La concordance entre cette liste et les catalogues médiévaux se présente comme suit[120] :

---

et hoc. Precium XX sol. L'entrée de la *Biblionomia* se présente comme suit *: Abuhanudin Algazelin avunculi et nutritoris principis Albohali Aviscenni liber logicorum. Item Alpharabii Abunazer liber de divisione scienciarum. Item dicti Aviscenni epystola de causa et causato et epystola de demonstratione logica. Item dicti Algazelin liber de ortu scienciarum. Item Gundissalini liber de divisione scienciarum. In uno volumine cujus signum est littera B.* L. Delisle, *Le Cabinet des manuscrits*, II, p. 525. La rubrique des *Summe questionum* présente le lat. 16407 comme suit [BnF, Nouv. acq. lat. 99, p. 80b] : 73. *Questiones supra Sentencias, ex-legato eiusdem* [ie. Petri de Lemovicis]. *Incipit in 2° folio* ad quam, *in penultimo* a lumine. *Precium xxx sol.*

120 Cette liste a été transcrite par Léopold Delisle : L. Delisle, *Le Cabinet des manuscrits*, II, *op. cit.* p. 169. Nous offrons une nouvelle transcription en annexe qui inclut les autres notes autographes présentes sur ce feuillet.

BnF, lat. 16468 (f. 130r)	*Biblionomia*	Manuscrits légués par Gérard d'Abbeville	Manuscrits légués par Pierre de Limoges
Bucolica	Virgilii Maronis libri Bucolicon, Eneidos, et Virgilioli numero quinque, videlicet Copa, Est et non, Rosa et Similus, in uno volumine cujus signum est littera N.	Cat. 1338 [Libri grammaticales 29]. Bucolica, Georgica et Eneis Virgilii, ex legato ejusdem [Gerardi de Abbatisvilla]. Incipit in 2° fol. *nec mala*, in pen. *torta comam*. Precium quatuor sol	Cat. 1338 [Libri grammaticales 51]. Bucolica Virgilii et Eneida, ex legato eiusdem [Petri de Lemovicis], incipit in 2° fol. *nil. Nostri* in pen. assistunt. Precium viginti sol.
Epistolas Oratii, scilicet *Prima dicte michi* et *Qui fit Mecenas*	Quinti Flacci Horatii Venusini liber odarum et epodon, liber sermonum, poetica et liber epystolarum, in uno volumine cujus signum est littera P.	Cat. 1338 [Libri grammaticales, 3] : In uno volumine liber Oracii, quidam liber sermonum, poetria, epistole, ex legato magistri G. de Abbatisvilla. incipit in 2° fol. *sic fratres*, in pen. *carmen*. Precium sex sol.	
Lucanum	Marcii Annei Lucani Cordubensis liber de bello intestino nobilium civium Romanorum, in uno volumine cujus signum est littera N.	Cat. 1338 [Libri grammaticales, 35] : Lucanus, ex legato ejusdem [Gerardi de Abbatisvilla]. Incipit in 2° fol. *indignata*, in pen. *perdidimus*. Precium quinque solidorum	
Georgica	Virgilii Maronis libri Bucolicon, Eneidos, et Virgilioli numero quinque, videlicet Copa, Est et non, Rosa et Similus, in uno volumine cujus signum est littera N.	Cat. 1338 [Libri grammaticales, 29] : Bucolica, Georgica et Eneis Virgilii, ex legato ejusdem [Gerardi de Abbatisvilla]. Incipit in 2° fol. *nec mala*, in pen. *torta comam*. Precium quatuor sol	
Eneida	Virgilii Maronis libri Bucolicon, Eneidos, et Virgilioli numero quinque, videlicet Copa, Est et non, Rosa et Similus, in uno volumine cujus signum est littera N.	Cat. 1338 [Libri grammaticales, 29], voir *supra*.	Cat. 1338 [Libri grammaticales 51]. Bucolica Virgilii et Eneida, ex legato eiusdem [Petri de Lemovicis], incipit in 2° fol. *nil. Nostri* in pen. assistunt. Precium viginti sol.

Persius	Aurelii Persii Flacii liber satirarum cum commento Servii, in uno volumine cujus signum est littera O.	Rép. Méthodique. B.f. Persius cum glosis. Glosa incipit : *Auctor iste*, liber : *Nec fonte labra pollui caballino.*	
Priscianus major	Ejusdem Prisciani liber maior de orthographya et partibus orationis, in uno volumine cujus signum est littera A.		?Inventaire sommaire. Pupitre F. Priscianus major grammaticalis.
Esopus	Censorini Catonis et Theodori libri ethici. Aviani et Esopi libri apologici. Maximiani, Pamphili et Gete libri amatorii. In uno volumine cujus signum est littera P.	Rép. Méthodique. V.n. Esopus. *Ut iuvet et prosit conatur pagina presens.*	
Gramatica Alberti			
Logica ejusdem			Pierre de Limoges a peut-être eu accès au manuscrit de Godefroid de Fontaines, son contemporain. BnF, Latin 15449.
Ovidius de arte	Voir *infra*		
Ovidius major	Voir *infra*		
Avianus	Censorini Catonis et Theodori libri ethici. Aviani et Esopi libri apologici. Maximiani, Pamphili et Gete libri amatorii. In uno volumine cujus signum est littera P.	Rép. Méthodique. V.n. Avianus. *Rustica deflenti parvo iuraverat olim.*	
Geta	Censorini Catonis et Theodori libri ethici. Aviani et Esopi libri apologici. Maximiani, Pamphili et Gete libri amatorii. In uno volumine cujus signum est littera P.	Rép. Méthodique. V.n. Geta. *Grecorum studia nimium diuque sequtus.*	

Marcialis Coqus	Valerii Marcialis, coci Julii Cesaris, liber epygramaton, in uno volumine cujus signum est littera O.		Cat. 1338 [Libri Socratis, Platonis, Ciceronis, etc., 22] ? Item Marcialis Coqus cum aliis. Incipit in 2° fol. *quod magni*, in pen. *decidat*. Precium quatuor sol.
Ovidius de vetula	? Ejusdem liber Fastorum vel liticorum, cum semikalemdario, quem de cerimoniis secundum ritus gentilium composuit in honore Germanici Cesarii, qui erat futurus pontifex eo anno, ut scilicet interventu ipsius Augusto sibi irato reconciliari valeret, in uno volumine cujus signum est littera N.	Rép. Méthodique. V.i. Ovidius, de vetula. *Queritur unde michi quod opus processerit illud.*	Rép. Méthodique. AB.h. Excerpta ejus [Ovide, de vetula].
Liber ludorum Henrici de Malines[121]			?Cat. 1338 [Libri grammaticales, 48] Item liber liricorum, ex legato Petri Lemovicis, incipit in 2° fol. *secus*, in pen. *rapula*. Precium duodecim sol.
Arismetica Jordani	Jordani de Nemore liber de elementis arychmetice, in uno volumine cujus signum est littera E.	Inventaire sommaire Pupitre P. Arismetica Jordani demonstrata. Rép. Méthodique Arismetica Jordani demonstrata. [BnF, Latin 16644].	
Ovidius de pulice	Voir *infra*.		

121 « Œuvre de jeunesse » d'Henri Bate de Malines. Selon Aleksander Birkenmajer, ces exercises poétiques ne nous sont pas parvenus. Voir : A. Birkenmajer, « Henri Bate de Malines : Astronome et Philosophe du XIIIe siècle », dans *Études d'histoire des sciences et de la philosophie du Moyen Âge*, Cracovie, 1970, p. 105-115 (en particulier p. 108). Pierre de Limoges avait donc connaissance de cette œuvre.

Ovidius de sompno, sed uterque istorum duorum, scilicet Ovidius de pulice et Ovidius de sompno, non tenent nisi unum folium.	Ovidii Nasonis Pelignensis liber Heroidum qui est de epystolis, liber Amorum qui est sine titulo, liber de arte amandi, liber de remedio amoris, liber de supplenti rescriptionum ad dictas epistolas Ovidii, ad quas scilicet ipse non rescripserat. Item ejusdem Ovidii libellus de cuculo, de pulice, de sompno, de medicamine surdi, de medicamine faciei, et de nuce. In uno volumine cujus signum est littera N.	
Maximianus	Censorini Catonis et Theodori libri ethici. Aviani et Esopi libri apologici. Maximiani, Pamphili et Gete libri amatorii. In uno volumine cujus signum est littera P.	Rép. Méthodique. V.n Maximianus. *Emula quid cessus finem properare senectus.*
Stacius	Surculi Papinii Statii libri Thebaidos et Achilleidos, in uno volumine cujus signum est littera N.	Cat. 1338 [Libri grammaticales, 28] : Stacius Thebaidos et Achilleydos, ex legato eiusdem [Gerardi de Abbatisvilla]. Incipit in 2° fol. *tristibus*, in pen. *etiam*. Precium octo sol.
Homerus de Bello Danaum qui incipit *Iram pande mihi*, et sunt 8 libri	Phrigii Daretis Yliados historia prosaice deinde metrice. Item Meonii Homeri libellus Yliados, et versus Primatis Aurelianensis de eodem. In uno volumine cujus signum est littera N.	

Les analogies entre la liste, le contenu de la *Biblionomia* et les manuscrits légués par Gérard d'Abbeville sont frappantes[122]. Certaines des œuvres citées par Pierre de Limoges sont bien présentes dans la *Biblionomia*, mais ne sont pas identifiables dans les catalogues du collège. La terminologie employée est pourtant très proche de celle qui est utilisée dans l'œuvre bibliologique du chancelier de la cathédrale d'Amiens. Pierre de Limoges a peut-être eu accès à ces volumes avant leur entrée au collège. La majorité des volumes cités est donc issue de la *Biblionomia*, à l'exception du *Liber ludorum* d'Henri Bate de Malines (contemporain de Pierre de Limoges)[123], ainsi qu'une somme de grammaire attribuée ici à Albert le Grand et un *compendium* des commentaires à la *Logica nova* de ce dernier. La mention *sed uterque istorum duorum, scilicet Ovidius de pulice et Ovidius de sompno, non tenent nisi unum folium* apposée à la suite de *Ovidius de sompno*, démontre d'une part que Pierre de Limoges a consulté le manuscrit, et d'autre part qu'il envisage la longueur des deux œuvres en vue de l'élaboration d'une copie. Cette liste constituait probablement un préalable à la copie d'un ou, certainement, plusieurs manuscrits contenant les œuvres citées. Le premier groupe de textes de la liste est situé sous une ligne de comptes copiée par Pierre de Limoges. En marge de cette première énumération a été apposée une mention en hébreu : ראיתי, ra'hiti, soit « j'ai vu[124] ». Cette note est semble-t-il de la main de Pierre de Limoges coutumier de l'emploi de lettres hébraïques[125]. Toutefois, il est difficile de dire si cette note était destinée à son usage personnel ou à être lu par un copiste ou un correcteur.

Notons également les deux mentions du *De vetula* – cette œuvre pseudépigraphe attribuée à Richard de Fournival – présentes dans le répertoire méthodique du collège et dans la liste de Pierre de Limoges qui constituent avec les références contenues dans l'*Opus maius* de Roger

---

122 Notons également que parmi les classiques, les deux exemplaires des *Métamorphoses* d'Ovide présents au collège proviennent de Pierre de Limoges et de Richard de Fournival, par l'intermédiaire de Gérard d'Abbeville.

123 Sur les liens entre Pierre de Limoges et Henri Bate, voir : D. Juste, « Bate's Nativitas in Context », *loc. cit.* p. 68-73.

124 Je tiens à remercier Idit Chikurel de l'Université de Postdam pour la transcription et la traduction de cette note en hébreu.

125 *Cf.* L-J. Bataillon, « Comptes de Pierre de Limoges », *loc. cit.* p. 268. On sait par ailleurs que le maître a employé un scribe ou un correcteur dont le nom est donné en lettres hébraïques.

Bacon, les plus anciennes mentions de ce texte, la *Biblionomia* n'y faisant pas explicitement référence[126].

Si la liste rédigée par Pierre de Limoges témoigne d'un intérêt certain pour les classiques, elle présente tout de même une référence au traité d'arithmétique de Jordanus de Nemore, contenu dans le Paris, BnF, lat. 16644, légué par Gérard d'Abbeville. L'ancien sociétaire du collège a sans aucun doute eu accès à ce manuscrit, sans pour autant en avoir fait exécuter une copie pour lui-même. Il en va autrement pour différents manuscrits provenant de la bibliothèque du chancelier d'Amiens, que Pierre de Limoges a probablement fait copier. Le manuscrit Vatican, Reg. Lat. 1261 – contenant la *Nativitas* de Richard de Fournival – est un recueil copié par un même scribe[127]. Ce volume présente des analogies importantes avec plusieurs œuvres de la bibliothèque de Richard de Fournival.

Il débute ainsi par l'*Almagesti minor* (f. 1r-49r)[128], un commentaire anonyme de l'*Almageste* composé vers 1200 dans le nord de la France. Or, la plus ancienne référence à l'*Almagesti minor* se trouve dans *la Biblionomia*[129]. Cet exemplaire a subsisté et constitue aujourd'hui la deuxième partie du manuscrit composite Paris, BnF, lat. 16657 (f. 82v-132v). Ce dernier comporte toujours l'ex-libris du collège de Sorbonne citant l'ex-legato de Gérard d'Abbeville (lat. 16657, f. 82r). Il s'avère que le manuscrit de Pierre de Limoges conservé à la bibliothèque Vaticane est étroitement lié au volume lat. 16657 et laisse supposer que ce dernier constitua l'exemplaire

126 D. M. Robathan, « Introduction to the Pseudo-Ovidian, *De Vetula* », *Transactions and Proceedings of the American Philological Association*, 88, 1957, p. 197-207 (en particulier p. 199). Voir également : C. Panti, « An astrological path to wisdom. Richard de Fournival, Roger Bacon and the attribution of the Pseudo-Ovidian *De Vetula* », *loc. cit.* p. 372-373. Il n'est pas exclu que Roger Bacon ait eu accès à la bibliothèque de Richard de Fournival dans les années 1240 ou 1250. En effet, il emprunte la formule *editio Alardi Bathonensis* dans ses *Communia mathematica* dérivant du manuscrit Paris, BnF, lat. 16648 ayant appartenu à Richard de Fournival et comportant les *Éléments* d'Euclide dans la version « Adélard III ». *Cf.* H.L.L. Busard, *Johannes de Tinemue's Redaction of Euclid's Elements, the so-called Adelard III version*, Stuttgart, 2001, p. 15.

127 Il s'agit du scribe responsable de la copie de certaines parties des manuscrits BnF, Latin 7434, BnF, Latin 7320 et du BnF, Latin 16396. Voir *supra.*

128 Voir l'édition récente d'Henry Zepeda : H. Zepeda, *The First Latin Treatise on Ptolemy's Astronomy : The* Almagesti minor (c. 1200), Turnhout, 2019.

129 L'œuvre est ici attribuée à un certain Gautier de Lille. L. Delisle, *Le cabinet des manuscrits*, II, *op. cit.* p. 527. 54. *Liber extractionis elementorum astrologie ex libro Almagesti Ptolomeper Galterum de Insulla usque ad finem sexti libri ex eo. Item tabule stellarum fixarum ex eodem assumpte. Item descriptio quadraginta octo ymaginum Ptolomei cum numero et dispositione stellarum in eis. In uno volumine cujus signum est littera F.*

sur lequel fut copié le manuscrit de Pierre de Limoges[130]. Ces deux *codices* étaient enchaînés dans la *Libraria communis.* Toutefois, le catalogue double rend la distinction des deux exemplaires difficile à établir.

Les sources bibliothéconomiques du collège présentent ainsi trois mentions se rapportant à l'*Almagesti minor.* La première est constituée par le seul titre de l'œuvre énoncé dans l'inventaire sommaire au pupitre P, faisant simplement état d'un *Almagesti minor*[131].

Le répertoire méthodique décrit un volume en fournissant deux cotes différentes, apposées par deux mains distinctes[132].

> [1] Bancus [Ø] volumen [Ø] Liber Almagesti demonstratus vel Almagestus minor libri vi. *Omnium item phylosophancium non solum.* [2] Item bancus V volumen [Ø].

La cote de la première occurrence, copiée par le premier bibliothécaire a été grattée. La deuxième mention n'est constituée que d'une cote incomplète ne mentionnant que le pupitre V, la cote dédiée au volume ayant été effacée. La troisième référence à l'*Almagesti minor* est écrite à la suite de l'*Almageste* (*Almagestum maius libri XIII*) dans le répertoire méthodique : « Petit Almageste, voir supra[133] », le bibliothécaire ayant certainement voulu éviter toute confusion entre le « petit *Almageste* » et le « grand *Almageste* ». L'*Almagestum maius*, soit l'œuvre de Ptolémée, était donc coté P.v, et a été ajouté par la main du deuxième bibliothécaire[134].

> Ban'P vol'v. Item Almagestum maius libri xiii. *Quidam princeps.* Almagestum minus, vide supra.

On peut supposer que cette référence à l'*Almagesti minor* à la suite de l'*Almageste* coté pupitre « P », volume « v », ne constitue qu'un simple renvoi à l'*Almagesti minor* cité par l'inventaire sommaire à ce même pupitre.

---

130 R. Lorch, « Some Remarks on the *Almagestum parvum* », in *Amphora. Festschrift for Hans Wussing on the Occasion of his 65th Birthday*, Hambourg 1992, p. 407-438. Voir également : H. Zepeda, The First Latin Treatise on Ptolemy's Astronomy, *op. cit.* p. 55-56.

131 BnF, Nouv. acq. lat. 99, p. 240a.

132 BnF, Nouv. acq. lat. 99, p. 257.

133 Il s'agit du BnF, Latin 16200, qui ne faisait certainement pas partie de la bibliothèque de Richard de Fournival. Néanmoins, le bibliothécaire du fait de la proximité des deux œuvres et de leur localisation au même pupitre a ajouté la mention à l'*Almagestum minor* en opposition à l'*Almagestum maius.*

134 BnF, Nouv. acq. lat. 99, p. 258.

Toutefois, là n'est peut-être pas la seule raison d'un tel ajout. Le manuscrit Paris, BnF, lat. 16200, au-delà du fait de contenir la version intégrale de l'*Almageste* dans la traduction de Gérard de Crémone, présente d'abondantes gloses majoritairement écrites par deux mains quasi contemporaines. L'une d'elle s'apparente en tout point à celle de Pierre de Limoges[135], et est notamment responsable d'une longue note sur l'*Almageste* – sorte de commentaire linéaire de l'œuvre –, écrite au verso du premier folio de garde du manuscrit, de gloses sur l'*Almageste* et surtout de la copie de l'*Almagesti minor* dans les marges du f. 5r jusqu'au f. 96r[136]. La référence à l'*Almagesti minor* du bibliothécaire du collège pourrait donc également avoir un rapport avec cette copie contenue dans les marges du lat. 16200.

Sans ex-legato, le seul indice explicite qui permette de rattacher le manuscrit à l'ancien sociétaire est son écriture. L'ex-libris du collège ne mentionne pas Pierre de Limoges. Or, les manuscrits qu'il légua au collège présentent habituellement cette mention. Ici, seule l'appartenance au collège est précisée (lat. 16200, f. 92r) : *Iste liber est pauperum magistrorum in ~~do~~ domo de Sourbona commorantium precium VIII lib'*, suivi de la cote de 1338, écrite par une main différente : *Inter quadruviales ~~102~~ 52.* Le manuscrit portait donc le numéro 52 dans le catalogue de 1338, qui mentionne effectivement à cet emplacement un manuscrit *defficit quia cathenatus*[137]. Or, si l'on se fie au catalogue de 1338, dont l'ordonnancement des œuvres est quasi stratigraphique, le volume coté 52 se situe avant un manuscrit légué par Godefroid de Fontaines, coté 55[138]. Les volumes de cet ancien sociétaire de Sorbonne sont entrés au collège en 1306, probablement peu de temps avant le legs de Pierre de Limoges, puisque les manuscrits de Godefroid de Fontaines précèdent toujours ceux de Pierre dans le catalogue de 1338. On peut donc supposer que l'*Almageste* entra au collège après 1272 – date du legs de Gérard d'Abbeville – et certainement en 1306. Ce manuscrit fut exécuté en 1213, comme l'indique la mention apposée en haut du premier folio de garde : *Liber iste fuit scriptus et perfectus ad exemplar*

135 Pierre de Limoges a également folioté le manuscrit. *Cf.* Cette identification est confirmée dans : H. Zepeda, *The First Latin Treatise on Ptolemy's Astronomy*, *op. cit.* p. 62-64.

136 *L'Almagesti minor débute* par l'introduction et la première proposition (f. 5r, en marge) : *Formam celi spericam esse. Motus celi circularem circa terram undique* [...] (f. 6r) *Data circuli diametro latera decagoni.* Pierre de Limoges précise également sa source, f. 5v : *per 6 libros huius libri sumpte ex libro qui dicitur* parvus Almagesti *cum commentis scilicet hec est prima.*

137 BnF, Nouv. acq. lat. 99, p. 215a.

138 Les cotes 53 et 54 sont chacune désignées comme *Defficiunt quia cathenatus.* Sur Godefroid de Fontaines, voir *infra.*

beati Victoris Pariensis anno domini M°CC°XIII, mense Decembri[139]. Il était probablement destiné à un commanditaire d'importance. Le manuscrit est en effet une copie soignée, présentant une initiale historiée peinte représentant Ptolémée-roi trônant en majesté[140]. Si le manuscrit a un jour appartenu à Pierre de Limoges, celui-ci l'a donc obtenu de seconde main, il n'est pas le destinataire premier de cette copie. Le feuillet de garde inférieur présente vraisemblablement une reconnaissance de dette, d'un certain « Maistre Johan de Corte », qu'on ne peut rattacher ni au collège de Sorbonne, ni à Pierre de Limoges. Les quelques lettres en hébreu que l'on peut lire dans la marge inférieure de cette même garde sont probablement à mettre sur le compte de Pierre de Limoges. Il y a peu de doute sur le fait que Pierre de Limoges ait possédé ce manuscrit, d'une part car son écriture est clairement identifiable, et d'autre part car il se réfère dans certaines de ses notes à d'autres de ses manuscrits. On peut en effet lire au f. 45v du lat. 16200, une note se rapportant à la *Summa de temporibus* de Gilles de Lessines (livre III), composée vers 1264[141]. Or, Pierre de Limoges possédait un tel manuscrit dont le fragment est aujourd'hui Vatican, BAV, Reg. lat. 1191[142]. Le troisième livre de la *Summa* est contenu aux f. 51r-154v, et la glose de Pierre de Limoges dans le lat. 16200 paraît bien se référer au chapitre 9 « De diebus et natura distinctione eorum et ratione inequalitatis » (f. 71v-74r).

---

139 Une main postérieure a modifié la date de « 1213 » en « 1263 » en ajoutant un « L ». On notera que l'encre employée par ce correcteur est similaire à celle qu'utilise Pierre de Limoges. 1263 correspond peut-être à la date d'acquisition du volume par Pierre.

140 L'atelier parisien responsable de la décoration du manuscrit est d'ailleurs nommé atelier du maître de l'Almageste en référence à ce manuscrit. Voir : *La vie universitaire parisienne au XIIIe siècle*, Paris, 1974, n° 64. R. Branner, *Manuscript painting in Paris during the reign of Saint Louis. A Study of styles*, Berkeley 1977, p. 7-8. R. H. Rouse, M. A. Rouse, *Manuscripts and their makers : commercial book producers in medieval Paris 1200-1500*, London, 2000, vol. 1, p. 31. Sur la décoration filigranée voir : S. Stirnemann, « Fils de la Vierge, l'initiale à filigranes parisien », *loc. cit.* p. 72.

141 BnF, lat. 16200, f. 45v, marge inférieure : « [...] habes in compoto fratri Egidi, parte prima capitulo 9no ». Sur la *Summa de temporibus*, voir : *Summa de temporibus*, éd. Robert Steele, *Computus Fratris Rogeri*, Oxford, 1926, p. 1-211 ; C. P. E Nothaft, « Climate, astrology and the Age of the World inThirteenth-Century Thought : Gilles of Lessines and Roger Bacon on the Precession of the Solar Apogee », *Journal of the Warburg and Courtauld Institutes*, 77, 2014, p. 35-60 ; Id., « Origen, Climate Change, and theErosion of Mountains in Giles of Lessines's Discussion of the Eternity of the World (c. 1260) », *The Mediaeval Journal*, 4, 2014, p. 43-69.

142 Ce manuscrit faisait partie d'un plus large volume enchaîné et décrit dans le répertoire méthodique du collège sous la cote « B.b ». *Cf.* L. Miolo, *Le fonds scientifique d'un collège de théologie*, I, *op. cit.* p. 433.

Revenons aux deux manuscrits contenant l'*Almagesti minor*. L'inventaire sommaire cite au pupitre P « l'*Almagesti Minor* » et « Abbategni » – l'*Opus astronomicum* d'al-Battānī – correspondant au contenu de l'actuel manuscrit lat. 16657, qui constituait à cette époque deux volumes séparés. L'acception *Almagesti minor* est pour sa part reportée au fol. 82v du lat. 16657, par une main du XIVe siècle. Bien que la cote ait été effacée dans le répertoire méthodique, il semble bien que l'*Almagesti minor* du lat. 16657 ait occupé le pupitre « P », aux côtés d'un autre manuscrit de Richard de Fournival, soit l'*Opus astronomicum* d'al-Battānī. Le fait que le deuxième bibliothécaire, qui semble responsable de plusieurs ajouts liés à des manuscrits de Pierre de Limoges[143], ait écrit à la suite *item bancus V volumen* [?] renforce l'idée selon laquelle le deuxième exemplaire est bien celui de la bibliothèque vaticane Reg. Lat. 1261. Le fait que cette œuvre ne soit pas mentionnée dans l'inventaire sommaire au pupitre « V », confirme bien l'ajout. Par ailleurs, il semble que les doubles n'aient pas été privilégiés dans les descriptions de pupitres. Le bibliothécaire ne fait ainsi pas état de toutes les œuvres d'un manuscrit, et dans le cas d'œuvres similaires, une seule mention semblait suffire.

Pierre de Limoges semble donc avoir eu un intérêt particulier pour l'*Almagesti minor*, qu'il fit certainement copier sur l'exemplaire ayant appartenu à Richard de Fournival, et qu'il retranscrivit lui-même dans les marges du lat. 16200, contenant le « grand *Almageste* ». Les gloses qu'il appose dans l'*Almageste*, et en particulier son commentaire linéaire de l'œuvre de Ptolémée, attestent de son intérêt et de sa maîtrise de la théorie ptoléméenne dans sa globalité. Dans sa note sur l'*Almageste*, Pierre fait ainsi référence à « Jeber philosophus » et son commentaire critique de l'œuvre astronomique de Ptolémée[144]. Il s'agit d'un renvoi évident aux *Flores in Almagesto* de Geber, proposant une révision de certains points de l'*Almageste.* Cette œuvre constituait un volume enchaîné dans la *libraria communis*, sous la cote « P.k », et paraît tout à fait assimilable à la mention n° 56 de la *Biblionomia*[145]. Pierre de Limoges ne possédait

143 Ce bibliothécaire est notamment responsable de la description du *Liber magnus iudiciorum* coté « A.f ».

144 BnF, Latin 16200, f. i verso.

145 L'entrée de la *Biblionomia* se réfère en ces termes au traité de Geber, L. Delisle, *Le Cabinet des manuscrits*, II, p. 527 : *Geber Hyspalensis liber in scientia forme motuum superiorum corporum et cognitionibus orbium eorum et in evasione a quibusdam erroribus inventis in libro Claudii Ptolomei Phudensis, qui dicitur Elmegisti vel Megasinthasis, quem quidem corrupte nominant*

pas d'exemplaire des *Flores*, mais il a toutefois pu avoir accès au volume de Richard de Fournival.

Pierre de Limoges se réfère aussi à l'*Almagesti minor* dans une note apposée dans la marge du Paris, BnF, lat. 16655, à hauteur des canons (Cb) des tables de Tolède, commentant la partie dédiée au diamètre du cercle[146]. Il renvoie explicitement au commentaire anonyme de l'*Almageste*, ainsi qu'à une proposition issue d'un texte de géométrie pratique, qui n'est autre que le traité anonyme *Artis cuiuslibet consummatio*[147], contenu aux f. 292v-296r du manuscrit de la bibliothèque vaticane, Reg. lat. 1261. Cette note semble donc se référer tant pour l'*Almagesti minor* que pour l'*Artis cuiuslibet consummatio* à ce manuscrit.

Le *codex* Reg. Lat. 1261 révèle d'autres analogies avec les manuscrits de Richard de Fournival, mais cette fois liées à la statique. Le volume présente ainsi le *De ratione ponderis* attribué à Jordanus de Nemore (f. 257v-261v) suivi de plusieurs propositions anonymes liées à la statique, à savoir : *Si fuerit aliquod corpus* (à mettre en lien avec la proposition 4 du Pseudo-Archimède *De ponderibus*) ; le *De canonio* ; le texte *Omne pondus* et le *De area trianguli* portant sur la formule d'Héron d'Alexandrie dédiée au calcul de la surface d'un triangle. Ces textes se présentent dans le même ordre dans le manuscrit Édimbourg, Crawford Library of the Royal Observatory, Cr. I.27, provenant de la bibliothèque de Richard de Fournival (n° 43 de la *Biblionomia*)[148]. Les deux manuscrits paraissent donc liés. Cette hypothèse est renforcée par la présence d'une annotation marginale présente dans le manuscrit d'Édimbourg – considérant le *De area trianguli* comme une partie du *Liber Philotegni* –, elle est répétée mots pour mots dans le manuscrit de la bibliothèque vaticane (Reg. lat.

Almagesti. In uno volumine cujus signum est littera F. Le manuscrit correspondant, qui n'a pas subsisté est cité dans l'Inventaire Sommaire au pupitre P : *Commentum Geber super Almagesto* (BnF, Nal 99, p. 240). Le répertoire méthodique en fait état sous la cote « P.k » : *Commentum Gebeth super Almagestum. Sciencia species habet quarum melior est post scienciam fidei cujus scita fixa sunt* (BnF, Nal 99, p. 258).

146 Paris, BnF, lat. 16655, f. 16v : *Circulus continet diametrum ter et insuper septimam partem eius, ut dicitur super 22.* propositionem sexti libri Almagesti demonstrati *et 22. propositionem* Practice geometrie *in illa propositione Circuli periferiam invenire. Unde, sicut se habent 22 ad 7, sic se habet circumferentia ad diametrum.*

147 La partie citée correspond au livre I du traité *Artis cuiuslibet consummatio*, dédié à la géométrie. Voir : S. K. Victor, *Practical Geometry in the High Middle Ages*, *op. cit.* p. 172-182.

148 Voir *supra*. Le manuscrit légué par Gérard d'Abbeville faisait partie de la bibliothèque en circulation, et portait la cote 30 de la rubrique des *Libri Quadriviales*.

1261, f. 58r) : *hec est pars Phyloteigni et debet ei subiungi*[149]. L'incorporation de cette note dans le manuscrit de Pierre de Limoges suggère bien que ces textes de statique ont été copiés sur le manuscrit d'Édimbourg.

Si le manuscrit d'Édimbourg contient le traité de géométrie de Jordanus de Nemore – soit le *Liber Phylotegni de triangulis* – dans sa version primitive, non augmentée, Pierre de Limoges n'a pas fait copier cette œuvre, se contentant seulement de cette collection liée à la statique géométrique introduite par le traité *De ratione ponderis*. Or, à y regarder de plus près, le *Liber Phylotegni de triangulis* n'est pas totalement absent de la bibliothèque de l'ancien sociétaire du collège. Le *codex* Paris, BnF, Latin 7434 (f. 84r-87v) offre à lire deux propositions (12 et 28) du livre 4 du *Liber Phylotegni de triangulis*, qui constituent un apocryphe lié à la version augmentée de cette œuvre[150]. L'intérêt de Pierre de Limoges pour la statique ne s'arrêtait pas au *De ratione ponderis* de Jordanus et aux différentes propositions qui lui sont associées dans les manuscrits d'Édimbourg et de la bibliothèque vaticane. Le *Liber Karastonis* attribué à Thābit ibn Qurra, contenu dans le manuscrit Paris, BnF, Latin 7434 (f. 81r-83v), est ainsi caractéristique de la statique géométrique archimédienne combinée aux principes de dynamique aristotélicienne, dans la lignée du *De canonio*, que possédait également Pierre[151].

La *Biblionomia* constitue le plus ancien témoignage des œuvres de Jordanus de Nemore – quelles soient authentiques ou apocryphes – et de son cercle[152]. Pierre de Limoges a semble-t-il puisé dans ces sources originales. En plus de ces deux textes, le manuscrit Reg. Lat. 1261 présente le traité de projection stéréographique de Jordanus de Nemore

149 A. Björnbo, *Studien über Menelaos'Sphärik. Beiträge zur Geschichte der Sphärik und Trigonometrie der Griechen*, Leipzig 1902, p. 148-150. M. Clagett, E. A. Moody, *The Medieval Science of Weights*, Madison 1952, p. 64-74/174-226.

150 Il est à noter que le manuscrit Paris, BnF, lat. 16648 (f. 58v-59r), provenant de Richard de Fournival, contient également quelques propositions du livres IV (14-18), à la suite des *Éléments* d'Euclide dans la version Adélard III. Elles ne sont bien entendu pas les mêmes que dans le BnF, Latin 7434, qui présente uniquement les propositions 12 et 28.

151 *Cf.* R. Knorr, *Tradition of Mechanics. Greek, Arabic and Latin Studies of the Balance*, Florence, 1982, p. 15-30. S. Brentjes, J. Renn, « Contexts and Content of Thabit ibn Qurra (died 288/901) : Construction of Knowledge on the Balance », dans *Globalization of Knowledge in the Post-Antique Mediterranean 700-1500*, New York, 2016, p. 67-100.

152 *Cf.* M. Moyon, « Arithmétiques et géométries au XIIIe siècle d'après la *Biblionomia* : des traductions arabo-latines à Jordanus de Nemore », dans *Richard de Fournival et les sciences*, *op. cit.* p. 123-154.

appliqué à l'astrolabe : *Demonstratio de plana spera*[153]. Ce traité fait suite au *De speris* de Théodose de Bithynie (f. 197v-222v) et au *De sperica* de Ménélaos (f. 223r-257v)[154]. Le texte de Jordanus est ici présent dans sa version primitive (version I), à laquelle a été ajoutée une introduction – dont Jordanus de Nemore n'est pas l'auteur – et débutant comme suit : *Speram in plano describere*[155]. La *Biblionomia* se réfère au traité de Jordanus, qui était contenu dans un recueil de textes sur l'astrolabe que l'on peut rattacher au lat. 16652. Toutefois, en 1338, le traité de Jordanus faisant partie de l'exemplaire de la *Biblionomia* n'était déjà plus mentionné dans le catalogue du collège de Sorbonne au sein de l'entrée correspondante[156]. Pour sa part, la majeure partie des textes du Reg. Lat. 1261 de Pierre de Limoges est décrite dans le répertoire méthodique. Ce volume portait la cote V.k.[157] Il s'avère donc qu'une grande partie de ce volume, commandé par Pierre de Limoges, a été copiée sur des *codices* provenant de la bibliothèque du chancelier de la cathédrale d'Amiens.

Par ailleurs, la connaissance des traités de Jordanus de Nemore par Pierre de Limoges n'est plus à prouver puisque ce dernier citait dans la liste d'œuvres évoquée plus haut, l'arithmétique de cet auteur – qui constitue d'ailleurs l'une des sources de Campanus de Novare dans son adaptation des *Éléments.* Rappelons que le Reg. Lat. 1261 contient les *Éléments* dans la version de Campanus de Novare (f. 61r-197v), ainsi que les traités de statique géométrique et de projection stéréographique de Jordanus de Nemore. Mais il ne s'agit pas des seules œuvres de

153 Vatican, Reg. Lat. 1261, f. 257v-261v.

154 Ces deux traités comportent des notes incorporées au texte que A. Björnbo attribuait à Campanus. Voir : A. Björnbo, *Studien über Menelaos'Sphärik. Beiträge zur Geschichte der Sphärik und Trigonometrie der Griechen*, *op. cit.* p. 152-153.

155 Sur ces versions et le texte du Vatican, Reg. Lat. 1261, voir : R. Thomson, « Jordanus de Nemore : Opera », *loc. cit.* p. 120-124. Id, *Jordanus de Nemore and the Mathematics of Astrolabes : « De plana spera »*, *op. cit.* p. 77, 84. A. Björnbo attribue l'introduction ajoutée en tête du traité de Jordanus, à Campanus de Novare, se fondant uniquement sur le fait que dans plusieurs manuscrits possédant cet adjonction, le texte est précédé d'œuvres dont le commentaire est également attribué à Campanus de Novare : A. Björnbo, *Studien über Menelaos'Sphärik*, *op. cit.* p. 152-154.

156 Sur le BnF, Latin 16652, voir *supra.* La *Biblionomia* cite cette collection de traités au n° 59. La *Demonstratio de plana spera* de Jordanus est suivi comme suit : *Jordani de Nemore suppletiones plane spere, cum quibusdam demonstrationibus compositionis ejusdem. In uno volumine cujus signum est littera F.* L. Delisle, *Le Cabinet des manuscrits*, II, p. 59.

157 Pour la reconstitution de ce manuscrit à partir du répertoire méthodique, voir : L. Miolo « Sciences des nombres, sciences des formes », *loc. cit.* p. 169-171.

Jordanus que Pierre connaissait. En effet, une annotation de Pierre de Limoges contenue dans le manuscrit lat. 16200, renvoie directement au *De numeris datis* de Jordanus ainsi qu'à un traité qu'il nomme le *Liber de proportionibus*[158].

Pierre de Limoges se réfère ici à un volume qu'il a consulté ou qu'il avait en sa possession. L'ancien sociétaire a bien possédé le *De numeris datis*, qui faisait partie du manuscrit « V.m[159] », mais qui ne paraît pas avoir contenu un *Liber de proportionibus*. Or, le collège de Sorbonne possédait un manuscrit – légué par Gérard d'Abbeville – contenant ce traité « de proportions ». Le catalogue de 1338 en fait état sous la cote 46 des *Libri quadruviales*, renvoyant uniquement au *De numeris datis*[160]. En revanche, la *Biblionomia* offre plus d'informations concernant ce volume et ce *Liber de proportionibus*, puisqu'on lit :

> Ejusdem **liber de datis numeris**, et quedam experimenta super progressione numerorum. Item **liber de proportionibus** qui est introductorius in librum Almagesti Ptolemei, et ipse continet XVIII modos alkata in numeris. In uno volumine cujus signum est littera E[161].

Ce « livre des proportions » est ici explicitement cité comme une introduction à l'*Almageste*. Il s'agit d'une œuvre attribuée à Jordanus – probablement apocryphe – dont la source principale est le *De figura sectore* de Thabit ben Qurra, traitant comme son titre l'indique de la figure sécante[162]. Si Pierre de Limoges invoque ici ces deux traités,

---

158 BnF, Latin 16200, f. 12v : *Scilicet per secundam propositionem* libri de proportionibus *qui conditus fuit super has demonstrationes, que questio erit talis : prime quantitatis ad tertium quocumque medio interposito proportio producitur ex proportione prime ad mediam et medie ad tertium. Et hec propositio est exposita in notula quarte columne pagine folis sequentis, et nota quod hec propositio est eadem cum* 36a Iordani de numeris datis.

159 Le texte est cité dans le répertoire méthodique comme suit [BnF, Nouv. acq. lat. 99, p. 344] : *Bancus V volumen m. Jordanus de numeris datis.* Numerus datus est cuius quantitas nota est. Ce manuscrit semble aujourd'hui perdu, mais peut être reconstitué grâce aux annotations de Pierre de Limoges et au répertoire méthodique. *Cf.* L. Miolo, *Le fonds scientifique d'un collège de théologie, I*, *op. cit.* p. 441-442.

160 Seul le *De numeris datis* est mentionné. BnF, Nouv. acq. lat. 99, p. 214b : *Liber de numeris datis Jordani de Nemoribus ex legato eiusdem* [ie. Gerardi de Abbatisvilla], *incipit in 2° folio* viii°, *in penultimo* que est a. a. *Precium quatuor sol'.*

161 L. Delisle, *Le Cabinet des manuscrits*, II, p. 526-527.

162 On se reportera à l'édition du traité *De proportionibus* par Hubert Busard. H. L. L. Busard, « Die Traktate De Proportionibus von Jordanus Nemorarius und Campanus », *Centaurus*, 15, 1971, p. 205-213.

c'est qu'il est question de la dénomination des rapports. Ptolémée dans l'*Almageste* explique le procédé des rapports mais sans le démontrer. Le *De numeris datis* et le traité *De proportionibus* offrent donc une définition de ces derniers, mais surtout de la valeur du rapport. Ainsi, si on pose deux quantités auxquelles on interpose une quantité médiane qui produit quelque rapport entre ces deux, le rapport de la première à la troisième est composé du rapport entre la première et la seconde, et de la seconde à la troisième :

Annotation BnF, Latin 16200, f. 12v	Jordanus de Nemore (?), *De proportionibus* (2e proposition)[163]	Jordanus de Nemore, *De numeris datis* (36e proposition)[164]
Prime quantitatis ad tertium quocumque medio interposito proportio producitur ex proportione prime ad mediam et medie ad tertium.	Quocumque duobus interposito medio cuius ad utrumque aliqua proporcio, erit proporcio primi ad tercium composita ex proporcione primi ad secundum et secundi ad tercium.	Denominatio enim proportionis primi ad secundum, in denominationem proportionis secundi ad tertium ducatur, et fiet proportio primi ad tertium.

Soit :

a, b, c tels que $a > c > b$:

$$\frac{a}{b} = \frac{ac}{} \times \frac{c}{b}$$

Pierre de Limoges semble donc se référer ici à l'exemplaire légué par Gérard d'Abbeville, qui regroupe à la fois le *De numeris datis* et le *Liber de proportionibus.* Cette mention démontre également la maîtrise de la théorie des rapports du *magnus astronomus.*

La bibliothèque de Richard de Fournival paraît donc avoir été utilisée par Pierre de Limoges de manière active, en particulier, pour son contenu scientifique, mais également pour ses œuvres classiques et de philosophie naturelle. Le disciple de Robert de Sorbon a donc planifié la copie d'un certain nombre d'œuvres provenant de la bibliothèque du

163 *Ibid.* p. 206.

164 B. Hughes, *Jordanus de Nemore, De numeris datis : A Critical Edition and Translation*, Berkeley, 1981, p. 72.

chancelier d'Amiens. Il est probable que ce programme ait été établi avant le legs de Gérard d'Abbeville au collège. C'est donc probablement par l'intermédiaire d'un des premiers bienfaiteurs du collège de Sorbonne que Pierre de Limoges eut accès à une collection scientifique exceptionnelle. Il n'est pas non plus exclu qu'après 1272 le *magnus astronomus* continua à consulter des manuscrits de Richard de Fournival, mais cette fois dans la bibliothèque du collège.

Les apports successifs de Gérard d'Abbeville et Pierre de Limoges ont permis au collège de Sorbonne de se doter d'une riche bibliothèque scientifique, allant bien au-delà des prescriptions universitaires en la matière, et permettant certainement la diffusion à l'échelle universitaire des traductions et originaux latins. La bibliothèque encyclopédique du chancelier d'Amiens est donc aux fondements de la collection scientifique du collège de Sorbonne. Le vif intérêt que portait Richard de Fournival aux sciences, ajouté à son héritage familial par le biais de son père Roger, permit donc à la Sorbonne de se doter d'œuvres de références dans les disciplines quadriviales. Elles sont en grande partie issues des traductions arabo-latines et gréco-latines mais comprennent également des textes originaux importants, tels que les traités de Jordanus de Nemore ou l'*Almagesti minor*, qui comptèrent dans le développement des sciences au XIIIe siècle. Ces volumes étaient bien entendu accessibles aux sociétaires du collège, et plus largement aux étudiants et maîtres en théologie de l'Université de Paris mais également aux maîtres régents de la faculté des arts. L'idéal de bibliothèque publique de Richard de Fournival prit forme au collège de Sorbonne. La collection scientifique du collège et l'ouverture de cette bibliothèque à l'université a sans doute été un instrument essentiel dans le développement scientifique parisien de la fin du XIIIe siècle et du XIVe siècle. Gérard d'Abbeville peut être considéré comme le passeur de cette science renouvelée.

Pierre de Limoges est certainement l'héritier de cette première génération de mathématiciens latins ayant assimilé et adapté ce nouveau savoir. La collection de Richard de Fournival sur laquelle il s'appuya pour la copie de certains textes constitua la base solide de ses connaissances en matière de sciences. Pierre de Limoges permit également au fonds scientifique de s'enrichir un peu plus et l'actualisa considérablement par des œuvres nouvelles qu'il légua. Sa réputation, son statut de sociétaire de la première génération ainsi que la rareté de certaines de ses œuvres, lui valurent les faveurs de la *libraria communis*. Il fut probablement plus « rénovateur » que continuateur, puisqu'il fit pleinement entrer cette collection dans l'ère du *quadrivium* universitaire, avec des figures contemporaines telles que Gilles de Lessines, Guillaume de Saint-Cloud, Pierre de Saint-Omer ou Roger Bacon. En 1338, le collège de Sorbonne fournit une mine rare de textes mathématiques qui ont permis à certains savants du *quadrivium* tel que Jean des Murs, membre du collège dès 1321, d'y puiser leurs sources. En ce sens, le collège de Sorbonne constitue bien l'un des vecteurs du renouvellement mathématique débuté au XIIIe siècle et qui trouve son apogée au XIVe siècle.

Laure MIOLO
University of Cambridge
– Faculty of History
Corpus Christi College Cambridge
Membre associé du CIHAM
(UMR 5648)

ANNEXE
Liste d'œuvres copiées par Pierre de Limoges
Paris, BnF, lat. 16468, f. 130r[165]

[En marge de tête] [1] Ydeo lucens noctu in parvo quaterno eclipsium folio 5 col[umpna] 4[166].

[2].8. lib. d[*ebeo*] nichil || 56 sol. et 8 den. de rotunda || 42 sol. pro arreragiis[167].

[3] ראיתי Bucolica[168] || Epistolas Oracii scilicet Prima dicte mihi || Lucanum || Georgica || Eneida

Qui fit Mecenas[169]

|| Persius.

[4] ~~Priscianus maior~~ || Esopus || Grammatica Alberti || Logica eiusdem || Ovidius De arte || Ovidius maior || Avianus || Geta ||Marcialus Coqus || [5]Ovidius De vetula || Liber ludorum Henrici de Malines || Arismetica Iordani[170] || Ovidius De pulice || Ovidius De sompno ||
[6] sed uterque istorum duorum, scilicet, Ovidius De pulice et Ovidius de Sompno non tenent nisi unum folium || Maximianus || Stacius || [7]Homerus De bello Danaum qui incipit Iram pande mihi, et sunt .8. libri.

---

165 La numérotation des paragraphes est de mon fait. Les barres verticales || respectent les séparations effectuées par Pierre de Limoges à l'aide de traits verticaux.

166 Ce « petit cahier » relatif aux éclipses correspond peut-être à l'œuvre citée dans le répertoire méthodique dans le volume coté « B.b » [BnF, Nouv. acq. lat. 99, p. 257] : De eclipsi et significacionibus secundum communes canones. [Incipit] *Quoniam equacionem eclipsi.* Ce manuscrit est aujourd'hui à l'état de fragment de le *codex* Vatican, BAV, Reg. lat. 1191, et ne présente malheureusement plus ce traité. En revanche, Pierre de Limoges se réfère à plusieurs reprises à ce texte dans un autre de ses manuscrits : Paris, BnF, lat. 16655. *Cf.* L. Miolo, « Un manuscrit de Pierre de Limoges à la British Library. À propos du codex London, BL, Additional MS 38688 », *Scriptorium*, 74, 2020, p. 79-111.

167 Il s'agit selon toute vraisemblance d'une ligne de comptes.

168 Face à cette énumération, Pierre de Limoges a ajouté en hébreu la mention ra'hiti « j'ai vu ».

169 Cette ligne a été ajoutée après coup par Pierre de Limoges sous l'incipit *Prima dicte mihi.*

170 Une encre plus claire a été employée par Pierre de Limoges après *Arismetica Iordani.* La suite de l'énumération correspond donc certainement à un ajout légèrement plus tardif.

[8] In vigilia ramorum palmarum immediate ante ortum solis natus [est].G[171].
[9] Item B[erna]r[dus] puer natus die Martis post festum Annunciationis Beate Marie quotcumque fuit die Lune et fuerint iam 8 anni, inter primam et terciam.
[10] Item Martinus natus die Mercurii ante Pentecostem hora .9. idem habuit .5 annos.

171 Ce paragraphe est bien entendu à considérer indépendamment des autres mentions de ce feuillet. Il s'agit de notes se rapportant à la naissance de trois individus. Il est difficile de savoir si celles-ci sont à mettre en lien avec une pratique astrologique. Il pourrait très bien s'agir de simples mentions mnémoniques.

À LA RECHERCHE D'UNE EXPERTISE DIPLOMATIQUE LOCALE

La mission de Vacher de Bourg l'Ange dans les archives de Saint-Géraud d'Aurillac au XVIIIᵉ siècle

La création, par Moreau[1], du Cabinet des chartes, en 1762, avait pour objet de « former premièrement une collection des chartes qui se trouvent dispersées dans les divers dépôts qu'il n'est pas toujours possible de consulter[2] ». Il s'agissait de centraliser toutes les chartes anciennes de France, contenues dans des dépôts privés, afin de permettre aux juristes de la monarchie de travailler sur ces textes à l'étude du droit public du royaume de France. Le projet visait à « rechercher dans l'histoire et les loix les principes et les maximes du droit public de la France[3] », avec l'idée de préparer par l'unification archivistique celle du droit public. Il en est résulté un nombre impressionnant de transcriptions, conservées aujourd'hui dans la collection Moreau de la Bibliothèque nationale de France, dont les historiens perçoivent de mieux en mieux l'intérêt[4]. Le programme a été analysé d'en haut, du point de vue de ses organisateurs (en particulier Moreau), par Blandine Kriegel[5]. Marie-Louise Auger et Jean-Loup Lemaitre ont inversé la perspective

1 Sur l'homme et son œuvre, voir D. Gembicki, *Histoire et politique à la fin de l'Ancien Régime. Jacob-Nicolas Moreau (1717-1803)*, Paris, 1979 et B. Hervouet, *Jacob-Nicolas Moreau, le dernier des légistes, une défense de la Constitution monarchique au siècle des Lumières*, Paris, 2009.

2 Cité par B. Kriegel, *L'histoire à l'âge classique*, t. IV *La République incertaine*, Paris, 1988 (rééd. 1996), p. 15.

3 *Ibid.*, p. 14.

4 Benoît-Michel Tock a réalisé l'inventaire des 111 premiers volumes de la collection : http://telma-chartes.irht.cnrs.fr/moreau/page/introduction.

5 Le volume de B. Kriegel, *L'histoire à l'âge classique*, t. IV *La République incertaine*, Paris, 1988 (rééd. 1996), est consacré à l'étude du projet de Moreau et à sa réalisation. On peut lui reprocher sa conception non historiciste de l'histoire : dans une perspective étique, l'autrice cherche à toute force à construire une généalogie intellectuelle de l'histoire savante telle qu'elle se pratique aujourd'hui, mais ce faisant elle néglige de prendre en compte la façon dont les contemporains se représentaient leur activité (perspective émique). Sur

en s'intéressant au travail des correspondants locaux, mais leurs deux études portent sur le cas de mauristes[6]. Les autres correspondants du Cabinet des chartes demeurent mal connus et c'est à cette lacune que cette contribution cherche à remédier[7], en s'intéressant au cas d'un correspondant local non mauriste de Moreau et du Cabinet des chartes, Vacher de Bourg l'Ange.

Saint-Géraud d'Aurillac est une abbaye bénédictine, fondée avant 899 et sécularisée au XVIe siècle[8], qui disposait de ce fait de deux fonds d'archives. Le désintérêt des mauristes pour les archives d'Aurillac conduisit Moreau à accepter les services d'un jeune avocat auvergnat[9], Vacher de Bourg l'Ange, pour mettre en œuvre à Aurillac son projet de collecte des chartes anciennes. C'est dans le cadre de ce projet que Vacher de Bourg l'Ange travailla dans les archives d'Aurillac de 1786 à 1788. La collection Moreau a conservé les lettres expédiées par l'érudit aurillacois à son employeur. Elles permettent d'étudier l'expertise archivistique et diplomatique locale en dehors du champ de l'érudition mauriste, qui n'épuise pas le sujet, quoiqu'en ait l'historiographie. Notre hypothèse est que la construction de l'expertise de Vacher a relevé d'un mouvement dialectique entre les consignes et les exigences de Moreau d'une part et l'expérience et les capacités de son correspondant local d'autre part.

Pour mieux comprendre et évaluer le travail de Vacher de Bourg l'Ange, il a semblé logique d'étudier d'abord comment il fut conduit à entrer au service du Cabinet des chartes, puis les difficultés auxquelles il a été confronté dans sa tâche et, enfin, d'esquisser un bilan de son travail dans les archives d'Aurillac.

---

l'opposition entre point de vue étique et perspective émique, voir J.-P. Olivier de Sardan, « Émique », *L'Homme*, t. 147, 1998, p. 151-166.

6 M.-L. Auger, *La collection de Bourgogne (manuscrits 1-74) à la Bibliothèque nationale de France. Une illustration de la méthode historique mauriste*, Paris, 1987 ; J.-L. Lemaitre, « Un mauriste en campagne. Dom Col en Limousin, à travers sa correspondance (1764-1771) », *Cahiers de Fanjeaux*, t. 49 (*Historiographie moderne XVIe-XVIIIe siècles et histoire religieuse du Moyen Âge méridional*), 2014, p. 299-327.

7 À l'exception notable de Lambert de Barive, étudié par S. Barret, « Un avocat au service du Cabinet des chartes. Les travaux de Louis-Henri Lambert de Barive dans les archives de Cluny (v. 1770-v. 1790) », *Histoire et archives*, t. 15, 2004, p. 29-64.

8 Sur l'histoire, en particulier moderne, de Saint-Géraud, voir B. Fourniel, *Le chapitre Saint-Géraud d'Aurillac : une seigneurie ecclésiastique de l'époque moderne*, Figeac/Aurillac, 2010.

9 L'article de É. de Dienne, « Les archives de la ville et de l'abbaye d'Aurillac en 1787 d'après la correspondance et les transcriptions de Vacher de Bourg l'Ange », *Revue de la Haute-Auvergne*, t. 1, 1899, p. 1-24 et 137-147, est ancien mais fournit une bonne piste de départ.

AU SERVICE DE MOREAU

Pour mieux comprendre l'engagement de Vacher de Bourg l'Ange au service du Cabinet des chartes et les raisons qui ont poussé Moreau à accepter sa contribution, il faut d'abord revenir sur la formation intellectuelle de l'avocat auvergnat.

LA FORMATION INTELLECTUELLE D'UN ÉRUDIT

Vacher de Bourg l'Ange était un juriste. Il exerça deux ans à la sénéchaussée de Riom puis deux autres années au bailliage d'Aurillac. Ayant quitté le métier en 1780 et s'étant marié en 1783, il défendait depuis les intérêts de sa belle-famille en de multiples procès, à Aurillac, ce qui explique qu'il y ait résidé et ait disposé de son propre aveu d'un certain temps libre[10]. Mais s'il était indéniablement un juriste de formation, Vacher de Bourg l'Ange avait exercé d'autres activités qui ont assurément contribué à sa formation intellectuelle, lui ont donné le goût de l'érudition et dessiné un profil qui ne pouvait laisser Moreau indifférent.

Un mémoire écrit d'une main distincte de celle de Vacher de Bourg l'Ange, mais probablement dicté par lui ou bien rédigé à sa demande[11], présente en effet le jeune avocat comme un digne généalogiste : selon cette présentation, il avait réalisé une généalogie de sa propre famille remontant jusqu'à l'année 1219, mais avait également travaillé sur les familles de Tournemire et d'Escorailles.

Le même mémoire nous apprend que, fils du subdélégué de Mauriac, Vacher de Bourg l'Ange avait eu la chance de travailler aux côtés de dom Verdier-Latour dans le chartrier de Mauriac[12]. Il est vraisemblable que cette expérience fut pour lui l'occasion de s'initier aux méthodes de l'histoire érudite en général et à la diplomatique en particulier. Son expérience de généalogiste supposait certes qu'il se soit exercé à la paléographie médiévale, mais, là, c'est au côté d'un authentique savant

10 *Ibid.*

11 BnF collection Moreau volume 347 f° 142. Le mémoire est en effet au style indirect et l'écriture n'est pas celle de l'érudit. La précision des renseignements fournis suppose cependant que le rédacteur ait très bien connu Vacher de Bourg l'Ange.

12 *Ibid.*

mauriste en mission de copie d'actes pour le Cabinet des chartes que Vacher de Bourg l'Ange avait pu cultiver ses talents et s'initier à la diplomatique.

Une troisième expérience fut celle qu'il fit dans les archives de la municipalité d'Aurillac[13]. Il avait proposé de lui-même aux consuls de reclasser leurs archives, qui semblaient en grand désordre. Ce fut l'occasion inespérée pour le jeune érudit d'acquérir un solide savoir archivistique, qui ne pouvait là encore que servir les intérêts de Moreau.

On le constate donc, le correspondant que choisit Moreau pour suppléer les bénédictins à Aurillac connaissait bien le terrain. Il offrait la garantie de maîtriser des compétences techniques indispensables à la réussite du projet de Moreau. Lui-même cependant n'était pas dénué de toute arrière-pensée.

UN DÉSINTÉRESSEMENT LIMITÉ

Tout au long de sa correspondance avec Moreau, Vacher de Bourg l'Ange insiste sur son total désintéressement financier. La seule somme d'argent que Vacher de Bourg l'Ange réclamera à Moreau sera destinée à rembourser l'avance faite au copiste qu'il a fait travailler, ainsi qu'on le verra plus loin. Sur ce point, le gentilhomme auvergnat se montre même chatouilleux : quelle n'est pas sa colère et son dépit de se voir présenté dans les notices des savants travaillant pour le Cabinet des chartes comme un archiviste professionnel, payé par les consuls d'Aurillac pour classer leurs archives[14] ! Vacher de Bourg l'Ange rappelle alors avec force qu'il a travaillé gratuitement et librement pour la municipalité et que c'est lui qui fut à l'origine de ce projet de classement des archives municipales[15] ; Moreau lui rend d'ailleurs justice dans la lettre suivante et apaise la colère du jeune avocat[16]. C'est l'honneur même de Vacher qui était en cause, car il savait que la plaquette aurait de nombreux lecteurs, dont de nombreux savants. Vacher de Bourg l'Ange est un gentilhomme

13 *Ibid.* et BnF collection Moreau volume 347 f° 146 (brevet des officiers municipaux d'Aurillac sur le classement de leurs archives par Vacher de Bourg l'Ange, daté du 8 mai 1786).

14 La plaquette a été éditée par B. Kriegel, *L'histoire à l'âge classique*, t. IV *La République incertaine*, Paris, 1988 (rééd. 1996), p. 49, d'après une version corrigée, car rien n'y est précisé sur Vacher de Bourg l'Ange. La lettre de l'érudit aurillacois, du 7 mai 1787, est dans BnF collection Moreau volume 347 f° 208.

15 *Ibid.*

16 BnF collection Moreau volume 347 f° 213, du 30 juin 1787.

amateur d'histoire, nullement professionnel même s'il en a les qualités, et il tient à le rester[17].

Ce désintéressement financier ne signifie pas cependant que Vacher de Bourg l'Ange n'espère pas retirer un bénéfice de son action au service de la monarchie. Il ne cache nullement ses ambitions de magistrature, dès que les affaires de sa famille seront réglées, et ne fait pas mystère de son espoir d'obtenir grâce à son travail pour le Cabinet des chartes le soutien du Garde des sceaux, « c'est à dire un guide habile pour me diriger dans la carrière et un puissant appui pour m'y soutenir[18] ».

Le désintéressement de Vacher se limite donc purement et simplement à la sphère financière. Il n'empêche en rien un certain nombre d'arrières pensées carriéristes. Il ne faudrait cependant pas négliger chez le correspondant de Moreau une authentique vocation historienne qui s'ajoute à ses espoirs de carrière dans la magistrature.

UNE AUTHENTIQUE VOCATION D'HISTORIEN

Dès le départ, Vacher de Bourg l'Ange affirme son désir de rédiger une histoire du pays de la Haute-Auvergne. Dans le mémoire de 1786 mentionné plus haut, il est dit qu'il a commencé d'en rassembler les matériaux depuis six années. Il ne se cache pas d'ailleurs du « goust[19] » qu'il a à travailler sur les archives. De même, s'il veut contenter le mieux possible Moreau, il souhaite aussi « recueillir le plus de matériaux que je pourrai pour en former l'histoire détaillée de cette province[20] ». Cette histoire devait prendre pour modèle celle réalisée par Baluze sur la ville de Tulle et sur le pays environnant, du moins si l'on en croit le mémoire de 1786[21]. Ce projet conduit l'érudit aurillacois à élargir sa méthode de sélection des actes à copier par rapport aux critères de sélection du Cabinet des chartes : ainsi, Vacher de Bourg l'Ange reprend « l'inventaire des titres de cette même abbaye et [en tire] un nouvel extrait ou supplément d'extrait, dans lequel [il insère] les notes d'une multitude d'hommages

17 Ce qui le distingue nettement de Lambert de Barive, qui n'a pas ce genre de pudeur : S. Barret, « Un avocat au service du Cabinet des chartes. Les travaux de Louis-Henri Lambert de Barive dans les archives de Cluny (v. 1770-v. 1790) », *Histoire et archives*, t. 15, 2004, p. 34-36 et 39.

18 BnF collection Moreau volume 347 f° 136, lettre datée de juillet 1786.

19 BnF collection Moreau volume 347 f° 136 lettre datée de juillet 1786.

20 BnF collection Moreau volume 347 f° 204 lettre du 3 décembre 1786.

21 BnF collection Moreau volume 347 f° 142.

et autres actes [qu'il avait] d'abord négligés[22] », aux fins de réaliser son histoire du pays de Haute-Auvergne et des principales familles nobles de la région. On remarquera au passage combien ce projet d'histoire rejoint les histoires provinciales des mauristes, notamment dans leur aspect nobiliaire et généalogique, sans doute pour répondre à la demande sociale[23]. Il le rejoint d'ailleurs jusque dans la façon dont Vacher de Bourg l'Ange envisage de procéder : comme les mauristes en avaient l'habitude[24], il commence par dépouiller l'ensemble de la littérature historique existant sur l'Auvergne ; les archives départementales du Cantal conservent encore aujourd'hui son recueil de notes de lecture[25]. Ici encore, Vacher de Bourg l'Ange paraît être à l'école des historiens érudits de la congrégation de Saint-Maur.

Dans l'esprit du correspondant de Moreau, ce projet n'avait cependant rien de contradictoire avec le fait de travailler pour le Cabinet des chartes ; bien au contraire, il constituait une des motivations de Vacher de Bourg l'Ange. On a ainsi vu plus haut qu'il proposa à Moreau de faire partager au Cabinet des chartes ses nouveaux travaux. De fait, Vacher de Bourg l'Ange a voulu travailler pour Moreau également pour cette raison : il espérait que la recommandation du Garde des sceaux pour le correspondant du Cabinet des chartes lui ouvrirait les portes des fonds d'archives de Saint-Géraud, ce qui lui permettrait d'y travailler pour le compte de Moreau, mais aussi pour le sien propre.

On comprend que pareil homme ait paru précieux à Moreau dans son entreprise de collation des chartes du royaume. Ainsi s'explique la confiance qu'il accorde à Vacher de Bourg l'Ange pour remplir à Aurillac une mission qui présentait un certain nombre de difficultés.

22 BnF collection Moreau volume 347 f° 200 le 6 février 1787.

23 B. Kriegel, *L'histoire à l'âge classique*, t. III *Les académies de l'histoire*, Paris, 1988 (rééd. 1996), p. 92.

24 Voir sur ce point M.-L. Auger, *La collection de Bourgogne (manuscrits 1-74) à la Bibliothèque nationale de France. Une illustration de la méthode historique mauriste*, Paris, 1987, p. 7.

25 Archives Départementales du Cantal 19 J 84 (ancien 1 J 265, 1) : on y trouve un « extrait des dissertations concernant la coutume d'Auvergne par le sieur Chabrol » et un « extrait de divers auteurs anciens et modernes concernant la province d'Auvergne », qui cite César, Pline, Strabon, Lucain, Sidoine Apollinaire, mais aussi l'*Art de vérifier les dates*.

UNE MISSION DIFFICILE

Un certain nombre d'embarras vinrent gêner Vacher de Bourg l'Ange dans sa mission : avant même de se poser la question de la qualité de son travail, il nous a semblé important de mesurer ces difficultés tenant à la fois aux exigences des employeurs de notre érudit, à sa situation personnelle et à des éléments locaux.

DES EMPLOYEURS EXIGEANTS

Les exigences de Moreau découlent de l'ampleur et de la nature même de son projet, dont nous avons rappelé les éléments essentiels.

Moreau voulait rendre consultable l'ensemble des chartes anciennes conservées dans des fonds d'archives du royaume. Comme on ne pouvait espérer obtenir les originaux, jalousement conservés par leurs propriétaires, il avait décidé d'avoir recours à des « copies fidèles de ces titres et chartes à laquelle les scavans puissent recourir comme aux originaux[26] ». Des copies si « fidèles » qu'elles doivent pouvoir remplacer les « originaux », tel est le principe qui va fonder les exigences de Moreau vis-à-vis du travail de ses correspondants. La copie doit respecter l'original à la lettre jusque dans les fautes éventuelles du texte[27]. Comme l'a souligné Blandine Kriegel, le programme de copies du Cabinet des chartes fixé par Moreau consacrait le triomphe de l'épistémologie diplomatique initiée par les érudits de Saint-Maur, une épistémologie de respect absolu du texte que la congrégation elle-même avait eu bien du mal à appliquer dans la réalité.

Moreau va cependant plus loin encore que les mauristes dans le rapport qu'il institue entre la copie et l'original : en réalité, la copie doit devenir un substitut de l'original. Fidèle quant à la transcription du texte, elle doit aussi l'être quant à sa matérialité. Sceaux, croix et monogrammes doivent ainsi être dessinés à leur emplacement dans l'acte. Surtout, des notes doivent systématiquement accompagner la copie, qui précisent entre autres « la forme phisique de l'acte (nature du

26 Cité par B. Kriegel, *L'histoire à l'âge classique*, t. IV *La République incertaine*, Paris, 1988 (rééd. 1996), p. 25.
27 *Ibid.*, p. 29.

parchemin, encre…)[28] ». Les exigences de Moreau, ici définies selon le programme de 1762, s'accroîtront d'ailleurs avec le temps. En 1787-1788, Moreau prescrit en plus une copie figurée des premières lignes de chaque acte et aussi des dernières lignes et signatures ou sceaux. Ainsi, dans sa lettre du 7 novembre 1786, Vacher de Bourg l'Ange écrit à Moreau que pour le contenter il a « tâché d'imiter de [son] mieux soit l'écriture des premières lignes, soit le monogramme et la figure de sceau qui se trouvent au bas[29] ». La même lettre ajoute que la copie, partiellement figurée, de cet acte a pris la journée entière à Vacher de Bourg l'Ange et à son copiste. On voit que les exigences de Moreau quant à la qualité de la transcription n'étaient pas sans conséquences concrètes sur le rythme de travail de ses correspondants.

Cependant, les consignes de Moreau ne s'arrêtent point au problème de la fidélité de la copie à l'original. Puisqu'il s'agit de constituer un recueil de chartes exploitables par les historiens et les juristes au service de la monarchie, Moreau prête une grande attention à la lisibilité des transcriptions : sur ce plan, sa correspondance avec Vacher de Bourg l'Ange le montre pointilleux à l'extrême. À propos du copiste employé par Vacher de Bourg l'Ange, Moreau donne ainsi des conseils sur « les défauts à corriger dans son écriture[30] ». Moreau se montre très sourcilleux sur ce problème de graphie. C'est la raison pour laquelle la lettre du 8 octobre 1786[31], par laquelle Vacher de Bourg l'Ange annonce qu'il a trouvé un copiste et aborde le problème de sa rémunération, est écrite de la main du copiste, afin que Moreau puisse juger si l'écriture lui convient[32]. Ce souci des détails est d'ailleurs poussé très loin : même le format du papier employé fait l'objet d'une certaine attention, puisque Moreau fait utiliser à Vacher de Bourg l'Ange du grand papier à 43 lignes par page plutôt que du petit papier à 25 lignes[33]. Par la suite, le nombre de lignes par page sera d'ailleurs réduit à 40, de manière à assurer une meilleure lisibilité des transcriptions[34]. Un tel souci des

28 *Ibid.*, p. 28.
29 BnF collection Moreau volume 347 f° 164.
30 BnF collection Moreau volume 347 f° 164, lettre du 7 novembre 1786.
31 BnF collection Moreau volume 347 f° 155.
32 La plupart des autres lettres sont de la main même de Vacher de Bourg l'Ange, qui possède une écriture fine, petite et serrée, tandis que celle du copiste est ronde et ample.
33 BnF collection Moreau volume 347 f° 164, lettre du 7 novembre 1786.
34 BnF collection Moreau volume 347 f° 190, lettre du 12 novembre 1786.

détails ne relève pas d'une simple obsession pathologique ; sans doute échaudé par l'écriture souvent difficilement lisible des mauristes, qui n'était pas sans leur poser à eux-mêmes ou à leurs collaborateurs de gros problèmes de relecture[35], Moreau souhaitait manifestement garantir au mieux la lisibilité de copies destinées à fournir un arsenal à la fois historique et juridique à la monarchie.

Moreau se montre un employeur extrêmement sourcilleux et précis dans les consignes qu'il donne à ses correspondants. Or la satisfaction de ces exigences complique quelque peu la tâche des érudits et leur prend du temps, alors même que Vacher de Bourg l'Ange est régulièrement sollicité par d'autres affaires que sa mission au service du Cabinet des chartes.

LES SOLLICITATIONS EXTÉRIEURES

L'avocat aurillacois ne peut pas consacrer la totalité de son temps au service de Moreau et du Cabinet des chartes. D'autres affaires le détournent régulièrement de ce travail, à commencer par celles de sa famille.

Ainsi qu'on l'a déjà indiqué, Vacher de Bourg l'Ange est en charge des intérêts de sa belle-famille dans un certain nombre de procès, ce qui mobilise nécessairement une partie de son temps et de son énergie. Il l'avait d'ailleurs précisé dès le départ à Moreau et ne revient que rarement sur ce fait dans sa correspondance avec lui. S'ajoutent cependant à ces activités judiciaires des difficultés plus personnelles qui peuvent mobiliser l'attention de Vacher de Bourg l'Ange et retarder l'avancement de son travail : dans la lettre du 10 septembre 1786, il explique ainsi ne rien avoir de nouveau à fournir par rapport à la précédente, du 28 août 1786, suite à des « embarras domestiques[36] ». De même, la lettre du 1er janvier 1787 signale qu'il a pris du retard à cause d'une « légère indisposition et d'autres affaires[37] ». Enfin, dans la lettre du 15 décembre 1788, c'est la longue maladie dont sa femme a souffert, qui explique qu'il ait mis un certain temps à répondre à Moreau[38]. Par trois fois, au moins, des soucis liés à sa famille ou à ses affaires ont

35 M.-L. Auger, *La collection de Bourgogne (manuscrits 1-74) à la Bibliothèque nationale de France. Une illustration de la méthode historique mauriste*, Paris, 1987, p. 63.

36 BnF collection Moreau volume 347 f° 148.

37 BnF collection Moreau volume 347 f° 194.

38 BnF collection Moreau volume 347 f° 229.

détourné le jeune avocat aurillacois de sa mission au service du Cabinet des chartes et retardé l'évolution de ses travaux. S'il n'est pas obligé de se conformer aux décisions d'un supérieur comme c'est le cas pour un mauriste, Vacher de Bourg l'Ange est pris par les contingences de la vie familiale, qui consomment également une part non négligeable de son temps et de son énergie.

En outre, d'autres institutions que le Cabinet des chartes n'hésitent pas à faire appel à son savoir-faire. Les compétences et le savoir historique de Vacher de Bourg l'Ange le rendent, en effet, précieux aux yeux de ses contemporains dans un certain nombre d'affaires juridiques concernant la province d'Auvergne. Ainsi, à l'occasion d'un conflit avec le fermier général des gabelles de Languedoc, le président de la cour des Aides de Clermont fait appel à Vacher de Bourg l'Ange pour recueillir dans les différents fonds d'archives d'Aurillac des preuves pour défendre l'exemption de la gabelle en Auvergne[39]. Vacher de Bourg l'Ange se prête bien volontiers à cette prière et profite d'ailleurs de ses liens particuliers – via Moreau – avec le Garde des sceaux pour lui faire parvenir directement les « titres de sa province à l'exemption de la gabelle[40] ». Dans le même ordre d'idée, histoire et droit étant alors encore indissociables, l'historien est employé au service de causes contemporaines : la lettre du 10 août 1788 nous apprend que La Fayette avait profité de sa venue à Aurillac, en 1787, pour commander à Vacher de Bourg l'Ange un mémoire sur les états généraux d'après les fonds d'archives auvergnats. C'est ce mémoire que Vacher de Bourg l'Ange se propose d'envoyer, dûment complété de quelques « notions nouvelles », pour répondre à la demande de Moreau[41]. Dans ce cas, la sollicitation extérieure est venue directement de Moreau, qui prépare alors la réflexion des juristes royaux sur la possible convocation des états généraux du royaume. Ces préoccupations juridico-politiques détournent là encore l'avocat aurillacois de sa mission initiale, même si Vacher de Bourg l'Ange s'y prête manifestement de bonne grâce. Tout autant que la vie familiale, la vie civique pèse sur le travail de l'érudit.

D'autres difficultés viennent cependant faire obstacle à son travail, qui sont cette fois liées à la vie locale d'Aurillac au XVIIIe siècle.

39 BnF collection Moreau volume 347 f° 157, lettre du 22 octobre 1786.
40 BnF collection Moreau volume 347 f° 159, lettre du 29 octobre 1786.
41 BnF collection Moreau volume 347 f° 223.

LES DIFFICULTÉS LOCALES

Ces difficultés locales tiennent d'abord aux conditions d'accès aux archives de Saint-Géraud d'Aurillac. Il y a, bien sûr, le problème de l'autorisation de consulter les deux fonds, abbatial et capitulaire[42]. Savoir même qu'il y avait des chartriers différents n'était pas évident, comme le prouve l'ignorance dans laquelle sont demeurés à ce propos les mauristes[43]. De ce point de vue, l'ancrage local de Vacher de Bourg l'Ange fut un indéniable avantage, lui permettant de disposer de solides informations sur les différents fonds d'archives présents à Aurillac. Pour autant, même (et peut-être surtout) à lui, il n'était guère facile d'entrer dans l'un des chartriers de Saint-Géraud d'Aurillac : on ne peut pas suivre J.-E. Iung lorsqu'il parle de la « facilité avec laquelle il [Vacher de Bourg l'Ange] sut se faire ouvrir les archives du consulat et le chartrier de Saint-Géraud d'Aurillac[44] ». Si notre érudit n'eut effectivement aucun mal à accéder aux archives consulaires, sa correspondance montre qu'il en fut tout autrement concernant celles de Saint-Géraud d'Aurillac : il lui fallut, au contraire, demander au Garde des sceaux d'écrire à l'abbé pour qu'il puisse accéder au chartrier de l'abbaye[45]. Encore faut-il noter que Vacher de Bourg l'Ange dut répéter sa requête car le Garde des sceaux n'avait demandé que l'accès à l'inventaire et le jeune érudit insiste pour que l'on donne des consignes de tout lui montrer sans restriction, « sans quoi il seroit possible que ce qui demeurerait caché fût précisément le plus intéressant[46] ». C'est que, chez tous ceux qui possèdent des archives,

42 La sécularisation de 1567 a abouti à l'existence de deux fonds d'archives distincts à Saint-Géraud d'Aurillac à l'époque moderne, celui de l'abbé commendataire et celui du chapitre : S. Fray, « Entre hagiographie et histoire : l'histoire sainte de Dominique de Jésus », *Cahiers de Fanjeaux*, t. 49 (*Historiographie moderne* XVIe-XVIIIe *siècles et histoire religieuse du Moyen Âge méridional*), 2014, p. 253-278 (spéc. p. 275 n. 25).

43 Dom Estiennot puis dom Boyer n'ont, semble-t-il, eu accès qu'au chartrier du chapitre, mais pas à celui de l'abbé. Dom Boyer ne paraît même pas en connaître l'existence, et il est certain que dom Estiennot ne l'a pas vu, car il ne dit rien des bulles concernant Saint-Géraud d'Aurillac, bulles qui étaient effectivement conservées dans le chartrier abbatial ; voir S. Fray, *Une mémoire mutilée. Les chartes médiévales de Saint-Géraud d'Aurillac (899-1300)*, mémoire dactylographié de DEA d'histoire sous la direction de Bernard Dompnier, Université Blaise-Pascal Clermont-Ferrand, 2002, p. 90 et 91.

44 J.-É. Iung, « Jean-Charles Vacher de Tournemire, député sous la restauration (1815-1819) », *Enluminures*, t. 5, 1998, p. 43.

45 BnF collection Moreau volume 347 f° 148, lettre du 10 septembre 1786, remerciant le Garde des sceaux de sa missive à l'abbé.

46 BNF collection Moreau volume 347 f° 140, lettre du 21 août 1786.

en particulier les chanoines, Vacher de Bourg l'Ange note l'« excessive défiance de ceux à qui elles appartiennent[47] ». Il fallut d'ailleurs répéter la même opération auprès du doyen du chapitre, afin que Vacher de Bourg l'Ange puisse accéder aux archives capitulaires[48], malgré la défiance des chanoines. Le chapitre n'appréciait guère que l'on veuille mettre son nez dans ses archives[49], parce qu'elles constituaient son arsenal judiciaire[50], et il ne l'accepta qu'avec la certitude qu'il s'agissait bien d'une mission historique au service du gouvernement. Il avait d'ailleurs prétendu que ses archives ne recelaient aucun titre ayant une valeur historique à l'intendant en 1745, lors de la première enquête menée dans le royaume sur les titres contenus dans les différents chartriers des provinces[51]. C'était un évident mensonge comme le montrent les trouvailles qu'y fit Vacher de Bourg l'Ange. Une atmosphère de secret semble avoir été soigneusement entretenue autour des archives de Saint-Géraud de manière à empêcher d'éventuels adversaires de disposer de renseignements précis sur leur contenu exact : il y avait sans doute là un moyen de dissuasion, l'adversaire potentiel ignorant ce que contenait réellement le chartrier, ce qui permettait aussi de s'assurer l'effet de surprise en cas de procès effectif. « Défiance excessive » ? Ce n'est pas sûr, si l'on nous suit dans l'idée que les archives constituaient alors le principal arsenal de Saint-Géraud pour défendre des droits et un temporel que l'on a pu qualifier comme étant « en sursis[52] ».

L'accès aux archives ne suffisait pas, encore fallait-il pouvoir s'y repérer pour les utiliser de façon commode. La présence d'un inventaire en 594 articles facilita manifestement le travail de Vacher de Bourg l'Ange dans les fonds de l'abbé. Le travail dans les archives du chapitre paraît avoir

---

47 BnF collection Moreau volume 347 f° 136, lettre de juillet 1786.

48 BnF collection Moreau volume 347 f° 204, lettre du 3 décembre 1786.

49 Dom Col rencontre le même genre de réticences en Limousin : J.-L. Lemaitre, « Un mauriste en campagne. Dom Col en Limousin, à travers sa correspondance (1764-1771) », *Cahiers de Fanjeaux*, t. 49 (*Historiographie moderne* XVIe-XVIIIe *siècles et histoire religieuse du Moyen Âge méridional*), 2014, p. 312-315.

50 Nous renvoyons sur ce point le lecteur à S. Fray, *Une mémoire mutilée. Les chartes médiévales de Saint-Géraud d'Aurillac (899-1300)*, mémoire dactylographié de DEA d'histoire sous la direction de Bernard Dompnier, Université Blaise-Pascal Clermont-Ferrand, 2002, p. 33-37.

51 É. Joubert, *Le chapitre Saint-Géraud d'Aurillac (1561-1790)*, Aurillac, 1976, p. 154.

52 C. Demaison, *Le temporel du chapitre Saint-Géraud d'Aurillac (1561-1791). Un héritage en sursis*, mémoire dactylographié de maîtrise d'histoire sous la direction de B. Dompnier, Université Blaise-Pascal de Clermont-Ferrand, 1996.

été bien plus difficile : on n'y trouvait pas d'inventaire et l'étiquetage des actes, sur lequel compta d'abord Vacher de Bourg l'Ange[53], s'avéra être largement défectueux[54]. De tels facteurs compliquaient la tâche de l'érudit et la rendaient d'autant plus longue à accomplir. Le labeur de Vacher de Bourg l'Ange dans les archives de Saint-Géraud dura ainsi d'octobre 1786 à avril 1787[55]. Même s'il faut tenir compte du fait que le travail souffrit de nombreuses interruptions, la durée reste considérable. Elle n'a cependant rien d'anormale si l'on se souvient qu'il fallait une journée de travail pour copier certains actes, ainsi que nous l'avons vu plus haut. Ces difficultés liées aux fonds explorés eux-mêmes n'étaient cependant pas les seules.

Si son intégration dans la vie sociale aurillacoise a avantagé Vacher de Bourg l'Ange dans son exploration des archives de Saint-Géraud, lui permettant de savoir qu'il y avait deux chartriers distincts, elle lui a été également une source de problèmes, liés aux conflits et aux rivalités qui structurent alors la vie sociale des élites à Aurillac[56]. La lettre du 3 décembre 1786 témoigne d'une difficulté de ce genre[57] : Vacher de Bourg l'Ange s'y défend auprès de Moreau de ne rien comploter contre le lieutenant général Lacarrière, qui le soupçonne de profiter de sa mission au service du Cabinet des chartes pour intriguer contre lui. Or on ne peut réduire cette affaire, qui agace manifestement les autorités de Paris, à une simple méfiance entre deux anciens rivaux. Lacarrière ne soupçonne pas notre érudit seulement parce que celui-ci est son ancien compétiteur malheureux, mais aussi parce que Vacher de Bourg l'Ange a travaillé au classement des archives de l'Hôtel de ville d'Aurillac, alors que les officiers municipaux étaient en conflit avec le lieutenant général au sujet de la police. Simple paranoïa du magistrat, d'ailleurs peu honnête, si l'on en croit Vacher de Bourg l'Ange lui-même ? Voire, car il est évident que les consuls ont dû appuyer leur argumentation sur leurs archives et les titres médiévaux qui s'y trouvaient à propos de leurs droits de police[58],

---

53 Il se proposait de faire le relevé de ces étiquettes pour constituer un inventaire à envoyer à Moreau, dans lequel celui-ci aurait choisi les actes à copier : BnF collection Moreau volume 347 f° 213, lettre du 30 juin 1787.

54 BnF collection Moreau volume 347 f° 219, lettre du 29 juillet 1787.

55 BnF collection Moreau volume 347 *passim*.

56 Sur ce sujet voir C. Grimmer, *Vivre à Aurillac au* XVIII*e siècle*, Aurillac, 1983, p. 80.

57 BNF collection Moreau volume 347 f° 204.

58 Ces pièces qui ont survécu en partie à la tourmente révolutionnaire ont été partiellement éditées par R. Grand, *Les Paix d'Aurillac. Étude et documents sur l'histoire des institutions municipales d'une ville à consulat (*XII*e-*XV*e siècles)*, Paris, 1945.

et nul ne pouvait mieux les y aider que Vacher de Bourg l'Ange. Il est vraisemblable que nous ayons ici affaire à une de ces luttes de clans qui semblent avoir animé la vie politique d'Aurillac au XVIIIe siècle. L'affaire fournit d'ailleurs un prétexte à Vacher de Bourg l'Ange pour prendre sa revanche sur son ancien rival puisque, après avoir juré de sa bonne foi, il demande à Moreau d'écrire au lieutenant général pour l'informer de la nature exacte de la mission qu'il lui a confiée et lui ordonner de collaborer au travail de Vacher de Bourg l'Ange[59]. Toujours est-il que cette affaire, qui pourrait paraître futile, semble avoir paru d'une certaine gravité à Moreau, car susceptible de nuire au bon déroulement de la collecte de copies dont il avait chargé l'avocat aurillacois.

Un autre type de difficulté lié au milieu aurillacois tient au problème du recrutement d'un copiste pour assister Vacher de Bourg l'Ange dans sa tâche[60]. Manifestement, au départ du moins, celui-ci ne concevait pas de devoir transcrire lui-même les actes pour Moreau, soit qu'il ait jugé son écriture peu propice, soit qu'il ait trouvé ce travail dégradant. Sa correspondance ne permet nullement de trancher sur ce point. Toujours est-il qu'il voulait un copiste et ses démêlés à ce sujet sont l'occasion dans ses lettres de longs passages placés sous le signe de la tragi-comédie. Trouver un copiste capable de satisfaire Moreau constitue une aventure en soi, car nul ne veut travailler à cette tâche, ou bien à des prix qui sont prohibitifs aux yeux de Vacher de Bourg l'Ange. Les clercs des procureurs ont une écriture de greffe, trop embrouillée au goût du jeune érudit, et ils méprisent des « recherches sans profit », tandis que le seul maître écrivain « passablement habile » demande trois livres par jour pour prix de ses services[61]. De nouveau, Vacher de Bourg l'Ange profite de son ancrage local en démarchant un jeune homme, que les consuls, confrontés aux mêmes difficultés, avaient l'habitude de faire travailler pour des travaux

59 BnF collection Moreau volume 347 f° 204.

60 Là encore, dom Col a rencontré des difficultés très comparables. Voir J.-L. Lemaitre, « Un mauriste en campagne. Dom Col en Limousin, à travers sa correspondance (1764-1771) », *Cahiers de Fanjeaux*, t. 49 (*Historiographie moderne XVIe-XVIIIe siècles et histoire religieuse du Moyen Âge méridional*), 2014, p. 316-317.

61 BnF collection Moreau volume 347 f° 155, lettre du 8 octobre 1786. À tort, É. de Dienne, « Les archives de la ville et de l'abbaye d'Aurillac en 1787 d'après la correspondance et les transcriptions de Vacher de Bourg l'Ange », *Revue de la Haute-Auvergne*, t. 1, 1899, p. 11, laisse entendre que Vacher de Bourg l'Ange engagea ce maître écrivain et que les démêlés suivants le concernent : en réalité il y a bien deux individus à distinguer.

de transcription des actes anciens[62]. C'est à ce copiste que Vacher de Bourg l'Ange dicte une lettre afin de vérifier que son écriture convient à Moreau. Dès lors commence le second acte, à propos de la rémunération du copiste : celui-ci, profitant de l'occasion, demande trente sols par jour, alors que le consulat lui en versait vingt-sept[63], mais l'affaire semble honnête à notre érudit, de toute façon peu en position de faire le difficile. Cependant, la négociation rebondit, parce que Moreau préfère payer à la tâche. Le marché est conclu à six sols par « rolle » d'écriture, à deux pages par « rolle » et vingt-cinq lignes par page[64]. Cependant, l'accord s'est fait sur un malentendu : Moreau exige l'usage de grand papier à quarante-trois lignes par page et non de petit papier à vingt-cinq lignes[65]. Toute la négociation est alors à reprendre, et le copiste argumente de façon serrée. Vacher de Bourg l'Ange doit « pour le satisfaire prendre le pied de roi, et calculer avec lui la différence de l'un à l'autre format[66] ». À ce savant calcul de proportionnalité, le copiste ajoute deux remarques : qu'il ne peut travailler – et perd donc de l'argent – pendant le temps passé par l'érudit aurillacois « à figurer les sceaux ou à imiter l'écriture de quelques lignes des originaux », qu'il n'a pas compté dans son premier prix la fourniture du papier, de l'encre, *etc.* Bref, le copiste demande quinze sols par « rolle » de grand papier tout compris[67]. Après que Moreau a refusé ce prix, l'accord se fera difficilement sur douze sols par rolle de grand papier, à deux pages par rolle et quarante-trois lignes la page[68]. Il ne tiendra d'ailleurs qu'un an, car, dans la lettre du 28 décembre 1787, Vacher de Bourg l'Ange annonce à Moreau que son copiste l'a abandonné, qu'il n'a pu en trouver d'autre et que, désormais, toutes les transcriptions seront faites de sa propre main, « gratuitement[69] ». La faute en incombait tout autant à Moreau qu'au copiste.

Aux difficultés déjà évoquées s'ajoutent celles dues à l'attitude même des employeurs de Vacher de Bourg l'Ange, qui ne semble pas avoir bénéficié d'un soutien aussi fort qu'il aurait pu l'espérer.

62 BnF collection Moreau volume 347 f° 155, lettre du 8 octobre 1786.
63 *Ibid.*
64 *Ibid.*
65 BnF collection Moreau volume 347 f° 164, lettre du 7 novembre 1786.
66 *Ibid.*
67 *Ibid.*
68 BnF collection Moreau volume 347 f° 204, lettre du 3 décembre 1786.
69 BnF collection Moreau volume 347 f° 219.

UN SOUTIEN MITIGÉ DES AUTORITÉS

C'est en effet un appui souvent défaillant que trouve Vacher de Bourg l'Ange auprès de ceux qui l'emploient.

Pourtant, les relations du jeune avocat aurillacois avec Moreau sont très cordiales. Exception faite de l'incident de la plaquette des correspondants du Cabinet des chartes, dans laquelle Vacher de Bourg l'Ange était présenté – à sa grande fureur – comme un archiviste professionnel, les relations sont plutôt bonnes entre le jeune érudit aurillacois et le responsable du Cabinet des chartes. Le premier voue manifestement au second une fervente admiration qui ne pouvait que flatter Moreau. Par deux fois, Vacher de Bourg l'Ange demande un moyen d'acquérir les ouvrages historiques de Moreau, qu'il ne parvient manifestement pas à se procurer à Aurillac[70]. Nous ne possédons pas les lettres de Moreau, ce qui empêche de savoir précisément ce que pensait celui-ci de son jeune correspondant. L'évolution du ton des lettres de l'avocat aurillacois laisse pourtant entrevoir l'amorce d'une réelle amitié ou, tout au moins, d'une évidente complicité intellectuelle : la missive du 20 avril 1788 témoigne de la reconnaissance chaleureuse de Vacher de Bourg l'Ange pour l'accueil que Moreau et sa famille lui ont offert à Paris[71] ; le ton de la lettre paraît d'autant plus sincère que l'érudit aurillacois ne se prive pas d'y exprimer toute la déception que lui a inspirée sa rencontre avec le Garde des sceaux[72]. La relation entre Moreau et Vacher de Bourg l'Ange ne manque donc pas d'une certaine qualité, qui facilite sans aucun doute le travail.

Ce qui n'empêche pas Moreau d'être un employeur, non seulement extrêmement exigeant, mais aussi assez peu efficient. Certes, Moreau règle rapidement le problème des autorisations d'accès aux fonds d'archives de Saint-Géraud d'Aurillac en procurant à Vacher de Bourg l'Ange les recommandations nécessaires. Il n'en demeure pas moins que, sur d'autres points, l'attitude de Moreau pénalise son correspondant. En

70 BnF collection Moreau volume 347 f° 136 (lettre de juillet 1786) et f° 202 (lettre du 11 mars 1787).

71 BnF collection Moreau volume 347 f° 221.

72 Au contraire, la relation de dom Col et de Moreau semble s'être sérieusement dégradée, au point de pousser le mauriste à renoncer à sa mission : J.-L. Lemaitre, « Un mauriste en campagne. Dom Col en Limousin, à travers sa correspondance (1764-1771) », *Cahiers de Fanjeaux*, t. 49 (*Historiographie moderne* XVIe-XVIIIe *siècles et histoire religieuse du Moyen Âge méridional*), 2014, p. 320.

premier lieu, par sa « ladrerie » légendaire[73], qui oblige Vacher de Bourg l'Ange à pratiquer avec son copiste les burlesques négociations financières rapportées plus haut ; nul doute que si le copiste a fini par abandonner l'érudit aurillacois, cela s'explique en bonne part par le refus de Moreau de payer son travail à sa juste valeur. Une telle chicheté est d'autant plus curieuse que la mission de Vacher de Bourg l'Ange à Aurillac aura coûté en tout et pour tout 122 livres au Cabinet des chartes[74], alors que celui-ci disposait d'un budget annuel de… 66 787 livres et 10 sous[75].

De façon plus grave, Moreau ne se départit jamais d'un flou inquiétant quant au choix des pièces à copier : il y là une préoccupation majeure de Vacher de Bourg l'Ange d'un bout à l'autre de ses lettres. Consciencieux, le jeune érudit craint de ne pas savoir quels actes exactement sont susceptibles d'être transcrits à bon escient pour le Cabinet des chartes. Dès juillet 1786, Vacher de Bourg l'Ange demande des instructions précises à ce sujet[76]. Or une autre de ses lettres, du 29 juillet 1787, adressée à un destinataire non nommé, revient sur ce problème : « j'ignore absolument sur quels principes doit être fondé le choix que vous me laissez faire. J'ai déjà proposé plusieurs fois cette difficulté à M. Moreau. Veuillez, je vous supplie, la lui proposer encore[77] ». Manifestement, Moreau resta dans l'incapacité de donner des consignes précises à son correspondant aurillacois jusqu'à la fin. On retrouve là la différence, déjà constatée à propos des mauristes, entre les intentions proclamées et la réalité du « terrain ». Étudiant les intentions affichées par Moreau lui-même, Blandine Kriegel a donné l'image d'un programme précis que les correspondants locaux n'avaient plus qu'à appliquer. Les lettres de Vacher de Bourg l'Ange donnent au contraire l'impression d'un grand flou dans les consignes sur le choix des pièces à transcrire, flou d'autant plus frappant qu'il s'oppose à la précision maniaque des consignes concernant les méthodes de copie. En exagérant un peu, on a presque l'impression que Moreau sait davantage comment il veut que l'on copie que ce qu'il veut que l'on copie. Ce flou paraît n'avoir pas été trop gênant concernant les archives abbatiales ;

---

73 B. Kriegel, *L'histoire à l'âge classique*, t. IV *La République incertaine*, Paris, 1988 (rééd. 1996), p. 45.

74 BnF collection Moreau volume 347 f° 219, lettre du 29 juillet 1787.

75 B. Kriegel, *L'histoire à l'âge classique*, t. IV *La République incertaine*, Paris, 1988 (rééd. 1996), p. 48.

76 BnF collection Moreau volume 347 f° 136.

77 BnF collection Moreau volume 347 f° 219.

dans ce cas, en effet, Vacher de Bourg l'Ange put se contenter d'envoyer à Moreau un extrait de l'inventaire, sur lequel le responsable du Cabinet des chartes lui indiqua les actes qu'il voulait faire transcrire[78]. Encore faut-il noter que l'érudit aurillacois avait procédé à une première sélection, dont la pertinence lui parut douteuse par la suite, puisqu'il proposa de lui-même à Moreau de lui faire parvenir l'analyse d'autres actes susceptibles de l'intéresser[79], offre que Moreau semble avoir déclinée ou laissée sans réponse, d'après les lettres conservées. Quant aux archives du chapitre, l'absence d'inventaire fit qu'une totale liberté fut laissée à Vacher de Bourg l'Ange pour déterminer les pièces susceptibles de devoir figurer dans le Cabinet des chartes[80], c'est-à-dire d'améliorer la connaissance du droit public du royaume. Il faut donc avouer que l'on ignore assez largement sur quels critères précis s'est fait le choix des actes effectivement transcrits, tout au plus peut-on être certain que l'ensemble des pièces très anciennes vues par Vacher de Bourg l'Ange a été copié, celui-ci éprouvant une véritable vénération pour ce type de document[81].

Le plus dur et le plus douloureux pour Vacher de Bourg l'Ange ne fut cependant pas la désinvolture de Moreau, mais la prise de conscience du mépris très réel qu'il inspirait au Garde des sceaux. Le choc pour Vacher de Bourg l'Ange a lieu à Paris lorsqu'il rencontre le Garde des sceaux, « qui malgré les expressions honorables avec lesquelles vous daignâtes, Monsieur, me présenter à lui ne parût ni priser beaucoup mon travail, ni se souvenir de mon désintéressement et de mon zèle[82] ». L'érudit aurillacois parut profondément blessé de ce mépris par lequel on récompensait un honnête et consciencieux serviteur de la monarchie, ce qui ne l'empêcha pas de continuer à correspondre avec Moreau jusqu'en décembre 1788, date de sa dernière lettre[83]. L'engagement politique devait ensuite le détourner de l'histoire[84].

78 BnF collection Moreau volume 347 f° 166, lettre du 16 octobre 1786.

79 BnF collection Moreau volume 347 f° 200, lettre du 6 février 1787.

80 BnF collection Moreau volume 347 f° 211, lettre du 8 juillet 1787. Vacher de Bourg l'Ange réclame de nouveau une règle précise pour choisir les pièces au mieux : « j'ai déjà eu l'honneur de vous la demander plusieurs fois ; dans ce moment elle me semble indispensable ». La demande semble être restée lettre morte.

81 BnF collection Moreau volume 347 *passim*.

82 BnF collection Moreau volume 347 f° 221, lettre du 20 avril 1788.

83 BnF collection Moreau volume 347 f° 229, lettre du 15 décembre 1788.

84 J.-É. Iung, « Jean-Charles Vacher de Tournemire, député sous la restauration (1815-1819) », *Enluminures*, t. 5, 1998, p. 39-57.

Ces difficultés non négligeables n'ont toutefois pas empêché Vacher de Bourg l'Ange de poursuivre son travail du mieux possible et c'est désormais la qualité du résultat obtenu qu'il faut examiner.

UN BILAN HONORABLE

Esquisser un bilan de l'activité de Vacher de Bourg l'Ange dans les archives de Saint-Géraud suppose à la fois d'étudier sa méthode de travail, la qualité des copies réalisées et leur quantité.

UNE MÉTHODOLOGIE REMARQUABLE

La méthode employée par Vacher de Bourg l'Ange à toutes les étapes de sa tâche apparaît exemplaire. Pour chacune d'entre elles, l'érudit aurillacois agit avec une rigueur que ne démentirait pas un médiéviste actuel.

Pour chacun des deux chartriers, abbatial et capitulaire, la première démarche de Vacher de Bourg l'Ange a consisté à reconnaître ces fonds, leur organisation et leur contenu. L'affaire fut assez simple en ce qui concerne le chartrier de l'abbaye : l'inventaire en 594 articles facilitait les choses et permit très vite à Vacher de Bourg l'Ange de constater que l'on ne trouverait dans ces archives ni le texte de la fondation, ni le diplôme de Charles le Simple, ni le codicille de Géraud d'Aurillac[85]. Le même travail d'exploration eut lieu à l'intérieur des archives du chapitre, dont Vacher de Bourg l'Ange note « qu'elles sont bien plus considérables et contiennent un bien plus grand nombre de titres que celles de l'abbaye ». Ce constat lui fait présumer que « notre récolte ici sera abondante et précieuse[86] ». Il faudra d'ailleurs à l'érudit aurillacois une seconde visite aux archives du chapitre pour prendre conscience de l'ampleur du fonds et surtout de sa totale désorganisation, les étiquettes dont il comptait se servir n'étant finalement pas ou peu exploitables[87]. De façon tout à fait rigoureuse, Vacher de Bourg l'Ange commence par

85 BnF collection Moreau volume 347 f° 155, lettre du 8 octobre 1786.

86 BNF collection Moreau volume 347 f° 213, lettre du 30 juin 1787.

87 BnF collection Moreau volume 347 f° 211, lettre du 8 juillet 1787.

faire l'inventaire des fonds dans lesquels il va travailler, ce qui permet évidemment de choisir les actes à copier.

Une fois les pièces intéressantes recensées, commence le véritable travail de transcription. Dans le cas de Vacher de Bourg l'Ange, celle-ci s'effectue vraisemblablement sous la forme d'une dictée au copiste : Vacher de Bourg l'Ange déchiffre le texte latin et ses nombreuses abréviations et dicte le tout à son copiste qui en prend note. Plusieurs arguments viennent à l'appui d'une telle hypothèse. Le premier est que seul Vacher de Bourg l'Ange devait maîtriser les compétences paléographiques nécessaires pour pouvoir déchiffrer les chartes médiévales et leur système d'abréviation. Le second est que l'utilisation de la dictée à un copiste était la méthode la plus utilisée par les érudits modernes et que l'on ne voit pas pourquoi Vacher de Bourg l'Ange aurait fait exception[88]. Le troisième, qui nous semble décisif, tient à un argument employé par le copiste dans sa négociation avec Moreau pour se faire payer plus cher : on a vu plus haut que le copiste prétendait que le temps passé par Vacher de Bourg l'Ange à figurer les écritures ou les sceaux était pour lui du temps – et donc de l'argent – perdu. Un tel raisonnement suppose bien que le copiste travaillait à la dictée, sinon on ne voit pas en quoi le fait que Vacher de Bourg l'Ange ait été occupé aurait pu pénaliser le copiste payé à la tâche. Dans son étude sur *La collection de Bourgogne*, Marie-Louise Auger a insisté sur les défauts de la dictée, cause de fautes supplémentaires[89]. La qualité des transcriptions de Vacher de Bourg l'Ange, sur laquelle nous reviendrons plus loin, laisse supposer qu'une soigneuse collation de la copie avec l'original a permis de parer à ce péril.

Le travail de Vacher de Bourg l'Ange respecte à la lettre les consignes de Moreau. Ainsi, chaque acte a été copié avec une figuration des premières lignes et des sceaux ou monogrammes, quand il y en avait. Surtout, chaque acte est accompagné d'une notice descriptive, conformément là encore aux exigences de Moreau, qui détaille l'état matériel de l'original copié, ses dimensions, la présence ou l'absence de sceaux, *etc.* Par exemple, la copie du privilège pontifical de Pascal II, daté de 1103, est figurée dans ses premières lignes, tout comme à la fin le monogramme du

88 M.-L. Auger, *La collection de Bourgogne (manuscrits 1-74) à la Bibliothèque nationale de France. Une illustration de la méthode historique mauriste*, Paris, 1987, p. 62.

89 *Ibid.*

pape et sa *rota* ; surtout, la notice qui suit nous apprend que l'original se trouvait être « un parchemin de quatorze pouces de longueur sur dix pouces et demy de largeur, percé de plusieurs trous de vétusté, n'ayant d'ailleurs aucun repli au bas ny d'indice qu'aucun sceau y ait jamais été attaché[90] ». De même, la sentence arbitrale de 1230 que nous étudions plus loin est décrite comme « rongée et déchirée dans toute sa longueur de manière que la marge à main droite manque entièrement ainsi que la plupart des dernières lettres de chaque ligne[91] ».

Le travail de Vacher de Bourg l'Ange est méthodique et suit scrupuleusement les prescriptions de Moreau sur la manière de procéder. Il faut dès lors tenter de rendre compte de la qualité des copies ainsi réalisées.

DES COPIES DE GRANDE QUALITÉ

Pour juger de la qualité des transcriptions de Vacher de Bourg l'Ange, nous pouvons nous appuyer sur le cas de cette sentence arbitrale de 1230, dont nous possédons à la fois une copie par l'érudit aurillacois, une édition critique par Roger Grand, ancien élève de l'École des chartes et archiviste du Cantal[92], sans oublier l'original conservé aux archives départementales du Cantal[93].

La comparaison des deux transcriptions de Vacher de Bourg l'Ange et de Roger Grand, tout comme le recours à l'original, souligne la très grande qualité du travail de l'érudit aurillacois au XVIIIe siècle. Les différences que l'on peut relever entre les deux versions sont minimes et elles ne sont pas toutes à l'avantage de Roger Grand, quoique ce soit le cas le plus fréquent. Certaines abréviations finales sont ainsi mieux

---

90 BnF collection Moreau vol. 41, f° 92-94. Édition par Louis-Antoine Chaix de Lavarène, *Monumenta Pontificia Arverniae decurrentibus* IXe, X^e^, XIe, XIIe *saeculis. Correspondance diplomatique des papes concernant l'Auvergne depuis le pontificat de Nicolas Ier jusqu'à celui d'Innocent III*, Clermont-Ferrand, 1880, n° XX (16 mai 1061, JL 4467), p. 108-111.

91 Archives départementales du Cantal 19 J 84 (fonds familial, supplément de 1998). : copie par Vacher de Bourg l'Ange, conservée avec d'autres papiers. Comme on retrouve le même phénomène chez dom Col, il semble que les correspondants de Moreau aient eu l'habitude de faire copier les actes en double et de conserver un des deux exemplaires : J.-L. Lemaitre, « Un mauriste en campagne. Dom Col en Limousin, à travers sa correspondance (1764-1771) », *Cahiers de Fanjeaux*, t. 49 (*Historiographie moderne* XVIe-XVIIIe *siècles et histoire religieuse du Moyen Âge méridional*), 2014, p. 301.

92 R. Grand, « Les plus anciens textes romans de la Haute-Auvergne », *Revue de la Haute-Auvergne*, t. 2, 1900, p. 201-204.

93 Archives départementales du Cantal 4 G 39 (original sur parchemin).

développées par Roger Grand que par Vacher de Bourg l'Ange, par exemple *Aureliacensem* et non *Aureliacenses*. Surtout, Vacher de Bourg l'Ange pratique parfois une correction mineure de certaines graphies du texte : ainsi *prestito* devient *praestito* tout comme *calumpnie calumpniae*, *Francie Franciae*, *etc*. Formé au latin classique, l'érudit aurillacois a manifestement corrigé des formes qui lui paraissaient fausses, tout comme il relatinise en *Astorgius* l'occitan *Astorg* de la charte. On remarquera cependant que ces corrections, certes condamnables mais bien légères, n'entachent en rien une vraie fidélité au texte, qui par une fois au moins prend Roger Grand en défaut : l'archiviste du Cantal transcrit *satis dationibus*, qui sans doute est plus correct, alors que Vacher de Bourg l'Ange s'en tient fidèlement au *satisdationibus* de la charte. Chose remarquable, Vacher de Bourg l'Ange ne rajoute aucune ponctuation au texte et respecte donc sa construction telle qu'elle se présente dans l'original. Au vu de ces remarques, on doit conclure que cette transcription est d'une remarquable fidélité pour l'époque à laquelle elle a été réalisée, car il était encore fréquent au XVIIIe siècle de ne pas respecter l'orthographe et de commettre des fautes de lecture[94]. Par sa qualité, elle répond tout à fait aux exigences de Moreau et illustre bien les conséquences de l'adoption de l'épistémologie diplomatique, c'est-à-dire un respect grandissant de l'acte dans sa littéralité et dans sa matérialité[95].

Ce même exemple va nous permettre d'analyser la qualité de la figuration des premières lignes, que Vacher de Bourg l'Ange a régulièrement pratiquée dans les transcriptions fournies à Moreau. Nous comparons deux documents à l'appui de cette analyse : le premier est l'original de la charte de 1230 et le second la copie effectuée par Vacher de Bourg l'Ange. L'analyse permet alors de se rendre compte que la figuration n'est pas faite au moyen d'un calque, ainsi que nous l'avions pensé dans un premier temps, car les deux écritures ne sont pas tout à fait du même format. Il s'agit bien d'un dessin à main levée qui essaye de rester le plus fidèle possible à l'original. Dans ces conditions, la comparaison laisse très favorablement impressionné en faveur de Vacher de Bourg l'Ange : la minutie de la copie figurée est

94 M.-L. Auger, *La collection de Bourgogne (manuscrits 1-74) à la Bibliothèque nationale de France. Une illustration de la méthode historique mauriste*, Paris, 1987, p. 62.

95 B. Kriegel, *L'histoire à l'âge classique*, t. IV *La République incertaine*, Paris, 1988 (rééd. 1996), p. 28-29.

tout à fait exemplaire. Pas une boucle, pas un signe d'abréviation qui n'ait été rendu, la proportion des lettres étant globalement respectée ; seul le bas des lettres est parfois défectueux, avec une certaine stylisation, comme c'est le cas pour la fin du I de *In nomine* en tête de l'acte. Une telle fidélité de la part d'un dessin à main levée relève d'un véritable tour de force. Elle explique le temps mis par Vacher de Bourg l'Ange pour figurer le début de certains actes. Un détail d'une copie figurée d'un autre acte vient renforcer cette bonne impression quant aux copies figurées de Vacher de Bourg l'Ange : la transcription du diplôme de Charles le Simple contient une figuration du chrismon dans laquelle Philippe Lauer a pu distinguer « le mot Amen répété deux fois en notes tironiennes au milieu des paraphes[96] ». Que le savant éditeur des actes de Charles le Simple ait pu repérer ce détail dans la copie figurée souligne une fois encore la qualité du travail de Vacher de Bourg l'Ange et la relative confiance qu'on peut lui accorder : confiance au vu de sa qualité, relative car rien ne peut jamais totalement remplacer un original.

Il est évidemment toujours difficile de généraliser à partir d'un ou deux exemples. Aussi se contentera-t-on ici de conclure modestement à une présomption d'assez grande fiabilité, en ce qui concerne les copies effectuées par Vacher de Bourg l'Ange.

Il reste dès lors à tenter un bilan quantitatif de l'activité de Vacher de Bourg l'Ange dans les deux fonds de Saint-Géraud d'Aurillac.

UN NOMBRE APPRÉCIABLE DE PIÈCES COPIÉES

Investi en premier, le fonds abbatial est manifestement celui qui a été le plus complètement exploré par Vacher de Bourg l'Ange. On connaît au moins 53 transcriptions pour ce seul fond, dont 31 d'actes antérieurs à 1300. Cela peut paraître peu, au regard des milliers de copies effectuées par Lambert de Barive à Cluny[97], mais il faut tenir compte de la différence d'échelle entre les deux cas : la mission de Vacher de Bourg l'Ange court sur quelques mois, au lieu d'une vingtaine d'années, et le fonds aurillacois était dès cette époque beaucoup moins riche que les

96 P. Lauer, *Recueil des actes de Charles III le Simple, roi de France*, Paris, 1940, n° XXI, p. 41 n. a.

97 S. Barret, « Un avocat au service du Cabinet des chartes. Les travaux de Louis-Henri Lambert de Barive dans les archives de Cluny (v. 1770-v. 1790) », *Histoire et archives*, t. 15, 2004, p. 31.

archives de la plus grande abbaye bénédictine d'Europe. Évalué avec plus d'équité, c'est-à-dire à l'échelle aurillacoise proprement dite, le butin fait par Vacher est considérable, comparé à ce qu'avaient récolté antiquaires et mauristes dans ces mêmes archives[98]. Il l'est d'autant plus que la plupart des actes ainsi copiés par Vacher de Bourg l'Ange étaient inédits, antiquaires et mauristes n'ayant pas eu accès, ou difficilement, aux archives de l'abbé. Enfin, on doit noter que seuls deux ou trois de ces actes sont encore conservés de nos jours, en original ou par des copies internes à Saint-Géraud, aux archives départementales du Cantal, ce qui rend la collecte de Vacher de Bourg l'Ange encore plus précieuse.

En comparaison, le butin récolté dans les archives du chapitre paraît extrêmement modeste : sept actes antérieurs à 1300 en tout et pour tout. Ce maigre bilan est curieux, surtout si l'on se souvient que Vacher de Bourg l'Ange avait lui-même décrit les archives du chapitre comme beaucoup plus riches que celles de l'abbé[99]. Il devient encore plus étrange quand l'on constate que les copies de ces sept actes sont toutes datées du 28 décembre 1787, date de la dernière lettre où Vacher de Bourg l'Ange évoque sa mission dans les archives d'Aurillac, celle aussi où il annonce que son copiste l'a abandonné[100]. Tout ceci conduit à penser que Édouard de Dienne a tort lorsqu'il affirme « Bourg l'Ange avait à peu près achevé la mission qu'on lui avait confiée[101] ». Il semble, au contraire, que Vacher de Bourg l'Ange ne termina pas sa mission en ce qui concerne les archives du chapitre, vu le faible nombre de titres copiés dans ces mêmes fonds. Pourquoi cet abandon ? Plusieurs raisons, qui ont d'ailleurs pu se conjuguer, peuvent être avancées. Il y a d'abord le défaut du copiste, qui ne devait pas simplifier les choses pour l'érudit aurillacois, désormais obligé de transcrire lui-même les titres[102]. Il y a aussi le mépris affiché par le Garde des sceaux à l'égard de la mission de Vacher de Bourg l'Ange, qui semble l'avoir profondément blessé[103],

98 Voir sur ce point S. Fray, *Une mémoire mutilée. Les chartes médiévales de Saint-Géraud d'Aurillac (899-1300)*, mémoire dactylographié de DEA d'histoire sous la direction de Bernard Dompnier, Université Blaise-Pascal Clermont-Ferrand, 2002, p. 57-94.

99 BnF collection Moreau volume 347 f° 213, lettre du 30 juin 1787.

100 BnF collection Moreau volume 347 f° 219.

101 É. de Dienne, « Les archives de la ville et de l'abbaye d'Aurillac en 1787 d'après la correspondance et les transcriptions de Vacher de Bourg l'Ange », *Revue de la Haute-Auvergne*, t. 1, 1899, p. 13.

102 BnF collection Moreau volume 347 f° 219, lettre du 28 décembre 1788.

103 BnF collection Moreau volume 347 f° 221, lettre du 20 avril 1788.

et qui a sans doute refroidi un peu ses ardeurs. Il y a encore une longue maladie de sa femme qui a dû peser sur son activité érudite[104]. Enfin, et surtout, il y a la situation politique qui semble retenir de plus en plus l'attention de Vacher de Bourg l'Ange, mais aussi de Moreau et du Garde des sceaux : que ceux-ci demandent à leur correspondant de leur faire parvenir un mémoire historique et ses réflexions à propos des États Généraux semble assez révélateur à cet égard[105]. Notons par ailleurs qu'aucune des lettres de 1788 n'évoque plus le problème des archives d'Aurillac et de la mission de Vacher de Bourg l'Ange en leur sein, comme si ce sujet devait s'effacer devant d'autres bien plus graves. Les lettres de Vacher de Bourg l'Ange s'arrêtent au 15 décembre 1788 : par la suite, l'érudit local plonge dans la tourmente révolutionnaire pour essayer de se forger un destin politique[106]. Les archives du chapitre avaient été investies trop tard pour être convenablement exploitées : le temps n'était plus à écrire l'histoire, mais à la faire.

L'expertise de Vacher de Bourg l'Ange, mise au service de Moreau et du Cabinet des chartes, ne relève pas seulement de savoir-faire techniques, mais aussi de savoirs et de savoir-faire sociaux, liés à l'ancrage de l'érudit aurillacois dans son environnement local. Le processus est toutefois dynamique, dans la mesure où les exigences de Moreau poussent également Vacher de Bourg l'Ange à approfondir ses compétences. L'érudit mobilisera d'ailleurs ensuite ces mêmes aptitudes au service de l'engagement politique. Le bilan quantitatif de la mission de Vacher de Bourg l'Ange n'est toutefois pas négligeable, malgré l'inachèvement du travail, d'autant que la presque totalité des 38 actes antérieurs à 1300 qu'il a transcrits ont aujourd'hui disparu. Les copies effectuées sont d'autant plus précieuses qu'elles décrivent les originaux, qu'elles sont partiellement figurées et qu'elles s'avèrent d'une relative fiabilité, pour autant qu'on puisse en juger. On peut à cet égard parler *a posteriori* de sauvetage, partiel, certes, mais sauvetage tout de même, de la mémoire archivistique de Saint-Géraud d'Aurillac.

104 BnF collection Moreau volume 347 f° 229, lettre du 15 décembre 1788.

105 BnF collection Moreau volume 347 f° 223 (lettre du 10 août 1788) et f° 225 (lettre du 21 octobre 1788).

106 Sur la carrière postérieure de Vacher de Bourg l'Ange, voir J.-É. Iung, « Jean-Charles Vacher de Tournemire, député sous la restauration (1815-1819) », *Enluminures*, t. 5, 1998, p. 39-57.

À travers le cas propre de Vacher de Bourg l'Ange, l'étude souligne la réputation d'excellence dont jouissait l'expertise méthodologique de l'érudition mauriste et suggère que l'entreprise du Cabinet des chartes a pu être une des matrices de diffusion de ses méthodes : c'est auprès d'un mauriste en mission pour Moreau que se forme Vacher de Bourg l'Ange avant même d'être recruté par le Cabinet des chartes, qui le pousse à mettre en œuvre une épistémologie documentaire issue des travaux mauristes. Se pourrait-il que, à travers la conformation de correspondants locaux à ses exigences, le Cabinet des chartes ait constitué un relais important de diffusion des méthodes mauristes vers l'érudition locale telle qu'elle se constitue au XIXe siècle ? Le cas de Vacher de Bourg l'Ange ne permet pas de trancher en faveur d'une telle hypothèse, sa carrière politique l'ayant éloigné des travaux d'histoire. Tout au plus peut-on noter que ses transcriptions pour le Cabinet des Chartes ont été elles-mêmes recopiées par le baron Delzons, un des grands érudits aurillacois de la première moitié du XIXe siècle, qui a imité Vacher jusqu'à la façon de figurer les premières lignes[107]. Il y a là un possible passage de relais des techniques érudites mobilisées au sein du Cabinet des Chartes vers les antiquaires locaux chers à Odile Parsis-Barubé[108], mais il faudrait procéder à des études comparatives d'autres cas de correspondants non mauristes de Moreau pour y voir plus clair sur ce point.

Notre enquête souligne en revanche la tension qui anime l'entreprise du Cabinet des chartes au sujet du statut de la documentation. Il est indéniable que les documents venus du passé jouissent encore d'une très grande autorité à la fin du XVIIIe siècle. Cette autorité demeure toutefois ambiguë. Du point de vue des abbés commendataires comme des chanoines de Saint-Géraud, voire peut-être de Moreau lui-même, l'intérêt de cette documentation est d'abord et avant tout juridique, les

107 Archives Départementales du Cantal 246 F 1-3 (3 volumes manuscrits). Fils d'un général anobli sous l'empire, Alexis-Alexandre Delzons (1800-1859) était devenu avocat puis magistrat, juge au tribunal civil d'Aurillac. Ce fut un érudit local remarquable pour son temps : membre de la Société Cantalienne et animateur avec Delalo du *Dictionnaire historique et statistique du Cantal*, correspondant de l'académie de Clermont-Ferrand et du Comité des travaux historiques et scientifiques, il a laissé de nombreux articles historiques et un recueil de précieuses copies. Voir L. de Ribier, « Le Dictionnaire du Cantal. Son auteur et ses collaborateurs posthumes (1824-1861), *Revue de la Haute-Auvergne*, t. 28, 1935-1936, p. 345-366.

108 O. Parsis-Barubé, *La Province antiquaire. L'invention de l'histoire locale en France (1800-1870)*, Paris, 2011.

techniques érudites et historiques étant instrumentalisées au service du droit. Au contraire, chez Vacher de Bourg l'Ange, l'intérêt historique prime, mais sa perspective est en réalité minoritaire dans la société de son temps, même si on la retrouve chez d'autres correspondants (en particulier mauristes) du Cabinet des chartes. Outre les multiples difficultés que rencontre l'entreprise sur le terrain, cette tension explique les malentendus et les décalages de perspective perceptibles entre Moreau et l'érudit aurillacois. C'est la rupture révolutionnaire, qui prive les archives originales comme les transcriptions de leur utilité juridique, qui aboutira à conférer aux copies du Cabinet des chartes une valeur strictement historique, qu'elle n'avait certainement pas aux yeux de ses initiateurs et, donc, à dissimuler la tension qui avait animé l'entreprise.

Il n'en demeure pas moins que l'entreprise du Cabinet des chartes a connu un relatif succès s'agissant des archives aurillacoises, perceptible tant dans la quantité que dans la qualité des transcriptions effectuées. Cependant, ces copies entraînent également un renforcement de la textualisation de la documentation médiévale transcrite, au sens où l'écrit médiéval devient un texte, c'est-à-dire un réseau de mots dont la valeur sémantique est déconnectée de son support matériel[109]. Cette textualisation était inhérente à l'idée même de procéder à une centralisation archivistique par des transcriptions. Moreau a d'ailleurs essayé de la limiter en exigeant de ses correspondants qu'ils figurent les premières lignes et les signes de validation des actes, et qu'ils décrivent leur état matériel. Il n'en demeure pas moins que c'est bien le texte, le contenu sémantique et juridique de l'acte qui l'intéressait au premier chef, ce qui est logique dans la perspective qui était la sienne. Il faut d'ailleurs faire remarquer que le Cabinet des chartes ne se préoccupe que des actes écrits, alors que l'érudition mauriste antérieure (héritière de celle des antiquaires du XVIe et de la première moitié du XVIIe siècle) prenait également en compte les inscriptions, les objets et les monuments. Entreprise en son temps pour des raisons juridiques et réinterprétée par les générations ultérieures en termes historiques, cette réduction des sources *ad textum* paraît avoir pesé sur l'édition des sources écrites médiévales tout au long des XIXe et XXe siècles. Le gigantesque travail

109 Sur ces notions, voir J. Morsel, « Du texte aux archives : le problème de la source », *Bulletin du centre d'études médiévales d'Auxerre* [En ligne], Hors série n° 2, 2008, mis en ligne le 28 février 2009. URL : http://cem.revues.org/index4132.html.

d'exploration des fonds d'archives conduit sous la houlette de Moreau pourrait avoir été un des facteurs de mise en œuvre chez les historiens médiévistes d'un paradigme textuel, dont nous sommes progressivement sortis depuis une quarantaine d'années, grâce à la nouvelle érudition[110], ainsi qu'à la numérisation des écrits médiévaux, laquelle facilite le retour aux manuscrits.

Sébastien Fray
CNRS – UMR 5317 IRHIM

110 O. Guyotjeannin, « L'érudition transfigurée », dans J. Boutier et D. Julia (dir.), *Passés recomposés*, Paris, 1995, p. 152-162.

LES FIGURES D'AUTORITÉ : SAVANTS ET EXPERTS

APKALLÛ ET *UMMANÛ*

La figure de l'expert mésopotamien et sa diffusion dans le temps et dans l'espace

Qu'est-ce qu'un expert ? Théoriquement une personne dont le savoir est tel ou reconnu comme tel, que l'on fait appel à elle. Sous la Haute Antiquité, entre (« μεσο ») les deux fleuves (« ποταμός » en grec) que sont le Tigre et l'Euphrate, deux catégories d'individus répondent à ces critères : les *apkallû* et les *ummanû*, ce qui correspondrait aujourd'hui à des « sages » et à des « savants ». Qui sont-ils ? Quelles évolutions dans leur rôle peut-on déceler ? Quelles influences sur des traditions grecque et proche-orientale, et peut-être même jusqu'à nos jours peut-on observer ? Bref les critères pour qualifier « l'expert » sont-ils les mêmes hier et aujourd'hui ?

En cet Orient, notre connaissance du savoir le plus ancien est liée à la celle de l'iconographie et surtout des écrits retrouvés lors des campagnes de fouilles. L'écriture cunéiforme apparaît aux alentours de 3500-3100 av. J.-C. dans le sud de la Mésopotamie, dans la ville d'Uruk. Elle atteste la présence d'une culture qui existe bien évidemment avant. Au fil des millénaires, cette écriture est employée, avec des variantes (idéogrammes, phonogrammes, alphabets), dans une très vaste aire géographique allant de la mer Méditerranée au golfe Arabo-persique et de la mer Noire au Nil. Elle cesse d'être utilisée plus tard, avec la fermeture des temples de Babylonie au début de l'empire sassanide c'est-à-dire au début IIIe s. ap. J.-C. Elle est donc employée du IVe millénaire av. J.-C. au début du Ier millénaire ap. J.-C. Durant tout ce temps, elle sert à noter de nombreuses langues appartenant à des familles linguistiques différentes : le sumérien (dont l'origine est inconnue) et l'akkadien (sémitique) mais aussi le hittite (indo-européenne), le hurrite, l'urartéen…, l'ugaritique (sémitique), le perse (indo-européenne)… Les Akkadiens (puis Babyloniens et Assyriens) reprennent système de pensée des Sumériens. Une même culture suméro-akkadienne se diffuse donc dans tout l'Orient d'autant que le babylonien (issu de l'akkadien) y devient dans la langue diplomatique et ce, durant de nombreux millénaires. Ainsi la correspondance trouvée à Tell El Amarna, anciennement d'Akhetaton, la capitale construite par le pharaon Akhenaton aux alentours de 1360 av. J.-C., révèle que c'est en écriture cunéiforme et en langue babylonienne que ce dernier converse avec le roi des Hittites !

Les plus anciens textes découverts sont d'ordre comptable. Cependant, dès les toutes premières archives, s'y trouvent des textes dont l'utilité ne peut être qu'intellectuelle. Ainsi en va-t-il des listes de signes qui servent à ranger, à catégoriser les choses (tous les noms de plantes ou tous les noms d'animaux par exemple), des listes de signes sur la variante du signe ou la variante du son (ba, be, bi, bu)...avec parfois des listes bilingues akkadien-sumérien. De fait, ranger, catégoriser est l'une des particularités de la pensée mésopotamienne. De la même manière les textes que nous appellerions aujourd'hui « scientifiques » se présentent sous forme de recueils de données et d'observations permettant ensuite l'analyse. Tout est axé sur le concret et non sur l'abstraction. La réflexion se fait par analogie et association. La notion de « sciences » est par ailleurs à définir ici. La divination et l'exorcisme sont à l'époque considérés comme le summum des sciences, bien devant les mathématiques et la médecine. Et pourtant même en ces deux dernières disciplines la renommée des Mésopotamiens dépasse largement leur territoire et leur époque ! Des exercices de mathématiques ont été découverts dans de nombreuses villes (Ur, Uruk, Nippur, Larsa, Mari, Šaduppum)[1]. Il s'agit de l'étude de variations de la surface de champs de formes géométriques variées (carré, rectangle, triangle, triangle-rectangle, cercle ...) par l'adjonction ou le retrait d'aires de formes identiques ou différentes, de calcul d'une quantité de grain, du montant d'un salaire à verser pour un homme travaillant à la construction d'un mur dont les dimensions sont données, du volume des matériaux nécessaires à la construction d'un mur dont les dimensions ainsi que le nombre de jours requis pour sa réalisation sont connus, du nombre d'hommes nécessaires au transport d'une quantité de briques sur une distance donnée en un temps donné... De ces textes, il apparaît que les scribes employaient, sans les énoncer, le « théorème de Pythagore » et « l'axiome d'Euclide », etc.[2]

1 C. Proust, *Textes mathématiques de Nippur*, Paris, 2007.

2 Pour la liste des coefficients et leur emploi, *cf.* K. Nemet-Nejat, *Cuneiform Mathematical Texts as a reflection of everyday Life in Mesopotamia, AOS* 75, New Haven, 1993, p. 181 ;

De même tout un corpus de textes médicaux révèle les connaissances acquises tant dans le diagnostic des maladies que dans leur traitement. Encore faut-il que le médecin puisse faire quelque chose pour le patient ! Ainsi, « Si un homme, son corps est jaune, son visage est jaune et noir et si la surface de sa langue est noire, c'est (la maladie) *ahhâzu*. Contre cette maladie, le médecin ne peut rien : cet homme mourra, il ne peut être guéri ». Le médecin (A.ZU/*asûm*) autrement dit « celui qui connait l'eau » (A = « eau ») est celui qui détermine et élabore les traitements à partir de la faune, de la flore et des minéraux. Les différents éléments sont broyés et mêlés à du miel ou du vinaigre, de la bière, du lait.... le tout forme des potions ou des onguents. Ainsi pour des problèmes urinaires ou rénaux : « Écrase des graines de pavot dans de la bière et fais-la boire au malade. Broie un peu de myrrhe, mélange-la avec de l'huile et insuffle-là dans son urètre avec un tube de bronze. Donne au malade des anémones écrasées dans une décoction d'algues[3] ».

Selon la mythologie mésopotamienne, ce savoir vient d'un personnage légendaire sumérien, Adapa Uanna. Son histoire est connue dès le IIIe millénaire avant J.-C. par un texte sumérien. Elle se perpétue avec quelques variantes grâce, entre autres, au babylonien Bêl-re'ûšu, plus connu sous la forme grecque de son nom : Bérose. Ce prêtre du dieu Marduk écrit en grec vers 281 av. J.-C. pour Antiochos Ier (roi hellénistique de la dynastie des Séleucides) un ouvrage, composé de trois livres, intitulé les *Babyloniaca* (connu aussi sous le nom de *Chaldaïca)*, dans lequel il trace les grands traits de l'histoire et de la civilisation babyloniennes. Cette œuvre, actuellement perdue, n'est connue que par des citations qu'en ont fait des auteurs bien postérieurs[4].

Dans cet ouvrage, Oannès (forme grecque dérivée du sumérien Uanna) y est décrit comme un être mi-homme, mi-poisson sorti tout droit du golfe Arabo-persique pour apporter la civilisation en Mésopotamie.

J. Høyrup, *Lengths, Widths, Surfaces : A Portrait of the Old Babylonian Algebra and its Kin. Studies and Sources in the History of Mathematics and Physical Sciences*, Berlin et Londres, 2002 mettant en exergue l'utilisation de la méthode de la complétion du carré, reprise par la suite dans les textes grecs et arabes.

3 *Cf.* R. Labat, *Traité akkadien de diagnostics et pronostics médicaux*, Leyde, 1951.

4 Au Ier s. Flavius Josèphe dans *Contre Apion*, au IVe s. par Eusèbe de Césarée dans ses *Chroniques*, tous deux se fondant sur un abrégé d'Alexandre Polyhistor (Ier s. av. J.-C.) ; *cf.* G. Verbrugghe et J. Wickersham, *Berossos and Manetho Introduced and Translated. Natives Traditions in Ancient Mesopotamia and Egypt*, Ann Arbor, 2000.

> Un monstre extraordinaire sorti de la mer Rouge et appelé Oannès. Son corps entier est celui d'un poisson, avec, sous la tête (de poisson), une autre tête (humaine) insérée, ainsi que des pieds, pareils à ceux d'un homme, silhouette dont on a préservé le souvenir et que l'on reproduit encore de notre temps. [...] Au coucher du soleil, ce même monstre Oannès replongeait en la mer pour passer ses nuitées dans l'eau : car il était amphibie. Plus tard apparurent d'autres êtres analogues[5].

Attention cependant car aucun texte plus ancien, aucune tablette écrite en cunéiforme ne confirme cette apparence d'Adapa mi-homme mi-poisson. En revanche, les médecins, on l'a vu, sont liés à l'eau ; de même les prêtres exorcistes serviteurs du dieu Enki (en sumérien) / Éa(en akkadien), dieu de la sagesse et de l'intelligence, sont représentés recouverts d'une peau de poisson.

Quelle-est donc l'histoire d'Adapa ? Elle se déroule bien avant le passage du déluge. Un jour quittant Éridu, le sanctuaire du dieu de la sagesse, il part en mer afin de pêcher du poisson lorsqu'il est dérangé par Šutu, l'oiseau-vent du sud, un dieu très puissant. Celui-ci fait vaciller l'embarcation. Adapa tombe l'eau. Il va se noyer. En colère, il jette alors un sort, un sort si fort qu'il brise les ailes du volatile. Le vent s'arrête de souffler pendant sept jours... ce qui finit par intriguer An, le dieu du ciel, père des dieux. Quand celui-ci apprend qu'un simple mortel a pu briser l'aile du vent du sud, il n'en revient pas ! Il ne peut le laisser sur terre. Il le convoque dans son palais céleste. Adapa craignant ce qui peut lui arriver demande conseil à son maître, Enki/Éa, dieu de l'intelligence. Celui-ci lui explique alors que s'il veut s'en sortir vivant, il convient de refuser absolument tout ce que An lui donnera à boire ou à manger. Arrivé devant An, le père des dieux Adapa refuse l'eau et le pain proposés. An éclate alors de rire. Adapa est moins fort qu'il ne le pensait. En refusant cette nourriture, il a raté sa chance de devenir un dieu ! Et An le renvoie vers les hommes... Bien sûr le dieu de l'intelligence avait tout manigancé ! Puisqu'Adapa, qualifié dès lors d'Uanna (« du ciel »), a vu tout ce qu'il y avait dans le ciel, tout ce que sait un dieu, il aura pour tâche de révéler aux hommes ce qu'ils peuvent en comprendre : « Il (= le dieu de la sagesse) le dota d'un large entendement pour qu'il dévoile les secret du pays ; à lui, il donna la sagesse, il ne lui donna pas la vie éternelle » signale le mythe sumérien[6].

5 Bérose, *Babyloniaka* 1.

6 Pour ce mythe voir P. Talon, « Le Mythe d'Adapa », *Studi epigrafici e linguistici sul Vicino Oriente antico*, vol. 7, 1990, p. 43-57 et réédité par S. Izre'el, *Adapa and the South Wind :*

Selon Bérose :

> (Oannès)… passant ses jours parmi les hommes, sans prendre la moindre nourriture, leur apprit l'écriture, les sciences et les techniques de toute sorte, la fondation des villes, la construction des temples, la jurisprudence et la géométrie ; il leur dévoila pareillement la culture des céréales et la récolte des fruits : en somme, il leur donna tout ce qui constitue la vie civilisée. Tant et si bien que, depuis lors, on n'a plus rien trouvé de remarquable (sur ce chapitre). Au coucher du soleil, ce même monstre Oannès replongeait en la mer pour passer ses nuitées dans l'eau, car il était amphibie[7].

Adapa est lié à l'élément liquide dès le début de son histoire. Il est le premier AB.GAL (en sumérien) / *apkallum* (en akkadien). Les deux termes ont d'ailleurs la même signification (A/AB = « eau » + GAL « grand ») car le terme akkadien est la transposition phonétique du sumérien (permutation du B en P et une contraction B+G = K). De l'eau vient le savoir. Ainsi est posé le lien entre Eau/Sagesse/Poisson / Savoir, images déjà présentes dans le nom même du dieu de la Sagesse (É= « temple/maison » + A= « eau ») régnant sur l'Apsû, la nappe d'eau douce primordiale placée sous la surface de la terre dans la cosmologie mésopotamienne, ainsi que dans sa représentation iconographique : il est reconnaissable en effet aux flots qui sortent de ses épaules, des poissons remontant à contre-courant vers la source originelle.

Serviteurs d'Éa, les AB.GAL/Apkallû. Les « Sages », sont ainsi qualifiés de « carpes divines » dans certains poèmes et rituels mésopotamiens, notamment dans le *Poème d'Erra* :

> Ces Sept Apkallû de l'Apsû, carpes divines,
> Qui, pareils à Éa, leur maître,
> Ont été adornés par lui d'une ingéniosité extraordinaire[8].

ou dans ce *Rituel akkadien* :

> Ces Sept Apkallu, carpes venues de la Mer…
> Ces Sept Apkallu, créés dans la Rivière,

Language Has the Power of Life and Death, Winona Lake, 2001 ; A. Cavigneaux, « Une version sumérienne de la légende d'Adapa (Textes de Tell Haddad X) », *Zeitschrift für Assyriologie und Vorderasiatische Archäologie*, vol. 104, n° 1, 2014, p. 1-41.

7 *Ibid.*

8 *Le poème d'Erra* I, 162 *cf.* J. Bottéro et S. N. Kramer, *Lorsque les dieux faisaient l'homme : Mythologie mésopotamienne*, Paris, 1989, p. 680-727.

Pour assurer le bon fonctionnement
Des plans divins concernant Ciel et Terre[9]...

Issus de l'Apsû, les AB.GAL/*apkallû*, Sages des temps mythiques sont donc détenteurs d'un savoir primordial. Ces experts n'ont pas obtenu leurs connaissances et leurs compétences à l'issu d'un apprentissage. Ils en sont imprégnés par l'eau primordiale dont ils sont issus. C'est aussi la raison pour laquelle Adapa retourne chaque soir dans les flots. Ces sages ont pour mission de révéler aux hommes des temps antédiluviens la science, les arts et les techniques. Ils sont sept, nombre hautement symbolique dans de multiples civilisations. Il ne s'agit pas d'un groupe de personnes qui discutent entre elles mais se succèdent l'une à la suite de l'autre. Si leur nombre est acté, leurs noms diffèrent selon les traditions locales[10].

Ainsi en Mésopotamie, les *apkallû* jouent un rôle bénéfique. Ils prolongent l'action du dieu Éa pour initier les hommes à un certain nombre de techniques. Ils leur apportent des choses. Maitres de toutes les sciences, notamment la purification par l'eau, ils sont à l'origine des exorcismes. Ils savent également fabriquer des statues divines, les maintenir en bon état, permettant au dieu d'habiter sa statue et ainsi de protéger son sanctuaire et sa ville. Il ne s'agit pas seulement d'élever une statue, mais encore lui donner vie, c'est-à-dire faire s'incarner le dieu dans son effigie par toute une série d'opérations rituelles effectuées avec de l'eau au cours de cérémonies appelées « lavage de la bouche » (KA. LUH. (H) U.DA en sumérien /*mîs pî* en akkadien),) et « ouverture de la bouche » (KA. DUH. (H)U. DA en sumérien / *pît pî* en akkadien)[11].

Ces AB.GAL / *apkallû* d'avant le déluge associant sciences et sagesse, détenant le savoir universel et primordial, sont ainsi les meilleurs experts. Ils jouent le rôle indispensable d'enseignants auprès des hommes qui ensuite seront à même d'en transmettre des éléments à leurs descendants de génération en génération. Dans une civilisation où le progrès n'est

9 LKA 75, un rituel magique akkadien étudié par E. Reiner, « The Etiological Myth of the "Seven Sages" », *Orientalia* 30, 1961, p. 2.

10 É. Reiner, « The Etiological Myth of the "Seven Sages" », *Orientalia* 30, 1961, p. 1-11, A. Lenzi, « The Uruk List of Kings and Sages and Late Mesopotamian Scholarship », *Journal of Ancient Near Eastern Religions*, 8 (2), 2008, p. 137-169, V. Grandpierre, *Gilgamesh & Co : Rois légendaires de Sumer*, Paris, 2019, p. 39 et 45.

11 M. B. Dick (éd), *The Making of the Cult Images in the ancient Near East*, Winona Lake, 1999 ; V. Grandpierre, *Histoire de la Mésopotamie*, Paris, rééd 2015.

pas perçu comme le moteur de l'histoire, c'est donc par révélation que les *apkallû* ont communiqué à l'humanité, en une seule fois, les bases techniques et intellectuelles qui fondent la société humaine. Une fois leur tâche accomplie, ils regagnent définitivement leur élément d'origine, l'Apsû, monde des eaux douces et domaine du dieu Éa. Quand sont-ils repartis ? Deux traditions existent : selon la plus ancienne ils regagnent d'eux-mêmes leur demeure d'origine au moment du déluge, selon la plus récente ils le font peu après celui-ci, sur ordre de Marduk, le dieu de Babylone. En effet, dans le *Poème d'Erra*, sa statue ayant été ternie par le déluge, Marduk fait appel aux *apkallû* afin qu'ils la redorent, puis une fois chose faite, les fait descendre dans l'Apsû et leur ordonne de ne plus jamais leur remonter.

Les *apkallû* repartent dans les profondeurs de l'Apsû, l'eau primordiale, avec ou peu après le déluge, ce dernier marquant la frontière entre temps mythique et temps historique. Ils sont remplacés dès lors par un autre type d'expert : les *ummanû* (« savants »). Ce sont de simples humains qui vont devoir travailler pour apprendre, car, eux, détiennent leurs connaissances à l'issue d'un long cursus scolaire, complété par un parcours de différentes fonctions. Cinq grandes spécialités sont différenciées : *ṭupšarrûtum* (l'écriture et l'astrologie), *bârûtum* (la divination), *ašipûtum (*l'exorcisme et la magie), *asûtum (*la médecine), *kalûtum (*les chants et les lamentations). Parmi celles-ci l'exorcisme, la magie, la médecine sont liées à l'eau. À la tête de chacune de ces spécialités se trouve un GAL (en sumérien) / *rabum* (en akkadien). Chacun d'eux a un accès au roi et peut lui parler. Et si l'un d'entre eux maîtrise plusieurs domaines, il devient alors *rab ummanî* et se tient aux côtés du souverain pour le conseiller. Cependant pour éviter d'être un jouet aux mains de ses experts, le roi reçoit lui aussi un enseignement poussé comme il aime à le rappeler dans ses inscriptions. Un exemple parmi d'autres celui du roi néo-assyrien Assurbanipal au VIIe s. av. J.-C. qui le rappelle dans ses inscriptions :

> Je suis Assurbanipal, le grand roi, le roi puissant,
> le roi de la totalité des terres (habitées),
> le roi du pays d'Assyrie, le roi des quatre rives de la terre, le roi des rois,
> [...]
> Moi à qui les dieux Šamaš et Adad ont remis la science de la divination,
> le message qui ne peut être changé,

> moi à qui Marduk, le plus sage des dieux, a accordé un vaste entendement, une large intelligence,
> moi à qui Nabû, le dieu écrivain, m'a donné en don la connaissance de la sagesse [...].
> J'ai appris le message du sage Adapa, le trésor caché de l'ensemble de la science des scribes ;
> j'ai l'expérience des présages des cieux et de la terre,
> je suis capable de discuter de la série "si le foie est le reflet du ciel"
> avec les lécanomanciens experts ;
> je résous les inverses et les multiplications difficiles qui n'ont point de solution donnée ;
> j'ai l'habitude de lire une tablette savante dont le sumérien est obscur,
> dont l'akkadien est difficile à mener correctement ;
> je pénètre le sens secret de toute inscription sur pierre d'avant le déluge [...][12].

Assurbanipal en faisant référence aux connaissances d'avant le déluge et en citant Adapa comme son professeur, signale qu'il est plus que *rab ummanî.* Il se considère comme le détenteur du vrai savoir originel, celui dont la principale caractéristique est d'être secret, celui qui ne se transmet que par oral, d'initié à initié.

Ces sages et ces savants mésopotamiens ont déjà sous l'Antiquité une renommée telle que leur image, leur rôle ont profondément influencé d'autres civilisations et se sont transmis au fil des millénaires soit par la tradition grecque, soit par la tradition biblique, laissant des traces jusqu'à nos jours, et sur toute la planète.

Sous l'Antiquité, en Grèce, les telchines leur ressemblent beaucoup[13]. Ainsi les présente Suétone dans son *Traité sur les Termes Injurieux des Grecs* :

> Les uns pensent qu'ils sont enfants de la mer, (d'autres) que Zeus les avait métamorphosés en hommes de chiens d'Actéon qu'ils étaient [...]. On dit qu'ils sont des êtres amphibies et d'une conformation inhabituelle : ils peuvent prendre la forme tantôt de démons, tantôt d'hommes, tantôt de poissons, tantôt de serpents. Certains d'entre eux n'ont ni mains ni pieds, et tous [...] ont des peaux entre les doigts comme les oies. [...] Ceux qui ont dit qu'ils

12 K 3050 + 2694, *cf.* M. Streck, *Assurbanipal* und *die letzten assyrischen Könige bis zum Untergange Niniveh's*, Leipzig, 1916, p. 254.

13 C. Dumas-Reungoat, « Êtres hybrides détenteurs de savoir en Mésopotamie et en Grèce : éléments de comparaison entre Apkallu et Telchines », in C. Février (dir.), *Actes du colloque L'Animal et le Savoir de l'Antiquité à la Renaissance, des 9 et 10 mai 2006 à l'Université de Caen*, Presses universitaires de Caen, 2008 p. 53-60.

> étaient trois, les nomment Or, Argent et Bronze, du même nom que les métaux qu'ils ont respectivement découverts[14].

Comme les *apkallû*, les telchines sont issus des eaux primordiales. Ils ressemblent aussi un peu à des poissons mais de façon inverse de celles des *apkallû* : les telchines n'ont ni mains, ni pieds et des doigts palmés c'est-à-dire qu'ils ressemblent à des phoques[15]. Les telchines comme les *apkallû* transmettent aux hommes des sciences et des techniques. Ils sont les maitres de la métallurgie[16] et savent fabriquer des statues, utiliser la magie, etc. et gardent les secrets de leur art. Eux aussi disparaissent moment du déluge, selon Diodore de Sicile :

> Ils furent chargés d'élever Poséidon qu'au moment de sa naissance, Rhéa leur avait confié. Ils ont inventé plusieurs arts et fait connaître quelques autres découvertes utiles aux hommes. On dit qu'ils ont les premiers fabriqué des statues de dieux et, en effet, quelques anciennes statues portent leur nom. Ainsi, il y a chez les Lindiens un "Apollon telchinien" [...]. On disait également que les Telchines étaient des enchanteurs : ils pouvaient, à leur gré, amener les nuages, la pluie, la grêle et attirer la neige pareillement. Ils faisaient des prodiges comme les magiciens, d'après ce que l'on raconte. Ils changeaient également de forme, et gardaient jalousement le secret de leurs arts. [...] Dans la suite des temps, les Telchines, prévoyant un déluge, quittèrent l'île et se dispersèrent. [...] [À l'exception d'un seul] ils périrent au moment du déluge, dont les eaux, en raison des pluies abondantes, recouvrirent l'île, la transformant en marécage[17].

Si les *apkallû* retournent à la mer une fois leur mission terminée, les telchines, quel que soit leur nombre, y périssent lors du déluge. Comment des êtres amphibies pourraient-ils se noyer ? Dans les mythes, ce type de contradictions existe. C'est peut-être aussi la raison pour laquelle, les telchines, contrairement aux *apkallû* ont un rôle ambivalent : comme

---

14 *Cf.* Ce livre de Suétone est connu par des citations d'Eustathe. La traduction présentée ici est faite à partir de l'édition de J. Taillardat, *Suetone des termes injurieux* ; *les jeux grecs*, Paris, 1967, p. 135.

15 M. Détienne et J-P Vernant, Les ruses de l'intelligence, la metis chez les Grecs, Paris, 1974, p. 220-222, s'appuyant sur Aristote, *Traité sur les parties des animaux*, *cf.* P. Louis, *Aristote. Les Parties des animaux : Texte établi et traduit*, Paris, 1956 (réimpr. 2002) ; M. Détienne, « Le phoque, le crabe et le forgeron », in *Hommages à Marie Delcourt*, Bruxelles, 1970, p. 219-233.

16 M. Éliade, *Forgerons et Alchimistes*, Paris, 1977, 2ᵉ éd., p. 186 ; S. Blakely, *Myth, Ritual and Metallurgy in Ancient Greece and Recent Africa*, Cambridge, 2006, p. 96, 156-157, 215 et 227.

17 Diodore de Sicile, *Bibliothèque historique*, V, 55-56.

le phoque, ils sont porteurs du « mauvais œil » dont on peut aussi se prémunir en portant également un œil, comme cela se fait encore de nos jours dans tout le sud et l'est du bassin méditerranéen.

Autre survivance côté grec, les sept experts mésopotamiens se retrouvent dans le mythe des sept Sages quels que soient leurs noms. Si le nombre sept revient toujours, leur nombre réel et le nom de ceux qui en font partie change suivant les traditions comme l'explique Diogène Laërce dans la *Vie de Thalès* :

> On n'est pas plus d'accord sur le nombre des sages que sur leurs discours : Léandre substitue Léophante Corsiade, Lébédien ou Éphésien, et Épiménide de Crète, à Cléobule et à Myson ; Platon, dans le *Protagoras*, met Myson à la place de Périandre ; Euphore transforme Myson en Anacharsis ; et d'autres ajoutent Pythagore aux autres sages. Dicéarque parle d'abord de quatre, que tout le monde a reconnus pour sages : Thalès, Bias, Pittacus et Solon ; après cela il en nomme six autres, Aristomène, Pamphile, Chilon de Lacédémone, Cléobule, Anacharsis et Périandre, entre lesquels il en choisit trois principaux. D'autres leur ajoutent Accousilaos fils de Caba ou Scabra, Argien ; mais Hermippe, dans son livre *des Sages*, va plus loin : à l'entendre, il y eut dix-sept sages, entre lesquels chacun en choisit sept selon ses préférences. Ce sont Solon, Thalès, Pittacos, Bias, Chilon, Cléobule, Périandre, Anacharsis, Accousilaos, Épiménide, Léophante, Phérécyde, Aristodéme, Pythagore, Lasos fils de Charmantidas ou de Sisymbrinos, ou ce sont selon Aristoxène, de Chabrinos : enfin Hermonée et Anaxagore. Hippobotos les classes ainsi : Orphée, Linus, Solon, Périandre, Anacharsis, Cléobule, Myson, Thalès, Bias, Pittacos, Épicharme et Pythagore[18].

Ce mythe des Sept Sages est repris au fil des siècles, y compris en Occident. On le trouve par exemple au Moyen Âge dans le *Liber chronicarum* (dite « *chronique de Nuremberg* ») écrit par Hartmann Schedel en 1493 puis traduit en allemand par Georg Alt. De nos jours même, il est courant de nommer des conseils des Sages en tel ou tel domaine ! Pas plus qu'hier ils ne sont sept et ces Sages d'aujourd'hui ont-ils le savoir et la sagesse des *apkallû* ? Cela est une autre affaire !

D'autres éléments mésopotamiens ont été transmis par le biais de la Bible. Ainsi l'histoire de Jonas n'est pas sans rappeler celle d'Adapa Uanna / Oannès. Dieu envoie Jonas à Ninive, capitale de l'Assyrie afin d'annoncer à ses habitants la destruction prochaine de la ville en raison de leur mauvaise conduite. Ne doutant pas de la façon dont il sera accueilli,

18 Diogène Laërce, *Vie des philosophes illustres*, I, 41-42 (Vie de Thalès).

celui-ci préfère fuir et prendre un bateau. Au cours d'une tempête, il est jeté par-dessus bord par ses compagnons le jugeant responsable de leur malheur. Avalé par un gros poisson que la tradition assimile plus tard à une baleine, il séjourne dans son estomac pendant trois jours et trois nuits avant d'être recraché et de se rendre à Ninive pour y remplir sa mission. Les habitants décident de se repentir et la ville est sauvée[19]. Les thèmes de l'histoire sont donc le repentir et le pardon, raison pour laquelle, dans la religion juive, ce morceau est lu lors du Youm Kippour. Pour les chrétiens, selon l'Évangile de Saint Matthieu, Jonas préfigure Jésus « car comme Jonas fut dans le ventre du monstre marin trois jours et trois nuits, ainsi le Fils de l'Homme sera trois jours et trois nuits dans le sein de la terre[20] ». L'histoire est reprise par ailleurs dans la dixième sourate du Coran[21].

Le symbole du poisson (NUN en sumérien) lié à une divinité qui sauve l'humanité[22] est aussi une idée ancrée depuis des millénaires en Orient. Il se retrouve dans d'autres religions issues de la même aire géographique. Il est le signe de reconnaissance des premiers chrétiens. Par ailleurs le mot grec qui signifie « poisson », ἰχθύς, est rapproché de l'acronyme, ἸΧΘΥΣ qui renvoie au titre christologique Ἰησοῦς Χριστὸς Θεοῦ Yἱὸς Σωτήρ traduit par : « Jésus, Christ, Fils de Dieu, Sauveur ». Selon Saint Augustin[23], cet acronyme est issu d'une prophétie présente dans les *Oracles sibyllins*[24] rédigés entre la fin du IIe s et le IVe s. ap. J.-C. Cette prophétie est composée de vingt-sept vers, soit pour Augustin le symbole de la Trinité (3x3x3), la première lettre de chaque vers formant un acrostiche – (style littéraire déjà en vogue en Mésopotamie au Ier millénaire av. J.-C.[25]) aussi bien dans la version grecque (acrostiche classique) que dans la version latine (acrostiche légèrement différente :

19 Livre de Jonas.

20 Matthieu 12 : 40.

21 V. Grandpierre, « Le déluge, la fin d'un monde ? Comparaison des textes mésopotamiens, bibliques et coranique » dans François Pernot et Éric Vial (dir), *Présages, prophéties et fins du monde de l'Antiquité au XXIe siècle*, Paris, 2014, p. 13-30.

22 V. Grandpierre, *Gilgamesh & Co : Rois légendaires de Sumer*, 2019, p. 114-115.

23 Saint Augustin, *Cité de Dieu*, XVIII 25.

24 *Oracles sibyllins* livre 8, 217-250.

25 Les acrostiches et les acronymes ne sont pas réservés aux auteurs chrétiens. Il existe au notamment aux VIIe-VIe siècle av. J.-C. de nombreux hymnes à Marduk et son fils Nabû, grands dieux de Babylone, en acrostiche. En outre dans les premiers siècles du christianisme, les opposants à cette religion l'utilisent également. Ainsi dans le *Toledt Yeshou*, roman juif antichrétien rédigé en Orient au Ve siècle ap. J.-C., les lettres utilisées pour

Jesus Christus dei filius servator crux; ces derniers mots remplaçant le terme latin *salvator qui est la traduction du terme grec* Σωτήρ[26]). Le poisson est également présent dans l'iconographie chrétienne des premiers siècles, par exemple sur la mosaïque de Tabgha et sur celle de la basilique Saint Apollinaire de Ravenne du VIe s. où deux poissons remplacent le pain dans la cène par exemple, ainsi que sur un relief égyptien copte visible au Musée du Louvre où derrière le poisson est représentée une croix afin qu'aucun doute ne soit possible sur la divinité qu'il désigne. Quant à l'eau d'où vient la sagesse, elle se retrouve dans le baptême apportant une nouvelle naissance à celle ou celui qui le reçoit.

L'apprentissage par révélation, sans effort, de même que la fabrication ou la transmutation sans étape, la divination, etc. se retrouvent dans les mages (*magum* en perse, μάγοι en grec) qu'ils soient rois[27] ou pas. Les cultes à mystère et les rites initiatiques mettent le secret à l'honneur. Le savant, le sage est celui qui sait et ne divulgue son savoir qu'à ceux qui en sont dignes !

Qu'à à voir l'expert d'aujourd'hui avec l'expert de Mésopotamie ? Les AB.GAL/*apkallû* ont un savoir par révélation, les *ummanû* par apprentissage. Ils ont en commun de maîtriser leur domaine de compétences et de savoir autant que faire se peut les employer à bon escient. Aujourd'hui qu'appelle-t-on un expert ? Certainement pas quelqu'un qui sait réellement tout et encore moins par révélation mais une personne reconnue dans son domaine. En outre un conseil des sages est un groupe de plusieurs individus qui ont souvent des positions différentes sur un même sujet et dont on espère que de leurs discussions va se dégager un consensus. La sagesse qui en est issue ne provient donc pas d'un savoir universel dans sa plénitude et dans toute son étendue mais du plus petit dénominateur commun. Par ailleurs les sages n'ont pas individuellement à être sage, la sagesse n'est attendue que dans le résultat de leurs délibérations et la décision qui s'en suit. Quant aux simples savants,

---

écrire en hébreu le nom de Jésus forment l'acronyme « Que son nom et sa mémoire soient oubliés ! ».

26 U. Pizzani, « L'acrostico cristologico della Sibilla (*ORAC. SIB.* 8, 217-250) e la sua versione latina (AUGUST., *CIV. DEI*, 18, 23) », *Cristianesimo Latino e cultura Greca sino al sec. IV.*, XXI Incontro di studiosi dell'antichità cristiana. Roma, 7-9 maggio 1992 (*StEA* 42), Rome, 1993, p. 379-390.

27 L'Évangile de Saint Matthieu mentionne des visiteurs mais ne précise ni leur titre, ni leur nombre, ni leur nom. La tradition des rois mages est bien plus tardive.

s'il en existe encore de véritables, il faut reconnaître que, la plupart du temps, ils sont méconnus du grand public. En revanche sont conviés comme experts, ceux qui passent bien dans les médias, pas forcément ceux qui détiennent un réel savoir. C'est là vraiment une très grande différence entre l'expert mésopotamien et celui d'aujourd'hui. Espérons cependant que la sagesse prévaudra !

Véronique GRANDPIERRE
Université de Cergy
– Chercheur associé
au laboratoire UR 7392 AGORA

L'AFRICAIN CAELIUS AURÉLIEN, DERNIER REPRÉSENTANT DES SECTES MÉDICALES ROMAINES[1]

Dans toute la province d'Afrique aux IVe et Ve siècles, se produisit un renouveau de la médecine savante latine – parallèle à l'essor de la théologie spéculative d'un saint Augustin[2]. C'est ainsi que Caelius Aurélien[3], médecin originaire de Sicca Veneria (El-Kef, Tunisie), témoigne d'un vaste savoir médico-pharmaceutique dans ses deux grands manuels nosologiques : les *Maladies aiguës* et les *Maladies chroniques*[4]. Recourant à la bipartition susmentionnée[5], il présente pour chaque pathologie importante une doxographie critique, tantôt recentrée en notices synthétiques[6], tantôt dispersée dans les chapitres nosologiques, avec un souci permanent de la chronologie des maîtres et des écoles.

Caelius ne passe pas sous silence son appartenance à la « secte » méthodiste : il appelle la *secta methodica* « notre secte[7] » ; il loue ses « chefs », à la fois

1 Concernant l'ultime catalogue, d'ailleurs assez discontinu, des « sectes » médicales de l'Antiquité romaine, *cf.* J.-M. André, *La médecine à Rome*, Paris 2006, p. 137-140.

2 Sur les nouvelles évolutions de la médecine dans l'Antiquité tardive – notamment en Afrique romaine autour de Cassius Felix de Cirta et de son contemporain plus âgé (vers 420) Caelius Aurelianus, *cf.* V. Nutton, *La médecine antique (traduit de l'anglais par Alexandre Hasnaoui, préface de Jacques Jouanna)*, Paris 2016, p. 337 *sq.*

3 Au sujet de ce médecin et compilateur romain, R. Dachez, *Histoire de la médecine, de l'Antiquité au XXe siècle*, Paris 2004, p. 188, 189, 229, 281.

4 Pour une mise en perspective de ces deux sommes médicales qui rassemblent les fragments épars d'une tradition en voie de s'éteindre, *cf.* M. Wellmann, *RE* V, Stuttgart 1897, col. 1256-1258, s.u. « Caelius Aurelianus » n° 18.

5 De fait, Caelius Aurélien appelle *celeres* (rapides) les maladies aiguës et *tardae* (lentes) les maladies chroniques.

6 Comme dans les deux premiers livres des *Maladies aiguës*. Caelius Aurélien critique en effet toutes les « sentences » sur la phrénitis dans *CP* I, sur la léthargie dans *CP* II.

7 Référence scolaire dans *Celeres Passiones* (*CP*), III, 63 et 112 ; *ibid.*, 182 ; *Tardae Passiones* (*TP*), II, 16 et 187, etc.

« pionniers » et « maîtres », et les désigne par le terme *principes* : Asclépiade[8], Thémison[9], Thessalos[10]. L'intérêt essentiel de sa doxographie « méthodiste »

8 C'est en 91 av. J.-C. que le médecin grec Asclépiade de Pruse se fixa à Rome. Sans doute formé à la rigoureuse école clinique de l'hippocratisme (expérience qu'il consigna dans des ouvrages dont aucun n'a subsisté), il était également sensible à la philosophie. La doctrine alors en vogue était celle exposée deux siècles plus tôt par Épicure, qui avait combiné un atomisme rénové avec une conception de la vie faisant du plaisir librement vécu le bien le plus désirable. Asclépiade retint l'essentiel de cette pensée et en déduisit une doctrine médicale assez sommaire : puisque le monde n'était fait que de corpuscules en perpétuel mouvement, le corps de l'homme – et même son âme – répondait à la même structure. Toute la physiologie d'Asclépiade reposait sur la libre circulation de ces éléments dénommés *anharmoi oncoi* (= « masses incomposées ») qui entraient et sortaient du corps par de minuscules orifices, les *poroi*. Quand l'homme était en bonne santé, les corpuscules cheminaient ainsi sans entrave à travers les pores. Les maladies se rangeaient dès lors en deux catégories : celles qui relevaient de la pléthore – comme les fièvres, la congestion, l'hydropisie, les pleurésies par exemple –, par excès d'*oncoi* encombrant des pores plus ou moins rétrécis, et celles qui traduisaient l'asthénie – les états de faiblesse, les maladies « de langueur » –, lorsque les corpuscules, fragilisés et fragmentés, circulaient trop librement dans les pores dilatés et s'en échappaient pour « fluer ». De cette physiopathologie simple – voire simpliste – Asclépiade tirait une théorie thérapeutique toute de modération et fidèle à la morale d'Épicure qui se résumait dans la formule suivante : « sûrement, rapidement et agréablement ». Et de fait, il se bornait à recommander la gymnastique, les bains, l'eau fraîche et le bon vin.

9 Thémison de Laodicée, médecin grec installé à Rome et dont le *floruit* se situe dans les années qui suivirent la mort d'Asclépiade (en 40 av. J.-C.), tenta de codifier les enseignements rudimentaires de son maître pour en faire naître une nouvelle vision de la médecine. Son principe de base était que les débats théoriques sur les humeurs, le *pneuma* et les mécanismes supposés des maladies – sujets de préoccupation des médecins depuis Hippocrate – n'offraient aucun intérêt. Et de fait, il accordait à l'examen clinique un rôle de premier plan. Thémison et les méthodistes, peu soucieux d'anatomie et de physiologie, vont ainsi fonder toute leur clinique sur la mise en évidence de ce qu'ils appellent les « phénomènes », les signes sûrs qui permettent d'orienter résolument le diagnostic. Pour rendre compte des apparences cliniques, Thémison et ses disciples distinguaient trois grands états physiologiques ou communautés : l'état resserré, l'état relâché, entre lesquels se situait l'état ou communauté mixte. Il leur suffisait alors de classer les phénomènes dans une des trois communautés pour en déduire « méthodiquement » l'indication, c'est-à-dire le type de traitement à appliquer. Quant au traitement, il reposait sur un principe d'allopathie que Celse résumera en ces termes : « Une fois qu'on a pris connaissance de ce dont il s'agit, si le corps est resserré, il faut procéder à un relâchement ; s'il souffre d'écoulement, à un resserrement. » Fondé sur des cycles successifs de trois jours, le traitement comportait le plus souvent une première phase de jeûne sévère visant à éliminer tous les excédents. Ensuite venait une phase de restauration qui consistait en des frictions, des onctions douces, une gymnastique modérée et un régime équilibré. Enfin, en fonction de l'évolution, de la nature des phénomènes, du caractère aigu ou chronique de la maladie, on pouvait encore appliquer des traitements plus agressifs, comme des purges ou des saignées, dont Thémison faisait un large usage. D'où l'on voit que Thémison et ses plus proches disciples accordaient peu de place à la pharmacopée et aux remèdes en général.

10 L'étrange Thessalos de Tralles (en Lydie) vécut au Ier siècle apr. J.-C., sous les règnes de Néron – dont il devint pendant un temps le familier – et de Trajan. Quoique n'ayant jamais suivi

est que Caelius – à la différence d'un Pline, voire d'un Apulée – ne cultive pas les anecdotes, mais valorise les œuvres dont il a conservé le titre : le traité *Règles de vie* de Thessalos ainsi qu'un livre *Diététique* du même médecin grec de Rome – ce qui coïncide parfaitement avec l'image d'un promoteur des médecines douces, très critique pour la pharmacologie, comme son prédécesseur Asclépiade. D'Asclépiade, il mentionne divers traités intitulés *Des clystères*, *De l'hydropique*, *Des maladies aiguës et chroniques*, *Des fièvres périodiques*, sans oublier un *De lue*[11], traité d'épidémiologie – toutes références visant à redonner une dignité scientifique à un médecin trop souvent considéré comme un thaumaturge, voire diffamé par la tradition latine, mais qui est néanmoins crédité d'un certain nombre de « sectateurs ». Caelius cite également Marcellus de Bordeaux[12], un « empirique » qu'il tient pour une autorité éminente, et dont le gros manuel de remèdes pratiques – *Des médicaments* – s'inscrit dans le sillage des écrits de Scribonius Largus et de Dioscoride sur l'utilisation des plantes et autres substances guérisseuses. Soranos d'Éphèse, que Caelius se vante d'avoir « latinisé[13] », appartient à la secte méthodiste, et le médecin africain est

---

de formation à la médecine, il s'installa à Rome et y acquit, par son entregent et sa superbe, une réelle popularité. Entouré de nombreux disciples que, selon Galien, on appelait « les ânes de Thessalos », il y propageait un méthodisme modifié selon ses propres idées. Il avait particulièrement développé la phase de restauration du corps, dite « métasyncrétique », qui mettait en œuvre, pour « recorporer » le patient, une polypharmacie à base d'infusions de pavot, de moutarde et de vin aigre, associée à des cataplasmes. Il préconisait en outre d'empêcher les malades « resserrés » de s'endormir, car le sommeil, disait-il, aggravait leur état. Pour les contraindre à veiller, il recommandait par exemple de leur appliquer de la nuque au bas du dos, après avoir scarifié la peau, un emplâtre adhésif qu'on arrachait ensuite brutalement : à en juger par son succès, les Romains s'étaient singulièrement endurcis depuis Archagathos de Sparte – venu du Péloponnèse en 219 av. J.-C. pour ouvrir à Rome au carrefour Acilius une boutique de chirurgien, et taxé par eux de *carnifex*, c'est-à-dire de « bourreau ». Ne doutant de rien, Thessalos, qui affirmait que six mois suffisaient pour apprendre la médecine, fit du reste graver sur sa tombe, au bord de la via Appia, le surnom qu'il s'était donné : *Iatronicès*, « Vainqueur des médecins ».

11 Mentionné en *CP*, II, 231. Du reste, Caelius Aurélien donne une remarquable définition de l'épidémie en *CP*, I, 12 : facteurs endémiques pathogènes, constituant « une cause commune d'affections rapides et mortelles ».

12 Cette ouverture à la médecine la plus contemporaine a été relevée opportunément par J.-M. André, *La médecine à Rome*, p. 138. Pour une présentation synthétique de ce médecin gallo-romain des débuts du Ve siècle apr. J.-C., *cf.* C. Opsomer et R. Halleux, « Marcellus ou le mythe empirique », dans Ph. Mudry et J. Pigeaud (dir.), *Les écoles médicales à Rome*, Genève 1991, p. 159-178.

13 La question reste posée de savoir si Caelius s'était contenté de « traduire » le traité méthodiste homonyme de Soranos d'Éphèse ou s'il y avait introduit des ajouts personnels. À

fier, dans les doxographies critiques, de suivre son « jugement ». De même, les méthodistes se détachent, dans les doxographies contradictoires, par la pertinence de leurs spéculations sur l'*ileos* intestinal[14] ou sur le bon usage de la phlébotomie[15]. Du reste, il n'est pas rare que Caelius, attentif comme Galien aux inexpiables dissensions des écoles[16], admette les déviations des disciples – par exemple de Thessalos, dans le livre intitulé *Diététique*[17]. Caelius, dans ses doxographies thématiques, utilise en général les mêmes listes, selon un ordre libre : Asclépiade, Sérapion, Héraclide de Tarente, Soranos, Thessalos[18] – Erasistrate, Hippocrate, Dioclès, Praxagoras, Asclépiade, Thémison, Thessalos[19] ; dans cette dernière série, chronologique, on observe le groupement des « hippocratiques » et des « méthodiques ». Force est de noter l'omniprésence d'Hippocrate chez Caelius Aurélien, avec pour titres dominants : les *Maladies*, les *Sentences cnidiennes*, le *Prorrhétique*, le traité *De la tisane*, les livres I, II et V des *Épidémies*. Faut-il en induire que seuls ces trois livres des *Épidémies* lui paraissent écrits par le maître de Cos ? En tout cas, la « question hippocratique » n'effleure guère les préoccupations de Caelius[20]. Positionnement idéologique conforme à la tradition romaine sur l'hippocratisme. Les références des *Épidémies* – sauf une mention du traitement des « cholériques » peut-être[21] – n'ont pas de lien spécial avec l'épidémiologie[22], attendu que Caelius Aurélien marque peu d'intérêt aux épidémies. Par ailleurs on ne manquera pas de souligner, dans les deux premiers livres de *Maladies aiguës*, la tendance polémique de Caelius – à propos du traitement des phrénétiques, de la léthargie, de la pleurésie, de la pathologie « cardiaque ». Hippocrate est plus rarement critiqué que ses héritiers et commentateurs, Dioclès de Caryste[23] et

---

tout le moins, Caelius Aurélien a « repris » – en la réorganisant avec soin et intelligence – une partie de son matériau grec : *cf.* Ph. Mudry (dir.), *Le Traité des maladies aiguës et des maladies chroniques de Caelius Aurelianus*, Nantes 1999.

14 *Cf. CP*, III, 166.

15 *Cf. TP*, II, 183 *sq.*

16 *Cf. CP*, II, 8 et II, 65 ; *TP*, IV, 78.

17 *Cf. TP*, II, 145.

18 *Cf. CP*, III, 166.

19 *Cf. TP*, II, 183 *sq.*

20 Le catalogue des œuvres citées le prouve : *cf.* Index II, p. 948 de l'édition G. Bendz (*Caelii Aureliani Celerum passionum libri III. Tardarum passionum libri V*, Berlin 1990-1993).

21 *Cf. CP*, III, 206.

22 *Cf. CP*, II, 161 ; III, 154.

23 Surnommé « le deuxième Hippocrate » ou « Hippocrate le jeune », Dioclès de Caryste vécut à Athènes au milieu du IVe siècle. Fils d'un médecin nommé Archidamos qui s'était

Praxagoras de Cos[24]. Mais l'« empirique » Héraclide de Tarente[25] – défini comme tel dans *Maladies aiguës* (I, 179 *sq.*) – reste une cible privilégiée, vraisemblablement à cause des zones frontalières des deux écoles. De fait, Caelius censure ses thérapeutiques, sa théorie de la purgation et de la phlébotomie, voire son analyse de la « digestion » (*cruditas*[26]) ; il connaît bien ses livres *Thérapeutiques*, consacrés aux « maladies internes[27] ». Enfin tout donne à penser que Caelius le considère aussi comme le tenant de

illustré par ses travaux anatomiques, Dioclès reprit ce flambeau et contribua à renouveler ce domaine d'étude. Ainsi, disséquant à son tour de nombreux animaux, il fit quelques découvertes : le canal cystique, par lequel la vésicule reçoit et élimine la bile, la valvule iléo-caecale, située à la jonction du côlon et de l'intestin grêle, les ovaires et les trompes, enfin, qu'il s'attache à mieux décrire. Il ne parvient cependant toujours pas à distinguer les nerfs, les artères et les veines. En physiologie, il s'efforce de concilier la doctrine hippocratique des humeurs avec le pneumatisme cardiocentrique d'Aristote dont on sent sur lui la profonde influence. Selon les cas, sa doctrine hésite, et si la mélancolie, selon une opinion alors classique, résulte bien à ses yeux d'un excès de bile noire, celui-ci peut se produire indifféremment dans le cœur ou dans le cerveau. De même, soucieux de ne rien exclure, mais au prix d'une incohérence plus grande, il affirme que les maladies proviennent soit d'une altération des humeurs, soit d'une mauvaise répartition du *pneuma*, soit les deux à la fois… Loin de ces errances théoriques, plus proche au contraire de la clinique hippocratique, il se montre mieux inspiré lorsqu'il suggère que la fièvre est le symptôme annonciateur de la maladie et non une maladie en soi, ce que la tradition médicale s'empressera pourtant d'oublier aussitôt. Enfin, Dioclès a laissé un manuel d'herboristerie, le *Rhizotomikon*, que l'on considère comme le plus ancien ouvrage de botanique médicale, auquel d'ailleurs les auteurs anciens firent de fréquents emprunts. *Cf.* R. Dachez, *op. cit.*, p. 145 *sq.*

24 Actif entre 340 et 320 avant notre ère et contemporain de Dioclès, il se consacre lui aussi à l'anatomie, qui demeurait la grande faiblesse de l'héritage hippocratique. Il accomplit à cette occasion un progrès considérable dans la connaissance anatomique : il est en effet le premier à distinguer enfin les veines et les artères, mais il en tire cependant peu de profit quant à la physiologie. Il persiste à ne voir de sang que dans les veines, laissant le *pneuma* dans les seules artères. Adepte du cardiocentrisme, il renonce sur ce point à la conception d'Hippocrate : pour lui, l'air inspiré, porteur du *pneuma*, parvient au cœur par l'artère pulmonaire et se distribue ensuite dans les artères. De cette vision fantaisiste, il tire cependant une belle intuition clinique : il est ainsi le premier à souligner l'intérêt d'examiner le pouls (*sphygmos*) dont il fait le témoin de la circulation du *pneuma* – et non du sang – dans les artères. Il combine ensuite cette hypothèse avec une autre confusion anatomique : il ne différencie pas les nerfs des tendons et considère que ces « conduits », proches des muscles, sont le prolongement des artères que, dans ses dissections, il perd de vue à leur contact. Il en conclut ainsi que c'est encore le *pneuma* qui transmet aux muscles les influx du mouvement volontaire. *Cf.* R. Dachez, *op. cit.*, p. 146 *sq.*

25 Spécialiste de pharmacologie et commentateur d'Hippocrate, Héraclide de Tarente (Ier siècle av. J.-C.) – renouant avec l'art d'écrire – composa des traités où il s'attachait à codifier les modalités de préparation des remèdes si nombreux en usage parmi les empiriques : *cf.* R. Dachez, *op. cit.*, p. 162.

26 *Cf. CP*, I, 181.

27 *Cf. CP*, I, 166 ; II, 53 ; III, 88.

la « rigueur de la secte », parfois en complet désaccord[28]. En somme, Caelius Aurélien a su intégrer dans son corpus la diversité éclectique des sectes et des doxographies ; il accepte les débats et les polémiques, qui hérissaient les vieux Romains, comme autant de confrontations d'idées et d'expériences susceptibles de faire progresser l'art de guérir. Mais c'est le méthodisme, fort simplifié, fort dénigré, en proie aux critiques acerbes des savants, qui a le dernier mot dans l'encyclopédie médicale de Caelius, à l'approche du grand chaos politique et culturel. Encore faut-il remarquer que la primauté de l'épidémiologie et de la « santé publique » a disparu chez lui, sans doute en raison des progrès de l'hygiène publique et de la civilisation de l'eau.

On sait que la médecine hippocratique et post-hippocratique opposait, en insistant sur le « régime », maladies « aiguës » et maladies « chroniques[29] ». Or la somme en langue latine de Caelius Aurélien remodèle ce classement : le médecin africain introduit en effet une double division ; tantôt il parle de maladies « aiguës » et de maladies « chroniques », par une sorte de retour à la terminologie hippocratique ; tantôt il distingue dans les « souffrances » – le mot *passio* surclassant très nettement le mot *morbus* – les affections « rapides » (*celeres*) et les affections « lentes[30] ». La grande distinction de Caelius est explicitée dans les préfaces des deux sections, *celeres passiones* et *tardae passiones*. Caelius rapporte la division avec la même terminologie à Asclépiade de Pruse, le « méthodiste » de son école[31] ; mais il conserve souvent, avec un jeu d'équivalences, la notion de « souffrances chroniques » et de « souffrances aiguës ». En définitive, la terminologie se révèle moins importante que la répartition

28 *Cf. CP*, I, 183 (thérapeutiques).

29 De fait, *Maladies I* oppose, dans son chapitre 3, les maladies de longue durée aux maladies qui se jugent rapidement : « Sont nécessairement longues [*macra*], la phtisie, la dysenterie, la podagre, les affections articulaires, la leucophlegmasie, la sciatique, la strangurie… Le causus, la phrénitis, la péripneumonie, l'angine, le "grain de raisin", la pleurésie se jugent rapidement. » On reconnaît parmi les maladies qui se jugent rapidement les « maladies aiguës ». Mais les maladies de longue durée ne sont pas encore appelées « chroniques » (*chronia*) : *cf.* J. Jouanna, *Hippocrate*, Fayard, Paris 1992, p. 220.

30 Il parle ainsi d'*acuta uel celer passio* (*CP*, I, 5 ; II, 74 ; III, 107) pour phrénitis et léthargie. Dans *CP*, III, 139, Caelius Aurélien montre, pour l'*ileos* intestinal, la répugnance à appeler « maladie de longue durée » une affection « aiguë et rapide ».

31 Les livres I et II des *Celeres Passiones* citent les traités d'Asclépiade sous le titre *Celeres uel Acutae* ; il lui arrive de citer le titre grec d'*Oxea*, synonyme grec de *Celeres* (*CP*, II, 173 : les « cardiaques »).

entre les deux catégories qui sera essentielle : le catalogue précis et stabilisé des maladies.

Autre héritage hippocratique assumé par Caelius Aurélien : l'observation chronologique de la maladie et le recours au dialogue avec le patient. De fait, le médecin peut d'abord affiner l'observation. Il est vraisemblable que, dans le cas de la « phtisie » mentionné par Caelius (*TP*, II, 198), une auscultation organisée détecte chez certains « un sifflement strident du thorax ». Le dialogue avec le patient s'avérera en tout cas fécond, comme le soulignent les *Prognostiques* coâques (II, 117 *sq.*) : les disciples d'Hippocrate[32] demandaient au malade s'il avait eu une forte diarrhée, ou souffert de la faim, ou eu une insomnie ; s'il avait éprouvé une céphalgie, des troubles de la vue. Le dialogue, qui fournit des signes supplémentaires, enrichit ce que Caelius appelle les « signes antécédents[33] » – distincts des « causes antécédentes », vices ou affections antérieures. Il s'agit ici d'affirmer un diagnostic particulier. Caelius donne des exemples. Outre le cas de la phrénitis, il signale, pour la chute dans la léthargie cataleptique, « le pouls creux et lent, la fermeture des paupières, l'insensibilité ou l'hébétude », ou encore la flatulence, l'occlusion intestinale (*CP*, II, 73). Même examen poussé pour les signes d'hydrophobie, comme la céphalée et les tintements d'oreilles (*CP*, III, 116). Par ailleurs, la « théorie du pouls » élaborée par Hérophile de Chalcédoine[34] et l'école « empirique » nourrit les observations cliniques de Caelius Aurélien, qui dispose ainsi d'un système qualitatif d'évaluation particulièrement riche : « dense, rapide », « très fréquent, noyé, tremblant et faible », « dense, rapide, petit, faible », « vide et quasi fluide », « caché ou noyé », etc.[35] Tant il est vrai que l'examen du pouls, associé au dialogue avec le patient (dont il s'agit

32 Méthode « anamnestique » attestée par Caelius, *TP*, I, 4. *Cf.* J. Pigeaud, « Les origines du méthodisme d'après *Maladies aiguës et chroniques* de Caelius Aurelianus », dans *I testi di medicina latini antichi. Atti del I Convegno internazionale (Macerata – San Severino M., 23-26 avril 1984)*, Rome 1985, p. 203, n. 27.

33 *Signa antecedentia* en *CP*, I, 55 (*phrenitis*) ; II, 73 (inflammation intestinale) ; III, 115-116 (hydrophobie), etc. Sont-ils sûrs ou ambigus ? *Cf. CP*, III, 119.

34 Médecin et anatomiste grec (v. 340-v. 260 av. J.-C.) qui démontre en particulier que les battements artériels du pouls sont synchrones de ceux du cœur. Si cette observation ne lui permet pas de soupçonner que ce parallélisme était dû à la présence de sang dans les artères – pour lui c'était la dilatation du *pneuma* d'origine cardiaque ou *pneuma* vital –, il tenta cependant de systématiser l'analyse du pouls dans le diagnostic des maladies, conseillant d'en évaluer l'ampleur, la fréquence, la force et le rythme : *cf.* R. Dachez, *op. cit.*, p. 151-154.

35 Index de l'édition G. Bendz, II, p. 1147-1148.

de capter la confiance), vient enrichir les signes extérieurs et apparents des maladies, et constitue à cet égard le second préalable « hippocratique » à toute consultation médicale.

On ne s'étonnera pas dès lors si le tableau nosologique de Caelius Aurélien intègre et parachève l'ensemble de la tradition médicale gréco-romaine dans son bilan analytique des principales pathologies connues. C'est ainsi que, concernant la pathologie digestive et plus spécialement le *cardiacus morbus*, Caelius Aurélien mentionne en *CP*, II, 180 les traités d'Erasistrate et d'Asclépiade[36], soucieux de « localiser » la douleur tantôt dans le cœur (*cor*), tantôt dans le diaphragme, ou dans l'estomac, ou encore dans le poumon – auquel on attribue un rôle dans l'assimilation des aliments. En matière de pathologie nerveuse la dette de Caelius à l'égard de ses prédécesseurs s'avère tout aussi considérable. C'est ce qui se vérifie dans l'évocation de trois maladies nerveuses très graves : la paralysie, l'épilepsie et la léthargie. S'agissant de la paralysie, Caelius en a trouvé les descriptions cliniques les plus poussées chez Arétée de Cappadoce : pour ce grand médecin du Haut-Empire, apoplexie, paraplégie, paralysie sont analogues, et entraînent privation de sensation ou du mouvement ou des deux fonctions ; l'étiologie souligne la lésion des nerfs issus du cerveau, ou des connexions nerveuses des muscles ; on distingue ici l'atteinte subite, et la paralysie progressive (*Maladies chroniques*, I, 7). Spécialiste réputé de la *phrenitis* et de la léthargie[37], Caelius a consacré tout un chapitre de ses *Maladies chroniques* (II, 1) à la paralysie. Il y reprend l'opposition entre paralysie générale, liée à l'épilepsie, et paralysie partielle, dont il détaille les signes précurseurs et les effets gravissimes. Le préambule de la notice est très caractéristique de la prudence « méthodiste » : Caelius part de la fréquence saisonnière et démographique (les vieillards, l'hiver, avec une cure difficile en été) pour déclarer l'étiologie tantôt « obscure », tantôt liée à des « causes antécédentes » : choc brutal, blessure, séquelle d'une « autre maladie », mais également

36 Voir Caelius Aurélien, *CP*, II, 161 *sq.* : Erasistrate de Céos (v. 320-v. 250 av. J.-C.), le plus brillant physiologiste du monde grec, avait écrit entre autres un *Traité du ventre* qui soutenait le caractère fébrile du mal ; Asclépiade de Pruse a réfuté cette thèse dans ses *Réfutations d'Erasistrate*, et il a repris la question dans le livre II de ses *Maladies aiguës* : *cf.* Caelius, *CP*, II, 175-177.

37 Voir J. Pigeaud, *La maladie de l'âme. Étude sur la relation de l'âme et du corps dans la tradition médico-philosophique antique*, Paris 2006, p. 257-259.

« indigestion, intempérance et abus sexuels », qui constituent des causes aggravantes. Dans ce registre, qui rappelle Arétée et prolonge les interprétations du puritanisme romain, on peut situer une autre cause aggravante : l'agression médicamenteuse – concept de Celse et d'Asclépiade[38]. Quant à l'épilepsie – le « mal sacré » d'Hippocrate, appelé par les Romains « le mal comitial » et qui constitue, comme toute forme d'anomalie antinaturelle, un « signe sinistre » entraînant la suspension des comices, aussi bien législatifs qu'électoraux –, elle n'a pas manqué d'interpeller Caelius. Héritier d'Arétée et de Galien ainsi que d'une sémiologie vulgarisée, le médecin africain a consacré un chapitre entier de ses *Maladies chroniques* (I, 4) à ce que l'on désigne désormais sous le nom d'« épilepsie ». Et de fait, ce chapitre – qui précède l'étude de la « folie » maniaque – part d'une mise au point lexicographique :

> L'épilepsie a pris une dénomination qui implique une atteinte à la fois à la sensibilité et à l'esprit ; on l'appelle aussi « maladie infantile » si tant est qu'elle soit fréquente dans cette période de la vie, et « mal sacré », soit qu'elle soit réputée provoquée par une intervention divine, soit parce qu'elle souillerait une âme « sacrée », soit parce qu'elle a son siège dans la tête, que le jugement de bien des philosophes présente comme le temple sacré de la partie de l'âme d'origine corporelle ; autres explications : l'importance du mal, car le vulgaire confond le « sacré » et la « grandeur » ; on parle de « mer sacrée », de « demeure sacrée », ou, comme le poète tragique, de nuit « sacrée », c'est-à-dire « auguste[39].

Enfin, la léthargie – distincte des états de dépression ou de prostration observés dans les maladies mentales – a inspiré à Caelius Aurélien toute une encyclopédie, au livre II des *Maladies aiguës* : neuf chapitres de définition des « différences » et de sémiologie, et, parmi eux, trois chapitres de doxographie critique, dans lesquels l'auteur discute des thèses de Dioclès, de Praxagoras, d'Asclépiade, de Thémison et d'Héraclide de Tarente – bref des posthippocratiques et des « méthodistes[40] ». Caelius considère la léthargie comme le contraire de la phrénésie ; il

38 *Cf. TP*, II, 1, 1 *sq.* Les perturbations tantôt sensorielles, tantôt motrices, sont soulignées. Les abus médicamenteux concernent les « potions », sans autre précision.

39 À noter cependant qu'Arétée et Galien ne sont jamais cités ; les éditions savantes relèvent surtout le parallélisme avec Hippocrate (*Aphorismes* ; *Mal sacré*).

40 *Cf. CP*, I, ch. XII-XVII, et II, ch. VII-IX.

insiste (*CP*, II, 1) sur l'inertie pathologique, le silence lié à la locution impossible, la surdité, l'hébétude sensorielle. La controverse est engagée avec les thèses adverses ; la léthargie est-elle marquée par un pouls et une respiration « normaux » (par rapport à la phrénésie) ? Est-elle un état d'« oppression » qui submerge ? Ou y a-t-il un processus délirant et fébrile[41] ? Il est des thèses qui soulignent l'aliénation, le délire avec fièvre et perturbation sensorielle. C'est dans ce sens que tranche Soranos – la pathologie corporelle : évanouissement « chronique ou aigu » ; une fièvre aiguë, avec « pouls fort, lent et creux ». La léthargie présente des symptômes communs avec la phrénésie : « fièvres aiguës, pesanteur de la tête, voire sommeil ou douleur violente disparaissant soudain et sans raison, tintements d'oreilles, gonflement du visage, pâleur semblable à celle de l'ivrognerie ». Mais les signes de reconnaissance, la méthode de discrimination des ressemblances trompeuses, l'art de cerner les « différences » (II, 3 à 5) ne font guère intervenir la pathologie « nerveuse » : la faculté sensorielle émoussée, l'« abattement » (*pressura*), la respiration « épaisse », les symptômes fournis par les paupières, les yeux et la langue sont plus probants pour un état d'anéantissement somniaque : il est normal que le rapprochement soit fait par Caelius avec la catalepsie des Grecs, état de quasi-mort, voire de mort trompeuse (II, 5 et 10). Asclépiade, dont les disciples ont scruté les « différences » du mal, devait sa célébrité à la détection d'une léthargie de type cataleptique, décelée chez un faux mort emporté au tombeau. Parmi les diverses pathologies urinaires, c'est la « pierre » – cause majeure de dysfonctionnement et de souffrance – qui a éveillé surtout l'attention des praticiens, d'Arétée à Caelius, tous sceptiques relativement à la médication lithotritique[42]. L'origine des douleurs réside, en dehors de la rétention elle-même, dans les lésions sanglantes que les calculs peuvent occasionner aux organes et aux conduits. Caelius s'est intéressé ailleurs à la teneur et à la couleur de l'urine considérée comme signe d'autres maladies, mais force est de reconnaître que son observation de l'urine est en régression par rapport à la tradition hippocratique. L'étiologie des coliques néphrétiques

41 Voir *Cf. CP*, II, 1, § 4 *sq.*, où Caelius reproche à Asclépiade son manque de définition, livre une doxographie critique qui conteste la notion de « délire fébrile » au profit de la notion d'« abattement » (*pressura*).

42 Arétée, VI, 9, insiste sur les aléas de la thérapeutique. Caelius, *TP*, V, 4 § 61-62, évoque des « thérapeutiques » curieuses, et en *TP*, V, 4, 67, il qualifie le traitement de « difficile » en raison du tissu nerveux.

suit une description minutieuse des signes cliniques de la *renalis passio* – traduction de la *nephritis* grecque[43]. Encore faut-il la circonscrire et la distinguer « par sa douleur insistante et tenace » des phénomènes inflammatoires. L'affection purulente peut concerner un rein ou les deux. Ses « causes antécédentes » sont refroidissement, indigestion, lésion de la fesse, violent dérèglement du désir sexuel, usage répété d'une médication urinaire ou de « poisons ». Le médecin étudie la fréquence relative selon les âges (*TP*, V, 3, 54). Suit une analyse de l'inflammation des conduits urinaires, avec ses phases d'aggravation, signes spécifiques et signes douloureux concomitants (urine aqueuse et blanchâtre ; fièvres ; abattement ; démarche « courbée », etc.). Emprunt direct à la néphrologie grecque, le chapitre sur les troubles de la vessie souligne l'analogie de signes entre l'inflammation de l'organe et la formation de « calculs » (appelés « pierres »), après avoir énuméré (V, 4, § 60) les multiples affections inflammatoires (*tumor* ; *collectio* ; *ulcus*) ou obstructions (*calculatio* ; *lithiasis*) hémorragiques : la perturbation majeure, symptomatique, concerne la miction (rétention et difficulté, § 60 ; *stranguria* et *dysuria*, § 64 *sq.*) ; les phénomènes hémorragiques accompagnent les divers types d'obstruction. La thérapeutique sera décrite avec le même luxe de détails que les multiples concepts grecs de cette affection urinaire[44]. Pour des raisons obscures – et en dépit des progrès tout à fait considérables de la médecine alexandrine – Caelius traite peu de la pathologie oculaire : il considère ces affections, surtout la *caligo*, comme des concomitants de « maladies chroniques », céphalée et même épilepsie ; de même, pour la *lippitudo* accompagnant la *phrenitis* (*Maladies aiguës*, I, 118). Il juge essentiel, du point de vue clinique, de distinguer de la pleurésie la *suffusio* – cataracte, caractérisée par la « concrétion consistante de fluide » (*Maladies aiguës*, II, 88). Quant à la pathologie respiratoire définie par Caelius Aurélien, elle repose sur une anatomie assez précise – avec cependant quelques équivoques de dénomination et quelques lacunes. C'est ainsi que le médecin africain atteste, à propos de la « péripneumonie » (*Maladies aiguës*, II, 147), qu'Asclépiade de Bithynie avait discerné « la

43 Caelius livre une description anatomique précise des « voies urinaires » (*uretici pori*) et des « sensations de gêne » qui affectent les fesses et la zone iliaco-pubienne (*TP*, V, 3, § 55), après avoir noté les « causes antécédentes » (§ 52) : indigestion, coup violent, intempérance érotique, voire « utilisation fréquente de médicaments diurétiques ou empoisonnement ».

44 *Cf.* V, 4, § 64 : l'obstruction de la fonction urinaire est ici appelée *stranguria*.

partie du poumon contiguë à la trachée artère qu'on appelle bronches[45] ». Même connaissance exacte chez Caelius de la physiologie des poumons évoquée au livre II des *Maladies chroniques* à propos des épanchements catarrheux ou sanguins. Ce qui n'empêche pas l'auteur, dans un texte important des *Maladies aiguës*, II, 17 (à propos de la « pleurésie ») de recourir aux approximations :

> On déclare semblables à l'affection pleurale la douleur du flanc, l'abcès au milieu de l'organe, ainsi que l'apostème appelé par les Grecs *empyèma* (*uomica*), l'asthme ou difficulté respiratoire (*suspirium*), qu'ils appellent *dyspnoea* (dyspnée), de même le catarrhe nasal, appelé coryza, et l'essoufflement (*anhelatio*), dans la mesure où une toux légère (*tussicula*, diminutif de *tussis*) et une respiration difficile (*spiratio difficilis*) seraient associées aux symptômes précédents ; où de surcroît une petite fièvre et des douleurs font supposer l'affection pleurale. Or, les signes peuvent être séparés et discernés.

Cette synthèse de pathologie respiratoire, centrée sur la « pleurésie », souligne à la fois un amalgame et la volonté de cerner une sémiologie « spécifique » des diverses pathologies. L'amalgame effectué avec le coryza, concept hippocratique selon Celse (IV, 5, 2), étonne : les Romains l'appellent *grauedo*, lié à la notion de « pesanteur[46] », proche de notre « rhume de cerveau » ; il rentre dans la catégorie des « écoulements » anormaux (*destillationes*), une des formes de la « pituite » souvent évoquée par les écrivains non spécialisés. Un des signes constants de la pathologie respiratoire[47], commun à l'ensemble rhino-laryngal et au secteur pulmonaire, est la toux. Caelius Aurélien, dans la section des *Maladies aiguës* (II, 13-40) consacrée à la pathologie « pleuritique » et « cardiaque », multiplie les allusions à la *tussicula* (il ne parle plus de *tussis*) ; il livre même toute une doxographie de la toux chez les médecins grecs. La synthèse de sémiologie et de terminologie de Caelius dégage, à côté des dysfonctionnements considérés peut-être comme « chroniques » tel l'essoufflement – *anhelatio*, des pathologies aiguës : au premier rang,

---

45 Pline ignore les *bronchia* ; Celse semble appeler *bronchocelè* un gonflement hypertrophique de la thyroïde.

46 Pour l'équivalence entre la *grauedo* (liée à la *grauitas* atmosphérique) et le *koruza* hippocratique, *cf.* Caelius Aurélien, *TP*, II, 7, § 94 *sq.*

47 Caelius, *CP*, II, ch. XIII à XVII, consacrés aux affections « pleuritique » et « péripneumonique », suivra une doxographie critique – après la thérapeutique de II, 19 – centrée sur Hippocrate, les hippocratiques Dioclès et Praxagoras, Asclépiade et l'« empirique » Héraclide.

le *suspirium*, la maladie de Sénèque, qui semble le disputer en gravité aux affections « pneumoniques » proprement dites, « péripneumonie » et « pleurésie ». Dans la section des *Maladies chroniques* afférente aux troubles respiratoires, Caelius prend soin de souligner la spécificité du *suspirium* – asthme ; il lui consacre un chapitre (III, 1) ; sa démarche est très logique puisque les *Maladies aiguës*, II, 17, protestent contre les amalgames de la sémiologie et les confusions terminologiques : ce texte accréditait néanmoins l'équivalence *suspirium – duspnoia*[48]. *Or, comme maladie « chronique », le suspirium* est assimilé à l'asthme dans le titre du chapitre, mais la pathologie explicitée, qui limite la doxographie des « sectes » (§ 11 *sq.*), part de l'assimilation grecque de cette « difficulté respiratoire » à la *duspnoia* ou *orthopnoia*, « respiration en position droite » – pour éviter la suffocation de la position allongée. Mais Caelius Aurélien a fait également une place importante aux diverses inflammations des parties supérieures de l'appareil respiratoire – en particulier aux affections de la trachée-artère (*arteriae uitia*) impliquant un resserrement des voies respiratoires et une suffocation. La systématisation de ce mal, après Arétée de Cappadoce, amène Caelius à lui consacrer tout un chapitre des *Maladies aiguës* (III, 1), avec ses multiples symptômes, visibles et invisibles. Il propose plusieurs définitions « scolaires » dont la plus nette serait celle de Soranos[49] : « difficulté de déglutition et sensation aiguë d'étouffement liée à la gravité de l'inflammation de la gorge ». Enfin Caelius a consacré toute une section de ses *Maladies aiguës* (II, XIII *sq.*) aux affections pulmonaires, à la *pleuritis* (II, § 87 *sq.*) et à son « évolution » en péripneumonie (§ 95 *sq.*). Il a observé que la « pleurésie », déjà définie par Aristote[50], est caractérisée par « une matière liquide » affectant, selon Hérophile, les membranes « hypézocotes » (§ 88) ; Soranos a ajouté à la définition « humorale » d'Asclépiade (*tumorem atque humoris fluorem*) les fièvres aiguës et la toux (§ 89-90) ; il a approfondi les séquelles, toux, dyspnée, etc. (§ 91). L'évolution de la pleurite en péripneumonie est marquée par l'aggravation des signes cliniques analogues, jusqu'à la formation d'abcès (*uomica*). Caelius tient à distinguer la pleurite, avec ses fièvres aiguës et ses crachements de la simple « douleur de côté » (§ 101).

48 Caelius, *CP*, II, 17, § 101 : *suspirium siue aspiratio difficilis* ; *TP*, III, 1 établit l'équivalence entre *anhelatio* et *suspirium*.

49 *CP*, III, 1, § 5-6, confrontant les définitions d'Asclépiade et de Soranos.

50 Théorie conservée par Caelius, *CP*, II, 13, § 87 (*De pleuritica passione*).

Il développe une doxographie critique de la pleurite, identique à celle de la léthargie, avant de consacrer un « bréviaire » à la péripneumonie (II, XXV – XXVIII). Les « antécédents » respiratoires, du catarrhe à la pleurite, permettent de cerner la définition qui part d'Asclépiade et de Soranos : ils insistent sur « le gonflement et la fièvre » et sur « l'émission d'humeurs », mais le phénomène serait « de courte durée » (§ 142). La sémiologie définitive se présente ainsi (§ 143) :

> On comprend ceci, à la lumière des symptômes concomitants ; que les pneumoniques sont atteints par des fièvres violentes, par l'oppression thoracique, une sensibilité douloureuse des flancs et du milieu des épaules, la tendance à adopter une position allongée dorsale, légèrement redressée, et aussi la tendance fréquente à rester assis et à se coucher sur le côté, jusqu'à la sensation d'étouffement, rougeur quasi efflorescente du visage, aspect « embrouillé » des yeux, ainsi qu'une brillance qu'on observe dans les parties blanches jouxtant la pupille.

Mais le catalogue nosologique de Caelius intègre aussi les « inflammations articulaires » – surtout la *podagra* ou goutte des pieds, qu'il tient pour une maladie de civilisation, juste punition de l'intempérance : en *TP*, V, 2, 29, le médecin africain a dégagé, au niveau des « causes antécédentes » de cette affection, « ivrognerie, indigestions, libido érotique ». Et de fait, la goutte a été finement étudiée par Caelius Aurélien, qui lui consacre, après Arétée de Cappadoce, un chapitre entier de ses *Maladies chroniques*[51]. Il établit en exergue l'équivalence entre l'*arthritis* des Grecs et la *podagra* des Latins, en soulignant que l'arthrite grecque affecte toutes les articulations. Et de distinguer les signes spécifiques : il est en effet des médecins qui considèrent la podagre comme une « espèce » du genre « arthrite[52] ». En tout état de cause, il convient de la distinguer de la chiragre et de la gonagre. Caelius indique d'abord les « causes antécédentes » : éthylisme, refroidissement profond, indigestion ; l'abus de sport peut être en cause[53]. Étudiant la fréquence par sexes et par âges, l'auteur écrit[54] : « La fréquence est plus grande chez les hommes

51 Caelius, *TP*, V, 2, *De articulari passione* : le texte lie l'*arthritis* grecque et la *podagra*, en précisant que la *podagra* est différente, non par la nature, mais par la localisation et la diminution de la motricité.

52 *TP*, V, 2, § 28.

53 *TP*, V, 2, § 29 : aux « causes antécédentes » signalées *supra* il faut ajouter la mauvaise gestion de l'exercice physique, qui rompt les habitudes du corps, plus spécialement « au deuxième âge et à l'âge tardif » ; la palestre est sérieusement mise en cause.

54 *TP*, V, 2, § 29-30.

et à l'âge moyen, mais rare chez les femmes, les eunuques, les enfants et les jeunes gens. » Le mal serait plus courant en Carie et à Alexandrie d'Égypte ! Les signes cliniques sont les mêmes que chez Arétée (IV, 31), pour l'irradiation de l'affection, avec pour conséquences pesanteur des membres, difficulté de mouvement, alternance de frissons et d'accès de chaleur. Après une phase où la « couleur » ne décèle pas la goutte, on note « gonflement localisé avec rougeur ». Une phase ultérieure est la diffusion d'articulation en articulation. Caelius observe des atteintes secondaires (nausée et vomissement), mais il tient que l'essentiel de cette affection réside « dans les nerfs et dans leurs connexions[55] ».

Mais c'est dans le domaine des maladies de cœur[56] que l'apport de Caelius Aurélien apparaît comme le plus pertinent. De fait, l'immense mérite de l'Africain est d'avoir écrit un petit traité de cardiologie – au sens moderne – dans les chapitres XXX à XXXIV des *Maladies aiguës*, II : sa *cardiaca passio* se libère des hypothèques antérieures sur les *cardiaci*, qu'il reprend d'un œil critique. Le livre II de Caelius part de l'ambiguïté terminologique : pathologie cardiaque ou stomacale[57] ? L'équivoque vient de la localisation et du nom de l'organe (XXX). Caelius a étudié la prédisposition, marquée par des signes tels que la pulsation rapide, le « sommeil rare », les affections articulaires et autres (XXXII). Il a posé en termes d'autorités rivales le problème de l'état fiévreux des *cardiaci*, la fébrilité étant liée à l'inflammation présumée : il suit la thèse négative d'Asclépiade (XXXIII). Le problème est reposé de la « localisation » (XXXIV) : cœur, membrane périphérique ou « diaphragme » ? Caelius suit Soranos qui voit dans cette pathologie « une dislocation de tout l'organisme ». C'est au niveau des « signes » que les vrais *cardiaci* se distinguent des *stomachici* : « sueur et refroidissement articulaire avec pouls faible ; de plus, défaillance et pâleur ». Asclépiade est crédité de

55 Les nerfs désignant en réalité le tissu musculaire innervé.

56 On sait que la médecine romaine, en dépit d'un vague pressentiment de la « circulation sanguine », a peu assimilé les découvertes de l'anatomie et de la dissection alexandrines ; certaines hypothèques pèsent en effet sur toute étude de la fonction circulatoire comme le dogmatisme des « pneumatiques », qui nient la présence de sang dans les artères, en les réservant à l'air vital. Arétée et Galien ont certes affiné les descriptions anatomiques, mais sans faire progresser sensiblement la physiologie sanguine. Il faut attendre les *Maladies aiguës* de Caelius Aurélien pour voir la *cardiaca passio* distinguée des malaises neuro-végétatifs ou stomacaux : J.-M. André, *op. cit.*, p. 637 *sq.*, n. 39 (« Le système circulatoire dans l'Antiquité classique »).

57 *CP*, II, 30, 1, § 174.

la sémiologie la plus probante : « pouls toujours très bas et faible, tressaillement plus important et violent du cœur avec oppression thoracique et respiration suffocante ».

Caelius Aurélien, qui écrit après la « réaction païenne[58] » et la victoire du christianisme, a intégré la sexologie à son encyclopédie médicale, en tant que telle comme fonction naturelle ou comme pathologie, ou bien comme élément annexe de la nosologie courante, comme étiologie ou comme adjuvant éventuel de la thérapeutique. Il assimile le *concubitus*, rarement mentionné par lui, à *uenus* ou à l'*usus uenerius*[59], dans la longue étude de l'épilepsie (*Chron.*, I, 4, 107). Caelius croit à la puissance du « désir sexuel » comme appel du plaisir (*Acut.*, III, 87). Il associe constamment désir (*appetentia*), charme (*delectatio*) et plaisir (*uoluptas*). Tout tabou puritain a disparu. En revanche, le dérèglement vénérien est dénoncé comme *libido* mauvaise, et il sera souvent question d'« activité sexuelle incontrôlée » (*Chron.*, V, 1, 20). La *libido* comme pathologie sexuelle domine le chapitre III, 18 des *Maladies aiguës* (§ 8, 75 *sq.*), consacré à la *satyriasis*[60] ; le médecin la définit comme « violente appétence de l'acte sexuel avec érection et concomitance d'un mauvais état corporel ». L'explication proposée d'un mal qu'on distingue de la *gonorrhée* malgré l'existence d'un « prurit » insiste sur une cause antécédente intéressante, la « consommation de drogues propres à stimuler l'activité sexuelle[61] » – ce qui renvoie aux « aphrodisiaques ». Les symptômes, observés surtout par Thémison, et en Crète (§ 185), sont, outre l'érection et le prurit, le trouble mental, l'accélération du pouls, le halètement fréquent, et l'éjaculation involontaire. Ce phénomène, maladie ou concomitant d'une affection, a retenu l'attention de Caelius dans l'essai de *Chron.*, V, 7, 80 *sq.* sur l'*onirogmos* des Grecs traduit en latin par la notion d'« érotisme somniaque » (*somnus uenerius*). Caelius insiste sur le fait que la pathologie corporelle se conjugue avec le dérèglement de l'imaginaire, qui peuple le sommeil de fantasmes érotiques (des « images vaines de coïts fictifs »). Dans le registre de la pathologie

---

58 Intitulé du maître livre de P. de Labriolle (Paris 1934), où l'auteur étudie la polémique antichrétienne de l'intelligentsia gréco-romaine – attachée à la défense des cultes et des valeurs traditionnels : *cf.* notamment, p. 335 *sq.* ; p. 469 *sq.*

59 Arétée de Cappadoce, VI, 11 traite des *aphrodisia erga*, en liant amour physique et mélancolie.

60 Arétée en traite également dans II, 12, sans omettre (§ 4) le phénomène féminin.

61 Caelius, *CP*, III, 18, § 175.

sexuelle, le médecin africain consacre tout un chapitre des *Maladies chroniques* (IV, 9, 131 *sq.*) à ce qu'il considère comme une déviation de la nature (et du finalisme providentiel qui est censé adapter « certains lieux du corps à des fonctions précises »). Traduisant en vers latins une épigramme grecque de Parménide (§ 134-135), il y trouve la preuve que l'amour hétérosexuel a pour caractère de « faire mêler à l'homme et à la femme les germes amoureux[62] », afin de créer un être neuf. Plus intéressante, et à certains égards moderne, l'analyse des causes de ce qu'il définit comme une déviance, l'homosexualité – masculine et féminine. Des *malthakoi* grecs, des « efféminés », il juge l'existence à peine crédible. Pour lui, ce n'est pas la nature, mais la libido « refoulée par la honte » qui « a assujetti à des usages obscènes des organes pervertis ». Les modes efféminées ne seraient même pas des « maladies du corps », mais des « vices nés de l'aliénation mentale ». Et de citer la caution de Soranos, qu'il a « latinisé[63] » comme spécialiste d'étiologie et de maladies chroniques, mais non comme gynécologue – sa grande spécialité. Il semble toutefois que la référence à Soranos fasse écho aux traités gynécologiques, puisque le même contexte censure « les femmes appelées tribades, parce qu'elles pratiquent les deux types d'amour et sont plus promptes à s'accoupler aux femmes qu'aux hommes » (§ 132). La diatribe est sévère contre les lesbiennes qui « se précipitent dans des formes inédites de sexualité parce qu'elles sont corrompues par l'ivrognerie » et qu'elles « entretiennent leur turpitude invétérée ». Caelius reconnaît toutefois que le tribadisme n'est accessible à aucune thérapeutique crédible, mais relève de la « coercition morale[64] ». Le point de vue moralisant prédomine donc, dans le sens du *mos maiorum*, quand Caelius conteste que la « tare » soit une « maladie », puisque l'homosexualité se distingue des autres maladies atténuées par l'âge (goutte, épilepsie, folie) et s'aggrave en s'invétérant. Ce chapitre de Caelius, dominé par l'idée de déviation vicieuse et de « lois de la nature », illustre les connexions de la médecine romaine avec le moralisme « diatribique ». Reste à étudier s'il existe chez Caelius, au-delà du « bon usage » de la sexualité, des applications plus nettement thérapeutiques de sa doctrine. Il faut d'abord dire un

62 Ce poème, qui ressortit aux curiosités génétiques de Parménide et des présocratiques (Diels, *Vorsokratiker*, I, p. 224-225, B, frg. 16-18), renvoie l'écho des traités hippocratiques *Génération et Nature de l'enfant*.

63 Caelius, *CP*, II, 1, § 8 ; II, 10, § 65 (accent d'humilité) ; *TP*, V, 4, § 77.

64 *Ibid.*, § 133 (*animus coercendus* implique l'échec de la thérapeutique corporelle).

mot de l'*usus uenerius* comme explication étiologique. Ainsi dans le cas de la « pleurésie », au niveau des « causes antécédentes » (*Acut.*, II, 13, § 87) ; dans le cas de l'asthme – *suspirium* (*Chron.*, III, 1, § 4), comme élément aggravant de l'épilepsie ; dans le cas de la sciatique, au niveau des « causes obscures », malgré les contestations des auteurs (*Chron.*, V, 1, § 1). Alors que la sexualité modérée est considérée, depuis Hippocrate et Celse, comme l'auxiliaire de la convalescence pour certaines maladies, Caelius est dubitatif pour le *furor*/*insania* (*Chron.*, I, 6, § 178), comme pour l'épilepsie (*Chron.*, I, 4, § 118 : doxographie contradictoire).

Même la carcinologie – touchant à l'étude de toute une variété de « cancers » ou tumeurs malignes, selon leur localisation, selon leurs caractères visibles ou sensibles, selon leur degré d'évolution ou de gravité, curable ou incurable – trouve sa place dans le tableau nosologique dressé par Caelius. Et de fait, la tumeur maligne – qui se dit en général *cacoethes* et n'est pas forcément incurable – porte chez Caelius Aurélien le nom de *scirrhosis* – à preuve plusieurs références, dont *Chron.*, III, 4, 49. Mais le médecin africain parle aussi des tumeurs de nature bénigne, qui seraient des fibromes ou des cancers. En tout état de cause, il ne mentionne qu'une seule fois le *carcinoma* comme maladie incurable[65].

Viennent enfin les « maladies de civilisation », au nombre desquelles Caelius Aurélien cite la suralimentation des athlètes – sans pour autant la censurer. Peu curieux lui-même d'athlétisme, il insiste néanmoins sur le programme d'entraînement hygiénique conseillé par Asclépiade[66] et sur le régime alimentaire adéquat. Autre pathologie civilisationnelle évoquée par Caelius Aurélien : la *uinolentia* – concept qu'il a généralisé pour désigner l'intempérance « alcoolique ». L'Africain y voit un vice opiniâtre, comme dans *CP*, I, 5, § 151, qui oppose l'ivresse occasionnelle – contre-indiquée pour un traitement – et les habitudes invétérées du *uinolentus*[67]. *Dans TP*, I, 5, § 147, Caelius mentionne la *uinolentia frequens atque immodica* et toutes ses allusions soulignent le lien entre *uinolentia* et *alienatio*. Du reste, l'alcoolisme peut être aggravé (*CP*, I, 15, § 151) par l'abus, dans les banquets, d'« excitants » et de « parfums ». Assez

65 Caelius, *CP*, III, 15, § 123 (allusif).

66 *CP*, I, 14 ; *TP*, III, 8, § 149 (hydropisie) : Asclépiade approuve, dans l'*athletarum regula*, « promenade, course et massage ».

67 *Ibid.*, § 149 : Caelius distingue les symptômes de la phrénésie et l'ébriété occasionnelle, réputée liée à l'ivrognerie (*ebrii ; uinolentia*).

curieusement, Caelius Aurélien ne prend pas en compte dans son catalogue les nuisances préjudiciables à la santé telle l'insomnie urbaine provoquée par les trépidations de la Ville et des grandes métropoles de l'Empire. En revanche, il s'intéresse vivement aux insomnies qui accompagnent un état maladif. C'est pourquoi la gravité de l'insomnie (*uigiliae*, qualifiées d'*incurabiles*, de *iuges*, « continuelles », de *iuges et frequentes*) est soulignée constamment dans les *Celeres Passiones* aussi bien que dans les *Tardae Passiones* (*cardiaci*, *epileptici*, etc.). Mais il y a plus : pour lui, l'insomnie – entendue comme difficulté à s'endormir ou à dormir suffisamment – représente une séquelle de la « céphalée » qu'elle aggrave[68].

Mais l'encyclopédie médicale de Caelius Aurélien ne se limite pas à un inventaire des maladies aiguës et des maladies chroniques ; elle intègre aussi les thérapeutiques y afférentes, autrement dit les moyens propres à soulager et à soigner les patients. C'est ainsi que l'hydrothérapie – et en particulier la pratique des divers types de bains, appelés par lui *lauacra* – joue un rôle important dans le catalogue des traitements recensés ou recommandés par Caelius Aurélien. Dans une problématique générale, liée à la critique des dogmes thérapeutiques, même ceux des méthodistes, Caelius distingue les bains chauds ou « brûlants », qui peuvent être alternés (*TP*, V, 132 *sq.* sur la réduction de l'obésité), et les bains froids. Il existe une habitude des bains froids (*consuetudo frigidi lauacri*[69]), associée au thermalisme, et souvent désignée par le terme grec de *psuchrolusia*. Il faut parfois « changer » cette habitude. Caelius pose volontiers le problème de la « rareté » et de la « fréquence », et quelquefois en termes polémiques – témoin sa dénonciation des préceptes ridicules de Protagoras[70]. En tout état de cause, Caelius ne dissocie guère l'« usage » du bain du thermalisme ainsi que du changement d'air maritime. Parmi les prescriptions thérapeutiques de Caelius Aurélien figure également l'exercice physique, dont les formules ressortissent à la tradition hippocratique renouvelée par les écoles alexandrines et par le méthodisme romain. C'est ainsi que Caelius traite des mérites comparés de la marche et de la promenade en véhicule. La « gestation » peut être « navale » pour lui (*TP*, II, 212),

68 *Cf. TP*, I, 4, 4.

69 Sur cette « habitude », *TP*, III, 10 (asthme) ; III, 40 (*stomachici*) ; V, 85. Caelius a latinisé le terme de *psuchrolusia*.

70 *CP*, III, 212 (maladie « cholérique ») ; même sarcasme contre Asclépiade (*CP*, II, 231 et III, 90), et contre Héraclide (*CP*, III, 45 : pour la *synanchè*).

associée à une « longue navigation » ; terrestre, ce « mouvement » salutaire utilise, « selon les forces[71] » (il s'agit de convalescents, évidemment), la *sella fertoria*, ou chaise à porteurs, avec sa variante, la *cathedra longior*, ou chaise longue, ainsi que plusieurs véhicules, le petit chariot « poussé manuellement » ou le véhicule de traction animale (*TP*, II, 27 ; III, 86). D'une manière générale, dans les affections en phase déclinante[72], on trouve chez l'Africain l'association, dosée, de la « gestation » et de la « déambulation », de la promenade « portée » à la marche, plus ou moins rapide : pour le traitement de l'épilepsie, chez les « méthodiques » et chez Dioclès ; pour les « coliqueux » (*coeliaci*), chez et pour les malades atteints de la sciatique[73]. Pour les cachexiques et les hydropiques, on préférera la *gestatio*. Cet exercice a pour fin de « régénérer les forces ». Graduée, la *gestatio* peut fatiguer. Caelius censure un « mouvement excessif » (*immodicum motum*) chez Thémison : vingt ou trente stades *extra muros*[74]. Ce type de promenade peut être doux ou « rapide » – rythme conseillé pour les obèses, atteints de *polysarcia*, qu'il faut secouer, d'abord par la « gestation rapide » persistante, et autres exercices énergétiques (animaux attelés, équitation, navigation), avant de leur imposer, dans une gradation, une « marche rapide » et « un effort des mollets » (*TP*, V, 11, § 132-133). La finalité de la *gestatio* elle-même étant la « guérison » (*resumptio*), un contrôle médical s'impose. Ce contrôle médical mettra certes en lumière les variations des « sectes » et l'incroyable minutie de leurs prescriptions et de leurs exclusions. Mais, dans une doxographie contradictoire, on verra expliciter la nécessité d'observer la progression du mal, de l'accès au sommet, et du sommet au déclin (chute de la fièvre importante). On insistera aussi sur le choix entre la « gestation » de jour et de nuit[75] ; sur la préférence pour la période qui précède le repas, la digestion impliquant un repos. Tout dépendra de la maladie traitée autant que de son évolution : on évitera, par exemple, le véhicule roulant

71 Caelius, *CP*, I, 83 : *si uires patiuntur*.

72 Notions de « progrès du traitement » (*CP*, I, 96), de « fièvres abandonnées » (I, 98), plus vague, « quand l'état général paraîtra sûr » (*TP*, I, 42), ou encore « état stabilisé de toute la maladie » et « son déclin étant affermi » (*TP*, IV, 100).

73 *TP*, IV, 72 et I, 132 (épilepsie). Tantôt il y a association des deux promenades, tantôt usage sélectif (*uel… uel…* ou *ac*).

74 *CP*, II, 48. On peut choisir entre la maison (le jardin-péristyle ?) ou le portique public (*CP*, I, 96), ou choisir le « lit suspendu dans la maison » (hamac ?), *cf.* I, 83.

75 *TP*, I, 142.

dans le cas de « cauchemar[76] » (*incubo*) et en cas de céphalée (*TP*, I, 19 et I, 92). Quand on adoptera la gestation en plein air[77], préférable au portique ou à l'expédient du « lit suspendu » (*CP*, I, 83 : hamac soumis à un mouvement de balançoire ?), les routes ouvertes seront préférées, ainsi que le beau temps – l'hiver étant mauvais pour les apoplectiques (*CP*, III, 53). Parmi les adjuvants utiles de cet exercice, une thérapie originale, souvent mentionnée par Caelius, consiste à imposer, comme complément « une éducation de la voix », sorte de rééducation. Il s'agit de revigorer le patient (*TP*, II, 212 ; IV, 72). Une application originale de cet « exercice » associe, comme technique apaisante des « furieux », l'accompagnement musical (*TP*, I, 166-168) ; il est aussi conseillé, pour l'obèse, de pratiquer la lecture à voix très forte, comme dans la déclamation « agonistique » (*TP*, V, 133 : on imitera les concours de poésie). Parmi les contre-indications, on signale (*CP*, I, 142 : Asclépiade) les états extrêmes de « relâchement » et de « constriction » – il s'agit de variantes du *laxum* et du *strictum* du méthodisme. Le bon usage de la promenade à pied est tout aussi important : il peut s'agir d'une option du praticien entre gestation et « déambulation » (petite promenade dans le cas du cachexique, *TP*, III, 87). Le choix du cadre est important : en terrain sablonneux, selon Thémison (*TP*, II, 58), ou sur un sol « mou » (tapis de verdure ou de feuilles, *TP*, V, 38).

Mais la médecine de Caelius Aurélien inclut aussi dans ses compétences des interventions routinières, graduées selon la gravité des cas : la purgation, avec des « évacuants » absorbés par la voie orale, ou des clystères plus ou moins drastiques ; la décongestion par la pose de ventouses, voire de sangsues ; enfin, la saignée. Le clystère, ou seringue, est réservé traditionnellement aux évacuations intestinales impliquant l'utilisation de l'eau et des médicaments « purgatifs » comme l'hellébore – à preuve *CP*, II, 83, où l'on appelle *collyres* (non spécifiquement ophtalmiques) une composition « dure » (*acria*) destinée à exonérer les léthargiques cataleptiques par « suppositoires » (*balanos*). Il reste que, pour Caelius, la violence des « médicaments purgatifs[78] » pose problème. En explicitant sur cette question les réserves des méthodistes et en étoffant ses propres

76 *TP*, I, 19 : on craint les secousses et les à-coups, sources de « vertiges ».

77 Elle est préférable, « dans un espace suffisant ».

78 Caelius (*TP*, V, 49) fait une généralisation sur les écrivains médicaux qui « doivent leur crédit aux purgatifs et clystères violents, associés aux médicaments "urinaires" qu'on appelait "diurétiques" ».

critiques[79], le médecin africain cherche à minorer fortement la pertinence de l'emploi du clystère comme purgatif – sinon comme thérapeutique plus ou moins efficace d'autres affections[80]. Davantage. Caelius a distingué le clystère *oticus*, appliqué à l'oreille, du clystère le plus courant[81]. À titre personnel, ou dans le cadre d'une doxographie critique inspirée par le dogmatisme « scolaire », l'auteur a ainsi opposé le clystère « simple et doux » aux formes drastiques, énergiques, « assez rudes », « très rudes[82] ». C'est la composition plus que le mode d'administration qui définit l'« acrimonie ». Caelius a aussi apporté son témoignage, dans le cadre de l'alimentation du malade, sur le clystère nutritif, qui annonce certaines formes modernes d'alimentation artificielle. Conscient des dangers du clystère violent, et de son contenu, surtout des atteintes « stomacales[83] », Caelius a enfin apporté des précisions sur la structure de l'instrument, sa canule, *auliscus*, et le tuyau, *fistula*, l'ouverture, *cauerna*. Il a donné des détails sur la précision des gestes dans la manipulation pour « injection ».

Autre thérapeutique emblématique de la médecine générale qui a retenu l'attention de Caelius Aurélien : les ventouses[84] – dont l'Africain établit le bilan global dans une perspective diachronique et scolaire, toujours critique et parfois polémique. Une étude des *curationes* proposées par les diverses écoles et les auteurs ferait apparaître la richesse anarchique des prescriptions, et le chapitre de la ventouse et de la saignée est un de ceux qui suscitent les plus âpres dissensions[85]. Caelius, qui décrit peu « les instruments », et s'intéresse au nombre des ventouses[86], à leur taille[87], à la « scarification[88] », à la flamme de la mèche[89], a traité le

79 De fait, il critique aussi bien Asclépiade que l'empirique Héraclide, ou l'hippocratique Dioclès, dans *CP*, III, 138 *sq.* (sur l'*ileos* intestinal).

80 Seul l'*ileos* et les pathologies intestinales paraissent l'exiger : *CP*, II, 153 *sq.*

81 *TP*, II, 23 et 69.

82 Édition Bendz, index, p. 990-991 : notions de traitement « dur », « très dur », « passablement violent ».

83 *TP*, V, 49 ; *CP*, I, 116 *sq.* (Asclépiade).

84 Petites cloches de bronze ou de corne appliquées sur la peau après qu'on y a raréfié l'air, pour provoquer une révulsion. Il faut dire que l'utilisation des ventouses a fait l'objet d'extensions plus ou moins dogmatiques et périlleuses : *cf.* J.-M. André, *op. laud.*, p. 361.

85 *CP*, I, X et XI, pass.

86 *CP*, I, 77.

87 Sur les *kouphai* (*leues*) des Grecs.

88 Sur la pratique de la scarification chez Caelius : *CP*, III, 34 (le traitement de la *synanchè* chez Asclépiade, avec saignée, purgation, gargarisme). Caelius lui-même (III, 20) est d'accord.

89 *CP*, I, 76 (« la flamme limitée »).

problème du moment le plus opportun par rapport aux accès de fièvre ; il a marqué la place des ventouses dans la gradation des thérapeutiques, par rapport à la saignée et au clystère, dans le cas de la céphalée, et son association à d'autres moyens, en particulier à la phlébotomie (le terme grec s'étant imposé pour la saignée). Il a discuté le recours à ce moyen dans nombre de maladies, mais retenu les ventouses scarifiées dans le cas de la *synanchè*. Caelius a aussi souligné le choix du point d'application, notamment sur l'occiput[90]. Un petit essai des *Maladies aiguës*, introduit par la phrénitis, assez partiel (I, XI), contient ces précisions. En tout état de cause, une prudence thérapeutique innée a conduit Caelius à relever l'imprudence de certains médecins : on oublie souvent l'extraction de sang, qui dépasse le « soulagement » courant.

Ultime acte curatif mais non le moindre pour Caelius Aurélien : la *phlebotomia*, dont le médecin africain a dressé un bilan thérapeutique comparé à travers une immense doxographie. Du reste, la richesse de cette doxographie compense la relative indigence de la petite synthèse des *Maladies aiguës* (I, XI), trop centrée sur la *phrenitis* : l'auteur précise avant tout les dangers (l'affaiblissement) et les précautions « postopératoires » (onction ; alimentation). La doxographie critique fera apparaître le vaste débat sur la saignée dans la médecine grecque « scolaire », ainsi que les réserves de Caelius Aurélien. Caelius précise les « lieux » de saignée privilégiés : ce n'est pas un hasard si le chapitre sur la thérapeutique de la *synanchè* (*CP*, III, 4) s'avère à cet égard très riche d'indications. Il faut éviter les « lieux atteints[91] » ; d'une manière générale, la pratique de la phlébotomie répond à une *disciplina*[92], à des règles enseignées ; elle s'effectue, selon les écoles, à la « saignée du bras », voire aux deux bras, au bras et à la tête[93]. La saignée a ses avantages et ses bienfaits – Caelius en convient[94] – mais tout est affaire de bon sens et de prudence : elle est absurde pour la satyriasis ; elle doit être « modérée au bras » pour les épileptiques, et

90 *Ibid.*

91 *CP*, III, 35 *sq.*

92 *CP*, I, X, § 70.

93 *TP*, V, 225 (talon : Thémison) ; *CP*, III, 41 : aux deux bras (Héraclide) ; *ibid.*, III, 25 *sq.* : doxographie contradictoire des *principes* (chefs de sectes). Caelius rappelle les règles d'Hippocrate (bras et tête) dans *CP*, III, 153 ; il préconise une saignée « modérée » du cachexique, *CP*, III, 84.

94 Il parle de « secours », de « commodité », d'« avantage », d'« utilité », et notamment de « soulagement » apporté (*laxamentum*, ou « dégagement » d'une obstruction physiologique).

« précautionneuse » (*TP*, I, 86) – afin d'éviter la « pâmoison » (*lipothumia*). L'empirique Héraclide est censuré pour l'enchaînement du clystère et de la saignée (*CP*, I, 135). Asclépiade semble loué pour son usage hautement nuancé de la phlébotomie, dans un tableau nosologique « varié[95] » (*CP*, I, 111 : indications et exclusions). La position personnelle de Caelius s'explique en grande partie par des divergences scolaires dans le domaine des maladies graves.

Par ailleurs, dans le secteur de la médication – où la plupart de ses devanciers ont fait le choix privilégié de certaines pathologies au nom de la spécialisation – Caelius équilibre sensiblement les trois pharmacopées, végétale, animale, minérale dans un traitement mesuré de toutes les affections. S'agissant de la présentation des médicaments, elle porte d'abord sur ceux à usage externe réservés aux onctions d'« huiles essentielles » et atteste l'intérêt de Caelius pour l'« aromathérapie[96] ». En ce qui concerne les remèdes administrés *per os*, la décoction est reine chez Caelius Aurélien. Elle est réputée constringente, adoucissante, laxative ; elle utilise comme liquide l'eau ou le vin. Un nombre impressionnant de plantes figurent dans le « code » de Caelius : absinthe, persil, nard, baie de laurier, centaurée, hysope, rue (*ruta*), fenugrec, pavot, hibiscus, plantain[97]. Les mélanges associent deux ou trois herbes, le fenugrec et le grain de lin, le thym et l'origan. Même le son de céréale (*cantabrum*) entre dans les décoctions et gargarismes[98]. Il reste à citer deux types de présentation aux indications multiples et qui ont été recommandés par Caelius Aurélien : les suppositoires anaux (*balani*), évoquant la forme du « gland[99] », et les cataplasmes (*malagmata*) – réputés composés de fleurs et même de leurs surgeons[100]. Ces

95 Il semble que le champion des médecines « douces » soit très drastique dans certains cas : phlébotomie en phase « douloureuse » seulement ; pharyngotomie pour l'angine diphtérique ; paracentèse abdominale des hydropiques.

96 Huiles de troène, d'iris, d'aneth, de fleur de cognassier, de myrte, de lentisque, etc.

97 Index, éd. Bendz, II, p. 1012-1014 : une centaine de « compositions ».

98 Sur le gargarisme, à base de décoction, Caelius, *CP*, III, 16 (plantes multiples) ; III, 30 : herbe « pédiculaire », nitre et cochenille de Cnide (en onctions ou en gargarismes) ; III, 34 (recette d'Asclépiade : hysope, origan, thym, mélilot, absinthe, nitre, centaurée, etc., sans oublier le « fiel de taureau ».

99 *Cf. CP*, II, 54 ; II, 83 ; III, 84 *sq.* ; III, 153. Médication des maladies aiguës, la *balanus* est une alternative au clystère ; il utilise les collyres solides (III, 135).

100 À l'opposé des emplâtres (*emplastra*) faits d'éléments minéraux : *cf.* J.-M. André, *La médecine à Rome*, p. 382 *sq.*

derniers surtout sont très prisés de Caelius qui précise leur force « plus doux », « plus durs », ou leur fonction, « siccatifs », « constrictifs », « recorporatifs », « sudatifs ». Fidèle à la tradition pharmaceutique, Caelius Aurélien mentionne aussi quelques inventeurs (différents de ceux qu'a répertoriés Scribonius Largus dans ses *Compositiones*, c. 225-271) : il abandonne la double identification par la couleur et le nom de l'inventeur. C'est ainsi que Caelius Aurélien[101] fournit une liste de *malagmata*, attribués à Apollophane, Amithaon, Polyarchos, Mnaséas, absents des catalogues antérieurs, qui n'indiquent pas les inventeurs de ce genre de médicaments. Les mentions de Caelius confirment la distinction ancienne faite par Celse (*De Medicina*, V, 17, 2) des « cataplasmes » et des « emplâtres », puisqu'il parle d'un *cataplasmatis malagma*[102], « émollient de cataplasme » ; ses *malagmata* sont végétaux, et un texte présente le cataplasme comme un émollient qui intervient après une application de l'emplâtre, plus drastique[103]. D'autres éléments d'identification sont importants pour les emplâtres, surtout la couleur fixée généralement par l'élément dominant : « vert », « verdâtre » (cuivre et dérivés), « noir » (bitume), « rouge » (litharge), « jaune » (safran). La langue médicale, comme la langue pharmaceutique, étant évolutive, on voit se multiplier chez Caelius les dénominations grecques en *dia*-[104] (« à base de ») suivi d'un corps élémentaire (misy, champignon de truffe, *glaucium*, etc.). Du reste, ce mode d'identification lui sert à caractériser plusieurs dizaines de « spécialités » : collyres, *malagmata*, quelques emplâtres, force *medicamina*... La connaissance du grec permet de saisir immédiatement l'élément dominant. Mais il arrive aussi – et la préfixation est ancienne – que le composé en *dia*- doive son nom à une fonction, « diurétique », « diaphorétique » (pour la transpiration).

Enfin, on ne saurait négliger le crédit accordé par Caelius Aurélien à la « médecine mentale », qui avait joui très longtemps à Rome d'une considération moindre que la « médecine somatique[105] ». De fait, la

101 *CP*, II, 136 ; *TP*, II, 21 ; III, 55 (sept ingrédients en *dia*- préfixal).

102 *CP*, II, 136.

103 *TP*, II, 21.

104 L'*Index uerborum* de Caelius révèle le grand nombre de « compositions » en *dia*- (p. 109 *sq.*) : pour les « médicaments », emplâtres, *malagmata*, collyres.

105 Sur cette question, se reporter au jugement de Cicéron dans la préface (§ 1) du troisième livre des *Tusculanes* : « Composés d'une âme et d'un corps, nous avons, pour traiter et

maladie de l'âme à laquelle Caelius a prêté l'attention la plus soutenue et la plus constante est la *phrenitis* – intégrée par lui dans la liste des *Celeres Passiones*, avec les affections organiques. Il a tendance à privilégier le terrain physiologique, et, par corollaire, à limiter le mécanisme idéel. Caelius a noté qu'Asclépiade, hostile aux médications dures, les admet pour les « maladies à évolution rapide » : l'atomiste a expliqué la *phrenitis* « par un arrêt des corpuscules ou un infarctus causé par ces corpuscules dans les membranes du cerveau[106] ». Il a bien spécifié la présence de la douleur et de la fièvre, critère essentiel. Asclépiade, référence majeure de Caelius, fait état de cas d'« aliénation sans fièvre », liés à des intoxications[107]. L'important est qu'Asclépiade distingue, dans son « tableau », la « colère démesurée » ou l'« épouvante excessive » – une des pathologies de Caligula – et la « mélancholie accablante[108] » : on retrouve parfois ces deux pathologies associées chez les « conquérants » et les « autocrates ». Le délire et les divagations peuvent n'être que des séquelles fébriles. S'agissant plus spécialement de la « manie » – caractérisée par une exaltation euphorique, une expansivité, une hyperactivité –, elle pose le problème de la relation de l'aliéniste Caelius Aurélien avec la culture philosophique. En *TP*, I, 5, § 144, Caelius cite le Platon du *Phèdre*, les stoïciens et Empédocle. Il voit ainsi dans la « manie » tantôt une perturbation liée à une « tension » obsessionnelle d'origine corporelle, tantôt un état proprement inspiré. L'inventaire philosophique total de Caelius étant quasi impossible[109], on insistera sur la manie et sur ses éléments intellectuels. Elle peut prendre une forme culturelle : on le voit pour le *furor* de Caligula, qui mime la terreur tragique pour effrayer ou sublimer sa cruauté en mots « atroces ». En tout état de cause, Caelius cite et réprouve dans ses *Maladies chroniques*[110] les traitements drastiques de la manie : le

---

prévenir les maladies du corps, créé une science dont nous reconnaissons l'utilité en faisant honneur aux dieux immortels de son invention [Apollon et son fils Esculape] tandis que la médecine de l'âme n'a été ni aussi désirée avant d'être inventée, ni aussi cultivée après qu'on en a eu connaissance ; elle n'a pas obtenu la sympathie et l'estime d'autant de gens, elle est même suspecte et odieuse au plus grand nombre. » (trad. Jules Humbert).

106 *CP*, I, 6.

107 *Ibid.*

108 *Ibid.*

109 À la différence de celui de Galien : *cf.* J.-M. André, *La médecine à Rome*, p. 675, n. 131.

110 *TP*, I, 5, § 171 *sq.*

jeûne, l'ivresse, le fouet. Celse n'excluait pas certains « tourments ». Un disciple d'Asclépiade, Titus, au dire de Caelius, s'était montré tout aussi coercitif pour une « manie » proche du *furor*[111]. Caelius en revanche préconise la psychagogie d'origine philosophique, dont il loue l'autonomie efficace (I, 5, 167). Il croit aux vertus du dialogue, des « propos graves » et de la consolation « dans les cas d'abattement et d'irritation[112] ». Conscient de la valeur allopathique du théâtre, Caelius traite la « tristesse » dépressive par le mime comique, l'hilarité démente par la « crainte tragique[113] ». Le traitement de la manie par la musique ou l'amour physique peut développer des effets contraires : l'exaltation fanatique ou la libido désordonnée que Caelius censure comme une pathologie[114].

En définitive, l'étude de Caelius Aurélien s'avère d'une extrême complexité. On sait qu'il fut le « traducteur » de Soranos d'Éphèse, ce médecin méthodiste qui s'illustra notamment dans le domaine de la gynécologie – à laquelle il consacra le plus intéressant traité de la médecine antique. Mais la question se pose, dans les *Maladies aiguës* et les *Maladies chroniques*, de savoir si les informations transmises par ces deux sommes ressortissent uniquement à Soranos ou si Caelius a ajouté des éléments en provenance de son propre fonds. On optera volontiers avec Jackie Pigeaud[115] pour la seconde hypothèse formulée, qui implique une croyance en l'originalité de l'Africain. Pareillement, une incertitude subsiste quant à la date du *floruit* de Caelius, même si un consensus philologique tend à le placer au Ve siècle apr. J.-C. En vérité, ce doute chronologique[116] – premier ou Ve siècle apr. J.-C. – n'a strictement aucune importance du point de vue épistémologique, attendu que la fixation des concepts médicaux est pleinement réalisée dès le premier siècle av. J.-C., et qu'il n'y aura plus guère de modifications jusqu'au XIXe siècle. C'est ainsi que les définitions de la phrénitis

111 Caelius, *TP*, I, 178-179.

112 Caelius, *CP*, I, 98-99.

113 *TP*, I, 5, § 163.

114 *TP*, I, 5, § 176 *sq.* : sur la musicothérapie, Caelius se sépare d'Asclépiade.

115 Dans son maître livre intitulé *La maladie de l'âme. Étude sur la relation de l'âme et du corps dans la tradition médico-philosophique antique*, Collection d'Études Anciennes – vol. 131 – 3e édition, Série grecque, Paris 2006, p. 20.

116 De fait, certains critiques situent Caelius avant Galien (v. 130-v. 210/215), car on admettra difficilement qu'il ne cite jamais le médecin de Pergame qui a, comme chacun sait, réfuté les méthodistes.

et de la manie demeurent absolument les mêmes dans la *Nosographie philosophique* de Pinel. Par ailleurs, les discussions voire les polémiques de Caelius Aurélien présentent un intérêt culturel majeur eu égard aux renseignements qu'elles fournissent sur l'histoire de la médecine. Pertinence et permanence d'une vaste synthèse médico-pharmaceutique de l'Antiquité à la modernité.

Yves LEHMANN
Université de Strasbourg
– UR 3094 CARRA

GALIEN CONSTANTINOPOLITAIN : RÉFÉRENCE, AUTORITÉ ET TRANSTEMPORALITÉ À BYZANCE

Galien et Dioscoride dans le manuscrit d'Anicia Juliana à Constantinople

Au début du VIe siècle, vers 512, un manuscrit du *De materia medica* de Dioscoride est confectionné et richement illustré pour une aristocrate de très haut rang, la princesse Anicia Juliana (463-527/528) qui réside à Constantinople. Cette dernière est la fille de l'empereur d'Occident Anicius Olybrius. Le manuscrit se trouve aujourd'hui à Vienne, c'est pourquoi nous l'appelons couramment le *Dioscoride de Vienne*. Anicia Juliana est représentée au folio 6v dans une très belle miniature dédicatoire. L'image d'Anicia Juliana suggère un personnage impérial, peut-être en lien avec le fait que son époux Areobindus avait été proclamé empereur par une faction d'Orthodoxes révoltés contre l'empereur monophysite Anastase (491-518) à Constantinople vers 512/513, proclamation néanmoins refusée par Areobindus. Au folio 3v du manuscrit se trouve une miniature pleine page représentant sept médecins. On pourrait s'attendre à ce que Dioscoride ait été placé en tête des personnages représentés. Tel n'est pas le cas. C'est Galien, le médecin de Pergame, qui est placé dans cette position prééminente. Personnage barbu, la barbe étant le signe pileux à Byzance de la masculinité virile et de l'autorité, il est le seul à être représenté assis sur une chaise. Dioscoride se tient à ses côtés[1]. Ce côtoiement entre

1 *Vindobonensis Codex Medicus Graecus 1, österreichische Nationalbibliothek*, Vienne, *fol.* 3v. On trouvera une reproduction photographique de la miniature notamment dans O. Temkin, *Galenism. Rise and Decline of a Medical Philosophy*, Ithaca et Londres, 2e édition, 1974, p. 76. Sur le *De materia medica* de Pedanios Dioskoridès et le manuscrit de Vienne voir S. Lazaris, « Scientific, Medical and Technical Manuscripts », in V. Tsamakda, (éd.), *A Companion to Byzantine Illustrated Manuscripts*, Leyde et Boston, 2017, p. 55-113, ici p. 93-96. Sur le rôle de la barbe comme signe de sagesse, d'autorité et de virilité à Byzance voir

Galien et Dioscoride est d'autant plus étrange que le médecin de Pergame et le pharmacologue n'ont pas du tout vécu à la même époque. Dioscoride d'Anazarbe vit au Ier siècle alors que Galien est né en août ou septembre 129 et est mort en 216/217. Comment expliquer un tel rapprochement ? C'est que Galien est une autorité médicale majeure à Byzance et placer Dioscoride à ses côtés immédiats est davantage une marque honorifique pour l'auteur du *De materia medica* qu'un signe d'importance secondaire. On voit ici que ce n'est pas la vérité historique chronologique qui est essentielle dans cette miniature mais l'importance des personnages au vu de la tradition médicale canonique reconnue à Byzance vers 512. Le prestige et l'autorité de Dioscoride sont rehaussés par cette proximité immédiate. Le temps n'est donc pas abordé dans cette miniature dans sa linéarité historique diachronique mais capté, perçu dans la vérité d'un temps présent, peut-être pourrions-nous reprendre ici la notion de « présentisme » de François Hartog[2].

L'AUTORITÉ DE GALIEN

Comme l'indique l'historienne de Byzance et de la médecine byzantine, Wanda Wolska-Conus, aux VIe-VIIe siècles l'autorité de Galien s'impose dans l'enseignement de la médecine « Partout et à tous[3]. » De plus, un traité galéniste peut passer à Byzance sous le nom de Galien et

G. Sidéris, « Jouer du poil à Byzance : anges, eunuques et femmes déguisées en moines », dans M.-F. Auzépy, et J. Cornette (sous la direction de), *Histoire du poil*, Paris, 2011, p. 93-114, ici p. 93-96. Sur la représentation d'Anicia Juliana dans le manuscrit suggérant un personnage impérial et la révolte de 512/513 voir B. Kiilerich, « The Image of Anicia Juliana in the Vienna Dioscurides : Flattery or Appropriation of Imperial Imagery ? », *Symbolae Osloenses*, 76, 2001, p. 169-190.

2 V. Nutton, *La médecine antique*, trad. fr. par Alexandre Hasnaoui, préface de Jacques Jouanna, Paris, 2016, p. 197-198 (Dioscoride) et p. 244-256 (Galien). Sur le « présentisme » voir S. Wahnich, et P. Zaoui, « Présentisme et émancipation, entretien avec François Hartog », *Vacarme*, 53, 8 novembre 2010, URL : https://vacarme.org/article1953.html, consulté le 9 mars 2020.

3 Wolska-Conus, W., « Palladios – le "Pseudo-Galien" (Ὁ Νεώτερος Ἐξηγητής) – dans le commentaire de Stéphanos d'Athènes aux *Aphorismes* d'Hippocrate », *Revue des études byzantines*, 58, 2000, p. 5-68, ici p. 65 (citation)-66.

des passages de cet ouvrage pseudo-galénique sont cités comme étant authentiquement de Galien[4].

L'autorité de Galien s'exerce non seulement dans le domaine de la médecine proprement dite mais aussi dans le lien qu'elle entretient avec la philosophie. La philosophie médicale de Galien a exercé une influence prépondérante sur les médecins byzantins que l'on appelle les iatrosophistes. De fait, à Byzance et tout particulièrement à Alexandrie et à Constantinople, le médecin est souvent un iatrosophiste qui allie dans sa théorie et sa pratique médecine et philosophie. Ainsi, Wanda Wolska-Conus analyse la figure du iatrosophiste Gésios qui vécut à Alexandrie sous l'empereur Zénon (474-491). Gésios est un sophiste. Mais plus que son savoir de sophiste et ses commentaires de rhétorique, ce sont surtout ses cours de médecine qui le rendent célèbre auprès des étudiants. II est en particulier un spécialiste d'Hippocrate et de Galien[5]. Il suit en ceci l'exemple même de Galien qui a écrit des ouvrages de philosophie. Nous sommes placés là dans un univers sur lequel nous devons un peu nous attarder pour comprendre les perceptions byzantines[6].

Wanda Wolska-Conus a analysé la figure de Stéphanos qui est à la fois médecin, philosophe et spécialiste d'astronomie à Alexandrie. Comme il est né à Athènes et a enseigné à Alexandrie, Stéphanos est qualifié tantôt « d'Athènes », tantôt « d'Alexandrie » par la tradition historiographique. Mais Wanda Wolska-Conus a montré que les deux Stéphanos étaient en fait le même personnage. Stéphanos est né vers 550-555 à Athènes. En 581 il est à Alexandrie. Il est un sophiste, il a étudié l'astronomie et il associe sciences, médecine et philosophie. Il est didascale et donne des cours de médecine, sans doute aussi de sciences et de philosophie, dans des locaux qui lui ont été attribués par le patriarche orthodoxe d'Alexandrie Euloge, locaux qui appartiennent aux dépendances de l'église de la Théotokos dite de Dorothéa. Sous le règne d'Héraclius Stéphanos quitte Alexandrie pour Constantinople où il meurt avant 638. Là il enseigne les *mathèmata*, notamment les mathématiques, la

4 Voir W. Wolska-Conus, « Un "Pseudo-Galien" dans le commentaire de Stéphanos d'Athènes aux *Aphorismes* d'Hippocrate », *Revue des études byzantines*, 56, 1998, p. 5-78, ici p. 11-71.

5 W. Wolska-Conus, « Stéphanos d'Athènes et Stéphanos d'Alexandrie : Essai d'identification et de biographie », *Revue des études byzantines*, 47, 1989, p. 5-89, ici p. 17 et p. 50-53.

6 Sur l'importance de Galien pour la médecine et la philosophie médicale byzantine voir O. Temkin, *op. cit.*, p. 63-97 ; V. Nutton, *op. cit.*, p. 329-349.

chronologie et l'astronomie. Il compose un commentaire astronomique aux *Tables faciles* de Ptolémée. Dans ce commentaire, Stéphanos adapte le commentaire de Théon d'Alexandrie sur les *Tables faciles* de Ptolémée, aux réalités du monde byzantin. Par la suite on attribue à Stéphanos des ouvrages d'alchimie et d'astrologie. On voit ainsi qu'à Byzance, un médecin pouvait être aussi bien philosophe, qu'astronome, astrologue et alchimiste. Stéphanos était connu en son temps, notamment à Constantinople, pour connaître les « arts secrets (ἀπόκρυφαι τέχναι) [*apokruphai téchnai*], c'est-à-dire l'astrologie et l'alchimie ». Il n'est donc pas surprenant de voir que la tradition attribuait à Stéphanos la composition d'un horoscope, comportant outre une partie astronomique, des prédictions sur l'avenir du peuple arabe. Cet ouvrage étant postérieur à 775, il ne peut être de Stéphanos, mais l'auteur a peut-être utilisé un ouvrage original de Stéphanos[7]. Un savant médecin pouvait donc à Byzance être aussi astrologue et avoir la capacité de discerner l'avenir.

LES PARASTASEIS ET LES PATRIA À CONSTANTINOPLE

Cette contextualisation nous amène à notre passage sur Galien à Constantinople.

Les *Parastaseis Syntomoi Chronikai* ou « Brèves notices historiques » sont un texte qui appartient à la collection des *Patria* de Constantinople ou collection patriographique[8]. Cette collection rassemble des écrits s'échelonnant du VIe jusqu'au XIe siècle sur les monuments et statues de Constantinople qui se présentent aussi comme un récit des origines de Constantinople, la Ville pour les Byzantins. Les *Parastaseis* sont un texte

---

7 W. Wolska-Conus, « Stéphanos d'Athènes et Stéphanos d'Alexandrie… », *op. cit.*, p. 82-89 et citation p. 22 : la translittération du grec entre crochets est la nôtre. Voir aussi J. Lempire, *Le commentaire astronomique aux* Tables faciles *de Ptolémée attribué à Stéphanos d'Alexandrie. Tome I : Histoire du texte. Édition critique, traduction et commentaire (chapitres 1-16)*, Louvain-la-Neuve-Paris, 2016.

8 *Parastaseis Syntomoi Chronikai* (désormais cité *Parastaseis*), Édition, traduction anglaise dans A. Cameron, J. Herrin (edited by) in conjuction with A. Cameron, R. Cormack and C. Roueché, *Constantinople in the Early Eight Century : The* Parastaseis Syntomoi Chronikai, éd. trad. anglaise, Leyde, 1984 ; le texte grec reproduit l'édition Preger, Th., *Scriptores Originum Constantinopolitanarum*, volume 1, Leipzig, 1901, p. 19-73.

qui date du VIIIe siècle et il est composé comme son nom l'indique de notices qui décrivent donc des monuments et statues de Constantinople. C'est un ouvrage anonyme. Le rédacteur se présente comme un homme de culture et un enquêteur qui a la volonté de livrer un enseignement sur les monuments qu'il décrit. Cette enquête, le rédacteur anonyme l'a menée à la demande d'un ami, Philokalos. Pour mener à bien son enquête il a non seulement parcouru la Ville mais il a questionné des spécialistes et lu des livres sur les monuments décrits. Il a fait ceci dans un but pédagogique et moral afin d'éclairer les habitants de Constantinople sur la signification de monuments avec lesquels ils vivent au quotidien mais dont ils ne connaissent pas l'histoire ni ne comprennent plus la signification. L'auteur s'inscrit donc dans une démarche historique qui est celle de l'enquête sur le passé comme dans les chroniques. Mais au lieu de tisser une trame chronologique respectant le déroulement des fils successifs des années, monuments, statues et personnages, il élabore plutôt ce que Gilbert Dagron qualifie comme une « histoire en miettes », la véritable unité se trouvant dans la permanence de Constantinople et de ses monuments. Cet attachement à la Ville justifie la référence « patriographique » : *Patria* comme une histoire « nationale » qui rassemble, fédère au sein d'un nous collectif, les habitants passés et présents de la capitale de l'Empire. En se référant à l'article de François Dosse sur « l'histoire en miettes », nous pouvons comprendre que c'est d'une histoire fragmentée, émiettée voire éclatée dont il s'agit, où le discours peut se substituer au réel ou à la vérité historiques. De fait, il s'agit pour l'auteur des *Parastaseis* de partir des monuments et des statues et non pas de l'Histoire comme récit diachronique, et d'élucider, par l'enquête faite de témoignages, de récits oraux et de lectures, les mystères dont ces monuments et leur histoire sont porteurs. Pour pallier au mystère des personnages représentés par les statues et de l'origine exacte des monuments, le rédacteur a recours à la fois à l'Histoire, aux histoires racontées et à la fiction littéraire, tous matériaux informatifs qui lui permettent de trouver une réponse aux questions posées, et ce aux prix même d'un brouillage des temps, de discontinuités temporelles, d'anachronismes[9].

9 Sur les *Patria* et les *Parastaseis* voir G. Dagron, *Constantinople imaginaire. Études sur le recueil des « Patria »*, Paris, 1984, p. 9-63, citations sur « l'histoire en miettes » et l'histoire « nationale » : p. 54 ; A. Berger, *Untersuchungen zu den Patria Konstantinupoleos*, Bonn, 1988, p. 40-49 ; A. Cameron, J. Herrin *et alii* (éd.), « Constantinople ... », *op. cit.*, p. 1-53 qui

Dans cette réélaboration, les « propos de la rue », la tradition orale à Constantinople tiennent une place essentielle. L'imaginaire qui peuple ces récits de tradition orale, relèvent d'une imagination encadrée car les anachronismes, légendes ou déformations sont « rapportés à une histoire précise, à des monuments présents, à des livres qui pèsent de tout leur poids ». Nous ne pouvons aborder le merveilleux avec nos catégories contemporaines opposant réalité historique et fiction, la croyance en des « merveilles » (statues, spectacles, miracles et autres, la merveille se disant *théama*, au pluriel *théamata*), faisant partie intégrante des perceptions byzantines et d'une culture populaire qui peuvent recevoir les récits rapportant ces « merveilles » comme vraisemblables. D'autant que la croyance dans l'intervention des forces occultes est bien ancrée dans la population de Constantinople au VIIIe siècle[10].

Il est important ici de retracer le cadre du VIIIe siècle dans la Constantinople byzantine. Celle-ci a été plusieurs fois assiégée par les armées arabes, dévastée par les épidémies, en particulier la peste. De ce fait, au VIIIe siècle l'espace urbain habité constantinopolitain s'est fortement rétréci à l'intérieur des murailles d'où une certaine « ruralisation » de la ville. L'empereur Constantin V (741-775) est obligé de recourir à une immigration massive pour repeupler la Ville. C'est dire que les Constantinopolitains ne comprennent plus du tout les monuments et les statues qu'ils côtoient au quotidien et qui inspirent un mélange d'admiration et de crainte, car ils peuvent recéler des sortilèges. Mais cet oubli permet aussi l'élaboration d'une identité constantinopolitaine nouvelle à laquelle participent les *Parastaseis* qui en sont aussi un témoin. Les *Parastaseis*, rapportent et établissent le lien intime qui unit la population de Constantinople à ses monuments et merveilles, les rapports et la complicité qu'elle entretient avec eux mais aussi la moralité qui encadrent les récits sur ces statues et monuments qui peuvent être porteurs

optent pour une conception des *Parastaseis* par plusieurs auteurs qui seraient un groupe d'amis : p. 13-15. F. Dosse, « L'histoire en miettes : des Annales militantes aux Annales triomphantes », *Espace temps*, 29, 1985, p. 47-60, ici p. 55.

10 Voir G. Dagron, « Constantinople imaginaire… », *op. cit.*, p. 38-42 ; P. Ricœur, *Temps et récit. 1. L'intrigue et le récit historique*, Paris, Éditions du Seuil, 1983 (collection Points Essais), p. 97. P. Roilos, « *Phantasia* and the Ethics of Fictionality in Byzantium : A Cognitive Anthropological Perspective », dans P. Roilos, *Medieval Greek Storytelling. Fictionality and Narrative in Byzantium*, Wiesbaden, 2014, p. 9-30. Sur la croyance dans l'action des forces occultes voir C. Mango, *Le développement urbain de Constantinople (IVe-VIIe siècles)*, Paris, 1990, p. 60.

d'avertissements vis-à-vis des transgresseurs qui ne tirent pas les leçons et les menaces dont ces statues et monuments sont les détenteurs[11]. Mais pour lire et décrypter ces statues, monuments et merveilles il faut un interprète, un herméneute qui sait, c'est-à-dire un « philosophe[12] ».

LE RÉCIT SUR GALIEN CONSTANTINOPOLITAIN

C'est dans ce cadre que s'inscrit le récit sur Galien à Constantinople. L'histoire de Galien, médecin et philosophe vivant à Constantinople est racontée dans la notice 40 des *Parastaseis*. Elle est reprise plus tard dans le recueil des *Patria Kônstantinoupoleôs*, dans une version remaniée du Xe siècle qui n'apporte rien de plus par rapport à la notice des *Parastaseis*[13]. Le cadre de l'histoire de Galien est le quartier des boulangers avec le marché des boulangers appelé *Artopôleia*, terme qui est un pluriel, ou au singulier *Artopôleion*. Ce quartier se trouvait à un endroit de la Mésè, la grande artère principale de la capitale, entre le Forum de Constantin et le Forum de Théodose. Albrecht Berger, considérant que les boulangeries étaient installées à Constantinople à travers toute la ville pense que le terme *Artopôleia* ne trouve pas son explication dans la concentration de boulangeries à cet endroit. Pour Cyril Mango il s'agit bien de boulangeries. Pour lui, la contraction de la ville a fait que tout le blé importé était déchargé au port de Julien où il était entreposé. De là les sacs étaient transportés jusqu'à la grande artère, la Mésè. Le problème du transport aurait donc amené les boulangers à se concentrer à l'endroit de la Mésè où étaient apportés les sacs de blé, le quartier des boulangers se trouvant à proximité du quartier du port de Julien. La concentration des boulangeries serait un des signes du caractère villageois prit alors

11 Sur le contexte général de Constantinople au VIIIe siècle voir C. Mango, *op. cit.*, p. 53-60 et P. Magdalino, *Constantinople médiévale. Études sur l'évolution des structures urbaines*, Paris, 1996, p. 17-19 et p. 48. Voir aussi G. Dagron, « Constantinople imaginaire… », *op. cit.*, p. 30-34 et p. 127-139.

12 G. Dagron, « Constantinople imaginaire… », *op. cit.*, p. 115-116.

13 *Parastaseis*, 40, éd., trad. A. Cameron, J. Herrin *et alii*, p. 106-111. *Patria Kônstantinoupoleôs* II, 46, éd. Th. Preger, *Scriptores Originum Constantinopolitanarum*, volume 2, Leipzig, 1907, p. 151-209, ici p. 174-175. Sur la version remaniée des *Patria* au Xe siècle voir G. Dagron, « Constantinople imaginaire… », *op. cit.*, p. 48-49.

par Constantinople. Paul Magdalino reprend les arguments de Cyril Mango concernant les contraintes de l'approvisionnement et remarque qu'à proximité des *Artopôleia* se trouve une église Saint-Théodore dite des Charbonniers, signe que le combustible utilisé pour faire fonctionner les fours se trouvait tout près. Mais pour lui, les *Artopôleia* ne concentraient pas toutes les boulangeries de la Ville. Il s'agit d'une centralisation dans ce quartier suite à un grand incendie, afin d'éviter que ce dernier ne se reproduise ou à une conséquence de la réfection du port de Julien sous Justinien I (527-565) et Justin II (565-578). Il faudrait placer cette centralisation au Ve ou au VIe siècle. Du fait de son importance économique et alimentaire, de sa position centrale sur la grande artère de la Mésè entre deux grandes places, les *Artopôleia* sont donc un lieu très connu et très fréquenté par les Constantinopolitains[14].

C'est là aux *Artopôleia* que se trouve la quatrième « merveille », *théama*, de Constantinople. Il s'agit d'un ensemble de statues exécutées sur ordre de Constantin I (324-337). On trouve en particulier des animaux à la fois sauvages et domestiques : une petite chienne (*kunarion*) en marbre avec vingt tétines, une lionne, un lièvre, des têtes de bélier, une belette, des génisses, parmi lesquels se trouvent des oiseaux : un paon, un aigle, des moineaux, des corneilles, une tourterelle. Mais il y a aussi deux statues de marbre de Gorgones, une sur la droite et une sur la gauche, se regardant l'une l'autre. À tout ceci s'ajoute un troupeau de bœufs. Ces statues se trouvent dans un bâtiment des *Artopôleia*. Ce grand spectacle ou plutôt cette merveille (*théama*) perdure jusqu'au règne de Zénon (474-491). Mais les gens n'en comprennent pas le sens jusqu'à ce qu'intervienne un certain Galènos[15].

Ce Galènos, Galien en français, est médecin et « philosophe ». Le terme « philosophe » dans les *Parastaseis* est attribué à un homme ou un sage qui est capable de comprendre la signification des statues et des inscriptions, dont on ne comprend plus vraiment le sens premier au VIIIe siècle. Mais ici, par ce terme il faut entendre non pas tant un sage qu'un astrologue/astronome et ce Galènos/Galien enseignait à partir des

14 A. Berger, « Untersuchungen... », *op. cit.*, p. 312-313. C. Mango, *op. cit.*, p. 55. P. Magdalino, *op. cit.*, p. 22. A. Cameron, J. Herrin *et alii* (éd.), « Constantinople ... », *op. cit.*, p. 222, optent pour le quartier du Marché du pain comme lieu de fabrication du pain.

15 *Parastaseis*, 40, éd., trad. A. Cameron, J. Herrin *et alii*, p. 106-109. Voir A. Berger, « Untersuchungen... », *op. cit.*, p. 312.

écrits des « chronographes », c'est-à-dire des historiens. C'est donc un savant qui est inscrit dans le temps historique. Clin d'œil du patriographe qui serait allé trouver son personnage dans une chronographie ou qui suggèrerait à son lecteur/auditeur que c'est dans l'Histoire qu'il faut aller chercher qui était ce Galènos ou qui, récupérant une notice sur les « merveilles » de l'*Artopôleion*, aurait identifié ce Galénos avec le Galien « historique » ? La suite du récit nous éclaire un peu plus. L'on apprend que les fameuses Gorgones tiennent des serpents et l'empereur Constantin I y a placés des *hieroglyphika* et des *astronomika* qui relataient les histoires des empereurs. Or, Galènos, qui connaît les écrits des historiens, sait déchiffrer ces textes cryptés. Parmi ces histoires il lit la prophétie des malheurs qui doivent arriver à l'empereur Zénon du fait des manœuvres contre lui de sa belle-mère l'impératrice Vérine et ceci le fait rire. Zénon a épousé Ariadnè fille de Vérine et Léon Ier (457-474). Pour comprendre la finesse de l'allusion nous avons besoin ici d'évoquer le contexte historique. Les manœuvres de Vérine provoquent l'arrivée au pouvoir de Basiliskos, le frère de Vérine, entre janvier 475 et fin août 476. Zénon doit s'enfuir en Isaurie. En 476 Zénon parvient à reprendre le pouvoir mais entre 484 et 488 Zénon doit faire face à une deuxième révolte contre lui soutenue aussi par Vérine, du général isaurien Illus et du patrice Leontius, qu'il parvient aussi à briser tandis que Vérine meurt[16]. Puis Galènos raconte publiquement l'histoire écrite sur Zénon et Vérine, mais selon le patriographe après le second retour de Zénon d'Isaurie c'est-à-dire après août 476. La connaissance précise des démêlés de Zénon avec Vérine et de leurs conséquences politiques sont un signe que le patriographe connaissait un récit historique du règne de Zénon. Mais cette liberté de parole, cette *parrhèsia*, va coûter très cher à Galènos l'effronté. Un certain Kallistratos, un homme de basse condition, le dénonce. Une cour de justice est réunie, précise le texte, dans le bâtiment même des *Artopôleia* où se trouvent les statues des animaux et des oiseaux. Galènos est jugé et décapité par l'épée. La faction des Verts et la foule crient « le jugement est juste ». Les « Verts » sont une faction de l'hippodrome de Constantinople. Mais

16 *Parastaseis*, 40, éd., trad. A. Cameron, J. Herrin *et alii*, p. 108-111. Sur le contexte historique du règne de Zénon voir W. Treadgold, *A History of the Byzantine State and Society*, Stanford, 1997, p. 156-162 et C. Morrisson, *Le monde byzantin I. L'Empire romain d'Orient (330-641)*, Paris, 2004, p. 71.

un « philosophe », c'est-à-dire quelqu'un qui est capable d'interpréter le sens des inscriptions, Aristeidès grava sur le lieu une inscription qui dénonçait l'injustice de Zénon contre Galien. Une fois qu'il eût gravé l'inscription, il s'enfuit à Cherson et l'inscription a été préservée « jusqu'à aujourd'hui[17] ».

Se posent alors plusieurs questions à la lecture de ce récit : Est-ce vraiment la figure de Galien, médecin sous l'Empire romain qui est transposée dans ce Galènos constantinopolitain vivant sous l'empereur Zénon ? Comment Galien a-t-il pu ainsi passer dans une histoire patriographique de Constantinople, « médecin et philosophe » lié aux prophéties, aux hiéroglyphes, c'est-à-dire la magie égyptienne et aux *astronomika*, par ce terme il faut comprendre astrologie et astronomie ? Médecin et philosophe, Galien de Pergame le fut, il entremêlait les deux[18]. Mais « philosophe » dans le sens des *Parastaseis* ?

Pour répondre à cette question il faut nous tourner vers l'œuvre de Galien. Comme l'a montré Jacques Jouanna, Galien avait recours aux amulettes comme médecine. Par exemple il cite ce passage notamment à propos des pierres dans les *Médicaments simples* : « Il y a aussi certaines autres pierres attachées en amulette par certains, quelques-unes présentant des dessins gravés ainsi que des lettres, comme la pierre épervier adaptée aux hémorrhoïdes que nous avons effectivement expérimentée ». Ces pierres peuvent être serties dans des bagues ou portées en pendentif à proximité de la partie du corps affecté puisque le contact avec l'organe malade rend l'amulette plus efficace selon les principes de sympathie et d'antipathie, de contagion. Galien condamne les incantations qui accompagnaient les amulettes comme relevant de la magie, mais on voit de ce fait que ces incantations faisaient partie de pratiques médicales. Il est donc clair que des médecins prescrivaient ces amulettes et incantations, Galien d'ailleurs mentionne le médecin Pamphile. Pour Galien la faculté de guérison de l'amulette de pierre réside en fait dans la pierre elle-même et non dans les dessins et lettres gravés dans la pierre[19].

---

17 *Parastaseis*, 40, éd., trad. A. Cameron, J. Herrin *et alii*, p. 110-111 et voir commentaire p. 222-224. Sur les factions de l'hippodrome à Constantinople, les dèmes, et leur importance voir G. Dagron, *L'hippodrome de Constantinople. Jeux, peuple et politique*, Paris, 2011, p. 135-184.

18 Voir notamment V. Nutton, *op. cit.*, p. 250-252.

19 Galien, *Les médicaments simples*, IX, 2, 21, dans *Claudii Galeni opera omnia*, vol. XII, éd. K.G. Kühn, Leipzig, 1826, p. 208. J. Jouanna, « Médecine rationnelle et magie : le

Mais Galien ne rejette pas toutes les incantations. Il dit dans un passage de *La pratique médicale chez Homère* conservé chez Alexandre de Tralles au VIe siècle, cité et traduit en français par Jacques Jouanna :

> 1. Quelques-uns pensent assurément que les incantations ressemblent aux récits de vieilles femmes, comme moi-même je l'ai cru pendant longtemps ; mais avec le temps, à la suite de faits évidents, j'ai été persuadé qu'il y avait une puissance en elles. 2. En effet, dans les morsures de scorpion j'ai fait l'expérience de leur utilité, et pas moins aussi dans le cas des os coincés dans la gorge qui ont été recrachés immédiatement à la suite d'une incantation ; et il y a bien d'autres cas légitimes dans chaque domaine où les incantations atteignent leur but[20].

Il n'est pas certain que le traité et donc ce passage soient vraiment de Galien. Mais pour Byzance peu importe car comme nous l'avons vu, des traités galénistes y sont considérés comme étant de Galien. Or, à Byzance, les incantations et amulettes étaient considérés comme des moyens thérapeutiques tout à fait courants et efficaces[21]. Le Galien byzantin est donc un médecin connaissant l'art des amulettes et des incantations qui sait les déchiffrer et les employer. Nous sommes bien ici dans le portrait du Galènos des *Parastaseis* qui connaît le sens des *hieroglyphika* et des *astronomika*. Surtout, Galien avait à son époque la réputation d'être doté de qualités divinatoires du fait de son extraordinaire capacité à interpréter les signes corporels et établir un pronostic juste, discours prédictif qu'il mettait publiquement en scène. Mais cette capacité était aussi dangereuse car elle le rapprochait des devins et des astrologues, d'autant plus que Galien connaissait et pouvait utiliser l'astrologie et l'astronomie mais pour comprendre les changements météorologiques et leur influence sur la santé et non pas dans un but de divination. Or, Galien fut accusé d'avoir recours à la magie et à la divination pour parvenir à ses prédictions[22]. Et puis, comme nous l'avons vu avec Stéphanos, un médecin à Byzance pouvait être tout aussi versé dans la philosophie et l'astronomie que dans la médecine.

---

statut des amulettes et des incantations chez Galien », *Revue des études grecques* 124-1, 2011, p. 47-77, citation p. 75.

20 J. Jouanna, *op. cit.*, p. 70 (citation)-71.

21 Voir S.P. Panagopoulos, « La magie comme méthode thérapeutique dans la première période byzantine : les rapports hagiographiques (4e-7e siècles après J.-C.) », *Chronos. Revue d'histoire de l'université de Balamand*, 27, 2013, p. 49-75.

22 Voir C. Petit, *Galien de Pergame ou la rhétorique de la Providence. Médecine, littérature, pouvoir à Rome*, Leyde, 2018, p. 75-93 et V. Nutton, *op. cit.*, p. 299-301.

Quant aux démêlés de Galènos avec Zénon ils font peut-être écho au fait que Galien fut un médecin impérial sous Marc-Aurèle et Commode et qu'il connut lui aussi des difficultés surtout avec Commode[23].

Tous ces éléments qui rapprochent Galènos le médecin, philosophe, herméneute spécialiste des *hieroglyphika* et *astronomika*, du Galien historique de Pergame ne peuvent être de simples coïncidences. D'autant que l'auteur des *Parastaseis* fait allusion dans sa notice aux Chroniqueurs. C'est bien Galien, le grand médecin antique qui est le Galènos des *Parastaseis*. Mais c'est un Galien, byzantinisé, Constantinopolisé qui est mis en scène. C'est la référence, l'autorité médicale et scientifique majeure qui est récupérée et à juste titre car Galien depuis les Ve-VIe siècles est devenu un authentique auteur byzantin, nous pourrions dire un Galien acculturé. Son œuvre a non seulement considérablement augmenté du fait des ouvrages galénistes passés sous son nom mais elle a pris aussi une expression ainsi qu'une tournure byzantines avec ces ajouts. C'est donc un Galien transtemporel qui nous est donné à découvrir dans les *Parastaseis*. Mais cette transtemporalité s'inscrit sinon dans une vérité historique du personnage Galien de Pergame mais à tout le moins par certains aspects dans une vraisemblance. Le Galènos byzantin nous révèle peut-être une vérité sur le Galien perçu à Byzance à travers la mémoire et les ouvrages lus, celle d'un savant assez libre et effronté pour oser rire de l'Empereur. L'auteur des *Parastaseis* a peut-être récupéré une notice déjà écrite ou il a pu aussi recomposer une notice avec des éléments tirés de traditions orales et de lectures, éléments qu'il a structurés, auxquels il a donné un sens avec le personnage de Galien/Galènos et qui lui permet de tirer une morale : qu'à Byzance, comme le note Gilbert Dagron, les empereurs peuvent réduire au silence ceux qui rient trop fort. Mais Galènos le médecin et philosophe est vengé par un autre philosophe, Aristeidès, qui inscrit dans la pierre l'injustice faite par l'empereur à Galènos. Ce qui signifie que de toute façon, un empereur ne peut effacer ses actes, Constantinople en garde la mémoire dans sa pierre même[24].

En conclusion, la notice des *Parastaseis* est un précieux témoignage de l'importance de la figure de Galien à Byzance. Si Galien devient à Byzance

---

23 Voir V. Nutton, *op. cit.*, p. 254-255.

24 G. Dagron, « Constantinople imaginaire… », *op. cit.*, p. 119-120 et p. 322-323.

l'autorité médicale par excellence, surplombante, c'est aussi parce que son œuvre s'est largement byzantinisée au fil des siècles, par des ajouts successifs d'ouvrages galénistes qui passent pour être authentiquement écrits par Galien. Ne restait alors qu'à faire de Galien un citoyen de la Ville, Constantinople, pour parachever l'acculturation et la byzantinisation du médecin de Pergame. C'est ce que fait l'auteur des *Parastaseis*. Sous les traits de Galènos, Galien devient un personnage transtemporel disponible pour une nouvelle identité, porteur de message, jouant entre la vraisemblance du Galien historique et la vérité patriographique du Galien byzantin. Et le résultat est surprenant. Galien est devenu non seulement une figure détentrice du savoir mais aussi du savoir caché qui lui donne une liberté de ton, une *parrhèsia*, qui lui permet de dévoiler et dire la vérité, de prédire l'avenir. C'est peut-être cela aussi que les Byzantins aimaient lire dans le Galien byzantin, et que les *Parastaseis* nous donnent à entrevoir.

Georges SIDÉRIS
Sorbonne Université – UMR 8167
Équipe monde byzantin
au Collège de France

LA FIGURE D'AMBROISE DE MILAN D'APRÈS LE *DE BELLO ARRIANO* DE GIOVANNI MARCO FAGNANI (1604)

L'épopée en six livres *De Bello Arriano (La guerre contre Arius* ou *contre les Ariens)* est la seule œuvre que Giovanni Marco Fagnani[1], en latin Johannes Marcus Fannianus, a consenti à publier peu avant sa mort ; il n'en existe qu'une seule édition diplomatique, parue à Milan, en 1604[2]. Dans deux préfaces en prose adressées l'une aux notables de Milan, qui l'ont sollicité, et l'autre à son lecteur, l'auteur, un noble milanais, explique son objectif et sa méthode : il entend dans « cette histoire » raconter « les hauts faits du divin Ambroise pendant que la guerre déclenchée par les Ariens sévissait sur le territoire des Insubres[3] ». Dans cette affaire, selon lui, l'évêque de Milan (374-† 4 avril 397)[4] a été « remarquable par sa sainteté », « rompu à l'art de la guerre » et surtout un « excellent chef » militaire qui a su empêcher, avec sa troupe, que l'hérésie subordinatianiste du prêtre de Baucalis, Arius, ne souille « les esprits des Milanais et de leurs voisins[5] ».

---

1 Giovanni Marco Fagnani (Fanniani), poète néolatin et écrivain (1524-1609), dans *Biografia universale antica e moderna*, Venezia, 1824, p. 344 (vue 350) (disponible en ligne le 24 novembre 2018 : https://books.google.fr/books?id=egCRO0KJodIC&pg=PA344&dq=Giovanni+marco+fagnani&hl=fr&sa=X&ved=0ahUKEwj-mJeCn-3eAhWFyYUKHZbqAEEQ6AEIQzAE#v=onepage&q=Giovanni%20marco%20fagnani&f=false.

2 Io. Marci Fanniani Patricii Mediolanensis, *De bello Arriano, Libri sex*, Mediolani 1604. Disponible en ligne le 24 novembre 2018 : https://books.google.fr/books?id=joBeAAAAcAAJ&pg=PA132&lpg=PA132&dq=De+bello+arriano&source=bl&ots=m__mgH4Usp&sig=xzQAoauvf6xSD5JUhYbBD3cSC_U&hl=fr&sa=X&ved=2ahUKEwij1M3wme3eAhVDyoUKHUV6CE0Q6AEwBHoECAUQAQ#v=onepage&q=De%20bello%20arriano&f=false. À l'heure actuelle, du moins à ma connaissance, il n'existe de ce poème ni édition critique scientifique ni traduction. J'ai, par commodité, numéroté les vers et déjà traduit certains passages (traduction provisoire). Mais le travail d'édition et de traduction ne fait que commencer…

3 P. 3 : *Quod me plerique ex ordine vestro saepe hortati sunt, Viri clarissimi, vt Diui Ambrosii res gestas, dum in Insubrum finibus bellum ab Arrianis suscitatum viguit, […] carmine describerem.*

4 Pour une synthèse sur Ambroise, voir H. Savon, *Ambroise de Milan (340-397)*, Paris, 1997.

5 P. 5 : *Ne mireris, Lector optime, scripsisse me in hac de Bello Arriano historia Diuum Ambrosium non solum sanctitate insignem, uerum etiam militaris scientia peritum et egregium ducem extitisse,*

Pour nourrir son poème, placé dès l'incipit, avec des échos virgiliens, sous la protection d'Ambroise[6], Fagnani recourt, comme il l'écrit lui-même[7], non seulement à des auteurs antiques – comprenons : le diacre Paulin de Milan, qui, à la demande d'Augustin, a rédigé une *Vie d'Ambroise* (c. 412)[8] après la mort de l'évêque –, mais également à des écrivains forts récents, entre autres le milanais Gasparo Bugati, auteur d'une *Histoire Universelle*, en italien, en 1570[9]. Dans les six livres de l'épopée de Fagnani, qui compte plus de 2500 hexamètres dactyliques, Ambroise est omniprésent : le Livre 1[10] présente le contexte historique dans lequel ont lieu les actions d'Ambroise et campe le personnage avec divers éléments biographiques ; sans jamais perdre de vue le contexte historique, le Livre 2[11] s'attache à la levée de son armée par Ambroise, le Livre 3[12] se focalise sur l'armée opposée à celle d'Ambroise ; les Livres 4[13] et 5[14] décrivent les combats entre les deux armées ; enfin, le Livre 6[15] scelle la victoire totale d'Ambroise sur l'armée ennemie.

Si le substrat historique étaie le poème de Fagnani, des éléments hagiographiques, légendaires et iconographiques viennent enrichir la figure d'Ambroise tout au long de l'épopée, pour lui donner la force d'une œuvre engagée, apologétique, idéologique sinon propagandiste à la gloire non seulement du Patron de la ville de Milan, mais aussi plus généralement des Milanais et de leurs proches voisins.

---

eundemque ne Arriana haeresis Mediolanensium, ac finitorum animos pessima labe inficeret (quando illam auertendi hic modus, et hac ratio securior esse uidebatur) conductis militibus saepe cum hostibus conflixisse.

6 *Bell. Arr.* 1, v. 1-14, en part. v. 1 et 11-15 (p. 11-12) : v. 1-2 : *Ambrosii pia facta canam populique potentis / Insubrum celebres Diuo sub principe pugnas ;* v. 11-14 : *Tu, precor, aspira votis sanctissime Praesul / Ambrosi (auspiciis siquidem fortissime ductor / Ille tuis cecidit validis oppressus ab armis) / Adsis, et facilem nostris da versibus auram.*

7 P 5 : *Hoc enim et antiqui Autores, et nonnullis recentiores, inter quos est R. P. Gaspar Bugatus, probatus, et diligens scriptor, clarissime testati sunt.*

8 Paulin de Milan, *Vita Ambrosii*, ed. M. Pellegrino. *Verba seniorum* n.s. 1. Roma, 1961 ; trad. française, J.-P. Mazières, *Vie d'Ambroise*, Les Pères dans la Foi 56, 1994, p. 53-103.

9 G. Bugati, *Historia universale*, Gabriele Giolito de' Ferrari, 1570 ; disponible en ligne le 24 novembre 2018, Livre 2, p. 82-92 (vues 175-186) : https://books.google.fr/books?id=9tPSQu0n-FEC&printsec=frontcover&hl=fr&source=gbs_ge_summary_r&cad=0#v=onepage&q&f=false.

10 P. 11-33 : 430 vers.

11 P. 35-55 : 387 vers.

12 P. 57-80 : 450 vers.

13 P. 82-106 : 468 vers.

14 P. 108-130 : 420 vers.

15 P. 132-159 : 510 vers.

SUBSTRAT HISTORIQUE

Fagnani situe son épopée dans les années 380. Pour présenter les divers protagonistes à l'origine du conflit, il s'attache à la famille impériale. Il remonte jusqu'au 17 novembre 375, date où, après son expédition punitive contre les Quades et les Sarmates, Valentinien Ier meurt à Brigetio en Pannonie, à la suite d'une crise d'apoplexie, provoquée par un ambassadeur barbare venu implorer sa clémence[16] :

> Déjà grâce aux soldats romains, César avait écrasé des peuples divers
> et il était revenu, vainqueur, du Nord gelé,
> s'apprêtant à porter de nouveau la guerre contre les ennemis Sarmates,
> quand tout-à-coup il succomba, emporté par le tourbillon
> du destin impétueux, et le terrible Mars effraya le monde entier[17].

La mort prématurée de l'empereur met sur le devant de la scène sa seconde épouse Justine, dont il a eu un fils, Valentinien II[18], qui devient à l'âge de quatre ans coempereur d'Occident avec Gratien, le fils de Valentinien Ier et de sa première épouse. Justine, qui exerce la régence, est adepte de l'arianisme. Le portrait qu'en brosse Fagnani est très peu flatteur :

> Mais Justine, fière, cruelle et impie, s'emparant
> du sceptre, avait déclaré la guerre aux autels sacrés.
> De fait, machinant des fourberies dans son esprit, elle s'ingénia
> à infliger des châtiments aux adorateurs du Christ et à renverser le culte droit,
> en favorisant l'hérésie, que le perfide Arius
> avait jadis répandue. Ce fléau avait corompu de nombreuses villes[19]...

---

16 Sur Valentinier Ier, voir F. Zosso-C. Zingg, *Les empereurs romains (27 av. J.-C.-476 ap. J.-C.)*, Paris, 2002, p. 157-160 ; H. Savon, *Ambroise de Milan*, p. 74.

17 *Bell.* 1, v. 15-19 (p. 12) : *Iam Caesar varias Romano milite gentes / Strauerat, et gelida victor remearat ab Arcto, / Sauromatas rursus bellum moturus in hosts (sic) ; / Cum subito extinctus violenti turbine fati / Concidit, et totum Mars terruit horridus orbem.*

18 Sur Gratien et Valentinien II, voir F. Zosso-C. Zingg, *Les empereurs romains*, p. 164-166 et 166-168.

19 *Bell.* 1, v. 20-25 (p. 12) : *At Iustina ferox, immanis, et impia sceptrum / Arripiens bellum sacris indixerat aris. / Namque dolos animo versans infligere poenas / Christicolis studuit, rectosque inuertere cultus / Hereseos fautrix, quam perfidus Arrius olim / Vexerat. Haec multas pestis corruperat vrbes...* ; voir aussi 4, v. 455 : *ferox Iustina.*

Cette présentation négative est amplifiée par la mention de la colère insatiable de la *Regina*, des combats incessants qu'elle provoque et des deuils qui déciment les familles[20]. Obstinée, elle n'écoute pas les sages conseils que lui prodigue Probus, le préfet d'Illyrie[21], et ignore, comme le précise Fagnani, l'avenir terrible que le courroux divin réserve à ses enfants : Gratien, son beau-fils, sera assassiné à Lyon en 383, par Adragathius, sur ordre de l'usurpateur Maxime[22], et surtout, quatre ans après la mort de Justine à Thessalonique où elle s'est retirée, son fils, Valentinien II, sera étranglé en 392 à Vienne, sur ordre d'Arbogast[23].

C'est à cette impitoyable régente que s'oppose Ambroise à Milan. Le portrait de l'évêque ne présente pas de longue description physique, ce qui s'avère inutile puisque les Milanais n'ont qu'à se rendre dans la basilique Sant'Ambrogio pour contempler le visage d'Ambroise sur la mosaïque de la chapelle San Vittore in Ciel d'Oro (ve s.)[24]. Sujet d'un des discours de Probus à Justine, Ambroise est présenté à la fois à l'impératrice et au lecteur de l'épopée. Le Préfet évoque, en s'écartant de la biographie de Paulin[25], les honneurs que Valentinien Ier a accordés

20 *Bell.* 1, v. 33-42 (p. 13).

21 *Bell.* 1, v. 54-214 (p. 14-22). Sur Sex. Claudius Petronius Probus et son rôle dans les débuts d'Ambroise, voir H. Savon, *Ambroise de Milan*, p. 37-38.

22 *Bell.* 1, v. 215-224 (p. 22-23), en part. v. 219-224 : *Tempus erit, iamiamque aderit, cum stulta dedisse / Optabit cupidas monitis melioribus aures. / Illius siquidem crudelis Maximus hostis, / Praestantes natos infanda morte peremit. / tunc vexata malis, sceleris sibi conscia bello / Auertit sese moerens, lucemque perosa.* Sur la mort de Gratien et de Valentinien II, voir H. Savon, *Ambroise de Milan*, p. 163-165 et 277-288.

23 *Bell.* 4, v. 304-315 (p. 98) : *Sic Iustina graues irritans numinis iras / Imperii, et vitae finem sibi iniqua parauit. / Florebant celebres nati, pietate paterna / Insignes ; quibus haud vultu, nec gratior vnquam / Nec virtute fuit princeps : bellator vterque / Magnanimus, prudens, et tutae pacis amator. / Ecce alter (quid non regnandi dira libido / Pertentat ? quid non Fortuna volubilis audet ?) / Discordem Allobrogum componere dum studet vrbem, / Occubuit Ducis insidiis, manibusque suorum. / Alter qua Rhodanus crepitantibus influit vndis, / Infaustae periit prope tecta infida Viennae.*

24 *Bell.* 4, p. 85, v. 61-62 : *Ambrosium in media aede refert insignis imago, / Cuius adhuc roseo color est seruatus in ore.* Sur la Basilique Sant'Ambrogio, voir par exemple (disponible en ligne le 27 novembre 2018) : http://milanoarcheologia.beniculturali.it/?page_id=4296 ; D. Caporusso, M. T. Donati, S. Masseroli, T. Tibiletti, *Immagini di Mediolanum. Archeologia e storia di Milano dal. V secolo a. C. al V secolo d. C.*, Civiche Raccolte Archeologiche e Numismatiche di Milano, Milano, 2007, p. 248-251. Les reliques d'Ambroise, de Protais et Gervais ont été mises à jour en août 1871. Voir Autori Vari, *Sant Ambroeus, Tra storia e leggenda*, Meravigli, Circolo Filologico Milanese, 2017, p. 130-131.

25 C'est Probus lui-même, non Valentinien, qui choisit Ambroise pour faire partie de son conseil (Paulin, *VA*, 5, p. 56-57).

à Ambroise. Il insiste, à la suite de Paulin, sur l'origine romaine de sa famille et le rôle important de son père, Préfet du prétoire des Gaules sous le règne de Constantin II :

> [...] Il a toujours honoré d'éloges mérités Ambroise
> qui respectait les lois et les droits divins.
> Or, il ne l'a pas fait venir, inconnu, depuis les contrées des Gètes,
> le rivage de la Marmarique ou les sables de Libye,
> mais d'une région plus proche. De fait, Reine, si tu t'enquiers
> à la fois de son origine et de sa patrie, Rome nourricière
> lui a donné un père très illustre, qui l'a dirigée avec de justes rênes[26].

Toujours en suivant Paulin, Fagnani mentionne les études et l'éloquence d'Ambroise, qui le préparent au barreau et à l'administration impériale[27], avant d'en venir à sa nomination décisive comme gouverneur de la double province d'Émilie-Ligurie, dont la capitale est Milan, puis à son élection sur le siège de Milan en 374 :

> Puis, avec le poids des années, il obtint des honneurs illustres
> et fut gouverneur de l'Émilie et des Ligures, également cher à
> tous. Mais, grâce à la sympathie d'Auguste, il mérita
> une faveur très élevée et parvint dans la ville illustre des Insubres[28].
>
> De fait, pendant qu'il apaisait par ses paroles le peuple qu'enflammait
> un important soulèvement, le parti le meilleur, l'accueillit, tandis qu'il priait,
> avec des applaudissements nourris, et le plaça sur le siège suprême
> qu'occupa Auxence, ennemi de la foi sacrée[29].

---

26 *Bell.* 1, v. 98-104 (p. 16) : [...] *Dignis hinc semper laudibus auxit / Ambrosium leges, diuinamque iura tuentem. / Quem non e Geticis ignotum traxit ab oris / Littore Marmarico, Libycisque arenis, / sed propiore polo. Nam si Regina requiras / Et genus, et patriam; praeclarum huic Roma parentem / Alma dedit, iustis illam qui rexit habenis. Cf.* Paulin, *VA*, 3 (p. 52-53).

27 *Bell.* 1, v. 105-107 (p. 16) et v. 118-119 (p. 17) : *Nec nato, vt creuit spatiis primoribus aetas, / Aut culti mores deerant, studiumque laborum, / Ingenium, aut doctae suauis facundia linguae; [...] Sic creuit Latio nomen, sic acta iuuentus / Floruit, atque foro meruit plaudente coronam. Cf.* Paulin, *VA*, 5 ; H. Savon, *Ambroise de Milan*, p. 34-35.

28 *Bell.* 1, v. 120-122 (p. 17) : *Hinc annis grauior claros sortitus honores / Aemiliae, ac Ligurum rector fuit, omnibus aeque / Charus : At Augusti summum virtute fauorem / Promeritus claram Insubrum peruenit ad vrbem. Cf.* Paulin, *VA* 5 (p. 56-57); H. Savon, *Ambroise de Milan*, p. 38. D'après E. Pellegrino (p. 57, n. 4) Ambroise serait probablement arrivé à Milan vers 370.

29 *Bell.* 1, v. 126-129 (p. 17-18) : *Nam populum magna dum seditione furentem / Permulcet dictis, summo pars optima plausu / Orantem excipiens suprema in sede locauit, / Quam tenuit fidei sacratae Auxentius hostis. Cf.* Paulin, *VA* 6-8 (p. 56-62); H. Savon, *Ambroise de Milan*, p. 39-49.

Outre la nomination d'Ambroise comme évêque de Milan, Fagnani rappelle quelques événements marquants, notamment sa vie ascétique[30], son entourage familial (son frère Satyrus et sa sœur Marcelline[31]), mais aussi sa résistance face à l'empereur Théodose, qu'il a excommunié après le massacre de Thessalonique, avant de le réintégrer dans l'Église après sa pénitence publique (390-391), et, pour finir, le baptême d'Augustin à Milan (387). Fagnani rapporte ainsi comme

> Il a repoussé et tenu Théodose à l'écart du seuil de son saint
> temple, il l'a contraint, par sa juste colère,
> à se laver du crime qu'il a perpétré et à soumettre son sceptre à la mitre ;
> et, par la sainte eau du baptême, il a purifié Augustin,
> docteur remarquable, ardent par son amour pour la piété[32].

Celui que Fagnani appelle tour à tour *Pastor* (Pasteur)[33], *Pater* (Père)[34], *Praesul* (Prélat)[35] mais surtout *Diuus* (Divin)[36], s'oppose fermement à Justine, arienne convaincue. Il incarne en effet l'orthodoxie face à

30 *Bell.* 1, v. 384-410 (p. 31-32), en part. v. 393-395 et 406-407 : *Mundities tenuem ornabat, non copia mensam : / Tam puris contentus aquis, quam dulce Falernum / Contemnens, Patrum antiquos aequabat honores. / [...] Et tenuem cepisse cibum, noctemque legendo / Transfigere, et fessis horam vix cedere membris /.* Sur l'abstinence, les mortifications d'Ambroise et la prière, voir Paulin, *VA*, 38-41 (p. 104-113).

31 Satyrus est mentionné en *Bell.* 3, v. 399 (p. 78) ; 4, v. 60 (p. 85), 5, v. 377 (p. 128), mais surtout, aux côtés de Marcelline, à la fin du Livre 6, v. 482-483) : *Quae Marcellinae fuerint pia facta sororis ; / Quae fratris Satyri virtus, moresque, precesque, / Qui vitae finis ; [...].* Sur Marcelline, vierge consacrée par le pape Libère en 353 ou 354, voir Paulin, *VA*, 4 (p. 54-55) et H. Savon, *Ambroise de Milan*, p. 33-34 ; 57-63 ; sur les relations d'Ambroise et de son frère, la mort de Satyrus, voir H. Savon, *Ambroise de Milan*, p. 65-70. Voir dans l'iconographie, par ex, Ambrogio da Fossano, dit Il Bergognone, *Sant'Ambrogio tra i Santi Satiro, Marcellina, Gervaso et Protaso*, ca. 1490, Pavia, Chiesa della Certosa dans *Ambrogio, L'immagine e il volto. Arte dal XIV al XVII secolo*, Venezia, 1998, p. 19.

32 *Bell.* 6, v. 474-478 (p. 157) : *Et sancti arcuerit submotum limine templi / Teudosium, et iusta purgare coegerit ira / Patratum scelus, et submittere sceptra tiarae ; / Ablueritque sacro Augustinum fonte lauacri / Doctorem egregium, pietatis amore calentem.* Sur Théodose et Augustin, voir Paulin, *VA*, 24 (« Affaire de Thessalonique », p. 54-55) et H. Savon, *Ambroise de Milan*, p. 235-237 ; 267-267. Voir également C. Procaccini, *Ambrogio ferma Teodosio sulla porta della Basilica*, dans *Ambrogio, L'immagine e il volto*, p. 88.

33 *Bell.* 1, v. 384 (p. 31) ; 6, v. 74 (p. 136) ; 6, v. 493 (p. 158).

34 *Bell.* 2, v. 200 (p. 45) ; 6, v. 210 (p. 143) ; 6, v. 343 (p. 150) ; 6, v. 351 (p. 151) ; 6, v. 397 (p. 153).

35 *Bell.* 2, v. 238 (p. 47) ; 3, v. 48 (p. 58) ; 4, v. 63 (p. 85) ; 4, v. 114 (p. 88) ; 4, v. 127 (p. 89) ; 4, v. 329 (p. 99) ; 5, v. 237 : *insignis praesul* (p. 120).

36 *Bell.* 1, v. 193 (p. 21) ; 2, v. 24 (p. 36) ; 2, v. 178 (p. 44) ; 2, v. 370 (p. 54) ; 3, v. 155 (p. 65) ; 3, v. 169 (p. 66) ; 3, v. 247 (p. 70) ; 4, v. 19 (p. 83) ; 4, v. 90 et 97 (p. 87) ; 4, v. 341 (p. 100) ;

l'hérésie d'Arius, sur laquelle Fagnani revient longuement en expliquant la large diffusion jusqu'à la condamnation de cette foi erronée au concile de Nicée (325), tout comme la mort peu glorieuse de l'hérésiarque[37]. L'affrontement entre Ambroise et les Ariens est inévitable : nommé sur le siège de Denys – qui a été exilé en Arménie par l'empereur arien Constance à la suite du concile de Milan de 355[38] –, et successeur immédiat d'Auxence, « ennemi de la foi sacrée[39] », Ambroise est aux prises avec Justine, en particulier lors de « l'affaire des basiliques » en 385-386[40] – sans parler des manigances de l'impératrice pour empêcher à Sirmium, en 376, l'élection d'un évêque orthodoxe[41] – : à Pâques 386, lorsqu'elle le lui demande pour pratiquer le culte arien, Ambroise refuse de céder une basilique, en l'occurrence la basilique Portienne, puis la basilique Neuve[42]. Les troupes en viennent à occuper la basilique Portienne, avant de se retirer sur ordre de l'empereur. C'est à cette époque que des hymnes ont commencé à être chantés dans l'Église milanaise[43]. L'épisode est rapporté avec emphase par Fagnani : Ambroise « n'a pas peur », il fait chanter la foule et « en joie, avec le soutien de Dieu, il triomphe[44] ». Ce substrat historique inspiré de la *Vie d'Ambroise* de Paulin de Milan,

---

4, v. 419 (p. 104) ; 5, v. 12 (p. 108) ; 5, v. 124 (p. 114) ; 5, v. 304 (p. 124) ; 5, v. 349 (p. 126) ; 5, v. 372 (p. 127) ; 6, v. 202 (p. 143) ; 6, v. 461 (p. 157) ; 6, v. 492 (p. 158)

37 *Bell.* 2, v. 92-130 (p. 40-42) : 3, v. 279 : *Arrius imperium Romanae possidet aulae.* Sur la mort d'Arius, voir Faustin et Marcellin, *Libellus precum* (Supplique aux Empereurs), 6-7, éd. A. Canellis, *SC* 504, Paris, 2006, p. 114-119.

38 *Bell.* 1, v. 193-194 (p. 21) : *Inde vrbem Diuus repetit, satisque coactus / Exulis accepta Dionysi sede quieuit.* Sur Denys de Milan, voir par exemple Faustin et Marcellin, *Libellus precum* (Supplique aux Empereurs), 23, p. 130-131.

39 *Bell.* 1, v. 128-129 (p. 18) : *Orantem excipiens suprema in sede locauit, / Quam tenuit fidei sacratae Auxentius hostis.* Sur Auxence de Milan, voir Paulin, *VA*, 6 (p. 56-57) et H. Savon, *Ambroise de Milan*, p. 11 ; 26.

40 Paulin, *VA*, 12-15 (p. 66-75) et H. Savon, *Ambroise de Milan*, p. 71-79 et 193-222, en part. p. 202 : G. Nauroy, « Le fouet et le miel. Le combat d'Ambroise en 386 contre l'arianisme milanais », *Recherches Augustiniennes et Patristiques* 23, 1988, p. 3-86 (disponible en ligne le 18 décembre 2018 : https://doi.org/10.1484/J.RA.5.102173).

41 En *Bell.* 4, v. 331-333 (p. 99), Fagnani évoque l'élection d'Anémius sur le siège de Sirmium. *Cf.* Paulin, *VA*, 11 (p. 64-66).

42 Sur ces deux basiliques, voir D. Caporusso, M. T. Donati, S. Masseroli, T. Tibiletti, *Immagini di Mediolanum*, 2007, p. 201 et p. 216-220.

43 Paulin, *VA*, 13 (p. 68-69), voir Ambroise de Milan, *Hymnes*, texte établi, traduit et annoté sous la direction de Jacques Fontaine, membre de l'Institut, Patrimoines Christianisme, 1992, p. 16-24.

44 *Bell.* 1, v. 241-270 (p. 23-25), en part. v. 241 ; 248-250 ; 260-262 : *Portia lucentes inuadunt atria flammae. [...] Ambrosius, quamquam parua comitante caterua / Non timet, et vario*

et que confirment les œuvres mêmes d'Ambroise, s'enrichit d'éléments hagiographiques et légendaires aussi bien tardo-antiques que plus récents.

DE L'HAGIOGRAPHIE À LA LÉGENDE

Fagnani nimbe Ambroise de l'aura hagiographique dont il est entouré depuis la *Vita* de Paulin de Milan. En effet, tout en les reconstruisant, en les reformulant avec plus ou moins de *uariatio*, en les synthétisant ou en les amplifiant, Fagnani reprend plusieurs scènes au biographe d'antan : tout d'abord la scène de l'essaim d'abeilles qui entre et sort de la bouche d'Ambroise bébé, endormi dans son berceau, placé dans la cour du Prétoire de Trèves, ce qui est le présage de son éloquence melliflue :

> Et à son fils, lorsqu'il avança en âge dans ces premières contrées
> ne manquaient ni l'élégance des mœurs, ni le goût pour l'effort,
> ni le talent, ni la savante éloquence de sa suave langue ;
> et ses parents ne dirent pas en vain qu'elle serait célèbre.
> Alors que le sommeil agréable caressait les tendres membres de l'enfant,
> sur ses lèvres indemnes – l'histoire est très connue –
> se posa un essaim d'abeilles, comme s'il recueillait, au début du printemps,
> le suc très doux d'une fleur parfumée.
> Tandis que la nourrice craignait pour son fils et qu'elle le chassait loin de ses petites lèvres,
> Le père [de l'enfant] le lui défendit et il nourrit d'espoir son cœur en joie.
> Mais il [l'essaim] s'éloigna paisiblement, et, emporté à travers les airs
> légers, il gagna les demeures élevées du ciel,
> en augurant du nectar conçu dans la délicate poitrine[45].

---

modulatus carmina cantu / Templa colit, gaudensque Deo fautore triumphat. [...] Interea campo Ambrosius prospexit aperto / Excessisse hostes, et libera Portia templa / deseruisse ; [...].

45 *Bell.* 1, v. 105-117 (p. 16-17) : *Nec nato, vt creuit spatiis primoribus aestas, / Aut culti mores deerant, studiumque laborum, / Ingenium, aut doctae suauis facundia linguae ; / Quam fore non vani celebrem dixere parentes. / Nam gratus somnus pueri cum mollia membra foueret / Somnus, in illaesis (fama est notissima) labiis / Examen consedit apum ; ceu floris odori / Colligeret primo praedulcem vere medullam. / Dum metuit nato nutrix, abigitque labellis, / Id vetuit pater, et laeto spem pectore pressit. / Ast illud placide abscessit, tenuesque per auras / Elatum caeli petiit sublimia tecta, / Portendens tenero conceptum pectore nectar.* Voir Paulin, *VA*, 3 (p. 52-55) et H. Savon, *Ambroise de Milan*, p. 31-32. Voir P. C. Landriani dit *Il Duchino, Il miracolo delle api*, Milano, Civiche Raccolte d'Arte Antica Castello Sforzesco, à l'origine dans la chapelle

Si le miracle des abeilles sert à nouveau, un peu plus loin, à souligner sa faconde face à l'armée qu'il a levée[46], l'élection d'Ambroise malgré lui sur le siège épiscopal de Milan retient aussi l'attention de Fagnani, qui, à la suite de Paulin, mentionne les vaines échappatoires d'Ambroise : les injustes tortures infligées aux condamnés, la fréquentation des prostituées, l'enseignement de la philosophie, enfin la double tentative de fuite, tout cela en vain. Mais, alors que Paulin émaille son récit de citations matthéennes dont il fait l'exégèse[47], Fagnani insiste davantage sur le miracle de l'enfant qui s'écrie : « Ambroise, sois évêque[48] ! ». Comme Paulin, il évoque des miracles, certains relevant du pouvoir thaumaturgique d'Ambroise, comme la résurrection d'un jeune Toscan[49], d'autres, non mentionnés dans la *Vita*, comme celui de la source qui a la saveur d'un vieux Falerne[50].

Fagnani cependant va bien au-delà de l'hagiographie tardo-antique en enrichissant encore le personnage d'Ambroise de divers autres éléments légendaires. Comme c'est déjà le cas, par exemple, dans la lettre que Jean de Heynlin adresse à l'imprimeur Jean Amerbach dans l'édition des œuvres complètes d'Ambroise parues à Bâle en 1492[51], Fagnani

du *Tribunale di Provvisione* de Milan (entre 1569 et 1584) dans *Ambrogio, L'immagine e il volto*, p. 83-85.

46 *Bell.* 2, v. 375-378 (p. 55) : *Dixerat. Assensere Duces, fremitumque dedere. / Quale examen apum, dum intra praetoria Regem / Stipat, gratum edit murmur, lenemque susurrum, / Atque probat vario assensu, dominumque salutat ; /.*

47 Paulin, *VA*, 6-9 (p. 56-63) et H. Savon, *Ambroise de Milan*, p. 39-43.

48 *Bell.* 1, v. 132-194 (p. 18-21), en part. v. 147-149 : *Ex templo (auditu mirum, et memorabile dictu) / E' turba allatus puer inquit, Episcopus esto / Ambrosius. Voce hac nutantia corda quierunt. /*

49 *Bell.* 6, v. 480-481 (p. 158) : *Hinc Tuscum aetheras puerum ut reuocarit ad auras ; / Et mira affectis dederit virtute salutem ; /. Cf.* Paulin, *VA*, 28 (p. 92-93) : il s'agit du Florentin Pansophius.

50 *Bell.* 6, v. 176-192 (p. 20-21), en part. v. 184-185 : *[...] veteris sed reddidit illa Falerni / Iucundum (nouas res, et carmine digna) saporem. /*

51 Ambrosii Mediolanensis Episcopi *Opera Omnia*, Bâle, Johann Amerbach, 1492, t. 1 (Diponible en ligne le 18 décembre 2018). https://api.digitale-sammlungen.de/iiif/presentation/bsb00025924/view.html?view=ImageView&manifest=https%3A%2F%2Fapi.digitale-sammlungen.de%2Fiiif%2Fpresentation%2Fv2%2Fbsb00025924%2Fmanifest&canvas=https%3A%2F%2Fapi.digitale-sammlungen.de%2Fiiif%2Fpresentation%2Fv2%2Fbsb00025924%2Fcanvas%2F1. – Sur Jean Heynlin, voir https://www.deutsche-biographie.de/sfz32179.html (disponible en ligne le 18 décembr 2018) : *Vocabulum enim 'ambrosius' deriuatum asserunt ab 'ambrosia' dulcissimi saporis herba ; qua et deos pasci quidam arbitrati sunt, et, ut apud Aristotelem legitur, Hesiodus eos qui nectar et ambrosiam gustauerunt immortales factos astruxit. Vnde et 'ambrosius' recte 'diuinus' uel 'immortalis' dicitur. Quod profecto uerissime nostro Ambrosio conuenire certum est. Qui spiritus*

évoque l'éloquence de l'évêque, en rapprochant le nom d'*Ambroise* de l'*ambroisie*, la première fois ironiquement dans la bouche d'un ennemi d'Ambroise, Armodius[52], la seconde fois, à l'*explicit* de son épopée, dans sa prière au saint Patron de Milan :

> Apporte-nous, de grâce, ton secours et puisses-tu être un soutien pour nos prières ;
> Accompagne notre vie, et veille sur nos affaires !
> Verse des gouttes d'ambroisie, et de cette douce liqueur,
> Imprègne et réchauffe les pensées dans les cœurs assoiffés,
> Et emplis les âmes d'une semence multiple de vertus[53] !

Chef de guerre, Ambroise met à plusieurs reprises[54] son éloquence au service de la foi pour exhorter ses troupes[55]. Il est à la tête d'une armée symbolique défiant toute véracité historique ou vraisemblance chronologique, au nombre de laquelle figurent, entre autres orthodoxes, outre Satyrus, Martin de Tours, Zénobius de Florence, Honorat de Verceil[56], Osius de

---

oris sui dulcedine et Scripturarum cibo suauissimo uiros diuinos tamdiu pauit et adhuc pascere non desinit, deuotosque saluberrim(a)e doctrinae suae lectores et auditores diuinos et immortales efficit. Cui rei euidenti probamento est repentina et admiranda errantis Augustini per eum <ad> rectam fidem reuocatio. Hoc etiam diuino nutu examen illarum apum paesagauit, quae os dormientis pueri Ambrosii quasi alueolum ingrediendo et egrediendo frequentabant, altissima deinceps aera uolatu suo petentes.

52 *Bell.* 3, v. 140 (p. 74) : *Nec vitam Ambrosiae succo medicabitur aegram.*

53 *Bell.* 6, v. 500-504 (p. 159) : *Da, quaeso, auxilium, fautorque precantibus adsis ; / Ac vitae praesens, et rebus consule nostris. / Infunde Ambrosium rorem, dulcique liquore / Imbutos refoue sitibundo in pectore sensus ; / Multiplicique animos virtutum semine comple.*

54 *Bell.* 1, v. 292-376 (p. 26-31) ; 2, v. 202-288 (p. 45-50) ; 2, v. 372-374 (p. 54-55) ; 3, v. 156-161 (p. 65-66) ; 3, v. 429-448 (p. 79-80) ; monologue intérieur d'Ambroise : 4, v. 4-19 (p. 82-83), suivi du discours d'un Ange ; 4, v. 36-43 (p. 84) ; prière d'Ambroise : 4, v. 66-79 (p. 85-86) ; 4, v. 94-96 (p. 87) ; 4, v. 132-153 (p. 89-90) ; 4, v. 427-445 (p. 104-105) ; 5, v. 135-148 (p. 115-116) ; 5, v. 173-182 (p. 117) ; 5, v. 216-223 (p. 109 (=119)-120) ; 5, v. 32-40 (p. 134) ; 6, v. 133-140 (p. 139-140) ; prière d'Ambroise : 6, v. 223-252 (p. 144-146) ; 6, v. 325-335 (p. 149-150) ; prière d'Ambroise : 6, v. 364-396 (p. 151-153).

55 Sur les discours d'Ambroise dans le *De Bello Arriano*, voir A. Canellis, « Pouvoir et religion dans les discours d'Ambroise de Milan (d'après le *De bello Arriano* de Fagnani, 1604) », Contribution dans l'Atelier « Pouvoir, politique et religion », GIS Religions, Lyon, (8-10 octobre 2019), à paraître.

56 *Bell.* 1, v. 419-422 (p. 33) : *Iungitur Ambrosio verae pietatis amator / Martinus, necnon venerandus ab hospite ductum / Xenobius nomen retinens ; visurus amicum / Liquit Honoratus Vercellas. Diuus in ore / omnium erat. [...]* ; *cf.* sur Honorat, voir Paulin, *VA*, 47 (p. 119-121) ; sur Zénobius, voir *VA*, 50 (p. 122-123) et sur Martin, voir H. Savon, *Ambroise de Milan*, p. 190-191 ; P. Boucheron, *La trace et l'aura, Vies posthumes d'Ambroise de Milan (IVe-XVIe siècle*, Paris 2019, *L'univers historique*, p. 112.

Cordoue[57], Zénon de Vérone[58], mais aussi de vaillants Romains, tels Curtius[59], Numitor[60], Hortensius, Crassus, Cicéron[61] ou encore Camille[62]. Championne de la foi droite, cette troupe est aux prises avec la fine fleur de la foi erronée, réunissant non seulement les hérétiques Arius et, parmi d'autres, Eudoxe de Constantinople, Apelle, Mélèce d'Antioche, Manès[63], Praxéas, Cérinthe[64], Eunome[65], Montan[66], Carpocrate[67], Nestorius[68], Helvidius[69], mais aussi le païen Symmaque, combattu par Ambroise dans l'affaire de l'autel de la Victoire[70]. L'affrontement entre ces deux armées donne l'occasion à Fagnani d'écrire de nombreuses aristies, mais surtout de présenter Ambroise sous un jour nouveau. Comme dans les épopées classiques, les chefs militaires, avant la bataille, exhortent leurs troupes, tradition à laquelle sacrifie évidemment l'Ambroise de Fagnani : par exemple, le court discours qu'il prononce au Livre 3 (v. 157-161, p. 65), comme celui d'Armodius auquel il répond (v. 108-150, p. 63-65), ont des relents sallustéens (*cf.* *Cat.* 58). Mais le vaillant chef de guerre qui sait à la fois convaincre, encourager, apaiser, féliciter et prier[71], s'avère

57 *Bell.* 2, v. 51 (p. 53) ; 4, v. 280-284 (p. 97).

58 *Bell.* 3, v. 371 (p. 76).

59 *Bell.* 2, v. 319 (p. 52).

60 *Bell.* 3, v. 400 (p. 78).

61 *Bell.* 5, v. 253-257 (p. 121).

62 *Bell.* 3, v. 350 (p. 95).

63 *Bell.* 3, v. 15-19 (p. 38).

64 *Bell.* 3, v. 56-57 (p. 60).

65 *Bell.* 3, v. 180 (p. 66).

66 *Bell.* 3, v. 200-225 (p. 69).

67 *Bell.* 3, v. 313 (p. 73).

68 *Bell.* 4, v. 183 (p. 92).

69 *Bell.* 4, v. 223 (p. 94).

70 *Bell.* 3, v. 312 (p. 73). Sur l'affaire de l'Autel de la Victoire, voir H. Savon, *Ambroise de Milan*, p. 167-180.

71 *Bell.* 2, v. 200-201 (p. 45) *: Quos pater excipiens placide, vultuque sereno, / Ardentesque videns facundo haec dicit ore.* ; 3, v. 156 (p. 65) : *Tum Diuus primam ante aciem sic ore locutus* ; 3, v. 428-429 (p. 79) : *Suspexit coelum Ambrosius, iussitque receptu / Signa dari et palmas tendens [...] dixit, /* ; 4, v. 3-4 (p. 82) : *Cum vigili Ambrosius voluens in pectore curas / Haec secum [...]* ; 4, v. 65 (p. 85) : *[...] et has flexo profudit poplite voces.* ; 4, v. 80-81 (p. 86) : *Orantem aethera genitor respexit ab arce / Omnipotens [...]* ; 4, v. 94 (p. 87) : *Ambrosius captum fari iubet [...]* ; 4, v. 120 (p. 88) : *Imperat Ambrosius [...]* ; 4, v. 131-132 : *Ipse Duces, animo quae stet sententia, paucis / Edocet [...]* ; 4, v. 419-426 (p. 104) en part. v. 124-125 : *Quos omnes placide affatus, vultusque sereno, / Hisque operum partem ascribens, laudumque suarum / Ambrosius dulci gratos amplexus amore, /* et v. 446 (p. 105) : *Sic fatus maiore virum spe corda repleuit. /* ; 5, v. 172 (p. 117) : *Omnes Ambrosius, verbisque affatur amicis. /* ; 6, v. 29-30 (p. 134) : *Ambrosius pia dona precum, gratesque tonanti / Persoluens oculos, palmasque leuabat Olympo. /* ; 6, v. 132-133

être un stratège et un combattant redoutables, altier avec sa mitre d'or et rutilant de pourpre, sur sa monture à l'écoute qui piaffe d'impatience[72] ou redoute les dangers pour son maître[73]. Reconnaissable à son fouet[74], Ambroise marche ainsi à la victoire et au triomphe[75], scellant la défaite définitive de l'armée adverse, des « bataillons du Styx[76] ».

Semblable portrait d'Ambroise, brossé par Fagnani, correspond à l'image véhiculée dans l'iconographie lombarde depuis, notamment, le XVIe siècle, avec les grandes familles influentes à Milan, les Sforza, les Visconti et les Borromée. Cette image est celle d'Ambroise représenté sur le *Gonfalone di Milano*[77], la célèbre bannière allégorique de Milan réalisée d'après les dessins de Giuseppe Meda et de Giuseppe Arcimboldi (1566) : au centre, Ambroise brandit sa crosse et son fouet, piétinant deux ennemis de l'Église, à savoir des ariens ; sur les côtés quatre vignettes représentent des scènes de sa vie, dont le miracle des abeilles, et Théodose repoussé hors de l'église[78]. Sur cette image symbolique se

---

(p. 139) : *Excipit audentes animos, et feruida mulcet / Corda virum Ambrosius. [...]* ; 6, v. 195-252 (p. 143-146).

72 *Bell.* 5, v. 230-242 (p. 120-121), en part. v. 237-242 : *Ipse ostro insignis Praesul, sacroque galero / Armatos inter pedites fortissimus ibat / Vectus equo, qui fraena ferox argentea mandit / Aure micans, gradibusque alternans crura subactis / Ore fremit, solum forti considere tergo / Ambrosium patiens, et nutu assuetus herili.*

73 *Bell.* 5, v. 372-375 (p. 127-128) : *Quod (iaculum) prudens oculos dum voluit, Diuus adactum / Vidit, et inflexis facile vitauit habenis. / Quin etiam quadrupes stridentes senserat auras / Non sibi, sed domino metuens. [...]* ;

74 *Bell.* 6, v. 70-71 (p. 136) : *[...] et torto conspectus stare flagello / Ambrosius. [...]*

75 *Bell.* 6, v. 12 (p. 133) : *Victorem Ambrosium* ; 6, v. 454 (p. 156) : *Victori Ambrosio celsos erexere arcus, / Resque notis gestas, et multo inscripserat auro.*

76 *Bell.* 4, v. 416 (p. 104) : *Stygias frenare cateruas.*

77 Sur cette œuvre de Scipione Delfinone, Camillo da Posterla, su disegno di Giuseppe Arcimboldi e Giuseppe Meda, Il Gonfalone di Milano, tessuto, ricamo e tempera, 1565-1566, voir le site du Museo delle Arti Decorative, Castello Sforzesco, à Milan : https://artidecorative.milanocastello.it/it/content/il-gonfalone-di-milano.

78 Les deux autres vignettes représentent une vierge essayant de faire tomber Ambroise lors du concile de Sirmium et l'hommage des ambassadeurs de Fritigile, reine des Marcomans. Sur l'histoire et l'interprétation du Gonfalone, voir G. Casati, « Descrizione del confalone o stendardo di S. Ambrogio : che portasi processionalmente in Milano in occorrenza di periodiche solennità : colle notizie della sua origine e dei ristauri ai quali andò soggetto fino al 1847 desunte da atti municipali / a cura di Giuseppe Casati ; con un breve cenno della vita di Sant' Ambrogio », Milano [1847], disponible en ligne le 7 décembre 2018 : https://babel.hathitrust.org/cgi/pt?id=uiuc.6843698;view=1up;seq=5 ; M. Colombo, « Per una lettura iconografica del Gonfalone di Milano », *Arte Lombarda*, Nuova serie, No. 94/95 (3-4), Convegno Internazionale « Pellegrino Tibaldi : nuove proposte di studio » Porlezza – Valsolda, 19-21 Settembre 1987 (1990), p. 118-128 : disponible en ligne le 7 décembre

greffe la représentation – qui s'est imposée dès le XIVe siècle[79] – d'un Ambroise combattant sur un cheval fringant, brandissant son fouet et sa crosse, avec une mitre d'or et un vêtement pourpre, comme sur la toile de Giovanni Ambrogio Figino, *Il vescovo Ambrogio sconfigge gli ariani* (1591)[80]. Fagnani, qui connaît cette iconographie, profite de son épopée non seulement pour célébrer Ambroise, patron de la cité de Milan, mais aussi pour rendre hommage aux Milanais et à leurs proches voisins.

VISÉE ENCOMIASTIQUE

Ambroise n'est pas le seul à être mis à l'honneur par Fagnani ; les Milanais, qui se regroupent autour de lui, partagent également sa notoriété. En effet, « plus que tout autre remarquable », la très ancienne cité des Insubres, jadis fondée par « un chef gaulois » – *i. e.* Bellovesos au moment où Tarquin l'Ancien régnait à Rome –, portant le « nom mémorable de Mediolanum[81] » était « connue pour sa citadelle de Jupiter, mais beaucoup plus célèbre pour son sanctuaire de la Vierge », *i. e.* d'Athéna ; elle est surtout opulente et ardente au combat[82]. Un tel excursus étiologique, érudit et allusif, présente d'emblée Milan comme un foyer de résistance, fait pour lutter contre l'ennemi arien aux côtés d'Ambroise.

2018 : https://www.jstor.org/stable/43132736?read-now=1&refreqid=excelsior%3Aeeae3815 6d32fd0990d28bc9873b517c&seq=1#page_scan_tab_contents. Sur le miracles des abeilles et l'excommunication de Théodose, voir également, de la fin du XVIe s. P. C. Landriani detto Il Duchino, *Il miracolo delle api* dans *Ambrogio, L'immagine e il volto*, p. 84-85.

79 À la suite de l'apparition d'Ambroise à la bataille de Parabiago (Province de Milan) en 1339, aux côtés de Luchino Visconti. Voir, par exemple, Maestro della Pala Sforzesca, *Sant'Ambrogio nella battaglia di Parabiago*, ca. 1495, Avignon, Musée du Petit Palais dans *Ambrogio, L'immagine e il volto*, p. 9 ; voir également P. Boucheron, *La trace et l'aura*, p. 240-252.

80 Sur cette toile visible au Musée Sant'Eustogio, à Milan, voir *Ambrogio, L'immagine e il volto*, p. 82-83. Figino a peint une seconde toile sur le même thème, *S. Ambrogio scaccia gli ariani, 1590 circa, Castello Sforzesco*, Milano, voir https://it.wikipedia.org/wiki/File:Sant%27Ambrogio_a_cavallo_scaccia_gli_ariani_-_Figino.png.

81 *Bell.* 1, v. 26-31 (p. 13) : *Egregia ante alias, quae celso nomen Olympo / Extulit, Insubrum populi latissima sedes, / Ante arces Latias olim duce condita Gallo, / Et Mediolani seruat memorabile nomen. / Nobilis arce Iouis, sed multo clarior Aede / Virginea, frugumque ferax, studiosaque belli, /.*

82 Tite-Live, *Hist. Rom.* 5, 34, 9 et Polybe, *Histoires*, 2, 32, 5-6. Sur les débuts de Milan, voir D. Caporusso, M. T. Donati, S. Masseroli, T. Tibiletti, *Immagini di Mediolanum*, p. 15-26.

Les combats contre les hérétiques commencent dans la basilique Portienne, en particulier, à l'ouest de Milan, hors les murs[83]. Mais la cité milanaise, comme l'attestent les propos et les prières d'Ambroise, est sous la protection des saints qui veillent sur elle : Castritien, troisième évêque de Milan, dont l'église sert de refuge à Ambroise[84] ; les martyrs Vital, père de Gervais et de Protais, dont Ambroise a retrouvé les reliques, en 386, qu'il a placées dans l'église des Martyrs, ainsi que Miroclès, évêque de Milan et martyr († c. 315)[85]. Plus encore, la capitale des Insubres fournit des guerriers sans pareils, issus des grandes familles fidèles à la cause d'Ambroise, en particulier les sept frères de la *Gens Fannia*, comprenons les *Fagnani*[86], ainsi que le souligne l'une des pièces liminaires[87] de l'épopée. Aux Milanais viennent prêter main forte les villes de Crémone, Plaisance, Parme et Bologne, notamment[88].

83 *Bell.* 1, v. 241 (p. 24) : *Portia … atria* ; v. 261 (p. 25) : *Portia templa* ; 3, v. 50-52 (p. 59-60) : *[…] dexter veteres ducebat ad hortos / Lysippi (=* Philippi), *atque nemus condensum, et Portia templa.* / Est attribuée à Castritien la construction de la basilique Portienne (du nom du fils de Philippe), dans la zone de San Vittore al Corpo. Sur la Basilique Portienne (hors les murs), voir D. Caporusso, M. T. Donati, S. Masseroli, T. Tibiletti, *Immagini di Mediolanum*, p. 201 (n° 30) et p. 282-283 et p. 216-217 (la *Basilica Noua* = Sainte Thècle) ; sur les basiliques de Milan et les lieux ambrosiens, voir P. Boucheron, *La trace et l'aura*, « Chapitre 6 : la topographie légendaire du souvenir ambrosien à Milan », p. 85-101 (plan de Milan, p. 90).

84 *Bell.* 2, v. 226 (p. 47) : *[…] Castritiane tua conclusus in aede* ; lui est attribuée la construction de la première église de Milan dans la zone de l'actuelle Basilique Sant'Ambrogio (= *Basilica Martyrum*), dans l'*Hortus Philippi.* Sur la Basilique Sant'Ambrogio, voir D. Caporusso, M. T. Donati, S. Masseroli, T. Tibiletti, *Immagini di Mediolanum*, p. 240-251 ; voir P. Boucheron, *La trace et l'aura*, p. 236 (plan).

85 *Bell.* 2, v. 274-280 (p. 42-43) : *Vitalis, tuque o Latios qui semine campos / Agricola implebas, vt surgeret aurea messis ; / Quique meam grata refouetis imagine mentem / Saepius exstincti concordi funere fratres, / O Protasi, et nostrae Geruasi firma salutis / Anchora, quique tuae populis veneranda dedisti / Mirocles vitae exempla, exaudite precantes.* /

86 *Bell.* 2, v. 312-349 (p. 51-53) : *Hos inter proceres stabat gens Fannia claro / sanguine, non animo, non robore corporis vlli / Inferior : dignum antiquis haec concipit actis / Mente decus, casus et se componit ad omnes. / Septeni fratres pubentis flore iuuentae / Conspicui, instruti telis, pugnaeque parati. / Primus […] Curtius […] Torquatus […] Tertius […] Collatinus […] Quartus […] Camillus […] Quinctus […] Serranus […] At gemini fratres […] Caelius, et Numitor […].* *Cf. Bell.* 3, v. 146 (p. 66) : *soboles […] Fannia* ; 3, v. 337 (p. 75) : *Et Fanni fratres aderant* ; 5, v. 337 et 342 (p. 126) : *Fannius heros […] Fanni […] fratres* ; 6, v. 301 (p. 148) : *Fannia proles* ; 6, v. 317 (p. 149) : *gens Fannia.*

87 *Bell.* 2, *Argumentum* (p. 34) : *Complures aderant Romanorum familiae, inter quas Fanniana* ; *cf.* une des épigrammes initiales mentionnant le nom du poète, en latin, *Fannius* (p. 6) : *Ambrosium celebras foecundo carmine Fanni.*

88 *Bell.* 2, v. 154-167 (p. 43-44), en part. v. 160-165 : *[…] Laus prima vetus, pugnaxque Cremona, / Certansque antiquae generosa Placentia Parmae, / Praeualidas misere manus, misere*

Les combats entre l'armée orthodoxe et les troupes adverses se poursuivent, sous les regards de l'Ambroise de la fin du XVIe siècle, posté près de l'église de la *Beltrata virgo, i. e.* Santa Maria Beltrade[89], d'abord aux portes de Milan, en particulier à la *Porta Veneris, i. e.* la Porta Ticinese[90], puis aux alentours de la ville, et enfin jusqu'aux pied des Alpes[91]. S'inspirant en cela de la tradition populaire et locale véhiculée par Bugati, qu'il complète et amplifie largement[92], Fagnani entraîne son lecteur dans un passionnant cheminement à travers les hauts lieux de la région jusqu'à la colline où est remportée la victoire. La géographie, la topographie voire l'histoire locales sont ainsi glorifiées à travers des descriptions pittoresques et réalistes pour un contemporain de Fagnani : sont mentionnées les rivières *Addua, i. e.* Adda, *Ticinus, i. e.* Tessin[93], et *Olona*[94], mais aussi diverses localités du Nord-Ouest de Milan : *Seprii Castrum, i. e.* Castelseprio[95], en partie en ruines mais

colentes / Eridani ripas populi, quosque alluit Arnus, Aemiliaeque urbes, claroque Bononia pollens / Nomine, et Adriaticis circumsona fluctibus ora.

89 *Bell.* 4, v. 237-238 (p. 94) : *Beltratae Ambrosius templum prope virginis (olim / Cognomen dederat victor) discrimine tanto.* Sur cette église *Santa Maria Beltrade* fondée en 836 par le Comte Beltrado Cavaliere, et les diverses étymologies de ce nom, en particulier *bel tratto*, voir C. Torre, *Il ritratto di Milano, diuiso in tre libri*, Milan, 1714, p. 137-138 (disponible en ligne le 16/12/2018 : https://archive.org/details/dimilanodiuisoin00torr).

90 *Bell.* 4, v. 155 (p. 90) : *[...] Hic Veneris portam* (= *Ticinensis*), *Iouis* (= *Vercellina*) *ille reliquit.* Sur les portes de Milan, voir, par exemple, les ouvrages anciens : L. A. Muratori, *Rerum italicarum scriptores, ab anno aerae christianae ad millesiumquingentesimum*, vol. 11, ch. 14, Milan, 1727, p. 547 (disponible en ligne le 18/12/2018 : https://archive.org/details/RerumItalicarumScriptores11/page/n319) ; L. Bossi, *Guide des étrangers à Milan*, Milan, 1819, p. 164.

91 *Bell.* 4, v. 41 (p. 110) : *[...] et caeca relinquens / Perfugia in summas iamdudum euaserat Alpes.* Voir aussi 4, v. 147 ; 188.

92 G. Bugati, *Historia Universale*, p. 87-88 (vues 181-182) : *Cosi le dispose in ordinate squadre sotto il reggimento di sette capitani, uno per ciascuna porta della citttà, hauendogli eletti della nobilità maggiore, di seguito, di richezza, e di religione ; in maniera che ciascuno compariua armato con le sue particolari insigne a combatter contra la perfidia Arriana. [...] Ma poscia ch'egli sè ritorno à Milano, dalla espeditione di Vellate, vittorioso cioè dal luogo detto Santa Maria al Monte (luogo oggi molto deuoto) Chiesa da lui edificata in memoria, che quini uinse gli eretici.*

93 *Bell.* 4, v. 377-379 (p. 102) : *[montes / Accipiunt, redduntque sonum, tenuere fluentes / Adua, et insolitas Ticinus turbidus vndas.*

94 *Bell.* 4, v. 45 (p. 110) : *Qui quoque nunc retinet foecundae nomen Olonae.* Voir aussi 4, v. 83 (p. 112) : *Olonae / Littora.*

95 Sur *Sibrium/Subrium*, voir A. Calderini, « Considerazioni sulla fase romana della vita di Castelseprio » dans Biblioteca Ambosiana (a cura della), *Studi storici in memoria di Mons. Angelo Mercati, Prefetto dell'Archivio Vaticano*, Fontes Ambrosiani XXX, Milano, 1956, p. 123-132. Sont évoqués notamment les travaux de Gaudenzio Merula (*De Gallorum*

restauré en partie, d'après Fagnani, par la noble famille des *Anguigeri, i. e.* des Visconti[96], *Forum Varronis* ou *Oppida Varronis, i. e.* Varese[97], *Vetus Velatum*, *i. e.* Vellate, *Biumum* « construit sur un double sommet », *i. e.* la colline de *Biumo*[98]. Parmi ces lieux mémorables c'est le site de Varese, avec l'église *Santa Maria del Monte*, qui est le plus célébré : Fagnani évoque la « colline, où est à présent honoré le noble temple du Divin[99] », « le temple élevé de la vénérable Vierge[100] », « le temple en l'honneur de la mère du Christ » qu'Ambroise a fait « édifier au sommet de la Montagne Sacrée[101] ».

Cet éloge des hauts faits des Milanais et de leurs alliés s'accompagne de références constantes et laudatives à Rome et aux Romains. Plus d'une fois, Fagnani mentionne l'origine romaine d'Ambroise[102], la loyauté et la bravoure de cette « jeunesse romaine » qui se bat à ses côtés[103] contre la « foule barbare[104] », la puissance de Rome[105], la tristesse de Rome à la mort des deux empereurs assassinés en Gaule[106], sans parler des combattants portant les noms d'illustres Romains. Cette insistance

---

Cisalpinorum antiquitate ac origine, Lugduni, 1538) et de Bonaventura Castiglioni (*Gallorum Insubrium antiquae sedes*, Mediolani, 1541).

96 *Bell.* 4, v. 49-53 (p. 110-111) : *[...] quo Seprii nobile castrum tunc erat, et veterum soboles post multa locauit / Oppida ; quae grauibus partim vastata ruinis / Nunc videas ; partim instaurata resurgere sumptu / Anguigerum ; quorum celebri cognomine proles ; /.* Voir par ex. les travaux du milanais B. Castiglioni, *Gallorum Insubrum antiquae sedes*, 1541, p. 6 (ouvrage disponible en ligne le 16/12/2018 : https://archive.org/details/bub_gb_OhYSHY0cgk4C). Le surnom d'*Anguiger* fait allusion au serpent (biscione, guivre) qui figure sur les armoiries des Visconti. Castelseprio a été détruit en 1287, à l'exception de l'église Santa Maria *foris Portas*.

97 *Bell.* 4, v. 56-57 (p. 111) : *Hac fugiens, linquensque forum Varronis adhaesit / Alpibus. [...].*

98 *Bell.* 4, v. 152-154 (p. 116) : *[...] tum proxima castris / Oppida Varronis foecunda, vetusque / Velatum, et duplici constructum vertice Biumum.* 4, v. 216-218 (p. 109) : *[...] Qua parte iacet sub montibus ipsis / Velatum, angusto fastigia summa petebant / Limite pastores ; [...].*

99 *Bell.* 5, v. 243-244 (p. 121) : *Iam collem attigerant, quo Diui nobile templum / Nunc colitur ; multasque domos noua condidit aetas.*

100 *Bell.* 5, v. 400 (p. 129) : *Nunc petit excelsam venerandae Virginis aedem.*

101 *Bell.* 6, v. 329-331 (p. 150) : *[...] Sacri super haec fastigia montis / Conspicienda procul Christi pia templa parenti / Erigere.*

102 *Bell.* 1, v. 103-104 (p. 16).

103 *Bell.* 1, v. 264 (p. 25) : *Romana iuuentus* ; 2, v. 295-299 (p. 50-51) : *[...] atque manu fortis Tignosius heros / Romanae princeps pubis, quem mille sequuntur / E Latio iuuenes, inuicti gloria Martis. / Hic Coruina domus, Cottae, priscique Quirites, / Murenae, Crassi, Cicerones, et quibus horti / Indiderant nostris nunc cognita nomina terris. /*

104 *Bell.* 3, v. 7-8 (p. 57) : *barbara [...] turba.*

105 *Bell.* 1, v. 342-343 (p. 29) : *Quid Romam rerum imperio, sceptrisque potitam / Afflixit ?*

106 *Bell.* 4, v. 316-317 (p. 99) : *Audiit, et geminis effudit pallida Roma / Funeribus lacrymas, tremuitque exterritus orbis ; /*

sur la romanité est l'indice du rapprochement de Milan et de Rome, compréhensible dans l'idéologie du moment qu'illustre le *Gonfalone*[107]. D'une certaine façon, c'est le *Vbi Petrus, ibi Ecclesia* d'Ambroise (*De Sacramentis*, 3, 5, 77) qui s'exprime ici, martelant ainsi l'absolue fidélité de Milan à la Chaire de Pierre, si importante après les discussions du Concile de Trente. Ambroise et Milan sont ainsi l'emblème de l'attachement à la foi orthodoxe catholique et le symbole de la lutte antihérétique, contre les Ariens certes mais aussi contre tout type de foi déviante, tel le protestantisme. Dans ce climat, l'héritier infaillible de cette pensée et de cette force ne peut être qu'un autre Ambroise, *i. e.* Charles Borromée[108].

Avec le *De Bello Arriano* la figure d'Ambroise de Milan cristallise toutes les traditions : celle de l'hagiographie, à la suite de Paulin de Milan, comme celle de la légende populaire et locale, selon laquelle Ambroise a bouté les Ariens hors de Milan pour en découdre avec eux à Varese où est érigée une église en mémoire de cet acte héroïque[109]. Mais ces éléments traditionnels, à la gloire du Pasteur milanais du IVe s., se fondent dans l'histoire collective de Milan et de ses alliés, celle du passé glorieux, mais aussi d'un présent non moins glorieux : l'actualisation de ces événements est évidente et toujours recherchée par Fagnani avec la mention constante, explicite ou implicite, des lieux ambrosiens, mais également l'incrustation dans son épopée des motifs iconographiques contemporains qui étaient l'idéologie du moment.

En filigrane, ce sont les grandes familles milanaises qui sont célébrées, celles qui ont fait la grandeur et le prestige de Milan : dans ce contexte s'explique mieux la double lecture symbolique du *Gonfalone*, celle d'Ambroise qui chasse les Ariens de Milan, et celle du Patron de la Cité, qui protège la ville contre toute incursion malveillante ; dans ce cadre-là se comprennent également le rôle et l'influence des Borromée, en particulier du cardinal et archevêque de Milan, Charles Borromée (1538-1584), qui a toujours cultivé sa ressemblance physique

---

107 M. Colombo, « Per una lettura iconografica del Gonfalone di Milano », *Arte Lombarda*, Nuova serie, No. 94/95 (3-4), Convegno Internazionale « Pellegrino Tibaldi : nuove proposte di studio » Porlezza – Valsolda, 19-21 Settembre 1987 (1990), p. 118-128, p. 121.

108 Voir P. Boucheron, *La trace et l'aura*, p. 339-362.

109 Si l'on suit Fagnani, l'église de Varese construite par Ambroise daterait d'après 386, non pas de 381 (après le concile d'Aquilée) comme on le dit généralement.

avec Ambroise[110] : célébrer Ambroise, c'est donc célébrer Milan, c'est célébrer ses évêques, Ambroise et son successeur dans l'érudition, la spiritualité et l'action, Charles Borromée, qui, à l'instar d'Ambroise, incarne une certaine forme d'humanisme militant.

Aline Canellis
Université Jean-Monnet
Saint-Étienne
– HiSoMA UMR 5189

110 Voir par exemple, en regard, les deux toiles de A. Bianchi, dit Il Vespino, actif à Milan entre 1612 et 1640 : *Sant'Ambrogio* et *San Carlo*. À partir de 1610, date de la canonisation de Charles Borromée, Ambroise et San Carlo seront souvent associés dans l'iconographie. Voir *Ambrogio, L'immagine e il volto*, p. 96.

CITATION OU RÉÉCRITURE

L'usage de Jean Chrysostome dans la *Défense de la tradition et des Saints Pères* de Bossuet

Jean Chrysostome, évêque de Constantinople et grande figure de prédicateur du Ve siècle, est un modèle incontournable pour l'orateur qu'était Bossuet[1]. Mais nous allons ici étudier l'usage de cette figure dans un des écrits polémiques auxquels l'aigle de Meaux s'attelait avec la même ardeur qu'à ses sermons. Dans la *Défense de la Tradition et des Saints Pères*[2], Bossuet s'oppose à Richard Simon, grand érudit spécialiste de l'étude de la Bible, versé dans l'étude des langues et considéré comme l'un des pères de l'exégèse historico-critique[3]. Celui-ci avait publié une *Histoire critique des principaux commentateurs du Nouveau Testament*[4], qui commençait aux premiers commentaires conservés, parmi lesquels beaucoup sont écrits par des « Pères de l'Église », et se terminait avec le *Nouveau Testament* de Mons[5]. Dans son étude des commentaires antiques, Richard Simon avait plusieurs idées directrices assez nettes. L'une d'elle était de contester les idées d'Augustin d'Hippone sur la question du salut et de la grâce en montrant qu'elles étaient novatrices

1 Une étude de l'influence de Jean Chrysostome dans les œuvres oratoires de Bossuet a été publiée par Aurore Schœneker : « Saint Jean Chrysostome dans les *Œuvres oratoires* de Bossuet : Parcours préliminaire à une étude textuelle », *in Revue Bossuet*, Paris, n° 1, 2010, p. 91-116.

2 Publiée pour la première fois dans une édition des *Œuvres complètes* de Bossuet : J.-B. Bossuet, C.-F. Leroi (*ed.*) *Œuvres posthumes*, tome 2, Amsterdam ou Paris, 1753.

3 Sur l'exégèse de Richard Simon, on peut se reporter au livre de J. Steinman, *Richard Simon et les origines de l'exégèse biblique*, Paris, 1960 ; sur la querelle entre Bossuet et Richard Simon, à l'article de J. Le Brun, « L'antiaugustinisme de Richard Simon », *in Revue de l'histoire des religions*, Paris, avril-juin 2012, vol. 229, n° 2, p. 257-273.

4 R. Simon, *Histoire critique des principaux commentateurs du Nouveau Testament*, Rotterdam, 1693.

5 L.-I. Lemaistre de Sacy (dir.), *Le Nouveau Testament de Nostre Seigneur Jesus Christ*, Mons, 1667. L'édition originale de cette traduction est disponible sur https://gallica.bnf.fr/ark:/12148/bpt6k106221h [consulté le 19/11/2020.]

et différentes de ce qu'enseignaient les premiers Pères, bien qu'elles se soient imposées par la suite en Occident[6].

Bossuet écrit sa *Défense de la Tradition et des Saints Père* pour défendre, face à Richard Simon, l'idée de « consensus des Pères », selon laquelle il n'y a pas de contradiction entre les doctrines des auteurs qui bénéficient de l'autorité que confère le titre de « Père de l'Église » ; il défend aussi, plus précisément, la doctrine augustinienne de la grâce. Il ne s'occupe pas des opinions de Richard Simon sur les écrivains qui écrivent après l'époque patristique.

Quel est le rôle de Jean Chrysostome dans cette querelle ? C'est la figure principale que Richard Simon oppose à Augustin. Figure majeure de la théologie orientale, Jean Chrysostome, qui s'exprimait en grec, est considéré par Richard Simon comme un des témoins de la doctrine héritée des apôtres ; et ce dernier insiste sur le fait que Jean Chrysostome donne dans l'obtention du salut une place plus grande à la liberté humaine qu'Augustin. Pour Augustin, depuis la faute d'Adam, qu'il nomme le « péché originel », l'homme est incapable de faire le bien, son libre arbitre est irrésistiblement entraîné au mal par la concupiscence. Mais la grâce, secours gratuit donné par Dieu, peut le sauver et lui permettre de faire le bien. Toute action bonne revient donc, en dernière analyse, à la grâce divine, et même le libre arbitre dépend entièrement du don de la grâce divine, qui, seul, peut le restaurer. Du point de vue de Simon, Jean Chrysostome est l'un des témoins qui montrent qu'Augustin, et après lui l'Église d'Occident, a dévié, innové dans sa doctrine de la grâce, et n'a pas conservé intact le dépôt de la tradition transmis depuis les apôtres. Du point de vue de Bossuet, il faut réfuter Simon sans contester l'autorité de Jean Chrysostome, qui est un Père de l'Église reconnu. Il faut donc montrer que les citations de Jean Chrysostome relevées par Simon ne sont pas en contradiction avec la doctrine des autres Pères, principalement celle de Saint Augustin. Cette conciliation n'est pas impossible à faire : la doctrine de Jean Chrysostome sur la grâce n'est pas constituée en système[7] comme celle d'Augustin, donc il n'y a pas d'opposition frontale entre les deux écrivains antiques.

---

6 P.-M. Hombert, *« Gloria gratiae » se glorifier en Dieu, principe et fin de la théologie augustinienne de la grâce*, Paris, 1996.

7 Selon J. Gross, les Pères grecs, dont fait partie Jean Chrysostome, se posent davantage la question de l'origine du mal que de l'« état de péché » dont chacun hérite en naissant,

Cette polémique, qui pourrait être discutée du point de vue théologique ou anthropologique, sera pour nous l'occasion d'étudier un aspect de l'écriture de Bossuet propre à ces textes polémiques. Nous verrons comment un écrivain peut recourir au texte d'un autre et se l'approprier, par la traduction et l'insertion. Bossuet polémique contre un des plus grands érudits de son temps, il se doit donc d'avoir une vraie rigueur dans ses références. Il indique ses sources en marge, et doit citer avec exactitude. Cependant le texte de Chrysostome est en grec, et le texte de Bossuet, en français, s'adresse à un public relativement large : il faut traduire, ce que Bossuet fait presque toujours, pour que tout lecteur comprenne la portée de la citation. Cette traduction implique une forme de réécriture. L'hétérogénéité linguistique des deux textes crée alors un espace de liberté, qui permet à Bossuet d'adapter parfois la citation à son propos[8]. Au-delà de la question de la langue, nous retrouvons aussi les enjeux de toute citation : un texte, qui a déjà son auteur et son contexte propre, se trouve inséré dans un autre texte, avec un autre contexte, ce qui peut modifier sa portée. Nous verrons alors comment, malgré la rigueur imposée par la polémique, Bossuet fait parfois œuvre d'écrivain, même lorsqu'il cite un autre auteur.

Les citations de Chrysostome sont systématiquement traduites en français, et les mots grecs ne sont donnés qu'exceptionnellement, lorsqu'il est nécessaire d'en discuter le sens, ou pour créer un effet d'insistance. Les traductions ne sont pas aussi littérales que ce qu'on attend aujourd'hui : nous sommes à l'époque des belles infidèles[9]. Notre propos ne sera pas de faire la liste de tous les écarts en corrigeant la version de Bossuet traducteur, mais d'examiner quelques-unes des modifications les plus significatives que Bossuet fait subir au texte de Jean Chrysostome,

---

et ne formulent donc pas leur doctrine dans les termes posés par Augustin. J. Gross, *Entstehugsgeschichte des Erbsündedogmas, von der Bible bis Augustine*, München, 1960, p. 181-190, cité par F.-J. Thonnard, « Saint Jean Chrysostome et saint Augustin dans la controverse pélagienne » *in Revue des Études Byzantines*, Paris, 1967, n° 25, p. 213. Voir aussi A. Kenny, "Grace and freedom in St. John Chrysostom", in A. Kenny, *Reason and Religion : Essays in Philosophical Theology*, Oxford : Blackwell, 1987, p. 103-120.

8 La thèse d'A. Régent-Susini consacre d'importants développements à l'insertion de citations et de paraphrases au sein du discours de Bossuet. A. Régent-Susini, *Bossuet et la rhétorique de l'autorité*, Paris, 2011.

9 R. Zuber, E. Bury (Postf.), *Les "Belles infidèles" et la formation du goût classique : Perrot d'Ablancourt et Guez de Balzac*, Paris, 1995.

modifications qui ne s'expliquent pas seulement par les différences de vocabulaire et de fonctionnement syntaxique des deux langues. Nous en distinguerons deux types pour la clarté de l'exposé, à partir de leur finalité : des déformations polémiques, faites pour que le texte de Jean Chrysostome s'oppose plus vigoureusement à l'usage qu'en fait Simon, et des déformations esthétiques, qui permettent de fondre le texte de Chrysostome dans celui de Bossuet, pour former une composition unie.

DES MODIFICATIONS AU SERVICE DE LA POLÉMIQUE

L'un des enjeux de la référence à Chrysostome dans la *Défense de la Tradition et des Saints-Pères* est de donner la doctrine de ce Père sur la matière du péché originel et de la grâce, afin de montrer qu'elle est conforme à celle d'Augustin d'Hippone. Il faut pour cela examiner, à partir d'une doctrine augustinienne née de la controverse contre Pélage, des textes qui ont été écrits dans un contexte différent, et dont l'enjeu principal est ailleurs.

Un tel décalage influence parfois la traduction du texte. Nous en avons un exemple au chapitre 25 du livre 11. Bossuet cite là un passage de l'Homélie 73 *sur l'Évangile selon saint Jean*, de Jean Chrysostome, qui explique le reniement de Pierre. Ce passage est souvent cité dans les réflexions augustiniennes sur la grâce divine, pour montrer que même un homme de bonne volonté ne peut faire le bien lorsqu'il est dépourvu de la grâce. Il n'est donc pas étonnant que Bossuet aille chercher là pour voir ce que Chrysostome pouvait dire sur la grâce. Dans le passage repris par Bossuet, Chrysostome interpelle Pierre en disant :

> Οὐκοῦν εἴσῃ διὰ τῆς πείρας αὐτῆς, ὅτι οὐδέν σού ἐστιν ἡ ἀγάπη, μὴ τῆς ἄνωθεν παρούσης ῥοπῆς[10].
>
> « Donc tu sauras par l'expérience même que ton amour n'est rien sans le poids d'en-haut. »

---

10 J. Chrysostome, *Homilia 73 in Johannem*, *in* J.-P. Migne (*ed.*), *Patrologia Cursus Completus, Series Graeca*, t. 59, Paris, 1859, col. 396, l. 19-20.

Le mot « ῥοπή » (*rhopê*) désigne d'abord le poids décisif, mis dans une balance, qui provoque la descente d'un des plateaux. Ici, dans un sens second, il désigne l'aide apportée par Dieu pour faire le bien.

Bossuet donne :

> Car il voulut lui faire connaître par expérience, que son amour ne lui servait de rien sans sa grâce[11].

Il supprime donc l'interpellation de saint Pierre, et transpose le texte à la troisième personne, sans doute pour simplifier son propos en évitant un changement d'énonciation. Mais ce qui est plus intéressant du point de vue de la polémique, est qu'il emploie le terme théologique de « grâce » pour traduire le mot grec « ῥοπή » (*rhopê*). Pourtant, il y a un mot précis pour parler de la « grâce » divine en grec, c'est le mot « χάρις » (*charis*). Le mot ῥοπή est beaucoup moins connoté théologiquement. Il y a bien un rapport entre les deux termes : la grâce divine peut être considérée comme l'aide, le secours décisif que Dieu apporte au libre-arbitre humain afin de l'aider à faire le bien. Mais traduire ῥοπή par « grâce », c'est inscrire le texte dans la lignée des discours théologiques sur la « grâce » divine, alors que le texte de Chrysostome est antérieur à ces réflexions, ce dont l'emploi d'un vocabulaire peu technique est révélateur. C'est remplacer une simple traduction par une interprétation, sans doute juste, selon laquelle l'« aide » ou le « poids » dont parle Chrysostome est la grâce divine. Cette variation est caractéristique de la façon dont Bossuet lit Jean Chrysostome dans cette polémique, en mettant sans cesse en regard de ses textes la doctrine de l'Église catholique et d'Augustin, et en les situant dans une polémique qu'ils n'abordaient pas. C'est, en quelque sorte, un raccourci, qui dispense Bossuet d'avoir à expliquer l'équivalence qu'il établit implicitement entre le « poids » divin et la « grâce ».

Les mots de Jean Chrysostome, coupés de leur contexte d'origine, peuvent aussi être intégrés dans un raisonnement complètement différent. Nous en avons un exemple au chapitre 5 du livre 9. Bossuet cite encore *l'Homélie 10 sur l'Épître aux Romains*, dans laquelle Chrysostome commente Romains 5, 19, l'un des lieux bibliques utilisées pour confirmer la doctrine augustinienne du péché originel :

---

11 J.-B. Bossuet, *Défense de la Tradition et des Saints-Pères, in* J.-B. Bossuet, C.-F. Leroi (*ed.*), *Œuvres posthumes*, tome 2, Amsterdam ou Paris, 1753, p. 429.

> De même en effet que, par la désobéissance d'un seul homme, la multitude a été rendue pécheresse, de même aussi, par l'obéissance d'un seul, la multitude sera-t-elle rendue juste[12].

Observons d'abord le mouvement général du texte de Chrysostome, en repérant les deux propositions qui seront reprises par Bossuet :

> En effet c'est à cause de cela qu'Adam est le type de Jésus-Christ. Comment en est-il le type ? dira-t-on. Parce que, de même que celui-là a été cause de mort pour ceux qui l'ont suivi, même s'ils n'avaient pas mangé de l'arbre, parce qu'il a été conduit à le manger ; ainsi le Christ aussi, pour ceux qui venaient après lui, même s'ils n'avaient pas pratiqué la justice, est l'auteur de la *justice, dont il nous a donné la grâce à tous par sa croix. [Proposition 1]*
>
> C'est pourquoi il s'arrête sur ce seul homme avant et après notre passage, et il en parle continuellement, en disant : « De même que par un seul homme le péché est entré dans le monde[13] » et, « Dans la faute d'un seul, beaucoup sont morts[14] », et, « ce don n'est pas comme les conséquences du péché d'un seul[15] », et, « le jugement subi à cause d'un seul mène à la condamnation[16] » et encore, « Car si, par la faute de lui seul, la mort a régné à cause de ce seul homme[17] », et, « Ainsi donc, comme par la faute d'un seul[18] », et encore, « Comme, à cause de la désobéissance de ce seul homme, beaucoup ont été rendus pécheurs[19] » ; et il ne perd pas de vue ce seul homme, *afin que quand le juif te dit : « Comment, par la rectitude du seul Christ, le monde a-t-il été sauvé ? » tu puisses lui répondre : « Comment, par la désobéissance du seul Adam, le monde a-t-il été condamné ? » [Proposition 2]*[20] (Nous soulignons.)

Le texte de Chrysostome montre qu'Adam est le « type » du Christ, c'est-à-dire, sa préfiguration. Il rapproche la citation commentée de plusieurs autres passages de la *Lettre aux Romains* où Paul mentionne Adam comme « celui qui a, seul, fait entrer le péché dans le monde ». Ce passage argumente à partir de ce parallèle entre le Christ et Adam : s'il est difficile de croire que, par le Christ, le monde a été sauvé, il est aussi difficile de croire que, par Adam, le monde a été condamné. Or,

---

12 Collectif, *Traduction Œcuménique de la Bible*, Paris, 2010.
13 Ro 5, 12.
14 Ro 5, 15.
15 Ro 5, 16.
16 Ro 5, 16.
17 Ro 5, 17.
18 Ro 5, 18.
19 Ro 5, 19.
20 J. Chrysostome, *Homilia 10 in Epistolam ad Romanos, in* J.-P. Migne (*ed.*), *Patrologia Cursus Completus, Series Graeca*, t. 60, Paris, 1862, col. 475, l. 30-46.

le texte de Chrysostome envisage une discussion avec un juif, qui croit qu'Adam a causé la chute de tous, mais qui ne croit pas au salut apporté par le Christ. Pourtant, dit Chrysostome, il n'est pas plus difficile de croire au Christ que de croire en la chute du monde par Adam. Il s'agit donc, pour schématiser la pensée, de prouver le salut apporté par le Christ à partir de la chute d'Adam.

Le texte de Bossuet, qui reprend les deux citations surlignées, inverse leur ordre, parce qu'il suit une logique inverse : il s'agit, dans la même comparaison entre le Christ et Adam, de prouver l'importance de la chute d'Adam, à partir de la foi dans le salut accordé par le Christ :

> Que si nous continuons la lecture de cette homélie, nous y trouverons ces mots : *« Si le Juif demande comment est-ce que toute la terre a été sauvée par la sainteté d'un seul Jésus-Christ, demandez-lui, à votre tour, comment est-ce qu'elle a été condamnée par la désobéissance d'un seul Adam. » [Proposition 2]* La comparaison est nulle, si de même que vous mettez d'un côté une véritable justice, *« qui nous est communiquée,* dit saint Chrysostome, *par la croix et l'obéissance de Jésus-Christ, » [Proposition 1]* vous ne mettez aussi de l'autre un véritable péché, qui nous vient de la désobéissance d'Adam[21].

L'idée générale est bien de dire que si Jésus-Christ nous a vraiment rendu justes, c'est qu'Adam nous avait vraiment rendus pécheurs, faute de quoi la comparaison que fait saint Paul entre les deux n'a pas de sens. Le propos de Chrysostome est donc utilisé pour démontrer autre chose que ce qu'il défend dans son premier contexte. Il s'inscrit dans une discussion avec un contradicteur différent : non un juif, qui croit au récit de la Genèse sans croire au Christ, mais un chrétien qui douterait que le seul péché d'Adam ait rendu coupables tous les hommes. La comparaison de ces deux textes montre donc qu'on peut utiliser une citation pour montrer autre chose que ce que l'auteur voulait dire ; elle met aussi en évidence l'usage radicalement différent que Chrysostome et Bossuet, qui s'inscrit dans la tradition augustinienne, font du parallèle paulinien entre Adam et le Christ. Cette différence d'usage est due à la différence de contexte polémique. Il est sans doute possible de montrer que si Chrysostome considère que la croyance au fait que le péché d'Adam ait rendu pécheurs tous les hommes est une croyance commune

21 J-B. Bossuet, *Défense de la Tradition et des Saints-Pères, in* J.-B. Bossuet, C.-F. Leroi (*ed.*), *Œuvres posthumes*, tome 2, Amsterdam ou Paris, 1753, p. 329.

entre lui et le juif de fiction avec qui il débat, c'est bien qu'il y croit lui-même. Mais Bossuet ne prend pas le temps de faire ce raisonnement, et, d'une façon un peu déroutante par sa brièveté, préfère présenter le texte en l'inversant pour qu'il soit interprété plus directement comme une défense de la doctrine du péché originel.

L'insertion du texte de Chrysostome passe par la sélection de passages, parfois très courts (une simple proposition relative, pour la citation 1), et par les commentaires montrant l'interprétation qu'en tire Bossuet lui-même. Mais on peut remarquer d'autres procédés : il y a aussi un ajout dans la proposition 1 : Bossuet a ajouté le mot « obéissance », qui n'est pas dans le texte de Chrysostome. Le contexte de discussion théologique, qui donne un sens différent au propos de Jean Chrysostome, ne suffit pas à expliquer cet ajout ; le mot « obéissance » ne change pas le sens général de la proposition, et l'on pourrait le supprimer. Il est présent pour des raisons qui tiennent moins de la logique que de l'esthétique : il s'agit de créer un parallélisme entre les deux citations. La proposition 2, la première dans l'ordre du texte de Bossuet, contient le mot « désobéissance », (il s'agit de la « désobéissance d'Adam ») ; pour que la comparaison soit complète et symétrique, il faut que l'on oppose à la désobéissance d'Adam « l'obéissance » du Christ. J'ai parlé ici de visée esthétique. La distinction peut sembler un peu artificielle ; la reprise de ces deux mots renforce en effet la comparaison entre le Christ et Adam, sur laquelle repose le raisonnement de Bossuet. La forme est toujours au service du fond. Mais ce qui est dit explicitement, par l'interprétation que Bossuet donne lui-même aux paroles de Jean Chrysostome, n'est renforcé qu'implicitement par l'écho entre les deux mots ; il y a bien une différence de procédés. Cette remarque nous conduit donc à aborder l'aspect esthétique des changements que Bossuet introduit, lorsqu'il rapporte les mots de Chrysostome.

DES MODIFICATIONS À VISÉE ESTHÉTIQUE

C'est le cas au chapitre 12 du livre 10, lorsque Bossuet cite l'Homélie II *sur la deuxième épître aux Corinthiens.* Dans ce passage, Jean Chrysostome compare l'âme qui reçoit la grâce à un champ qui reçoit la semence :

> ὥσπερ ἐπὶ γῆς λιπαρᾶς ἀνοίγει τὰς αὔλακας τὸ ἄροτρον, οὕτω καὶ ἐνταῦθα γενέσθαι δεόμεθα, ὥστε νεωθέντας ἐν τῷ βάθει τῆς διανοίας δέξασθαι τὰ καταβαλλόμενα καὶ πᾶν ὅπερ ἤκουσαν μετὰ ἀκριβείας κατασχεῖν[22].
>
> « comme la charrue ouvre des sillons dans une terre opulente, nous demandons qu'il en soit ainsi aussi en ce moment, de sorte que renouvelés dans la profondeur de leur intelligence, ils reçoivent ce qui est semé, et qu'ils retiennent avec soin tout ce qu'ils ont entendu. »

Notre traduction française, qui se veut proche de la lettre du texte, a une tournure assez lourde, parce que la structure grecque de comparaison employée ici, qui autorise une certaine souplesse dans l'ordre des propositions, est difficile à rendre en Français. Bossuet, lui, écrit :

> qu'il se fasse en eux des sillons par lesquels cette semence céleste entre bien avant ; en sorte que renouvelés dans le fond de l'âme, non-seulement ils la reçoivent, mais encore qu'ils la retiennent avec soin[23].

Ici, Bossuet allège la tournure employée par Chrysostome. Il supprime la répétition de « nous demandons que » (le verbe de demande avait déjà été employé au début du texte). Surtout, il allège la syntaxe, transformant la comparaison en métaphore. Il n'y a donc plus ce « οὕτω καὶ ἐνταῦθα γενέσθαι », « qu'il en soit ainsi aussi en ce moment ». Toute référence explicite à la charrue et à la terre disparaît : l'image ne tient plus qu'aux mots « sillons » et « semence ». L'image et la réalité spirituelle qu'elle représente sont liées plus étroitement avec l'expression « semence céleste » ; c'est Bossuet qui ajoute « céleste », rappelant l'équivalence bien connue entre le grain du semeur et la parole de Dieu.

---

22 J. Chrysostome, *Homilia 2 in Epistolam II ad Corinthios, in* J.-P. Migne (*ed.*), *Patrologia Cursus Completus, Series Graeca*, t. 61, Paris, 1859, col. 400, l. 20-27.

23 J-B. Bossuet, *Défense de la Tradition et des Saints-Pères, in* J.-B. Bossuet, C.-F. Leroi (*ed.*), *Œuvres posthumes*, tome 2, Amsterdam ou Paris, 1753, p. 379.

La fin de la phrase est tout aussi abrégée chez Bossuet. Là où Chrysostome écrit « qu'ils retiennent avec soin ce qu'ils ont entendu », Bossuet supprime la proposition relative et la remplace par un pronom de rappel : « qu'ils la retiennent avec soin ». Le pronom « la » renvoie à la « semence céleste ». Bossuet file donc la métaphore un peu plus loin que Chrysostome : il renvoie toujours à la « semence céleste » alors que Chrysostome conclut sur une expression dénuée de trope, « ce qu'ils ont entendu ». Ici, la modification est essentiellement stylistique, elle rend l'expression plus brève et plus simple, du point de vue syntaxique. Bossuet garde l'image employée par Chrysostome, mais la retravaille entièrement du point de vue stylistique. Sous la plume de Bossuet, Chrysostome parle donc comme Bossuet : qui de mieux que ce grand prédicateur du XVIIe siècle pour réactualiser l'éloquence de la « bouche d'or » du Ve siècle ?

Le texte de Chrysostome devient en effet un peu le texte de Bossuet, et la distinction entre les deux se brouille. Tout ce qui est entre guillemets n'est pas de Chrysostome. Il arrive ainsi qu'une citation commence comme une véritable traduction, puis se termine par un ajout de Bossuet, comme si les guillemets avaient été refermés trop tard. C'est le cas au chapitre 23 du livre 9. Bossuet cite l'homélie 82 *Sur Matthieu* de Chrysostome, encore au sujet du reniement de Pierre, dans un passage qui montre que Pierre a renié parce qu'il avait présumé de ses forces auparavant :

> Il dit : « Au lieu qu'il devait prier (saint Pierre) et dire à Notre-Seigneur : "Aidez-nous pour n'être point séparés de vous" ; il s'attribue tout avec arrogance ; et un peu après il dit (absolument) "Je ne vous renierai pas", au lieu de dire : "Je ne le ferai pas, si je suis soutenu par votre secours."[24] »

Mais la fin de la citation, « au lieu de dire : "Je ne le ferai pas, si je suis soutenu par votre secours" », n'est pas présente chez Chrysostome, c'est un ajout de Bossuet. Chrysostome écrivait en effet :

> Δέον γὰρ δεηθῆναι καὶ εἰπεῖν, Βοήθησον ἡμῖν, ὥστε μὴ ἀποσχισθῆναι, ὁ δὲ ἑαυτῷ θαῤῥεῖ, καί φησι· Καὶ εἰ πάντες σκανδαλισθήσονται ἐν σοὶ, ἀλλ' ἐγὼ οὐδέποτε[25].

24 J-B. Bossuet, *Défense de la Tradition et des Saints-Pères, in* J.-B. Bossuet, C.-F. Leroi (*ed.*), *Œuvres posthumes*, tome 2, Amsterdam ou Paris, 1753, p. 426.

25 J. Chrysostome, *Homilia 82 in Matthaeum, in* J.-P. Migne (*ed.*), *Patrologia Cursus Completus, Series Graeca*, t. 58, Paris, 1862, col. 741, l. 13-16.

> « En effet il fallait prier et dire : “Aidez-nous, afin que nous ne soyons pas séparés”, mais lui présume de ses forces, et dit “même si tous sont scandalisés par toi, moi au contraire, je ne le serai jamais.” »

Chrysostome oppose deux termes : ce qu'il fallait dire, une prière suppliante, et ce que Pierre a dit, l'expression d'une assurance présomptueuse. Bossuet, au contraire, adopte une construction en chiasme, soulignée par la répétition de « au lieu que », « au lieu de » : au centre, l'arrogance de saint Pierre, et ses paroles présomptueuses, sont précédées par la supplication recommandée par Chrysostome, et suivies par une expression de la confiance en Dieu, « Je ne le ferai pas, si je suis soutenu par votre secours », seule vraie raison de l'assurance du juste. Cette modification ne change pas fondamentalement l'argumentation ; elle permet d'ajouter une mention supplémentaire du « secours » divin dont il est question dans la *Défense*. Mais surtout, la parole énergique et rapide de Chrysostome deviennent sous la plume de Bossuet une période soignée, qui répète en miroir la même opposition pour décrire plus finement l'attitude spirituelle qui sous-tend une action juste.

Le travail stylistique porte parfois non sur une citation isolée, mais sur une série de citations. Nous en avons un exemple au chapitre 18 du livre 2, dans une série de citations que Bossuet emploie pour prouver la foi de Jean Chrysostome en l'autorité de l'Église. Ces citations viennent de plusieurs textes différents de cet auteur. Voici ce que donne le texte de Bossuet :

> Saint Chrysostome a souvent parlé de cette belle marque de l'Église. Il a dit sur ces paroles : « Les portes de l'enfer ne prévaudront pas contre l'Église[26] », « que saint Pierre avait établi une Église plus forte, *plus inébranlable* que le ciel. » Il a dit sur celles-ci : « Je suis avec vous jusqu'à la fin des siècles[27] » : « Voyez quelle autorité ! Les apôtres ne devaient pas être jusqu'à la fin des siècles ; mais il parle en leur personne à tous les fidèles comme composant un seul corps, *qui ne devait jamais être ébranlé.* » Il a dit « Rien n'est plus ferme que l'Église : que l'Église soit votre espérance : que l'Église soit votre salut : que l'Église soit votre refuge : elle est plus haute que le ciel, et plus étendue que la terre : elle ne vieillit jamais, sa jeunesse est perpétuelle. Pour montrer combien elle est ferme et *inébranlable*, l'Écriture la compare à une montagne[28]. » (nous soulignons.)

---

26 Mt 16, 18.

27 Mt 28, 20.

28 J-B. Bossuet, *Défense de la Tradition et des Saints-Pères, in* J.-B. Bossuet, C.-F. Leroi (*ed.*), *Œuvres posthumes*, tome 2, Amsterdam ou Paris, 1753, p. 66.

Lorsqu'on compare les citations de Jean Chrysostome avec leurs sources, on s'aperçoit que des mots ont été ajoutés dans les deux premières citations. Dans « saint Pierre avait établi une Église plus forte, plus inébranlable que le ciel », Bossuet a ajouté « plus inébranlable[29]. » Dans la citation suivante, Bossuet a ajouté « qui ne devait jamais être ébranlé[30]. » Dans la dernière citation, on retrouve encore l'adjectif « inébranlable », mais cette fois-ci, son équivalent grec, « ἀσάλευτον » (*asaleuton*), est bien présent dans le texte de Chrysostome[31]. Bossuet a donc modifié les deux premières citations pour qu'elles fassent écho à la troisième, créant ainsi une unité sémantique supplémentaire dans la petite anthologie chrysostomienne qu'il vient de créer. Les citations ne sont pas modifiées pour être en elles-mêmes plus claires, plus simples ou plus percutantes. Elles sont modifiées pour que le texte de Bossuet martèle le mot « inébranlable », et ses variantes construites sur la même racine, avec insistance. Ici, tout en citant Chrysostome, Bossuet fait œuvre d'écrivain, et retravaille chaque proposition pour que tout entre dans une composition unifiée, malgré la diversité des provenances de chaque phrase citée.

Cette étude des citations de Jean Chrysostome dans un texte de Bossuet nous a montré toute la latitude qui s'offre à un écrivain du XVIIe siècle reprenant un auteur antique. La présence du texte grec est

---

29 *Cf.* J. Chrysostome, *Homilia 54 in Matthaeum, in* J.-P. Migne (*ed.*), *Patrologia Cursus Completus, Series Graeca*, t. 58, Paris, 1862, col. 535, l. 2-4 : « ὃς τὴν Ἐκκλησίαν [...] τοῦ οὐρανοῦ ἰσχυροτέραν ἀπέφηνεν. » On pourrait traduire par « [Pierre] qui a [...] montré que l'Église était plus forte que le ciel ».

30 *Cf.* J. Chrysostome, *Homilia 90 in Matthaeum, in* J.-P. Migne (*ed.*), *Patrologia Cursus Completus, Series Graeca*, t. 58, Paris, 1862, col. 789, l. 52-57 : « Εἶδες αὐθεντίαν πάλιν ; [...] Οὐ γὰρ δὴ ἕως τῆς συντελείας τοῦ αἰῶνος οἱ ἀπόστολοι μένειν ἔμελλον· ἀλλ' ὡς ἑνὶ σώματι διαλέγεται τοῖς πιστοῖς. » On pourrait traduire : « Tu as vu encore son autorité ? [...] En effet les apôtres ne devaient pas durer jusqu'à la fin des temps : mais il s'adresse aux fidèles comme à un seul corps. »

31 *Cf.* J. Chrysostome, *Homilia de capto Eutropio et de divitiarum vanitate, in* J.-P. Migne (*ed.*), *Patrologia Cursus Completus, Series Graeca*, t. 52, Paris, 1862, col. 402, l. 3-9. « οὐδὲν γὰρ Ἐκκησίας ἰσχθρύοτερον. Ἡ ἐλπίς σου ἡ Ἐκκλησία, ἡ σωτηρία σου ἡ Ἐκκλησία, ἡ καταφυγή σου ἡ Ἐκκλησία. Τοῦ οὐρανοῦ ὑψηλοτέρα ἐστὶ, τῆς γῆς πλατυτέρα ἐστίν. Οὐδέποτε γηρᾷ, ἀεὶ δὲ ἀκμάζει. Διὰ τοῦτο τὸ στερρὸν αὐτῆς καὶ ἀσάλευτον δηλοῦσα ἡ Γραφὴ ὄρος αὐτὴν καλεῖ » On peut traduire : « Car rien n'est plus fort que l'Église. L'Église est votre espérance, l'Église est votre salut, l'Église est votre refuge. Elles est plus haute que le ciel, elle est plus large que la terre. Elle ne vieillit jamais, mais toujours, elle est dans la force de l'âge. À cause de cela, révélant qu'elle est ferme et *inébranlable*, l'Écriture l'appelle montagne. »

exceptionnelle, la traduction donnée à la place n'a pas l'ambition d'être strictement littérale, et les citations sont travaillées pour mieux se fondre dans la rhétorique de l'auteur. Il s'agit donc vraiment, pour l'auteur, de construire son propre texte à partir des citations. En forçant le trait, on peut parfois y voir une démarche proche de celle du centon, ce jeu littéraire consistant à écrire un texte entièrement constitué de citations empruntées à d'autres[32].

Mais une telle attitude pourrait entrer en conflit avec la polémique théologique. Le recours à Jean Chrysostome a ici valeur de preuve contre les assertions de Richard Simon. Pour que ces preuves soient acceptées, les propos de Jean Chrysostome ne doivent être ni déformés, ni coupés artificiellement de leur contexte. Les notes en marge renvoient au texte original, et lorsqu'on fait la comparaison, on remarque les adaptations de ce texte au propos de Bossuet. Il y a donc bien une tension entre la volonté de transmettre fidèlement la pensée d'un Père de l'Église, et celle d'en faire l'arbitre d'une querelle qui n'avait pas lieu de son temps.

L'importance cruciale de ces citations patristiques dans la polémique est un des aspects de la volonté de retour aux Pères de l'Église que l'on observe à cette époque dans le catholicisme, bien étudié par Jean-Louis Quantin[33]. Ces auteurs antiques sont considérés comme les garants de la bonne interprétation des Écritures et de la révélation, avec un rôle qui concurrence parfois celui du magistère romain, notamment chez les gallicans. Les controverses théologiques deviennent alors souvent d'interminables batailles de citations, dans lesquelles on accuse l'adversaire d'avoir mal interprété les auteurs qu'il cite. Les questions théologiques et spirituelles sont donc mises en lien avec une considérable érudition patristique, qui rend ces textes de controverses particulièrement arides. L'un des enjeux de l'insertion des citations, qui sont, chez Bossuet, traduites et adaptées, est aussi de rendre son propos suffisamment clair et suffisamment plaisant pour toucher au-delà du cercle des théologiens érudits. Par ce travail de traduction et d'adaptation du texte à son propos

32 Un exemple de cet exercice de style nous est donné par Théodore Desjardins en l'honneur des victoires remportées par Louis XIV aux Pays-Bas : T. Desjardins, *Antiquorum et celeberrimorum interlocutio poetarum eorumque mira praescientia ad sempiternam palmae victricis memoriam, quam Ludovicus Magnus de Hollandis, Alemanis et Hispanis reportavit*, Avignon, 1680.

33 J.-L. Quantin, *Le catholicisme classique et les Pères de l'Église, Un retour aux sources (1669-1713)*, Paris, 1999.

et à son public, Bossuet reste véritablement auteur, même lorsqu'il cite Jean Chrysostome. En cela, il appartient bien à l'époque des « belles infidèles », décrite par Roger Zuber[34], siècle où le traducteur est un auteur à part entière qui enrichit la langue française en rivalisant avec ses sources antiques pour la qualité du style[35].

Élisabeth VUILLEMIN
Université Lumière – Lyon 2
– UMR 5317 IHRIM

34 R. Zuber, E. Bury (Postf.), *Les "Belles infidèles" et la formation du goût classique : Perrot d'Ablancourt et Guez de Balzac*, Paris, 1995.

35 Cet article reprend partiellement un mémoire dirigé par Sébatien Morlet, que je remercie de l'aide apportée pendant cette année de Master 2.

L'ANTIQUITÉ DANS LA CONSTRUCTION D'UN IMAGINAIRE POLITIQUE MODERNE

L'HISTOIRE DE LA GRÈCE ANCIENNE DANS L'ENSEIGNEMENT SECONDAIRE EN FRANCE AU XIXe SIÈCLE (1814-1914)

Les textes officiels

LA CULTURE GRÉCO-ROMAINE DANS LE SYSTÈME ÉDUCATIF

Les humanités désignent au XIXe siècle les classes d'enseignement secondaire dites « classes de lettres », qui privilégient l'enseignement des lettres anciennes[1]. À cette époque, la représentation de l'Antiquité se construit à travers une série de textes latins et de textes grecs de philosophes, de poètes et d'historiens, qui relèvent de « l'hommage aux Anciens ». Parmi les textes latins qui constituent le socle de la culture française, les récits d'historiens comme Tite-Live et Salluste[2] occupent une place centrale. Ces derniers sont perçus dès le début du XVIIIe siècle comme des témoins de la grandeur de Rome, en particulier de la Rome républicaine. La valorisation de l'érudition, à laquelle contribue fortement le XVIIIe siècle, aboutit à l'idée que « l'histoire est un élément déterminant de la connaissance[3] ». Le dispositif de l'éducation cherche dès lors à conférer aux humanités classiques un véritable prestige, qui prévaudra tout au long du XIXe siècle[4]. La culture gréco-romaine, présente dans le système éducatif depuis la fin du XVIe siècle, acquiert une

1 Voir M.-M. Compère, A. Chervel, « Les humanités dans l'histoire de l'enseignement français », dans M.-M. Compère, A. Chervel (éd.), *Les Humanités classiques, Histoire de l'éducation* 74, 1997, p. 5-38.

2 Voir F. de Dainville, *L'Éducation des Jésuites (XVIIe-XVIIIe siècles)*, Paris, 1978.

3 C. Grell, *L'histoire entre érudition et philosophie : étude sur la connaissance historique à l'âge des Lumières*, Paris, 1993, p. 151.

4 A. Chervel, « L'histoire des disciplines scolaires : réflexions sur un domaine de recherches », *Histoire de l'éducation* 38, 1988, p. 59-119.

place privilégiée dans l'enseignement secondaire, avec un seul et unique but : former les esprits.

L'histoire des humanités en France n'est cependant pas linéaire. Ainsi, l'échec de la république jacobine et le fantôme de Robespierre changent la manière dont le monde savant envisage l'histoire ancienne. La conception que Benjamin Constant (1767-1830) se fait du progrès, qui s'exprime dans son discours sur les libertés des Anciens comparée à celle des Modernes[5], rend vaine toute tentative d'établir une équivalence entre une république moderne et une cité antique : l'histoire nationale, longtemps restée à la marge, commence à gagner du terrain. Néanmoins, avec la chute de l'Ancien Régime, arrive au pouvoir une nouvelle génération, formée aux humanités et à la culture classique, qui cherche à redonner une place à l'Antiquité dans le savoir, dont elle repense l'organisation. C'est ainsi que se dessine au cours de la première moitié du XIXe un nouveau projet visant à mettre en place un enseignement de l'histoire ancienne. L'histoire ancienne s'impose alors comme discipline à part entière dans l'enseignement secondaire, le plus souvent en sixième ou cinquième, parfois en troisième.

À la lumière des changements socio-politiques enregistrés entre 1814 et 1914, nous nous proposons d'étudier les évolutions des textes officiels qui ont permis au ministère de l'Instruction publique d'imposer l'histoire ancienne dans les programmes, et notamment l'histoire de la Grèce ancienne.

1814-1830 :
UNE INTENSE ACTIVITÉ LÉGISLATRICE

Le statut du 28 septembre 1814[6], promulgué sous le règne de Louis XVIII, constitue un premier pas vers l'institutionnalisation de l'enseignement de l'histoire et met l'accent sur les valeurs de l'enseignement

5 B. Constant, « De la liberté des anciens comparée à celle des modernes », Discours prononcé à l'Athénée royal de Paris en 1819, repris dans *Cours de politique constitutionnelle*, texte édité par É. Laboulaye, Paris, 1861.

6 *Recueil de lois et règlements concernant l'instruction publique depuis l'édit de Henri IV en 1598 jusqu'à ce jour*, tome 5, Paris, 1820, p. 489-517.

des humanités. Ce texte, signé par Louis de Fontanes (1757-1821), Grand maître de l'Université et ministre de l'Instruction publique de l'époque, organise pour la première fois l'enseignement autonome de l'histoire et de la géographie dans les collèges et les lycées. Composé de 148 articles, non seulement il établit les procédures d'entrée au collège (l'entrée en classe de sixième se fait sur concours, à l'âge d'au moins 12 ans), mais il fixe également le temps quotidien et hebdomadaire des études, définit le contenu des programmes et les types d'exercices à proposer aux élèves. On assiste à la naissance de la « discipline[7] » histoire, avec un enseignement portant sur trois périodes, l'Antiquité, le Moyen Âge et la Modernité. Un changement semble ainsi s'amorcer avec, pour la première fois dans l'enseignement secondaire pris en charge par l'État, un quota d'heures dédiées à l'histoire ancienne et une esquisse de programme. Mais il faudra attendre les directives suivantes du ministère de l'Instruction publique pour observer une véritable promotion de l'enseignement de l'histoire de l'Antiquité.

Au second retour des Bourbons, le 15 août 1815, Pierre-Paul Royer-Collard (1763-1845)[8], qui était jusqu'à présent membre de l'équipe de Fontanes, devient président de la Commission de l'Instruction publique[9] et poursuit l'action de son prédécesseur. La Commission continue son travail en publiant, le 15 mai 1818, l'arrêté relatif à l'enseignement de l'histoire et de la géographie dans les collèges[10], rédigé par Philibert

7 Il faut employer ce terme avec précaution. Comme le note André Chervel (« L'histoire des disciplines scolaires. Réflexions sur un domaine de recherche », *Histoire de l'éducation* 38, 1988, p. 60), « appliquée à l'enseignement, la notion de "discipline", indépendamment de toute considération évolutive, n'a pas fait, dans les sciences de l'homme, et en particulier dans les "sciences de l'éducation", l'objet d'une réflexion approfondie. Trop vagues, ou trop restrictives, les définitions qui en sont données ne s'accordent en fait que sur la nécessité de couvrir l'usage banal du terme, lequel n'est pas distingué de ses "synonymes" comme "matières" ou "contenus" de l'enseignement. Les disciplines, c'est ce qui s'enseigne, un point c'est tout. »

8 Pierre-Paul Royer-Collard était conseiller d'État, directeur général de l'imprimerie et de la librairie, professeur de l'histoire de la philosophie ancienne et moderne à la Sorbonne et inspecteur général.

9 Une ordonnance du 15 août 1815 confie le pouvoir précédemment attribué au Grand maître et au Conseil de l'Université à une Commission de l'Instruction publique, composée de 5 membres et placée sous l'autorité du ministère de l'Intérieur. Elle fonctionne ainsi de 1815 à 1820. Ont fait partie de cette commission Georges Cuvier (1769-1832), Antoine-Isaac Sylvestre de Sacy (1758-1838), Denis Frayssinous (1765-1841) et Philibert Guéneau de Mussy (1776-1834).

10 *Recueil de Lois et Règlements concernant l'Instruction publique*, tome 6, Paris, 1822, p. 220.

Guéneau de Mussy (1776-1834). Il s'agit donc du premier texte officiel consacré à l'enseignement de ces deux disciplines. Accompagnant cet arrêté, la lettre de Royer-Collard, publiée à l'attention des proviseurs des collèges royaux parisiens, précise notamment que :

> il ne doit chercher d'autre source d'intérêt que la simple exposition des faits historiques et la liaison naturelle qu'ils ont entre eux : il devra surtout éviter tout ce qui pourrait appeler les Élèves dans le champ de la Politique et servir l'aliment aux discussions des Partis (…) C'est par la simplicité et la gravité de son récit qu'il éloignera les allusions et les fausses conséquences que l'inexpérience de la Jeunesse pourrait en tirer[11].

En cette première moitié du XIXe siècle, la situation politique intérieure de la France est instable, et à tout moment des tensions peuvent surgir entre monarchistes et républicains. Louis XVIII ne restaure pas le pouvoir absolu et se positionne à mi-chemin entre le libéralisme et le conservatisme. D'où une extrême prudence de la part du pouvoir en place, qui cherche à contenir toutes les menaces qui pèsent sur lui. D'où cette exhortation, de la part des défenseurs d'un enseignement de l'histoire dans les collèges, à ne pas confondre histoire et politique. D'où cette méfiance à l'égard de professeurs d'histoire, jugés trop libéraux par les conservateurs, qui pourraient contribuer, par leur enseignement, à diffuser des idées propices à une déstabilisation du régime.

En 1819, la rédaction du premier programme d'histoire ancienne pour les élèves de sixième et cinquième dans les collèges est confiée à deux professeurs d'histoire, Auguste Poirson (1795-1871) et Charles Cayx (1793-1858)[12], respectivement en poste aux collèges Henri IV et Charlemagne. Ce programme[13]applique une méthodologie de type encyclopédique, avec la chronologie d'un côté et les événements importants de l'autre. Sur le plan pédagogique, l'objectif n'est pas de dispenser un enseignement détaillé mais davantage de présenter une chronologique

11 Archives Nationales : AN F/17/504 – Les archives relatives à l'histoire de l'enseignement, F/17 : ministère de l'Instruction publique (devenu ministère de l'Éducation nationale en 1932), Lettre envoyée au proviseur de Rouen le 7 décembre 1818.

12 Ancien élève de l'École normale (1812). Dès sa sortie de l'École, il est affecté aux fonctions de bibliothécaire de l'Arsenal de 1818 à 1851, avant d'être nommé en 1818 professeur agrégé d'histoire au collège royal Charlemagne.

13 Commission de l'Instruction publique. Programme pour l'enseignement de l'histoire ancienne dans les collèges royaux [par Poirson et Caix], Paris, L. Colas, 1820.

simplifié. Ce programme commence par les temps héroïques, puis aborde l'établissement de la liberté en Grèce et la législation de Lycurgue et Solon, les guerres médiques entre les Perses et les Grecs, la rivalité entre les deux cités Sparte et Athènes, pour passer ensuite à la puissance de Thèbes et finir avec la puissance de la Macédoine.

La période 1814-1830 connaît donc la promulgation d'une série de textes officiels qui participent à l'édification d'un système d'instruction dans les collèges, et c'est dans ce cadre que l'enseignement de l'histoire s'impose peu à peu. Simultanément, on assiste à une grande transformation de la société française qui découvre la puissance d'un appareil législatif capable de construire un État centralisé, régissant la vie des citoyens dans de multiples domaines, notamment en matière d'éducation. Cependant l'histoire ancienne reste encore très liée aux langues anciennes. Dans un premier temps, l'enseignement de l'histoire dans les collèges royaux de Paris est en effet confié aux professeurs agrégés de grammaire et des belles lettres[14] et il faut attendre 1830 pour que soit organisé le premier concours d'agrégation d'histoire[15]. Faute d'enseignants spécialistes, les professeurs sont souvent contraints par leur hiérarchie de cumuler deux disciplines[16]. On peut légitimement se demander si les professeurs de grammaire chargés d'enseigner l'histoire n'ont pas été tentés de contourner une difficulté en le faisant à travers l'étude des textes anciens.

14 *Recueil de Lois et Règlements concernant l'Instruction publique*, tome 6, Paris, 1822, p. 220.

15 Dans l'enseignement secondaire, l'histoire, introduite dans les programmes dès 1814, et confiée en 1818 à un professeur « spécial » (mais non spécialiste, puisqu'il n'y a jusqu'en 1880 qu'une seule licence, celle de « lettres »), se constitue peu à peu en « matière d'enseignement » au cours du siècle ; matière d'ailleurs longtemps contestée, témoin les tribulations de l'agrégation d'histoire, établie en 1831, supprimée en 1852, définitivement rétablie en 1860. Voir A. Bruter, « Lavisse et la pédagogie de l'histoire. Enseignement de la représentation et représentation de l'enseignement. », *Histoire de l'éducation* 65, 1995, p. 28.).

16 C'est ce qui se passe pour Jules Michelet qui en 1827 est nommé à la fois professeur d'histoire et professeur de philosophie. En 1829, ces deux disciplines étant désormais séparées, Michelet demande à garder uniquement l'enseignement de la philosophie, mais on l'oblige à enseigner l'histoire ancienne. Voir G. Monod, *Les maîtres de l'histoire : Renan, Taine, Michelet*, Paris, 1894, p. 193-194.

1830-1848 : LE RENFORCEMENT DE L'HISTOIRE

De 1830 à 1848, ceux qui accèdent désormais au pouvoir politique font partie d'une génération qui n'a pas participé aux événements de 1789. Ils prennent inévitablement leurs distances par rapport à la révolution, ce qui se traduit par différentes évolutions de la vie sociale et politique française. Ils élaborent en particulier un discours de renouveau humaniste, à travers lequel se dessine un idéal caractérisé par « la circulation de l'intelligence[17] », pour reprendre une expression de François Guizot (1787-1874).

Dans cette perspective, les enseignements dans les écoles primaires et les collèges constituent un réel enjeu de politique nationale, défendu par les ministres Royer-Collard, François Guizot et Victor Cousin (1792-1867). Cet impératif de former les jeunes à devenir des citoyens d'un État-nation passe par le contrôle politique de l'enseignement public ou privé (principalement religieux). Le ministère de l'Instruction publique se donne pour mission de réglementer dans le détail les pratiques des enseignants, qui sont eux-mêmes formés par l'État.

Le programme du 2 mars 1838[18], sous Salvandy[19], constitue un tournant important : « pour la première fois un texte officiel veut décrire, structurer, coordonner les contenus d'enseignement dans les moindres détails[20] ». Parallèlement, on constate la suppression des références aux récits mythologiques dans les programmes d'histoire ancienne, qui reste en revanche reliée à l'histoire sainte. Le programme de la classe de sixième s'intitule ainsi « Histoire ancienne depuis la Création du monde jusqu'à la fin de la guerre médique », ce qui suppose la permanence de la référence biblique. Il faut ajouter qu'à la fin de chaque période historique, le professeur doit introduire dans son enseignement des notions sur les

---

17 P. Rosanvallon, *Le moment Guizot*, Paris, 2003, p. 174.

18 *Bulletin universitaire contenant les décrets, règlements et arrêtés relatifs à l'instruction publique*, tome 7, année 1838, nº 134, Paris, p. 121-133.

19 Narcisse-Achille de Salvandy (1795-1856), ministre de l'Instruction publique de 1837 à1840.

20 P. Marchand, *L'histoire et la géographie dans l'enseignement secondaire. Textes officiels, tome 1 : 1795-1914*, Paris, 2000, p. 35.

lettres, les sciences, les arts, la religion, la politique. De cette façon, « les faits de civilisation deviennent un appendice de l'histoire politique[21] ».

En 1840, la réforme du baccalauréat initiée par le ministre Victor Cousin porte sur l'épreuve orale d'histoire, qui comprend notamment 50 questions sur l'Antiquité[22]. Entre 1842 et 1843, on compte 62 chaires spéciales d'histoire et de géographie dans les collèges royaux sur toute la France[23] ; les 312 collèges communaux, quant à eux, disposent seulement de 23 chaires spéciales en histoire et géographie.

Cependant, même si le programme renforce l'enseignement de l'histoire ancienne dans les collèges, ce sont toujours les professeurs de grammaire qui sont chargés des cours et le conflit entre ces deux disciplines persiste. Patrick Garcia et Jean Leduc notent que « l'apprentissage de l'histoire antique (histoire ancienne ne désigne encore que celle de l'Orient et de la Grèce) reste lié à celui des langues anciennes dont les bases doivent être acquises dans les premières années du secondaire et qui occupent une place considérable dans l'emploi du temps[24] ».

Dans les archives du collège Louis le Grand figurent des commentaires de professeurs sur l'enseignement de l'histoire ancienne en classes de sixième et cinquième :

> « On passe d'une histoire à une autre sans retenir ce qu'on a dû étudier, (...) l'histoire ancienne enseignée en 6e et en 5e est traitée ou trop superficiellement pour être mise à la portée de l'enfance ou d'une manière trop savante et trop approfondie pour faire la part de l'antique et de la philosophie[25] ».

Les critiques visent le contenu de l'enseignement et les méthodes pédagogiques utilisées, qui sollicitent exclusivement la mémoire des élèves et non leur compréhension :

> Le nombre des élèves et la longueur de rédactions ne permet pas aux professeurs d'examiner les copies avec soin, et les fautes de toute espèce y abondent ; la grammaire, l'orthographe, la langue y sont violées, et les jeunes gens prennent ainsi des habitudes mauvaises, langage incorrect, phrases incohérentes. Tout ce que les élèves écrivent est le résumé des discours du maître,

---

21 *Ibid.*, p. 36.

22 *Programme officiel des matières d'examen du baccalauréat ès-lettres*, Paris, 1841, p. 38-42.

23 P. Marchand, *op. cit.*, p. 35.

24 P. Garcia, J. Leduc, *L'enseignement de l'histoire en France, de l'Ancien Régime à nos jours*, Paris, 2003, p. 76.

25 Archives nationales : AN F/17/7646.

discours improvisé, où se glissent nécessairement les négligences de ce genre de dictée, et les négligences deviennent des exemples[26] ».

Peu à peu, c'est donc moins l'enseignement de l'histoire ancienne qui se trouve remis en cause, que la façon dont il est pratiqué. Certains contestent l'apprentissage par cœur, soulignant le manque de formation à l'esprit critique des jeunes élèves.

L'EXPANSION DE LA RECHERCHE HISTORIQUE CONJUGUÉE À UN RENFORCEMENT DU PRINCIPE DE « L'INSTRUCTION POUR TOUS »

Le second Empire commence son œuvre par des réformes de l'enseignement secondaire suivant les instructions d'Hippolyte Fortoul (1811-1856). Elles provoquent la polémique : Fortoul est accusé par les cercles savants d'empêcher la progression de l'enseignement de l'histoire dans les écoles, en diminuant les horaires et en supprimant le concours de l'agrégation[27].

En 1853 un rapport détaillé des inspecteurs généraux Giraud et Laferrière[28] sur les finalités de l'histoire fait son apparition. Il s'attache à critiquer le système précèdent : « le développement donné à l'enseignement de l'histoire ancienne et de l'histoire romaine enlevait trop de temps aux travaux classiques et littéraires et n'en laissait pas assez à l'histoire nationale[29] ». L'enseignement doit désormais privilégier l'histoire nationale et favoriser la formation d'une nation. Il doit aussi être modernisé pour répondre aux besoins des élèves, qui constituent un corps de plus en plus nombreux.

Quelles sont les conséquences pour l'histoire ancienne ? Tout d'abord, dans le nouveau programme de 30 août 1852[30], on ne la rencontre plus

---

26 *Ibid.*

27 Voir M. Gontard, « Une réforme de l'enseignement secondaire au XIXe siècle : "la bifurcation" (1852-1865) ». *Revue française de pédagogie* 20, 1972, p. 6-14.

28 Charles Giraud (1802-1881) et Firmin Laferrière (1798-1861).

29 Archives Nationales : AN F17 6893.

30 *Bulletin administratif de l'Instruction publique*, tome 3, n° 33, Paris, 1852, p. 246-253.

en cinquième. Les élèves ont un premier contact avec elle au début des classes de grammaire à la fin de la sixième, sous une forme abrégée, propre à servir d'introduction. Elle est ensuite enseignée en classe de troisième de la division supérieure. Selon le rapport,

> la jeunesse plus avancée, d'une intelligence plus forte et capable de comparer est appelée à suivre avec intérêt, mais sans danger alors pour son jugement, les destinées de cette race grecque et romaine, dont elle étudie les chefs d'œuvre en même temps que l'histoire ; à connaître enfin avec précision le point de départ, les progrès, les rapports des nations qui occupent une grand place dans l'histoire des temps modernes[31].

La lecture de ces nouveaux programmes appelle plusieurs remarques. Tout d'abord, une place importante est accordée aux guerres de l'Antiquité grecque. L'idée sous-jacente est d'utiliser le récit des batailles pour mettre en relation deux faits : la conquête du pouvoir politique d'une part, et l'expansion territoriale, d'autre part. Les récits historiques portent des valeurs qui peuvent être transmises pour servir à la construction du sentiment d'appartenance nationale, comme la nécessité de préserver le territoire national et de défendre la patrie. L'histoire ancienne semble alors pouvoir contribuer à la formation du sentiment patriotique, omniprésent dans les orientations des différents ministères de l'Instruction publique pendant la seconde moitié du XIXe siècle. Il faut noter ensuite que le programme d'histoire ancienne met en place un récit historique, plus ou moins précis selon les périodes, fondé sur les actions des grands hommes, parmi lesquels Lycurgue, Solon, Miltiade, Thémistocle, Aristide, Sophocle, Périclès, Alexandre le Grand. Ainsi, l'enseignement de l'histoire continue de reposer sur la transmission de grandes figures d'autorité et de la force morale qui se dégage de leurs actions.

31 Archives Nationales : AN F17 6893.

MODERNISER L'ENSEIGNEMENT HISTORIQUE

Plusieurs ministres de l'Instruction publique vont se succéder mais aucun d'entre eux ne modifie les programmes. Il faut attendre le programme de 23 juillet 1874[32] sous le nouveau ministre Arthur De Cumont (1818-1902)[33] pour constater quelques changements importants : les récits de batailles et les portraits des grands chefs militaires sont supprimés. Une circulaire publiée le 17 août 1874, relative à l'application de ce nouveau plan de formation, vient justifier ces choix :

> On a donné une plus grande place à l'histoire des institutions ; on a cru important de montrer aux élèves comment les divers peuples qui passent sous leurs yeux sont gouvernés ; on a voulu leur faire connaître ce qu'est une société, ce qu'est la nature humaine, et quel est le jeu des institutions. On s'est aussi préoccupé d'enseigner aux élèves ce qui concerne la civilisation, les arts et les sciences, le commerce et le travail industriel, aux différentes époques et dans les différentes sociétés. Les professeurs comprendront la nécessité de réduire un peu les récits de guerre, afin de donner une part de leur temps à l'histoire intérieure des sociétés [...] Les faits qui sont relatifs aux institutions, aux usages, au commerce, à la vie intellectuelle, peuvent être compris des plus jeunes de nos élèves, et les intéresseront d'autant plus que le professeur les présentera avec plus de netteté[34].

L'histoire ancienne ne se résume plus à des dates et des hauts faits de batailles, mais se nourrit aussi de considérations portant sur la politique, l'art, les institutions et la culture. Cette histoire, qui mêle de nombreux éléments, garde toujours sa volonté d'édifier à travers l'exemple des grands hommes, mais elle prend en compte en même temps les pratiques de toute une société. L'histoire n'est plus l'histoire des princes et des rois : elle devient culturelle en englobant la religion, les arts et les lettres, mais aussi sociale avec l'industrie, la diplomatie et le commerce.

Avec le ministère Ferry, ressurgit, ou plutôt se prolonge – car il n'a jamais cessé – le conflit qui oppose les professeurs de grammaire chargés de cours d'histoire et les professeurs d'histoire. Ces derniers réclament

---

32 *Bulletin administratif de l'Instruction publique*, tome 17, n° 340, Paris, 1874, p. 604-605.

33 M. de Cumont, ministre de l'Instruction publique, des cultes et des beaux-arts (22 mai 1874-10 mars 1875).

34 P. Marchand, *op. cit.*, p. 441.

l'exclusivité de leur enseignement. Cependant, à la fin du XIXe siècle, ils sont encore en nombre réduit, ce qui explique que dans la plupart des collèges en province ou à Paris, ce sont les professeurs de grammaire qui assurent l'enseignement de l'histoire ancienne. Georges Perrot (1832-1914)[35], professeur d'archéologie à la Faculté des lettres à Paris, met en garde contre l'inaptitude des professeurs de grammaire à enseigner l'histoire ancienne, sachant qu'ils sont peu ou pas informés des découvertes archéologiques récentes : ces dernières modifient considérablement le savoir sur l'Antiquité grecque et ces professeurs inculquent désormais des notions fausses à leurs élèves, ce qui peut conduire à la « ruine de l'histoire ancienne[36] ».

La publication du nouveau programme du 2 août 1880[37] vient apporter des modifications au programme précédent. La nouveauté majeure, c'est l'étude des institutions politiques, ainsi que celle des coutumes et des modes de vie. De nombreux détails disparaissent, notamment dans les récits militaires. Parmi les nouvelles connaissances introduites, on note l'étude des fonctions de l'Aréopage et de l'assemblée du peuple d'Athènes. L'élève apprend ainsi le fonctionnement de la justice dans l'Antiquité grecque, un fonctionnement tout à fait nouveau pour lui, puisqu'il n'a pas d'équivalent dans la société française, l'ancienne société monarchique ou la toute nouvelle société républicaine, laquelle fonctionne selon le principe de la représentation du peuple. Au XIXe siècle, le droit grec fait l'objet d'une redécouverte et son étude se conjugue à celle des institutions politiques, témoignant de l'influence exercée par l'helléniste Fustel de Coulanges (1830-1889) sur le monde de l'éducation.

L'historien Ernest Lavisse (1842-1922) est la personnalité la plus en vue en cette fin du XIXe siècle dans les milieux de l'enseignement secondaire. Non seulement il est en charge de la rédaction des programmes d'histoire ancienne, mais il joue un rôle non négligeable dans la formation pédagogique des maîtres. C'est lui qui précise le mieux les finalités de cette discipline historique en multipliant les directives

35 Georges Perrot est archéologue et helléniste. À la fin du XIXe siècle, il effectue, avec l'architecte Charles Chipiez, un grand voyage d'étude de l'architecture antique avec le soutien de la maison d'édition Hachette. Ils publient à leur retour un ouvrage intitulé *Histoire de l'art dans l'Antiquité : Égypte, Assyrie, Perse, Asie mineure, Grèce, Étrurie, Rome*, Paris, 10 volumes, 1882-1914.

36 P. Marchand, *op. cit.*, p. 59.

37 *Bulletin administratif de l'Instruction publique*, tome 23, n°456, Paris, 1880, p. 890-973.

adressées au corps des enseignants en histoire[38]. Lavisse est convaincu que les connaissances ne passent pas par l'érudition. La refondation de la pédagogie implique de valoriser la dimension du plaisir à apprendre et à étudier. Il encourage donc les professeurs à parler de la Grèce en évitant les développements trop techniques, comme les considérations abstraites sur l'esthétique ou la politique, et à solliciter l'attention des élèves par le dialogue pendant le cours, une conception assez novatrice à une époque où l'enseignement secondaire favorise généralement la passivité des collégiens. Lavisse conseille aux professeurs de présenter les événements en relation avec les grands acteurs de l'histoire, mais ceux-ci ne sont plus convoqués pour l'autorité morale qu'ils incarnent, mais au nom de l'intérêt pédagogique qu'ils peuvent susciter. Par exemple, la guerre du Péloponnèse, un événement comportant de nombreux détails à mémoriser par les élèves, sera mieux comprise et intéressera davantage si Alcibiade et Lysandre sont mis au premier plan.

Les programmes de 1890[39] comportent par ailleurs des changements importants d'ordre lexical et sémantique. Ainsi, dans la formulation du programme, le terme « mœurs » se substitue à celui d'« institution » ; le terme « race » vient désigner le peuple grec ; le mot « religion » est remplacé par « les dieux », pour éviter que le maître ne se lance dans un exposé complet et philosophique sur la mythologie grecque ; le mot « démocratie » qui fait son apparition pour la première fois, sert à désigner le régime politique d'Athènes. Cette nouvelle terminologie appliquée à la Grèce ancienne est significative : il s'agit d'appréhender l'histoire de l'Antiquité d'une manière à la fois plus concrète et mieux contextualisée. « La politique, les lettres et les arts ont été placés dans les cadres même de la vie : les poèmes d'Homère après la guerre de Troie, le commerce au Pirée, les arts à l'Acropole, les poètes dramatiques au théâtre, les orateurs dans l'assemblée du peuple[40]. »

Que la IIIe République donne un élan à une pensée historique et moralisatrice pour former l'élite de la France, c'est incontestable. Mais il faut reconnaître une autre dimension à ce projet éducatif, qui entend former des citoyens, des patriotes mais aussi surtout des hommes ayant

38 Voir A. Bruter, art. cité.

39 *Bulletin administratif de l'Instruction publique*, tome 48, supplément au n°922, 1890, p. 413-630.

40 P. Marchand, *op. cit.*, p. 566.

« l'idée exacte des civilisations successives et du progrès accompli au cours des siècles, et la connaissance précise de la formation et du développement de la France[41]. »

La réforme du 31 mai 1902[42] comprend l'élaboration d'un nouveau programme d'enseignement de l'histoire ancienne, conduite par la sous-commission d'histoire et de géographie comprenant, à titre de membres permanents, les historiens Ernest Lavisse, Camille Jullian (1859-1933), philologue et épigraphiste (il a créé la chaire des Antiquités nationales), Georges Perrot, cité précédemment, le géographe Louis Gallouédec (1864-1937), rejoints par deux nouveaux historiens, Charles Seignobos (1854-1942) qui va assurer la direction de ce programme, et Albert Malet (1864-1915). Cette nouvelle équipe montre que la discipline scolaire est devenue un savoir scientifique.

Le programme de 1902 introduit un enseignement d'histoire de la Grèce ancienne en classe de sixième, à l'entrée au collège, et en classe de seconde, à l'entrée du lycée. Ce choix montre que l'enseignement de l'histoire de la Grèce peut concerner des âges différents, depuis les élèves les plus jeunes en première année de collège jusqu'aux élèves plus mûrs, à l'entrée du lycée.

Ce programme d'histoire ancienne reprend, en termes de contenus, certains chapitres qui figuraient dans les programmes précédents. Mais il est beaucoup plus détaillé en ce qui concerne les événements et les institutions. Il contient par ailleurs un développement plus documenté sur Sparte faisant intervenir la question de l'esclavage et plus particulièrement celle des hilotes. La réédition en 1879 de *L'Histoire de l'esclavage antique* (1847) d'Henri Alexandre Wallon (1812-1904), ministre de l'Instruction publique entre 1875 et 1876, atteste ce nouvel intérêt pour les réalités sociales à Sparte et Athènes, ainsi que pour les questions d'éducation.

Il faut également noter que le programme de la classe de sixième prévoit pour la première fois un chapitre consacré à la « décadence » d'Athènes, c'est-à-dire à la fin de la période démocratique de la cité antique. Le choix de ce terme « décadence », qui introduit une valeur

41 Léon Bourgeois (ministre de l'Instruction publique et des beaux-arts (17 mars 1890-6 décembre 1892), circulaire de 5 juillet 1890. Voir C. Bernard, *L'enseignement de l'histoire en France selon les ministres de l'instruction publique*, Paris, 1978, p. 90.

42 *Bulletin administratif de l'Instruction publique*, Tome 71, n° 1522, 1902, p. 760-857.

morale tout à fait nouvelle, interroge. On peut y voir l'influence de l'historien Seignobos qui, contrairement à Lavisse, défend l'enseignement de l'histoire dans une perspective d'éducation politique :

> Seignobos conçoit l'enseignement de l'histoire comme un instrument de culture sociale. L'histoire doit familiariser les élèves avec les principaux phénomènes sociaux, les traditions et les institutions. L'étude des événements et des développements enseigne aux élèves le changement continuel auquel sont soumises les affaires des hommes et les protège de la frayeur irraisonné des changements sociaux[43].

Seignobos voit dans l'enseignement de l'histoire le moyen de renforcer l'éducation civique déjà initiée depuis les années 1880, avec la construction du sentiment patriotique au sein de l'école. Il s'agit, à l'aube du XXe siècle, de préparer les élèves à la vie publique. Priorité est donnée à la force du collectif : Seignobos ne croit pas à l'intérêt des destins individuels dans l'histoire politique, mais à l'importance d'une bonne connaissance de l'enchaînement des faits historiques et des institutions. Ce programme de 1902 intervient dans un contexte où c'est la concurrence entre enseignements scientifiques et enseignements littéraires qui fait débat dans l'enseignement secondaire et universitaire. Faut-il valoriser les uns au détriment des autres ? La culture générale est au cœur du conflit et devient un argument et devient un argument de poids en faveur des humanités classiques, qui permettent de distinguer les élites littéraires des élites scientifiques.

Kondylenia BELITSOU
Université nationale
et capodistrienne d'Athènes
– Faculté des Lettres

43 P. Den Boer, *History as a profession. The study of History in France 1818-1914.* New Jersey, Princeton, 1998, p. 226.

REPRÉSENTATIONS DE L'EUROPE EN GRÈCE CLASSIQUE

Les Perses, une tragédie qu'Eschyle donna au Vᵉ s. av. J.-C., en 472, met en scène l'Europe et l'Asie, représentées comme deux sœurs. Et c'est bien ainsi que la reine, l'épouse de Darius, les voit en songe[1]. Ce sont deux femmes au caractère différent, insoumise pour l'une, docile pour l'autre, se livrant à une lutte fratricide. Au début de ce même Vᵉ s., les guerres médiques, en opposant les Perses aux Grecs, ont certainement déterminé une vision de l'Europe que les auteurs classiques ont développée, tels, dans les décennies suivantes, Hérodote et Hippocrate, puis, au IVᵉ s., Platon, Xénophon, Isocrate ou encore Aristote en particulier. Des cités grecques, très touchées par les attaques perses menées dans les îles de la mer Égée et en Grèce centrale, se sont affichées comme les premiers protagonistes de ces conflits, quitte parfois à parler au nom de toute l'Europe. Même si des frontières, très lâches il est vrai, ont été imaginées, non seulement entre l'Asie et l'Europe, mais également au sein même de l'Europe, divisée en une multitude de peuples, très différents les uns des autres, affectés par tel ou tel climat, on trouve pourtant dans la production classique l'idée que l'Europe est une espèce de zone géographique diffuse, reliée d'une façon ou d'une autre à la Grèce. Une telle confusion assumée relève certainement d'une visée impérialiste ou dominatrice grecque, qui fait des Grecs, à commencer par les Athéniens, les représentants d'un vaste bloc occidental, opposé à l'Asie. La question de l'Europe dans l'Antiquité a bien évidemment suscité quantité d'études et de colloques, trop nombreux pour être cités ici, et dont les conclusions, quoique relatives au seul fait antique, n'ont pas pu ne pas alimenter la réflexion politique destinée à bâtir une

1 Eschyle, *Les Perses*, 185-187 : « Quoique sœurs du même sang, elles habitaient deux patries, l'une la Grèce, dont le sort l'avait lotie, l'autre la terre barbare », trad. P. Mazon, CUF.

Europe moderne[2]. On signalera en particulier la publication, entre 1998 et 2011, des actes de cinq colloques consacrés à l'histoire de l'idée et de la représentation de l'Europe (*D'Europe à l'Europe. Mythe et symboles*). On ne reviendra pas ici sur la question trop riche et sans réponse assurée de l'étymologie du mot Europe[3], ni sur la figure mythologique de cette supposée princesse phénicienne[4] ainsi dénommée ; mais il s'agira plutôt de montrer comment, alors que cette vaste partie du monde habité était naturellement bien loin de se réduire à la Grèce – elle-même d'ailleurs difficile à définir en termes de territorialité –, les Grecs classiques ont pu établir des liens parfois très étroits entre Grèce et Europe[5].

LES FRONTIÈRES DE L'EUROPE ?

Avant que d'envisager ces rapports, il faut rappeler ce qu'a pu signifier le mot Europe. Quand elle n'est pas une figure mythologique, l'Europe est une vaste région de la terre habitée (*oikoumène*), une région diffuse, dont les contours ont été lentement et diversement dessinés. Les moyens

2 Par ex., A. Helmis, sd, p. 33, insiste sur « l'héritage grec antique dans les discussions actuelles sur l'avenir de l'Europe » ; voir aussi S. Ratti 1995 pour une prise en compte de l'idée d'Europe telle qu'elle a pu se définir dès l'Empire romain (et non pas au Moyen-Âge, *versus* J. Le Goff, *L'Europe est-elle née au Moyen Âge ?*, Seuil, Paris, 2003), ainsi que A. Deman 2003, pour une étude de la monnaie européenne à la lumière de l'Antiquité.

3 Le nom même d'Europe est-il grec ou sémitique ? Pour C. Milani 1986, p. 6-10, la question reste ouverte, le mot étant grec (« aux grands yeux »), tout en étant peut-être la transcription d'un terme sémitique. Au contraire, selon P. Gommers 2007, p. 79-81, le nom Europe n'a rien de phénicien et se trouve largement répandu en Grèce, spécialement en Thessalie. Europe serait une déesse préhellénique, rattachée à un mythe primitif que les Grecs classiques ont ensuite modifié. En fait, nous n'aurions là qu'un mythe grec créé à la fin de l'époque archaïque, au VIe s., et surtout à l'époque classique, quand les Grecs ont cherché à « intégrer des cultures plus lointaines dans leur propre culture », *id.*, p. 88. Voir également A. Tourraix 1998, p. 61-64.

4 Voir Hérodote 4.45. 4-5, pour qui Europe serait une Phénicienne, qui aurait séjourné en Crète, puis en Lycie (et non pas en Grèce continentale). Fille d'Agénor, roi phénicien de Tyr, elle fut enlevée par Zeus qui avait pris les traits d'un taureau blanc, et transportée en Crète. Ses frères partirent à sa recherche et s'établirent en Grèce, à Thasos dans le cas de Thasos et à Thèbes pour Cadmos (voir A. Dierichs 1995 pour les représentations de l'enlèvement de la princesse Europe ; ainsi que M. Robertson, *in Lexicon Iconographicum Mythologiae Classicae*, IV.1, 1988, p. 76-92 pour la figure mythique, et p. 92 pour le continent).

5 Voir D. Jouanna 2009 pour l'idée d'Europe et sa représentation en Grèce ancienne.

de connaissance de cet espace se sont multipliés, en relation directe avec la *diaspora* grecque observée à partir des IXᵉ et VIIIᵉ s. en Méditerranée occidentale notamment, lors de l'installation de comptoirs de commerce et de colonies comme par exemple en Italie, à Pithécusses et, à partir de là, Cumes au VIIIᵉ s.[6] D'un autre côté, Égyptiens et Perses, comme les Grecs (un certain Colaios[7], originaire de Samos, a franchi les colonnes d'Héraclès vers 638), ont cherché à définir les espaces de la terre habitée. Ce furent alors des périples[8], dont certains sont mentionnés par Hérodote (4.42-43) : c'est, parmi d'autres, l'expédition menée autour de la Libye (notre Afrique) et commandée par le roi d'Égypte Nécôs au tout début du VIᵉ s., ou encore celle ordonnée en Asie par le roi des Perses Darius à la fin de ce même siècle. Les périples ou circumnavigations, ajoutés aux échanges commerciaux maritimes et aux expéditions militaires, ont permis, après les portulans ou *Instructions nautiques*, de dessiner les premières cartes du monde au VIᵉ s., en tant qu'outils de spéculation intellectuelle de la représentation de la terre et, à l'époque classique, de propagande[9] : on retiendra les cartes ou les schémas d'Anaximandre de Milet, puis d'Hécatée de Milet[10], et, plus tard, au début du IIIᵉ s., de Dicéarque. C'est alors qu'apparaît une répartition du monde en deux, trois, voire exceptionnellement quatre zones, parmi lesquelles l'Europe.

LE DÉCOUPAGE DU MONDE

Après Anaximandre, Hécatée proposait vers 515 une tripartition du monde en distinguant une Europe, une Asie et une Libye, cette dernière jouissant d'une réelle indépendance, selon l'analyse de Karl

6 Pour la colonisation grecque en Méditerranée occidentale, voir par ex. les travaux d'I. Malkin (en particulier 2011), consacrés à la formation d'une identité grecque dans la *diaspora* méditerranéenne, ainsi que D. Ridgway 1992, pour Pithécusses, et J.-L. Lamboley 1996, à propos de l'installation des Grecs en Occident.

7 Voir Hérodote 4.152 : dévié de sa route vers l'Égypte, le navire de Colaios fut entraîné par des vents d'est au-delà des colonnes d'Héraclès, à Tartessos. P. Fabre 1992, p. 12-13, souligne cependant que ce n'est que par accident que Colaios a franchi ce passage. Le premier Grec à l'avoir fait délibérément serait le Massaliote Euthymènes, au milieu du VIᵉ s. sans doute.

8 Voir par exemple F. Hartog 1996, p. 87-115 et spéc. 96-97.

9 Les cartes ont pu être « un instrument de persuasion redoutable », C. Jacob 1991, p. 45 : Aristagoras, le tyran ou gouverneur de Milet, cherche ainsi à persuader le roi de Sparte Cléomène d'intervenir militairement contre le roi perse (Hérodote 5.49).

10 Il n'est pas certain qu'Hécatée ait dessiné une véritable carte : C. Jacob 1991, p. 56.

Zimmermann[11] : des fragments laissent en effet penser que l'historien de Milet avait rédigé, outre celles de l'Europe et de l'Asie, une description de la Libye ou de l'Égypte[12]. Ce même Hécatée sera repris et critiqué par Hérodote au siècle suivant, selon une réflexion complexe et contradictoire. Hérodote suit la tradition ionienne en reconnaissant trois continents, l'Europe, l'Asie et la Libye. Il revient cependant sur ce découpage du monde en déclarant :

> Je m'étonne donc que l'on ait défini séparément une Libye, une Asie et une Europe, car leurs différences ne sont pas minces. En longueur, l'Europe est semblable aux deux autres réunies, et, en largeur, elle n'est à mon avis en rien comparable. (*Enquête*, 4.42.1)

Ce texte d'Hérodote commence par « θωμάζω », un verbe que l'on a parfois traduit par « J'admire » (Ph. E. Legrand, Les Belles Lettres, CUF, 1945), comme s'il s'agissait d'admirer ces cartographes pionniers partisans de la tripartition du monde habité. Or le sens est plutôt l'étonnement[13]. Le contexte plaide en effet pour cette dernière acception : Hérodote trouve curieux que l'on ait partagé le monde en trois parts, alors qu'elles sont si inégales (l'Europe étant beaucoup plus vaste que les deux autres). D'ailleurs, il donne lui-même la clé de sa formule un peu plus loin (4.45), où, extrêmement sceptique[14], il s'interroge sur le bien-fondé de ces découpages ainsi que sur les noms communément donnés à ces régions de l'*oikoumène*. Mais cela ne l'empêche pas d'adopter une vision plutôt bipartite du monde[15]. Écrivant après les guerres médiques, Hérodote a tendance à distinguer deux blocs, l'Europe et l'Asie[16], sur un plan non pas tant géographique que culturel et politique : en disant l'affrontement inouï des Grecs (les premiers concernés en Europe) et

---

11 K. Zimmermann 1997, p. 294 : le monde d'Hécatée n'est pas bipartite comme on le pense généralement (voir S. Ratti 2005, p. 195-196), mais bien tripartite.

12 Hécatée de Milet, Jacoby *FGrH* 1 F305 (Égypte) et F332 (Libye) *apud* Stéphane de Byzance.

13 La traduction d'Andrée Barguet : « Je m'étonne vraiment qu'on ait pu diviser… », Gallimard, 1964, semble alors préférable, en tout cas moins ambiguë que « J'admire », dont l'ironie n'est pas flagrante.

14 On trouve ce même scepticisme hérodotéen, voire l'aveu d'une ignorance, en 3.115 : « Sur les confins occidentaux de l'Europe, je ne peux rien dire de précis » (trad. personnelle).

15 K. Zimmermann 1997, p. 295-296, s'oppose à la *doxa* qui prête à Hérodote une tripartition du monde.

16 Même s'il consacre tout un livre de son *Enquête* à l'Égypte (livre II).

des barbares (essentiellement les Perses), il marque *ipso facto*, dans les années 430, un lien très étroit entre la Grèce et l'Europe, la première représentant en quelque sorte et défendant la seconde.

Dans le traité *Airs, eaux, lieux*, dû sans doute à Hippocrate et daté de ces mêmes années 430, c'est une semblable bipartition entre Europe et Asie qui prévaut. Précieux à différents égards, ce texte, qui nous est parvenu incomplet, serait, selon Jacques Jouanna, une forme d'acte de « naissance des Européens[17] ». De fait, Hippocrate consacre huit chapitres (17-24) à la description de l'Europe, de son climat[18] et du caractère de ses habitants. C'est ainsi qu'il mentionne les Sauromates, un des peuples scythes établis sur la côte orientale de la mer d'Azov[19], puis le reste des Scythes qui se ressemblent entre eux, enfin les autres habitants de l'Europe. Deux éléments sont ici à souligner : d'abord, on découvre une pluralité de peuples, énumérés avec leurs différences, de taille et d'aspect, ce qui interdit l'élaboration d'un strict modèle européen ; ensuite, et malgré tout, ces populations présentent un trait distinctif qui les oppose aux Asiatiques, comme s'il existait un caractère européen. Ce dernier serait plus belliqueux et plus vaillant, pour deux raisons. Premièrement et surtout, le climat étant plus changeant, plus marqué, dans la majeure partie de l'Europe[20], les corps doivent s'adapter sans cesse pour résister, ce dont au contraire on se dispense en Asie :

> Le fait que les Asiatiques sont tout à fait impropres à la guerre par rapport aux Européens et qu'ils sont plus doux de mœurs trouve sa cause principale dans les saisons qui ne présentent pas de grands changements ni vers le chaud ni vers le froid mais sont proches les unes des autres. En effet, l'esprit ne subit pas de chocs ni le corps de modification violente, toutes choses à partir desquelles il est normal que l'on ait un caractère farouche [...][21]. (*Airs, eaux, lieux*, 16.1-2)

---

17 J. Jouanna 2003, p. 69. On doit à J. Jouanna 1994 d'avoir mis en lumière la position d'Hippocrate quant à la question européenne, en la distinguant notamment de celle d'Hérodote. Hippocrate est ainsi le premier à utiliser, à deux reprises (*Airs, eaux, lieux*, 16.2 et 23.9), l'expression *les Européens* pour désigner les peuples d'Europe (J. Jouanna 1994, p. 36).

18 J. Jouanna 1994, p. 35 : « L'Europe chez Hippocrate ne se définit plus seulement comme un espace géographique, mais aussi comme une unité climatique. »

19 Pour l'histoire des Sauromates, voir Hérodote 4.110-117, puis Diodore de Sicile 2.43.7, ainsi que l'étude de K. Smirnov 1980.

20 Hippocrate, *Airs, eaux, lieux*, 23.1. Les Scythes jouissent d'un climat plus égal et sont donc, par là, différents des autres Européens (voir J. Jouanna 2003, p. 62). Hérodote a consacré un développement aux Scythes (4.59-75).

21 Traduction de J. Jouanna, CUF, Les Belles Lettres.

En second lieu, la plupart du temps, les Européens vivent dans des sociétés régies par des lois, et non pas, comme souvent en Asie, soumises à des rois, ce qui les amène à se battre pour eux-mêmes, dans leur intérêt et non dans celui d'un homme dont ils ne seraient que les sujets. Il apparaît bien que, dans la formulation d'une théorie des climats, Hippocrate schématise en reprenant en quelque sorte le mot d'ordre, voire le leitmotiv, issu des guerres médiques : la liberté (par la loi) en Europe[22] et la soumission à un maître en Asie.

Ainsi, au terme du ve s., des structures mentales sont définies, qui opposent deux camps, l'Europe et l'Asie. Or, ce sont là des considérations politiques et culturelles, regorgeant d'éléments de langage qui relèvent plus d'une propagande grecque que d'un examen géographique de l'*oikoumène*.

Au-delà de ces prises de position, le IVe siècle maintient plutôt la vision au moins tripartite du monde héritée des représentations de la fin du VIe. s. Certes, on peut encore, à l'instar d'Isocrate en 380, se focaliser sur une approche bipartite du monde[23], en ne s'intéressant que très peu à la Libye[24] pour mettre au contraire en évidence le conflit politique et culturel, puis militaire, opposant l'Europe à l'Asie :

> Toute la terre que recouvre la voûte céleste étant divisée en deux parties, nommées l'une Asie, l'autre Europe… (*Panégyrique*, 179)

Cependant, les deux exemples qui suivent, empruntés au mythe, traduisent bien une reconnaissance de la tripartition. Ainsi en va-t-il chez l'historien Théopompe de Chios, dont un fragment, reproduisant un dialogue mythologique entre Silène et Midas, indique une tripartition de notre monde, avec l'Europe, l'Asie et la Libye, toutes trois des îles entourées de l'Océan[25]. De même, à l'occasion du mythe de l'Atlantide, dans le *Timée* 25b, Platon mentionne bien la Libye et l'Europe, tout comme l'Asie : au-delà des colonnes d'Héraclès s'étendait une île plus

22 Aristote, *Politique* 7.1327b, mentionnera cette liberté, non pas européenne, mais grecque.

23 Voir A. Momigliano [1933] 1966, p. 477-487, pour le concept politique européen chez Isocrate.

24 L'Égypte apparaît cependant dans les premiers textes d'Isocrate, comme dans le *Busiris*, daté de 390-378. À propos de la vision grecque de l'Égypte, voir C. Froidefond 1971, « Hérodote et ses lecteurs », p. 113-228.

25 Théopompe, Jacoby *FGrH* 115 F75c, *apud* Élien, *Histoire variée* 3.18.1 : c'est ce que Silène disait à Midas, en précisant que le seul continent qui existât se trouvait à l'extérieur de notre univers (ἤπειρον δὲ εἶναι μόνην ἐκείνην τὴν ἔξω τούτου τοῦ κόσμου).

vaste que la Libye et l'Asie réunies, et les rois atlantes contrôlaient une grande partie de la Libye et de l'Europe. On remarquera toutefois que d'autres ont plutôt cherché à diviser le monde en quatre groupes de populations[26], comme l'historien Éphore de Kymè[27], qui distingue des Indiens, des Celtes, des Scythes et des Éthiopiens[28]. C'est là un monde parfaitement ordonné, selon les quatre points cardinaux et où les trois termes Europe/Asie/Libye sont remplacés par les noms de quatre peuples. On voit ainsi que pour les Grecs classiques l'Europe est l'une des deux, trois ou quatre parties du monde, sans doute la plus vaste. Elle se caractérise par une grande diversité de populations, tels les Celtes, les Scythes, les Grecs, ou encore, parmi tant d'autres, les Italiques : chez Aristote, dans la *Politique* 7.1329b, l'Italie (plus exactement l'extrême sud de la botte) est dite le promontoire de l'Europe, ἀκτὴν ταύτην τῆς Εὐρώπης[29].

QUELLES FRONTIÈRES ?

Cette partie européenne du monde est-elle enfermée dans des frontières ? Si c'est le cas, ces limites sont-elles unanimement reconnues ? Et, pour la question qui nous intéresse ici, quelle place la Grèce y occupe-t-elle ? Les Grecs archaïques et classiques ont essayé de définir des bornes territoriales assignées au monde qu'ils connaissaient eux-mêmes ou dont ils entendaient parler. Il faut toutefois considérer que l'idée de frontière n'a pas forcément revêtu un caractère concret, même si tel ou tel fleuve par exemple a pu souvent marquer une limite.

Pas plus qu'il n'existe *une* Grèce enfermée dans des frontières[30] comme elle l'est aujourd'hui, il ne semble se dessiner *une* Europe.

26 Hérodote (2.16) avait, pour la réfuter immédiatement, évoqué l'hypothèse de quatre continents, le Delta du Nil devant être le quatrième si l'on suivait la cartographie ionienne.

27 Éphore, Jacoby *FGrH* 70 F30a *apud* Strabon 1.2.28, lequel précise qu'Éphore avait rédigé un traité sur l'Europe : « les régions célestes et terrestres étant divisées en quatre parties... ».

28 J. Jouanna [1996] 2003, p. 56, note une répartition symétrique des peuples, non seulement nord-sud, mais aussi est-ouest. Voir aussi K. Geus 2003, p. 234, pour le parallélogramme d'Éphore, ainsi que C. Jacob 1991, p. 53 : il s'agit plus d'un cadre que d'une carte géographique, connu à travers un fragment chez Cosmas (VIe s.).

29 Plus tard, au Ier s. av. J.-C., Diodore 5.20 nommera Gadès (Cadix), fondée par des Phéniciens, la péninsule de l'Europe. Voir R. Dion 1977, p. 139.

30 On parle ainsi communément de la Grèce continentale, de la Grèce insulaire, de la Grèce d'Asie mineure, de la Grande Grèce... Pour une réflexion plus large sur les frontières et la perception de l'autre, voir F. Hartog 1996.

La Grèce, d'abord, n'est en fait qu'un ensemble de cités (*poleis*) et de communautés (*koina*) peuplées de Grecs[31] et répandues d'un bout à l'autre de la Méditerranée[32] ou autour de la mer Noire. Dans un sens restreint, le mot Hellas (Grèce) a pu signifier la Grèce centrale, par opposition au Péloponnèse, comme ce fut le cas pour le mot Europe (*cf. infra*) : si les vers d'Homère, *Odyssée*, 1.344 et 15.80, où l'Hellas et Argos (Péloponnèse) sont distingués, peuvent être suspects, en revanche il est assuré que Démosthène, en 343, démarque la Grèce du Péloponnèse :

> Qui s'écriait que Philippe mettait de son côté la Grèce et le Péloponnèse, pendant que vous dormiez ? (*Sur l'Ambassade*, 303)

Quant à l'Europe ensuite, son image a elle aussi fluctué et a pu être utilisée à des fins de propagande bien éloignées des exigences géographiques et cartographiques. Dans ces conditions, on observe d'abord un élargissement du champ européen. Le mot Europe en tant que désignation géographique est apparu à l'époque archaïque, entre le VIIIe et le VIe s., dans un *Hymne à Apollon*, 290-291. L'auteur, sans doute Cynéthos de Chios (VIe s.), y distinguait le Péloponnèse et l'Europe, ainsi que les îles[33] :

> Ceux qui tiennent le riche Péloponnèse et ceux qui vivent dans l'Europe et dans les îles au milieu des flots.

Ce dernier élément montre à lui seul que l'Europe et la Grèce, *stricto sensu*, ont pu toutes deux correspondre à ce que nous appelons aujourd'hui la Grèce centrale.

---

31 Hérodote (8.144.2) fait tenir à des ambassadeurs athéniens les propos suivants : être grec, c'est avoir le même sang, la même langue, les mêmes cultes divins, le même mode de vie…

32 D'où la formule fameuse de Platon, *Phédon* 109b : « les Grecs habitant autour de la mer comme des fourmis ou des grenouilles autour d'une mare ».

33 ἠμὲν ὅσοι Πελοπόννησον πίειραν ἔχουσιν ἠδ' ὅσοι Εὐρώπην τε καὶ ἀμφιρύτους κατὰ νήσους. Malgré l'ambiguïté de l'expression, l'Europe désignerait la seule Grèce centrale, distincte même des îles selon E. Olshausen 2006, ainsi qu'E. Erdmann, *ibid.* D. Jouanna 2009, p. 29, fait remarquer que la mention de l'Europe, sans qualificatif (contrairement au riche Péloponnèse et aux îles entourées d'eau), pourrait signifier le caractère alors nouveau de cette notion, d'une Europe « qui n'a pas encore trouvé son épithète de nature ». On observera toutefois qu'il arrive que l'Europe ne soit pas qualifiée, non plus que la Libye, au contraire de l'Asie ; ainsi dans une inscription datée des Ier-IIe s. ap. J.-C. : τέρματα ἠπείροι / Εὐρώπης Λιβύης τ' / ἠδ' Ἀσίας μεγάλης (*IK* Iznik 174, lignes 6-8, S. Sahin éd.), qu'il faut sans doute comprendre de cette manière : « des limites aux continents de l'Europe, de la Libye et de la vaste Asie ».

Cela étant, si nous prenons le mot Europe au sens large cette fois, des frontières ont été imaginées pour cerner cette partie du monde, devenue si vaste à l'époque classique. On savait que la Méditerranée occidentale était bornée par les colonnes d'Héraclès, et que cette même mer isolait naturellement l'Europe au nord[34] et la Libye au sud ; au contraire, les régions orientales et septentrionales ont suscité plus de discussions et d'hypothèses[35]. À l'époque classique, chez Eschyle, la frontière entre l'Europe et l'Asie serait marquée par l'Hellespont (les Dardanelles), au contact direct de la mer Égée, là où les troupes perses ont traversé vers l'Europe lors des guerres médiques (*Les Perses*, 69) ; et, dans le *Prométhée enchaîné*, 734-735, c'est plus précisément le Bosphore, au nord de la Propontide (mer de Marmara). Pour ce même Eschyle, dans un fragment[36], la limite entre l'Europe et l'Asie est aussi le fleuve Phase (le Rioni), situé à l'est du Pont Euxin (mer Noire), en Colchide (Géorgie). Il apparaît ainsi que la frontière suit une courbe, allant des Dardanelles (au sud-ouest) jusqu'à l'est de la mer Noire (au nord-est)[37]. Toute la partie occidentale et septentrionale de cette mer est donc européenne. De son côté, Hérodote n'a aucune certitude quant à la frontière orientale : ce peut être le Phase ou le Tanaïs, ou encore les détroits cimmériens, à savoir le détroit de Kertch (4.45) ; il ne comprend d'ailleurs pas les raisons d'un découpage de l'*oikoumène* selon le cours de certains fleuves (*ibid.)*. Cela n'empêche qu'Hérodote considère que Xerxès est passé en Europe (7.56) à partir du moment où il a franchi l'Hellespont en 481. Quant à Hippocrate, il mentionne avec certitude le lac Méotide (mer d'Azov)[38], ce qui repousse quelque peu la limite au nord-est, au

---

34 B. Cunliffe 2008 s'est intéressé à l'archéologie de l'« Europe » dès 9000 av. J.-C. (voir spéc. p. 229-269 : « Emerging Europeans », entre 1800 et 800, et surtout p. 270-316, « The three hundred years that changed the world, 800-500 BC ». L'Europe doit son expansion aux quatre mers ou océans qui la bordent : Méditerranée, mer Noire, mer du Nord et océan Atlantique.

35 Voir par ex. D. Jouanna 2009, p. 149-156 pour les « limites orientales de l'Europe ».

36 Eschyle, Fr. 322a, *apud* Arrien, *Périple du Pont Euxin*, 19 (H.J. Mette éd.).

37 La mer Noire elle-même a pu constituer cette frontière. Quelques décennies après Eschyle, à la fin du ve s., une inscription d'Asie mineure, de Lycie (Xanthos) (*Tituli Asiae Minoris* I.44, ligne 20 (E. Kalinka éd.), confirmera ce schéma en situant la frontière entre l'Asie et l'Europe au niveau du πόντος, très certainement la mer Noire. Au IVe s., chez Xénophon (*Anabase*, 6.5.23), la Bithynie, région située à l'est du Bosphore et sur les rives méridionales de la mer Noire, constitue la limite de la Grèce, avant que d'être celle de l'Europe : les mercenaires se trouvent alors « aux portes de la Grèce ».

38 Hippocrate, *Airs, eaux, lieux*, 13 : μέχρι Μαιώτιδος λίμνης – οὗτος γὰρ ὅρος τῆς Εὐρώπης καὶ τῆς Ἀσίης- (« jusqu'au lac Méotide – c'est là en effet la limite entre l'Europe et l'Asie »).

niveau de l'embouchure du Tanaïs (Don). De la même manière, au IIe s. av. J.-C., Polybe, *Histoire* 3.2.37, établira comme frontières entre l'Europe, l'Asie et la Libye les fleuves Tanaïs (le Don en mer d'Azov) et Nil, si bien que l'Europe s'achève selon une ligne diagonale Tanaïs-Nil. Enfin, dans le *Peri Kosmou*, un traité faussement attribué à Aristote et datant sans doute du Ier s. av. J.-C., donc largement postérieur à l'installation en Asie des royaumes hellénistiques hérités d'Alexandre, il est écrit (393b) que l'Europe s'étend des colonnes d'Héraclès jusqu'à la mer Hyrcanienne (mer Caspienne). On le voit donc, la limite orientale court entre l'Hellespont (Dardanelles) et la mer Caspienne, *via* la mer Noire et en particulier la mer d'Azov, selon les connaissances et surtout l'expansion du monde grec en Orient.

Pour revenir à l'époque classique, notons que ces considérations de frontières orientales ont fait l'objet de projets très précis, et il faut citer au moins rapidement celui d'Isocrate, au IVe s. Ardent défenseur de l'idée d'une guerre à mener par les Grecs contre les Perses[39], au nom de la supériorité auto-revendiquée des cités grecques libres par rapport aux rois perses et à leurs sujets, Isocrate développe le projet d'une colonisation de territoires asiatiques, donc perses. Cette implantation grecque en Asie suppose alors la fixation de frontières évidentes, jouant à la fois comme marque de ségrégation et comme rempart face au pouvoir du roi perse. Cette frontière n'est pas sans avoir évolué dans l'esprit même du rhéteur athénien, selon son destinataire et les circonstances. C'est ainsi qu'en 380, dans le *Panégyrique*, 162, Isocrate envisage une limite nord-sud allant de Sinope à Cnide. Sinope est située sur la côte méridionale de la mer Noire, un peu à l'ouest du fleuve Halys, qui marquait traditionnellement la frontière entre l'Asie mineure et l'Asie proprement dite. Quant à Cnide, elle se trouve au quart sud-sud-ouest de la Turquie actuelle. Trente-quatre ans plus tard, en 346, Isocrate revient sur ces limites lorsqu'il s'adresse au roi de Macédoine, Philippe II, et il lui propose, dans une espèce de lettre ouverte, de découper ou de prélever un territoire bien plus vaste en Asie, qui irait, au nord, de Sinope, jusqu'à la Cilicie au sud[40], soit la moitié occidentale de la Turquie actuelle.

39 Son maître, Gorgias, avait déjà formulé ce projet de guerre dans son *Discours olympique*, au début du IVe s. : *Testimonia* 5B, *apud* Philostrate, *Vies des sophistes* 1.9.5 (H. Diels & W. Kranz éd.).

40 Isocrate, *Philippe*, 120 : voir C. Bouchet 2019, p. 157-159.

L'Europe à l'époque classique se dessine donc peu à peu dans le paysage géographique et mental des Grecs, avec toutefois des zones d'ombre touchant plus spécialement à l'Orient. Ces incertitudes ont d'ailleurs fait le lit de toute sorte de spéculations, telles celles qui visaient à superposer ou confondre l'Europe et la Grèce, voire Athènes.

EUROPE OU GRÈCE ?

EUROPE ET GRÈCE DISTINCTES

Tout d'abord nombre de sources, littéraires et épigraphiques, distinguent clairement l'Europe et la Grèce. On voit bien, chez Hippocrate (*Airs, eaux, lieux*, 16), que le clivage culturel barbares-Grecs ne recoupe pas le clivage géographique Asie-Europe, dans la mesure où l'Europe peut abriter aussi des barbares et l'Asie des Grecs[41]. Thucydide, qui n'évoque qu'à deux reprises l'Europe dans sa vaste histoire de la guerre du Péloponnèse, parle de l'*Eurôpè* en 1.89.2 pour désigner deux régions occupées et dévastées par les Perses lors des guerres médiques, à savoir la Grèce (essentiellement l'Attique et les îles de la mer Égée) et la Thrace, puis en 2.97.5 où il écrit que les Odryses sont le peuple le plus puissant de ceux qui vivent entre le golfe ionien à l'ouest et le Pont-Euxin à l'est, autrement dit en Europe. Pour l'historien, on ne saurait faire de l'Europe un bloc grec ou hellénisant, ni sur un plan géographique, ni sur un mode culturel ou politique (la guerre du Péloponnèse, dont il a analysé les premières années, entre 431 et 411, montre à elle seule les oppositions surgies entre les cités grecques elles-mêmes). Le fait, évident, que l'Europe est aussi une terre peuplée de barbares, figure également dans le décret portant création de la Seconde confédération athénienne, en 378 :

> Si quelqu'un, parmi les Grecs et les Barbares habitant l'Europe ou les îles qui n'appartiennent pas au Roi[42]… (*IG* II^2 43, lignes 15-17)

41 « Tous ceux qui vivent en Asie, qu'ils soient grecs ou barbares », ὁκόσοι γὰρ ἐν τῇ Ἀσίῃ Ἕλληνες ἢ βάρβαροι.

42 Selon la lecture de P.J. Rhodes & R. Osborne 2003, n° 22 ; traduction ici de P. Brun 2005, p. 93. Il faut cependant noter que, pour J. Pouilloux 1960, n° 27, le texte devait mentionner le continent (ἠπείρωι), et non pas l'Europe.

Parmi ces barbares, donc des non-Grecs, peuplant l'Europe, figurent, aux confins du nord-est, les Scythes, souvent mentionnés, voire étudiés, par Hérodote, Hippocrate ou encore Éphore en particulier[43]. Xénophon, dans les *Mémorables* 2.1.10, prend même l'exemple de ces Scythes pour désigner, en Europe, un peuple qui commande, face aux Méotiens, qui sont soumis.

L'Europe n'est ainsi qu'en partie peuplée de Grecs ; elle n'est nullement fermée aux Barbares. Et l'Asie ne l'est pas non plus aux Grecs, à commencer bien évidemment par l'Asie mineure (la bande côtière à l'est de la mer Égée). Ces Grecs d'Asie mineure sont connus pour leurs écoles de philosophie et de mathématiques, ou encore de médecine ; ce sont ces mêmes Grecs d'Asie qui ont subi des agressions perses et même été livrés au roi perse par le traité d'Antalcidas[44] de 386. Sans qu'il soit nécessaire de multiplier ici les citations, deux sources suffisent, si elles sont bien lues, pour montrer que les termes Grecs et Europe ne peuvent évidemment pas se superposer. D'abord, Démosthène, en 352, dans le *Contre Aristocrate*, 140, parle des Grecs d'Asie (mineure) et des Grecs d'Europe :

> Athéniens, n'est-ce pas une honte que de vous en prendre aux Lacédémoniens au motif qu'ils ont permis dans un traité que les Grecs habitant en Asie soient laissés au bon vouloir du Roi, et en même temps de livrer vous-mêmes à Kersoblèpte ceux qui vivent en Europe ?

Les Grecs d'Europe qu'évoque ici Démosthène sont certainement ceux qui s'étaient installés sur la côte thrace, au nord de la mer Égée, au contact donc de Kersoblèpte, roi de Thrace traité de « barbare et fourbe » (*id.*, 135). Ensuite, parmi les inscriptions, un texte d'Épidaure[45], de 302 av. J.-C., mentionne « tous les Grecs d'Europe », ce qui sous-entend que des Grecs peuvent vivre ailleurs (en Asie et en Égypte notamment, plus nombreux après les conquêtes d'Alexandre le grand). On ne saurait donc assimiler la Grèce et l'Europe. Quant à Platon, dans les *Lois* 3.698b, il distingue on ne peut plus explicitement les Grecs et les Européens, ces derniers étant composés de peuples situés plus à l'ouest et au nord que les Grecs directement au contact, eux, avec les Perses :

---

43 Hérodote 4.59-75 ; Hippocrate, *Airs, eaux, lieux*, 17-22 ; pour Éphore : Jacoby *FGrH* 70 F42, *apud* Strabon 7.3.9.

44 Ou Paix du Roi (Artaxerxès II). Le texte est dans Xénophon, *Helléniques*, 5.1.31 : le traité stipule que les cités d'Asie, ainsi que Clazomènes et Chypre, sont soumises au Roi.

45 *IG* IV^2 1.68, lignes 7-8, selon la restitution de F. Hiller 1929 : τοῖς σὺμ[πασιν Ἕλλησιν τοῖς κατὰ τὴν Εὐρώπην (?)...].

quand les Perses portaient leurs attaques contre les Grecs, et pourrait-on presque dire, contre tous les peuples d'Europe.

Dans le même ordre d'idée, nous trouvons chez Aristote, dans sa *Politique* (7.1327b)[46], une forme de distinction opérée entre deux continents, l'Asie et l'Europe, et le peuple des Hellènes, ce qui fait donc que ces derniers sont à distinguer des Européens[47]. Les Grecs, dans leur position intermédiaire, jouissent des qualités propres aux deux autres groupes, sans leurs défauts[48] :

> Les peuples qui habitent dans les régions froides et ceux qui vivent en Europe[49] sont pleins de courage, mais manquent de réflexion et d'habileté [...] ; ceux qui vivent en Asie sont, dans l'âme, réfléchis et habiles, mais sans courage [...] ; quant au peuple grec, comme il occupe une position géographique intermédiaire, il participe de ces deux types ; il est en effet à la fois courageux et intelligent[50].

Il paraît tout à fait admis que les Grecs ne constituent qu'une partie des Européens. Cela étant, un fragment de l'historien Théopompe, au IVᵉ s., va peut-être plus loin dans l'idée d'une démarcation Europe/Grèce. On aurait plutôt une opposition entre les deux. Théopompe, ailleurs si critique à l'égard du roi de Macédoine Philippe II, considère, en 343 ou 342, dans son *Éloge*, que si ce dernier voulait bien rester dans les mêmes dispositions, il régnerait aussi sur l'Europe tout entière[51]. Comme l'avait noté Robin Lane Fox, Théopompe ne précise pas si l'Europe inclut ou

46 Une distinction analogue se trouve dans son *Histoire des animaux*, 606b, à propos des bêtes sauvages, plus sauvages en Asie, plus courageuses en Europe (et polymorphes en Libye).

47 Ces considérations n'empêchent cependant pas Aristote de situer Athènes en Europe : ainsi dans la *Physique* 5.224b où il est assez curieusement écrit, au fil d'une analogie avec les couleurs, qu'Athènes est une partie de l'Europe.

48 Voir F. Hartog 1996, p. 110-111, et de façon plus large, p. 87-115.

49 J. Aubonnet 1986, p. 174 n. 3, considère que le sens est plutôt : les peuples des régions froides, *c'est-à-dire* de l'Europe.

50 En 357, Xénophon avait insisté, lui aussi, sur la position centrale et sur le climat tempéré et favorable de l'Attique, au début de son traité *Sur les Revenus*, ce qui oppose, non plus la Grèce en général, mais cette région en particulier, à l'Europe froide et au reste du monde : « Il ne serait pas déraisonnable de penser que notre cité [Athènes] se situe au centre de la Grèce et de toute la terre habitée ; car, plus on s'en éloigne, plus on a à subir des froids et des chaleurs intenses ».

51 Jacoby 115 F256, *apud* Theon, *Progym.* 8.110.27 : εἰ βουληθείη Φίλιππος τοῖς αὐτοῖς ἐπιτηδεύμασιν ἐμμεῖναι, καὶ τῆς Ευρώπης πάσης βασιλεύσει. Voir M. Sordi 1998, p. 56-57 : Philippe II pourrait être appelé à suivre l'exemple de Denys de Syracuse, en devenant le nouveau maître de l'Europe ; ainsi qu'A. Momigliano [1933] 1966, p. 495-497, et

non la Grèce[52]. On peut penser que non, car on voit mal l'historien disciple d'Isocrate appeler Philippe à régner sur les cités grecques. Il est probable que, pour Théopompe, l'Europe constitue le pendant de l'Asie du roi perse, un vaste territoire voué à la domination royale, tandis que la Grèce jouit d'une liberté politique. L'Europe est alors l'Occident (et non pas la Grèce continentale et orientale).

UNE CONFUSION GRECQUE

Si nous nous fions donc à toutes ces sources, dont certaines proposent cependant une lecture difficile (*cf. supra* Homère, 1.344, 15.80, ainsi que les n. 42, n. 45 et n. 49), il est manifeste que l'Europe et la Grèce sont distinctes l'une de l'autre. Et pourtant, il arrive aussi que, dans certains textes grecs, l'Europe et la Grèce soient prises l'une pour l'autre[53], non par inadvertance, mais bien plutôt pour des raisons géopolitiques, voire impérialistes. D'abord, cette confusion ou association est bien visible à Athènes dans la pièce, déjà citée, des *Perses*, donnée quelques années seulement après l'expédition que Xerxès avait menée contre l'Attique en 480. Eschyle, faisant dialoguer le roi Darius (père de Xerxès) et le chef du chœur, utilise tantôt les mots « Grecs » ou « Grèce », dans la bouche de Darius, tantôt le terme « Europe », dans celle du coryphée, comme si les deux étaient quasiment synonymes[54]. Et J. Jouanna a tout à fait raison de voir dans cette tragédie des *Perses* une « équivalence implicite entre la Grèce et l'Europe[55] ».

Il arrive ensuite que des sources exposent deux points de vue[56] différents, celui d'un Grec et celui d'un Perse. Dans ce cas, la Grèce et l'Europe se confondent ou non selon le locuteur, comme cela apparaît chez Hérodote ou encore dans une lettre du roi Artaxerxès II. On relève ainsi un passage significatif chez le premier : au cours d'un dialogue situé juste avant le départ de l'armée perse en direction de la Grèce, le roi Xerxès commence

---

C. Bearzot 1986, p. 91-104. : Théopompe s'opposerait à Isocrate en prônant la conquête, non pas de l'Asie, mais de l'ouest (Europe).

52 R. Lane Fox 2011, p. 352.

53 *Cf. supra* pour le sens restreint du mot Europe (Grèce centrale).

54 Eschyle, *Les Perses*, vers 790 (τὸν Ἑλλήνων τόπον), 799 (Εὐρώπης) et 809 (Ἑλλάδ', avec mention de la Béotie, au cœur de la Grèce, au vers 806).

55 J. Jouanna 1994, p. 23-24.

56 Pour les points de vue et les représentations, on pourra se reporter à D. Jouanna 2018, *Le monde comme le voyaient les Grecs*, Paris, Les Belles Lettres (*non vidi*).

par déclarer à l'ancien roi spartiate Démarate que tous les Grecs et le reste des hommes qui habitent du côté de l'Occident (πρὸς ἑσπέρης, donc, implicitement, des Européens) ne sauraient soutenir son attaque, à moins d'être d'accord les uns avec les autres. Or le Grec, le Spartiate, répond en ne parlant que des Grecs, mieux que de la Grèce[57]. Il est vrai que ce sont des cités et des troupes grecques qui ont été confrontées aux armées perses en 480, mais il ne faut pas oublier la poussée perse en pays thrace, donc non grec, dès la fin du VIe s. L'intérêt de ce dialogue est bien de faire surgir deux points de vue : pour le Perse, l'Occident n'est pas composé que de Grecs ; il l'est au contraire de peuples divers et parfois en guerre les uns contre les autres ; pour le Grec, seule la Grèce compte face à l'Asie. Par là, Démarate réduit l'Europe à la Grèce ou, au moins, privilégie la place des Grecs face aux barbares perses ; cet antagonisme est en quelque sorte la clé de lecture de l'*Enquête* d'Hérodote, à savoir une opposition entre deux blocs, non plus tant Européens contre Asiatiques, mais plutôt Grecs contre barbares (perses). Un autre document, une supposée lettre qu'Artaxerxès II aurait rédigée au début du IVe s. à propos d'Hippocrate, propose un schéma analogue : le roi perse y demanderait à son gouverneur de bien traiter le médecin. Et il précise :

> Il jouira des mêmes honneurs que les meilleurs des Perses ; et, s'il y a en Europe un autre individu de qualité, fais de lui un 'ami du Roi'[58].

Le roi raisonne en terme d'Europe, non pas de Grèce, et Hippocrate, qui était originaire de Cos, une île du Dodécanèse, au sud-est de la mer Égée, et que la tradition historique, largement grecque, reconnaît justement comme un médecin grec, est ainsi rangé parmi les Européens par le Perse.

Un peu plus tard, au début du IVe s., un passage de l'*Oraison funèbre* attribuée (à tort) à Lysias est tout à fait similaire, quoique plus subtil. Il y est écrit (§ 59) qu'après la défaite athénienne d'Aigos Potamoi, en 405, les Perses firent voile vers l'Europe et asservirent des cités grecques[59].

---

57 Hérodote 7.101-103.

58 Hippocrate et *corpus* hippocratique, *Lettres*, 3 (É. Littré éd.).

59 Le texte grec ne précise pas ces actions perses. S'agit-il des prétentions d'Artaxerxès II, après l'élimination de son frère et rival Cyrus le jeune, en 401, et surtout après le retour à Sparte d'Agésilas, qui avait entrepris une conquête territoriale en Asie entre 396 et 394 ? Ou encore de celles de certains satrapes perses, comme Tissapherne ? Mais ni l'un ni l'autre ne sont venus menacer ou asservir les cités de Grèce continentale (contrairement à certaines d'Asie mineure, comme Milet).

Le point de départ, du côté perse, envisage l'Europe ; le point d'arrivée (les cités asservies) considère la Grèce[60]. Le glissement de l'une à l'autre n'est pas anodin. Il peut signifier que, pour un auteur qui écrit à Athènes (qu'il soit athénien ou non, comme Lysias), l'Europe est avant tout la Grèce, en l'occurrence les cités grecques. Il n'est en effet pas fait mention des autres peuples d'Europe. Est-ce un manque d'intérêt pour les populations barbares occidentales ? Il semble que ce soit là plutôt la volonté rhétorique de réduire à la Grèce cet espace correspondant à ce qui est à l'ouest de l'Asie. Il arrive enfin que des textes créent un lien bien plus manifeste entre la Grèce et l'Europe[61]. C'est ainsi que, vers 390, l'*Éloge d'Hélène* d'Isocrate assimile les deux, faisant des Grecs les seuls représentants et acteurs de l'Europe :

> les Grecs, grâce à elle [Hélène], se sont entendus les uns les autres, ils ont mené une expédition commune contre les barbares et, pour la première fois, l'Europe a érigé un trophée sur l'Asie. (§ 67)

Isocrate ira même plus loin en plaçant en tête des Grecs les Athéniens, si bien que se dessine une forme de hiérarchie qui progresse des barbares d'Asie jusqu'aux Européens, autrement dit aux Grecs, puis aux Athéniens. En 372-371, Isocrate évoque dans le *Plataïque*, 59, les trophées que les Athéniens ont dressés pour la défense de toute la Grèce face à l'ensemble des forces venues d'Asie. Dans son dernier grand discours, le *Panathénaïque*, en 342-339, Isocrate, après le pseudo-Lysias de l'*Oraison funèbre*[62], réaffirme on ne peut plus clairement le schéma Athènes/Grèce/Europe face aux Perses, soucieux qu'il est de marquer la gloire de sa cité à un moment où Sparte n'est plus un acteur de premier plan et où Philippe de Macédoine s'est déjà imposé dans les affaires grecques :

> notre politique [athénienne] a eu pour effet le développement de la Grèce et la supériorité de l'Europe par rapport à l'Asie. (§ 47)

60 Parallèlement, dans cette même *Oraison funèbre*, il est écrit (§ 57) qu'au temps de l'hégémonie athénienne (avant 404) nulle trière ne partait d'Asie et que nul tyran n'était au pouvoir chez les Grecs. Le point de vue résolument grec ici exclut en quelque sorte l'Europe pour ne s'intéresser qu'aux rapports entre Grecs et Asie.

61 Voir C. Bouchet 2014, p. 138-142.

62 Le pseudo-Lysias, dans l'*Oraison funèbre*, 47, avait déjà fait des Athéniens les sauveurs non seulement de la Grèce, mais encore de l'Europe tout entière : βέβαιον μὲν τὴν ἐλευθερίαν τῇ Εὐρώπῃ κατειργάσαντο (« ils ont œuvré à la consolidation de la liberté en Europe »).

Dans sa définition d'une Grèce forte, représentant souvent toute l'Europe, et d'une Athènes prédominante, Isocrate fait-il œuvre originale ? D'autres que lui ont célébré la position privilégiée de la Grèce en Europe, et surtout d'Athènes, au centre du monde habité, comme ce fut le cas de Lysias et de Xénophon, tandis que, sur un mode scientifique et philosophique, Hippocrate, puis Aristote, s'intéressaient au climat et aux caractères des Européens, et des Grecs en particulier. Mais Isocrate l'a fait avec une constance remarquable, pendant plus de 50 ans, entre les années 380 et 338, et cela quand d'autres orateurs, et non des moindres, tel Démosthène, ne marquaient au contraire qu'un très pâle intérêt pour l'Europe : le passage du *Contre Aristocrate* 140 cité plus haut est le seul dans tout le *corpus* démosthénien à mentionner l'Europe. Et il en va de même chez des orateurs comme Eschine, Démade et Lycurgue. On ne saurait donc prétendre que la question de la définition et de l'identité européenne constitue un leitmotiv de la grande rhétorique classique. Cela étant, quand cette question surgit, elle peut, en dehors de certains traités scientifiques, prendre une dimension politique et propagandiste, et la mention de l'Europe et de la Grèce joue alors, pour chercher à s'imposer, du flou et des désaccords que les cartes de l'époque maintiennent dans le tracé des frontières, notamment orientales. À ce flou qui permet toute sorte de discours s'ajoute le point de vue, grec dans les sources qui nous occupent ici. Au nom d'une forme de primauté grecque, le monde habité serait constitué de cercles concentriques, avec pour centre Athènes, elle-même entourée de la Grèce, puis, en périphérie, le monde occidental européen et, enfin, les régions orientales barbares (perses). Ajoutons les Scythes et autres peuples des pays froids au nord, et la Libye (Afrique) au sud. Ce point de vue, éminemment subjectif et politique, qui se superpose au schéma bi- ou tripartite du monde habité, a pu servir des ambitions impérialistes, quand par exemple on a pu estimer que l'Europe méritait mieux que l'Asie. L'Europe ? La Grèce plutôt, et mieux Athènes, selon Lysias puis Isocrate, ou encore, à l'époque hellénistique, ce genre d'inscriptions : à Maronée, en Thrace, un texte daté du IIe ou Ier s. av. J.-C. offre, dans un contexte religieux puisqu'il y est question du héros civilisateur Triptolème, la vision d'un monde hiérarchisé dont le cœur serait Éleusis, localité rattachée à Athènes ; et le texte ajoute : « nous la regardons (Athènes) comme étant la cité de l'Europe[63] ». Deux cents ans environ après les conquêtes d'Alexandre et l'élargissement du monde grec en Orient, la région de l'Attique est ici, plus qu'ailleurs, non seulement européenne, mais capitale en Europe.

Christian Bouchet
Université Jean Moulin Lyon 3
(Professeur émérite)
UMR 5189 HISOMA

63 *IG* X, E205, ligne 40 : τῆς μὲν Εὐρώπης νομίζοντες τὴν πόλιν (L. D. Loukopoulou *et al.* éd., 2005).

« EUROPE » ET « ROME » AU PREMIER MOYEN ÂGE

Aux sources antiques d'un imaginaire européen

Cet article propose quelques pistes de réflexion sur la question complexe des origines d'un imaginaire spatial[1] européen, au cours d'une période allant du VIe au XIe siècle. S'agissant d'un texte qui reprend une courte intervention dans un colloque aux contenus très variés, les sources convoquées constituent davantage un florilège représentatif et ciblé qu'un catalogue complet.

Le monde de l'Antiquité gréco-romaine – unifié par les conquêtes d'Alexandre puis par l'expansion de Rome – était par définition centré sur la mer Méditerranée. Dans ce monde antique s'étendant sur trois continents mais unifié par la culture classique et par les institutions de l'Empire, la partie européenne ne pouvait pas émerger en tant que système géo-imaginaire autonome.

« *Europa* » émerge donc comme un fragment à la dérive, de la fin de ce monde. L'Europe n'existe en tant que telle qu'après l'Antiquité. Elle est, par essence, post-romaine, donc médiévale. Mais les hommes du premier Moyen Âge ont-ils pris conscience et, si oui, quand et jusqu'à quel point, de ce bouleversement ? Je vais, dans un premier temps, retracer l'émergence des mots « Europe » et « européen » dans les textes du premier Moyen Âge et les processus qui mènent à la constitution d'une nouvelle représentation géo-imaginaire qui remplace et dépasse celle de l'ancien Occident romain. Puis, il s'agira de saisir les conséquences entraînées par la rénovation de l'Empire romain en Occident conçue et mise en œuvre par les Carolingiens et par la papauté sur cette première idée d'Europe.

1 Pour une mise en perspective du concept d'imaginaire spatial et, en particulier, de son caractère instituant pour toute société, je renvoie à B. Debarbieux, *L'espace de l'imaginaire, Essais et détours*, Paris, CNRS Éditions, 2015, p. 17-18.

APRÈS ROME, VERS L'EUROPE

Faisons d'abord un pas en arrière de plusieurs siècles. Pendant près de deux millénaires, « Europe » a été une expression géographique vague et changeante. Au VIIIe siècle avant notre ère, « *'Ereb* » indique les terres qui s'étendent à l'ouest du monde assyrien. « *Eurôpè* » s'impose, d'Anaximandre à Hérodote, comme le nom d'une des trois parties du monde connu par les Grecs puis par les Romains (« *Europa* »)[2]. C'est en ce sens que le terme est utilisé par les historiens hellénistiques et romains, jusqu'au VIe siècle. Ce n'est que l'ébauche d'un horizon, celui d'un espace qui reste sans centre propre, périphérique, ouvert et inconnu (pour ses producteurs méditerranéens) vers le nord et l'est, sans une identité propre.

Cependant, il s'agit bien du premier apport de l'Antiquité au processus de formation d'un imaginaire européen. En effet, les conquêtes romaines ont unifié factuellement et idéologiquement une grande partie de cet espace, qui est ainsi devenu l'une des trois parties du monde romain. Cette Europe latine et romaine est bien distincte des régions européennes non comprises dans les limites de l'Empire alors qu'elle est, en revanche, intégrée à ses provinces africaines et orientales. L'appartenance ou l'exclusion de l'Empire sont donc absolument prééminentes dans l'imaginaire spatial des peuples qui occupent l'Europe géographique jusqu'au Ve siècle, d'autant que la culture et la citoyenneté romaines sont des processus identitaires capables de se penser comme indépendants de l'ethnie, extensibles, universels. Enfin, quand le christianisme devient la religion de l'Empire, à partir de 380, l'*orbis romanus* devient la *christianitas* : tous les citoyens sont romains *parce qu*'ils sont chrétiens, et vice-versa. Les « barbares » sont exclus de la romanité non pas sur une base ethnique mais parce qu'ils ne sont pas *cives* : c'est une question de droit et de culture, auxquels est venue s'ajouter *in fine* la religion.

Après 476, ce monde est d'abord et de plus en plus appelé « *Romania* ». Il s'agit d'un néologisme qui est apparu en latin vers le milieu du IVe siècle

---

2 J. Fischer, *Oriens – Occidens – Europa. Begriff und Gedanke „Europa" in der späten Antike und im frühen Mittelalter*, Wiesbaden, Franz Steiner Verlag, 1957, p. 5-6 ; M. Barry, « L'Europe et son mythe : à la poursuite du couchant », *Revue des deux mondes*, novembre 1999, p. 110-117, ici p. 111.

pour désigner à la fois la *pars Orientis* et la *pars Occidentis*. Au Ve siècle, Orose, Jérôme ou encore Athanase utilisent toujours le terme dans ce sens strict[3]. Après 476, ce terme est appliqué à l'empire d'Orient. Le pape Grégoire le Grand pense que tous les Romains devraient être, comme lui, les sujets de l'empereur et que celui-ci devrait régner sur toute l'ancienne *Romania*. En même temps, il regrette que « toutes les régions d'Europe » soient soumises aux barbares : « Voici que toutes les régions de l'Europe [*in Europae partibus*] sont passées sous le droit des barbares, que les villes y sont détruites, les fortifications renversées, les provinces dépeuplées ; nul cultivateur n'habite plus les campagnes ; chaque jour les adorateurs des idoles se déchaînent pour exterminer les fidèles[4]. »

Au fur et à mesure que les barbares occupent la *Romania* nord-occidentale, celle-ci semble donc (re)devenir l'« Europe ». Mais il s'agit désormais d'une autre Europe, qui est en passe d'acquérir des caractères propres et inédits. D'une part, les royaumes qui se constituent dans l'ancienne *pars Occidentis* après 476 inscrivent leurs expériences de fusion culturelle dans l'*orbis romanus* et dans la *respublica*[5]. Je citerai à cet égard Ennode de Pavie qui, dans le *Panégyrique de Théodoric*, dit que le roi a relevé le nom des Romains et qu'il est le représentant de la liberté romaine[6]. De même, Cassiodore insère Théodoric dans la succession des empereurs. Théodoric est pour lui un *Romanus princeps* qui représente la *Respublica* et exerce l'*Italiae imperium* en tant que successeur de l'empereur d'Occident[7]. Isidore de Séville, quant à lui, célèbre, dans la *Laus Spaniae*, la nation née de l'union de la *gens Gothorum* avec la province d'*Hispania* et revendique pour les Wisigoths le mérite d'avoir établi une nation héritière de Rome et de son empire[8].

---

3 D. A. Zakythinos, « Continuité de l'Empire romain à Constantinople », dans *La nozione di « romano » tra cittadinanza e universalità*, Naples, ESI – Edizioni Scientifiche Italiane, 1984, p. 231-245.

4 Grégoire le Grand, *Registre des lettres*, 5, 37.

5 *Cf.* M. Rouche, *Les racines de l'Europe. Les sociétés du haut Moyen Âge. 568-888* ; W. Pohl *et al.*, *Transformations of Romanness. Early Medieval Regions and Identities*, Berlin/Boston, 2018.

6 Ennode de Pavie, *Panégyrique*, 283, 5 : « *Romani nominis erectio* » ; 275, 17 ; 281, 5 ; 277, 19-20 ; 280, 10 « *Romana regna* » ; 267, 17-18 : « *Romanae libertatis* ».

7 Cassiodore, *Variae*, 1, 18, 2 ; 12, 22, 5.

8 Isidore, *Histoire des Goths*, 66. Pour une discussion, voir S. Teillet, *Des Goths à la nation gothique. Les origines de l'idée de nation en Occident du Ve au VIIe s.*, Paris, Les Belles Lettres, 1984, p. 498-500.

Aussi, après 476, le laboratoire romano-barbare qu'est devenue l'ancienne *pars Occidentis* se représente, en dépit de tout, comme un monde post-romain. Mais l'hybridation culturelle et institutionnelle menée dans les creusets ostrogoth, wisigoth et franc change et singularise la représentation de la *Romania*. Progressivement, dans les sources, au fragment européen de la grande *Romania* tricontinentale succède « l'Europe ». Celle-ci cesse d'être une expression géographique dans le cadre antique et coïncide avec l'espace structuré par les royaumes romano-barbares. Elle trouve dans la langue, le droit et la religion ses éléments unificateurs mais se distingue nettement du reste de la *Romania* encore soumis à l'empereur de Constantinople par les apports culturels de ses nouvelles populations. En outre, cet espace est susceptible d'expansion au-delà de l'ancien *limes*. Le même Grégoire le Grand, en œuvrant pour l'évangélisation des royaumes barbares, accepte implicitement cette évolution, puisqu'il parle d'une *Christiana respublica* qui ne coïncide plus avec la *Romana respublica*[9].

C'est l'un des contemporains du grand pape qui va franchir le pas décisif. Contrairement à Grégoire – la quintessence de la romanité : fils de sénateur, ancien sénateur et préfet de la Ville, évêque de Rome et sujet de l'Empire – Colomban est un moine irlandais qui exprime un point de vue extra-romain et même extra-européen (puisque les sources antiques n'annexent pas l'*Hibernia* à l'Europe) sur l'Europe où il vient comme missionnaire à la fin du VIe siècle. Vers 600, il s'adresse au pape Grégoire qu'il appelle « *fleur augustissime de toute l'Europe* ». Plus tard, vers 613-615, il appellera le pape Boniface IV « la plus belle tête de toutes les églises dans toute l'Europe[10] ». Chez Colomban, « toute l'Europe » correspond désormais à un espace chrétien, ou du moins à un espace ouvert à l'évangélisation, appelé à se soumettre à l'autorité du pontife romain. Cet espace déborde l'ancienne *pars Occidentis* au nord de

9 Grégoire le Grand, *Registre des lettres*, 6, 65 : « *pro Christianae reipublicae regimine* », 9,43 ; 5, 20 ; 7, 7). *Cf.* Charles et Luce Pietri, « Église universelle et *Respublica chrìstiana* selon Grégoire le Grand », dans *Memorìam sanctorum venerantes. Miscellanea in onore di Mons. Victor Saxer, Studi di Antichità Cristiana*, P.I.A.C., XLVIII, Cité du Vatican, 1992, p. 647-665.

10 Voir B. Judic, « La notion d'Europe chez saint Colomban », dans *D'Europe à l'Europe – III. La dimension politique et religieuse du mythe de l'Europe de l'Antiquité à nos jours*, Tours, 2002, p. 139-153 ; P. Laurence, « *Europa et Ecclesia*. La notion d'Europe chez les écrivains chrétiens de langue latine du IIIe au VIe s. », dans *D'Europe à l'Europe – op. cit.*, 2002, p. 103-115, ici p. 110.

la Méditerranée, englobant la population de droit romain tout comme les peuples (*gentes*) « barbares », sous l'autorité de l'Église. C'est le sens d'une collectivité pan-européenne, dans le contexte de l'Église, qui se revendique désormais comme une seule Église, romaine et occidentale, en un mot « européenne », d'après Alexandre O' Hara[11]. D'ailleurs, outre les lettres, les voyages mêmes de Colomban dessinent et fondent en quelque sorte cette Europe bien plus occidentale et septentrionale que l'antique.

À la suite de Colomban et dans les terres qu'il avait parcourues, l'auteur de la Vie de l'évêque de Liège Saint Lambert et celui de la Vie de Sainte Gertrude appellent au VIIe siècle le maire du palais Pépin II de Herstal (637-714) « le prince le plus puissant de l'Europe » et disent que « l'Europe a connu sa gloire[12] ». Un siècle plus tard, l'auteur de la *Continuatio Hispana ad ann. 754* utilise pour la première fois un terme collectif pour les habitants de ce nouvel espace que l'invasion musulmane réduit en même temps qu'elle le consolide dans son identité propre : « *Diluculo prospiciunt Europenses Arabum temtoria*[13] ».

De fait, l'islamisation foudroyante de l'Afrique du Nord et d'une partie de l'Hispanie a confiné en quelques décennies la chrétienté latine dans l'espace européen. En même temps, la montée en puissance des Francs suscite une identification croissante entre ce même espace européen et le monde sous hégémonie franque. Celle-ci est désormais en passe de bâtir un nouveau centre pour cette partie du monde. En 775, Cathulf, un clerc irlandais de l'entourage de Charlemagne, prie ce dernier de glorifier Dieu qui lui a donné la domination sur l'Europe (*regni Europae*)[14]. En 799, un poète anonyme parle de la rencontre entre le pape Léon III et Charles en présentant ce dernier comme le « phare de l'Europe[15] ». Avec Pierre Riché, l'on peut dire qu'à ce moment-là l'Europe est devenue une « personne morale », un monde qui coïncide avec la chrétienté

11 A. O' Hara (éd.), *Columbanus and the Peoples of Post-Roman Europe*, Oxford, OUP, 2018, introduction (*« A single Roman, Western, "European" Church »*).

12 Voir P. Riché, « L'idée d'Europe sous les carolingiens (VIIIe-Xe siècles) », dans *D'Europe à l'Europe – I. Le mythe de l'Europe dans l'art et la culture de l'Antiquité au XVIIIe siècle*, 2002, p. 149-153.

13 *Continuatio Hispana ad ann. 754*, p. 231-233 : « À l'aube, les Européens aperçoivent les tentes des Arabes » (traduction de l'auteur).

14 Voir P. Riché, « L'idée d'Europe », art. cité.

15 Voir P. Riché, « L'idée d'Europe », art. cité.

latine et occidentale, opposé à la chrétienté byzantine et *a fortiori* aux musulmans, gouverné par les Francs et susceptible d'expansion vers le nord et vers l'est[16]. Autrement dit, l'Europe est devenue, de manière absolument inédite, le monde christianisé sous hégémonie franque et, en tant que tel, l'espace de projection d'une culture, d'une civilisation, d'une société.

Le couronnement de Charlemagne comme empereur marque l'apogée de cette Europe franque et latine. Théodulfe, évêque d'Orléans, écrit à l'empereur : « Dieu a soumis à tes lois l'Europe entière[17] ». À la mort de Charlemagne, en 814, Nithard dira : « [Charlemagne] laissa l'Europe entière remplie de félicité[18] ». Pendant deux siècles au moins, cette vision résolument médiévale de l'« Europe » sera dans tous les esprits des gens de lettres et des élites d'Occident. Le pape Jean VIII (872-882) se dit le « recteur de l'Europe » tout comme l'empereur Charles le Chauve est le « prince de l'Europe ». En 888, à la mort de Charles le Gros, qui marque la fin de la dynastie carolingienne, « [...] apparaissent tous les petits rois de l'Europe ». Au siècle suivant, Liudprand de Crémone écrira une *Histoire des rois et des empereurs de toute l'Europe*. Le chroniquer Widukind dira à propos de la mort d'Otton Ier en 973 qu'il était « le plus grand des rois d'Europe ». Pour le rédacteur des *Annales de Quedlinbourg*, le sacre d'Otton III comme empereur en 996 « accomplie par le Siège apostolique a consacré comme Empereur auguste notre seigneur Otton jusqu'alors appelé roi grâce aux acclamations du peuple romain mais aussi des peuples de toute l'Europe ». Enfin, en 1024, c'est « l'Europe décapitée qui pleure la mort de l'empereur » Henri II, « l'honneur de l'Europe[19] ».

Une désignation géographique antique, qui était restée pendant longtemps vague et neutre, « Europe », émerge ainsi dans les sources du premier Moyen Âge comme un espace vécu et perçu, singulier et nouveau. Il s'agit d'une cristallisation originale à partir d'un fragment

---

16 *Cf.* J. Fischer, *Oriens – Occidens – Europa*, *op. cit.*, p. 47-52 ; P. Riché, « L'idée d'Europe », art. cité ; *Id.*, *Les lumières de l'an mille*, *op. cit.* p. 102.

17 *Cf.*, par exemple, Théodulfe, *Poèmes*, VI, *Ad Carolum Imperatorem*, v. 745-746, p. 271 : « *Sub tua iura Deus dedit Europeia regna, Totum orbem inclinet sub tua iura Deus.* ».

18 Nithard, *Histoire des fils de Louis le Pieux*, édité par Ph. Lauer, Paris, Champion, 1926, I, p. 5.

19 Pour toutes ces références aux sources, voir P. Riché, « L'idée d'Europe », art. cité, p. 151.

d'Antiquité à la dérive. Cet espace a cessé de dériver sous l'action de trois processus qui cristallisent une création originale, entre le VIIe et le IXe siècle. Le premier de ces processus est l'hybridation romano-barbare – plus ou moins avancée et réussie – dans des royaumes et des sociétés qui interprètent et revendiquent l'héritage romain, à partir du droit, de la langue et de la religion (Wisigoths, Ostrogoths, Francs, Burgondes, Lombards). Le deuxième d'entre eux est la soumission à l'autorité du pape de Rome, qui s'étend initialement à l'ancienne *pars Occidentis*, pour franchir ensuite les anciennes frontières impériales. Enfin, la réduction ultérieure de cet espace post-romain après la conquête musulmane de l'Hispanie contribue à l'affirmation de l'hégémonie franque sur le reste de l'Occident latin et chrétien, s'avançant au-delà du Rhin, et donc à la superposition presque parfaite entre monde carolingien, autorité du pape de Rome et Europe. La première Europe est alors ce creuset où se fondent l'héritage romain occidental et latin, les apports germaniques et celtiques (dans les parties des îles britanniques qui n'avaient jamais été romanisées mais qui ont été christianisées à la fin de l'Antiquité) et la christianisation. Ainsi, l'Europe a commencé à être pensée comme un ensemble de peuples que des traditions et des relations spéciales unissent et distinguent, un « monde », opposé à d'autres mondes. Les missions et les pèlerinages créent de nouveaux axes qui sont les lignes de force de cette Europe du haut Moyen Âge. L'avancée musulmane et l'ethnicisation du monde romain oriental (aussi bien réelle que construite de l'extérieur) favorisent cette prise de conscience d'une relative unité du monde européen occidental.

Certes, les citations convoquées ci-dessous – si nombreuses soient-elles – restent relativement exceptionnelles et cette « Europe » est le monopole d'un cercle d'érudits imbus de culture classique. Les peuples du haut Moyen Âge ont sans aucun doute pensé leurs espaces davantage en termes de *regna* et le monde carolingien est certainement identifié beaucoup plus couramment comme « *imperium* ». Pourtant, l'emploi du choronyme antique « *Europa* », martelé pendant plus de trois siècles aux plus hauts niveaux intellectuels et politiques, a fondé une tradition et une unité nouvelle, aux contours et aux caractères inédits et originaux.

RENOVATIO IMPERII ROMANORUM : L'EUROPE COMME NOUVELLE ROME ?

La première Europe apparaît donc comme une création originale du haut Moyen Âge, fabriquée à partir de matériaux chaotiques hérités de l'Antiquité tardive, romaine et barbare. Ce processus de coalescence atteint un point de fusion sous l'hégémonie franque et sous l'action, conjointe mais distincte, de la papauté. Cependant, la résurgence de l'idée impériale en l'an 800 n'est pas l'aboutissement pur et simple de ce processus. En effet, le couronnement de Charlemagne comme empereur en Occident produit un « détournement » de la première Europe à laquelle il donne comme horizon l'incarnation de l'héritage universaliste romano-chrétien tardo-antique.

En l'an 800, le pape Léon III sacre le roi des Francs Charles (le « phare de l'Europe », comme on l'a vu ci-dessus) comme « empereur auguste[20] ». Ce geste pose tout d'abord le problème de la concurrence avec la romanité constantinopolitaine. À partir de 801, apparaît dans les actes impériaux de Charlemagne le titre d'« empereur gouvernant l'Empire romain[21] ». Une telle formule ne conteste pas la légitimité de l'empereur d'Orient lequel reconnut, en effet, ce titre avec le traité d'Aix-la-Chapelle en 812. Ce n'est que plus tard qu'Otton Ier prendra le titre d'*Imperator Augustus Romanorum ac Francorum* (966), revendiquant ainsi une autorité universelle et exclusive. À cette même époque, le pape Jean XIII appellera Nicéphore II Phocas *Imperator Graecorum* et ce dernier dira à l'évêque de Crémone Liudprand : « *vos non Romani, sed Langobardi estis*[22] ».

Deuxièmement, le couronnement impérial de l'an 800 assume plusieurs significations possibles dans le cadre même de l'Europe telle que le premier Moyen Âge l'avait définie. Une vaste bibliographie a montré depuis longtemps le protagonisme des milieux pippinides dans les événements qui mènent au couronnement impérial de Charlemagne par le

20 « [...] *Karolo piissimo Augusto, a Deo coronato, magno et pacifico imperatori, vita et victoria* » (*Liber pontificalis*, vol. II, p. 7).

21 « *Magnus et pacificus imperator, Romanum gubernans imperium* » (*Diplomata Karolinorum* I, 77ff).

22 Liudprand de Crémone, *Ambassade*, édité par P. Chiesa, Turnhout, 1998, p. 192-193, n. 12.

pape Léon III. Pourtant, dans l'économie de cette histoire de l'imaginaire européen que je cherche à résumer ici, le principal bénéficiaire en a été le pape et, avec lui, la ville de Rome et l'Italie, qui retrouvent ou rêvent ainsi de retrouver leur place de *caput mundi*, de barycentre de l'Empire et par conséquent de centre d'une Europe « néo-romaine ». Aussi les papes de Rome cessent-ils d'être les sujets de l'empereur (d'Orient) et deviennent « faiseurs » d'empereurs en Occident, autrement dit en Europe, un espace qu'ils ont contribué à créer et singulariser autour de leur autorité spirituelle. Surtout, la papauté investit le monde franc de l'idée et de la mission universaliste et impériale dont elle était dépositaire en Occident depuis 476 : en ce sens elle capture et romanise l'Europe franque. C'est un revirement géo-imaginaire qui tend à tirer l'Europe vers son ancien centre de gravité romain. Ainsi « Rome », l'idée tardo-antique d'un empire universel romain et chrétien, s'introduit dans le corps de la première Europe dont elle entreprend de faire la *respublica christiana* universelle et bicéphale du Moyen Âge central[23].

L'image la plus célèbre de ce « détournement » fut offerte par la cérémonie du couronnement impérial lui-même. En effet, l'entourage de Charles aurait souhaité une *restitutio imperii*, autrement dit une réactivation dont l'initiative lui serait entièrement revenue. Dans ce cadre, le couronnement par le pape aurait dû suivre l'acclamation, selon l'usage antique. Or, Léon III, en le couronnant avant l'acclamation, lui imposa une *renovatio imperii*, autrement dit sa transformation sous la forme d'un « empire chrétien dont le chef était le pape[24] ». À la fin de son règne, en 813, Charles tentera de reprendre l'initiative en couronnant lui-même empereur son fils Louis le Pieux, à Aix-la-Chapelle, et sans le pape : il souhaitait ainsi donner corps à l'idée d'une *translatio imperii*, selon laquelle l'empire devait passer des Romains aux Francs.

Loin de ne représenter que des questions d'ordre rhétorique, ces différentes formules renvoient à des projets et à des imaginaires fondamentalement différents. Née d'un processus original et hybride, la première Europe aurait pu incarner un certain héritage romain, résolument différent de l'antique. Or, s'emparant de l'organisme proto-européen,

23 *Cf.* J. Fischer, *Oriens – Occidens – Europa*, *op. cit.*, p. 76-77.

24 Pour une discussion approfondie de la question et une ample bibliographie, voir M. Fauquier, *Aux sources de l'Europe. Les premiers temps*, Perpignan, Tempora, 2008, seconde partie.

ces deux hypostases de la romanité universaliste de l'Empire – dont le centre d'irradiation est en Austrasie – et de la papauté romaine, finiront par le faire exploser au cours de leur querelle séculaire. Dès la fin du règne de Charlemagne, un rapport équivoque et pervers s'instaure entre l'idée romaine et l'imaginaire européen. La résistance coriace des *regna* au sein de l'Empire, l'émergence d'autres agrégats territoriaux (royaumes normands, royaumes hispaniques, …) et la guerre d'usure entre papes et empereurs mèneront à l'échec de l'Europe « néo-romaine ».

C'est, d'abord, l'Empire lui-même qui résiste à cette orientation. En effet, l'inédite *ordinatio imperii* voulue par Louis le Pieux afin de faire de Lothaire son héritier sans partage, fut un échec. La victoire de ses frères Louis le Germanique et Charles le Chauve et le traité de Verdun, signé en 843, marquent le maintien de *tria regna*. Ensuite, la distinction entre *regnum* et *imperium* est maintenue dans la titulature impériale alors que cela était la négation même de la romanité impériale. Plus tard, sous les Ottoniens, l'Empire apparaît centré sur un espace de l'imaginaire clairement germanique. Une image du *Livre des Évangiles* d'Otton III montre quatre femmes représentant les quatre grandes provinces de l'Empire qui apportent des dons à l'empereur. Or, « Rome » n'y figure pas comme *Caput mundi* mais comme l'un des vassaux venant faire allégeance, avec la *Gallia*, la *Lamagna* et la *Sclavinia* (sans doute la Pologne, car l'empereur avaient des projets de conquête dans cette direction)[25].

Otton Ier et ses successeurs prétendirent, d'ailleurs, détenir leur pouvoir *de Deo*, le pape n'effectuant à leurs yeux, par le sacre, que la reconnaissance de cet état de fait. Une image de l'évangéliaire d'Henri II représente Rome comme une femme à la chevelure blonde – un signe de « germanisation » pour Juan Carlos D'Amico[26] – qui tient le sceptre et le globe qu'elle tend au Christ assis sur un trône qui couronne l'empereur. Le même Henri II est le premier *Germaniae Rex* à utiliser le titre de *Romanorum Rex*, revendiquant ainsi la seigneurie sur Rome, avant même son couronnement comme *Imperator Romanorum* par le pape.

De leur côté, les papes auront tendance à souligner leur primauté universaliste, au cœur d'un imaginaire néo-romain. Là où Jean VIII

25 Évangéliaire d'Otton III, Munich, Bayerische Staatsbibliothek, Latin 4453, v. 1000, abbaye de Reichenau. Reproduit dans J. C. D'Amico, *Le mythe impérial*, p. 65-67.

26 J. C. D'Amico, *Le mythe impérial et l'allégorie de Rome. Entre Saint-Empire, Papauté et Commune*, Caen, Presses Universitaires de Caen, 2009, p. 69.

(872-882) se disait « recteur de l'Europe », ses successeurs, de Grégoire VII (1073-1085) à Innocent III (1198-1216) puis à Boniface VIII (1294-1303), se proclament résolument seuls héritiers de l'*imperium terrenum* de Constantin, que le pape aurait seulement délégué à Charlemagne, mais dont il continuerait d'exercer l'*auctoritas*.

Ensuite, ce sont les forces vives de la première Europe qui résistent aux deux projets universalistes. Les états dynastiques et territoriaux émergents contestent d'abord l'Empire (le roi de France est « empereur en son royaume » dès Philippe Auguste), puis la papauté, dont ils contestent les prétentions temporelles avant de limiter l'exercice de ses prérogatives spirituelles. L'évolution des rapports de force transformera bientôt ces prétentions en fiction. À travers cette critique, c'est l'Europe romaine que ces nations décident d'enterrer. Avec le pape et l'empereur, l'idée romaine universaliste est battue en brèche et avec elle l'Europe romaine qui s'efface et disparaît des textes et des esprits à partir du XIe siècle. Un nouveau sursaut d'un imaginaire européen ne sera possible que quatre siècles plus tard, dans un contexte culturel et politique très différent, sous la plume du cardinal Piccolomini futur Pape Pie II, au moment où la Renaissance devient un phénomène continental et sous la pression de la menace ottomane[27].

Comme les formes du paysage, les représentations politiques sont le résultat d'une stratification qui n'est pas un simple empilement. En réalité, chaque forme oblitérée par d'autres formes plus récentes perdure partiellement, comme une matrice dont les nouvelles formes portent l'empreinte, au prix d'une série de transformations.

Mais l'idée de Rome a été plus qu'une matrice pour les imaginaires spatiaux qui lui ont succédé dans l'espace euro-méditerranéen, entre Orient et Occident. De par la fascination qu'elle a continué d'exercer sur les élites médiévales mais aussi de par le poids structurel de sa culture (droit, langue, religion), l'idée de Rome a réalisé par moments des « percées » à travers les couches sus-jacentes.

Aussi l'Antiquité a-t-elle transmis aux *gentes* qui sont venues dominer les populations romanisées de la *Romania* d'abord l'horizon géographique de l'« Europe ». Ensuite, ces sociétés romano-barbares ont transformé ce

---

27 Voir S. Stolf, « L'Europe et ses 'Européens'vus par Enea Silvio Piccolomini (1458) », *Cahiers d'études italiennes [En ligne]*, 27, 2018.

qui n'était qu'un choronyme antique, survécu dans la culture érudite, en un espace civilisationnel entièrement nouveau. Puis, l'idée de Rome, jalousement préservée en Occident par la papauté romaine, est venue s'emparer de ce premier imaginaire spatial européen, en le représentant pour un temps comme une nouvelle Rome. Enfin, le conflit entre les empereurs et les papes, d'une part, et l'émergence, d'autre part, de nouvelles identités spatiales autour des différents *regna* qui s'imposent dans l'Occident médiéval finiront par ruiner ce projet universaliste, tout en s'arrogeant une partie de son héritage.

Giovanni STRANIERI
Université Jean Monnet
– Saint-Étienne
– UMR 5648 CIHAM /

BIBLIOGRAPHIE GÉNÉRALE

TEXTES, INSCRIPTIONS (AUTEURS ET ANONYMES ANTÉRIEURS À 1900)

AMBROISE DE MILAN, *Hymnes*, J. Fontaine (éd.), Paris, Le Cerf, Patrimoines Christianisme, 1992.

AMBROSII MEDIOLANENSIS EPISCOPI, *Opera Omnia*, Bâle, Johann Amerbach, 1492, t. 1 (Disponible en ligne le 18 décembre 2018 : https://api.digitale-sammlungen.de/iiif/presentation/bsb00025924/view.html?view=ImageView&manifest=https%3A%2F%2Fapi.digitale-sammlungen.de%2Fiiif%2Fpresentation%2Fv2%2Fbsb00025924%2Fmanifest&canvas=https%3A%2F%2Fapi.digitale-sammlungen.de%2Fiiif%2Fpresentation%2Fv2%2Fbsb00025924%2Fcanvas%2F1

AMBROISE DE MILAN, *Autori vari, Sant Ambroeus, Tra storia e leggenda*, Milano, Edizioni Meneghine, Meravigli, Circolo Filologico Milanese, 2017.

AMMIEN MARCELLIN, *Histoire*, t. I – Livres XIV-XVI, É. Galletier et J. Fontaine (éd.), Paris, Les Belles Lettres, 1968.

AMMIEN MARCELLIN, *Histoire*, t. III – Livres XX-XXI, J. Fontaine, E. Frézouls et J.-D. Berger (éd.), Paris, Les Belles Lettres, 1996.

APULÉE, *Opuscules philosophiques (Du Dieu de Socrate, Platon et sa doctrine, Du monde)*, J. Beaujeu (éd.), Paris, Les Belles Lettres, 1973.

Archives Pascoli, « Pascoli nello specchio delle sue carte ». URL : http://pascoli.archivi.beniculturali.it/index.php?id=2. Site hébergé par le Ministero dei Beni e delle Attività Culturali [Dernière consultation le 1/12/2020]

ARISTOTE, *Les Parties des animaux*, P. Louis (éd.), Paris, Les Belles Lettres, 1956 [2002].

ARISTOTE, *Physique*, t. 2, H. Carteron (éd.), Paris, Les Belles Lettres, C.U.F., 1931.

ARISTOTE, *Politique*, VII, J. Aubonnet (éd.), Paris, Les Belles Lettres, C.U.F., 1986.

Aristoteles Latinus, *De mundo, translationes Bartholomaei et Nicholai*, L. Lorimer (éd.), Paris, Desclée de Brouwer, Leiden, E. J. Brill, 1965.

PSEUDO-ARISTOTE, *Cosmic Order and Divine Power: Pseudo-Aristotle, On the Cosmos*, J.-C. Mohr Siebeck (éd.), Tübingen, 2014.

PSEUDO-ARISTOTE, *Il trattato « Sul cosmo per Alessandro » attribuito ad Aristotele*, G. Reale et A. P. Bos (éd.), Milano, Vita e pensiero, 1995.

PSEUDO-ARISTOTE, *Traité du ciel (suivi du) Traité pseudo-aristotélicien du monde*, J. Tricot (éd.), Paris, Vrin, 1990.

ARRIEN, *L'art tactique. Histoire de la succession d'Alexandre*, Pierre-Olivier Leroy (éd.), Paris, Les Belles Lettres, 2017.

AUGUSTE, *Res Gestae Diui Augusti. Hauts faits du divin Auguste*, John Scheid (éd.), Paris, Les Belles Lettres, C.U.F., 2007.

AUGUSTIN D'HIPPONE, *Enarrationes in Psalmos LI-C*, E. Dekkers et J. Fraipont (éd.), *Corpus christianorum. Series latina* 39, Turnhout, Brepols, 1990.

AUGUSTIN D'HIPPONE, *Homélies sur l'Évangile de saint Jean*, M.-F. Berrouard (trad.), *Bibliothèque augustinienne* 71-75, Paris, Institut d'études augustiniennes, 1969-2002.

AUGUSTIN D'HIPPONE, *Vingt-six sermons au peuple d'Afrique*, F. Dolbeau (éd.), Paris, Institut d'études Augustiniennes, 1996 [2009].

AUGUSTIN D'HIPPONE, *Sermones ad populum*, J.-P. Migne (éd.), *Patrologiae Cursus Completus. Series Latina* 38, Paris, éd. Garnier et J.-P. Migne successores, 1865.

AUGUSTIN D'HIPPONE, *Sermones selecti*, C. Weidmann (éd.), *Corpus Scriptorum Ecclesiasticorum Latinorum* 101, Berlin, De Gruyter, 2015.

AUGUSTIN D'HIPPONE, *Sermones post Maurinos reperti*, *Miscellanea Agostiniana*, t. 1, G. Morin (éd.), Roma, Typis polyglottis Vaticanis, 1930.

BERSUIRE, Pierre, *Ovidius moralizatus : Petrus Berchorius : Reductorium morale, Liber XV, cap. II-XV*, Thomas Walleys (éd.), préface de J. Engels, Utrecht (Pays-Bas), Instituut voor laat latijn der Rijksuniversiteit, 1962.

Bible de Jérusalem (La), traduction en français sous la dir. de l'École biblique de Jérusalem, Paris, Le Cerf, 1973.

BOÈCE, *De Consolatione philosophiae*, Comment. Pseudo-Thomas d'Aquin, G. Le Roy (éd.), Lyon, ante 1489.

BOÈCE, *De consolatione philosophiae ; Opuscula theologica*, C. Moreschini (éd.), Monachii, K. G. Saur, 2005.

BOÈCE, *La consolation de philosophie*, J.-Y. Guillaumin (éd.), Paris, Les Belles Lettres, C.U.F., 2002.

BOSSUET, Jacques-Bénigne, *Défense de la Tradition et des Saints-Pères*, J.-B. Bossuet et C.-F. Leroi (éd.), *Œuvres posthumes*, t. 2, Amsterdam, aux dépens de la Compagnie, [ou Paris, J-T Hérissant et les frères Estienne], 1753.

BRADWARDINE, Thomas, *De causa Dei contra Pelagium et de virtute causarum*, A. Lukács (éd.), Göttingen, V & R Unipress, 2013.

CAELIUS AURELIANUS, *Celerum Passionum libri III, Tardarum Passionum libri V*, edidit Gerhard Benz, in linguam germanicam transtulit Ingeborg Pape, Berlin, Akademie Verlag, Corpus Medicorum Latinorum VI, 1, 2 volumes, 1990-1993.

CASSIODORE, *Variae*, Th. Mommsen (éd.), Berlin, Weidmann, Monumenta Germaniae Historica, Auctores antiquissimi 7, 1894.

CICÉRON, *De Natura deorum*, C. Auvray-Assayas (éd.), Caen, 2019. URL : https://www.unicaen.fr/puc/sources/ciceron//accueil. Site hébergé par l'Université de Caen [dernière consultation le 16/11/2020].

CHAIX DE LAVARÈNE, Louis-Antoine, *Monumenta Pontificia Arverniae decurrentibus IXe, X^{e}, XIe, XIIe saeculis. Correspondance diplomatique des papes concernant l'Auvergne depuis le pontificat de Nicolas Ier jusqu'à celui d'Innocent III*, Clermont-Ferrand, F. Thibaud, 1880.

Chartularium universitatis Parsiensis, H. Denifle et E. Chatelain (éd.), 10 vol., Paris, Delalain, 1889-1897.

CHRYSOSTOME, Jean, *Homilia de capto Eutropio et de divitiarum vanitate*, J.-P. Migne (éd.), *Patrologia Cursus Completus, Series Graeca*, t. 52, Paris, Migne J.-P., 1862.

CHRYSOSTOME, Jean, *Homiliae in Matthaeum,* J.-P. Migne (éd.), *Patrologia Cursus Completus, Series Graeca*, t. 58, Paris, Migne J.-P., 1862.

CHRYSOSTOME, Jean, *Homilia 73 in Johannem*, J.-P. Migne (éd.), *Patrologia Cursus Completus, Series Graeca*, t. 59, Paris, Migne J.-P., 1859.

CHRYSOSTOME, Jean, *Homilia 10 in Epistolam ad Romanos,* J.-P. Migne (éd.) *Patrologia Cursus Completus, Series Graeca*, t. 60, Paris, Migne J.-P., 1862.

CHRYSOSTOME, Jean, *Homilia 2 in II Epistolam ad Corinthios,* J.-P. Migne (éd.) *Patrologia Cursus Completus, Series Graeca*, t. 61, Paris, Migne J.-P., 1859.

Codex Medicus Graecus, Der Wiener Dioskudides : Codex medicus Graecus 1 der Österreichischen Nationalbibliothek, O. Mazal (éd.), Graz, Akademische Druck u. Verlagsanstalt, 1998.

Continuatio Hispana ad ann. 754, J. Tailhan (éd.), *Anonyme de Cordoue*, 1885, réédité et traduit dans P. Riché et G. Tate, *Textes et documents d'histoire du Moyen Âge*, Paris, Société d'édition d'enseignement supérieur, 1972.

CONSTANT, Benjamin, *Écrits politiques*, textes choisis, présentés et annotés par Marcel Gauchet, Paris, Gallimard, 1997.

CONSTANT, Benjamin, *« De la liberté des anciens comparée à celle des modernes »*, Discours prononcé à l'Athénée royal de Paris en 1819, repris dans *Cours de politique constitutionnelle*, É. Laboulaye (éd.), Paris, 1861.

CONTY, Évrart de, *Le Livre des eschez amoureux moralisés*, texte édité par F. Guichard-Tesson et B. Roy (éd.), Montréal, Éditions CERES, coll. Bibliothèque du moyen français, 2, 1993.

Coran (Le), T. Vigliano et M. Khaly Wélé (éd.), URL : http://corpus.ihrim.huma-num.fr/fr/, 2019. Site hébergé par Huma-Num [dernière consultation le 16/11/2020]).

DÉMOSTHÈNE, *Plaidoyers politiques*, t. 2, *Contre Aristocrate*, L. Gernet & J. Humbert (éd.), Paris, Les Belles Lettres, C.U.F., 1959.

DÉMOSTHÈNE, *Plaidoyers politiques*, t. 3, *Sur les forfaitures de l'Ambassade*, G. Mathieu (éd.), Paris, Les Belles Lettres, C.U.F., 1946.

DESJARDINS, Théodore, *Antiquorum et celeberrimorum interlocutio poetarum eorumque mira praescientia ad sempiternam palmae victricis memoriam, quam Ludovicus Magnus de Hollandis, Alemanis et Hispanis reportavit*, Avignon, P. Offray, 1680.

DIODORE DE SICILE, *Bibliothèque historique*, t. II, B. Eck (éd.), Paris, Les Belles Lettres, C.U.F., 2003.

DION CASSIUS, *Cassii Dionis Cocceiani Historiarum Romanarum quae supersunt*, U.P. Boissevain (éd.), Berlin, 1895-1901.

Diplomata Karolinorum, A. Dopsch, J. Lechner, M. Tangl, E. Mühlbacher (éd.), *Diplomata Karolinorum*, t. 1, Hannover, Hahnsche Buchhandlung, *Monumenta Germaniae Historica*, *Diplomata Karolinorum*, 1906.

ENNODE DE PAVIE, *Panégyrique de Théodoric*, F. Vogel (éd.), *Magni Felicis Ennodi Opera*, Berlin, Weidmann, Monumenta Germaniae Historica, Auctores antiquissimi 7, 1885.

ESCHYLE, *Les Perses*, P. Mazon (éd.), Paris, Les Belles Lettres, C.U.F., 1921.

FAGNANI, Giovanni Marco, Io. Marci Fanniani Patricii Mediolanensis, *De bello Arriano, Libri sex*, Mediolani 1604. Disponible en ligne le 24 novembre 2018 : https://books.google.fr/books?id=joBeAAAAcAAJ&pg=PA132&lpg=PA132&dq=De+bello+arriano&source=bl&ots=m__mgH4Usp&sig=xzQAoauvf6xSD5JUhYbBD3cSC_U&hl=fr&sa=X&ved=2ahUKEwij1M3wme3eAhVDyoUKHUV6CE0Q6AEwBHoECAUQAQ#v=onepage&q=De%20bello%20arriano&f=false

Fasti Ostienses, L. Vidman (éd.), Prague 1957 [1982] ; A. Degrassi (éd.), *Inscriptiones Italiae*, 13.1, *Fasti consulares et triumphales*, n° 5, Rome, 1947 ; Bargagli Barbara, *Fasti Ostienses (I). Documento della storia di Ostia*, Grosso Cristiana (éd.), Roma, Itinerari Ostiensi VIII, 1997.

Fasti Amiternini ; *Fasti Antiates Ministrorum* ; *Fasti Praenestini* ; *Fasti Verulani* : Degrassi Attilio éd., *Inscriptiones Italiae*, 13. 2, *Fasti Anni Numani et Iuliani*, n° 17, 22, 25 & 26, Rome, 1963.

FAUSTIN et MARCELLIN, *Libellus precum* (Supplique aux Empereurs), A. Canellis (éd.), *SC* 504, Paris, Le Cerf, 2006.

FLAVIUS JOSÈPHE, *Les Antiquités Juives*, vol. III, Livres VI et VII, É. Nodet (éd. et trad.), Paris, Le Cerf, 2001.

FLAVIUS JOSÈPHE, *Œuvres complètes traduites en français sous la direction de Théodore Reinach*, J. Weill (trad.), Paris, Leroux, 1900-1905.

FLORUS, *Œuvres*, t. I, P. Jal (éd.), Paris, Les Belles Lettres, 1967.

Fragmenta 115. 2B, F. Jacoby, *Fragmente der griechischen Historiker*, Leiden, Brill, 1923-1958.

Fragmentary republican Latin, vol. I, S. M. Goldberg et G. Manuwald (éd.), Cambridge, Havard University Press, 2018.

Fragmente der griechischen Historiker, F. Jacoby (éd.), Leiden, Brill, 1923-1958.

FORTUNATIEN D'AQUILÉE, *Commentarii in evangelia*, L.J. Dorfbauer (éd.), *Corpus Scriptorum Ecclesiasticorum Latinorum* 103, Berlin, De Gruyter, 2017.

GALIEN, *Les médicaments simples*, dans *Claudii Galeni opera omnia*, vol. XII, K.G. Kühn (éd.), Leipzig, 1826.

GARLANDE, Jean de, *Integumenta Ovidii, poemetto inedito del secolo XIII*, Fausto Ghisalberti (éd.), Messina-Milano, Giuseppe Principato, 1933.

GRÉGOIRE LE GRAND, *Registre des lettres*, D. Norberg (éd.), *Gregorii Magni Epistulae*, vol. 1-2, Corpus Christianorum. Series Latina, 140-140A, Turnhout, Brepols, 1982.

HENRI BATE DE MALINES, *Speculum divinorum et quorundam naturalium*, t. I (Phaedo, Timaeus), II (Phaedo, Timaeus, Proclus, *Elem. Theol.*), n° 9, vol. III : *On the Nature of Matter*, n° 10, vol. IV, *On the Platonic Doctrine of Ideas*, n° 11, vol. V, n° 12, vol. VI, *On Platonic Philosophy*, éd. C. Steel, Leuven, Leuven University Press, 1990-1994.

HÉRODOTE, *Histoires*, t. IV, Ph.-E. Legrand (éd.), Paris, Les Belles Lettres, C.U.F., 1945.

HÉRODOTE, *Histoires*, t. V, Ph.-E. Legrand (éd.), Paris, Les Belles Lettres, C.U.F., 1946.

HÉRODOTE, *Histoires*, t. VII, Ph.-E. Legrand (éd.), Paris, Les Belles Lettres C.U.F., 1951.

HÉRODOTE, *L'Enquête*, A. Barguet (éd.), Paris, Gallimard, La Pléiade, 1964.

HIERONYMUS DE MORAVIA, *Tractatus de musica*, C. Meyer, G. Lobrichon (éd.), Corpus Christianorum Continuatio Medievalis, 250, Turnhout, Brepols, 2012.

HIPPOCRATE, *Airs, eaux, lieux*, J. Jouanna (éd.), Paris, Les Belles Lettres, C.U.F., 1996, [2003].

HOMÈRE, *Odyssée*, t. 1 et 2, V. Bérard (éd.), Paris, Les Belles Lettres, 1924.

Homeric Hymns (The), T.W. Allen, W.R. Halliday & E.E. Sikes (éd.), Oxford, Clarendon Pr., 1936.

HORACE, *Q. Horatius Flaccus*. t. II. *Satiren*, A. Kiessling et R. Heinze (éd.), Berlin, Weidmannsche Verlagsbuchhandlung, 1957.

HORACE, *Satires I*, M. P. Brown (éd.), Warminster, Aris & Phillips, 1993.

Hyperdonat – « Collection d'éditions numériques de commentaires anciens avec traduction, commentaire et annotation critique », B. Bureau, C. Nicolas, M. Ingarao (éd.), URL : http://hyperdonat.huma-num.fr/editions/html/index.html. Site hébergé par Huma-Num [Dernière consultation le 16/11/2020].

Isidore de Séville, *Histoire des Goths, des Vandales et des Suèves*, N. Desgrugillers (éd.), Clermont-Ferrand, Éd. Paleo, 2009.

Isocrate, *Discours*, 4 t., G. Mathieu & É. Brémond (éd.), Paris, Les Belles Lettres, C.U.F., 1929-1962.

John de Tynemouth, *Johannes de Tinemue's Redaction of Euclid's Elements, the so-called Adelard III Version*, H. Busard (éd.), Stuttgart, Franz Steiner, 2001.

Jordanus de Nemore, *De numeris datis : A Critical Edition and Translation*, B. Hughes (éd.), Barnabas, Berkeley, University of California Press, 1981.

Jordanus de Nemore and the Mathematics of Astrolabes : « De plana spera », R.B. Thomson (éd.), Toronto, Pontifical Institute of Mediaeval Studies, 1978.

Julien, *Lettres et fragments.* Œuvres complètes. 1/2, J. Bidez (éd. et trad.), Paris, Les Belles Lettres, 1924.

Justin, *Abrégé des Histoires Philippiques de Trogue Pompée*, t. II – Livres XI-XXIII, B. Mineo (éd. et trad.), notes historiques par G. Zecchini, Paris, Les Belles Lettres, 2018.

Legrand, Jacques, *Archiloge Sophie, Livre de bonnes meurs*, E. Beltran (éd.), Paris, Champion, 1986.

Lemaistre de Sacy, L.-I. (éd.), *Le Nouveau Testament de Nostre Seigneur Jesus Christ*, Mons, G. Migeot, 1667.

Lettres d'el-Amarna. Correspondance diplomatique du pharaon, W. L. Moran, D. Collon, H. Cazelles (éd.), Paris, Le Cerf, 1987.

Liber Mahameleth (The) A 12th-Century Mathematical Treatise, J. Sesiano (éd.), New York, Springer, 2014.

Liber pontificalis, L. Duchesne (éd.), *Liber pontificalis*, 2 vol., Paris, 1886-1892 (2e édition : Paris, De Boccard, 1955).

Liudprand de Crémone, *Ambassade*, P. Chiesa (éd.), *Liudprandi Cremonensis Relatio de legatione Constantinopolitana*, in Id., *Antapodosis, Homelia Pascalis, Historia Ottonis, Relatio de legatione Constantinopolitana*, Turnhout, Brepols, 1998.

Lorris, Guillaume de et Meun, Jean de, *Le Roman de la Rose*, A. Strubel (éd. et trad.), Paris, Le Livre de Poche, 2012.

Lorris, Guillaume de et Meun, Jean de, *Le Roman de la rose par Guillaume de Lorris et Jehan de Meung*, D. Méon (éd.), 4 vol., Paris, P.N.F. Didot l'aîné, 1814.

Lucain, *Belli ciuilis libri decem*, C. Hosius (éd.), Leipzig, Teubner, 1913 (3e éd.).

Lucain, *Belli civilis libri X*, A. E. Housman (éd.), Oxford, Basil Blackwell, 1927.

Lucain, *Der Bürgerkrieg*, G. Luck (éd.), Berlin, Akademie-Verlag, 1985.

Lucain, *Opera*, R. Badali (éd.), Romae, Typis officinae polygraphicae, 1992.

LUCAIN, *De Bello civili libri X*, D. R. Shackleton Bailey (éd.), Stuttgart, Editio altera, 1997.

LUCAIN, *De bello ciuili, Der Bürgerkrieg*, G. Luck (éd.), Stuttgart, Reclam, 2009.

LUCAIN, *De Bello ciuile liber primus*, P. Lejay (éd.), Paris, Klincksieck, 1894.

LUCAIN, *Bellum ciuile*, livre II, F. Barrière (éd.), Thèse de doctorat, Université Paris Ouest Nanterre, 2013.

LUCILIUS, *C. Lucilii carminum reliquiae*, Friedrich Marx (éd.), 2 vol., Leipzig, Teubner, 1904-1905.

LUCILIUS, *Satiren*, W. Krenkel (éd.), Leiden, Brill, 1970.

LUCILIUS, *Satires*, F. Charpin (éd.), 3 vol., Paris, Les Belles Lettres, 1978-1991.

LUCILIUS, *Critical Edition with Commentary of the Fragments of the 2^d^ Century by satirist C. Lucilius*, Anna Chahoud (éd.), Cambridge, Cambridge University Press, à paraître.

LYSIAS, *Discours*, t. 1, L. Gernet & M. Bizos (éd.), Paris, Les Belles Lettres, C.U.F., 1924.

MAÏMONIDE, *Le Guide des égarés*, S. Munk (éd.), Paris, G.-P. Maisonneuve, 1959.

MAÏMONIDE, *Le Guide des égarés*, R. Lévy, M. Aouad (éd.), Lagrasse, Verdier, 2012.

Mythographe du Vatican (Premier), Nevio Zorzetti (éd.), J. Berlioz (trad.), Paris, Les Belles Lettres, C.U.F., 1995.

Mythographe du Vatican II, P. Dain (éd. et trad.), révisé par F. Kerlouégan, Paris, Presses universitaires de Franche-Comté, 2000.

NECKAM, Alexandre, *De Naturis rerum libri duo* et *De laudibus divinae sapientiae*, Thomas Wright (éd.), London, Longman Roberts and Green, coll. Rerum Britannicarum medii aevi scriptores or The chronicles and memorials of Great Britain and Ireland during the middle ages, 1863.

NITHARD, *Histoire des fils de Louis le Pieux*, Ph. Lauer (éd.), Paris, Champion, 1926.

ORIGÈNE, *Die neuen Psalmenhomilien. Eine kritische Edition des Codex Monacensis Graecus 314*, L. Perrone (éd.), *Griechischen christlichen Schriftsteller, Neue Folge, Band* 19, Berlin, De Gruyter, 2015.

OVIDE, *Les Métamorphoses*, G. Lafaye (éd. et trad.), Paris, Les Belles Lettres, C.U.F., 1928 (T. I et II) – 1957 (T. III), coll. des Universités de France.

OVIDE, *Fastes*, R. Schilling (éd. et trad.), Paris, Les Belles Lettres, C.U.F., (vol. 1, livres I-III, 1992 ; vol. 2, livres IV-VI, 1993).

OVIDE, *Tristes*, J. André (éd. et trad.), Paris, Les Belles Lettres, C.U.F., 1968.

OVIDE, *Pontiques*, J. André (éd. et trad.), Paris, Les Belles Lettres, C.U.F., 1977.

'Ovide moralisé', poème du commencement du quatorzième siècle, publié d'après tous les manuscrits connus par Cornelis de Boer, Verhandelingen der Koninglijke

Akademie van Wetenshappen, Afdeeling Letterkunde, Nieuwe Reeks, Amsterdam, Johannes Müller, 1915-1938, Vol. I-V, avec la collaboration de Mlles G. de Boer et J. Th. M. Van't Sant, les vol. III et IV.

Ovide moralisé. Poème du commencement du XIV*e siècle*, C. de Boer (éd.), Vaduz (Liechtenstein), Sändig Reprint Verlag, H. R. Wohlwend, 2007, coll. Verhandelingen der Koninklijke Akademie van Wetenschappente Amsterdam, Afdeeling Letterkunde, Nieuwe Reeks.

Ovidi Nasonis Metamorphoseon Libri XV. Lactanti Placidi qui dicitur Narrationes fabularum ovidianarum, recensit, apparatu critico instruxit Hugo Magnus, Berolini, Weidmannos, 1914.

Ovide Moralisé, Livre I, C. Baker, M. Besseyre, M. Cavagna, S. Cerrito, O. Collet, M. Gaggero, Y. Greub, J.-B. Guillaumin, M. Possamaï-Pérez, V. Rouchon-Mouilleron, I. Salvo, T. Stuntler, R. Trachsler (éd.), Paris, SATF, 2018.

Parastaseis Syntomoi Chronikai, dans *Constantinople in the Early Eight Century: The* Parastateis Chronikai, A. Cameron, J. Herrin (éd.), en collaboration avec A. Cameron, R. Cormack, C. Roueché, Leyde, Brill, 1984. [Le texte grec reproduit l'édition de Thedorus Preger, *Scriptores Originum Constantinopolitanarum*, volume 1, Leipzig, Teubner, 1901, p. 19-73].

Paulin de Milan, *Vita Ambrosii*, M. Pellegrino (éd.), *Verba seniorum n.s. 1*, Rome, 1961.

Paulin de Milan, *Vie d'Ambroise*, Les Père dans la Foi 56, Migne, 1994.

Pietro d'Abano, *Conciliator differentiarum philosophorum et medicorum*, *Conciliator, Pietro d'Abano*, a cura di E. Riondato e L. Olivieri, Padova, Antenore, 1985.

Pizan, Christine de, *Epistre Othea*, G. Parussa (éd.), Genève, Droz, 1999.

Platon, *Lois*, Des Places (éd.), Paris, Les Belles Lettres, C.U.F., 1951.

Platon, *Phédon*, P. Vicaire (éd.), Paris, Les Belles Lettres, C.U.F., 1983.

Platon, *Timée*, A. Rivaud (éd.), Paris, Les Belles Lettres, C.U.F., 1925.

Plutarque, *Vies*, t. I, *Thésée-Romulus ; Lycurgue-Numa*, R. Flacelière, E. Chambry, M. Juneaux (éd. et trad.), Paris, Les Belles Lettres, 1957.

Plutarque, *Vies*, t. VI. *Pyrrhos-Marius – Lysandre-Sylla*, R. Flacelière et É. Chambry (éd. et trad.), Paris, Les Belles Lettres, 1971.

Recueil général et complet des fabliaux des XIII*e et* XIV*e siècles*, A. Montaiglon, G. Raynaud (éd.), Paris, Librairies des Bibliophiles, 1878.

Scriptores Originum Constantinopolitanarum, vol. 2, T. Preger (éd.), Leipzig, Teubner, 1907.

Senatus consultum de Cnaeo Pisone patre, W. Eck, A. Caballos Rufino, F. Fernández (éd.), *Das Senatus consultum de Cn. Pisone Patre*, Munich, 1996.

Simon, Richard, *Histoire critique des principaux commentateurs du Nouveau Testament*, Rotterdam, Reiner Leers, 1693.

Sozomène, *Histoire ecclésiastique.* Livres III-IV, texte grec de l'édition J. Bidez, introduction et annotations par G. Sabbah, traduction par A.-J. Festugière, revue par B. Grillet, Paris, Les Éditions du Cerf, 1996.

SOZOMÈNE, *Histoire ecclésiastique.* Livres VII-IX. Texte établi par J. Bidez, G. C. Hansen, introduit par G. Sabbah, traduit par A.-J. Festugière et B. Grillet, annoté par L. Angliviel de la Beaumelle, Sources Chrétiennes n° 516, Paris, Le Cerf, 2008.

SUÉTONE, *De Vita Caesaris duodecim*, H. Ailloud (éd. et trad.), Paris, Les Belles Lettres, Collection des Universités de France, 1931-1932.

TACITE, *Annales*, Pierre Wuilleumier (éd. et trad.), Paris, Les Belles Lettres, C.U.F., 1975.

TEMISTIO, *Discorsi*, a cura di Riccardo Maisano, Torino, UTET, 1995.

THÉODORET DE CYR, *Histoire Ecclésiastique*, t. I, livres I-II, texte grec de L. Parmentier et G. C. Hansen (GCS, NF 5, 1998[3]) avec annotation par J. Bouffartigue, introduction de A. Martin et traduction de P. Canivet, revue et annotée par J. Bouffartigue, A. Martin, L. Pietri et F. Thelamon, Paris, Les Éditions du Cerf, 2006.

THÉODULFE, *Theodulfi Aurelianensis episcopi opera, Carminum liber*, J. Sirmond (éd.), Paris, Sébastien Cramoisy, 1646.

Toledan Tables (The). A Review of the Manuscripts and the Textual Versions with an Edition, F.S. Pedersen (éd.), 4 vol., Copenhague, C.A. Reitzels Forlag, 2002.

Vaticanus Latinus 1479 : Un Commentaire médiéval aux Métamorphoses (Un). *Le* Vaticanus Latinus 1479*, Livres I à V.*, L. Ciccone (éd.), M. Possamai-Pérez (trad.), avec la collaboration de P. Deleville, Garnier, Textes littéraires du Moyen Âge 56, Série *Ovidiana textes*, 2020.

VITRUVE, *De architectura*, I, P. Fleury (éd. et trad.), Paris, Les Belles Lettres, 1990.

VITRUVE, *De architectura*, III, P. Gros (éd. et trad.), Paris, Les Belles Lettres, 1990.

XÉNOPHON, *Anabase*, P. Masqueray (éd.), Paris, Les Belles Lettres, C.U.F., 1931.

XÉNOPHON, *Helléniques*, t. 2, J. Hatzfeld (éd.), Paris, Les Belles Lettres, C.U.F., 1939.

XÉNOPHON, *Mémorables*, L. A. Dorion (éd.), Paris, Les Belles Lettres, C.U.F., 2015.

XÉNOPHON, *Xenophontis opera* omnia, E. C. Marchant (éd.), Oxford, Clarendon Pr., 1920.

ZOSIME, *Histoire Nouvelle*, t. I, F. Paschoud (éd. et trad.), Paris, Les Belles Lettres, 2000.

ÉTUDES[1]

ABEELE (van den), Baudouin, « La tradition manuscrite des *Étymologies* d'Isidore de Séville, pour une reprise en main du dossier », *Cahiers de recherches médiévales et humanistes*, n° 16, 2008, p. 195-205.

AHL, Frederik, « The Art of Safe Criticism in Greece and Rome », *AJPh* 105, 1984, p. 174-208.

ALLARD, André, « L'influence des mathématiques arabes dans l'Occident médiéval », dans Roshdi Rashed (éd.), *Histoire des sciences arabes*. II : *Mathématiques et physique*, Paris, 1997, 199-230.

ALVERNY (D'), Marie-Thérèse, « Pietro d'Abano et les "naturalistes" à l'époque de Dante », dans V. Branca et G. Padoan (éd.), *Dante e la cultura veneta*, Florence, 1966, p. 207-219.

ALVERNY (D'), Marie-Thérèse, *Avicenna Latinus*, Bruxelles, Peeters Publishers, 1994.

ALVERNY (D'), Marie-Thérèse, « Remarques sur la tradition manuscrite de la *Summa Alexandrinorum* », *Archives d'Histoire Doctrinale et Littéraire du Moyen Âge*, 49, 1983, p. 265-272.

AMICO (D'), Juan Carlos, *Le mythe impérial et l'allégorie de Rome. Entre Saint-Empire, Papauté et Commune*, Caen, Presses Universitaires de Caen, 2009.

AMIT, David et YEZERSKI, Irit, « An Iron Age II Cemetery and Wine Presses at Nabi Danyal », *Israel Exploration Journal* 51, 2001, p. 171-193.

ANDRÉ, Jean-Marie, *La médecine à Rome*, Paris, Tallandier, 2006.

ANDRÉ, Julie et PIERAZZO, Elena, « Le codage en TEI des brouillons de Proust : vers l'édition numérique », *Genesis. Manuscrits – Recherche – Invention*, n° 36, Sigales, 2013, p. 155-161. DOI : https://doi-org.acces.bibliotheque-diderot.fr/10.4000/genesis.1159 [dernière consultation le 16/11/2020]

ANGOTTI, Claire, « Les bibliothèques des couvents mendiants, un modèle pour les séculiers ? L'exemple de deux premiers bienfaiteurs de la bibliothèque du collège de Sorbonne (Robert de Sorbon, Gérard d'Abbeville) », dans N. Bériou, M. Morard, D. Nebbiai, (éd.), *Entre stabilité et itinérance : Livres et culture des ordres mendiants, XIIIe-XVe siècle* (Bibliologia 37), Turnhout, Brepols, 2014, p. 31-72.

ANGOTTI, Claire, FOURNIER, Gilbert, NEBBIAI, Donatella, *Histoire et rayonnement du collège et de ses bibliothèques du XIIIe siècle à la Renaissance*, Paris, Éditions de la Sorbonne, 2017.

1 Les revues relatives à l'Antiquité sont citées selon les abréviations de *l'Année Philologique*.

ANHEIM, Étienne et CHASTANG, Pierre (éd.), *Les pratiques de l'écrit dans les sociétés médiévales (VIe-XIIIe siècle)*, *Médiévales*, 56, 2009.

ARASSE, Daniel, *On n'y voit rien. Descriptions*, Paris, Denoël, 2000 [2005].

ARCELIN, Patrice et TRÉZINY, Henry, « Les habitats indigènes des environs de Marseille Grecque », dans *Voyage en Massalie. 100 ans d'archéologie en Gaule du Sud*, Catalogue de l'exposition (Marseille, 1990), Marseille, Musées de Marseille, 1990, p. 28.

ARNAUD, Bernadette, « Archéologie », *Sciences et Avenir*, 10 avril 2017 (en ligne : https://www.sciencesetavenir.fr/archeo-paleo/archeologie/bretagne-comment-un-chant-du-xve-siecle-grave-sur-une-pierre-a-ete-ressuscite_112096).

ARNOUX, Mathieu, « Essor et déclin d'un type diplomatique : les actes passés *coram parrochia* en Normandie (XIIe-XIIIe siècles) », *Bibliothèque de l'École des Chartes*, 1996, no 154/2, p. 323-357.

AUGER, Marie-Louise, *La collection de Bourgogne (manuscrits 1-74) à la Bibliothèque nationale de France. Une illustration de la méthode historique mauriste*, Paris, 1987.

AVRIL, François, « Le parcours exemplaire d'un enlumineur parisien à la fin du XIVe siècle. La carrière et l'œuvre du Maître du Policratique de Charles V », dans *De la sainteté à l'hagiographie. Genèse et usage de la légende dorée*, Genève, Droz, 2001, p. 265-282.

AVRIL, François, STIRNEMANN, Patricia, *Manuscrits enluminés d'origine insulaire VIIe-XXe siècle*, Paris, Bibliothèque nationale de France, 1987.

AVRIL, François, GOUSSET, Marie-Thérèse, *Manuscrits enluminés d'origine italienne, t. II : XIIIe siècle*, Paris, Bibliothèque nationale de France, 2013.

BADEL, Pierre-Yves, *Le Roman de la Rose au XIVe siècle. Étude de la réception de l'œuvre*, Genève, Droz, 1980.

BADIE, Alain et BERNARD, Loup, « Organisation modulaire du site du Verduron à Marseille (Bouche-du-Rhône), habitat gaulois du IIIe siècle avant notre ère », dans *Archéologie de Provence et d'ailleurs. Mélanges offerts à Gaëtan Congès et Gérard Sauzade*, *Bulletin Archéologique de Provence*, Supplément 5, 2008, p. 291-299.

BAGLIVI, Nicola, *Ammianea*, Catania, Centro di studi sull'antico cristianesimo, 1995.

BAKHOUCHE, Béatrice, « Tradition graphique et tradition textuelle dans le *Commentaire* au *Timée* de Calcidius », *Revue belge de Philologie et d'Histoire* (86-1), p. 97-113.

BAKHOUCHE, Béatrice, « La transmission du *Timée* dans le monde latin », dans D. Jacquart, *Les voies de la science grecque, études sur la transmission des textes de l'Antiquité au dix-neuvième siècle*, Genève, Droz, 1997, p. 1-31.

BAKHOUCHE, Béatrice, « La tradition indirecte du Platon latin », dans R. Ellis et R. Tixier, *The Medieval Translator. Traduire au Moyen Âge*, t. 5, Turnhout, Brepols, 1996, p. 337-346.

BARCHIESI, Alessandro, « Insegnare ad Augusto : Orazio, *Epistole* 2, 1 e Ovidio, *Tristia* II », *MD* 31, 1993, p. 149-184.

BARCHIESI, Alessandro, *The Poet and the Prince. Ovid and Augustan Discourse*, Berkeley, University of California Press, 1997 [traduction de l'italien, *Il poeta e il principe. Ovidio e il discorso augusteo*, Rome-Bari, Laterza, 1994].

BARCELÓ, Pedro, *Constantius II und seiner Zeit. Die Anfänge des Staatskirchentums*, Stuttgart, Klett-Cotta, 2004.

BARDET, Jean-Pierre et RUGGIU, François-Joseph (éd.), *Les écrits du for privé en France de la fin du Moyen Âge à 1914*, Paris, CTHS, 2014.

BARNES, Timothy D., *Athanasius and Constantius: Theology and Politics in the Constantinian Empire*, London-Cambridge (Ma), Harvard University Press, 1993.

BARRAL, Philippe et FICHTL, Stephan (éd.), *Regards sur la chronologie de la fin de l'âge du Fer (IIIe-Ier siècles avant J.-C.) en Gaule non méditerranéenne, Actes de la table ronde de Bibracte, Centre archéologique européen (Glux-en-Glenne, 15-17 octobre 2007)*, Glux-en-Glenne, Bibracte, 2012.

BARRET, Sébastien, « Un avocat au service du Cabinet des chartes. Les travaux de Louis-Henri Lambert de Barive dans les archives de Cluny (v. 1770-v. 1790) », *Histoire et archives*, t. 15, 2004, p. 29-64.

BARRET, Sébastien, BOURLET, Caroline et MORELLE, Laurent (éd.), « Les transcriptions d'actes dans les manuscrits non diplomatiques », Paris, IRHT/EPHE, 10 janvier 2013. [En ligne], mis en ligne le 31 mars 2013, consulté le 08 novembre 2020. URL : https://drd.hypotheses.org/996

BARRY, Michael, « L'Europe et son mythe : à la poursuite du couchant », *Revue des deux mondes*, novembre 1999, p. 110-117.

BARTHES, Roland, « Rhétorique de l'image », *Communications* 4, 1964, p. 40-51.

BARTHES, Roland, *La chambre claire : note sur la photographie*, Paris, Gallimard, 1980.

BASTIEN, Pierre, *Le monnayage de Magnence*, Wetteren, Éditions Numismatique romaine, 1983.

BATAILLE, Gérard, KAURIN, Jenny et MARION, Stéphane, « Une archéologie de la guerre au second âge du Fer (fin du IVe siècle av.-début du Ier siècle ap. J.-C.) », dans O. Buchsenschutz, O. Dutour, C. Mordant (éd.), *Archéologie de la violence et de la guerre dans les sociétés pré et protohistoriques*, Paris, Éditions du CTHS, 2014, p. 127-140.

BATAILLON, Louis-Jacques, GUYOT, Bernard G., ROUSE, Richard H. (éd.), *La production du livre universitaire au Moyen Âge. Exemplar et Pecia. Actes du symposium tenu au Collège San Bonaventura de Grottaferrata en mai 1983*, Paris, CNRS Éditions, 1988.

BATAILLON, Louis-Jacques, « Comptes de Pierre de Limoges pour la copie de livres », dans L.-J. Bataillon, B. G. Guyot, R. H. Rouse (éd.), *La production du livre universitaire au Moyen Âge. Exemplar et Pecia. Actes du symposium tenu au Collège San Bonaventura de Grottaferrata en mai 1983*, Paris, CNRS Éditions, 1988, p. 265-273.

BATAILLON, Louis-Jacques, « Les textes théologiques et philosophiques diffusés à Paris par *Exemplar*et *Pecia* », dans L. J. Bataillon, B. G. Guyot, R. H. Rouse, (éd.), *La production du livre universitaire au Moyen Âge. Exemplar et Pecia. Actes du symposium tenu au Collège San Bonaventura de Grottaferrata en mai 1983*, Paris, CNRS Éditions, 1988, p. 155-163.

BATS, Michel, « Le territoire de Marseille : réflexions et problèmes », dans M. Bats (éd.), *Le territoire de Marseille grecque, Actes de la table ronde d'Aix-en-Provence (mars 1985)*, Aix-en-Provence, Université de Provence, 1986.

BAUDRY, R., « Patriciens et nobles à Rome. D'une identité à l'autre ? », *Hypothèses*, 1, 2006, p. 169-178.

BEARZOT, Cinzia, « Il significato della βασιλεία τῆς πάσης Εὐρώπης nell' *Encomio* di Teopompo », in *L'Europa nel mondo antico*, M. Sordi (éd.), Milan, *CISA* 12, 1986, p. 91-104.

BECK, Friedrich, *Untersuchungen zu den Handschriften Lucans*, Münich, Kastner & Lossen, 1900.

BECKER, Maria, BLECKMANN, Bruno, GROSS, Jonathan, NICKBAKHT, Mehran A. (éd.), *Consularia Constantinopolitana und verwandte Quellen*, Paderborn, Schöningh, 2016.

BEIERWALTES, Walter, *Platonismus in der Philosophie des Mittelalters*, Darmstadt, Wissenschaftliche Buchgesellschaft, 1969.

BEIERWALTES, Walter, *Platonismus in Christentum*, Frankfurt am Main, V. Klostermann, 1998.

BENOIST, Stéphane, *La Fête à Rome au premier siècle de l'Empire. Recherches sur l'univers festif sous les règnes d'Auguste et des Julio-Claudiens*, Bruxelles, Éditions Latomus, Collection Latomus, n° 248, 1999.

BENOIST, Stéphane, *Rome, le prince et la Cité. Pouvoir impérial et cérémonies publiques (Ier siècle av.-début du IVe siècle ap. J.-C.)*, Paris, Presses universitaires de France, Collection Le Nœud Gordien, 2005.

BENOIST, Stéphane, *Rome. Des origines au VIe siècle de notre ère*, « Une histoire personnelle », Paris, Presses universitaires de France, 2016.

BENOIST, Stéphane, « Biography, History, and Memory. About some Imperial Figures », *BICS* 60-1, 2017, p. 49-62.

BENOIST, Stéphane, « *Augusti memoriae – Memoriae Augustae.* Mémoires collectives et stratégies discursives, quelques remarques », dans A. Daguet-Gagey et S. Lefebvre (éd.), *L'empereur Auguste et la mémoire des siècles*, Arras, Artois Presses Université, 2018, p. 223-237.

BENOIST, Stéphane, *Le pouvoir à Rome : espace, temps, figures (Ier s. av.-IVe s. de notre ère). Douze variations*, Paris, CNRS Éditions, 2020.

Bérard, Claude, « "On n'y voit rien" : du bon usage des erreurs », *Pallas* 75, 2007, p. 263-274.

Bercé, Yves-Marie (éd.), *Archives des gens simples*, Paris, PUF, 2020.

Berger, Albrecht, *Untersuchungen zu den Patria Konstantinupoleos*, Bonn, DR. Rudolph Habelt GMBH, 1988.

Bériou, Nicole, « La prédication au béguinage de Paris pendant l'année liturgique 1272-1273 », *Études augustiniennes*, 13, 1978, p. 105-229.

Bériou, Nicole, « Pierre de Limoges et la fin des temps », *Mélanges de l'École française de Rome. Moyen-Âge, Temps modernes*, 98, 1986, p. 65-107.

Berman, Constance H., « Cistercians Nuns and the Development of the Order : The Abbey of Saint-Antoine-des-Champs Outside Paris », in E. Roxanne Elder (éd.), *The Joy of Learning and the Love of God: Essays in Honor of Jean Leclercq, OSB*, Kalamazoo, Cistercian Publications, 1995, p. 121-156.

Berman, Constance H., *The White Nuns. Cistercian Abbeys for Women in Medieval France*, Philadelphie, 2018.

Bernard, Claude, *L'enseignement de l'histoire en France selon les ministres de l'instruction publique*, Paris, H. Champion, 1978.

Bernard, Loup, « Stanislas Clastrier. Hagiographie contrastée d'un acteur de l'archéologie protohistorique marseillaise », *DAM* 33, 2010, p. 243-252.

Bernard, Loup, Bouffier, Sophie, Copetti, Audrey, Isoardi, Delphine, « Aux frontières du territoire marseillais : rythmes grecs et rythmes celtiques entre le VIIe et le Ve s. av. J.-C. », dans S. Bouffier, D. Garcia (éd), *Les territoires de Marseille antique*, Arles-Paris, Errance, 2014, p. 71-98.

Bernard, Loup, « Le cas du Verduron (Marseille) : implantation et architecture d'un habitat de la Celtique méditerranéenne fouillé intégralement », dans A. Villard-Le Tiec (éd.), *Architectures de l'âge du Fer en Europe occidentale et centrale, Actes du XLe colloque international de l'AFEAF (Rennes, 2016)*, Rennes, PUR, 2018, p. 113-122.

Bernard, Loup, *Le Verduron, un établissement de la Celtique méditerranéenne aux portes de Marseille grecque*, BIAMA 28, Aix-en-Provence, PUP, 2020.

Béroujon, Anne, *Les écrits à Lyon au XVIIe siècle : espaces, échanges, identités*, Grenoble, PUG, 2009.

Bertrand, Paul, *Les écritures ordinaires, sociologie d'un temps de révolution documentaire (entre royaume de France et Empire, 1250-1350)*, Paris, Les Éditions de la Sorbonne, 2015.

Bertrand, Paul, « L'uniformisation de la culture écrite au XIIIe siècle : les rouages de l'"européanisation" de l'Occident médiéval », dans *Histoire monde, jeux d'échelles et espaces connectés, XLVIIe congrès de la SHMESP, Arras, 26-29 mai 2016*, Paris, Éditions de la Sorbonne, 2017, p. 163-178.

Berrouard, Marie-François, *Introduction aux Homélies d'Augustin sur l'Évangile de saint Jean*, Paris, Institut d'Études Augustiniennes, 2004.

Berthon, Amélie Aude, « Les ardoises gravées et inscrites : un support d'écriture opportuniste », dans *Cahiers LandArc*, nº 14, 2016, p. 1-7.

Birkenmajer, Aleksander, « À propos de l'Abrahismus », *Études d'histoire des sciences et de la philosophie du Moyen Âge*, Cracovie, Studia Copernicana, I, 1970, p. 3-15.

Birkenmajer, Aleksander, « Pierre de Limoges commentateur de Richard de Fournival », *Isis*, 40, 1949, p. 18-31, dans *Études d'histoire des sciences et de philosophie du Moyen Âge (Studia Copernicana I)*, Wroclaw-Varsovie-Cracovie, 1970, p. 222-235.

Birkenmajer, Aleksander, « La bibliothèque de Richard de Fournival, poète et érudit du début du XIIIe siècle, et son sort ultérieur », dans *Études d'histoire des sciences et de la philosophie du Moyen Âge*, Wroclaw-Varsovie-Cracovie, Studia Copernicana, 1970, p. 117-210.

Birkenmajer, Alkesander, « Henri Bate de Malines : Astronome et Philosophe du XIIIe siècle », dans *Études d'histoire des sciences et de la philosophie du Moyen Âge*, Cracovie, Studia Copernicana, 1970, p. 105-115.

Biscottini, Paola (éd.), *Ambrogio, L'immagine e il volto. Arte dal XIV al XVII secolo*, Marsilio, Venezia, 1998.

Bishop, Mike C., Coulston, Jon C., *Roman Military Equipment from the Punic Wars to the Fall of Rome*, London, Oxbow, 2006.

Bischoff, Bernard, *Paléographie de l'Antiquité romaine et du Moyen Âge occidental*, Paris, A. et J. Picard, 1993.

Björnbo, Axel, *Studien über Menelaos'Sphärik. Beiträge zur Geschichte der Sphärik und Trigonometrie der Griechen*, Leipzig, 1902, p. 148-150.

Black, Jeremy, Green, Anthony, *An Illustrated Dictionary of Gods, Demons and Symbols of Ancient Mesopotamia*, Londres, British Museum Press, 1998.

Blakely, Sandra, *Myth, Ritual and Metallurgy in Ancient Greece and Recent Africa*, Cambridge, Cambridge University Press, 2006.

Blétry, Sylvie, Duval, Hélène, Girardi, Chloé, Loupmon, Teddy et Rjoob, Ayman, « Tell Keila, Résultats de quatre années de recherches », *Syria* 95, 2018, p. 213-243.

Bliss, A. J., « The inscribed Slates at Smarmore », *Proceedings of the Royal Irish Academy*, vol. 64, 1965, p. 33-60 et planches I-IV.

Boardman, John, « Herakles, Theseus and Amazons », dans D. C. Kurtz, B. A. Sparkes (éd.), *The Eye of Greece. Studies in the Art of Athens*, Cambridge, Cambridge University Press, 1982, p. 2-5.

Blockley, Roger, « Ammianus, the Romans and Constantius II : Res gestae xiv.6 and xvi.10 », *Florilegium* (16), 1999, p. 1-15.

Blockley, Roger, « Ammianus, the Romans and Constantius II : Res gestae xiv.6 and xvi.10 », *Florilegium* (16), 1999, p. 1-15.

BOARDMAN, John, "Herakles, Theseus and Amazons", in D.C. Kurtz, B.A. Sparkes (éd.), *The Eyes of Greece. Studies in the Art of Athens*, Cambridge, Cambridge University Press, 1982, p. 2-5.

BOCHET, Isabelle, « De l'exégèse à l'herméneutique augustinienne », *Revue d'Études Augustiniennes et Patristiques*, n° 50, 2004, p. 349-369.

BOCHET, Isabelle, « Résurrection et réincarnation. La polémique d'Augustin contre les platoniciens et contre Porphyre dans les *Sermons* 240-242 », *Ministerium Sermonis. Philological, Historical and Theological Studies on Augustine's Sermones ad Populum*, G. Partoens, A. Dupont, M. Lamberigts (éd.), Turnhout, Brepols, 2009, p. 267-298.

BOCHET, Isabelle, « Le commentaire augustinien des Psaumes pour Idithun : les *Enarrationes in Psalmos* 38, 61 et 76 », *Praedicatio Patrum. Studies on Preaching in Late Antique North Africa*, G. Partoens, A. Dupont, Sh. Boodts (éd.), Turnhout, Brepols, 2017, p. 219-268.

BOEFT (DEN), Jan, HENGST (DEN), Daniël, TEITLER, Hans C. (éd.), *Philological and Historical Commentary on Ammianus Marcellinus xxi*, Groningen, Forsten, 1991, p. 140-141.

BOER DEN, Pim, *History as a Profession, The Study of History in France 1818-1914*, Princeton (N.J.), Princeton University Press, 1998.

BOGLIONI, Pierre, DELORT, Robert, GAUVARD, Claude (éd.), *Le petit peuple dans l'Occident médiéval, Terminologies, perceptions, réalités*, Paris, Éd. de la Sorbonne, 2002, 736 p.

BOISSINOT, Philippe, « Des vignobles de Saint-Jean-du-Désert aux cadastres antiques de Marseille », dans Henry Treziny (éd.), *Grecs et indigènes de la Catalogne à la Mer Noire*, Paris, Errance, 2010, p. 147-154.

BOMMELAER, Jean-François, *Guide de Delphes*, Paris, École française d'Athènes, éd. De Boccard, 1991 [2015].

BONACCORSO, Giovanni, « L'édition des manuscrits d'un cœur simple », *Cahiers AIEF*, 33, 1981, p. 171-186. DOI : https://doi.org/10.3406/caief.1981.1906

BOSSI, Luigi, *Guide des étrangers à Milan*, Milan, Édition Pierre et Joseph Vallardi, 1819.

BOTTÉRO, Jean, KRAMER, Samuel Noah, *Lorsque les dieux faisaient l'homme : Mythologie mésopotamienne*, Paris, Gallimard, 1989.

BOODTS, Shari, DUPONT, Anthony, « Augustine of Hippo », *Preaching in the Patristic Era, Preaching in the Patristic Era. Sermons, Preachers, and Audiences in the Latin West*, A. Dupont, Sh. Boodts, G. Partoens, J. Leemans (éd.), Leiden, Brill, 2018, p. 177-197.

BOULENGER, Fernand, *Essai critique sur la syntaxe de l'Empereur Julien. Remarques critiques sur le texte de l'Empereur Julien*, Lille-Paris, Facultés catholiques, 1922.

BOURGAIN, Pascale et VIEILLARD, Françoise (éd.), *Conseils pour l'édition des textes médiévaux. Fascicule III, Textes littéraires*, Paris, École nationale des chartes, 2002.

BORRIES, von Emil, *Iulianos 26*, dans *RE* X I, 1918, p. 29-91.

BOUCHERON, Patrick, *La trace et l'aura, Vies posthumes d'Ambroise de Milan (IVe-XVIe siècle*, Paris, Seuil, L'univers historique, 2019.

BOUCHET, Christian, *Isocrate l'Athénien ou la belle hégémonie*, Bordeaux, Ausonius, 2014.

BOUCHET, Christian, *Isocrate. Philippe*, Paris, Les Belles Lettres, Commentario, 2019.

BOURLET, Caroline, « Les tabletiers parisiens à la fin du Moyen Âge », dans Lalou Élisabeth (éd.), *Les tablettes à écrire de l'Antiquité à l'époque moderne*, Turnhout, Brepols, 1992, p. 323-344.

BOURREAU, Alain, « Jérôme de Moravie et la rationalité dominicaine du XIIIe siècle », dans C. Meyer (éd.), *Jérôme de Moravie : un théoricien de la musique dans le milieu intellectuel parisien du XIIIe siècle*, Royaumont, 1989, p. 43-54.

BRANCA-ROSOFF, Sonia et SCHNEIDER, Nathalie, *L'écriture des citoyens : une analyse linguistique des peu-lettrés pendant la période révolutionnaire*, Paris, Klincksieck, 1994, 306 p.

BRENTJES, Sonia, RENN, Jurgen, « Contexts and Content of Thabit ibn Qurra (died 288/901) : Construction of Knowledge on the Balance », in *Globalization of Knowledge in the Post-Antique Mediterranean 700-1500*, New York, Routledge, 2016, p. 67-100.

BRETTHAUER, Isabelle et HELIAS-BARON, Marlène, « L'individu face à la gestion d'un patrimoine : la rédaction de "livres de gestion" au XIVe siècle », dans *Médiévales*, 2019/1, n° 76, p. 25-56.

BRETTHAUER, Isabelle, « Système graphique et communauté des "professionnels de l'écrit" : analyse linguistique du manuel de Guillaume Flambart (c. 1470) », dans P. Larrivée et P. Mounier (éd.), « Réseaux communautaires et variation dans le langage en moyen français et français préclassique », *Corela. Cognition, représentation, langage*, n° 26, 2018, en ligne [19 pages] (DOI : 10.4000/corela.6747).

BROC-SCHMEZER, Catherine, « Théologie et philosophie en prédication : le cas de Jean Chrysostome », *Revue des sciences philosophiques et théologiques*, n° 97, 2013, p. 187-212.

BRUN, Patrice, *Impérialisme et démocratie à Athènes. Inscriptions de l'époque classique (c. 500-317 av. J.-C.)*, Paris, Armand Colin, 2005.

BRUNAUX, Jean-Louis, *Guerre et religion en Gaule. Essai d'anthropologie celtique*, Paris, Errance, 2004.

BRUNEL, Ghislain, « Listes de terres, listes de tenanciers, listes de revenus. La gestion et la mémoire entre Seine et Oise (XIIe-XIVe siècle) », dans

X. Hermand, J.-F. Nieus et É. Renard (éd.), *Décrire, inventorier, enregistrer entre Seine et Rhin au Moyen Âge*, Paris, École des Chartes, 2012, p. 197-226.

BRUNS, Gerda, *Der Obelisk und seine Basis auf dem Hippodrom zu Konstantinopel*, Istanbul, Istanbuler Forschungen, Band 7, Arch. Institut des Deutschen Reisches, 1935.

BRUTER, Annie, *L'Histoire enseignée au Grand Siècle. Naissance d'une pédagogie*, Paris, Belin, 1997.

BRUTER, Annie, « Lavisse et la pédagogie de l'histoire. Enseignement de la représentation et représentation de l'enseignement », *Histoire de l'éducation* 65, 1995, p. 28.

BUGATI, Gasparo, *Historia universale*, Gabriele Giolito de' Ferrari, 1570. Disponible en ligne le 24 novembre 2018 : https://books.google.fr/books?id=9tPSQu0n-FEC&printsec=frontcover&hl=fr&source=gbs_ge_summary_r&cad=0#v=onepage&q&f=false.

BURGESS, Richard W., « Quinquennial Vota and the Imperial Consulship in the Fourth and Fifth Centuries, 337-511 », *Numismatic Chronicle*, 148, 1988, p. 77-96.

BURGESS, Richard W., *The Chronicle of Hydatius and the Consularia Constantinopolitana. Two Contemporary Accounts of the Final Years of the Roman Empire*, Oxford, Clarendon, 1993.

BUSARD, Hubertus L. L., « Die Traktate *De Proportionibus* von Jordanus Nemorarius und Campanus », *Centaurus*, 15, 1971, p. 205-213.

BUTTERFIELD, David, « Classicals Texts at Reichenau and St Gall » for *The St Gall Project* online (http://www.stgallplan.org/en/tours.html).

Cahiers Glotz 2013, « Autour de Germanicus », *Cahiers du Centre Glotz*, XXIV, 2013 [2014], p. 105-204.

CALAME, Claude et CHARTIER, Roger (éd.), *Identités d'auteur dans l'Antiquité et la tradition européenne*, Grenoble, J. Millon, 2004.

CALDERINI, Aristide, « Considerazioni sulla fase romana della vita di Castelseprio », dans Biblioteca Ambosiana (a cura della), *Studi storici in memoria di Mons. Angelo Mercati, Prefetto dell'Archivio Vaticano*, Milano, Fontes Ambrosiani XXX, 1956, p. 123-132.

CALLEBAT, Louis, « Le traité d'architecture vitruvien : problème d'identité », dans X. Lafon et G. Sauron (éd.), *Théorie et pratique de l'architecture romain. Études offertes à Pierre Gros*, Aix-en-Provence, Publications de l'Université de Provence, 2005, p. 17-22.

CALLU, Jean-Pierre (éd.), *Symmaque*, t. V. *Discours – Rapports*, Paris, Les Belles Lettres, 2009.

CALMA, Dragos, « Une question inédite de Siger de Brabant copiée par Pierre de Limoges (Paris, Bibliothèque nationale de France, ms. lat. 16407,

f. 227va-vb) », *Przeglad Tomistyczny(Revue Thomiste de Varsovie)*, t. 12, 2006, p. 141-175.

CALVET, Antoine, « Le *De arte alchemica* (Inc. *Dixit Arturus explicator huius operis*) est-il une œuvre authentique de Richard de Fournival », dans J. Ducos, C. Lucken (éd.), *Richard de Fournival et les sciences*, Florence, Sismel-Edizioni del Galluzzo, Micrologus' Library, 88, 2018, p. 243-282.

CAMERON, Alan, « Biondo's Ammianus : Constantius and Hormisdas at Rome », *Harvard Studies in Classical Philology*, 92, 1989, p. 432-436.

CAMERON, Alan, « Orfitus and Constantius : a Note on Roman Gold-Glasses », *Journal of Roman Archaeology*, 9, 1996, p. 295-301.

CANFORA, Fabrizio, *Simmaco. Ambrogio. L'altare della Vittoria*, con una nota di L. Canfora, Palermo, Sellerio, 1991.

CAPORUSSO, Donatella, DONATI, Maria Teresa, MASSEROLI, Sara, TIBILETTI, Thea, *Immagini di Mediolanum. Archeologia e storia di Milano dal. V secolo a. C. al V secolo d. C.*, Civiche Raccolte Archeologiche e Numismatiche di Milano, Milano, 2007.

CAPPELLETTO, Rita, *Recuperi ammianei in Biondo Flavio*, Roma, Edizioni di Storia e Letteratura, 1983.

CARMODY, Francis, J., *The Astronomical Works of Thabit b. Qurra*, Berkeley, University of California Press, 1960.

CASATI, Gabrio, « Descrizione del confalone o stendardo di S. Ambrogio : che portasi processionalmente in Milano in occorrenza di periodiche solennità : colle notizie della sua origine e dei ristauri ai quali andò soggetto fino al 1847 desunte da atti municipali / a cura di Giuseppe Casati ; con un breve cenno della vita di Sant' Ambrogio », Milano, G. Tamburini, [1847]. Disponible en ligne le 7 décembre 2018 : https://babel.hathitrust.org/cgi/pt?id=uiuc.6843698;view=1up;seq=5.

CASENAVE, Joana, « Le positionnement éditorial dans l'édition critique numérique », *Digital Studies, Le Champ Numérique*, 9, 2019.

CASSINGENA-TRÉVEDY, François, *Les Pères de l'Église et la liturgie. Un esprit, une expérience. De Constantin à Justinien*, Paris, Desclée de Brouwer, 2009.

CASTIGLIONI, Bonaventura, *Gallorum Insubrum antiquae sedes*, 1541, p. 6. Ouvrage disponible en ligne le 16/12/2018 : https://archive.org/details/bub_gb_OhYSHY0cgk4C.

CAVIGNEAUX, Antoine, « Une version sumérienne de la légende d'Adapa (Textes de Tell Haddad X) », *Zeitschrift für Assyriologie und Vorderasiatische Archäologie*, vol. 104, n° 1, 2014, p. 1-41.

CAZAL, Yvonne, et PARUSSA, Gabriella, *Introduction à l'histoire de l'orthographe*, Paris, A. Colin, 2009.

CECCONI, Giovanni A., *Commento storico al libro ii dell'Epistolario di Quinto Aurelio Simmaco*, Pisa, Giardini, 2002.

ČEŠKA, Josef, « En marge de la visite de Constance à Rome en 357 », *Sborník prací Filozofické fakulty brněnské univerzity*, E10, 1965, p. 107-115.

ČEŠKA, Josef, « De obelisco Lateranensi atque Constantini Magni Christianitate », *Sborník prací Filozofické fakulty brněnské univerzity*, E18, 1969, p. 95-116.

CHAMPEAUX, Jacqueline, « L'*etrusca disciplina* et l'image de l'Étrurie chez Plutarque », *Les écrivains du IIe siècle et l'*etrusca disciplina, *Caesarodunum*, suppl. n° 65, 1996, p. 37-65.

CHARTIER, Roger, *Inscrire et effacer : culture écrite et littérature (XIe-XVIIIe siècle)*, Paris, Gallimard, 2005.

CHASTAGNOL, André, *La préfecture urbaine à Rome sous le bas-empire*, Paris, PUF, 1960.

CHASTAGNOL, André, 1984, « Un chapitre négligé de l'épigraphie latine : la titulature des empereurs morts », *REL* 62, p. 275-287 = *Le pouvoir impérial à Rome : figures et commémorations. Scripta varia IV*, S. Benoist et S. Demougin (éd.), École pratique des Hautes Études, Sciences historiques et philologiques, « Hautes Études du monde gréco-romain » n° 41, Genève, Droz, 2008, p. 119-131.

CHERVEL, André, « L'histoire des disciplines scolaires : réflexions sur un domaine de recherches », *Histoire de l'éducation*, n° 38, mai 1988, p. 59-119.

CHEVREFILS DESBIOLLES, Yves, *L'abbaye d'Ardenne, Histoire du XIIe au XXe siècle*, s.l., Imec éd., 2007.

CIAMPINI, Emanuele M., *Gli obelischi iscritti di Roma*, Roma, Istituto Poligrafico e Zecca dello Stato, 2004.

CLAGETT, Marshall, MOODY, Ernest A., *The Medieval Science of Weights*, Madison, University of Wisconsin Press, 1952.

CLANCHY, Michael T., *From Memory to Written Record: England, 1066-1307*, Chichester, Wiley-Blackwell, 2013.

CLARKE, Georgia, *Roman House–Renaissance Palaces: Inventing Antiquity in Fifteenth Century Italy*, Cambridge, Cambridge University Press, 2003.

CLAASSEN, Jo-Marie, *Ovid Revisited : the Poet in Exile*, London, Duckworth, 2008.

CLASSEN, Carl J., « Nec spuens aut os aut nasum tergens vel fricans (Amm. Marc. xvi 10,10) », *Rheinisches Museum für Philologie*, 131, 1988, p. 177-186.

CLERC, Michel, Massalia. *Histoire de Marseille dans l'Antiquité. Des origines à la fin de l'empire romain d'Occident (476 ap. J.-C.)*, Marseille, Tacussel, 1927-1929.

CODINE, Florence, « Polices de caractères et inscriptions monétaires. Le projet PIM », *Document numérique*, vol. 16, 3, 2013, p. 69-79.

COGITORE, Isabelle, *La légitimité dynastique d'Auguste à Néron à l'épreuve des conspirations*, Rome, École française de Rome, BEFAR n° 313, 2002.

COLOMBO, Mariaebe, « Per una lettura iconografica del Gonfalone di Milano », *Arte Lombarda*, Nuova serie, No. 94/95 (3-4), Convegno Internazionale « Pellegrino Tibaldi : nuove proposte di studio » Porlezza – Valsolda,

19-21 Settembre 1987 [1990]. Disponible en ligne le 7 décembre 2018 : https://www.jstor.org/stable/43132736?read-now=1&refreqid=excelsior%3Aeeae38156d32fd0990d28bc9873b517c&seq=1#page_scan_tab_contents.

COMPÈRE, Marie-Madeleine, « Des Humanités à la culture générale, les finalités de l'enseignement secondaire en perspective historique », dans F. Jacquet-Francillon, D. Kambouchner (éd.), *La crise de la culture scolaire : origines, interprétations, perspectives*, Paris, PUF, 2005, p. 65-76.

COMPÈRE, M.-M., CHERVEL, A., « Les humanités dans l'histoire de l'enseignement français », dans M.-M. Compère, A. Chervel (éd.), *Les Humanités classiques, Histoire de l'éducation* 74, 1997, p. 5-38.

CONTE, Gian Biagio, *Memoria dei poeti e sistema letterario : Catullo, Virgilio, Ovidio, Lucano*, Turin, Einaudi, 1974.

CONTE, Gian Biagio et BARCHIESI, Alessandro, « Imitazione e arte allusiva. Modi e funzioni dell'intertestualità », dans G. Cavallo, P. Fedeli et A. Giardina (éd.), *Lo spazio letterario di Roma antica, vol. I. La Produzione del testo*, Roma, Salerno Editrice, 1989, p. 81-114.

CONTI, Stefano, *Religione e usurpazione : Magnenzio tra cristianesimo e paganesimo*, dans P. Desideri, M. Moggi, M. Pani (éd.), *Antidoron. Studi in onore di Barbara Scardigli Forster*, Pisa, ETS, 2007, p. 105-119.

CORBIN, Solange, « Ardoises gravées ayant servi à la préparation d'exercices musicaux », in *Bulletin de la Société Nationale des Antiquaires de France*, 1958, p. 45-47.

COSME, Pierre, *Auguste*, Paris, Perrin, 2005.

COSTE-MESSELIÈRE, P. (de la), *Fouilles de Delphes. Sculptures du Trésor des Athéniens*, Paris, 1957.

COULON, Auguste, *Inventaire des sceaux de la Bourgogne*, recueillis dans les dépôts d'archives, musées et collections particulières des départements de la Côte-d'Or, de Saône-et-Loire et de l'Yonne, Paris, Ernest Leroux, 1912.

COULSON, Frank Thomas, « Ovid's *Metamorphoses* in the School Tradition of France, 1180-1400 », J. G. Clark, F. T. Coulson et K. L. McKinley (éd.), *Ovid in the Middle Ages*, Cambridge, 2011, p. 48-82 et *The Vulgate Commentary on Ovid's* Metamorphoses, *Book I*, TEAMS, Medieval Institute Publications, Kalamazoo, Western Michigan University, 2015.

COULSTON, Jon C. N., « The "draco" standard », *Journal of Military Equipment Studies*, 2, 1991, p. 101-114.

COURCELLE, Pierre, *La « consolation de Philosophie » dans la tradition littéraire : antécédents et postérité de Boèce*, Paris, Études Augustiniennes, 1967.

COURTOIS, Christian, LESCHI, Louis, SAUMAGNE, Charles, PERRAT, Charles (éd.), *Tablettes Albertini, actes privés de l'époque vandale (fin du Ve siècle)*, 2 vol., Paris, Arts et métiers graphiques, 1952.

CUNLIFFE, Barry, *Europe between the Oceans*, London, Yale Univ. Pr., 2008.

CURRANT, John R., *Pagan City and Christian Capital. Rome in the Fourth Century*, Oxford, Clarendon, 2002.

DACHEZ, Roger, *Histoire de la médecine, de l'Antiquité au XXe siècle*, Paris, Tallandier, 2004.

DAGRON, Gilbert, *Naissance d'une capitale : Constantinople et ses institutions de 330 à 451*, Paris, Presses Universitaires de France, 1974.

DAGRON, Gilbert, *Constantinople imaginaire. Études sur le recueil des « Patria »*, Paris, Presses Universitaires de France, 1984.

DAGRON, Gilbert, *L'hippodrome de Constantinople. Jeux, peuple et politique*, Paris, Éditions Gallimard, 2011.

DAHAN, Gilbert, *L'exégèse chrétienne de la Bible en Occident médiéval (XIIe-XIVe s.)*, Paris, 1999.

DAINVILLE, F. (de), *L'Éducation des Jésuites (XVIIe-XVIIIe siècles)*, Paris, Éditions de Minuit, 1978.

DARBO-PESCHANSKI, Catherine (éd.), *La citation dans l'Antiquité*, actes du colloque du PARSA (Lyon, 2002), Grenoble, J. Millon, 2004.

DEBARBIEUX, Bernard, *L'espace de l'imaginaire. Essais et détours*, Paris, CNRS Éditions, 2015.

DELAFORGE-MARCHAND, Sandrine, *Édition du chartrier de l'abbaye de Saint-Antoine-des-Champs (1191-1256)*, 3 vol., Thèse pour le diplôme d'archiviste paléographe, 1994.

DELCOURT, M., *Légendes et cultes de héros en Grèce*, Paris, 1942.

DELIGNON, Bénédicte, *Les* Satires *d'Horace et la comédie gréco-latine : une poétique de l'ambiguïté*, Louvain, Peeters, 2006.

DELISLE, Léopold, *Le cabinet des manuscrits de la Bibliothèque impériale [puis nationale]. Étude sur la formation de ce dépôt comprenant les éléments d'une histoire de la calligraphie, de la miniature, de la reliure, et du commerce des livres à Paris avant l'invention de l'imprimerie*, 3 vol., Paris, Imprimerie nationale, 1868-1881.

DELISLE, Léopold, « Rapport sur les ardoises de Chenoise adressées au comité par M. l'abbé Bonno », *Bulletin historique et philologique du CTHS*, 1894, p. 543-544.

DELMULLE, Jérémy, « Une page inédite d'Augustin sur le septième jour de la Création, tirée du *s.* 229W », *Revue d'Études Augustiniennes et Patristiques*, n° 64, 2018, p. 243-285.

DEMAISON, Caroline, *Le temporel du chapitre Saint-Géraud d'Aurillac (1561-1791). Un héritage en sursis*, mémoire dactylographié de maîtrise d'histoire sous la direction de B. Dompnier, Université Blaise-Pascal de Clermont-Ferrand, 1996.

Deman, Albert, « L'Euro et l'Antiquité grecque et romaine », *L'Antiquité classique*, 2003, p. 245-260.

Denoël, Charlotte, « Un catalogue des manuscrits de Saint-Maur-des-Fossés au XIIe siècle », dans *Scriptorium*, 60-2, 2006, p. 186-205.

Desportes, Pierre et Dolbeau, François, « Découverte de nouveaux documents relatifs au polyptyque de Saint-Remi de Reims. À propos d'une édition récente », dans *Revue du Nord*, t. 68, 1986, p. 575-604.

Détienne, Marcel, « Le phoque, le crabe et le forgeron », in *Hommages à Marie Delcourt*, Bruxelles, Latomus, 1970, p. 219-233.

Détienne, Marcel, Vernant, Jean-Pierre, *Les ruses de l'intelligence, la metis chez les Grecs*, Paris, Flammarion, 1974.

Détraz, Gérard, *Catalogue des sceaux médiévaux des Archives de la Haute-Savoie*, H. Viallet (éd.), Annecy, Archives départementales de la Savoie, 1998.

Devroey, Jean-Pierre, *Le polyptyque et les listes de cens de l'abbaye de Saint-Remi de Reims (IXe-XIe siècles). Édition critique*, Reims, 1984.

Devroey, Jean-Pierre, « Au-delà des polyptyques. Sédimentation, copie et renouvellement des documents de gestion seigneuriaux entre Seine et Rhin (IXe-XIIIe siècle) », dans X. Hermand, J.-F. Nieus et É. Renard (éd.), *Décrire, inventorier, enregistrer entre Seine et Rhin au Moyen Âge*, Paris, 2012, p. 53-86.

Dick, Mickael B. (éd.), *The Making of the Cult Images in the ancient Near East*, Eisenbrauns, Winona Lake, 1999.

Dienne (de), Édouard, « Les archives de la ville et de l'abbaye d'Aurillac en 1787 d'après la correspondance et les transcriptions de Vacher de Bourg l'Ange », *Revue de la Haute-Aauvergne*, t. 1, 1899, p. 1-24 et 137-147.

Dierichs, Angelika, « "Von Europa aber weiss kein Mensch…" Antique Darstellungen der personifizierten Europa aus Griechenland und Italien », *Antike Welt* 26, 1995, p. 415-436.

Dietler, Michael, « Rencontres culinaires : la culture matérielle incorporée », dans R. Roure (éd.), *Contacts et acculturations en Méditerranée occidentale. Hommages à Michel Bats*, Paris, Errance, 2015, p. 153-160.

Dion, Roger, *Aspects politiques de la géographie antique*, Paris, Les Belles Lettres, 1977.

Dolbeau, François, « "*Seminator uerborum*". Réflexions d'un éditeur de sermons d'Augustin », *Augustin prédicateur (395-411)*, Actes du Colloque International de Chantilly (5-7 septembre 1996), G. Madec (éd.), Paris, Institut d'Études Augustiniennes, 1998, p. 95-111.

Dolbeau, François, [recension de Augustinus von Hippo, *Predigten zu den Büchern Exodus, Könige und Job (Sermones 6-12). Einleitung, Text, Übersetzung und Anmerkungen*, H.R. Drobner (trad.), Francfort-sur-le-Main, Peter Lang, 2003, *Revue d'Études Augustiniennes et Patristiques*, n° 49, 2003, p. 424-428.

DOLBEAU, François, « Un demi-siècle de travaux philologiques sur Augustin. Bilan et perspectives », *Revue d'Études Augustiniennes et Patristiques*, n° 50, 2004, p. 271-293.

DOLBEAU, François, « Quatre sermons prêchés par Augustin au début de son épiscopat », *Augustiniana*, n° 66, 2016, p. 7-62.

DOLBEAU, François, [recension de Augustinus, *Sermones selecti*, *CSEL* 101, Clemens Weidmann (éd.), Berlin, De Gruyter, 2015], *Revue d'Études Augustiniennes et Patristiques*, n° 62, 2016, p. 448-451.

DOLBEAU, François, « Longueur et transmission des sermons d'Augustin au peuple : un examen des sermons pour l'Épiphanie et *De sanctis* », *Revue bénédictine*, n° 127, 2017, p. 5-27.

DOLBEAU, François, « La transmission de la prédication antique de langue latine », *Preaching in the Patristic Era. Sermons, Preachers, and Audiences in the Latin West*, A. Dupont, Sh. Boodts, G. Partoens, J. Leemans (éd.), Leiden, Brill, 2018, p. 31-58.

DORD-CROUSLÉ, Stéphanie, « Édition génétique des manuscrits de *Bouvard et Pécuchet* », Girard, D. *et alii* (éd.), sur la base de l'édition *Bouvard et Pécuchet*, établie par S. Dord-Crouslé, GF Flammarion, 2008, avec l'aimable autorisation de l'éditeur scientifique et des éditions Flammarion. Centre Flaubert. URL : http://flaubert.univ-rouen.fr/bouvard_et_pecuchet. Site hébergé par l'Université de Rouen [dernière consultation le 16/11/2020]

DORIVAL, Gilles, *Qu'est-ce qu'un corpus littéraire ? Recherches sur le corpus biblique et les corpus patristiques*, Paris, Peeters, 2005, p. 129-132.

DOSSE, François, « L'histoire en miettes : des Annales militantes aux Annales triomphantes », *Espace temps*, 29, 1985, p. 47-60.

DRISCOLL, Matthew J., « The Words on the Page : Thougts on Philology, Old and New », in J. Quinn and E. Lethbridge (éd.), *Creating the Medieval Saga: Versions, Variability and Editorial Interpretations of Old Norse Saga Literature* (Viking Collection 18.), Odense, University Press of Southern Denmark, 2010, p. 85-102.

DROBNER, Hubertus R., *Augustinus von Hippo, Sermones ad populum. Überlieferung und Bestand – Bibliographie – Indices*, Leiden, Boston, Brill, 2000.

DROBNER, Hubertus R., *Augustinus von Hippo, Sermones ad populum. Überlieferung und Bestand – Bibliographie – Indices, Supplement 2000-2010*, Francfort, Peter Lang, 2010.

DOUËT D'ARCQ, Louis, *Collections de sceaux*, 3 vol., Paris, 1863.

DUCOS, Joëlle, LUCKEN, Christopher, Florence (éd.), *Richard de Fournival et les sciences*, « Micrologus' Library, 88 », Sismel-Edizioni del Galluzzo, 2018.

DUGAS, Charles, « L'évolution de la légende de Thésée », *Revue des Études Grecques* 56, 1943, p. 1-24.

DUMAS-REUNGOAT, Christine, « Êtres hybrides détenteurs de savoir en Mésopotamie et en Grèce : éléments de comparaison entre Apkallu et Telchines », in C. Février (éd.), Actes du colloque *L'Animal et le Savoir de l'Antiquité à la Renaissance*, des 9 et 10 mai 2006 à l'Université de Caen, Presses universitaires de Caen, 2008, p. 53-60.

DULAEY, Martine, « Psaumes 110-117 », *Bibliothèque augustinienne* 66, Paris, Institut d'Études Augustiniennes, 2013, p. 161-201.

DUNN, Geoffrey D., « Mary in the Presbyteral Homilies of Augustine of Hippo », *Prayer and Spirituality in the Early Church*, t. 3, *Liturgy and Life*, B. Neil, G.D. Dunn, L. Cross (éd.), Strathfield, Center for Early Christian Studies, 2003, p. 83-91.

DUPONT, Anthony, « Homiletic Perspectives on Augustine's Sacrificial Theology. Exegetical Approaches of *Sacrificium* in the *Sermones ad Populum* », *Annali di storia dell' esegesi*, n° 35/1, 2018, p. 141-160.

DVORNIK, Francis, « The Emperor Julian's "Reactionary" Ideas on Kingship », in K. Weitzmann (éd.), *Late Classical and Mediaeval Studies in Honor of A. M. Friend Jr.*, Princeton, Princeton University Press, 1955, p. 71-81.

EDBROOKE, Robert O., « The Visit of Constantius II to Rome in 357 and its Effect on the Pagan Roman Senatorial Aristocracy », *The American Journal of Philology*, (97.1), 1976, p. 40-61.

EISENSTEIN, Élisabeth L., *La révolution de l'imprimé : à l'aube de l'Europe moderne*, Paris, La Découverte, 2003.

ÉLIADE, Mircea, *Forgerons et Alchimistes*, Paris, Flammarion, 1977.

ERISMANN, Christophe, *L'homme commun, la genèse du réalisme ontologique durant le haut Moyen Âge*, Paris, Vrin, 2011.

ERNST, Gerhard, « Textes privés des XVIIe et XVIIIe siècles : problèmes et chances d'une édition », *Linguistica*, n° 50/1, 2010, p. 55-67.

EUW, Anton von, *Die St. Galler Buchkunst vom 8. Bis zum Ende des 11. Jahrunderts*. St. Gallen, Verlag am Klosterhof, 2008.

EVANS, Harry B., Publica carmina : *Ovid's Books from Exile*, Lincoln, University of Nebraska Press, 1983.

FABRE, Paul, « Les Grecs à la découverte de l'Atlantique », *RÉA* 94, 1992, p. 11-21.

FALCUCCI, Clément, *L'humanisme dans l'enseignement secondaire en France au XIXe siècle*, Toulouse, Privat, 1939.

FAMERIE, Étienne, *Le latin et le grec d'Appien. Contribution à l'étude du lexique d'un historien grec de Rome*, Genève, Droz, 1998.

FARAL, Edmond, *Les arts poétiques du XIIe et du XIIIe siècles. Recherches et documents sur la technique littéraire du Moyen Âge*, Paris, Champion, 1958 [1982].

FAUQUIER, Michel, *Aux sources de l'Europe. Les premiers temps*, Perpignan, Tempora, 2008.

FAUST, Avraham et LEV-TOV, Justin, « Philistia and the Philistines in the Iron Age I : Interaction, Ethnic Dynamics and Boundary Maintenance », *HIPHIL Novum, Journal for Bible and Digital Ressources* 1, 2014, p. 1-24.

FAUST, Avraham, « The "Philistine Tomb" at Tel 'Eton, Culture Contact, Colonialism, and Local Responses in Iron Age Shephelah, Israel », *Journal of Anthropological Research* 71, 2015, p. 195-230.

FAVRY, Anne-Claire, *Vt unus ascendat.* Ascension vers Dieu et communion ecclésiale d'après les Enarrationes in Psalmos 119-133 (Psaumes des montées) de saint Augustin, thèse dactylographiée, préparée sous la direction de Daniel Vigne, soutenue à l'Institut catholique de Toulouse, 2015.

FEENEY, Denis C., *The Gods in Epic. Poets and Critics of the Classical Tradition.* New York, Oxford University Press, 1991.

FERA, Vincenzo, VAN BINNEBEKE, Xavier et GIONTA, Daniela, « Per una nuova edizione dei Carmina », *Pascoli e le Vie Della Tradizione. Atti del Convegno Internazionale di Studi, Messina 3-5 Dicembre 2012*, Messina, CISU Università di Messina, 2017, p. 265-400. [https://www.torrossa.com/it/resources/an/4328576] – consulté le 22/9/2019.

FERNÁNDEZ CATON, José Maria, *Las Etimologias en la tradicion manuscrita medieval*, s.l., Centro de estudios y investigacion « San Isidoro », 1966, 291 p.

FEUGÈRE, Michel, *Les armes des Romains*, Paris, Errance, 1993.

FIANU, Kouky, « Alphabétisation et définition du petit peuple à la fin du Moyen Âge », P. Boglioni, R. Delort, C. Gauvard (éd.), *Le petit peuple dans l'Occident médiéval, Terminologies, perceptions, réalités*, Paris, Éd. de la Sorbonne, 2002, p. 647-658.

FINKELSTEIN, Israël et SILBERMAN, Neil Asher, *La Bible dévoilée*, Paris, Gallimard, 2004.

FISCHER, Jürgen, *Oriens – Occidens – Europa. Begriff und Gedanke „Europa"in der späten Antike und im frühen Mittelalter*, Wiesbaden, Franz Steiner Verlag, 1957.

FLOWER, Richard, « *Tamquam Figmentum Hominis* : Ammianus, Constantius II and the Portrayal of Imperial Ritual », *The Classical Quarterly*, 62, 2015, p. 822-835.

FOSSIER, Robert, « Le petit peuple au Moyen Âge : approche et questions », P. Boglioni, R. Delort, C. Gauvard (éd.), *Le petit peuple dans l'Occident médiéval, Terminologies, perceptions, réalités*, Paris, Éd. de la Sorbonne, 2002, p. 11-15.

FOURNIEL, Béatrice, *Le chapitre Saint-Géraud d'Aurillac : une seigneurie ecclésiastique de l'époque moderne*, Figeac/Aurillac, Presses du centre universitaire Champollion / Société « La Haute-Auvergne », 2010.

FOURNIER, Gilbert, « Listes, énumérations, et modernes de la bibliothèque du collège de Sorbonne (Première partie : Les sources médiévales) », *Scriptorium*, 65, 1, 2011, p. 158-215.

Fowden, Garth, « Nicagoras of Athens and the Lateran Obelisk », *Journal of Hellenic Studies*, 107, 1987, p. 51-57.

Fowden, Garth, « Obelisks between Polytheists and Christians: Julian, *Ep.* 59 », dans H. Hokwerda, E. R. Smits, M. M. Woesthuis (éd.), *Polyphonia Byzantina: Studies in Honour of W. J. Aerts*, Groningen, E. Forster, 1991, p. 33-38.

Fraenkel, Béatrice, *La signature, genèse d'un signe*, Paris, Gallimard, 1992.

Freudenburg, Kirk, *The Walking Muse: Horace on the Theory of Satire*, Princeton, Princeton University Press, 1993.

Fray, Sébastien, *Une mémoire mutilée. Les chartes médiévales de Saint-Géraud d'Aurillac (899-1300)*, mémoire dactylographié de DEA d'histoire sous la direction de B. Dompnier, Université Blaise-Pascal Clermont-Ferrand, 2002.

Fray, Sébastien, « Entre hagiographie et histoire : l'histoire sainte de Dominique de Jésus », *Cahiers de Fanjeaux*, t. 49, Historiographie moderne XVIe-XVIIIe siècles et histoire religieuse du Moyen Âge méridional, 2014, p. 253-278.

Frieden, Philippe, « Le Roman de la Rose, de l'édition aux manuscrits », *Perspectives Médiévales (en ligne)*, n° 34, 2012 (https://doi.org/10.4000/peme.290)

Freyburger-Galland, Marie-Laure, « L'*etrusca disciplina* chez Dion Cassius », *Les écrivains du IIIe siècle et l'*etrusca disciplina, *Caesarodunum*, suppl. n° 66, 1999, p. 17-32.

Froidefond, Christian, *Le mirage égyptien dans la littérature grecque d'Homère à Aristote*, Aix-en-Provence, Ophrys, 1971.

Fromentin, Valérie, « Appien, les Etrusques et l'*etrusca disciplina* », *Les écrivains du IIe siècle et l'*etrusca disciplina, *Caesarodunum*, suppl. n° 65, 1996, p. 81-95.

Gaertner, Jan Felix, *Ovid, Epistulae ex Ponto, Book 1*, Oxford, Oxford University Press, 2005.

Galasso, Luigi, *Epistularum ex Ponto liber II*, Firenze, Le Monnier, 1995.

Galinsky, Karl, *Augustan Culture. An Interpretive Introduction*, Princeton, Princeton University Press, 1996.

Gally, Michèle et Jourde, Michel (éd.), *Par la vue et par l'ouïe. Littérature du Moyen Âge et de la Renaissance*, Fontenay-aux-Roses, E.N.S. Éditions Fontenay-Saint-Cloud, coll. Signes, 1999.

Galmiche, Thierry, Buccio, Vincent, « Les ardoises gravées de l'abbaye de Prémontré (Aisne), un support de notation musicale aux XVe-XVIe siècles », in *Archéologie médiévale*, n° 46, 2016, p. 123-133.

Garcia, Dominique, *La Celtique méditerranéenne. Habitats et sociétés en Languedoc et en Provence VIIIe-IIe s. av. J.-C.*, Paris, Errance, 2014.

Garcia, Patrick, Leduc, Jean, *L'enseignement de l'histoire en France de l'Ancien Régime à nos jours*, Paris, Armand Colin, 2003.

GASPARRI, Françoise, *Introduction à l'histoire de l'écriture*, Turnhout, Brepols, 1994.

GEMBICKI, Dieter, *Histoire et politique à la fin de l'Ancien Régime. Jacob-Nicolas Moreau (1717-1803)*, Paris, Nizet, 1979.

GENET, Jean-Philippe, « Histoire et système de communication au Moyen Âge », J.-P. Genet (éd.), *L'histoire et les nouveaux publics dans l'Europe médiévale (XIIIe-XVe siècles)*, actes du colloque international organisé par la Fondation Européenne de la Science à la Casa de Vélasquez, Madrid, 23-24 avril 1993, Paris, Publications de la Sorbonne, 1997, p. 11-29.

GENETTE, Gérard, *L'exégèse chrétienne de la Bible en Occident médiéval (XIIe-XIVe s.)*, Paris, Seuil, 1999.

GEUS, Klaus, « Space and Geography », in *A Companion to the Hellenistic World*, A. Erskine (éd.), Oxford, Blackwell, 2003, p. 232-245.

GERBOD, Paul, « La place de l'histoire dans l'enseignement secondaire de 1802 à 1880 », *L'information historique*, n° 3, mai-juin 1965, p. 89-122.

GAUVARD, Claude, « Droit et pratiques judiciaires dans les villes du nord du royaume de France à la fin du Moyen Âge, l'enseignement des sources », J. Chiffoleau, C. Gauvard, A. Zorzi (éd.), *Pratiques sociales et politiques judiciaires dans les villes de l'Occident à la fin du Moyen Âge*, Rome, Publications de l'École française de Rome, 2007, p. 33-79.

GENSHEIMER, Maryl, « Metaphors for Marathon in the Sculptural Program of the Athenian Treasury at Delphi », *Hesperia. The Journal of the American School of Classical Studies at Athens* 86, 2017, p. 14-19.

GÉRIN-RICARD, Henry (de), « Sur l'habitat du "Pain de Sucre" (près de Marseille) », *BSPF*, III, 9, 1907, p. 41-46.

GESSEL, Wilhelm, « Gemeinschaft durch die Speise des Wortes nach Augustinus », *Revue des Études augustiniennes*, n° 12, 1966, p. 241-245.

GHISALBERTI, Fausto, *Arnolfo d'Orléans, Un cultore di Ovidio nel secolo XII*, Memorie del R. Istituto Lombardo di Scienze e Lettere, Classe di Lettere, Scienze e morali storiche, vol. XXIV, Milano, Hoepli, 1932.

GHISALBERTI, Fausto, *Giovanni di Garlandia, Integumenta Ovidii, Poemetto inedito del secolo XIII*, Milano, Principato, 1933.

GIBSON, Bruce, « Ovid on Reading : Reading Ovid. Reception in *Tristia* II », *JRS* 89, 1999, p. 19-37.

GIGNOUX, Anne-Claire, « De l'intertextualité à la récriture », dans *Cahiers de Narratologie* [En ligne], 13 | 2006, mis en ligne le 25 septembre 2016, consulté le 08 novembre 2020. URL : http://journals.openedition.org/narratologie/329

GLADIS, Carolus, *De Themistii Libanii Iuliani in Constantium orationibus*, Diss, Breslau, 1907.

GLEI, Reinold, KAMINSKI, Nicola, LEBSANFT, Franz, *Boethius Christianus?*

Transformationen der "Consolatio philosophiae", in *Mittelalter und Früher Neuzeit*, Berlin, W. De Gruyter, 2010.

GLORIEUX, Palémon, *Aux origines de la Sorbonne. I. Robert de Sorbon. L'homme, le collège, les documents*, Paris, Vrin, 1966.

GLORIEUX, Palémon, *Aux origines de la Sorbonne. II. Le cartulaire*, Paris, Vrin, 1965.

GLORIEUX, Palemon, « Bibliothèques de maîtres parisiens. Gérard d'Abbeville », *Recherches de théologie ancienne et médiévale*, 36, 1969, p. 148-183.

GNECCHI, Francesco, *I medaglioni romani*, II, Milano, Ulrico Hoepli, 1912.

GOLDSTEIN, Bernard, « Astronomy and Astrology in the Works of Abraham ibn Ezra », *Arabic Sciences and Philosophy*, 6, 1996, p. 9-21.

GOLVIN, Jean-Claude, *Les obélisques dressés sur la spina des grands cirques*, dans C. Landes (éd.), *Cirque et courses de chars. Rome-Byzance*, Lattes, Éditions Imago-Musée de Lattes, 1991, p. 49-50.

GOMBRICH, Ernst H., *Art and Illusion: A Study in the Psychology of Pictorial Representation*, Londres, Phaidon, 1960 [2002].

GOMMERS, Peter, « La mythique Europe n'est ni phénicienne ni princesse », dans *D'Europe à l'Europe. IV. Du mythe à la géopolitique*, O. Wattel de Croizant & G. Montifroy (éd.), Lausanne, L'Âge d'homme, 2007, p. 78-88.

GONTARD, M., « Une réforme de l'enseignement secondaire au XIXe siècle : "la bifurcation" (1852-1865) », *Revue française de pédagogie* 20, 1972, p. 6-14.

GONZÁLEZ, Sergio, *La preocupación arriana en la predicación de San Agustín*, Valladolid, Estudio Agustiniano, 1989.

GOTOFF, Harold, *The Transmission of the Text of Lucan in the Ninth Century*, Cambridge, Mass., 1971.

GOWERS, Emily, « Eupolitics : Horace, *Sermones* I, 4 », in F. Felgentreu, F. Mundt et N. Rücker (éd.), *Per attentam Caesaris aurem : Satire – die unpolitische Gattung ? Eine internationale Tagung an der Freien Universität Berlin vom 7. bis 8. März 2008*, Tubingen Gunter Narr, 2009, p. 85-98.

GRABAR, André, *L'Empereur dans l'art byzantin* : recherches sur l'art officiel de l'empire d'Orient, Paris, Les Belles Lettres, 1936.

GRAND, Philippe, « Le quodlibet XIV de Gérard d'Abbeville. La vie de Gérard d'Abbeville », *Archives d'histoire doctrinale et littéraire du Moyen Âge* 39, 1964, p. 207-269.

GRANDPIERRE, Véronique, *Histoire de la Mésopotamie*, Paris, Gallimard, 2010 [2015].

GRANDPIERRE, Véronique, « Le déluge, la fin d'un monde ? Comparaison des textes mésopotamiens, bibliques et coranique », dans F. Pernot et É. Vial (dir), *Présages, prophéties et fins du monde de l'Antiquité au XXIe siècle*, Paris, Éditions de l'Amandier, 2014, p. 13-30.

GRANDPIERRE, Véronique, *Gilgamesh & Co : rois légendaires de Sumer*, Paris, CNRS Éd, 2019.

GRAND ROGER, « Les plus anciens textes romans de la Haute-Auvergne », *Revue de la Haute-Auvergne*, t. 2, 1900, p. 201-204.

GRAND ROGER, *Les Paix d'Aurillac. Étude et documents sur l'histoire des institutions municipales d'une ville à consulat (XIIe-XVe siècles)*, Paris, Sirey, 1945.

GRANGER, Clara, *Héraclès dans l'imaginaire grec : iconographie et procédés de représentation aux époques archaïque et classique*, Thèse de doctorat soutenue à Lyon en 2018.

GREENBERG, Raphaël et KENAN, Adi, *Israeli Archaeological Activity in the West Bank, 1967-2007, A Sourcebook*, Jerusalem, Ostracon, 2009.

GRELL, Chantal, *L'histoire entre érudition et philosophie : étude sur la connaissance historique à l'âge des Lumières*, Paris, Presses universitaires de France, 1993.

GRÉSILLON, Almuth, *Éléments de critique génétique : lire les manuscrits modernes*, Paris, Presses Universitaires de France 1994 [2016].

GRIFFIN, Jasper, « Augustus and the Poets: "Caesar qui cogere posset" », in F. Millar et E. Segal (éd.), *Caesar Augustus, Seven Aspects*, Oxford, Clarendon Press, 1984, p. 189-218.

GRIG, Lucy, « Competing Capitals, Competing Representations. Late Antique Cityscape in Words and Pictures », in L. Grig, G. Kelly (éd.), *Two Romes: Rome and Constantinople in Late Antiquity*, Oxford-New York, Oxford Studies in Late Antiquity, 2012, p. 31-53.

GRIMAL, Pierre, *Cicéron*, Paris, Fayard, 1986.

GRIMMER, Claude, *Vivre à Aurillac au XVIIIe siècle*, Aurillac, Gerbert, 1983.

GROSS, Julius, *Entstehugsgeschichte des Erbsündedogmas, von der Bible bis Augustine*, München-Basel, E. Reinhardt, 1960.

GRUEL, Katherine et HASELGROVE, Colin, « Le développement de l'usage monétaire à la fin de l'Âge du Fer en Gaule et dans les régions voisines », dans Colin Haselgrove (éd.), *Les mutations de la fin de l'Âge du Fer*, Glux-en-Glenne, Bibracte, 2006, p. 117-138.

GRYSON, Roger, *Répertoire général des auteurs ecclésiastiques latins de l'Antiquité et du haut Moyen Âge*, 2 vol., Fribourg, Herder, 2007.

GUILLOT, Florence, *Rapport intermédiaire de fouilles programmées*, Montréal-de-Sos, Ariège, 2009.

GUILLOT, Florence, *Rapport intermédiaire de fouilles programmées*, Montréal-de-Sos, Ariège, 2006.

GUYOTJEANNIN, Olivier, « L'érudition transfigurée », dans J. Boutier et D. Julia (éd.), *Passés recomposés*, Paris, Autrement, 1995, p. 152-162.

GWYNN, David M., *Athanasius of Alexandria. Bishop, Theologian, Ascetic, Father*, Oxford, Oxford University Press, 2012.

HACKETT, Jeremiah, « The Hand of Roger Bacon, the Writing of the *Perspectiva* and MS Paris BN Lat. 7434 », in J. Hamesse (éd.) *Roma, Magistra Mundi : Itineriaria Culturae Medievalis*, vol. 1, Louvain-la-Neuve, 1998, p. 323-336.

HÄGERMANN, Dieter et HEDWIG, Andreas, *Das Polyptychon und die Notitia de Areis von Saint-Maur-des-Fossés*, Sigmaringen, Thorbecke, 1990.

HÄGERMANN, Dieter, *Das Polytychon von Saint-Germain-des-Prés. Studienausgabe*, Cologne-Weimar-Vienne, 1993.

HAKANSON, Lennart, « Problems of Textual Criticism and Interpretation in Lucan's *De Bello ciuili* », *PCPS* NS 25, 1979, p. 26-51.

HALKIN, Léon, *La supplication d'action de grâces chez les Romains*, Paris, Les Belles Lettres, 1953.

HAMESSE, Jacqueline, STEEL, Carlos, et FATTORI, Marta, *Rencontres de cultures dans la philosophie médiévale, traductions et traducteurs de l'antiquité tardive au XIVe siècle*, Louvain-la-Neuve, Université catholique de Louvain, Cassino, Università degli studi di Cassino, 1990.

HARDIE, Philip, *Ovid's Poetics of Illusion*, Cambridge, Cambridge University Press, 2002.

HARE, J. N., *Battle Abbey, the Eastern Range and the Excavations of 1978-80*, Londres, Historic Buildings and Monuments Commission for England, 1985.

HARRISON, Carol, « Worship as the Beginning and End of Preaching », *Praedicatio Patrum. Studies on Preaching in Late Antique North Africa*, G. Partoens, A. Dupont, Sh. Boodts (éd.), Turnhout, Brepols, 2017, p. 201-217.

HARTOG, François, *Le XIXe siècle et l'histoire. Le cas Fustel de Coulanges*, Paris, P.U.F, 1988.

HARTOG, François, *Mémoire d'Ulysse. Récits sur la frontière en Grèce ancienne*, Paris, Gallimard, N.R.F., 1996.

HEBBLEWHITE, Mark, *The Emperor and the Army in the Later Roman Empire, AD 235-395*, London-New York, Routledge, 2017.

HELIAS-BARON, Marlène, « Le manuel de l'archiprêtre de Lesparre (diocèse de Bordeaux). Un aide-mémoire pour la gestion d'un patrimoine ecclésiastique dans la deuxième moitié du XIVe siècle », *Revue d'Histoire de l'Église de France*, 103-1, 2017, p. 67-87.

HENCK, Nick, « Constantius ὁ Φιλοκτίστης », *Dumbarton Oaks Papers*, 55, 2001, p. 279-304.

HENDRICKSON, George, « The Dramatic Satura and the Old Comedy at Rome », *American Journal of Philology*, 15, 1, 1894, p. 1-30.

HENDRICKSON, George, « A pre-Varronian Chapter of Roman Literary History », *American Journal of Philology*, 19, 3, 1898, p. 285-311.

HERVOUET, Blandine, *Jacob-Nicolas Moreau, le dernier des légistes, une défense de la Constitution monarchique au siècle des Lumières*, Paris, Éd. LGDJ, 2009.

HILL, D. E. 2013, « Ovid and Augustus », in J. F. Miller, C. Damon, K. Sara Myers (éd.), *Vertis in usum, Studies in Honor of Edward Courtney*, Munich-Leipzig, K. G. Saur, 2002, p. 140-151.

HINDS, Stephen E., « Booking the Return Trip : Ovid and *Tristia* I », *PCPS*, 31, 1985, p. 13-32.

HINDS, Stephen E., *Allusion and Intertext. Dynamics of Appropriation in Roman Poetry*, Cambridge, Cambridge University Press, 1998.

HINDS, Stephen E., « First among Women : Ovid, *Tristia* 1.6 and the Tradition of "Exemplary" Catalogue », in S. Braund et R. Mayer (éd.), Amor : Roma. *Love and Latin Literature*, "Cambridge Philological Society Supplement" n° 22, Cambridge, Cambridge University Press, 1999, p. 123-142.

HINDS, Stephen E. et FOWLER, Don (éd.), *Memoria, arte allusiva, intertestualità. Memory, allusion, intertextuality*, *MD* 39, 1997.

HOFF, Ralf, « Herakles, Theseus and the Athenian Treasury at Delphi », in R. Hoff (éd.), *Structure, Image, Ornament: Architectural Sculpture in the Greek World.* Proceedings of an International Conference held at the American School of Classical Studies, 27-28 November 2004, Oxford, Oxbow Books, 2009, p. 96-104.

HOLLOWAY, Ross, « Panhellenism in the Sculptures of the Zeus Temple at Olympia », *Greek, Roman, and Byzantine Studies* 8.2, 1967, p. 93-101.

HÖLSCHER, Tonio, « Images and Political Identity: the Case of Athens », in D. Boedeker, K. A. Raaflaub (éd.), *Democracy, Empire, and the Arts in Fifth-Century Athens*, Cambridge, Cambridge University Press, 1998, p. 153-183.

HOMBERT, Pierre-Marie, « Augustin, prédicateur de la grâce au début de son épiscopat », *Augustin prédicateur (395-411)*, Actes du Colloque International de Chantilly (5-7 septembre 1996), G. Madec (éd.), Paris, Études Augustiniennes, 1998, p. 217-245.

HOMBERT, Pierre-Marie, « *Gloria gratiae* » : *se glorifier en Dieu, principe et fin de la théologie augustinienne de la grâce*, Paris, Études Augustiniennes, 1996.

HOMBERT, Pierre-Marie, *Nouvelles recherches de chronologie augustinienne*, Paris, Études Augustiniennes, 2000.

HOMBERT, Pierre-Marie, « La prédication sur le Verbe incarné dans les sermons d'Augustin pour Noël et l'Ascension. Rhétorique et théologie », *Tractatio Scripturarum. Philological, Exegetical, Rhetorical and Theological Studies on Augustine's Sermons*, A. Dupont, G. Partoens, M. Lamberigts (éd.), Turnhout, Brepols, 2012, p. 271-333.

HOMBERT, Pierre-Marie, « Sténographie et transmission des prédications », *Bibliothèque augustinienne* 59/B, Paris, Études Augustiniennes, 2019, p. 684-688.

HØYRUP, Jens, *Lengths, Widths, Surfaces: A Portrait of the Old Babylonian Algebra and its Kin*, Berlin et Londres, Springer, 2002.

HUGHES, Barnabas, « The Arithmetical Triangle of Jordanus de Nemore », *Historia Mathematica*, 16, 1989, p. 213-223.

HUGLO, Michel, « Hieronymus de Moravia : "frère morave" ou "Scottish Blackfriar" ? », in *« Nationes », « Gentes » und die Musik im Mittelalte*, Berlin, 2014, p. 423-434.

HUMPHREY, John H., *Roman Circuses. Arena for Chariot Tracing*, London, B.T. Batsford, 1986.

HUNT, David, « The Successors of Constantine », in C. Averil, P. Garnsey (éd.), *The Cambridge Ancient History* XIII, Cambridge, 1998, p. 1-43.

HUNTER, Richard, *Critical Moments in Classical Literature: Studies in the Ancient View of Literature and its Uses*, Cambridge, Cambridge University Press, 2009.

HURLET, Frédéric, *Auguste. Les ambiguïtés du pouvoir*, Paris, Armand Colin, 2015.

HURLET, Frédéric et MINEO, Bernard (éd.), *Le Principat d'Auguste. Réalités et représentations du pouvoir. Autour de la* Res publica restituta, Rennes, Presses Universitaires de Rennes, 2009.

HYLAND, Ann, *Equus. The Horse in the Roman World*, New Haven-London, Yale University Press, 1993.

ITO, Shuntaro, *The Medieval Latin Translation of the Data of Euclid*, Tokyo, Springer, 1980.

IUNG, Jean-Éric, « Jean-Charles Vacher de Tournemire, député sous la Restauration (1815-1819) », *Enluminures*, t. 5, 1998, p. 39-57.

IVERSEN, Erik, *Obelisks in Exile*, Copenhagen, G. E. C. Gad Publishers, 1968-1972.

IZRE'ELN, Shlomo, *Adapa and the South Wind: Language Has the Power of Life and Death*, Winona Lake, Eisenbrauns, 2001.

JACQUART, Danielle, *La médecine médiévale dans le cadre parisien*, Paris, Fayard, 1998.

JACQUEMARD, Catherine, « Du *Quadrant vetustior* à l'*Horologium viatorum* d'Hermann de Reichenau : étude du manuscrit Vaticano, BAV, Ott. Lat. 1631, fol. 16-17v », *Kentron*, 23, 2007, p. 79-124.

JACQUEMIN, Anne, *Offrandes monumentales à Delphes*, Athènes, École française d'Athènes, 1999.

JACQUET, Philippe, « Radiographie, scanner et sigillographie », dans M. Gil et J.-L Chassel (éd.), *Pourquoi les sceaux ? La sigillographie, nouvel enjeu de l'histoire de l'art*, Villeneuve d'Ascq, 2011, p. 93-103.

JACOB, Christian, *Géographie et ethnographie en Grèce ancienne*, Paris, Armand Colin, 1991.

JACOBY, *Die Fragmente der Griechischen Historiker* 2, Berlin, puis Leyde, 1923.

JAHN, Otto, « Miscellen : 9 », *Rheinisches Museum für Philologie*, 9, 1854, p. 629-630.

JANIN, Raymond, *Constantinople byzantine : développement urbain et répertoire topographique*, Paris, Institut français d'études byzantines, 1964.

JANIN, Valentin L., « Les récentes découvertes archéologiques à Novgorod », *Annales. Histoire, Sciences Sociales*, n° 3, 2009, p. 615-630.

JEAY, Claude, *Signature et pouvoir au Moyen Âge*, Paris, École des Chartes, 2015.

JÉHANNO, Christine, « Le compte et son décor : entre norme comptable et liberté du scribe », dans O. Mattéoni et P. Beck (éd.), *Classer, dire, compter. Discipline du chiffre et fabrique d'une norme comptable à la fin du Moyen Âge*, Paris, 2015, p. 97-152.

JENSEN, Brian Møller, « Unidentified Sermons Attributed to Augustine in the *Lectionarium Placentinum*: Reception and Liturgical Use of Augustine in a Twelfth Century Lectionary for the Divine Office », *Praedicatio Patrum. Studies on Preaching in Late Antique North Africa*, G. Partoens, A. Dupont, Sh. Boodts (éd.), Turnhout, Brepols, 2017, p. 169-181.

JENSEN, Brian Møller, Weidmann, Clemens, « Another Brick to the Augustinian Wall. New Texts by Augustine Discovered in the Sanctorale of the *Lectionarium Placentinum* », *Revue d'Études Augustiniennes et Patristiques*, n° 63, 2017, p. 239-276.

JIMENEZ ZAMUDIO, Raphael, *El Onomasticon de Eusebio de Cesarea y la versión latina de Jeronimo*, Madrid, Publicaciones de la Universidad de Madrid, 2008.

JOHNSON, Patricia, « Ovid's Livia in Exile », *CW* 90, 1997, p. 403-420.

JONES, Arnold H. M. *et alii*, *Preliminary Report upon the Excavations carried out at the Hippodrome of Constantinople in 1927*, London, Oxford University Press, 1928.

JONGE (DE), Pieter, *Philological and Historical Commentary on Ammianus Marcellinus XVI*, Groningen, Forsten, 1972.

JORRAND, Jean-Pierre, « Premières observations d'archéologie urbaine à Laon (Aisne) », *Revue archéologique de Picardie*, vol. 3, n° 1, 1989, p. 209-228.

JOUBERT, Édouard, *Le chapitre Saint-Géraud d'Aurillac (1561-1790)*, Aurillac, Imprimerie moderne, 1976.

JOUANNA, Jacques, *Hippocrate*, Paris, Fayard, 1992.

JOUANNA, Jacques, « L'image de l'Europe chez Hérodote et Hippocrate : essai de comparaison », dans M. Perrin (éd.), *L'idée de l'Europe au fil de deux millénaires*, Paris, Beauchesne, 1994, p. 21-38.

JOUANNA, Jacques, « Médecine rationnelle et magie : le statut des amulettes et des incantations chez Galien », *Revue des études grecques*, 124-1, 2011, p. 47-77.

JUDIC, Bruno, « La notion d'Europe chez saint Colomban », dans O. Wattel-De-Croizant et C. de Bartillat (éd.), *D'Europe à l'Europe – III. La dimension politique et religieuse du mythe de l'Europe de l'Antiquité à nos jours*, Tours, Caesarodunum XXXI bis, Éditions du Centre de recherches Piganiol, 2002, p. 139-153.

JUST, Patricia, *Imperator et Episcopus. Zum Verhältnis von Staatsgewalt und christlicher Kirche zwischen dem 1. Konzil von Nicaea (325) und dem 1. Konzil von Konstantinopel (381)*, Stuttgart, Steiner, 2003.

JUSTE, David, *Les manuscrits astrologiques latins de la Bibliothèque nationale de France*, Paris, CNRS Éditions, 2015.

JUSTE, David, « Bate's Nativitas in Context », in C. Steel, S. Vanden Broecke, D. Juste, S. Sela (éd.), *The Astrological Autobiography of A Medieval Philosopher Henry Bate's Nativitas (1280-1281)*, Louvain, 2018, p. 65-85.

KATSL, Helmut, *Der Lateranische Obelisk in Rom*, Monumenta Urbis Romae. Band 1, Wiesbaden, 1973.

KELLY, Gavin, *Ammianus Marcellinus: the Allusive Historian*, Cambridge-New York-Melbourne, Cambridge University Press, 2008.

KELLY, Gavin, "The New Rome and the Old: Ammianus Marcellinus' Silences on Constantinople", *Classical Quarterly*, 53.2, 2003, p. 588-607.

KENNEDY, George A., *Greek Rhetoric under Christian Empire*, Princeton, Princeton University Press, 1983.

KENNY, Anthony, "Grace and Freedom in St. John Chrysostom", in A. Kenny (éd.), *Reason and Religion: Essays in Philosophical Theology*, Oxford, Blackwell, 1987, p. 103-120.

KIENAST, Dietmar, ECK, Werner, HEIL, Matthaüs, *Römische Kaisertabelle. Grundzüge einer römischen Kaiserchronologie*, Darmstadt, WBG, 1990 [2017].

KIILERICH, Bente, « The Image of Anicia Juliana in the Vienna Dioscurides: Flattery or Appropriation of Imperial Imagery? », *Symbolae Osloenses*, 76, 2001, p. 169-190.

KLAUS, Martin Girardet, « Constance II, Athanase et l'édit d'Arles (353) : à propos de la politique religieuse de l'empereur Constance II », dans C. Kannengiesser (éd.), *Politique et théologie chez Athanase d'Alexandrie. Actes du colloque de Chantilly, 23-25 septembre 1973*, Paris, Beauchesne, 1974, p. 64-91.

KLAUSS, Manfred, *Athanasius der Große. Der unbeugsame Heilige*, Darmstadt, von Zabern, 2016.

KLEIN, Florence, « *Prodigiosa mendacia uatum*. Responses to the marvellous in Ovid's narrative of Perseus (Met. 4-5) », in Ph. Hardie (éd.), *Paradox and the Marvellous in Augustan Literature and Culture*, Oxford, Oxford University Press, 2009, p. 189-212.

KLEIN, Florence, « Le *poeta nouus* et le prince. Quelques fragments d'histoire de l'art hellénistique au miroir de la poésie augustéenne », dans P. Linant de Bellefonds, É. Prioux, A. Rouveret (éd.), *D'Alexandre à Auguste. Dynamiques de la création dans les arts visuels et la poésie*, Rennes, Presses Universitaires de Rennes, 2015, p. 111-123.

KLEIN, Florence, « Du lieu commun à l'intertextualité signifiante : la présence subversive des suasoires politiques dans la poésie ovidienne ? (*Trist.* III, 7 ; *Met.* XV, 855-879) », dans C. Schneider et R. Poignault (éd.), *Présence de la déclamation antique (controverses et suasoires)*, Clermont-Ferrand, Présence de l'Antiquité, Collection Caesarodunum XLVI-XLVII bis, 2015, p. 75-88.

Klein, Florence, « Ovide, *Pont.* I, 2, 121 et II, 2, 115-116 : retour sur une allusion à Callimaque (fr. 114 Pf) », *Vita Latina*, 200, 2020, p. 143-155.

Klein, Richard, *Constantius II. und die christliche Kirche*, Darmstadt, Wissenschaftliche Buchgesellschaft, 1977.

Klein, Richard, « Der Rombesuch des Kaisers Konstantius II im Jahre 357 », *Athenaeum*, 57, 1979, p. 98-115.

Klibansky, Raymond, *The Continuity of the Platonic Tradition during the Middle Ages*, with a new preface and four supplementary chapters ; (together with) Plato's *Parmenides* in the Middle Ages and the Renaissance, Millwood, NY, Kraus international publications, 1984.

Kloner, Amos et Zissu, Boaz, *The Necropolis of Jerusalem in the Second Temple Period*, Interdisciplinary Studies in Ancient Culture and Religion 8, Leuven-Dudley, MA., Peeters, 2007.

Knorr, Richard, *Tradition of Mechanics. Greek, Arabic and Latin Studies of the Balance*, Florence, Istituto e museo di storia della scienza, 1982, p. 15-30.

Kobusch, Theo et Mojsisch, Burkhard, *Platon in der abendländischen Geistesgeschichte : neue Forschungen zum Platonismus*, Darmstadt, Wissenschaftliche Buchgesellschaft, 1997.

Kogel, Judith, *Sur les traces de la bibliothèque médiévale des Juifs de Colmar. Reconstitution à partir des fragments conservés dans les reliures d'incunables*, European Genizah Texts and Studies, vol. 3, Leyde, Brill, 2019.

Krauheimer, Richard, « A Note on the Inscription in the Apse of Old St. Peters », *Dumbarton Oaks Papers*, 41, 1987, p. 317-320.

Kriegel, Blandine, *L'histoire à l'âge classique*, Paris, PUF, 1988.

Kvanvig, Helge, *Primeval History: Babylonian, Biblical, and Enochic: An Intertextual Reading, Supplements to the Journal for the Study of Judaism* 149, Leyde, Brill, 2011.

Labat, René, *Traité akkadien de diagnostics et pronostics médicaux*, Leyde, Brill, 1951.

Lafleur, Claude, « L'enseignement philosophique à la Faculté des arts de l'Université de Paris en la première moitié du XIIIe siècle dans le miroir des textes didascaliques », *Laval théologique et philosophique*, 60/3, 2004, p. 409-448.

Lafleur, Claude et Carrier, Joanne, *L'enseignement de la philosophie au XIIIe siècle : autour du "Guide de l'étudiant" du ms. Ripoll 109*, actes du colloque international édité avec un complément d'études et de textes, Turnhout, Brepols, 1997.

LALOU, Élisabeth, « Les tablettes de cire médiévales », *Bibliothèque de l'École des Chartes*, n° 147, 1989, p. 123-140.

LAMBOLEY, Jean-Luc, *Les Grecs d'Occident. La période archaïque*, Paris, SEDES, 1996.

LAMY, Alice, « La forme singulière du commentaire parisien inédit et anonyme au *Timée* de 1363 », dans M. Furno, C. Louette, V. Méot-Bourquin (éd.), *Formes du texte latin au Moyen Âge et à la Renaissance*, IVe congrès de la Semen-l, Valence, 4, 5, 6 juin 2015, Genève, Droz, 2017, p. 178-193.

LANDRIANI, Paolo Camillo, (*Il Duchino*), *Il miracolo delle api*, Milano, Civiche Raccolte d'Arte Antica Castello Sforzesco, à l'origine dans la chapelle du *Tribunale di Provvisione* de Milan (entre 1569 et 1584), dans *Ambrogio, L'immagine e il volto. Arte dal XIV al XVII secolo*, Marsilio, Venezia, 1998.

LANDREA, Cyrielle, « Un patricien au service du prince et de la *res publica* ? M. Valerius Messalla Messallinus (*cos.* 3 av. J.-C.) », *Revue Historique*, 659, 2011a, p. 561-588.

LANDREA, Cyrielle, « M. Aurelius Cotta Maximus Messallinus : un noble sous les Julio-Claudiens », *MEFRA*, 123, 2, 2011, p. 557-579.

LANGLOIS, Ernest, « Un document relatif à Richard de Fournival », *Mélanges d'archéologie et d'histoire*, 10/1, 1890, p. 123-125.

LAURENCE, Patrick, « *Europa et Ecclesia*. La notion d'Europe chez les écrivains chrétiens de langue latine du IIIe au VIe s. », dans O. Wattel-De-Croizant et C. de Bartillat (éd.), *D'Europe à l'Europe – I. Le mythe de l'Europe dans l'art et la culture de l'Antiquité au XVIIIe siècle*, Caesarodunum XXXI bis, Tours, Caesarodunum XXXI bis, Éditions du Centre de recherches Piganiol, 2002, p. 103-115.

LAWLOR, H. C., « Report of Work at Nendrum, 1923 », *Proceedings and Reports of the Belfast Natural History and Philosophical Society*, 1924, p. 56-81.

LAZARIS, Stavros, « Scientific, Medical and Technical Manuscripts », in Vasiliki Tsamakda (éd.), *A Companion to Byzantine Illustrated Manuscripts*, Leyde et Boston, Brill, 2017, p. 55-113.

LE BRUN, Jacques, « L'anti-augustinisme de Richard Simon », *Revue de l'histoire des religions*, vol. 229, n° 2, avril-juin 2012, p. 257-273.

LEEMAN, Anton D., PINKSTER, Harm, RABBIE, Edwin, *M. Tullius Cicero, De oratore libri III. Kommentar. 3. Band : Buch II, 99-290*, Heidelberg, Winter, 1989.

LEGRIS, Patricia, *Qui écrit les programmes d'histoire ?*, Grenoble, Presses universitaires de Grenoble, 2014.

LEMAÎTRE, Jean-Loup, « Un mauriste en campagne. Dom Col en Limousin, à travers sa correspondance (1764-1771) », *Cahiers de Fanjeaux*, t. 49, Historiographie moderne XVIe-XVIIIe siècles et histoire religieuse du Moyen Âge méridional, 2014, p. 299-327.

LEMAÎTRE, Jean-Loup, « Les actes transcrits dans les livres liturgiques », dans O. Guyotjeannin, M. Parisse et L. Morelle (éd.), *Les cartulaires*, Actes de la Table ronde organisée par l'École nationale des chartes et le GDR 121 du CNRS, Paris, 1993, p. 59-78.

LEMANT, Jean-Pierre, « Rapport des fouilles (sauvetage urgent) relatif à l'abbaye de Signy (XIIe siècle au XVIIIe siècle), année 1994 », *Revue historique ardennaise*, t. XXXII, 1997, p. 23-96.

LEMANT, Jean-Pierre, « Résurgence du site de l'abbaye de Signy, les fouilles de sauvetage urgent de la porterie sud (1994) », dans N. Boucher (éd.), *Signy-l'Abbaye et Guillaume de Saint-Thierry*, actes du colloque international d'études cisterciennes, 9-11 septembre 1998, les Vieilles-Forges (Ardennes), Signy-l'Abbaye, Association des amis de l'abbaye de Signy, 2000, p. 153-189.

LEMOINE, Michel, « Innovations de Cicéron et Calcidius dans la tradition du *Timée* », dans R. Ellis et R. Tixier (éd.), *The Medieval Translator. Traduire au Moyen Âge*, t. 6, Turnhout, Brepols, 1998, p. 72-81.

LEMOINE, Michel, *Théologie et platonisme au XIIe siècle*, Paris, Cerf, 1998.

LEMOINE, Michel, « Le *Timée* latin en dehors de Calcidius », dans A. De Libera, A. Elamrani-Jamal, A. Galonnier (éd.), *Langages et philosophie, Hommage à Jean Jolivet*, Paris, Vrin, 1997, p. 63-78.

LEMPIRE, Jean, *Le commentaire astronomique aux* Tables faciles *de Ptolémée attribué à Stéphanos d'Alexandrie*, t. I : Histoire du texte. Édition critique, traduction et commentaire (chapitres 1-16), Louvain-la-Neuve, Institut orientaliste de l'Université catholique de Louvain & Peeters Press Louvain-Paris, 2016.

LENZI, Alan, « The Uruk List of Kings and Sages and Late Mesopotamian Scholarship », *Journal of Ancient Near Eastern Religions*, 8(2), 2008, p. 137-169.

LABRIOLLE, Pierre de, *La réaction païenne. Étude sur la polémique anti-chrétienne du Ier au VIe siècle*, Paris, L'Artisan du Livre, 1934.

LEO, Friedrich, « Varro und die Satire », *Hermes*, 24, 1, 1889, p. 67-84.

LEO, Friedrich, « Livius und Horaz über die Vorgeschichte des Römischen Dramas », *Hermes*, 39, 1, 1904, p. 63-77.

LÉVI, Nicolas, « La chronologie de la vie et des œuvres d'Apulée, essai de synthèse et nouvelles hypothèses », *Latomus*, 73, 2014, p. 693-720.

LIBERA (DE), Alain, *La querelle des Universaux, De Platon à la fin du Moyen Âge*, Paris, Seuil, 1992.

LIBERA (DE), Alain, « Albert le Grand et l'antiplatonisme sans Platon », dans M. Dixsaut (éd.), *Le platonisme dévoilé*, Paris, Vrin, 1993, p. 247-271.

LIBERA (DE), Alain, « Albert le Grand et le platonisme. De la doctrine des Idées à la théorie des trois états de l'universel », dans E.-P. Bos et P. A. Meijer (éd.), *On Proclus and his Influence in Medieval Philosophy*, Leiden, Brill, 1992, p. 89-119.

LIBERT, Karin, et JORRAND, Jean-Pierre, « Une fosse du XVe siècle dans le jardin de l'ancien séminaire à Laon (Aisne) », *Revue archéologique de Picardie*, vol. 3, n° 1, 2004, p. 151-163.

LIENHARD, Joseph T., « John the Baptist in Augustine's Exegesis », *Augustine. Biblical Exegete*, F. Van Fleteren, J.C. Schnaubelt (éd.), New-York, Peter Lang, 2001, p. 197-213.

LIVERANI, Paolo, « Osservazioni sui rostri del Foro Romano in età tardoantica », in A. Leone, D. Palombi, S. Walker (éd.), *Lexicon Topographicum Urbis Romae – Supplementum IV. Res bene gestae. Ricerche di storia urbana su Roma antica in onore di Eva Margareta Steinby*, Roma, Ed. Quasar, 2007, p. 169-191.

LIVERANI, Paolo, « Costanzo II e l'obelisco del Circo Massimo a Roma », in A. Gasse, F. Servajean, C. Thiers (éd.), *Et in Ægypto et ad Ægyptum.* Recueil d'études dédiées à Jean-Claude Grenier, Montpellier, Équipe Égypte nilotique et méditerranéenne, 2012, p. 472-487.

LORIMER, William Laughton, *The Text Tradition of Pseudo-Aristotle 'De Mundo' Together with an Appendix Containing the Text of the Medieval Latin Versions*, Oxford, Oxford University Press, 1924.

LORCH, Richard, « Some Remarks on the *Almagestum parvum* », in *Amphora. Festschrift for Hans Wussing on the Occasion of his 65th Birthday*, Hambourg, 1992, p. 407-438.

LORREN, Claude, « Dans quelle mesure l'archéologie offre-t-elle une image fidèle de la vie au village à la fin du Moyen Âge ? », dans S. Berthelot, J.-Y. Marin,M. Rey-Delqué (éd.), *Vivre au Moyen Âge, Archéologie du quotidien en Normandie, XIIIe-XVe siècles*, catalogue d'exposition, Milan, 5 Continents Éd., 2002, p. 101-109.

LUBAC (DE), Henri, « Sur un vieux distique. La doctrine du "quadruple sens" », *Mélanges Ferdinand Cavallera*, Toulouse, Bibliothèque de l'Institut Catholique, 1948, p. 347-366.

LUCKEN, Christopher, « Parcours et portrait d'un homme de savoir », dans J. Ducos, C. Lucken (éd.), *Richard de Fournival et les sciences*, Florence, Sismel-Edizioni del Galluzzo, Micrologus' Library, 88, 2018, p. 3-46.

LUCKEN, Christopher, « La *Biblionomia* de Richard de Fournival : un programme d'enseignement par le livre. Le cas du trivium », dans J. Verger, O. Weijers, (éd.), *Les débuts de l'enseignement universitaire à Paris (1200-1245 environ)*, Turnhout, Brepols, 2013, p. 89-125.

LUSIGNAN, Serge, *Essai d'histoire sociolinguistique, le français picard au Moyen Âge*, Paris, Classiques Garnier, 2012.

LYASSE, Emmanuel, *Tibère*, Paris, Tallandier, 2011.

MABILLE, Madeleine, « Pierre de Limoges, copiste de manuscrits », *Scriptorium*, 24, 1970, p. 45-47.

MABILLE, Madeleine, « Pierre de Limoges et ses méthodes de travail », dans *Hommages à André Boutemy*, Bruxelles, Guy Cambier, 1976, p. 244-251.

MACCORMACK, Sabine M., *Art and Ceremony in Late Antiquity*, Berkeley-Los Angeles-London, University of California Press, 1981.

MACEVOY, John, « Présence et absence de Platon au Moyen Âge », dans A. Neschke-Hentschke, *Images de Platon et lectures de ses œuvres*, Louvain-Paris, Peeters, 1997, p. 79-98.

MACHIELSEN, Lambert, « Fragments patristiques non-identifiés du ms. Vat. Pal. 577 », *Sacris Erudiri*, n° 12, 1961, p. 488-539.

MACMULLEN, Ramsay, « Some Pictures in Ammianus Marcellinus », *Art Bulletin*, 46, 1964, p. 435-455.

MADEC, Goulven (éd.), *Augustin prédicateur (395-411)*, Actes du Colloque International de Chantilly (5-7 septembre 1996), Paris, Institut d'Études Augustiniennes, 1998.

MAEIR, Aren M., HITCHCOCK, Louise, and KOLSKA HORWITZ, Liora, « On the Constitution and Transformation of Philistine Identity », *Oxford Journal of Archaeology* 32 (1), 2013, p. 1-38.

MAGDALINO, Paul, *Constantinople médiévale. Études sur l'évolution des structures urbaines*, Paris, De Boccard, 1996.

MALKIN, Irad, *A Small Greek World. Networks in the Ancient* Mediterranean, Oxford Univ. Pr., Oxford, 2011 (traduit en français : *Un tout petit monde. Les réseaux grecs de l'Antiquité*, Paris, Les Belles Lettres, 2018).

MANDOSIO, Jean-Marc, « La *Biblionomia* de Richard de Fournival et la classification des savoirs au XIIIe siècle », dans *Richard de Fournival et les sciences*, J. Ducos, C. Lucken (éd.), Florence, Sismel-Edizioni del Galluzzo, Micrologus' Library, 88, 2018, p. 47-82.

MANGO, Cyril, « The Byzantine Inscriptions of Constantinople : a Bibliographical Survey », *American Journal of Archeology* (55) 1951, p. 52-66.

MANGO, Cyril, *Le développement urbain de Constantinople (IVe-VIIe siècles)*, Paris, De Boccard, 1990.

MARAVAL, Pierre, *Les fils de Constantin*, Paris, CNRS éditions, 2013.

MARCADÉ, Jean, « La polyvalence de l'image dans la sculpture grecque », in H. Metzger, *ΕΙΔΩΛΟΠΟΠΑ*. Actes du Colloque sur les problèmes de l'image dans le monde méditerranéen classique. Château de Lourmarin en Provence, 2-3 septembre 1982, *Archaeologica* 61, 1985, p. 27-39.

MARCHAL, Catherine, « L'intégration des monastères féminins dans l'ordre cistercien durant la première moitié du XIIIe siècle : l'exemple de l'abbaye de Porrois (Port-Royal) », *Revue Mabillon*, n. s., t. 29 (= t. 90), 2018, p. 131-161.

MARCHAND, Philippe, *L'histoire et la géographie dans l'enseignement secondaire. Textes officiels, t. 1 : 1795-1914*, Paris, INRP, 2000.

MARICHAL, Robert, « Découverte de tablettes de bois écrites à l'encre à Vindolanda », *Journal des Savants*, vol. 2, n° 2, 1975, p. 113-120.

MATTÉONI, Olivier, « Introduction », dans *Classer, dire compter. Discipline du chiffre et fabrique d'une norme comptable à la fin du Moyen Âge*, Paris, 2015, p. 9-27.

MAYER, Cornelius Petrus (éd.), *Augustinus-Lexikon*, Basel, Schwabe, 1986.

MAYER, Wendy, *The Homilies of St John Chrysostom: Provenance, Reshaping the Foundations*, Roma, Pontificium Institutum Orientalium Studiorum, 2005.

MAZZARINO, Santo, *Aspetti sociali del quarto secolo : ricerche di storia tardo-romana*, Roma, « L'Erma » di Bretschneider, 1951.

MÉA, Corentin, *La cavalerie romaine des Sévères à Théodose*, diss. Univ. Bordeaux, 2014.

MECQUENEM, Claude de, « Archéologie des juifs dans la France médiévale », *Nouvelle Gallia Judaïca, Pour une histoire des juifs en France au Moyen Âge*, septembre 2015, disponible en ligne : https://ngj.hypotheses.org/267.

MEIMARIS, Yannis E. et KRITIKAKOU-NIKOLAROUPOULOU, Kalliope I., *Inscriptions from Palestina Tertia, vol. 1, The Greek Inscriptions from Ghor es-Safi, Byzantine Zoora*, Paris, de Boccard, Athènes, The National Hellenic Research Foundation, Research Center for Greek and Roman Antiquity, 2005.

MERCIER, Raymond, « The Lost Zij of al-Sūfī in the Twelfth Century Tables for London and Pisa », in R. Mercier(éd.), *Studies on the Transmission of Medieval Mathematical Astronomy*, Aldershot, 2004, p. 1-30.

MEUNIER, Bernard, [recension de HOMBERT, Pierre-Marie, *Nouvelles recherches de chronologie augustinienne*, Paris, Études Augustiniennes, 2000], *Revue des Sciences Philosophiques et Théologiques*, n° 88, 2004, p. 116-119.

MIELCZAREK, Mariusz, *Cataphracti and Clibanarii. Studies on the Heavy Armoured Cavalry in the Ancient World*, Łódź, Oficyna Naukowa, 1993.

MILANI, Celestina, « Note etimologiche su Εὐρώπη », in M. Sordi (éd.), *L'Europa nel mondo antico, Vita e pensiero* 12, 1986, p. 3-11.

MILLAR, Fergus, 1993, « Ovid and the *Domus Augusta*: Rome seen from Tomoi », *JRS* 83, p. 1-17 = *Rome, the Greek World, and the East*, I. *The Roman Republic and the Augustan Revolution*, H. M. Cotton et G. M. Rogers (éd.), Chapel Hill et Londres, The University of North Carolina Press, 2002, p. 321-349.

MIOLO, Laure, *Le fonds scientifique d'un collège de théologie : le cas de la bibliothèque de Sorbonne 1257-1500*, thèse de doctorat, Université Lumière Lyon II, 2017.

MIOLO, Laure, « Science des nombres, science des formes. Arithmétique et géométrie dans les manuscrits de la *Biblionomia* de Richard de Fournival », dans J. Ducos, C. Lucken (éd.), Florence, Sismel-Edizioni del Galluzzo, Micrologus' Library, 88, 2018, p. 155-178.

MOLINIÉ, Pierre, PAULIAT, Marie (éd.), *Prédication & sacrement(s). Enquête sur la représentation de l'acte homilétique dans l'Antiquité et au Moyen-Âge*, Paris, Beauchesne, Collection Théologie historique 132, 2022.

MOMIGLIANO, Arnaldo, « L'Europa come concetto politico presso Isocrate e gli Isocrati », *Terzo Contributo alla storia degli Studi classici*, I, Rome, Ed. di Storia e letteratura, 1933 [1966], p. 489-497.

MONOD, G., *Les maîtres de l'histoire : Renan, Taine, Michelet*, Paris, Calmann-Lévy, 1894, p. 193-194.

MOREAU, Joseph, *Aristote et son école*, Paris, PUF, 1962.

MORELLE, Laurent, « Pratiques médiévales de l'écrit documentaire », *Annuaire de l'École pratique des hautes études (EPHE), Section des sciences historiques et philologiques* [En ligne], 148 | 2017. Mis en ligne le 25 septembre 2017, consulté le 08 novembre 2020. URL : http://journals.openedition.org/ashp/1952.

MORRISSON, Cécile, *Le monde byzantin I. L'Empire romain d'Orient (330-641)*, Paris, Presses Universitaires de France, 2004.

MORSEL, Joseph, « Du texte aux archives : le problème de la source », *Bulletin du centre d'études médiévales d'Auxerre* [En ligne], Hors série n° 2, 2008. Mis en ligne le 28 février 2009. URL : http://cem.revues.org/index4132.html.

MOSSAY, Jean, « La prédication "liturgique" de Grégoire de Naziance », *Editiones, critica, philologica, biblica, historica, liturgica et ascetica*. Papers presented to the fifth international conference on patristic studies held at Christ church, Oxford 1967, F.L. Cross (éd.), Berlin, Peeters, 1970, p. 402-406.

MOYON, Marc, « Arithmétiques et géométries au XIIIe siècle d'après la *Biblionomia* : des traductions arabo-latines à Jordanus de Nemore », dans J. Ducos, C. Lucken (éd.), *Richard de Fournival et les sciences (XIIIe siècle)*, Florence, Sismel-Edizioni del Galluzzo, Micrologus' Library, 88, 2018, p. 123-154.

MUDRY, Philippe (éd.), *Le Traité des maladies aiguës et des maladies chroniques de Caelius Aurelianus*, Nantes, Université de Nantes, 1999.

MÜLLER, Hildegund, « Preacher. Augustine and His Congregation », *A Companion to Augustine*, M. Vessey (éd.), Oxford, Wiley-Blackwell, 2012, p. 297-309.

MUNK, Olsen, Birger, *L'étude des auteurs classiques latins aux XIe et XIIe siècle, II, Catalogue des manuscrits classiques latins copiés du IXe au XIIe siècle : Liuis-Vitruuius.* Paris, Éditions du CNRS, 1985.

MURANO, Giovanna, *Opere diffuse per* « exemplar » *e* pecia, Turnhout, Brepols, 2005.

MURATORI, Lodovico Antonio, *Rerum italicarum scriptores, ab anno aerae christianae ad millesiumquingentesimum*, vol. 11, ch. 14, Milan, 1727. Disponible en ligne le 18/12/2018 : https://archive.org/details/RerumItalicarumScriptores11/page/n319.

NA'AMAN, Nadav, « The Shepelah According to the Amarna Letters », in I. Finkelstein et N. Na'aman (éd.), *The Fire Signals of Lachish: Studies in Archaeology and History of Israel in the Late Bronze Age, Iron Age and Persian Period in Homage of David Ussishkin*, Winona Lake, Eisenbrauns, 2011.

NA'MAN, Nadav, « David's Sojourn in Keilah in the Light of the Amarna Letters », *Vetus Testamentum*, 60, 2010, p. 87-97.

NAGLE, Betty Rose, *The Poetics of Exile. Program and Polemic in the* Tristia *and* Epistulae ex Ponto *of Ovid*, Bruxelles, Éditions Latomus, 1980.

NAUROY, Gérard, « Le fouet et le miel. Le combat d'Ambroise en 386 contre l'arianisme milanais », *Recherches Augustiniennes et Patristiques* 23, 1988, p. 3-86. Disponible en ligne le 18 décembre 2018 : https://doi.org/10.1484/J.RA.5.102173.

NEER, Richard, « The Athenian Treasury at Delphi and the Material of Politics », *Classical Antiquity* 23, 2004, p. 63-93.

NEER (VAN), Joost, « Cunning as Serpents, Simple as Doves. *Serm.* 64 *auct.* (*Lambot* 12) and 64A (*Mai* 20). Two Sermons by Augustine on *Mat* 10 :16 », *Cristianesimo nella storia*, n° 38, 2017, p. 785-812.

NEMET-NEJAT, Karen, *Cuneiform Mathematical Texts as a Reflection of everyday Life in Mesopotamia, AOS*75, New Haven, 1993.

NESCHKE-HENTSCHKE, Ada, *Le Timée de Platon. Contributions à l'histoire de sa réception*, Louvain-Paris, Peeters, 2000.

NEWHAUSER, Richard, « *Inter scientiam et populum*: Roger Bacon, Peter of Limoges and the *Tractatus Moralis de Oculo* », in A. Aetsen, K. Emery, A. Speer (éd.), *After the Condemnations of 1277. Philosophy and Theology at the University of Paris in the Last Quarter of the Thirteenth Century. Studies and Texts*, Berlin, 2001, p. 682-703.

NEWHAUSER, Richard, *The Moral Treatise on the Eye*, Turnhout, Brepols, 2012.

NICOLAS, Christian (éd.), *Hôs ephat'*, dixerit quispiam, *comme disait l'autre... : mécanismes de la citation et de la mention dans les langues de l'Antiquité*, Grenoble, Université de Grenoble, 2006.

NICHOLSON, Caroline, NICHOLSON, Oliver, « Lactantius, Hermes Trismegistus and Constantinian Obelisks », *Journal of Hellenic Studies*, 109, 1989, p. 198-200.

NIHAN, Christophe et NOCQUET, Dany, « 1-2 Samuel », in T. Römer, J.-D. Macchi, C. Nihan (éd.), *Introduction à l'Ancien Testament*, Genève, Labor et Fides, 2009, p. 366-374.

NOTHAFT, Philipp C., « Criticism of Trepidation Models », *Archive for History of Exact Sciences*, 71, 2017, p. 211-244.

NOTHAFT, Philipp C., « Climate, Astrology and the Age of the World in Thirteenth-Century Thought: Gilles of Lessines and Roger Bacon on the

Precession of the Solar Apogee », *Journal of the Warburg and Courtauld Institutes*, 77, 2014, p. 35-60.

NOTHAFT, Philipp C., « Origen, Climate Change, and the Erosion of Mountains in Giles of Lessines's Discussion of the Eternity of the World (c. 1260) », *The Mediaeval Journal*, 4, 2014, p. 43-69.

NOTLEY, R. Steven et SAFAI Ze'even, *Eusebius, Onomasticon, The Place Names of Divine Scripture*, Jewish and Christian Perspectives Series 9, Boston-Leyde, 2005.

NUGENT, S. G., « *Tristia* 2 : Ovid and Augustus », in K. Raaflaub, M. Toher (éd.), *Between Republic and Empire: Interpretations of Augustus and his Principate*, Berkeley, University of California Press, 1990, p. 239-257.

NUTTON, Vivian, *La médecine antique*, A. Hasnaoui (trad.), préface de J. Jouanna, Paris, Les Belles Lettres, 2016.

O' HARA, Alexandre (éd.), *Columbanus and the Peoples of Post-Roman Europe*, Oxford, Oxford University Press, 2018.

OLIVAR, Alexandre, « Quelques remarques historiques sur la prédication comme action liturgique dans l'Église ancienne », *Mélanges liturgiques offerts au R.P. Dom Bernard Botte*, Louvain, Abbaye du Mont César, 1972, p. 429-443.

OPSOMER, Carmélia et HALLEUX, Robert, « Marcellus ou le mythe empirique », dans Ph. Mudry et J. Pigeaud (éd.), *Les écoles médicales à Rome*, Genève, Droz, 1991, p. 159-178.

ORSINI, Sarah, « Édition génétique du poème *Crepereia Tryphaena* de Giovanni Pascoli », 2019. URL : https://github.com/SarahOrsini/Edition_genetique_Pascoli_Crepereia-Tryphaena/tree/master/Lecture%20chronologique. Données hébergées sur Github [dernière consultation le 16/11/2020].

ORSINI, Sarah, *Les Carmina de Giovanni Pascoli : édition traduite et commentée d'une sélection de poèmes latins et édition numérique d'une sélection de brouillons*, thèse de doctorat des Universités Lyon 2 et Roma Tre, soutenue en 2019, sous la direction de Bruno Bureau et Giuseppe Leonelli. [prochainement en ligne sur la plateforme Thèses En Ligne].

PAGLIARA, Alessandro, « Giuliano Cesare panegirista di Costanzo II », in A. Marcone (éd.), *L'imperatore Giuliano : realtà storica e rapresentazione*, Firenze, Le Monnier, 2015, p. 87-118.

PALAGIA, Olga et POLLITT, Jerome J. (éd.), *Personal Styles in Greek Sculpture*, Cambridge, Cambridge University Press, 1996 [1998].

PANAGOPOULOS, Spyros P., « La magie comme méthode thérapeutique dans la première période byzantine : les rapports hagiographiques (IVe-VIIe siècles après J.-C.) », *Chronos. Revue d'histoire de l'université de Balamand*, 27, 2013, p. 49-75.

PANTI, Cecilia, « An Astrological Path to Wisdom. Richard de Fournival, Roger Bacon and the Attribution of the Pseudo-Ovidian *De Vetula* », dans *Richard de Fournival et les sciences*, J. Ducos, C. Lucken (éd.), Florence, Sismel-Edizioni del Galluzzo, Micrologus' Library, 88, 2018, p. 363-400.

Parsis-Barubé, Odile, *La Province antiquaire. L'invention de l'histoire locale en France (1800-1870)*, Paris, Éditions du comité des travaux historiques et scientifiques, 2011.

Patterson, Sonia, « Minor initial decoration used to date the Propertius fragment (MS. Leiden Voss. Lat. O. 38) », *Scriptorium*, 28/2, 1974, p. 235-247.

Pattin, Arnaud, *L'anthropologie de Gérard d'Abbeville. Étude préliminaire et édition critique de plusieurs Questions quodlibétiques concernant le sujet, avec l'édition complète du* De cogitationibus, Louvain, Leuven University Press, 1993.

Pauliat, Marie, « *Si manus tua scandalizat te, amputa !* L'exégèse de Mt 18, 7-9 dans le *Sermo* 81 d'Augustin d'Hippone », *Cristianesimo e violenza, gli autori cristiani di fronte a testi biblici 'scomodi'*, Atti del XLIV Incontro di Studiosi dell'Antichità Cristiana, Roma, 5-7 maggio 2016, Roma, Institutum Patristicum Augustinianum, 2018, p. 351-359.

Pauliat, Marie, « Mt 12, 46-50 dans la prédication d'Augustin. Exégèse inclusive et questions de genre », *Revue d'Études Augustiniennes et Patristiques*, n° 65, 2019, p. 73-98.

Pauliat, Marie, *Augustin exégète et prédicateur dans les Sermons sur Matthieu*, Paris, Collection des Études augustiennes, 205, 2020.

Perler, Othmar et Maier, Jean-Louis, *Les voyages de saint Augustin*, Paris, Institut d'Études Augustiniennes, 1969.

Petit, Caroline, *Galien de Pergame ou la rhétorique de la Providence. Médecine, littérature, pouvoir à Rome*, Leyde, Brill, 2018.

Petitmengin, Pierre, « La *Bible* de *Rorigon* », dans H.-J. Martin et J. Vezin (éd.), *Mise en page et mise en texte du livre manuscrit*, Paris, 1990, p. 78-83.

Petitjean, Maxime, « Classicisme, barbarie et guerre romaine : l'image du cavalier dans le monde romain tardif », *Antiquité Tardive*, 22, 2014, p. 255-262.

Petitjean, Maxime, *La cavalleria nel mondo antico. Dagli Assiri alle invasioni barbariche*, Rimini, 21 Editore, 2018.

Pétracos, Basile, *Delphes*, Athènes, Éditions Esperos, 1971.

Petrucci, Armando, « Pouvoir de l'écriture, pouvoir sur l'écriture dans la Renaissance italienne », *Annales, Économies, Sociétés, Civilisations*, n° 4, 1988, p. 823-847.

Piepenbrink, Karen, « Athanasius und die Kaiser », in P. Gemeinhardt (éd.), *Athanasius Handbuch*, Tübingen, Mohr Siebeck, 2011, p. 134-139.

Pierazzo, Elena, *Digital Scholarly Editing: Theories, Models and Methods*, 2014. [https://hal.archives-ouvertes.fr/hal-01182162/document]

Pietri, Charles, « La question d'Athanase vue de Rome (338-360) », dans C. Kannengiesser (éd.), *Politique et théologie chez Athanase d'Alexandrie.*

Actes du colloque de Chantilly, 23-25 septembre 1973, Paris, Beauchesne, 1974, p. 93-126.

PIETRI, Charles, *Roma Christiana. Recherches sur l'Église de Rome, son organisation, sa politique, son idéologie de Miltiade à Sixte III*, Roma, École Française de Rome, 1976.

PIETRI, Charles et PIETRI, Luce, « Église universelle et *Respublica chrìstiana* selon Grégoire le Grand », in *Memorìam sanctorum venerantes. Miscellanea in onore di Mons. Victor Saxer, Studi di Antichità Cristiana*, P.I.A.C., XLVIII, Cité du Vatican, 1992, p. 647-665.

PIGEAUD, Jackie, « Les origines du méthodisme d'après *Maladies aiguës et chroniques* de Caelius Aurelianus », in *I testi di medicina latini antichi. Atti del I Convegno internazionale (Macerata – San Severino M., 23-26 avril 1984)*, Rome, Bretschneider, 1985, p. 321-338.

PIGEAUD, Jackie, *La maladie de l'âme. Étude sur la relation de l'âme et du corps dans la tradition médico-philosophique antique*, Paris, Les Belles Lettres, Collection d'Études Anciennes, volume n° 131, 3e édition, 2006.

PIGNOT, Matthieu, *The Catechumenate in Late Antique Africa*, Leiden, Boston, Brill, 2020.

PIZZANI, Ubaldo, « L'acrostico cristologico della Sibilla (*ORAC. SIB.* 8, 217-250) e la sua versione latina (AUGUST., *CIV. DEI*, 18, 23) », *Cristianesimo Latino e cultura Greca sino al sec. IV.*, XXI Incontro di studiosi dell'antichità cristiana. Roma, 7-9 maggio 1992 (*StEA* 42), Rome, 1993, p. 379-390.

POHL, Walter *et al.*, *Transformations of Romanness. Early Medieval Regions and Identities*, Berlin/Boston, 2018.

POPPÉ, André, « Dans la Russie médiévale, xe-xiiie siècles : écriture et culture », *Annales. Économies, Sociétés, Civilisations*, 16e année, n° 1, 1961, p. 12-35.

POSSAMAI-PÉREZ, Marylène, « L'*Ovide moralisé*, ou la "bonne glose" des *Métamorphoses* d'Ovide », *Regards croisés sur la glose, Cahiers d'Études Hispaniques Médiévales*, n° 38, 2008, p. 181-206.

POSSAMAI-PÉREZ, Marylène, « La faute de Narcisse », *Bien dire et bien aprandre. Revue de Médiévistique*, 2006, n° 24, *Réception et représentation de l'Antiquité*, Villeneuve d'Ascq, Centre d'Études Médiévales et Dialectales de Lille 3, p. 81-97.

POTTER, David S., *The Roman Empire at Bay (AD 180-395)*, Cambridge, Cambridge University Press, 2004.

POUILLOUX, Jean, *Choix d'inscriptions grecques*, Paris, Les Belles Lettres, 1960.

POULLE, Emmanuel, « La date de naissance de Louis VIII », *Bibliothèque de l'École des chartes*, 145, 2, 1987, p. 427-430.

POULLE, Emmanuel, « Bernard de Verdun et le turquet », *Isis*, 55, 1964, p. 200-208.

PROCACCINI, Camillo, *Ambrogio ferma Teodosio sulla porta della Basilica*, dans *Ambrogio, L'immagine e il volto. Arte dal XIV al XVII secolo*, Marsilio, Venezia, 1998.

PROST, François, « *Humanitas*, originalité d'un concept cicéronien », dans *L'Art du comprendre, Philosophies de l'humanisme*, nº 15, 2006, p. 31-46.

PROU, Maurice, « Fragment d'ardoise du Moyen Âge trouvé à Foigny », *Bibliothèque de l'École des Chartes*, 1890, t. LI, p. 268-269.

PROU, Maurice, *Manuel de paléographie latine et française du VIe au XVIIe siècle*, Paris, A. Picard, 1890.

PROUST, Catherine, *Textes mathématiques de Nippur*, Paris, Publications de l'Institut français d'Études Anatoliennes, 2007.

PUECH, Émile, « Qumrân Grotte 4, XVIII », *Discoveries in the Judean Desert*, XXV, Oxford, Clarendon Press, 1998.

PUECH, Émile, « Les manuscrits de Qumrân inspirés du Livre de Josué », *Revue de Qumrân* 28 (1) (107), 2016, p. 45-116.

QUANTIN, Jean-Louis, *Le catholicisme classique et les Pères de l'Église, Un retour aux sources (1669-1713)*, Paris, Institut d'Études Augustiniennes, 1999.

QUICHERAT, Jules, « Jean de Meung et sa maison à Paris », *Bibliothèque de l'École des Chartes*, nº 41, 1880, p. 46-52.

RAAFLAUB, Kurt, Athens « Ideologie der Macht und die Freiheit des Tyrannen », in J. M. Balcer, H. J. Gehrke, K. Raaflaub (éd.), *Studien zum Attischen Seebund*, Constance, Universitätsverlag Konstanz, 1984, p. 43-86.

RATTI, Stéphane, « L'Europe est-elle née dans l'Antiquité ? », *Anabases* 1, 2005, p. 193-211.

REBILLARD, Éric, « Interaction between the Preacher and his Audience. The Case-Study of Augustine's Preaching on Death », *Augustine and his opponents, Jerome, other latin Fathers after Nicaea*, Papers presented at the Twelfth International Conference on Patristic Studies held in Oxford 1995, E.A. Livingstone (éd.), Leuven, Peeters, 1997, p. 86-96.

REBILLARD, Éric, « Sermons, Audience, Preacher », *Preaching in the Patristic Era. Sermons, Preachers, and Audiences in the Latin West*, A. Dupont, Sh. Boodts, G. Partoens, J. Leemans (éd.), Leiden, Brill, 2018, p. 87-102.

REEVE, Michael, « Dust and Fudge », in *A.E. Housman classical scholar*, D. Butterfield and C. Stray (éd.), London, Duckworth, 2009. p. 139-152.

RÉGENT-SUSINI, Anne, *Bossuet et la rhétorique de l'autorité*, Paris, Honoré Champion, 2011.

REINER, Érica, « The Etiological Myth of the "Seven Sages" », *Orientalia* 30, 1961, p. 1-11.

RENARD, Étienne, « Administrer des biens, contrôler des hommes, gérer des revenus par l'écrit au cours du premier Moyen Âge », dans *Décrire, inventorier, enregistrer entre Seine et Rhin au Moyen Âge*, Paris, 2012, p. 7-36.

REUSENS (chanoine Edmond), *Éléments de paléographie*, Louvain, chez l'auteur, 1899.

REYDELLET, Marc, « La diffusion des Origines d'Isidore de Séville au Haut Moyen Âge », *Mélanges d'archéologie et d'histoire*, t. 78, n° 2, 1966, p. 383-437.

RHODES, Peter John et OSBORNE, Robin, *Greek Historical Inscriptions (404-323)*, Oxford, Oxford Univ. Pr, 2003.

RIBIER (DE), Louis, « Le Dictionnaire du Cantal. Son auteur et ses collaborateurs posthumes (1824-1861) », *Revue de la Haute-Auvergne*, t. 28, 1935-1936, p. 345-366.

RICHÉ, Pierre, « L'idée d'Europe sous les carolingiens (VIIIe-Xe siècles) », dans O. Wattel-De-Croizant et C. de Bartillat (éd.), *D'Europe à l'Europe – I. Le mythe de l'Europe dans l'art et la culture de l'Antiquité au XVIIIe siècle*, Tours, Caesarodunum XXXI bis, Éditions du Centre de recherches Piganiol, 2002, p. 149-153.

RICHÉ, Pierre, *Les lumières de l'an mille*, Paris, CNRS Éditions, 2013.

RICŒUR, Paul, *Temps et récit. 1. L'intrigue et le récit historique*, Paris, Éditions du Seuil, 1983.

RIDGWAY, David, *The First Western Greeks*, Cambridge, Cambridge Univ. Pr, 1992.

RIVIÈRE, Yann, *Germanicus*, Paris, Perrin, 2016.

ROBATHAN, Dorothy M., « Introduction to the Pseudo-Ovidian, *De Vetula* », *Transactions and Proceedings of the American Philological Association*, 88, 1957, p. 197-207.

ROILOS, Panagiotis, « *Phantasia* and the Ethics of Fictionality in Byzantium: A Cognitive Anthropological Perspective », in Panagiotis Roilos, *Medieval Greek Storytelling. Fictionality and Narrative in Byzantium*, Wiesbaden, Harrassowitz Verlag, 2014, p. 9-30.

RÖMER, Thomas, « D'Abraham à la conquête, l'Hexateuque et l'histoire d'Israël et de Juda », *RSR*, 103-1, 2015, p. 51-53.

RÖMER, Thomas, « Josué », dans T. Römer, J.-D. Macchi et C. Nihan (éd.), *Introduction à l'Ancien Testament*, Genève, Labor et Fides, 2009, p. 251-263.

ROMEYER DHERBEY, Gilbert, *Les choses mêmes. La pensée du réel chez Aristote*, Lausanne, Éditions L'Âge d'Homme, 1983.

RONDET, Henri, « Essais sur la chronologie des *Enarrationes in Psalmos* de saint Augustin », *Bulletin de littérature ecclésiastique*, n° 71, 1970, p. 174-200.

ROSANVALLON, Pierre, *Le moment Guizot*, Paris, Gallimard, 2003.

ROSATI, Gianpiero, *Narciso e Pigmalione. Illusione e spettacolo nelle* Metamorfosi *di Ovidio*, Florence, Sansoni Editore, 1983.

ROSEN, Klaus, *Studien zur Darstellungskunst und Glaubwürdigkeit des Ammianus Marcellinus*, diss. Univ. Mannheim, 1968.

ROSS, Alan J., « The Constantinians' Return to the West: Julian's Depiction of Constantius II in Oration 1 », in D. P. W. Burgersdijk, A. J. Ross (éd.), *Imagining Emperors in the Later Roman Empire*, Leiden, Brill, 2018, p. 185-203.

ROSTAGNI, Augusto, *Giuliano l'Apostata. Saggio critico con le operette politiche e satiriche tradotte e commentate*, Torino, Fratelli Bocca, 1920.

ROTH, Roman, « Pyrrhic Paradigms: Ennius, Livy and Ammianus Marcellinus », *Hermes*, 138, 2010, p. 171-195.

ROTHENBURG, Karl Heinz von, *Geschichte und Funktion von Abbildungen in lateinischen Lehrbüchern : ein Beitrag zur Geschichte des textbezogenen Bildes*, Frankfurt, Peter Lang, 2009.

ROUCHE, Michel, *Les racines de l'Europe. Les sociétés du haut Moyen Âge. 568-888*, Paris, Fayard, 2003.

ROUSE, Richard H., « The Early Library of the Sorbonne », *Scriptorium* 21, 1967, p. 42-71.

ROUSE, Richard H., ROUSE, Mary, « The Book Trade at the University of Paris c. 1250-c. 1350 », dans L. J. Bataillon, B. G. Guyot, R. H. Rouse, (éd.), *La production du livre universitaire au Moyen Âge. Exemplar et Pecia. Actes du symposium tenu au Collège San Bonaventura de Grottaferrata en mai 1983*, Paris, CNRS Éditions, 1988, p. 41-113.

ROUSE, Richard H., « Manuscripts belonging to Richard de Fournival », *Revue d'histoire des textes*, 3, 1973, p. 253-269.

ROY, Bruno, « Richard de Fournival, auteur du *Speculum Astronomie* ? », *Archives d'Histoire Doctrinale et Littéraire du Moyen Âge*, 67, 2000, p. 159-180.

ROBERTS, Michael, « The Treatment of Narrative in Late Antique Literature. Ammianus Marcellinus (16.10), Rutilius Namatianus and Paulinus of Pella », *Philologus*, 132, 1988, p. 181-195.

ROWLAND, Ingrid D., *The Culture of High Renaissance: Ancients and Moderns in Sixteenth-Century Rome*, Cambridge-New York, Cambridge University Press, 1998.

SABBAH, Guy, *La méthode d'Ammien Marcellin. Recherches sur la construction du discours historique dans les Res Gestae*, Paris, Les Belles Lettres, 1978.

SALVO-GARCIA, Irène, « Les *Métamorphoses* et l'histoire ancienne en France et en Espagne (XIIIe-XIVe) : l'exemple des légendes crétoises (*Mét.* VII-VIII) », dans S. Biancardi, P. Deleville, F. Montorsi, M. Possamaï-Pérez (éd.), *Ovidius explanatus. Commenter et traduire les Métamorphoses au Moyen Âge*, Classiques-Garnier, *Ovidiana*, 2018, p. 235-258.

SALVO-GARCIA, Irène, « Introduction aux sources de l'*Ovide moralisé* », *Ovide Moralisé, Livre I*, t. I, SATF, Paris, 2018, p. 193-210.

SAVOIE, Philippe, *La construction de l'enseignement secondaire. Aux origines d'un service public*, Lyon, ENS, 2013.

SAVON, Hervé, *Ambroise de Milan (340-397)*, Paris, Desclée, 1997.

SAVON, Hervé, « Doit-on attribuer à Ambroise le *De Sacramentis* ? », *Ambrogio e la liturgia*, R. Passarella (éd.), Milan, Biblioteca Ambrosiana, Bulzoni, 2012, p. 23-45.

SELA, Shlomo, « The Abraham ibn Ezra – Peter of Limoges Astrological – Exegetical Connection », *Aleph*, 19, 2019, p. 9-57.

SCHERRER, Gustav, *Verzeichnis der Handschriften der Stifsbibliothek von St. Gallen*, St. Gallen, 1875.

SCHMUKI, Karl, *Cimelia Sangallensia : hundert Kostbarkeiten aus der Stiftsbibliothek St. Gallen*, Sankt Gallen, Halle, 1998.

SCHŒNEKER, A., « Saint Jean Chrysostome dans les *Œuvres oratoires* de Bossuet : Parcours préliminaire à une étude textuelle », *Revue Bossuet*, n° 1, 2010, p. 91-116.

SESTILI, Antonio, *L'equitazione nell'antica roma. Cavalli e cavalieri negli scrittori latini*, Roma, Aracne, 2011.

SHAPIRO, H.A., « "Hêrôs Theos": The Death and Apotheosis of Herakles », *Classical World*, 77, 1983, p. 7-18.

SHELTON, Kathleen J., « Usurper's Coins: the Case of Magnentius », *Byzantinische Forschungen*, 8, 1982, p. 211-235.

SHERIDAN, Paul, « Les inscriptions sur ardoise de l'abbaye de Villers », *Annales de la Société d'Archéologie de Bruxelles*, 9, 1895, p. 359-362 et p. 454-459 ; 10, 1896, p. 203-215 et p. 404-451.

SHERIDAN, Paul, « Les inscriptions sur ardoise de l'abbaye de Villers », *Annales de la Société d'Archéologie de Bruxelles*, 10, 1896, p. 203-215 et p. 404-451.

SHOONER, Hugues, « La production du livre par la *pecia* », dans L. J. Bataillon, B. G. Guyot, R. H. Rouse (éd.), *La production du livre universitaire au Moyen Âge. Exemplar et Pecia. Actes du symposium tenu au Collège San Bonaventura de Grottaferrata en mai 1983*, Paris, CNRS Éditions, 1988, p. 17-30.

SHORT, William M., « Eating your Words: "Oral" Metaphors of Auditory Perception in Roman Culture », *I Quaderni del Ramo d'Oro*, 2, 2009, p. 111-123.

SIDÉRIS, Georges, « Jouer du poil à Byzance : anges, eunuques et femmes déguisées en moines », dans M.-F. Auzépy, J. Cornette (éd.), *Histoire du poil*, Paris, Belin, 2011, p. 93-114.

SMIRNOV, Konstantin, « Sauromates et Sarmates », *Dialogues d'histoire ancienne* 6, 1980, p. 139-154.

SMITH, A. Mark, « Ptolemy, Alhacen, and Ibn Mu'adh and the Problem of Atmospheric Refraction », *Centaurus*, 45, 2003, p. 100-115.

SMITH, Marc, « De la cire au papyrus, de la cire au papier : deux mutations de l'écriture ? », in *Gazette du livre médiéval*, n° 43, 2003, p. 1-13.

SMITH, Marc, « L'écriture de la chancellerie de France au XIVe siècle : observations sur ses origines et sa diffusion en Europe », dans F. Lackner, O. Kresten (éd.), *Régionalisme et internationalisme : problèmes de paléographie et de codicologie du Moyen Âge*, actes du XVe colloque du Comité international de paléographie latine (Vienne, 13-17 septembre 2005), Vienne, Verlag der Österreichische Akademie der Wissenschaften, 2008, p. 279-298.

SOLER, Albert, « Ramon Lull and Peter of Limoges », *Traditio*, 48, 1993, p. 93-105.

SORDI, Marta, « Europa e Occidente nel mondo classico », dans *D'Europe à l'Europe. I. Le mythe d'Europe dans l'art et la culture de l'Antiquité au XVIIIe siècle*, R. Poignault & O. Wattel-de Croizant (éd.), Tours, Centre de Recherches A. Piganiol, 1998, p. 55-59.

SORIA MOLINA, David, « Cataphracti y clibanarii : la caballería pesada del ejército romano, de Severo Alejandro a Justiniano », *Aquila Legionis*, 15, 2012, p. 117-163.

SOUBIRAN, Jean, *Essai sur la versification dramatique des Romains*, Paris, Éditions du CNRS, 1988.

STEEL, Carlos, « Plato Latinus », dans J. Hamesse, C. Steel, M. Fattori (éd.), *Rencontres de cultures dans la philosophie médiévale, traductions et traducteurs de l'antiquité tardive au XIVe siècle*, Louvain-la-Neuve, Université catholique de Louvain, Cassino, Università degli studi di Cassino, 1990, p. 301-316.

STEEL, Carlos, « Das neue Interesse für den Platonismus am Ende des 13. Jahrhunderts », in T. Kobusch et B. Mojsisch (éd.), *Platon in der abendländischen Geistesgeschichte : neue Forschungen zum Platonismus*, Darmstadt, Wissenschaftliche Buchgesellschaft, 1997, p. 120-133.

STEINMAN, Jean, *Richard Simon et les origines de l'exégèse biblique*, Paris, Desclée de Brouwer, 1960.

STIENNON, Jacques, *Paléographie du Moyen Âge*, Paris, A. Colin, 1973.

STIRNEMANN, Patricia, « Private Libraries Privately Made », in *Medieval Manuscripts, Their Makers and Users: A Special Issue of Viator in Honor of Richard and Mary Rouse*, Turnhout, Brepols, 2011, p. 185-198.

STOLF, Serge, « L'Europe et ses "Européens" vus par Enea Silvio Piccolomini (1458) », *Cahiers d'études italiennes [En ligne]*, 27, 2018. URL : http://journals.openedition.org/cei/5225.

STRECK, Maximilian, *Assurbanipalund die letzten assyrischen Könige bis zum Untergange Niniveh's*, Leipzig, Hinrichs, 1916.

SUMNER, Graham V., *The Orators in Cicero's Brutus. Prosopography and Chronology*, Toronto-Buffalo, University of Toronto Press, 1993.

SYME, Ronald, *History in Ovid*, Oxford, Clarendon Press, 1978.

SWAIN, Simon C. R., « Hellenic Culture and the Roman Heroes of Plutarch », in Barbara Scardigli (éd.), *Essays on Plutarch's Lives*, Oxford, Clarendon, 1995, p. 229-264.

TALON, Philippe, « Le Mythe d'Adapa », *Studi epigrafici e linguistici sul Vicino Oriente antico*, vol. 7, 1990, p. 43-57.

TANTILLO, Ignazio, *La prima orazione di Giuliano a Costanzo*, Roma, L'Erma di Bretschneider, 1997.

TANTILLO, Ignazio, « Memmius Vitrasius Orfitus : "signo" Honorius ? », *Zeitschrift für Papyrologie und Epigraphik*, 190, 2014, p. 271-278.

TARRANT, Richard John, « Lucan », L. D. Reynolds (éd.), *Texts and transmission: a Survey of Latin Classics*, Oxford, Clarendon Press, 1983, p. 215-218.

TAUPIN, Marie-Claude, « Le hameau de Trainecourt, XIIIe-XVe siècle », *Ruralia, pamàtky archeologické, Supplementum*, 5, 1996, p. 211-216.

TEI Critical Apparatus Toolbox, développé par Marjorie Burghart (http://teicat.huma-num.fr/credits.php. Outil hébergé par Huma-Num [dernière consultation le 16/11/2020]).

TEI Consortium, eds. « 11.2 : Combining Transcription with Fac-similé », *TEI P5 : Guidelines for Electronic Text Encoding and Interchange.* [Version 4.1.0]. [Last updated on 19-08-2020]. TEI Consortium. URL : https://www.tei-c.org/release/doc/tei-p5-doc/en/html/index.html. Site hébergé par le consortium TEI [Dernière consultation le 20/09/19].

TEMKIN, Owsei, *Galenism. Rise and Decline of a Medical Philosophy*, Ithaca et Londres, Cornell University Press, 2e édition, 1974.

TERROINE, Anne et FOSSIER, Lucie, « Le chartrier de l'abbaye Saint-Magloire de Paris », *Revue Mabillon*, 1998, p. 181-208.

TERROINE, Anne et FOSSIER, Lucie, *Chartes et documents de l'abbaye de Saint-Magloire*, t. I, Paris, CNRS Éd., 1998.

THONNARD, François-Joseph, « Saint Jean Chrysostome et saint Augustin dans la controverse pélagienne », *Revue des Études Byzantines*, 25, 1967, p. 189-218.

THOMSON, Glenn L., « Constantius II and the First Removal of the Altar of Victory », in J.-J. Aubert, Z. Varhelyi (éd.), *Tall Order. Writing the Social History of the Ancient World. Essays in Honor of William V. Harris*, München-Leipzig, K. G. Saur, 2005, p. 85-107.

THOMSON, Rodney, « William Reed, Bishop of Chichester (d. 1385) – Bibliophile? », in *The Study of Medieval Manuscripts of England*, G. H. Brown, C. F. Briggs (éd.), *The Study of Medieval Manuscripts of England: Festschrift in Honor of Richard W. Pfaff*, Turnhout, Brepols, 2010, p. 281-294.

THOMSON, Ron B., « Jordanus de Nemore: Opera », *Mediaeval Studies*, 1976, p. 120-124.

THORNDIKE, Lynn, *Latin Treatises on Comets, 1238-1368 A.D.*, Chicago, Chicago University Press, 1950, p. 196-201.

THORNDIKE, Lynn, « Franco de Polonia and the Turquet », *Isis*, 36, 1945, p. 6-7.

THORNDIKE, Lynn, « Of the Cylinder Called the Horologe of Travelers », *Isis* 13 :1, 1929, p. 51-52.

THUNØ, Erik, *The Apse Mosaic in Early Medieval Rome. Time, Network, and Repetition*, New York, Cambridge University Press, 2015.

TORRE, Carlo, *Il ritratto di Milano, diuiso in tre libri*, Milan, 1714. Disponible en ligne le 16/12/2018 : https://archive.org/details/dimilanodiuisoin00torr.

TOUBERT, Pierre, « Tout est document », dans J. Revel, J.-C. Schmitt (éd.), *L'ogre historien, autour de Jacques Le Goff*, Paris, Gallimard, 1998, p. 85-105.

TOURRAIX, Alexandre, « Europe, entre la Grèce et l'Orient », dans *D'Europe à l'Europe. I. Le mythe d'Europe dans l'art et la culture de l'Antiquité au XVIIIe siècle*, R. Poignault & O. Wattel-de Croizant (éd.), Tours, Centre de Recherches A. Piganiol, 1998, p. 61-70.

TOYNBEE, Jocelyn M. C., « Roma and Constantinopolis in Late-Antique Art from 312 to 365 », *Journal of Roman Studies*, 37, 1947, p. 135-144.

TUILIER, André, « La bibliothèque médiévale de Sorbonne et ses livres enchaînés », *Mélanges de la bibliothèque de la Sorbonne*, 2, 1981, p. 7-41.

TREADGOLD, Warren, *A History of the Byzantine State and Society*, Stanford, Stanford University Press, 1997.

TUILIER, André, « La bibliothèque médiévale de Sorbonne et ses livres enchaînés », *Mélanges de la bibliothèque de la Sorbonne*, 2, 1981, p. 7-41.

UEDING, Gert (éd.), *Historisches Wörterbuch der Rhetorik*, Tübingen, M. Niemeyer, 1992-2015.

ULLMAN, B.L., « Geometry in the Medieval Quadrivium », *Studi di Bibliografia e di storia in onore di Tammaro de Marinis*, 4, 1964, p. 263-285.

ULLMAN, B.L., « The library of the Sorbonne in the Fourteenth Century », in *The Septicentennial Celebration of the Founding of the Sorbonne College in the University of Paris*, Chapel Hill, University of North Carolina Press, 1953, p. 33-47.

VANDERSPOEL, John, *Themistius and the Imperial Court. Oratory, Civic Duty, and Paideia from Constantius to Theodosius*, Ann Arbor, The University of Michigan Press, 1995.

VELAZQUEZ SORIANO, Isabel, *Las pizarras visigoda : entre el latín y su disgregación, la lengua hablada en Hispania, siglos VI-VIII*, Burgos, Fundacion Instituto Castellano Leonés de la Lengua, 2004.

VERA, Domenico, *Commento storico alle Relationes di Quinto Aurelio Simmaco*, Pisa, Giardini, 1981.

VERBRAKEN, Pierre-Patrick, *Études critiques sur les sermons authentiques de saint Augustin*, Turnhout, Brepols, 1976.

VERBRAKEN, Pierre-Patrick, « Les éditions successives des *Sermons* de saint Augustin », Troisième centenaire de l'édition mauriste de Saint Augustin. Communications présentées au colloque des 19 et 20 avril 1990, Paris, Institut d'Études Augustiniennes, 1990, p. 157-167.

VERBRUGGHE, Gerald et WICKERSHAM, John, *Berossos and Manetho Introduced and Translated. Native Traditions in Ancient Mesopotamia and Egypt*, Ann Arbor, Michigan, University of Michigan Press, 2000.

VICTOR, Stephen K., *Practical Geometry in the High Middle Ages:* Artis cuiuslibet consummatio *and the* Pratike de geometrie, Philadelphie, American Philosophical Society, 1979.

VITIELLO, Massimiliano, « La vicenda dell'obelisco lateranense tra versione ufficiale e tradizione senatoria : Magnenzio, Costanzo e il senato di Roma », *Mediterraneo antico*, 2, 1999, p. 359-408.

VODOFF, Wladimir, « Les documents sur écorce de bouleau de Novgorod », *Journal des Savants*, n° 4, 1966, p. 193-233.

VODOFF, Wladimir, « Les documents sur écorce de bouleau de Novgorod, découvertes et travaux récents »,*Journal des Savants*, n° 3, 1981, p. 229-281.

VOISIN, D., *Les cercles littéraires à Rome à l'époque d'Auguste*, thèse de doctorat de l'Université Bordeaux Montaigne, soutenue en 2000 sous la direction d'Alain Deschamps (exemplaire dactylographié).

WAHNICH, Sophie et ZAOUI, Pierre, « Présentisme et émancipation, entretien avec François Hartog », *Vacarme*, 53, 8 novembre 2010, URL : https://vacarme.org/article1953.html

WALKER, Henry, *Theseus and Athens*, Oxford, Oxford University Press, 1995.

WARD-PERKINS, Bryan, « Old and New Rome Compared », in L. Grig, G Kelly (éd.), *Two Romes. Rome and Constantinople in Late Antiquity*, Oxford 2012, p. 53-78.

WEIJERS, Olga, *Le travail intellectuel à la Faculté des arts de Paris : textes et maîtres (c. 1200-1500). VII. Répertoire des noms commençant par P*, Turnhout, Brepols, 2007, p. 196-199.

WEISS, Valentine, *Étude de topographie parisienne : la censive de Saint-Martin-des-Champs à Paris du* XIII*e* *au début du* XV*e* siècle, Thèse pour le diplôme d'archiviste paléographe, 1993.

WEISS, Valentine, *Cens et rentes à Paris au Moyen Âge. Documents et méthodes de gestion domaniale*, 2 vol., Paris, Honoré Champion, 2009.

WESTALL, Richard, « Constantius II and the Basilica of St. Peter in the Vatican », *Historia*, 64.2, 2015, p. 205-242.

WHEELER, Stephen, *A Discourse of Wonders, Audience and Performance in Ovid's* Metamorphoses, Philadelphia, University of Pennsylvania Press, 1999.

WILLIAMS, Gareth D., *Banished Voices: Readings in Ovid's Exile Poetry*, Cambridge, Cambridge University Press, 1994.

WILSON, Nigel Guy, *Scholars of Byzantium*, London, G. Duckworth, 1983.

WOLSKA-CONUS, Wanda, « Palladios – le "Pseudo-Galien" (Ὁ Νεώτερος Ἐξηγητής) – dans le commentaire de Stéphanos d'Athènes aux *Aphorismes* d'Hippocrate », *Revue des études byzantines*, 58, 2000, p. 5-68.

WOLSKA-CONUS, Wanda, « Stéphanos d'Athènes et Stéphanos d'Alexandrie : Essai d'identification et de biographie », *Revue des études byzantines*, 47, 1989, p. 5-89.

WOLSKA-CONUS, Wanda, « Un "Pseudo-Galien" dans le commentaire de Stéphanos d'Athènes aux *Aphorismes* d'Hippocrate », *Revue des études byzantines*, 56, 1998, p. 5-78.

WOODMAN, Tony et WEST, David (éd.), *Poetry and Politics in the Age of Augustus*, Cambridge, Cambridge University Press, 1984.

WREDE, Henning, « Zur Errichtung des Theososiusobelisken in Istanbul », *Istanbuler Mitteilungen*, 16, 1966, p. 178-198.

WRIGHT, Wilmer Cave, *The Works of Emperor Julian*, I, London-Cambridge, Heinemann et Macmillan, 1913.

WYKE, Maria, « Written Women: Propertius' *Scripta Puella* », *JRS*, 77, 1987, p. 47-61.

YEZERSKI, Irit, « Burial-Cave Distribution and the Borders of the Kingdom of Judah toward the End of the Iron Age », *Tel Aviv* 26-2, 1999, p. 253-270.

ZAKYTHINOS, Dionysios A., « Continuité de l'Empire romain à Constantinople », in *La nozione di « romano » tra cittadinanza e universalità*, Naples, ESI – Edizioni Scientifiche Italiane, 1984, p. 231-245.

ZANKER, Paul, *The Power of Images in the Age of Augustus*, « Jerome Lectures » n° 16, Ann Arbor, The University of Michigan Press, 1988 [édition anglaise de *Augustus und die Macht der Bilder*, Munich, 1987].

ZARB, Seraphim M., *Chronologia Enarrationum S. Augustini in Psalmos*, Valetta, St Dominic's Priory, 1948.

ZEPEDA, Henry, *The First Latin Treatise on Ptolemy's Astronomy: The Almagesti minor (c. 1200)*, Turnhout, Brepols, 2019.

ZELLER, Hans, « L'édition génétique dans le domaine germanique moderne : origine et développements », I. Vodoz (trad.), *Genesis. Manuscrits-Recherche-Invention*, p. 29-44, 1996.

ZIETSMAN, Johan Christoff, « Persius on Greeks, Jews and Barbarians », *Akroterion*, 42, 1997, p. 94-109.

ZIMMERMANN, Karl, « Hérodote IV, 36, 2 et le développement de l'image du monde d'Hécatée à Hérodote », *Ktèma* 22, 1997, p. 285-298.

ZOSSO, François et ZINGG, Christian, *Les empereurs romains (27 av. J.-C.-476 ap. J.-C.)*, Paris, Éditions Errance, 2002.

ZUBER, Roger, BURY, Emmanuel (Postf.), *Les « Belles infidèles » et la formation du goût classique : Perrot d'Ablancour et Guez de Balzac*, Paris, Albin Michel, 1995 (Nouvelle édition revue et augmentée.)

DOCUMENTS ET USUELS

Abrégé chronologique de l'histoire ecclésiastique, Tome Second depuis l'année 801 jusqu'à l'année 1400 de l'ère chrétienne, Paris, chez Herissant fils, 1778.

Bulletin administratif de l'Instruction publique, t. 3, n° 33, Paris, Dupont, 1852.

Bulletin administratif de l'Instruction publique, t. 17, n° 340, Paris, Dupont, 1874.

Bulletin administratif de l'Instruction publique, t. 23, n° 456, Paris, Dupont, 1880.

Bulletin administratif de l'Instruction publique, t. 48, supplément au n° 922, 1890.

Bulletin administratif de l'Instruction publique, t. 71, n° 1522, 1902.

Bulletin universitaire contenant les décrets, règlements et arrêtés relatifs à l'instruction publique, t. 7, année 1838, n° 134, Paris, Dupont Paul et Cie.

Corpus Inscriptionum Latinarum Realencyclopädie.

Dictionnaire de spiritualité, ascétique et mystique, doctrine et histoire, fondé par M. Viller, F. Cavallera, J. de Guibert, s. J., Paris, Beauchesne, 1982.

Dictionnaire historique de la Langue française, sous la direction d'A. Rey, Paris, Le Robert, 2006.

Histoire littéraire de France, t. XXIIII fin du treizième siècle, Paris, Firmin Didot, 1856.

Inventaire du mobilier de Charles V, roi de France, Labarte Jules (éd.), Paris, Imprimerie Nationale, 1879.

LAUER, Philippe, *Recueil des actes de Charles III le Simple, roi de France*, 2 vol., Paris, Imprimerie nationale, 1940-1949 (Chartes et diplômes relatifs à l'histoire de France).

Lexicon Iconographicum Mythologiae Classicae, IV.1, Zürich et Munich, Artemis verl, 1988.

Mittellateinisches Wörterbuch : bis zum ausgehenden 13. Jahrhundert. II, Summa theologiae, München, 1967.

Programme officiel des matières d'examen du baccalauréat ès-lettres, Paris, Hachette, 1841.

Recueil de Lois et Règlements concernant l'Instruction publique, depuis l'édit de Henri IV, en 1598, jusqu'à ce jour, Paris, Brunot-Labbé, 1814-1828.

Le Registre de prêt de la bibliothèque du collège de Sorbonne (1402-1536). Diarium Bibliothecae Sorbonae. Paris, Bibliothèque Mazarine, ms. 3323, J. Vielliard, M.-H. Jullien de Pommerol, J. Monfrin (éd.), Paris, CNRS Éditions, 2000.

WELLMANN, Max, *Realencyclopädie* V, col. 1256-1258, s.u. « Caelius Aurelianus » n° 18, Stuttgart, 1897.

INDEX DES NOMS D'AUTEURS / D'ARTISTES

ABHOMADI MALFEGEYR : 403
ABRAHAM IBN EZRA : 199, 390-391, 403, 411
ADRAGATHIUS : 524
ALBERT LE GRAND : 197, 212, 227, 231, 420
AMBROISE DE MILAN : 133-135, 137, 335, 525-538
AMMIEN, Marcellin : 94-138
ANAXAGORE : 474
APELLE : 531
APOLLOPHANE : 503
APPIEN : 102-103, 170-171, 176-178, 184
APULÉE DE MADAURE : 191, 195, 199-200, 209-211, 305, 481
ARCIMBOLDO, Giuseppe : 532
ARÉTÉE DE CAPPADOCE : 486-488, 491-494
ARISTIDE : 563, 616
ARISTOTE : 190, 194-200, 375, 383, 392, 427, 473, 483, 491, 529, 569, 574-578, 581, 585
PSEUDO-ARISTOTE : 189-212
ARNOUL DE LA PIERRE : 388
ARNOUL D'ORLÉANS : 218-222, 229-232
ARRIEN : 106, 577
AUGUSTIN D'HIPPONE : 195, 211, 331-347, 475, 479, 522, 526, 530, 539-545
AUXENCE DE MILAN : 525-527

BACON, Roger : 408, 420-421, 432
BARTHOLOMÉE DE MESSINE : 189, 200-202, 209-211
BERNARD DE VERDUN : 408
BÉROSE : 467-469
BERSUIRE, Pierre : 234-237
BLONDUS, Flavius : 101-102
BOÈCE : 195-203, 396-397, 403
BRADWARDINE, Thomas : 205-208

CARPOCRATE : 531
CASSIUS, Félix : 479
CATON : 319
CELSE : 480, 487, 490, 496, 503-505
CHRÉTIEN DE TROYES : 222
CHRISTINE DE PIZAN : 240-241
CHRONICON PASCHALE : 93
CICÉRON (Marcus Tullius Cicero) : 76, 110, 178, 180, 182-183, 188, 305-313, 320, 503, 531, 536
CLAUDIEN : 114
COQUILLART, Guillaume : 236
CORNELIUS GALLUS : 115
COUSIN, Victor : 560-561

DÉMOSTHÈNE : 175, 576, 580, 585
DENYS DE MILAN : 527
DENYS D'HALICARNASSE : 169-179, 186-187
DIODORE DE SICILE : 473, 573, 575
DIOGÈNE LAËRCE : 474
DIOSCORIDE : 481, 507-519

EMPÉDOCLE D'AGRIGENTE : 504
ESCHYLE : 176, 569, 577, 582
EUCLIDE : 402-403, 421, 427, 466

Eudoxe de Constantinople : 531
Euripide : 42, 175-176
Eusèbe de Césarée : 31-34, 467
Eustathe : 473
Évrart de Conty : 239

Fagnani, Giovanni Marco (Fannianus Johannes Marcus) : 521-537
Flavius, Josèphe : 30-31, 467
Florus : 102-103
Fontanes, Louis (de) : 557

Galien de Pergame : 481-482, 487, 493, 504-505, 507-519
Gallus, frère de l'empereur Julien : 124
Gérard d'Abbeville : 375-379, 382-387, 391, 394-397, 406-407, 412-414, 420-423, 426, 429-431
Gilles de Lessines : 424, 432
Gilles de Thebaldis : 409-410
Grégoire le Grand : 226, 589-590
Guillaume de Lorris : 162-163, 236
Guillaume de Saint-Cloud : 407-408, 410, 432
Guillaume II de Villehardouin : 376
Guizot, François : 560

Hécatée de Milet : 571-572
Héraclide de Tarente : 482-483, 487, 490, 497, 500-502
Héraclius, Stéphanos : 509
Heynlin, Jean de : 529
Hippocrate : 480, 482-485, 487, 490, 496, 501, 508-509, 569, 573-577, 579-580, 583, 585
Homère : 176-177, 566, 576, 582
Honorat de Verceil : 530
Horace : 76, 301, 305-307, 313
Hortensius : 531
Hugues (moine et scripteur de Saint-Germain-des-Prés) : 410
Hugues (abbé de Fleury) : 362

Isidore de Séville : 155-156, 226-227, 305, 589
Isocrate : 42, 569, 574, 578, 581-582, 584-585

Jean de Garlande : 218, 220, 222, 229, 231-233, 235
Jean de Meung : 162-163, 236
Jean de Tynemouth : 402

Kallistratos : 515

Libanios : 110, 129
Lucain : 315-330, 416, 433, 440
Lucilius : 301-313
Lysias : 583-585

Maïmonide : 197, 205-208, 605
Martin de Tours : 530
Maxence : 113, 125-126, 133
Molinet, Jean : 240

Neckam, Alexandre : 229, 231-233, 235
Nicolas de Sicile : 189, 200-202, 209-211
Nicolas de Vrigny : 382-385

Origène : 241, 333

Paulin de Milan : 522, 524-530, 537
Paulin de Pella : 111
Pausanias : 44, 48
Peintre de Cléophradès (le) : 43, 55-56
Pierre de Limoges : 377, 388, 406-433
Pierre Lombard : 383
Pietro d'Abano : 198-204
Pinel, Philippe : 506
Pittacos de Mytilène : 474
Platon : 126, 132, 175, 177, 190-191, 193-198, 200-206, 345, 380, 410, 418, 474, 504, 569, 574, 576, 580
Pline l'Ancien : 65, 305, 440, 481, 490
Plutarque : 42, 102-104, 169-178, 184, 186-187
Poirson, Auguste : 558

PROCLUS/PROKLOS : 120-121, 196-197, 205-206
PROPERCE : 83
PTOLÉMÉE : 194, 401, 409-410, 422, 424-426, 430, 510
PYTHAGORE : 466, 474

QUINTILIEN : 86-87, 110, 302, 305

RICHARD DE FOURNIVAL : 376-377, 385-398, 401, 406-408, 412-415, 420-422, 425-427, 430-432
ROBERT DE SORBON : 375-376, 386, 406-407, 411, 430-431
ROBESPIERRE, Maximilien : 556
ROGER DE FOURNIVAL : 388, 395, 431
ROYER-COLLARD, Pierre-Paul : 557-558, 560
RUTILIUS NAMATIANUS : 111

SALLUSTE : 531, 555
SÉNÈQUE (Lucius Annaeus Seneca) : 491
SOLON : 474, 559, 563
SOPHOCLE : 174, 177, 563
SORANOS : 481-482, 488, 491-495, 505
SOZOMÈNE : 32-34, 95-97, 100
SUÉTONE : 57, 61, 63, 171, 472-473
SYMMAQUE : 97-98, 114, 133-134, 137, 531

TACITE : 57, 64, 76, 185, 188
THÉODULFE D'ORLÉANS : 592, 607
THÉON D'ALEXANDRIE : 510
THÉOPHRASTE : 176, 192, 195, 212
THOMAS D'AQUIN : 227, 235 ; PSEUDO-THOMAS D'AQUIN : 198-205
THUCYDIDE : 178, 185, 579
TITE LIVE : 102-103, 180-184, 533, 555

VARRON : 171, 305-307
VARUS : 61, 64-65
VELLEIUS PATERCULUS : 57
VIRGILE : 86, 179, 187, 305

XÉNOPHON : 109, 569, 577, 580-581, 585-596

ZÉNOBIUS DE FLORENCE : 530
ZÉNON (empereur de Byzance) : 509, 514-516, 518
ZÉNON DE VÉRONE : 531
ZONARAS, Jean : 182
ZOSIME : 114

INDEX DES NOMS DE PERSONNAGES MYTHOLOGIQUES

ACTÉON : 472
ADAPA UANNA : 467-474
AMMON-RÂ : 115
APOLLON : 44, 46, 473, 504, 576
APOLLON-RÂ : 117
ATHÉNA : 45-47, 126, 533
ATLAS : 45, 47
AUGIAS : 46

CÉRÈS : 66
CYCNOS : 45

DANAÏDES : 216
DIANE : 62, 238
DIDON : 86

ÉCHO (personnage mythologique) : 229-230, 232-233, 237
EUROPE : 13, 215-217, 219-222, 570, 590, 627
EURYSTHÉE : 45

FLORA : 65-66

GÉRYON : 45-46
GORGONES (les) : 514-515

HÉLÈNE : 42, 584
HÉRACLÈS : 12, 41-51, 53, 55, 571, 574, 577, 628

JANUS : 65, 99, 180
JUPITER : 30, 84, 87-88, 90, 170-171, 180, 186, 208, 215-220, 221-222

LIBER : 65-66
LIBERA : 65-66

MERCURE : 217, 220-221
MINOS : 216
MINOTAURE (le) : 43, 45, 52, 54

NARCISSE : 83, 225, 227-241

ORPHÉE : 474

POSÉIDON : 126

SATURNE : 88, 208

THÉSÉE : 12, 41-56, 606, 622

ZEUS : 46-47, 50, 178, 207, 472, 570, 630

INDEX DES PERSONNAGES HISTORIQUES

ADRAGATHIUS : 524
AEMILIUS MACER : 76
AGÉSILAS : 583
AGRIPPINE : 60, 185
AKHÉNATON (pharaon) : 466
ALCIBIADE : 566
ALEXANDRE LE GRAND : 41, 563, 580
ARTAXERXÈS II : 580, 582-583
ASINIUS POLLION : 76
ASSURBANIPAL : 471-472, 649
ATHANASE D'ALEXANDRIE : 94, 633, 643
AUGUSTE : 12, 57-72, 75-76, 79-86, 88-91, 115, 118, 121, 129, 170, 177, 186, 600, 611, 618-619, 631, 633
AUXENCE DE MILAN : 527

BONIFACE VIII (Pape) : 366, 597
BORROMÉE (Famille milanaise) : 532, 537
BORROMÉE CHARLES (San Carlo) : 537-538

CAELIUS AURÉLIEN : 15, 479-487, 489-497, 499-506
CALIGULA : 171, 504
CAMBYSE : 115
CAMILLE : 184, 531
CASTRITIEN DE MILAN : 534
CÉRINTHE : 531
CÉSAR, Jules : 76, 88, 101, 124, 171-172, 175, 178, 183-184, 311, 317-319, 418, 440
CÉSAR, Caïus et Lucius : 61
CHARLEMAGNE : 212, 558, 591-592, 594, 596-597
CHARLES V (roi de France) : 160, 162, 164, 371, 609, 654
CHARLES VI (roi de France) : 160-162
CHARLES LE SIMPLE : 453, 457
CHAUVEAU, Robert (pitancier de Saint-Germain-des-Prés) : 367
CLAUDE II LE GOTHIQUE : 101
CLÉOBULE : 474
COMMODE : 30, 41, 518
CONSTANCE II (empereur) : 13, 93-94, 112, 115-116, 118-123, 128, 132, 134-137
CONSTANTIN Ier : 93, 101, 115-118, 122, 125-127, 130-131, 133, 136, 344, 513-515, 597, 617-618, 638
CONSTANTIN VII PORPHYROGÉNÈTE : 121
CONSTANTIN II (empereur) : 525
CONSTANTIN V (empereur) : 512
CORNÉLIUS GALLUS : 115
CRASSUS : 110, 531

DARIUS Ier : 569, 571, 582
DIOCLÉTIEN : 101, 112
DOMITIUS : 319
DRUSUS L'ANCIEN : 60, 66, 72, 75
DRUSUS, fils de Tibère : 75

GALLUS : 124
GERMANICUS : 60-61, 64-66, 72, 75
GRATIEN (empereur) : 133, 135, 523-524
GRÉGOIRE IX : 388

HONORIUS : 97, 114, 650

JULIEN : 13, 98, 104, 108, 110, 119-120, 122-129, 131-132, 135, 604, 615
JUSTINE (impératrice) : 523-524, 526-527
JUSTIN II : 514
JUSTINIEN : 344, 514, 617

KALLISTRATOS : 515

LÉON Ier : 515
LÉON III : 591, 594-595
LÉONTIUS : 95, 515
LÉOPHANTE : 474
LIVIE, *Iulia Augusta* : 61, 64, 72, 75, 81-82, 91
LOUIS LE PIEUX : 595

MAGNENCE : 94, 99-100, 116-118, 122-123, 127-132
MARC AURÈLE : 116, 518
MARCELLINE (sœur d'Ambroise de Milan) : 526
MARCELLUS : 65, 124, 171
MARCELLUS DE BORDEAUX : 481
MARCUS AEMILIUS LEPIDUS : 62
MARCUS PAPIUS MUTILIUS : 60
MARCUS VALERIUS MESSALA CORVINUS (Messala) : 76-78
MAXENCE : 113, 125-126, 133
MAXIME (usurpateur) : 120, 524
MÉCÈNE : 76, 177

NÉRON : 67, 185, 480, 618

OTTON Ier : 592, 594, 596, 604

PASCAL II (pape) : 363, 454
PASCOLI MARIA : 281
PÉRIANDRE : 474
PÉRICLÈS : 563
PHILIPPE II DE MACÉDOINE : 250
POLYARCHOS : 503
POMPÉE : 317-319
PROBUS (préfet d'Illyrie) : 524
PTOLÉMÉE : 194, 401, 409-410, 422, 424-425, 430, 510, 636
PYRRHUS : 102-104

ROBESPIERRE, Maximilien : 556

SEXTUS POMPEIUS : 72
SFORZA (Famille milanaise) : 532

TARQUIN L'ANCIEN : 533
THÉMISTOCLE : 563
THÉODOSE Ier (empereur) : 120-121
THÉODOSE DE BITHYNIE : 428
THOUTMOSIS III : 115
THOUTMOSIS IV : 115
TIBÈRE : 57-61, 63-67, 69, 71-72, 74-75, 78, 82-83, 637
TRAJAN : 106, 114, 480

VALENTINIEN Ier (empereur) : 523-524
VALENTINIEN II (empereur) : 114, 133-135, 523-524

XERXÈS : 577, 582

ZÉNON (empereur de Byzance) : 509, 514-516, 518
ZÉNON DE VÉRONE : 531

INDEX DES NOMS DE LIEUX

Aix-la-Chapelle : 595
Alexandrie : 94, 115, 119, 122, 195, 426, 493, 509-510
Anast (terre située en Bretagne, non identifiée) : 363
Ancyre : 123
Antioche : 131, 531
Arles : 94, 117, 333, 336
Asie : 81, 97, 104, 106, 320, 565, 569, 571-585
Athènes : 15, 41, 43-44, 46-50, 175, 195, 483, 508-509, 559, 565-567, 579, 581-582, 584-586
Attique : 46, 126, 579, 581-582, 586
Aurillac : 15, 435-440, 443-460

Babylonie : 465-467
Berlin : 93
Bosphore : 126, 130, 577
Brindes : 317-319
Byzance : 212, 507-510, 517-518, 572

Cappadoce : 124, 486, 491-492, 494
Cluny : 436, 439, 457
Colonnes d'Héraclès : 571, 574, 577-578
Constantinople : 15, 93, 116-123, 125-126, 128-132, 199, 507, 509-516, 518-519, 531, 539, 590
Corfinium : 319

Égypte : 21, 115, 117, 493, 571-572, 574, 580
Éleusis : 117, 585
Emans (rég. Île-de-France ; dép. Seine-et-Marne ; arr. Provins) : 361

Euphrate : 105, 465
Europe : 7-8, 11-12, 15, 139-142, 246, 273, 319-320, 458, 569-598, 610, 612-613, 620, 623, 626-627, 632, 635, 642, 645-647, 649, 651

Gaule : 99, 124, 127, 129, 183, 525, 536
Glanfeuil, abbaye (voir : *Saint-Maur-sur-Loire*) : 354, 363
Grèce : 8, 15, 46, 48, 472, 556, 559, 561, 566-567, 569-570, 573, 575-577, 579-585

Haute-Auvergne : 439-440
Héliopolis : 115
Hespérides (les) : 47

Illyrie : 65, 128, 524

Libye : 319, 525, 571-572, 574, 576-578, 581, 585

Marmoutier, abbaye (rég. : Centre-Val-de-Loire ; dép. : Indre-et-Loire ; com. : Tours) : 363
mer Caspienne : 194, 578
mer d'Azov : 573, 577-578
mer Égée : 569, 577, 579-580, 583
mer Méditerranée : 7, 10-11, 50, 142, 465, 571, 576-577, 587, 591
mer Noire : 12, 465, 576-578
Mésè (rue de Constantinople) : 513-514
Mésopotamie : 122, 465, 467, 470, 475-476
Milan : 15, 93, 95, 124, 131, 521-522, 524-530, 532-535, 537, 537-538

Nil : 322, 465, 575, 578
Noisy-le-Sec (rég. : Île-de-France ; dép. : Seine-Saint-Denis ; arr. Bobigny) : 353, 359

Port-Royal-des-Champs, abbaye : 350, 364-366

Reichenau (abbaye de) : 316, 596
Rhénanie : 107
Rhin : 105, 267, 350, 593
Romania : 588-590, 597
Rome : 12-13, 15, 31, 59, 64, 67-69, 81, 93-99, 101-108, 111-125, 128-134, 136-138, 169-170, 176, 180, 182, 186-187, 249, 251, 301, 341, 394-395, 480-481, 503, 525, 533, 536-537, 555, 587-590, 593-598

Saduppum : 466
Saint-Antoine-des-Champs, abbaye (rég. : Île-de-France ; dép. et com. : Paris) : 350, 353, 357, 359, 373
Saint-Éloi, prieuré (rég. : Île-de-France ; dép. et com. : Paris) : 350, 371
Saint Gall (abbaye de) : 316, 320, 328
Saint-Géraud : 435-436, 440, 445-447, 450, 453, 457-460
Saint-Germain-des-Prés, abbaye (rég. : Île-de-France ; dép. et com. : Paris) : 350-351, 353, 355-356, 360-362, 364, 367-368, 372
Saint-Magloire, abbaye (rég. : Île-de-France ; dép. et com. : Paris) : 350, 358, 362-363, 366-367, 369, 373
Saint-Martin-des-Champs, abbaye (rég. : Île-de-France ; dép. et com. : Paris) : 350, 359
Saint-Maur-des-Fossés (rég. : Île-de-France ; dép. : Val-de-Marne ; arr. Nogent-sur-Marne) : 350-351, 353-354, 364, 440-441
Saint-Pierre-des-Fossés (voir : Saint-Maur-des-Fossés) : 363
Sainte-Geneviève, abbaye (rég. : Île-de-France ; dép. et com. : Paris) : 350, 369-372
Sainte-Théodore, dite des Charbonniers, église (Constantinople) : 514
Sparte : 481, 559, 567, 571, 583-584

Thèbes (ville égyptienne) : 115
Tibre : 117
Tigre : 465
Torcy (rég. : Île-de-France ; dép. : Seine-et-Marne) : 354
Tournemire : 437
Tulle : 439

Ur : 466

Val Sainte-Marie, abbaye (rég. : Île-de-France ; dép. : Val d'Oise ; arr. : Pontoise ; com. : Mériel) : 350-353, 363
Vienne (ville) : 124, 507, 524

RÉSUMÉS

Hélène CASANOVA-ROBIN, « Introduction »

Mettre en lumière le renouvellement de la recherche dans les sciences de l'antiquité dans ses objets, dans ses méthodes, comme dans l'appréciation de la fécondité de leur réception, tel fut l'enjeu du colloque dont les actes sont ici publiés. Le Groupement d'intérêt scientifique « Humanités » a favorisé la synergie entre chercheurs de spécialités diverses et la naissance d'entreprises novatrices.

Sylvie BLÉTRY, « Éclairage mutuel des sources textuelles et archéologiques pour l'étude du site de Tell Qéïla, Cisjordanie »

Une tradition a longtemps sévi au sein de la discipline archéologique : elle consiste à mettre en relation les textes et les faits archéologiques afin de prouver la véracité des premiers par la découverte des seconds. À partir des textes qui mentionnent le site de Tell Qéïla et de leur commentaire, en tant que source historique, il est possible de montrer au contraire la complémentarité de ces deux types de sources et d'améliorer notre compréhension archéologique de ce site, sur le temps long.

Clara GRANGER, « L'association d'Héraclès et de Thésée dans les ensembles monumentaux athéniens. Enjeux iconographiques et politiques »

Héraclès est une figure très populaire dans l'art grec archaïque et classique. À la même époque, les exploits de Thésée sont moins représentés. Mais les deux héros sont de plus en plus souvent associés, voire assimilés, et trouvent leur place dans des programmes iconographiques visant à affirmer la domination d'Athènes sur le monde grec. Deux monuments de construction athénienne, le Trésor des Athéniens de Delphes et l'Héphaïstéion d'Athènes, en fournissent une parfaite illustration.

Stéphane Benoist, Florence Klein et Cyrielle Landrea, « 8-17 de notre ère, Ovide à Tomes. Lectures croisées des *Tristes* et des *Pontiques* »

L'article explore les *Tristes* et les *Pontiques* d'Ovide sous l'angle de trois approches méthodologiques complémentaires : l'analyse de la lecture ovidienne des *realia* romains révèle son apport historique, en particulier concernant les mutations de l'aristocratie républicaine désormais contrainte d'intégrer la figure du Prince dans ses stratégies sociales et politiques. L'étude poétique dévoile une véritable « leçon de littérature » sur le fonctionnement de la fiction et l'herméneutique de la lecture.

Marco Donato, Regina Fichera et Lucia Maddalena Tissi, « Rome, 357 après J.-C. L'Empire romain au miroir de ses traditions et de ses transformations »

En 357 apr. J.-C., Constance II visite pour la première fois l'*Vrbs*, C'est l'occasion de célébrer son 35ᵉ anniversaire au pouvoir et son triomphe sur Magnence. Le voyage de Constance à Rome a non seulement une portée symbolique dans un Empire aux frontières instables, mais il laisse des traces pérennes dans la Ville et dans la culture de l'époque. Une triple approche, historique, archéologique et littéraire, permet de mettre en lumière la portée culturelle de l'épisode.

Isabelle Bretthauer, « Les "écritures informelles" à la fin du Moyen Âge. Les ardoises comme support de l'écrit »

La fin du Moyen Âge connaît une diffusion toujours plus large de l'écriture. Une pratique reste méconnue : l'usage de l'ardoise comme support de l'écrit. Partant d'un corpus de découvertes archéologiques en Normandie, l'enquête met en lumière un usage très diffusé de l'ardoise pour l'écriture de documents du quotidien non pérennes, mais aussi de textes littéraires destinés à être conservés. Une nouvelle réflexion mérite d'être menée sur cette pratique, clé d'accès à un usage commun de l'écrit.

Marie-Laure Freyburger-Galland, « Vision grecque de la religion romaine »

Denys d'Halicarnasse, Plutarque et Dion Cassius décrivent des collèges de prêtres et des rites romains d'époque archaïque. Comment les perçoivent-ils et quelle est leur approche ? Le problème est abordé par le biais du vocabulaire. La manière dont ces auteurs choisissent de nommer ces prêtres et ces rites et le justifient rend de précieux services aux savants modernes car ils donnent des interprétations que les Romains ne jugeaient pas utile de donner, tant elles leur paraissaient évidentes.

Alice LAMY, « La réception médiévale du traité pseudo-aristotélicien *De Mundo* »

Le traité grec pseudo-aristotélicien *Περὶ Κόσμου* interroge la substance et les activités divines, depuis la sphère céleste jusque dans le monde sublunaire. Commenté aux périodes antique et tardo-antique, il est également traduit par Bartholomée de Messine et Nicolas de Sicile autour de 1250. Dans ses versions et ses relectures médiévales, il apparaît comme une synthèse cosmo-théologique originale qui prête une attention particulière à la providence, la prescience et la dénomination divines.

Marylène POSSAMAÏ-PÉREZ, « Du latin au moyen français. L'*Ovide moralisé* »

À partir de l'exemple de la fable d'Europe, sont envisagés deux types de transposition que l'auteur anonyme de l'*Ovide moralisé* en vers (début XIVe siècle) fait subir aux *Métamorphoses* d'Ovide : une transposition linguistique (passage du latin à la langue romane), une transposition axiologique (interprétation allégorique de la fable, non seulement évhémériste ou morale, mais aussi chrétienne). L'étude cherche à repérer les sources tardo-antiques et médiévales des deux niveaux de transposition.

Magali ROMAGGI, « L'orgueil au miroir de Narcisse »

La manière dont les auteurs médiévaux choisissent de désigner le comportement de Narcisse dans leurs œuvres en latin puis en langue vernaculaire est significative. La littérature se fait l'écho du débat théologique au sujet de la notion d'orgueil qui a occupé une grande partie du Moyen Âge. Narcisse devient ainsi au fil des reprises et des variations médiévales l'incarnation parfaite de l'orgueil.

Loup BERNARD, « Réinterpreter l'histoire à partir des données de l'archéologie à l'heure du *linked open data*. Le cas du Verduron (IIIe s. av. J.-C., Marseille 15e) »

La fouille du petit établissement du Verduron permet de jeter un nouvel éclairage sur les relations entre Grecs et Celtes à la fin du IIIe s. av. J.-C. autour de Marseille. Les acquis de la fouille sont présentés brièvement, c'est l'utilisation des outils qui est développée. Grâce aux nombreux outils mis à disposition des chercheurs en Humanités notre travail d'archéologue évolue et nous permet d'appréhender avec un regard différent le passé au travers du prisme des outils en ligne.

Laurent HABLOT, « Le programme SIGILLA. La sigillographie à l'heure des humanités numériques »

SIGILLA, base numérique des sceaux conservés en France, initié en 2013, a pour objet la collecte exhaustive de tous les sceaux (matrices, empreintes, relevés) conservés dans les collections nationales. La base de données propose une approche renouvelée des sceaux en mettant en valeur la matérialité et la sérialité des empreintes mais également des outils pour traiter et étudier l'épigraphie ou l'héraldique.

Sarah ORSINI, « Éditer un corpus de brouillons. Héritage et reconfiguration des méthodes de la philologie classique en régime numérique »

Les différentes étapes de l'élaboration d'une édition génétique numérique (édition de brouillons en XML-TEI) sont présentées à travers l'exemple de l'édition des brouillons de l'auteur néolatin Giovanni Pascoli (1855-1912). L'objectif est de montrer que l'édition génétique numérique reconfigure les méthodes de l'édition critique de textes anciens et change notre rapport aux textes en transformant nos façons de les lire et de les analyser.

Sarah GAUCHER, « Travailler sur un corpus de fragments. Le cas des *Satires* de Lucilius »

L'étude des œuvres antiques fragmentaires s'est longtemps cantonnée à la parution d'éditions rassemblant les différents fragments ou à la reconstitution spéculative des ouvrages perdus. Une nouvelle approche, appliquée ici à Lucilius, consiste à étudier les fragments dans leur contexte de citation, afin d'éviter les spéculations et de se faire indirectement une idée plus juste de l'œuvre de Lucilius, en comprenant comment il était lu par les Anciens.

Florian BARRIÈRE, « À propos d'un manuscrit du *Bellum ciuile* de Lucain (St Gallen, Stiftsbibliothek, cod. Sang. 863) »

Le manuscrit St Gallen, Stiftsbibliothek, Cod. Sang. 863 est un témoin ignoré par l'ensemble des éditeurs du *Bellum ciuile* alors que sa datation le situerait parmi les dix *codices* les plus anciens contenant l'intégralité du poème. Une brève étude codicologique, traitant notamment des nombreux dessins qui se trouvent dans le *codex*, et une étude philologique permettent de montrer les liens que ce manuscrit entretient avec le reste de la tradition manuscrite de Lucain.

Marie PAULIAT, « Les sermons d'Augustin d'Hippone. Un corpus impossible ? »

Les quelque 800 sermons d'Augustin d'Hippone (354-430) constituent des sources de première importance. Mais il est difficile d'organiser en corpus ce groupement de textes en extension constante (invention de nouveaux sermons ou de parties perdues de sermons connus). Nous interrogeons donc quatre critères d'organisation (chronologique, thématique, contextuel et philologique), en précisant la méthodologie adaptée et en donnant des exemples des résultats distincts auxquels ils conduisent.

Marlène HELIAS-BARON, « La documentation des interstices. Copies et insertions de documents de gestion dans les livres (XIIe-XVe siècles) »

Les livres manuscrits sont parfois les réceptacles de documents de gestion, comme des censiers ou des comptes, ajoutés dans les espaces libres ou insérés lors de la reliure. Cette pratique d'« incodication » des documents d'archives peut être étudiée dans le milieu des abbayes parisiennes et franciliennes depuis le XIIe jusqu'à la fin du XVe siècle. Une comparaison avec les censiers et livres de comptes qui font l'objet de documents complets permet d'en saisir les spécificités.

Laure MIOLO, « De la bibliothèque privée à la bibliothèque collégiale. Aux origines de la collection scientifique au collège de Sorbonne »

Au début du XIVe siècle, le collège de Sorbonne possédait l'une des plus riches bibliothèques d'Europe. Elle était constituée d'une importante collection de livres scientifiques, qui joua un rôle de vecteur de la *renovatio* scientifique au sein de l'université de Paris. Deux bibliothèques privées sont à l'origine de ce fonds exceptionnel. Cet article est consacré à la genèse de cette collection de livres mathématiques et s'attache à mieux saisir les différents enjeux de ces donations.

Sébastien FRAY, « À la recherche d'une expertise diplomatique locale. La mission de Vacher de Bourg l'Ange dans les archives de Saint-Géraud d'Aurillac au XVIIIe siècle »

L'entreprise du Cabinet des Chartes, au XVIIIe siècle, visait à récolter dans les fonds d'archives provinciaux tout ce qui pouvait intéresser la construction d'un droit public cohérent sous l'égide de la monarchie. En témoignent les érudits locaux laïcs, tel Jean-Charles Vacher de Bourg l'Ange, avocat chargé d'explorer les fonds de l'abbaye Saint-Géraud d'Aurillac.

Véronique GRANDPIERRE, « *Apkallû* et *ummanû.* La figure de l'expert mésopotamien et sa diffusion dans le temps et dans l'espace »

Qu'est-ce qu'un expert ? Une personne dont le savoir est tel que l'on fait appel à elle. En Mésopotamie, deux catégories d'individus répondent à ces critères : *apkallû* et *ummanû*. Qui sont-ils ? Quelles évolutions peut-on observer suivant les traditions grecque et proche-orientale, et ce jusqu'à nos jours ? Et finalement les critères pour qualifier l'expert sont-ils les mêmes hier et aujourd'hui ?

Yves LEHMANN, « L'Africain Caelius Aurélien, dernier représentant des sectes médicales romaines »

Au Ve siècle, l'Africain Caelius Aurélien, médecin originaire de Sicca Veneria, dernier grand représentant de la secte méthodiste, témoigne d'un vaste savoir médico-pharmaceutique dans ses deux grands manuels nosologiques : les *Maladies aiguës* et les *Maladies chroniques*. Il présente pour chaque pathologie importante une doxographie critique, tantôt recentrée en notices synthétiques, tantôt dispersée dans les chapitres nosologiques, avec un souci permanent de la chronologie des maîtres et des écoles.

Georges SIDÉRIS, « Galien constantinopolitain : référence, autorité et transtemporalité à Byzance. Galien et Dioscoride dans le manuscrit d'Anicia Juliana à Constantinople »

Le médecin et philosophe Galènos vivant à Constantinople au Ve, présent dans une notice des *Parastaseis*, ouvrage patriographique du VIIIe siècle, est l'image transtemporelle et byzantinisée du médecin Galien de Pergame. Cette notice témoigne de l'autorité de Galien à Byzance et de l'acculturation dont lui-même et son œuvre sont l'objet dans l'empire byzantin.

Aline CANELLIS, « La figure d'Ambroise de Milan d'après le *De Bello Arriano* de Giovanni Marco Fagnani (1604) »

Différents visages d'Ambroise sont décrits dans le *De Bello Arriano* de Giovanni Marco Fagnani (Milan, 1604). Fagnani suit les traditions historique, épique, hagiographique et légendaire pour faire le panégyrique du patron de la ville de Milan, saint Ambroise.

Élisabeth VUILLEMIN, « Citation ou réécriture. L'usage de Jean Chrysostome dans la *Défense de la tradition et des Saints Pères* de Bossuet »

Jean Chrysostome est une référence centrale de la *Défense de la Tradition et des Saints Pères*, ouvrage polémique écrit par Bossuet contre Richard Simon. Bossuet conteste l'interprétation de Richard Simon qui oppose Chrysostome à Augustin sur la question de la grâce. Il fait subir des modifications aux textes de Chrysostome qu'il cite en les intégrant à son texte français, avec une visée polémique ou esthétique.

Kondylenia BELITSOU, « L'Histoire de La Grèce ancienne dans l'enseignement secondaire en France au XIXe Siècle (1814-1914). Les textes officiels »

Une étude des textes officiels du ministère de l'Instruction publique, à la lumière des changements socio-politiques en France entre 1814 et 1914, permet de comprendre les enjeux de l'émergence de l'histoire ancienne comme discipline enseignée dans le secondaire. Étroitement lié aux Humanités classiques, l'enseignement de l'histoire ancienne ne connaît pas la même évolution que l'enseignement de l'histoire nationale. La discipline se structure néanmoins grâce au développement de l'archéologie.

Christian BOUCHET, « Représentations de l'Europe en Grèce classique »

Les Grecs de l'époque classique doivent aux premiers cartographes du VIe siècle une connaissance même approximative de l'*oikoumène*, divisée en deux ou trois blocs, Europe, Asie et Libye. Or, un certain nombre de sources grecques, tout en admettant la distinction entre Grecs et Européens, ont pu chercher à superposer les termes de Grèce et d'Europe, en faisant de la première le cœur même de la seconde.

Giovanni STRANIERI, « "Europe" et "Rome" au premier Moyen Âge. Aux sources antiques d'un imaginaire européen »

Au début du Moyen Âge occidental, le nom *Europa* commence à être utilisé pour désigner un monde, en opposition à d'autres mondes. À partir d'un dossier non exhaustif de textes du haut Moyen Âge, sont étudiés le rôle matriciel de cette idée d'Europe pour l'imaginaire européen, ainsi que sa contiguïté, voire sa conflictualité latente avec la résurgence de l'idée de Rome.

TABLE DES MATIÈRES

Hélène Casanova-Robin
Introduction 7

PREMIÈRE PARTIE

NOUVEAUX ENJEUX,
NOUVELLES MÉTHODES

SOURCES TEXTUELLES ET SOURCES MATÉRIELLES :
INTERACTIONS ET COMPLÉMENTARITÉ

Sylvie Blétry
Éclairage mutuel des sources textuelles et archéologiques
pour l'étude du site de Tell Qéïla, Cisjordanie 19

Clara Granger
L'association d'Héraclès et de Thésée
dans les ensembles monumentaux athéniens.
Enjeux iconographiques et politiques 41

Stéphane Benoist, Florence Klein et Cyrielle Landrea
8-17 de notre ère, Ovide à Tomes.
Lectures croisées des *Tristes* et des *Pontiques* 57

Marco Donato, Regina Fichera et Lucia Maddalena Tissi
Rome, 357 après J.-C.
L'Empire romain au miroir
de ses traditions et de ses transformations 93

Isabelle BRETTHAUER
Les « écritures informelles » à la fin du Moyen Âge.
Les ardoises comme support de l'écrit 139

TRANSFERTS CULTURELS,
TRANSFERTS LINGUISTIQUES

Marie-Laure FREYBURGER-GALLAND
Vision grecque de la religion romaine 169

Alice LAMY
La réception médiévale
du traité pseudo-aristotélicien *De Mundo* 189

Marylène POSSAMAÏ-PÉREZ
Du latin au moyen français.
L'exemple de l'*Ovide moralisé* 213

Magali ROMAGGI
L'orgueil au miroir de Narcisse 225

LES HUMANITÉS
FACE AUX OUTILS NUMÉRIQUES

Loup BERNARD
Réinterpreter l'histoire à partir des données de l'archéologie
à l'heure du *linked open data*.
Le cas du Verduron (IIIe s. av. J.-C., Marseille 15e) 245

Laurent HABLOT
Le programme SIGILLA.
La sigillographie à l'heure des humanités numériques 257

Sarah ORSINI
Éditer un corpus de brouillons.
Héritage et reconfiguration des méthodes
de la philologie classique en régime numérique 277

DEUXIÈME PARTIE

RELIRE LE PASSÉ ET PENSER LE PRÉSENT

RECONSTRUCTION ET TRANSMISSION DES CORPUS

Sarah GAUCHER
Travailler sur un corpus de fragments.
Le cas des *Satires* de Lucilius 301

FLORIAN BARRIÈRE
À propos d'un manuscrit du *Bellum ciuile* de Lucain
(St Gallen, Stiftsbibliothek, cod. Sang. 863) 315

Marie PAULIAT
Les sermons d'Augustin d'Hippone.
Un corpus impossible ? 331

Marlène HELIAS-BARON
La documentation des interstices.
Copies et insertions de documents de gestion
dans les livres (XIIe-XVe siècles) 349

Laure MIOLO
De la bibliothèque privée à la bibliothèque collégiale.
Aux origines de la collection scientifique
du collège de Sorbonne 375

Sébastien FRAY
À la recherche d'une expertise diplomatique locale.
La mission de Vacher de Bourg l'Ange dans les archives
de Saint-Géraud d'Aurillac au XVIIIe siècle 435

LES FIGURES D'AUTORITÉ : SAVANTS ET EXPERTS

Véronique GRANDPIERRE
Apkallû et *ummanû*.
La figure de l'expert mésopotamien
et sa diffusion dans le temps et dans l'espace 465

Yves LEHMANN
L'Africain Caelius Aurélien,
dernier représentant des sectes médicales romaines 479

Georges SIDÉRIS
Galien constantinopolitain :
référence, autorité et transtemporalité à Byzance.
Galien et Dioscoride dans le manuscrit
d'Anicia Juliana à Constantinople 507

Aline CANELLIS
La figure d'Ambroise de Milan d'après le *De Bello Arriano*
de Giovanni Marco Fagnani (1604) 521

Élisabeth VUILLEMIN
Citation ou réécriture.
L'usage de Jean Chrysostome
dans la *Défense de la tradition et des Saints Pères* de Bossuet 539

L'ANTIQUITÉ DANS LA CONSTRUCTION D'UN IMAGINAIRE POLITIQUE MODERNE

Kondylenia Belitsou
L'Histoire de la Grèce ancienne dans l'enseignement secondaire en France au XIXe siècle (1814-1914).
Les textes officiels 555

Christian Bouchet
Représentations de l'Europe en Grèce classique 569

Giovanni Stranieri
« Europe » et « Rome » au premier Moyen Âge.
Aux sources antiques d'un imaginaire européen 587

Bibliographie générale 599

Index des noms d'auteurs / d'artistes 655

Index des noms de personnages mythologiques 659

Index des personnages historiques 661

Index des noms de lieux 663

Résumés 665